Allgemeine Wirtschaftslehre
Büro

**Lernbuch und Aufgabensammlung
für die Ausbildungsberufe**
- **Kaufmann/Kauffrau für Bürokommunikation**
- **Bürokaufmann/Bürokauffrau**

von

Dipl.-Hdl. Wolfgang Grill
Satrup bei Flensburg

Dipl.-Hdl. Hans-Peter Hrdina
Flensburg

unter Mitarbeit von
Dipl.-Betriebswirt Uwe Grzesiak
Kiel

1 9 9 2

Verlag Dr. Max Gehlen · Bad Homburg vor der Höhe

Gehlenbuch 3154

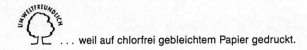 ... weil auf chlorfrei gebleichtem Papier gedruckt.

Abbildungen: Globus-Kartendienst, Hamburg; Wolfgang Müller, Bad Homburg; Erich Schmidt Verlag, Berlin; Dietrich Weldt, Glücksburg/Ostsee

ISBN 3-441-03154-7

© Verlag Dr. Max Gehlen · Bad Homburg vor der Höhe
Herstellung: Buchdruckerei Dr. Alexander Krebs · Bad Homburg vor der Höhe

Liebe Schülerinnen und liebe Schüler!

Mit diesem Lernbuch wollen wir Ihnen helfen, Ihr Ziel zu erreichen:

die **Ausbildung**

- **zur Kauffrau für Bürokommunikation** bzw. **zum Kaufmann für Bürokommunikation**

oder

- **zur Bürokauffrau** bzw. **zum Bürokaufmann**

mit Erfolg zu bewältigen und mit guten Prüfungsergebnissen abzuschließen.

In diesem Buch haben wir dargestellt und beschrieben, was von Ihnen im Fach **„Allgemeine Wirtschaftslehre"** nach den **Lehrplänen** verlangt wird. In erster Linie sind das betriebliche, rechtliche und volkswirtschaftliche Kenntnisse. Wir haben uns auch bemüht, Ihnen dabei zu helfen, wichtige Einsichten und Erkenntnisse zu gewinnen.

Die **Texte** dieses Buches können Sie (etwas Anstrengung und Mitdenken vorausgesetzt) ohne Schwierigkeiten lesen und verstehen. Am Ende eines Lernabschnitts finden Sie **Aufgaben.** Sie werden aufgefordert, Erläuterungen und Begründungen zu formulieren, Entscheidungen zu treffen, Beispiele anzugeben und über richtige und falsche Aussagen zu urteilen.

An das Ende des Buches haben wir ein ausführliches **Sachwortverzeichnis** gestellt. Mit seiner Hilfe können Sie schnell feststellen, auf welcher Seite eine von Ihnen gesuchte Erklärung nachzulesen ist.

Das **Manuskript für die 1. Auflage** wurde am 1. März 1992 abgeschlossen.

Wolfgang Grill
Hans-Peter Hrdina

im Berufsschulunterricht der beiden Ausbildungsberufe

- **Kaufmann/Kauffrau für Bürokommunikation**
- **Bürokaufmann/Bürokauffrau**

Die Schülerinnen und Schüler sollen

- einen Überblick über die Betriebsfunktionen der einzelnen Wirtschaftsbereiche erhalten, um die betriebswirtschaftlichen Zusammenhänge im einzelnen Betrieb und deren Verknüpfung mit der Gesamtwirtschaft zu erkennen und zu verstehen,

- ihre in der Praxis des Ausbildungsbetriebes erworbenen fachlichen Erfahrungen in den Unterricht einbringen, um auf diese Weise Theorie und Praxis miteinander zu verknüpfen,

- die Fähigkeit erwerben, Arbeitsaufgaben im Beruf aufgrund ihres erworbenen Wissens situationsgerecht und eigenständig zu erfüllen, d.h. zu planen, zu ordnen und die gefundenen Lösungswege zu begründen.

Solche Arbeitsaufgaben sind z.B.
Vorgänge

- der Beschaffung einschließlich der Lagerung und des Transportes von Waren und des bei Vertragsverletzungen rechtlich und kaufmännisch richtigen Verhaltens,

- der Leistungserstellung und Leistungsverwertung in Fertigungs- und Dienstleistungsbetrieben,

- der Verkaufsabwicklung sowie der für den Absatz notwendigen Organisation und ihrer Planungsinstrumente,

- im Geld- und Kapitalverkehr sowie das Verständnis der Zusammenhänge zwischen Kapitalbeschaffung und Kreditsicherung,

- zur rechtlich einwandfreien und kaufmännisch richtigen Durchführung von Zahlungen.

Inhaltsverzeichnis

1.1 Ziel der Berufsausbildung

Es ist wichtig, daß junge Menschen eine **Berufsausbildung**

in einem staatlich anerkannten Ausbildungsberuf

mit einem geordneten Ausbildungsgang erhalten.

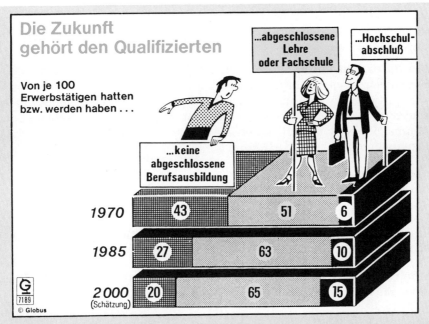

Die Zukunft gehört den Qualifizierten

Von je 100 Erwerbstätigen hatten bzw. werden haben . . .

...keine abgeschlossene Berufsausbildung

...abgeschlossene Lehre oder Fachschule

...Hochschulabschluß

	...keine abgeschlossene Berufsausbildung	...abgeschlossene Lehre oder Fachschule	...Hochschulabschluß
1970	43	51	6
1985	27	63	10
2000 (Schätzung)	20	65	15

© Globus 7189

Kapital in den Köpfen: Das wichtigste Kapital in modernen Volkswirtschaften ist unsichtbar – es steckt in den Köpfen. Bildung und Ausbildung, technisches und wissenschaftliches Können, erlernte Methoden produktiver und disziplinierter Zusammenarbeit garantieren Wirtschaftskraft und Wohlstand weit besser als reiche Bodenschätze oder eine üppige Natur. Die Bundesrepublik Deutschland – arm an Bodenschätzen und vom Klima nicht besonders begünstigt – ist dafür der beste Beweis. Die Bundesbürger scheinen das zu wissen. Immer geringer wird der Prozentsatz jener, die sich als Ungelernte ins Erwerbsleben wagen; im Jahre 1970 waren noch 43 von je 100 Erwerbstätigen ohne abgeschlossene Berufsausbildung, im Jahre 2000 werden es schätzungsweise nur noch 20 sein. Wie groß die Nachteile der Ungelernten sind, spricht sich offenbar immer mehr herum: schwierige Arbeitssuche, häufige Arbeitslosigkeit, weniger Einkommen und später geringe Rente.

„Die **Berufsausbildung** hat eine **breit angelegte berufliche Grundbildung** und die **für die Ausübung einer qualifizierten beruflichen Tätigkeit notwendigen fachlichen Fertigkeiten und Kenntnisse** in einem geordneten Ausbildungsgang zu vermitteln. Sie hat ferner den Erwerb der erforderlichen Berufserfahrung zu ermöglichen."

Staatlich anerkannte bürowirtschaftliche Ausbildungsberufe sind die Berufe

- Kaufmann für Bürokommunikation/Kauffrau für Bürokommunikation und
- Bürokaufmann/Bürokauffrau.

Die Tätigkeiten, für deren Ausübung die Berufsausbildung in den bürowirtschaftlichen Ausbildungsberufen vorbereitet, werden in einer Bekanntmachung des Bundesinstituts für Berufsbildung so beschrieben:

- **„Der Kaufmann/die Kauffrau für Bürokommunikation** wird mit kaufmännisch-verwaltenden Funktionen sowie mit Assistenz- und Sekretariatsfunktionen in Betrieben verschiedener Wirtschaftszweige und Branchen eingesetzt. Typische Aufgabengebiete sind die Arbeitsbereiche Bürokommunikation und -koordination, die Textformulierung und Textgestaltung, das bereichsbezogene Personal- und Rechnungswesen sowie die Sachbearbeitung in den jeweiligen Einsatzbereichen.

- **Der Bürokaufmann/die Bürokauffrau** wird mit kaufmännisch-verwaltenden Funktionen sowie mit organisatorischen Funktionen in Betrieben verschiedener Wirtschaftszweige und Branchen eingesetzt. Typische Aufgabengebiete sind die Arbeitsbereiche Personalverwaltung und Entgeltabrechnung, Buchführung und Kostenrechnung sowie Auftrags- und Rechnungsbearbeitung und Lagerhaltung."

1.2 Das duale Ausbildungssystem

Man spricht von einer dualen Ausbildung, wenn man die **Aufteilung der Ausbildung auf den Betrieb und die Berufsschule** meint.

Der **Betrieb** hat vorrangig die **Aufgabe der fachpraktischen Ausbildung** zu erfüllen. Sie ist in der **Ausbildungsordnung** geregelt.

Im Ausbildungsberufsbild der Ausbildungsordnung werden die Kenntnisse und Fertigkeiten aufgezählt, die Gegenstand der betrieblichen Ausbildung sind.

Gegenstand der Berufsausbildung im Ausbildungsberuf Kaufmann für Bürokommunikation/Kauffrau für Bürokommunikation sind mindestens folgende **Kenntnisse und Fertigkeiten:**

1 der Ausbildungsbetrieb:
1.1 Stellung des Ausbildungsbetriebes in der Gesamtwirtschaft,
1.2 Berufsbildung,
1.3 Arbeitssicherheit, Umweltschutz und rationale Energieverwendung;

2 Organisation und Leistungen:
2.1 Leistungserstellung und Leistungsverwertung,
2.2 betriebliche Organisation und Funktionszusammenhänge;

3 Bürowirtschaft und Statistik:
3.1 Organisation des Arbeitsplatzes,
3.2 Arbeits- und Organisationsmittel,
3.3 bürowirtschaftliche Abläufe,
3.4 Statistik;

4 Informationsverarbeitung:
4.1 Textverarbeitung,
4.2 schreibtechnische Qualifikationen, Textformulierung und -gestaltung,
4.3 Bürokommunikationstechniken,
4.4 automatisierte Textverarbeitung;

5 bereichsbezogenes Rechnungswesen:
5.1 kaufmännische Steuerung und Kontrolle,
5.2 Aufgaben des bereichsbezogenen Rechnungswesens;

6 bereichsbezogene Personalverwaltung:
6.1 Grundlagen des betrieblichen Personalwesens,
6.2 Aufgaben der bereichsbezogenen Personalverwaltung;

7 Assistenz- und Sekretariatsaufgaben:
7.1 Kommunikation und Kooperation im Büro und Bürokoordination,
7.2 bereichsbezogene Organisationsaufgaben;

8 Fachaufgaben einzelner Sacharbeitsgebiete.
Es sind die Fachaufgaben von zwei der folgenden Sacharbeitsgebiete des Ausbildungsbetriebes zugrunde zu legen. Dafür kommen in Betracht:

1. allgemeine Verwaltung, 5. Betriebsratsbüro,
2. Berufsbildung, 6. Kundendienst,
3. Öffentlichkeitsarbeit, 7. Mitgliederverwaltung,
4. Umweltschutz, 8. Forschung.

Es können auch andere Sacharbeitsgebiete zugrunde gelegt werden, wenn die zu vermittelnden Fertigkeiten und Kenntnisse gleichwertig sind.

Gegenstand der Berufsausbildung im Ausbildungsberuf Bürokaufmann/Bürokauffrau sind mindestens folgende **Kenntnisse und Fertigkeiten:**

1 der Ausbildungsbetrieb:
1.1 Stellung des Ausbildungsbetriebes in der Gesamtwirtschaft,
1.2 Berufsbildung,
1.3 Arbeitssicherheit, Umweltschutz und rationelle Energieverwendung;

2 Organisation und Leistungen:
2.1 Leistungserstellung und Leistungsverwertung,
2.2 betriebliche Organisation und Funktionszusammenhänge;

3 Bürowirtschaft und Statistik:
3.1 Organisation des Arbeitsplatzes,
3.2 Arbeits- und Organisationsmittel,
3.3 bürowirtschaftliche Abläufe,
3.4 Statistik;

4 Informationsverarbeitung:
4.1 Textverarbeitung,
4.2 Bürokommunikationstechniken,
4.3 Datenverarbeitung für kaufmännische Anwendungen;

5 betriebliches Rechnungswesen:
5.1 kaufmännische Steuerung und Kontrolle,
5.2 Buchführung,
5.3 Kostenrechnung;

6 Personalwesen:
6.1 Grundlagen des betrieblichen Personalwesens,
6.2 Personalverwaltung,
6.3 Entgeltabrechnung;

7 Büroorganisation;

8 Auftrags- und Rechnungsbearbeitung, Lagerhaltung:
8.1 Auftrags- und Rechnungsbearbeitung,
8.2 Lagerhaltung.

Zusammen mit der Ausbildungsordnung wird ein **Rahmenlehrplan der Kultusministerkonferenz** erstellt, mit dem die Länder eine gemeinsame Grundlage für die Lehrpläne ihrer Berufsschulen schaffen. Die Ausbildungsordnung und der Rahmenlehrplan sind aufeinander abgestimmt.

Durch den **Rahmenlehrplan der Kultusministerkonferenz** sind die **Ziele für die Ausbildung in der Berufsschule** vorgeschrieben worden.

Die **Schüler** sollen

- eine fundierte Berufsausbildung erhalten, auf deren Grundlage sie befähigt sind, sich auf veränderte Anforderungen einzustellen und neue Aufgaben zu übernehmen. Damit werden auch ihr Entscheidungs- und Handlungsspielraum und ihre Möglichkeit zur freien Wahl des Arbeitsplatzes erweitert;

- unter Berücksichtigung ihrer betrieblichen Erfahrungen Kenntnisse und Einsichten in die Zusammenhänge ihrer Berufstätigkeit erwerben, damit sie gut vorbereitet in die Arbeitswelt eintreten;

- Fähigkeiten und Einstellungen erworben, die ihr Urteilsvermögen und ihre Handlungstähigkeit und -bereitschaft in beruflichen und außerberuflichen Bereichen vergrößern;

- Möglichkeiten und Grenzen der persönlichen Entwicklung durch Arbeit und Berufsausübung erkennen, damit sie mit mehr Selbstverständnis ihre Aufgaben erfüllen und ihre Befähigung zur Weiterbildung ausschöpfen;

- in der Lage sein, betriebliche, rechtliche sowie wirtschaftliche, soziale und politische Zusammenhänge zu erkennen;

- sich der Spannung zwischen den eigenen Ansprüchen und denen ihrer Mit- und Umwelt bewußt werden und bereit sein, zu einem Ausgleich beizutragen und Spannungen zu ertragen.

Die **Berufsschule** hat vorrangig die **Aufgabe der fachtheoretischen Ausbildung.** Sie wird durch die **Lehrpläne** der 16 Bundesländer geregelt, die ihrerseits in dem Rahmenlehrplan der Kultusministerkonferenz ihre Grundlage haben.

© Verlag Gehlen

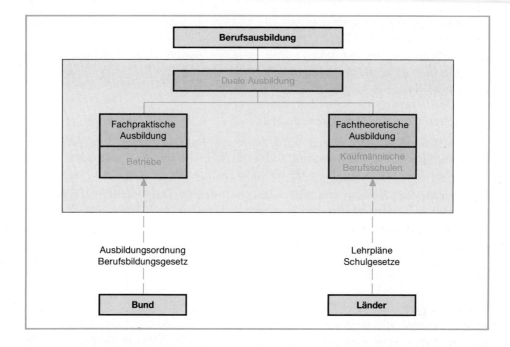

1.3 Ausbildungsordnung und Berufsbildungsgesetz, Ausbildungsvertrag

1.3.1 Ausbildungsordnung und Berufsbildungsgesetz – die Grundlagen des Ausbildungsvertrages

Es gibt über 400 staatlich anerkannte Ausbildungsberufe. Wer sich in einem Ausbildungsberuf ausbilden lassen will, schließt einen **Ausbildungsvertrag.** Seine genaue Bezeichnung lautet **Berufsausbildungsvertrag.**

Die Ausbildung im Ausbildungsberuf regelt die **Ausbildungsordnung.** Sie beschreibt, welche Fertigkeiten und Kenntnisse mindestens Gegenstand der Berufsausbildung sind **(Ausbildungsberufsbild).**

Ausbildungsordnungen für die kaufmännischen Ausbildungsberufe und für Ausbildungsberufe in Industrie, Landwirtschaft, Hauswirtschaft und Praxen werden auf der Grundlage des **Berufsbildungsgesetzes** erlassen.

Das Berufsbildungsgesetz ist die gesetzliche Grundlage für die **berufliche Erstausbildung** in einem staatlich anerkannten Ausbildungsberuf. Auf der Grundlage des Berufsbildungsgesetzes werden **Ausbildungsordnungen** erlassen.

1.3.2 Inhalt der Ausbildungsordnung

Die **Ausbildungsordnung** ist die Grundlage für eine geordnete und einheitliche Berufsausbildung. Sie hat mindestens festzulegen:

1. die Bezeichnung des Ausbildungsberufes,
2. die Ausbildungsdauer,

3. die Fertigkeiten und Kenntnisse, die Gegenstand der Berufsausbildung sind **(Ausbildungsberufsbild)**,

4. eine Anleitung zur sachlichen und zeitlichen Gliederung der Fertigkeiten und Kenntnisse **(Ausbildungsrahmenplan)**,

5. die Prüfungsanforderungen.

1.3.3 Der Berufsausbildungsvertrag

Der **Berufsausbildungsvertrag** wird zwischen dem Ausbildenden (das ist der Ausbildungsbetrieb) und dem Auszubildenden (bei einem minderjährigen Auszubildenden mit Zustimmung des gesetzlichen Vertreters) geschlossen.

Der **Ausbildende** hat den **wesentlichen Inhalt des Vertrages schriftlich niederzulegen.** Die **Niederschrift** muß mindestens Angaben enthalten über:

- Art, sachliche und zeitliche Gliederung sowie Ziel der Berufsausbildung,
- Beginn und Dauer der Berufsausbildung,
- Ausbildungsmaßnahmen außerhalb der Ausbildungsstätte,
- Dauer der regelmäßigen täglichen Ausbildungszeit,
- Dauer der Probezeit,
- Zahlung und Höhe der Vergütung,
- Dauer des Urlaubs,
- Voraussetzungen, unter denen das Ausbildungsverhältnis gekündigt werden kann.

Der Ausbildungsvertrag

Ausbildender

Auszubildender

Privatrechtlicher Vertrag, der folgende Elemente enthalten muß:

- Ausbildungsberuf
- Sachliche und zeitliche Gliederung der Ausbildung
- Beginn und Dauer der Ausbildung
- Ergänzende Ausbildungsmaßnahmen
- Ausbildungszeit
- Dauer der Probezeit
- Höhe der Ausbildungsvergütung
- Dauer des Urlaubs
- Kündigung

(Unterschrift)　　　　(Unterschrift)

Quelle: BIBB

(ggf. der gesetzliche Vertreter)

ZAHLENBILDER

264 203

© Erich Schmidt Verlag GmbH

Der Ausbildungsvertrag wird regelmäßig schriftlich abgeschlossen.

Die Pflichten der beiden Vertragspartner (des Ausbildenden und des Auszubildenden) sowie Probezeit, Kündigung und Beendigung des Berufsausbildungsverhältnisses sind im Berufsbildungsgesetz geregelt. Die wichtigsten gesetzlichen Regelungen sind als Vereinbarungen im Ausbildungsvertrag enthalten:

> Durch den **Ausbildungsvertrag** kommt ein **Berufsausbildungsverhältnis** zustande. Es ist trotz seiner erziehungs- und ausbildungsrechtlichen Besonderheiten ein **Arbeitsverhältnis**.

Auszubildende sind Arbeitnehmer. Ihre Arbeitsbedingungen werden durch Tarifverträge geregelt.

▶ *Pflichten des Ausbildenden*

Der **Ausbildende** hat dafür zu sorgen, daß dem Auszubildenden die erforderlichen Kenntnisse und Fertigkeiten vermittelt werden.

> **§ 6 BBiG: Berufsausbildung**
>
> (1) Der Ausbildende hat
> 1. dafür zu sorgen, daß dem Auszubildenden die Fertigkeiten und Kenntnisse vermittelt werden, die zum Erreichen des Ausbildungszieles erforderlich sind, und die Berufsausbildung in einer durch ihren Zweck gebotenen Form planmäßig, zeitlich und sachlich gegliedert so durchzuführen, daß das Ausbildungsziel in der vorgesehenen Ausbildungszeit erreicht werden kann,
> 2. selbst auszubilden oder einen Ausbilder ausdrücklich damit zu beauftragen,
> 3. dem Auszubildenden kostenlos die Ausbildungsmittel, insbesondere Werkzeuge und Werkstoffe, zur Verfügung zu stellen, die zur Berufsausbildung und zum Ablegen von Zwischen- und Abschlußprüfungen, auch soweit solche nach Beendigung des Ausbildungsverhältnisses stattfinden, erforderlich sind,
> 4. den Auszubildenden zum Besuch der Berufsschule sowie zum Führen von Berichtsheften anzuhalten, soweit solche im Rahmen der Berufsausbildung verlangt werden, und diese durchzusehen,
> 5. dafür zu sorgen, daß der Auszubildende charakterlich gefördert sowie sittlich und körperlich nicht gefährdet wird.
>
> (2) Dem Auszubildenden dürfen nur Verrichtungen übertragen werden, die dem Ausbildungszweck dienen und seinen körperlichen Kräften angemessen sind.

Der Ausbildende hat dem Auszubildenden eine Ausbildungsvergütung zu zahlen. Der Ausbildende hat den Auszubildenden für die Teilnahme am Berufsschulunterricht freizustellen.

▶ *Pflichten des Auszubildenden*

> **§ 9 BBiG: Verhalten während der Berufsausbildung**
>
> Der Auszubildende hat sich zu bemühen, die Fertigkeiten und Kenntnisse zu erwerben, die erforderlich sind, um das Ausbildungsziel zu erreichen. Er ist insbesondere verpflichtet,
> 1. die ihm im Rahmen seiner Berufsausbildung aufgetragenen Verrichtungen sorgfältig auszuführen,
> 2. an Ausbildungsmaßnahmen teilzunehmen, für die er nach § 7 freigestellt wird,
> 3. den Weisungen zu folgen, die ihm im Rahmen der Berufsausbildung vom Ausbildenden, vom Ausbilder oder von anderen weisungsberechtigten Personen erteilt werden,
> 4. die für die Ausbildungsstätte geltende Ordnung zu beachten,
> 5. Werkzeug, Maschinen und sonstige Einrichtungen pfleglich zu behandeln,
> 6. über Betriebs- und Geschäftsgeheimnisse Stillschweigen zu wahren.

1.4 Durchführung der Ausbildung

Die **Ausbildungsdauer** für die Ausbildung

- zum **Kaufmann für Bürokommunikation**/zur **Kauffrau für Bürokommunikation** sowie
- zum **Bürokaufmann**/zur **Bürokauffrau**

beträgt **drei Jahre.** Die im Ausbildungsberufsbild aufgeführten Fertigkeiten und Kenntnisse sollen nach dem **Ausbildungsrahmenplan** vermittelt werden, der in der Anlage 1 zur Ausbildungsordnung enthalten ist.

Eine vom Ausbildungsrahmenplan abweichende sachliche und zeitliche Gliederung ist z. B. zulässig, wenn betriebspraktische Besonderheiten die Abweichung erfordern.

Unter Zugrundelegung des Ausbildungsrahmenplans hat der Ausbildende für den Auszubildenden einen **Ausbildungsplan** zu erstellen.

Der Auszubildende hat ein **Berichtsheft in Form eines Ausbildungsnachweises** zu führen.

Der Auszubildende hat zwei Prüfungen abzulegen, die **Zwischenprüfung** und die **Abschlußprüfung.**

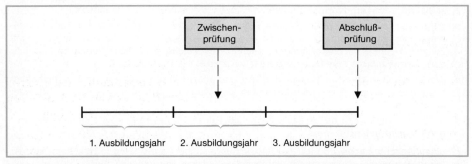

Die **Zwischenprüfung** erstreckt sich auf die Kenntnisse und Fertigkeiten, die der Ausbildungsrahmenplan für das erste Ausbildungsjahr vorsieht, und auf den in diesem Zeitraum im Berufsschulunterricht zu vermittelnden Lehrstoff, soweit er für die Berufsausbildung wesentlich ist. Die Zwischenprüfung muß schriftlich anhand praxisbezogener Fälle oder Aufgaben durchgeführt werden. Prüfungsfächer sind

- im Ausbildungsberuf **Kaufmann für Bürokommunikation/Kauffau für Bürokommunikation:**
  1. Bürowirtschaft,
  2. Betriebslehre
  3. Wirtschafts- und Sozialkunde.

- im Ausbildungsberuf **Bürokaufmann/Bürokauffrau:**
  1. Bürowirtschaft,
  2. Rechnungswesen,
  3. Wirtschafts- und Sozialkunde,

Für die Dauer der Prüfung sind höchstens 180 Minuten vorgesehen. Die Zwischenprüfung wird überwiegend in programmierter Form durchgeführt. Hierbei kann die Prüfungsdauer kürzer als 180 Minuten sein. Die Zwischenprüfung dient der Ermittlung des Ausbildungsstandes während der Ausbildungszeit. Die Teilnahme an dieser Prüfung ist Voraussetzung für die Zulassung zur Abschlußprüfung.

Die **Abschlußprüfung** erstreckt sich auf die Kenntnisse und Fertigkeiten, die in der Ausbildungsordnung aufgeführt sind, und auf den im Berufsschulunterricht vermittelten Lehrstoff, soweit er für die Berufsausbildung wesentlich ist.

Die Durchführung der Abschlußprüfung wird durch die **Prüfungsordnung der zuständigen Industrie- und Handelskammer** geregelt.

Die Abschlußprüfung wird schriftlich in den beiden bürowirtschaftlichen Ausbildungsberufen in **denselben Prüfungsfächern wie in der Zwischenprüfung** durchgeführt.

Gegenstand der **praktischen Prüfung** sind

- im Ausbildungsberuf **Kaufmann für Bürokommunikation/Kauffrau für Bürokommunikation:**
  1. Informationsverarbeitung,
  2. Sekretariats- und Fachaufgaben.

- im Ausbildungsberuf **Bürokaufmann/Bürokauffrau:**
  1. Auftragsbearbeitung und Büroorganisation,
  2. Informationsverarbeitung,

Für die **Beendigung des Berufsausbildungsverhältnisses** gilt:

Während der Probezeit, die mindestens einen Monat betragen muß und höchstens drei Monate betragen darf, kann das Ausbildungsverhältnis von beiden Seiten fristlos gekündigt werden. Gründe dafür müssen nicht angegeben werden.

Nach Ablauf der Probezeit kann das Ausbildungsverhältnis von beiden Seiten bei Vorliegen eines wichtigen Grundes fristlos gekündigt werden. Will der Auszubildende nach Ablauf der Probezeit die Ausbildung aufgeben oder den Ausbildungsberuf wechseln, kann er das Ausbildungsverhältnis mit einer Frist von vier Wochen kündigen. Eine Kündigung nach der Probezeit muß schriftlich und mit Angabe der Kündigungsgründe erfolgen.

Das **Berufsausbildungsverhältnis endet mit Ablauf der Ausbildungszeit.** Legt der Auszubildende vorher die Abschlußprüfung ab, endet das Ausbildungsverhältnis **mit Bestehen der Prüfung.** Bei Nichtbestehen der Prüfung muß der Ausbildende auf Antrag des Auszubildenden den Vertrag bis zur nächstmöglichen Wiederholungsprüfung, höchstens um ein Jahr, verlängern.

1.5 Der Arbeitsschutz nach dem Jugendarbeitsschutzgesetz

Arbeitsschutzbestimmungen finden sich in verschiedenen Gesetzen und Verordnungen.

Der **Arbeitsschutz nach dem Jugendarbeitsschutzgesetz** ist

- **Gesundheits- und Unfallschutz,**
- **Schutz der Arbeitskraft** und
- **Schutz des Urlaubsanspruches.**

Jugendarbeitsschutz			
	Gesundheits- und Unfallschutz	Schutz der Arbeitskraft (Arbeitszeitschutz)	Urlaubsanspruch
Sonderschutz für Jugendliche (Jugendlicher im Sinne des Jugendarbeitsschutzgesetzes ist, wer 14, aber noch nicht 18 Jahr alt ist.)	• Verbot der Kinderarbeit (unter 15 Jahre) • Verbot gefährlicher und tempoabhängiger Arbeit (Fließband- und Akkordarbeit) • Erstuntersuchungspflicht	• tägliche Arbeitszeit höchstens 8 Std. • wöchentliche Arbeitszeit höchstens 40 Std. • Fünftagewoche • Verbot der Sonntags- und Nachtarbeit	• erhöhter Urlaubsanspruch: – bis 16 Jahre 30 Werktage, – bis 17 Jahre 27 Werktage, – bis 18 Jahre 25 Werktage

Das **Jugendarbeitsschutzgesetz** faßt die Vorschriften zusammen, die zum **Schutz des jugendlichen Arbeitnehmers (bis zum 18. Lebensjahr)** notwendig sind.

Grundsätzlich beträgt das Mindestalter für die Beschäftigung 15 Jahre. Jugendliche, die der Vollzeitschulpflicht nicht mehr unterliegen, aber noch nicht 15 Jahre alt sind, dürfen

– in einem Berufsausbildungsverhältnis oder

– außerhalb eines Berufsausbildungsverhältnisses nur mit leichten und für sie geeigneten Tätigkeiten bis zu 7 Stunden täglich und 35 Stunden wöchentlich beschäftigt werden.

Der **Arbeitszeitschutz für Jugendliche** ist gegenüber dem allgemeinen Arbeitszeitschutz verschärft. Jugendliche dürfen nur an 5 Tagen in der Woche beschäftigt werden. Die tägliche Arbeitszeit einschließlich der Berufsschulzeit darf grundsätzlich 8 Stunden nicht überschreiten. An Samstagen und Sonntagen ist die Beschäftigung Jugendlicher nur in besonderen vom Gesetz genannten Fällen zulässig. Grundsätzlich ist Nachtarbeit verboten.

Jugendliche Arbeitnehmer haben bei einer Arbeitszeit von mehr als 4½ bis zu 6 Stunden einen Anspruch auf eine **Ruhepause** von 30 Minuten, bei einer Arbeitszeit von mehr als 6 Stunden einen Anspruch auf 60 Minuten Ruhepause. Die **Mindestruhezeit** zwischen zwei Arbeitstagen muß 12 Stunden (ohne Unterbrechung) betragen. Jugendliche haben einen **erhöhten Urlaubsanspruch.**

Der Arbeitgeber hat den Jugendlichen für die Teilnahme am **Berufsschulunterricht** freizustellen. Er darf den Jugendlichen nicht beschäftigen

1. vor einem vor 9 Uhr beginnenden Unterricht,

2. an einem Berufsschultag mit mehr als fünf Unterrichtsstunden von mindestens je 45 Minuten, einmal in der Woche,

3. in Berufsschulwochen mit einem planmäßigen Blockunterricht von mindestens 25 Stunden an mindestens 5 Tagen (zusätzliche betriebliche Ausbildungsveranstaltungen bis zu 2 Stunden wöchentlich sind aber zulässig).

Berufsschultage sind mit 8 Stunden, Berufsschulwochen bei Blockunterricht mit 40 Stunden auf die Arbeitszeit anzurechnen.

Das Jugendarbeitsschutzgesetz schreibt außerdem ärztliche Pflichtuntersuchungen vor. Es verbietet, jugendliche Arbeitnehmer mit gefährlichen Arbeiten sowie Akkord- und Fließbandarbeit zu beschäftigen.

In Betrieben mit mindestens einem Jugendlichen hat der Arbeitgeber das Jugendarbeitsschutzgesetz und die Anschrift der zuständigen Behörde (in der Regel Gewerbeaufsichtsamt) an geeigneter Stelle im Betrieb auszulegen oder auszuhängen.

In Betrieben mit mindestens 3 Jugendlichen hat der Arbeitgeber auch einen Aushang über Beginn und Ende der regelmäßigen täglichen Arbeitszeit und der Pausen der Jugendlichen an geeigneter Stelle im Betrieb anzubringen.

Einzelbestimmungen aus dem Jugendarbeitsschutzgesetz (Auszüge)

§ 12 Schichtzeit. *Bei der Beschäftigung Jugendlicher darf die Schichtzeit (§ 4 Abs. 2) 10 Stunden, im Bergbau unter Tage 8 Stunden, im Gaststättengewerbe, in der Landwirtschaft, in der Tierhaltung, auf Bau- und Montagestellen 11 Stunden nicht überschreiten.*

§ 14 Nachtruhe. *(1) Jugendliche dürfen nur in der Zeit von 6 bis 20 Uhr beschäftigt werden.*
(2) Jugendliche über 16 Jahre dürfen
1. im Gaststätten- und Schaustellergewerbe bis 22 Uhr,
2. in mehrschichtigen Betrieben bis 23 Uhr,
3. in der Landwirtschaft ab 5 Uhr oder bis 21 Uhr,
4. in Bäckereien und Konditoreien ab 5 Uhr
beschäftigt werden.
(3) Jugendliche über 17 Jahre dürfen in Bäckereien ab 4 Uhr beschäftigt werden.

§ 16 Samstagsruhe. *(1) An Samstagen dürfen Jugendliche nicht beschäftigt werden.*
(2) Zulässig ist die Beschäftigung Jugendlicher an Samstagen nur...
2. in offenen Verkaufsstellen, in Betrieben mit offenen Verkaufsstellen, in Bäckereien und Konditoreien, im Friseurhandwerk und im Marktverkehr,
3. im Verkehrswesen, ...
8. bei außerbetrieblichen Ausbildungsmaßnahmen, ...
Mindestens zwei Samstage im Monat sollen beschäftigungsfrei bleiben.
(3) Werden Jugendliche am Samstag beschäftigt, ist ihnen die Fünf-Tage-Woche (§ 15) durch Freistellung an einem anderen berufsschulfreien Arbeitstag derselben Woche sicherzustellen. In Betrieben mit einem Betriebsruhetag in der Woche kann die Freistellung auch an diesem Tage erfolgen, wenn die Jugendlichen an diesem Tage keinen Berufsschulunterricht haben.

§ 17 Sonntagsruhe. *(1) An Sonntagen dürfen Jugendliche nicht beschäftigt werden.*
(2) Zulässig ist die Beschäftigung Jugendlicher an Sonntagen nur
1. in Krankenanstalten...
(2) Jeder zweite Sonntag soll, mindestens zwei Sonntage im Monat müssen beschäftigungsfrei bleiben.
(3) Werden Jugendliche am Sonntag beschäftigt, ist ihnen die Fünf-Tage-Woche (§ 15) durch Freistellung an einem anderen berufsschulfreien Arbeitstag derselben Woche sicherzustellen. In Betrieben mit einem Betriebsruhetag in der Woche kann die Freistellung auch an diesem Tage erfolgen, wenn die Jugendlichen an diesem Tage keinen Berufsschulunterricht haben.

§ 22 Gefährliche Arbeiten. *(1) Jugendliche dürfen nicht beschäftigt werden*
1. mit Arbeiten, die ihre Leistungsfähigkeit übersteigen,
2. mit Arbeiten, bei denen sie sittlichen Gefahren ausgesetzt sind,
3. mit Arbeiten, die mit Unfallgefahren verbunden sind, von denen anzunehmen ist, daß Jugendliche sie wegen mangelnden Sicherheitsbewußtseins oder mangelnder Erfahrung nicht erkennen oder nicht abwenden können,
4. mit Arbeiten, bei denen ihre Gesundheit durch außergewöhnliche Hitze oder Kälte oder starke Nässe gefährdet wird,

§ 23 Akkordarbeit; tempoabhängige Arbeiten. *(1) Jugendliche dürfen nicht beschäftigt werden*
1. *mit Akkordarbeit und sonstigen Arbeiten, bei denen durch ein gesteigertes Arbeitstempo ein höheres Entgelt erzielt werden kann,*
2. *in einer Arbeitsgruppe mit erwachsenen Arbeitnehmern, die mit Arbeiten nach Nummer 1 beschäftigt werden,*
3. *mit Arbeiten, bei denen ihr Arbeitstempo nicht nur gelegentlich vorgeschrieben, vorgegeben oder auf andere Weise erzwungen wird.*
(2) Absatz 1 Nr. 2 gilt nicht für die Beschäftigung Jugendlicher,
1. *soweit dies zur Erreichung ihres Ausbildungszieles erforderlich ist oder*
2. *wenn sie eine Berufsausbildung für diese Beschäftigung abgeschlossen haben und ihr Schutz durch die Aufsicht eines Fachkundigen gewährleistet ist.*

Aufgaben

1 Kündigung des Ausbildungsverhältnisses

Die Auszubildende Jutta Holz hat ihre Ausbildung zur Bürokauffrau bei der Container-Dienst GmbH am 1. August begonnen. Zum Jahresende ist sie zu der sicheren Überzeugung gelangt, daß sie mehr Eignung für einen technischen Beruf besitzt. Sie möchte zum 1. Februar eine Ausbildung als technische Zeichnerin beginnen.

a) Kann sie das Ausbildungsverhältnis mit der Container-Dienst GmbH kündigen?
b) Welche Kündigungsfrist hat sie gegebenenfalls einzuhalten?

2 Schweigepflicht des Auszubildenden

Geben Sie drei Beispiele für Geschäftsangelegenheiten, über die der Auszubildende gegenüber Außenstehenden Stillschweigen bewahren muß!

3 Pflichten des Auszubildenden

Der Auszubildende hat u. a. folgende Pflichten zu erfüllen

● die Lernpflicht
● die Dienstleistungspflicht

a) Erläutern Sie diese Pflichten!
b) Führen Sie weitere Pflichten an, die der Auszubildende zu erfüllen hat!

4 Pflichten des Ausbildenden

Der Ausbildende hat u. a. folgende Pflichten zu erfüllen

● die Ausbildungspflicht
● die Fürsorgepflicht

Geben Sie die Textstellen des Berufsbildungsgesetzes an, in denen diese Pflichten geregelt sind!

5 Kündigungsmöglichkeiten nach dem Berufsbildungsgesetz

Welche Möglichkeiten sieht das Berufsbildungsgesetz für die Kündigung eines Berufsausbildungsverhältnisses vor?

a) Das Berufsausbildungsverhältnis kann jederzeit ohne Einhaltung einer Kündigungsfrist gekündigt werden.

b) Das Berufsausbildungsverhältnis kann während der Probezeit ohne Einhaltung einer Kündigungsfrist gekündigt werden.

26

c) Das Berufsausbildungsverhältnis kann nach der Probezeit aus wichtigem Grunde ohne Einhaltung einer Kündigungsfrist gekündigt werden.

d) Das Berufsausbildungsverhältnis kann nach der Probezeit aus wichtigem Grunde mit Einhaltung einer Kündigungsfrist von 4 Wochen gekündigt werden.

e) Das Berufsausbildungsverhältnis kann nach der Probezeit ohne Einhaltung einer Kündigungsfrist gekündigt werden, wenn der Auszubildende sich für eine andere Berufstätigkeit entscheidet.

f) Das Berufsausbildungsverhältnis kann nach der Probezeit mit Einhaltung einer Kündigungsfrist von 4 Wochen gekündigt werden, wenn der Auszubildende sich für eine andere Berufstätigkeit entscheidet.

6 Berufsbildungsgesetz, Ausbildungsordnung, Ausbildungsvertrag

Übernehmen Sie die unten aufgeführten Sätze in Ihr Arbeitsheft und setzen Sie in die Lücken ein:
① Berufsausbildungsgesetz
② Ausbildungsordnung
③ Ausbildungsvertrag

a) Ausbildungsordnungen werden auf der Grundlage ... erlassen.
b) Ein Berufsausbildungsverhältnis kommt durch ... zustande.
c) Das Ausbildungsberufsbild ist in ... enthalten.
d) ... regelt die Ausbildung im Ausbildungsberuf.
e) Die Pflichten des Ausbildenden und des Auszubildenden sind in ... und in ... geregelt.

7 Jugendarbeitsschutz

Prüfen Sie die folgenden Angaben zum Jugendarbeitsschutz!

Welche sind
① richtig
② falsch?

a) Jugendliche dürfen täglich höchstens 8 Stunden beschäftigt werden.

b) Jugendliche dürfen täglich höchstens 9 Stunden beschäftigt werden.

c) Jugendliche dürfen wöchentlich höchstens 42 Stunden beschäftigt werden.

d) Jugendliche dürfen wöchentlich höchstens 40 Stunden beschäftigt werden.

e) An Tagen mit Berufsschulunterricht von mindestens 6 Zeitstunden dürfen Jugendliche nicht mehr beschäftigt werden.

f) An einem Berufsschultag mit mehr als 5 Unterrichtsstunden von mindestens je 45 Minuten dürfen Jugendliche nicht mehr beschäftigt werden. Dies gilt für einen Tag in der Woche.

g) Unter das Jugendarbeitsschutzgesetz fallen Jugendliche zwischen dem 14. und 18. Lebensjahr.

h) Unter das Jugendarbeitsschutzgesetz fallen Jugendliche zwischen dem 15. und 21. Lebensjahr.

8 Jugendarbeitsschutzgesetz

Wolfgang Hahn hat seine Ausbildung als Kaufmann für Bürokommunikation beendet und einen Arbeitsvertrag mit seinem Ausbildungsbetrieb geschlossen. Der Arbeitsvertrag sieht eine wöchentliche Arbeitszeit von 38,5 Stunden vor; an vier Tagen soll er 7,5 Stunden, an einem Tag 8,5 Stunden arbeiten. Wolfgang Hahn ist bei Abschluß seiner Ausbildung 17 Jahre und 5 Monate alt.

Darf die genannte Arbeitsregelung vereinbart werden?

2.1 Wirtschaftliche Grundbegriffe

2.1.1 Weltwirtschaft – Volkswirtschaften – Einzelwirtschaften

▶ **Die Weltwirtschaft**

Von der Weltwirtschaft spricht man, wenn die Wirtschaftsbeziehungen gemeint sind, die Staaten bzw. Staatengruppen der Erde miteinander verbinden. In der Weltwirtschaft findet ein internationaler Handels-, Dienstleistungs- und Kapitalverkehr statt.

Eine zusammenhängende Weltwirtschaft mit einem Güteraustausch zwischen den Staaten (Außenhandel) entstand Ende des 18. Jahrhunderts/Anfang des 19. Jahrhunderts. Das heutige Handelsgeflecht in der Weltwirtschaft zeigt das folgende Bild.

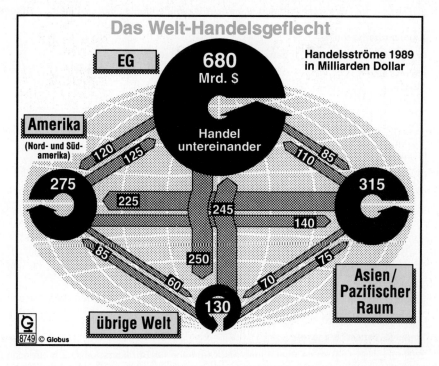

Das Welt-Handelsgeflecht

EG — 680 Mrd. $ — Handelsströme 1989 in Milliarden Dollar — Amerika (Nord- und Südamerika) — Handel untereinander — 120 — 125 — 110 — 85 — 275 — 225 — 245 — 140 — 315 — 85 — 250 — 75 — 60 — 70 — 130 — Asien/Pazifischer Raum — übrige Welt — 8749 © Globus

Die Weltwirtschaft ist sehr unterschiedlich entwickelt. Die USA, die Staaten der Europäischen Gemeinschaft (EG), die Sowjetunion und Japan zählen zu den Industrieländern, in denen aufgrund eines hohen technischen Entwicklungsstandes eine hohe Produktion von Gütern möglich ist, so daß die Menschen in diesen

Ländern im allgemeinen ausreichend oder sogar reichlich mit Gütern versorgt sind. Viel mehr Menschen leben aber in den Entwicklungsländern, also in Staaten mit geringer Güterproduktion und dementsprechend großer Armut der meisten dort lebenden Menschen.

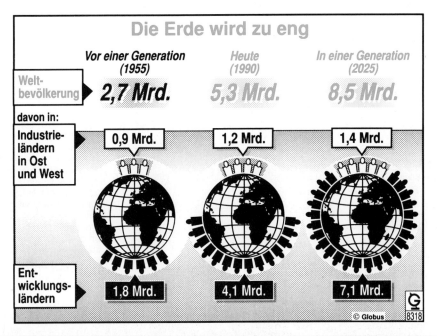

Die Erde wird zu eng

	Vor einer Generation (1955)	Heute (1990)	In einer Generation (2025)
Weltbevölkerung	**2,7 Mrd.**	**5,3 Mrd.**	**8,5 Mrd.**

davon in:

| Industrieländern in Ost und West | 0,9 Mrd. | 1,2 Mrd. | 1,4 Mrd. |
| Entwicklungsländern | 1,8 Mrd. | 4,1 Mrd. | 7,1 Mrd. |

© Globus 8318

In der Weltwirtschaft gibt es Länder mit hoher Güterproduktion (Industrieländer) und Länder mit geringer Güterproduktion (Entwicklungsländer).

▶ *Die Volkswirtschaft*

Als **Volkswirtschaft** bezeichnet man die **Wirtschaft eines Staates,** die eine bestimmte rechtliche Ordnung hat **(Wirtschaftsordnung).**

In der Bundesrepublik Deutschland wird die Wirtschaftsordnung als Soziale Marktwirtschaft bezeichnet (Erläuterungen dazu im Abschnitt 10).

▶ *Die Einzelwirtschaften*

Die Volkswirtschaft besteht aus Einzelwirtschaften. Sie werden auch als **Wirtschaftssubjekte** bezeichnet.

Zu den **Einzelwirtschaften** zählen die **Unternehmen (Betriebe),** in denen Güter hergestellt und bereitgestellt werden, die **privaten Haushalte,** in denen Güter verbraucht werden, sowie die **öffentlichen Haushalte,** die ebenfalls Güter verbrauchen, aber auch Güter in Form von Dienstleistungen produzieren.

```
┌─────────────────────────────────────────────────────────────────┐
│                    ┌──────────────────────┐                       │
│                    │   Einzelwirtschaften  │                       │
│                    │   (Wirtschaftssubjekte)│                      │
│                    └──────────────────────┘                       │
└─────────────────────────────────────────────────────────────────┘
```

Private Haushalte

Einzelwirtschaften, die hauptsächlich Güter konsumieren:
- Einzelpersonen und Familien
- Organisationen ohne Erwerbscharakter (Vereine, Kirchen, Gewerkschaften, politische Parteien)

Unternehmen

Einzelwirtschaften, die Güter produzieren
(herstellen und bereitstellen):
z. B.
Industrie- und Handelsbetriebe, Handwerksbetriebe, land- und forstwirtschaftliche Betriebe, Kreditinstitute, Bundesbahn, Bundespost

Öffentliche Haushalte

Einzelwirtschaften, die Güter konsumieren, aber auch Güter (Dienstleistungen) produzieren, die i.d.R. ohne direktes Entgelt anderen Wirtschaftssubjekten zur Verfügung gestellt werden
(z. B. Leistungen der öffentlichen Verwaltung):
- Haushalte des Bundes, der Länder und der Gemeinden
- Haushalte der Träger der Sozialversicherung (Krankenversicherung, Arbeitslosenversicherung, Rentenversicherung, Unfallversicherung)
(Zusammenfassung aller öffentlichen Haushalte unter der Bezeichnung **„Staat"**)

Die Tätigkeit aller Wirtschaftssubjekte ist direkt oder indirekt darauf gerichtet, die Bedürfnisse von Menschen zu befriedigen.

2.1.2 Unbegrenzte Wünsche und knappe Mittel: die Bedürfnisse und die Güter

Der Traum vom Schlaraffenland...

,,Stellen wir uns vor, wir lebten im Schlaraffenland. Dort herrschen bekanntlich Müßiggang und Überfluß. Wer Hunger verspürt, nimmt sich einfach ein gebratenes Hähnchen, wer Durst hat, für den stehen sämtliche Sorten Wein zur Verfügung .Jeder fährt mit einem teuren Auto umher, und wem sein Wagen nicht mehr gefällt, der nimmt sich einfach einen anderen. Und um in diesem Wunderland zu leben, braucht man – kaum vorstellbar – nicht eine einzige Minute zu arbeiten, braucht man nicht einen einzigen Pfennig Geld...

Das ist natürlich ein Märchen; die Wirklichkeit sieht anders aus. Warum? Gewiß, auch in der Wirklichkeit haben wir Bedürfnisse, beispielsweise Hunger. Um diesen Hunger zu stillen (und damit das Bedürfnis zu befriedigen), haben wir in einem reichen Land ... mannigfaltige Möglichkeiten: Wir können uns an einer Grillstation eine Currywurst besorgen oder auch in einem Supermarkt den Einkaufswagen mit den feinsten Lebensmitteln füllen. Insofern besteht noch kein Unterschied zum Schlaraffenland. Nur – in der Wirklichkeit müssen wir für diese Produkte und Dienstleistungen bezahlen.

Durch den Zwang, eine Ware nur gegen Entgelt zu bekommen, wird sie zu einem knappen Gut, so massenhaft sie auch im Regal des Supermarkts liegen mag. ,Knappheit' bedeutet, daß wir für Produkte und Dienste nur einen bestimmten Betrag zur Verfügung haben, den

Betrag nämlich, den wir als Lohn oder Gehalt – als Einkommen – monatlich für unsere Arbeit erhalten. Von diesem Geld müssen wir aber nicht nur Lebensmittel bezahlen, sondern auch die Wohnungsmiete, das Telefon, Versicherungen, die Krankenkasse, das Zeitungsabonnement, die Rundfunkgebühren, den Theater- und Kinobesuch, die Autoreparatur, das Bier abends in der Gastwirtschaft usw."

Quelle: „Der Wirtschaftsteil der Zeitung – richtig gelesen und genutzt", Heyne-Kompaktwissen, S. 11

2.1.2.1 Die Bedürfnisse der Menschen

Menschen haben Wünsche, die sie befriedigen wollen. Man nennt diese Wünsche **Bedürfnisse.**

Bedürfnisse (Hunger, Durst, Schlafbedürfnis, Bedürfnis nach Information, Unterhaltung usw.) können die physische, aber auch die psychische und geistige Ebene des Menschen betreffen (Bedürfnis nach sozialen Kontakten, Bedürfnis nach Anerkennung).

Bedürfnisse sind **subjektive Mangelempfindungen;** nur der einzelne Mensch kann für sich die Frage beantworten, ob er einen Mangel empfindet.

Bedürfnisse können aus dem Menschen heraus entstehen. Auf die Entstehung von Bedürfnissen können aber Faktoren von außen einwirken. Werbung kann den Menschen beeinflussen. Die Zugehörigkeit des Menschen zu bestimmten sozialen Gruppen (Familie, Beruf, Betrieb, Verein, Gesellschaftsschicht) kann unterschiedliche Bedürfnisse entstehen lassen.

In der Natur des Menschen ist begründet, daß er seine Ansprüche erweitert, sobald er ein zuvor angestrebtes Niveau der Bedürfnisbefriedigung erreicht hat. Welcher Mensch möchte nicht auch einen CD-Player haben? Wer möchte nicht als Zusatzgerät zum Farbfernseher einen Videorecorder besitzen?

Die Bedürfnisse des Menschen sind unbegrenzt.

▶ *Die Einteilung der menschlichen Bedürfnisse nach der Dringlichkeit*

Die Einteilung ist umstritten, weil die Bedürfnisse eines Menschen nur schwer zuzuordnen sind. Zu den absoluten Existenzbedürfnissen rechnen die Bedürfnisse, die sich aus dem Selbsterhaltungstrieb des Menschen ergeben: die Bedürfnisse nach Nahrung, Kleidung und Unterkunft. Die Zuordnung der Bedürfnisse, die darüber hinausgehen, kann nur individuell, d.h. aus der Sicht des einzelnen Menschen, erfolgen.

Wie die folgende Abbildung verdeutlicht, ist „heute oft eine Selbstverständlichkeit, was früher als Luxus galt und für viele unerschwinglich war".

Vom Luxus zur Grundausstattung: Wie ist die durchschnittliche deutsche Familie ausgestattet? Was gehört zur Standardausstattung, und was fehlt noch im Haushalt? Was die langlebigen Gebrauchsgüter angeht – also meist teure Anschaffungen, die eine Weile halten sollen –, so gibt das Statistische Bundesamt alljährlich darüber Auskunft, wer was hat. Diese Bestandsaufnahme ist gleichsam zu einem Spiegelbild des in der Bundesrepublik Deutschland (alte Länder) erreichten Wohlstands geworden; denn **was früher als Luxus galt und für viele unerschwinglich war, ist heute oft eine Selbstverständlichkeit.** So steht zum Beispiel die teuerste aller Anschaffungen, das **Auto,** inzwischen bei **97 Prozent aller Arbeitnehmerfamilien mit mittlerem Einkommen** vor der Haustür. Vor zwanzig Jahren, 1970, besaß nur die Hälfte dieser Familien einen eigenen Wagen.

Die Zuordnung der Bedürfnisse eines Menschen ist abhängig

- von seinen individuellen Einschätzungen und Ansichten,
- von dem Entwicklungsstand der Gesellschaft, in dem ein Mensch lebt (Art und Umfang des Güterangebots in der Gesellschaft, soziale Rahmenbedingungen) und
- von der Höhe seines verfügbaren Einkommens.

▶ *Die Einteilung der Bedürfnisse nach der Art der Befriedigung*

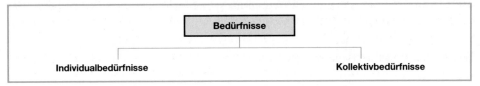

Individualbedürfnisse werden durch den einzelnen Menschen allein befriedigt. **Kollektivbedürfnisse** werden durch die Gemeinschaft befriedigt.

Das Bedürfnis nach Nahrung, nach Kleidung, nach einem Auto kann individuell befriedigt werden. Die Befriedigung von Bedürfnissen nach sozialer Sicherheit oder nach Rechtssicherheit setzt Gemeinschaftseinrichtungen voraus.

2.1.2.2 Die Güter

Als **Güter** bezeichnet man **alle Mittel** zur Befriedigung von Bedürfnissen der Menschen.

▶ *Knappe und freie Güter*

Fast alle Güter auf der Erde sind **knappe Güter.** Sie sind nicht unbegrenzt vorhanden, und sie müssen unter Aufwand hergestellt und bereitgestellt werden. Knappe Güter werden auch als **wirtschaftliche Güter** bezeichnet. Ihr charakteristisches Merkmal ist, daß sie einen **Preis** haben.

Der **Preis eines Gutes** ist der **Ausdruck für den Grad der Knappheit.** Er gibt Aufschluß über das Ausmaß der bestehenden Nachfrage im Verhältnis zum vorhandenen Angebot eines Gutes.

Als knapp sind alle Güter anzusehen, die im Verhältnis zu den Bedürfnissen nur in begrenzter Menge vorhanden sind.

Den Gegensatz zu knappen Gütern bilden die **freien Güter.** Frei sind Güter, die im Verhältnis zu den Bedürfnissen in unbegrenzter Menge vorhanden sind und zu deren Bereitstellung kein Aufwand erforderlich ist. Charakteristisches Merkmal von freien Gütern ist, daß sie **keinen Preis** haben.

▶ *Umweltgüter und Industriegüter*

Als **Beispiele für freie Güter** werden u. a. oft Luft und Wasser genannt. Wenn man berücksichtigt, daß der Staat und die Unternehmen hohe Aufwendungen zur Luftreinhaltung machen müssen, z. B. um den Ausstoß an Schwefeldioxid zu verringern, wird deutlich, daß die Verbraucher für das Gut „saubere Luft" indirekt (und daher oft nicht bewußt) einen Preis zahlen müssen. Viele Millionen Deutsche Mark müssen jährlich aufgewendet werden, damit die Bewohner der Bundesrepublik Deutschland sauberes Wasser haben. Luft und Wasser sind nur scheinbar frei verfügbar: Die Verbraucher zahlen für die Kosten der Schadstoffverringerung durch Entrichtung von Steuern, mit denen der Staat umweltschützende Maßnahmen (wie z.B. Katalysatoren für Personenkraftwagen) fördert. Verbraucher zahlen auch für die Kosten der den Unternehmen vom Staat auferlegten Umweltschutzmaßnahmen, da die Unternehmen diese Kosten in ihre Verkaufspreise einkalkulieren.

Saubere Luft und sauberes Wasser sind heute keine freien Güter mehr. Sie stehen nicht mehr unbegrenzt zur Verfügung. Es sind Güter, die von der Natur in einem gebrauchs- oder verbrauchsfertigen Zustand bereitgestellt werden **(Umweltgüter),** aber aufgrund ihres begrenzten Vorhandenseins und der notwendigen Aufwendungen zu ihrer Erhaltung als knappe Güter angesehen werden müssen. Den Gegensatz bilden die **Industriegüter.**

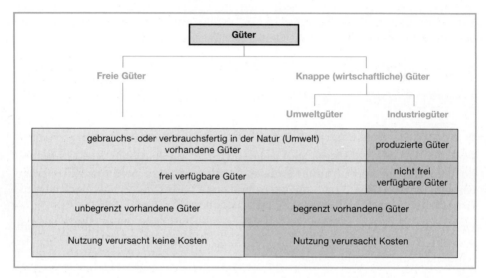

▶ *Materielle und immaterielle Güter, Konsumgüter und Produktionsgüter*

Güter können nach ihrem Wesen und nach ihrer Aufgabe unterschieden werden.

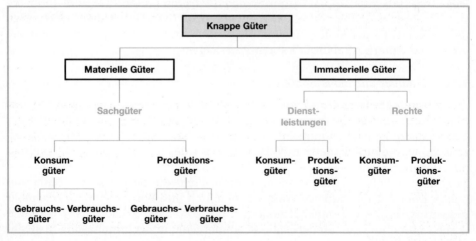

Nach ihrem Wesen werden materielle und immaterielle Güter unterschieden.

Materielle Güter sind **Sachgüter.**

> **Beispiele für materielle Güter:** Maschinen, Rohstoffe, Kraftfahrzeuge, Nahrungsmittel.

Immaterielle Güter sind **Dienstleistungen** und **Rechte.**

> **Beispiele für immaterielle Güter:** Leistungen eines Steuerberaters, Transportleistungen, Mietrecht an einer Wohnung, Patentrecht an einem Herstellungsverfahren.

Die **Einteilung in Konsumgüter und Produktionsgüter** erfolgt nach der Aufgabe, die Güter bei der menschlichen Bedürfnisbefriedigung haben.

> Als **Konsumgüter** bezeichnet man Güter, die am Ende eines Produktionsprozesses stehen und die Bedürfnisse von Menschen direkt befriedigen können. **Produktionsgüter** (auch als Investitionsgüter bezeichnet) dienen nicht unmittelbar der Bedürfnisbefriedigung, sondern werden zur Produktion anderer Güter verwendet.

Ein privat genutzter Computer ist ein Konsumgut. Ein betrieblich genutzter Computer ist ein Produktionsgut. Für die Entscheidung ist die Frage maßgebend „Wer nutzt das Gut – ein privater Haushalt oder ein Betrieb"? Auch Dienstleistungen und Rechte können Konsumgüter oder Produktionsgüter sein.

Gebrauchsgüter stehen längerfristig zur Verfügung, z.B. ein Personenwagen als Konsumgut in einem Haushalt oder als Produktionsgut in einem Unternehmen. **Verbrauchsgüter** werden als Konsumgüter (ihrer Bestimmung entsprechend) vernichtet, so z.B. Lebensmittel beim Verzehr. Verbrauchsgüter als Produktionsgüter, wie z.B. Spanplatten, die in einer Möbelfabrik zu Regalen verarbeitet werden, gehen in einem neuen Produkt auf.

Auch **Informationen** können wirtschaftliche Güter sein. Informationen (als „zweckgerichtetes Wissen") sind Voraussetzung, um Entscheidungen zu treffen. Das gilt für die Einzelwirtschaft (Unternehmen, Haushalt) und für die Gesamtwirtschaft (Volkswirtschaft, Weltwirtschaft). Informationen, die einen Preis haben, sind (immaterielle) wirtschaftliche Güter, z.B. Nachrichtenübermittlung über Bildschirmtext.

2.1.3 Begrenzung der Bedürfnisbefriedigung durch das Einkommen – der Bedarf

Die meisten Menschen sind Arbeitnehmer; sie stellen ihre Arbeitskraft für die Herstellung und Bereitstellung von Gütern zur Verfügung und erhalten dafür **Einkommen** in Form von **Lohn oder Gehalt.** Selbständige und Unternehmer erzielen Einkommen, wenn ihre Tätigkeiten bzw. ihre Unternehmen **Gewinn** einbringen.

Einkommen erzielen aber auch diejenigen, die **Geldvermögen** besitzen und es anderen gegen **Zinsen** überlassen. Beispiel: Anlage von Geld auf einem Sparkonto bei einer Bank. Auch aus **Sachvermögen** kann Einkommen erzielt werden, z.B. als **Pacht** oder **Miete.**

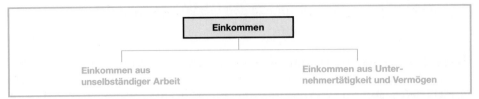

Da eine moderne Wirtschaft keine Naturaltauschwirtschaft (Tausch von Ware gegen Ware), sondern eine Geldtauschwirtschaft ist (Geld wird als Tauschmittel eingeschaltet), ist das Einkommen **Geldeinkommen.**

Mit Geldeinkommen können Güter (nach eigener Wahl) erworben werden: **Einkommen ist ein Anspruch auf Güter im Gegenwert der eigenen Leistung.**

Von dem Einkommen, das z. B. einem Arbeitnehmer als Lohn oder Gehalt zusteht, werden ihm **Lohnsteuer** und Beiträge zur Krankenversicherung, zur Arbeitslosenversicherung sowie zur Rentenversicherung **(Sozialversicherungsbeiträge)** abgezogen.

> **Bruttoeinkommen**
> ∕. Lohnsteuer
> ∕. Sozialversicherungsbeiträge
> = **Nettoeinkommen**

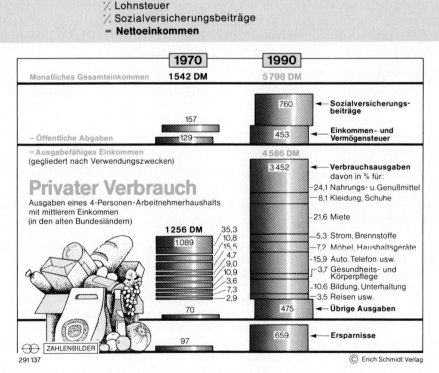

291 137   © Erich Schmidt Verlag

Durch eine Lohn- oder Gehaltserhöhung kann das verfügbare Einkommen steigen. Wenn aber auch gleichzeitig die Preise der Güter steigen, kann es sein, daß das Mehr an verfügbarem Einkommen durch den Preisanstieg ausgeglichen wird: Preissteigerungen mindern die Kaufkraft des Geldes; der Geldwert sinkt.

                     © Verlag Gehlen

> **Verfügbares Einkommen = Nominaleinkommen**
> ∕. Kaufkraftminderung
> **= Realeinkommen**

Das Realeinkommen, auch kaufkräftiges Einkommen genannt, bestimmt den Umfang, in dem Menschen ihre Bedürfnisse befriedigen können. Den unbegrenzten Bedürfnissen stehen begrenzte Geldmittel gegenüber. Der Mensch muß sich daher für die Erfüllung von dringlichen Wünschen entscheiden und auf die Erfüllung weniger dringlicher Bedürfnisse verzichten.

> Die Summe der Bedürfnisse, für die Geldmittel zur Verfügung stehen, wird als **Bedarf** bezeichnet.

2.1.4 Güternachfrage – Güterangebot – Preisbildung

2.1.4.1 Die Güternachfrage

> Nachfrage ist der Teil des Bedarfs, der durch einen Kaufentschluß am Markt wirksam wird.

Die **Nachfrage eines privaten Haushalts** (Nachfragemenge) nach einem Gut hängt von verschiedenen Faktoren ab.

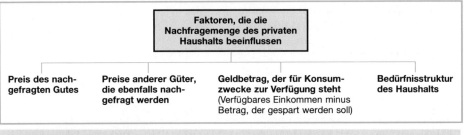

Faktoren, die die Nachfragemenge des privaten Haushalts beeinflussen			
Preis des nach-gefragten Gutes	Preise anderer Güter, die ebenfalls nach-gefragt werden	Geldbetrag, der für Konsum-zwecke zur Verfügung steht (Verfügbares Einkommen minus Betrag, der gespart werden soll)	Bedürfnisstruktur des Haushalts

Beispiel: Nachfrageverhalten

Peter Stoll hat monatlich 120 DM Ausgaben für Benzin eingeplant.

a) Der Preis für 1 Liter steigt von 1,20 DM auf 1,25 DM.

b) Der Preis für 1 Liter fällt von 1,20 DM auf 1,15 DM.

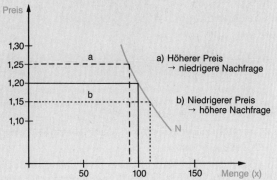

a) Höherer Preis
→ niedrigere Nachfrage

b) Niedrigerer Preis
→ höhere Nachfrage

Bei normalem Nachfrageverhalten nutzt ein Haushalt eingetretene Preissenkungen bei Konsumgütern zu höherer Nachfrage.

> Zwischen **Preis** und **Nachfragemenge eines Gutes** besteht bei normalem Nachfrageverhalten eine Beziehung:
> ● Je höher der Marktpreis eines Gutes, desto weniger wird von diesem Gut gekauft.
> ● Je niedriger der Marktpreis eines Gutes, desto mehr wird von diesem Gut gekauft.

Die Nachfragekurve verläuft bei normalem Nachfrageverhalten von links oben nach rechts unten. Sie zeigt, daß die **Nachfragemenge in umgekehrtem Verhältnis zum Preis** steht.

Ändert sich der Geldbetrag, der für Konsumzwecke zur Verfügung steht, z.B. durch eine Lohnerhöhung oder durch geringeres oder höheres Sparen, kommt es zu einer **Parallelverschiebung der Nachfragekurve:**

- nach links = Verringerung der Konsumsumme = weniger Nachfrage ($N_1 N_1$),

- nach rechts = Erhöhung der Konsumsumme = mehr Nachfrage ($N_2 N_2$).

Eine Verschiebung der Nachfragekurve ergibt sich auch bei den anderen in der Übersicht genannten Einflußfaktoren.

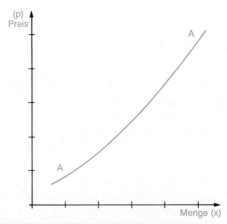

2.1.4.2 Das Güterangebot

Jedes **Unternehmen** ist bestrebt, Preise für seine Erzeugnisse und Leistungen zu erzielen, die möglichst hoch sind. Bei normalem Angebotsverhalten nutzt ein Unternehmen eine eingetretene Preiserhöhung eines Produktes auf dem Absatzmarkt dazu, eine größere Menge dieses Produktes anzubieten. Mit dem **Ziel der Gewinnerhöhung** steigert es seine **Umsatzerlöse (Absatzmenge × Stückpreis).** Dies setzt voraus, daß dem Unternehmen noch freie Kapazitäten zur Verfügung stehen.

Zwischen **Preis** und **Angebotsmenge eines Gutes** besteht bei normalem Angebotsverhalten eines Unternehmens eine Beziehung:

- Je höher der Preis des angebotenes Gutes, desto größer ist die Angebotsmenge.
- Je niedriger der Preis des angebotenen Gutes, desto kleiner ist die Angebotsmenge.

Die Angebotskurve verläuft bei normalem Angebotsverhalten von links unten nach rechts oben.

Auch bei der Angebotskurve kann es zu **Parallelverschiebungen** nach links oder rechts kommen, so z.B. bei steigenden oder sinkenden Herstellungskosten des Produktes.

2.1.4.3 Die Preisbildung auf dem Markt

Auf einem **Markt** treffen **Anbieter** und **Nachfrager** zusammen. Anbieter wollen verkaufen, Nachfrager wollen kaufen. Aufgrund von Angebot und Nachfrage bildet sich auf dem Markt der **Preis**.

Ein **Markt** ist überall dort, **wo Anbieter und Nachfrager sich treffen.**

··· heute am markt ···

Wer bietet was?   Was gibt es wo?

WOHNEN

WASSERSPORT

ZU VERMIETEN

★   **GLÜCKSBURG**   ★
Doppelhs. 2 1/2 Zi. 70 m² Gä.-WC,
Ebkü, Bad neu, Teppbd. Keller f.
Ehepaar KM nur 450,-
★ **W. TÜXEN RDM 0461/12009**

Attraktive Dopp.-Haus-Hälfte, So-
litüde, reizvolle Lage, Komf.-
Ausstg., 125 m², langfr. zu verm.
MKL Werner P. Thomsen, 17831

2 Zim.-Wohng. 61 m² m. Balkon
Kellerr. u. Garage, 450,- KM
+ NK, **Tel. 0461/9515**

Ferienwohnungen in Flbg.
zu vermieten, 0461/96894

★ **NUR   DM 450,- WARM**   ★
2 Zi 45 m² renov. neues Bad Ebküche, Teppichbd. z. 1. 4. 83
★ **W. TÜXEN RDM 0461/12009**

Handewitt, 3 Zi.-NB, 600,- KM
Rothaug RDM, Handew. 04608/583

★   **KOMFHAUS B. FLBG.**   ★
4 Zi 106 m² Teppbd. Ebküche m.
Eßecke, Vollkeller, Kamin, Garage,
Garten KM nur 950,-
★ **W. TÜXEN RDM 0461/12009**

Gr. 2-Zi.-Whg. Jürgensby,
Du./WC/FH, Balkon KM 370,- DM
Liesack, Mkl., 0461/54725

ZU MIETEN

★   **WIR SUCHEN**   ★
Komfhs. bis DM 1000 Kalt in Har-
risl. od. Norden für auswärtiges
Lehrerehepaar, Vermiet. gar. keine
Kosten
★ **W. TÜXEN RDM 0461/12009**

★   **WIR SUCHEN**   ★
3-4 zi-Whg. in Fl nur gute Lage! F.
Beamten bis KM 550,- Vermiet. gar
keine Kosten!
★ **W. TÜXEN RDM 0461/12009**

Tauwerk
Seil-Sander, Norderhofenden 7

BUKH-Bootsmotoren
Rainer Haar KG, Flbg., T. 6085

VERSCHIEDENES

AN/VERKAUF

Garten 2000

Kiefern, Blautannen, Omorika-Fich-
ten und Lärchen 40 - 50 cm,
je 25 Stück DM 15,-

■ **Heu   z.   verk.   04646/314** ■

Softeismasch. „Carpigiani",
3 Zapfst., günstig zu verk.
0461/72740, ab 16 Uhr

B & O-Diamant-Nadeln f. Ihren
Plattensp.? – Natürl. hat Binder
sie! **Radio-Fernseh Binder**
(Vertragswerkst.)
Flbg., Fries. Str. 27 a, Tel. 13166

Im Alter gut versorgt!

Altenpension Hansen, Schafflund
Bundesverb.-Mitglied, 04639/7520

Kaufe guterh. Gebrauchtmöbel
Telefon 0461/27912

Rasenmäher m. Radantrieb, 4 PS
50 cm Schnittbreite **DM 775,-**
D. STEINER Gremmerup
Tel. 04634/9740

Fahnenstangen druckimpr.
m + o. Eichenfuss + Takellg.
Schwellen, Pfähle, Zäune
Stromerzeuger u. div. and.
Leichhauer, Holz/Baustoffe
Flbg.-Weiche, Tel. 91585

GRUNDSTÜCKE/GESCHÄFTE

VERKAUF

★   **HARRISLEE**   ★
Gepl. 2 Famhs. 180/750 m² 8 Zi.
Fehzg. Ebkü. Top Ausst. Keine Ma-
klergeb. günst. Preis!
★ **W. TÜXEN RDM 0461/12009**

Westliche Höhe
Gepl. Reihenhaus, 4 Z., FH
ca. 103 qm, DM 274000,-
Getho-Bau, Telefon 0461/17831

Reihenhaus - Glücksburg
Bremsberg/260000,- Vhdig.
Besonders gute Ausstattung
Paulsen, Imm., Flbg, Tel. 27260

★   **WIR SUCHEN**   ★
Harrislee 88 m² Ebkü. GäWC, 1 A
Austst. Sauna etc. 169000
★ **W. TÜXEN RDM 0461/12009**

Resthof i. Emmelsbüll, NF, 90 qm
Wohnfl., Scheune u. Stallungen,
3000 Grundstück, 146000,- DM
Imm. Tingleff, 0461/12882

Habe viele Wohnungen u. Häu-
ser zu verm. u. verk. **MKL Ramm**
Fl. 46944 tägl. b. 21 h

ANKAUF

★   **JETZT BAUEN!**   ★
Bauplätze im Ber. Flensburg
★ **W. TÜXEN RDM 0461/12009**

Suche Einf.-Hs. m. Einl.-Whg., Keller, Flbg./Umgeb. b. 220000,- v.
Priv., 0461/20500 od. ab 18 Uhr
0461/51461

Für Beruf, Freizeit, Urlaub
ohne Zwänge
Sommerhosen,
in den sonnigsten Farben
krempelshorts
Piratenhosen
Bermudas
Mouroejeans
...und viele viele T-shirts in
frischen fröhlichen
Farben
Let's go to **JEANS-TREFF**

DENGLER

GELDMARKT

Bargeld für jeden Zweck
Verm. **Hermann Wilken**
Flensburg, Friesische Str. 45
Telefon 0461/581313

Barkredite für jeden Zweck
schnell und problemlos vermittelt
KVZ-Verm.-GmbH, Große Straße 1
Flensburg,   Telefon   0461/17777

Auf Märkten werden nicht nur **Sachgüter** (z.B. Grundstücke, Bootsmotoren), sondern auch **Dienstleistungen,** wie z.B. die einer Altenpension oder Wohnraumnutzungen (Miete) gehandelt.

Für bestimmte Märkte haben sich im Laufe der Zeit feststehende Bezeichnungen gebildet: Stellengesuche und Stellenangebote bilden den **Arbeitsmarkt,** Angebot und Nachfrage nach Grundstücken den **Immobilienmarkt,** Mietangebote und Mietgesuche den **Wohnungsmarkt,** Kreditangebote und Kreditnachfrage den **Geld- und Kapitalmarkt** usw.

Besondere Märkte sind die in Form von **Börsen** organisierten Märkte, wie z.B. die **Warenbörsen,** die **Wertpapierbörsen** und die **Devisenbörsen.**

Wie zahlreiche Beispiele (Waschmittel, Fernsehgeräte, Taschenrechner usw.) zeigen, stehen die Anbieter auf vielen Märkten untereinander in einem starken **Wettbewerb (Konkurrenz).** Das ist gut für die Nachfrager, da ein großes Angebot den Preis drückt. Oftmals müssen sich die Anbieter mit Preisen begnügen, die wesentlich unter ihren ursprünglichen Preisvorstellungen und Preisforderungen liegen. Der Marktpreis nimmt hierauf keine Rücksicht. Er bildet sich allein aufgrund von Angebot und Nachfrage.

Der Wettbewerb auf einem Markt hängt davon ab, ob es auf dem Markt nur wenige Anbieter oder viele Anbieter gibt. Je größer die Zahl der Anbieter, um so größer ist der Konkurrenzkampf. Wer als Anbieter auf dem Markt nur wenige Wettbewerber hat, verhält sich anders, als wenn er viele Konkurrenten hat. Das gilt vor allem für Preisforderungen.

Allerdings kann es auch im Interesse der Anbieter liegen, sich untereinander friedlich zu verhalten, z.B. um durch Absprachen und gleichgerichtetes Verhalten die Existenz aller Anbieter auf dem Markt zu sichern. Die Gefahr eines solchen Verhaltens ist vor allem dann gegeben, wenn die Zahl der Anbieter nicht sehr groß ist und die einzelnen Anbieter entsprechend über Marktmacht verfügen.

Beispiel: Warenbörse

Auf einem Markt mit vielen Anbietern und vielen Nachfragern sowie guten Wettbewerbsvoraussetzungen (gleichartige Ware, Marktübersicht der Anbieter und Nachfrager) kommt es zu einem Marktgleichgewicht (Schnittpunkt von Angebotskurve und Nachfragekurve):
- Zum Preis von 20 DM wollen die Nachfrager 175 kg kaufen.
- Zum Preis von 20 DM wollen die Anbieter 175 kg verkaufen.

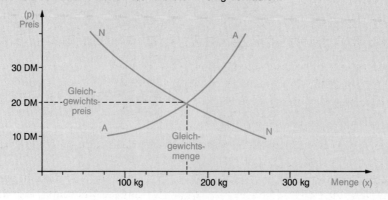

2.2 Die Notwendigkeit wirtschaftlichen Handelns unter Berücksichtigung ökologischer Erfordernisse

2.2.1 Wirtschaften und ökonomisches Prinzip

Wirtschaften umfaßt alle Tätigkeiten, die der Herstellung und Bereitstellung von Gütern sowie der Verwendung von Gütern zur Bedürfnisbefriedigung dienen.

Zum Wirtschaften rechnen also nicht nur die Tätigkeiten der unmittelbaren Gütergewinnung aus der Natur, die Be- und Verarbeitung von Gütern in Industrie- und Handwerksbetrieben, sondern auch der Transport von Gütern zur Weiterverarbeitung und zum Verbrauch, die Verteilung von Gütern durch Handelsbetriebe und der Konsum der Güter in den Haushalten durch Gebrauch und Verbrauch. Zum Wirtschaften zählen auch alle Dienstleistungen, die z. B. von Banken und Sparkassen, von Betrieben der Nachrichtenübermittlung, von Beratungsunternehmen, von Anwälten usw. erbracht werden.

Bei allen Tätigkeiten im Rahmen des Wirtschaftens müssen die Menschen das ökonomische Prinzip beachten. Es ist das **Grundprinzip des Wirtschaftens** und wird auch als wirtschaftliches Prinzip oder als Wirtschaftlichkeitsprinzip bezeichnet.

Das **ökonomische Prinzip** verlangt, daß

● **mit gegebenen Mitteln ein größtmöglicher Nutzen erreicht wird (Maximalprinzip)** oder

● **ein bestimmter Nutzen mit dem geringstmöglichen Einsatz an Mitteln erzielt wird (Minimalprinzip).**

Beispiele: Beachtung des ökonomischen Prinzips im Betrieb und im Haushalt

1. Eine Möbeltischlerei ist bestrebt, mit dem ihr zur Verfügung stehenden Bestand an Arbeitskräften und Maschinen einen möglichst hohen Umsatz zu erreichen. Der Betrieb handelt nach dem Maximalprinzip.

2. Eine Möbeltischlerei will den Auftrag zur Anfertigung eines Schlafzimmerschrankes für 5 000 DM mit möglichst geringem Arbeits- und Materialaufwand ausführen. Der Betrieb handelt nach dem Minimalprinzip.

3. Ein privater Haushalt hat für die Bestreitung des Lebensunterhalts 1 500 DM für einen Monat eingeplant. Er ist bemüht, mit diesem Betrag möglichst viele Nahrungsmittel zu erwerben. Er handelt nach dem Maximalprinzip.

4. Ein privater Haushalt will den Reinigungsmittelbedarf für einen Monat decken. Er sucht nach dem preisgünstigsten Anbieter. Dabei handelt er nach dem Minimalprinzip.

Die Beachtung des ökonomischen Prinzips ist erforderlich, da die Befriedigung von Bedürfnissen nur mit Mitteln möglich ist, die knapp sind. Das betrifft nicht nur die Rohstoffe, die aus der Natur gewonnen werden, sondern auch den Einsatz von menschlicher Arbeit und die Nutzung von Maschinen und Einrichtungen in den Unternehmen. Die Knappheit der Güter zwingt daher zu einem rationellen Einsatz. Der mögliche Nutzen muß im Verhältnis zu dem dafür erbrachten Aufwand betrachtet werden.

Unternehmen (Betriebe) wollen Gewinn erzielen. Gewinn ist die Differenz zwischen Ertrag und Aufwand. Hauptertragsquelle sind die Verkaufserlöse (Umsatzerlöse). Ein Ziel der Unternehmen ist daher die **Umsatzmaximierung.** Auf der Aufwandsseite sind die Unternehmen bestrebt, die Aufwendungen so gering wie möglich zu halten **(Aufwandsminimierung, Kostenminimierung).**

Haushalte sind bestrebt, mit dem Gütererwerb einen höchstmöglichen Konsumnutzen zu erreichen **(Nutzenmaximierung).**

2.2.2 Ökonomie und Ökologie, Wirtschaft und Umwelt

Die immer größer werdende **Belastung der Umwelt** bei der Güterproduktion in den Betrieben und beim Güterverbrauch in den Haushalten wirft Fragen auf:

- Zerstören die heutigen Formen von Produktion und Konsum zwangsläufig die Umwelt?

- Gibt es einen unüberbrückbaren Gegensatz zwischen der Lehre von der **Wirtschaft (Ökonomie)** und der Lehre von den Beziehungen der Lebewesen zu ihrer **Umwelt (Ökologie)?**

Das Fremdwort **„Ökonomie"** hat eine doppelte Bedeutung. Es wird für „Wirtschaft" und für die Lehre von der Wirtschaft verwendet.

Das Fremdwort **„Ökologie"** ist abgeleitet von dem griechischen „oikos" = Haushalt. Die Ökologie als Teilbereich der Biologie (Lehre von der belebten Natur) beschäftigt sich mit den Wechselwirkungen zwischen den Organismen (Pflanzen, Tiere, Menschen) und der Umwelt. Die Ökologie untersucht die Einwirkungen auf die Natur und das Gleichgewicht in der Natur (auch als ökologisches Gleichgewicht bezeichnet).

Zwischen Ökonomie und Ökologie besteht ein **Spannungsverhältnis:**

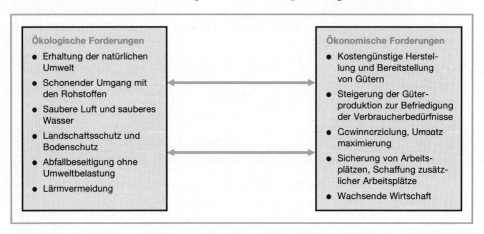

Die Menschen wollen eine **wachsende Wirtschaft,** weil sie ihnen mehr **Wohlstand** bringt (siehe Zahlenbild „Ausstattung der Haushalte").

Eine wachsende Wirtschaft führt jedoch auch dazu, daß Betriebe und Haushalte immer mehr **Umweltgüter** in Anspruch nehmen.

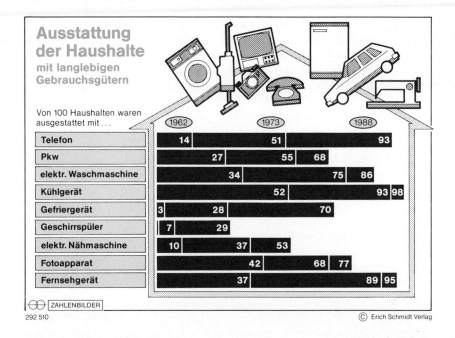

Ausstattung der Haushalte mit langlebigen Gebrauchsgütern

Von 100 Haushalten waren ausgestattet mit...

	1962	1973	1988
Telefon	14	51	93
Pkw	27	55	68
elektr. Waschmaschine	34	75	86
Kühlgerät	52	93	98
Gefriergerät	3	28	70
Geschirrspüler	7	29	
elektr. Nähmaschine	10	37	53
Fotoapparat	42	68	77
Fernsehgerät	37	89	95

ZAHLENBILDER

292 510

© Erich Schmidt Verlag

2.2.2.1 Nutzung der Umweltgüter – Belastung der Umwelt – Umweltgefahren

Die **wichtigsten Umweltgüter** sind **saubere Luft** und **sauberes Wasser, Fruchtbarkeit des Bodens** und eine **Landschaft, in der Pflanzen und Tiere ohne Eingriffe des Menschen wachsen und leben können.**

Umweltgüter werden von den Betrieben bei der **Produktion von Gütern** und Dienstleistungen und von den Haushalten beim **Konsum von Gütern** in Anspruch genommen.

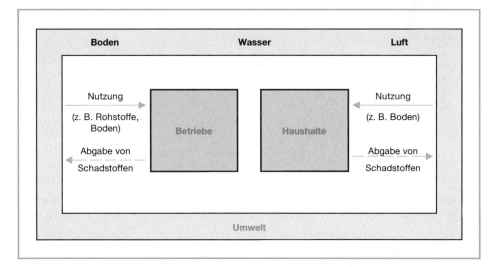

Zum einen nutzen Betriebe und Haushalte die Umwelt: Betriebe z.B. den Boden als Standort oder als Produktionsgrundlage (in der Landwirtschaft); Haushalte z.B. durch Wasserverbrauch. Zum anderen geben sowohl Betriebe als auch Haushalte Schadstoffe an die Umwelt ab: Betriebe z.B. durch Einleitungen in Gewässer, Haushalte durch Rückstände beim Güterkonsum (Müll).

> **Umweltgüter** werden von den Betrieben bei der **Produktion von Sachgütern und Dienstleistungen** und von den Haushalten **beim Verbrauch dieser Güter** in Anspruch genommen.

Noch vor wenigen Jahren haben wir uns keine Gedanken über die Inanspruchnahme und Nutzung der Umweltgüter gemacht. Mittlerweile hat jedoch die **Belastung unserer Umwelt** mit Schadstoffen ein Ausmaß erreicht, das die Regenerationsfähigkeit (Regeneration = Erneuerung, Wiederherstellung) der Natur zu übersteigen droht. Eine Reihe umweltschädigender Ereignisse und Entwicklungen, wie z.B. das Waldsterben, wasserbelastende Chemieunfälle, hohe Smogwerte oder Veränderungen der Atmosphäre (Ozonloch), haben ein stark wachsendes Umweltbewußtsein bewirkt. Von 100 befragten Bundesbürgern hielten 1980 19 den Umweltschutz für eine wichtige politische Aufgabe, 1988 dagegen 62.

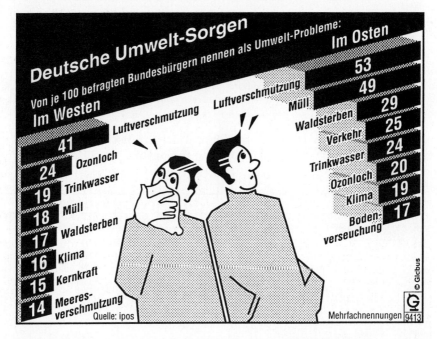

Deutsche Umwelt-Sorgen
Von je 100 befragten Bundesbürgern nennen als Umwelt-Probleme:

Im Westen

41	Luftverschmutzung
24	Ozonloch
19	Trinkwasser
18	Müll
17	Waldsterben
16	Klima
15	Kernkraft
14	Meeresverschmutzung

Im Osten

53	Luftverschmutzung
49	Müll
29	Waldsterben
25	Verkehr
24	Trinkwasser
20	Ozonloch
19	Klima
17	Bodenverseuchung

Quelle: ipos

Mehrfachnennungen

© Globus 9413

Der **Club of Rome** (mit 100 unabhängigen ordentlichen Mitgliedern) spricht in seinem **Bericht 1991 „Die globale Revolution"** von **weltweiten Umweltgefahren:**

- **Ausbreitung toxischer (giftiger) Substanzen in der Umwelt** (solche Substanzen sind biologisch nicht abbaubare Chemikalien und atomarer Müll),
- **Säuerung von Seen und Wäldern durch Schadstoffe,** die z.B. von Kohlekraftwerken und Stahlwerken abgegeben werden,

- **Verseuchung der oberen Schichten der Atmosphäre durch Fluorchlorkohlenwasserstoffe (FCKW),** die z. B. in Kühlschränken und als Treibgase in Spraydosen Verwendung finden,

- **Bedrohung der Erde durch den sog. Treibhauseffekt** (Einschränkung der solaren Strahlung von der Erde in den Weltraum, was zur Aufwärmung der Erde führt).

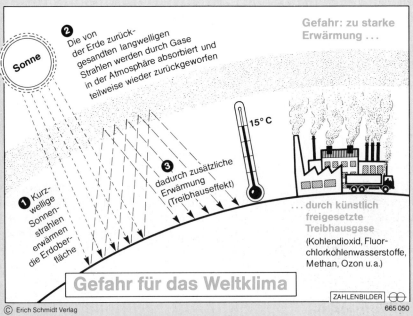

Dem natürlichen „Treibhauseffekt" ist es zu verdanken, daß auf der Erde überhaupt Leben gedeihen kann: Wie eine Glaskuppel läßt die Lufthülle der Erde zwar die kurzwelligen Sonnenstrahlen eindringen, aber die von der Oberfläche des Planeten zurückgesandten langwelligen Wärmestrahlen werden von bestimmten Gasen in der Atmosphäre (wie Wasserdampf, Kohlendioxid, Methan) absorbiert und teilweise wieder zur Erde zurückgeworfen, so daß sich die Erdoberfläche weiter aufwärmt.Die durchschnittliche Oberflächentemperatur der Erde, die sonst bei −18°C läge, steigt dadurch auf etwa + 15°C.

Unter der Einwirkung des Menschen droht der globale Wärmehaushalt nun aber aus dem Gleichgewicht zu geraten. Vor allem durch die **Verbrennung fossiler Energieträger (Kohle, Öl),** die landwirtschaftliche Produktion und die Freisetzung chemischer Produkte nimmt die Konzentration der Treibhausgase in der Atmosphäre zu. Als Folge davon dürfte die mittlere Erdtemperatur allein in den nächsten fünfzig Jahren um über 2 Grad klettern. Weil dadurch das Gletschereis abschmilzt, ist gleichzeitig mit einem Anstieg des Meeresspiegels um 30 bis 40 cm zu rechnen.

„Bis vor kurzem waren die meisten Formen der Umweltzerstörung im wesentlichen lokal begrenzt und konnten durch lokale und rationale Maßnahmen beseitigt werden, zwar nicht kostenlos, aber zu einem erträglichen Preis. Heute jedoch weiß man von **Umweltgefahren einer neuen Größenordnung** und Schwierigkeit, die einen ganz anderen Ansatz verlangen. Es handelt sich um eine Reihe von **Umweltschäden globalen Ausmaßes,** deren Beseitigung die Möglichkeiten einzelner Länder weit übersteigt."

Quelle: Bericht des Club of Rome 1991 „**Die globale Revolution**", Seite 26

An Umweltgütern besteht in vielen Fällen weder ein privates noch ein öffentliches Eigentum. Daher verlangt niemand ein Entgelt im Augenblick der Nutzung. **Scheinbar** entstehen **keine Kosten durch die Nutzung der Umweltgüter,** weder in den Unternehmen bei der Produktion, noch in den Haushalten beim Verbrauch. Tatsächlich entstehen jedoch für die Allgemeinheit Kosten; sie werden als **externe Kosten** bezeichnet, weil sie nicht in die Verkaufspreise einkalkuliert und daher auch nicht in den Einnahmen- und Ausgabenrechnungen der Haushalte erfaßt werden. Sie fallen der Allgemeinheit zur Last **(Gemeinlastprinzip).** Die nur extern entstehenden Kosten führen dazu, daß die Menschen als Produzenten und als Konsumenten nicht sparsam mit Umweltgütern umgehen.

Nach dem **Verursacherprinzip** hat aber derjenige die Kosten zur Vermeidung oder zur Beseitigung von Umweltbelastung bzw. zum Ausgleich einer nicht vermeidbaren Umweltbelastung zu tragen, der für die Entstehung der Kosten verantwortlich ist.

Umweltgüter erhalten einen **Preis,** durch den die Kosten für die Inanspruchnahme der Umwelt und die **Knappheit** auch dieser Güter sichtbar werden. Die Kosten müssen in der Kalkulation der Verkaufspreise erfaßt werden **(interne Kosten).** Über den Preis wird dem Verbaucher signalisiert, daß er mit Gütern, zu deren Herstellung Umweltgüter eingesetzt worden sind, sparsam umgehen muß. Über höhere Preise für weniger umweltfreundliche Produkte wird seine Nachfrage auf mehr umweltfreundliche Produkte umgelenkt.

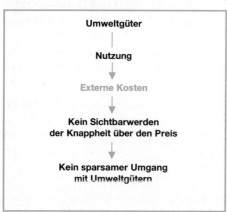

2.3 Die Produktionsfaktoren, ihre Knappheit und der Umweltschutz

2.3.1 Die Produktionsfaktoren – Ausgangskräfte der Güterproduktion

Die meisten Güter entstehen in einem langen Produktionsweg.

In einer modernen Wirtschaft läßt sich jede Produktion von Gütern auf bestimmte Ausgangskräfte zurückführen. Diese Ausgangskräfte werden als **Produktionsfaktoren** bezeichnet.

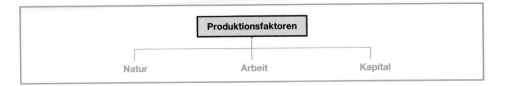

Ursprünglich standen nur zwei Produktionsfaktoren zur Verfügung:

- die Stoffe und Kräfte der Natur und
- die Arbeitskraft der Menschen.

Man nennt diese Produktionsfaktoren daher **ursprüngliche (originäre) Produktionsfaktoren.**

Um die Ergiebigkeit (Produktivität) der menschlichen Arbeit zu vergrößern, ist es das Bestreben, Maschinen und maschinelle Anlagen bei der Güterproduktion einzusetzen. Neben den ursprünglichen Produktionsfaktoren Natur und Arbeit werden **Produktionsmittel (Produktionsgüter)** verwendet, die ihrerseits erst zu diesem Zweck hergestellt worden sind. Sie werden daher auch als **produzierte Produktionsmittel** bezeichnet.

> **Produzierte Produktionsmittel sind Produktionsgüter, die unter Einsatz der ursprünglichen Produktionsfaktoren Natur und Arbeit hergestellt worden sind.**

Der **dritte, abgeleitete Produktionsfaktor „produzierte Produktionsmittel"** wird in der Volkswirtschaftslehre als Kapital bezeichnet. Gemeint ist **Sachkapital (Realkapital),** das in Form von Maschinen, Werkzeugen, Fahrzeugen, Fertigungshallen, Rohstoffen usw. vorhanden ist. Die Herstellung der produzierten Produktionsmittel wird auch Kapitalbildung (Sachkapitalbildung) oder Investition genannt.

In einer Volkswirtschaft, in der Sachkapital gebildet wird, also **Investitionen** vorgenommen werden, erfolgt ein Umweg bei der Herstellung von Konsumgütern. Es werden zunächst Produktionsgüter (Investitionsgüter) hergestellt, mit denen es in der Zukunft möglich ist, mehr Konsumgüter zu produzieren. Investitionen schaffen die Voraussetzungen für mehr Wohlstand der Menschen.

> **Investition** ist die **Herstellung produzierter Produktionsmittel** (Sachkapitalbildung).

Auf jeder Wirtschaftsstufe setzen die Unternehmen **Produktionsfaktoren** ein.

> **Beispiel: Einsatz von Produktionsfaktoren**
>
> Ein Landwirt nutzt den Boden als Anbaufläche (Produktionsfaktor Natur). Er setzt seine Arbeitskraft ein (Produktionsfaktor Arbeit). Er verwendet Maschinen (Produktionsfaktor Kapital).

Auf jeder Wirtschaftsstufe werden neben den Produktionsfaktoren aber auch die **Vorleistungen anderer Unternehmen** eingesetzt.

Beispiel: Einsatz von Vorleistungen

Ein Landwirt, der Weizen anbaut, setzt neben den Produktionsfaktoren Natur, Arbeit und Kapital die Vorleistungen von Saatgutherstellern und Düngemittelherstellern ein. Die Unternehmen, die Saatgut bzw. Düngemittel herstellen, setzen ihrerseits Produktionsfaktoren und Vorleistungen anderer Betriebe ein.

Auf jeder Wirtschaftsstufe werden **Produktionsfaktoren** eingesetzt und **Vorleistungen anderer Betriebe** in Anspruch genommen. Vorleistungen sind Güter, die ebenfalls unter Einsatz von Produktionsfaktoren entstanden sind.

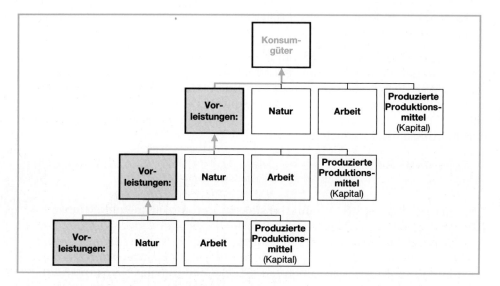

Im folgenden sollen die **Produktionsfaktoren aus volkswirtschaftlicher Sicht** und aus **betriebswirtschaftlicher Sicht** näher betrachtet werden.

2.3.2 Die Einteilung der Produktionsfaktoren in der Volkswirtschaftslehre

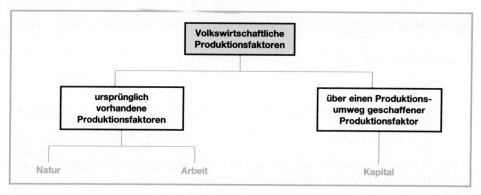

Der **Produktionsfaktor Natur** ist die **Umwelt,** soweit sie zu wirtschaftlichen Zwecken genutzt wird. Es sind die Produktionsmittel, die die Natur zur Verfügung stellt **(natürliche Produktionsmittel = natürliche Ressourcen).**

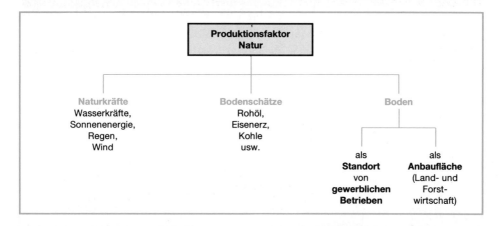

Naturkräfte	**Bodenschätze**	**Boden**
Wasserkräfte, Sonnenenergie, Regen, Wind	Rohöl, Eisenerz, Kohle usw.	als **Standort** von **gewerblichen Betrieben** / als **Anbaufläche** (Land- und Forstwirtschaft)

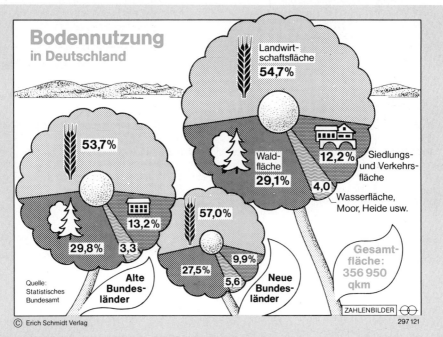

Bodennutzung in Deutschland

Landwirtschaftsfläche **54,7%**

Waldfläche **29,1%**

Siedlungs- und Verkehrsfläche **12,2%**

4,0 Wasserfläche, Moor, Heide usw.

53,7%

13,2%

29,8% 3,3

Alte Bundesländer

57,0%

9,9%

27,5% 5,6

Neue Bundesländer

Gesamtfläche: 356 950 qkm

Quelle: Statistisches Bundesamt

ZAHLENBILDER

© Erich Schmidt Verlag

297 121

In beiden Teilen Deutschlands wird mehr als die Hälfte der Bodenfläche landwirtschaftlich genutzt. Der Agraranteil in der ehemaligen DDR ist mit 57,0 % aber deutlich größer als im alten Bundesgebiet (53,7 %). Seit 1950 sind im Osten wie im Westen knapp 4 % der Gesamtfläche, die damals der Landwirtschaft dienten, für andere Nutzungen abgegeben worden. Auf den Wald entfällt in den neuen Bundesländern (mit 27,5 %) ein etwas geringerer Flächenanteil als im Westen Deutschlands (29,8 %).

2.3.2.2 Der Produktionsfaktor Arbeit

Zum **Produktionsfaktor Arbeit** wird jede **menschliche Tätigkeit** (Handarbeit, geistige Arbeit) gerechnet, mit der Einkommen für die Bedarfsdeckung erzielt wird.

Die Bedeutung des Produktionsfaktors Arbeit kommt in dem Begriff **„human capital"** zum Ausdruck. Darunter wird der Wert aller produktiven menschlichen Fähigkeiten eines einzelnen Menschen, einer Gruppe von Menschen oder aller Erwerbspersonen in einer Volkswirtschaft verstanden. Human capital wird auch durch Bildungsinvestitionen (Ausgaben für schulische und berufliche Ausbildung) gewonnen.

2.3.2.3 Der Produktionsfaktor Kapital

Der **Produktionsfaktor Kapital** ist **Sachkapital.**

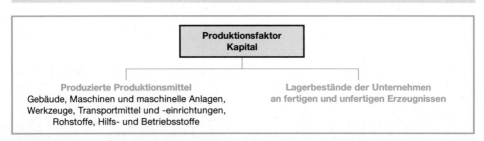

Vom **Sachkapital** ist das **Geldkapital (Geld zu Investitionszwecken)** zu unterscheiden.

Beispiel: Vom Geldkapital zum Sachkapital

Der Beamte Hans Hartmann hat auf seinem Sparkonto bei der Volksbank Altdorf 15 000 DM angesammelt. Er hat durch Sparen **Geldkapital** gebildet und erhält dafür Zinsen. Die Volksbank Altdorf gibt aus diesen Mitteln dem Handwerksmeister Jürgen Wille einen Kredit zur Beschaffung von Werkzeugen, die im Betrieb eingesetzt werden. Damit ist **Sachkapital** gebildet worden. Hätte Jürgen Wille selbst die 15 000 DM angespart und danach die Werkzeuge angeschafft, wären ebenfalls zwei Vorgänge zu beobachten: 1. Sparen = Geldkapitalbildung, 2. Anschaffung der Werkzeuge = Sachkapitalbildung.

Geldkapital ist eine **Vorstufe zum Sachkapital.** In einer modernen Geldwirtschaft wird erst Geldkapital gebildet, dann wird das Geldkapital in Sachkapital umgewandelt.

2.3.3 Die Einteilung der Produktionsfaktoren in der Betriebswirtschaftslehre

Die Betriebswirtschaftslehre unterscheidet zwischen vier Produktionsfaktoren.

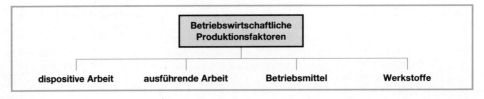

2.3.3.1 Dispositive und ausführende Arbeit

In einem Betrieb werden Arbeitsleistungen, Betriebsmittel und Werkstoffe zur Produktion von Sachgütern und Dienstleistungen eingesetzt. Diese Produktionsfaktoren werden miteinander kombiniert. Dazu ist leitende, planende, organisierende und kontrollierende Arbeit erforderlich **(dispositive Arbeit).**

Neben dispositiver Arbeit ist **ausführende Arbeit** notwendig. Während dispositive Arbeit mittelbar der Leistungserstellung dient, ist ausführende Arbeit diejenige Tätigkeit, die unmittelbar zur Leistungserstellung ausgeübt wird.

Die dispositive Arbeit wird auch als **dispositiver Faktor** bezeichnet. Ausführende Arbeit, Betriebsmittel und Werkstoffe werden **elementare Produktionsfaktoren** genannt (siehe Zusammenfassung im Abschnitt 2.3.3.3).

2.3.3.2 Betriebsmittel und Werkstoffe

Betriebsmittel sind Grundstücke, Gebäude, Maschinen, Werkzeuge, Transportmittel, Geschäftsausstattung.

Betriebsmittel sind **Anlagegüter.** Sie werden nicht, wie die Werkstoffe, durch die Güterproduktion verbraucht, sondern können während ihrer Lebensdauer genutzt werden. Die durch die Nutzung verursachten Wertminderungen werden durch Abschreibungen erfaßt.

Werkstoffe sind alle Güter, aus denen durch Umformung, Substanzänderung oder Einbau neue Produkte hergestellt werden. Sie werden dabei verbraucht. Zu ihnen zählen **Rohstoffe, Hilfsstoffe** und **Betriebsstoffe** sowie die **fertigen Bestandteile,** die in ein neues Produkt eingebaut werden (siehe Seite 84).

2.3.3.3 Dispositiver Faktor und Elementarfaktoren

Stellt man dem dispositiven Faktor die elementaren Produktionsfaktoren gegenüber, ergibt das die folgende Übersicht.

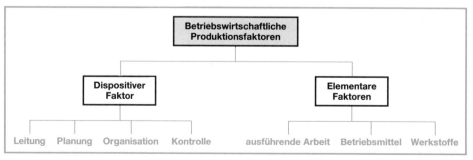

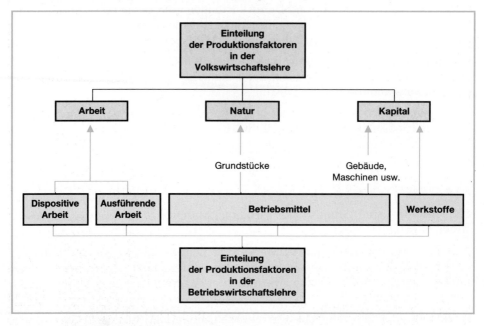

Mit steigender Produktion von Gütern zur Versorgung der schnell wachsenden Bevölkerung der Erde wird der **Energiebedarf** größer. Die **Energieabhängigkeit** wird zu einem **bedrückenden ökonomischen und ökologischen Problem.**

Energie wird unter vorrangigem **Einsatz des Produktionsfaktors Natur** gewonnen. Zu ihrer Gewinnung müssen **aber auch** die Produktionsfaktoren **Arbeit und Kapital** eingesetzt werden. Wenn nicht sparsam mit Energie umgegangen wird, bedeutet dies, daß knappe Produktionsfaktoren vergeudet wurden.

Das wirksamste Mittel, für einen verbrauchsbewußten und sparsamen Einsatz von Produktionsfaktoren zu sorgen, ist der Preis.

Für den produktiven Verbrauch von Energie in Industrie- und Handelsbetrieben werden mit höheren Energiepreisen Anstrengungen zur Einschränkung des Energieverbrauchs ausgelöst. Das haben Erfahrungen mit den dramatischen Erdölpreissteigerungen in den siebziger Jahren (und dem damit verbundenen Anstieg anderer Energiepreise) deutlich gezeigt. Auch die privaten Haushalte werden durch steigende Energiepreise zum sparsamen Verbrauch angehalten. Wenn nämlich viele Konsumwünsche miteinander konkurrieren und gleichzeitig ein großer Teil des Einkommens für Energie ausgegeben wird, bleibt für die Erfüllung anderer als dringlich empfundener Bedürfnisse weniger an Mitteln übrig.

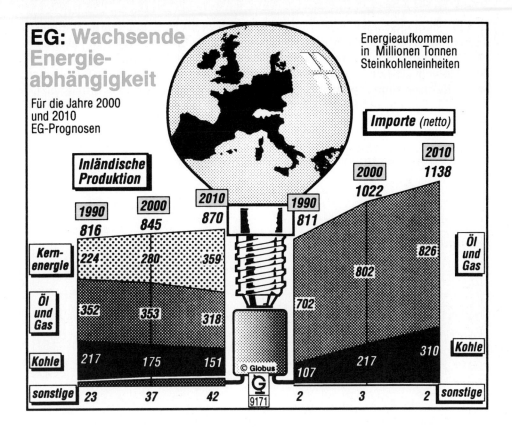

Steigende Energiepreise lösen Investitionen in Unternehmen und Haushalten aus, z. B. um durch moderne Heizkessel den Aufwand für den Energiebezug zu reduzieren: Weniger Energie würde verbraucht, die zur Energiegewinnung benötigten Produktionsfaktoren könnten für andere Zwecke eingesetzt werden. Die Nutzung von Umweltgütern würde zurückgehen.

> Energieverbrauch bedeutet nicht nur Verbrauch von Produktionsfaktoren, sondern auch **Belastung der Umwelt.**

Die **drohenden globalen Umweltgefahren verlangen** nach Auffassung des Club of Rome (Bericht 1991, Seite 84)

- einen **Abbau der weltweiten CO_2-Emissionen** durch Verringerung des Verbrauchs fossiler Brennstoffe,

- **Maßnahmen zur Entwicklung alternativer Energieformen** (z. B. Maßnahmen, die Sonnenenergie wirtschaftlich verwertbar zu machen),

- **Maßnahmen zur Energieeinsparung und zur wirkungsvolleren Nutzung von Energie.**

„In einer ökologischen Krisensituation, in der die Notwendigkeit einer drastischen Reduktion der CO_2-Emissionen besteht und saubere Energiequellen nicht ausreichend zur Verfügung stehen, kann die Atomenergie helfen, die Lücke zu schließen." (Bericht 1991 des Clubs of Rome, Seite 87). Nach der Ansicht des Club of Rome ist die Kernspaltung „vermutlich weniger gefährlich als die Verbrennung von Öl und Kohle". Damit nimmt der Club of Rome nicht generell zu der Frage Stellung, wie sicher die Stromerzeugung in Atomkraftwerken ist.

Auch wegen der begrenzten Vorräte **fossiler Energieträger** müssen **erneuerbare (regenerative) Energiequellen** wie Wind, Wasser und Sonne stärker genutzt werden.

Reserven fossiler Energieträger				
Energieträger	sicher gewinnbare Reserven Mrd. t SKE[1]	geschätzte zusätzliche Reserven Mrd. t SKE	derzeitiger Verbrauch Mrd. t SKE pro Jahr	Reichweite in Jahren
Kohle	609	7 425	3,5	174
• Steinkohle	503	6 701		
• Braunkohle	106	724		
Kohlenwasserstoffe	571	2 323	6,6	87
• Erdöl	182	223	4,3	42
• Erdgas	146	300	2,3	63
• Ölschiefer	180	1 050		
• Teersand	10	465		
• Schweröl	53	285		
Fossile Energieträger	1 180	9 748	10,1	115
[1] Steinkohleeinheiten				

Quelle: Bundesanstalt für Geowissenschaften und Rohstoffe, IW-Köln (zitiert von iwd „Wirtschaft und Unterricht", 1990, Nr. 10)

2.4 Die Betriebe, ihre Aufgabe und ihre Ziele

Aufgabe aller **Betriebe (Unternehmen)** ist es, **Güter zu produzieren.** Die Güter können Sachgüter oder Dienstleistungen sein, die wiederum in Produktionsgüter und Konsumgüter eingeteilt werden.

Betriebe (Unternehmen) sind **Einzelwirtschaften,** in denen **Güter produziert (hergestellt und bereitgestellt)** werden.

Für die Güterproduktion setzen die Betriebe Produktionsfaktoren ein: Arbeit, Betriebsmittel und Werkstoffe. Dadurch entstehen **Aufwendungen** bzw. **Kosten,** z.B. Personalkosten (Löhne, Gehälter, soziale Aufwendungen), Betriebsmittelkosten (verschleißbedingte Abschreibungen), Materialkosten (Einsatz von Roh-, Hilfs- und Betriebsstoffen).

54

Durch den Absatz der produzierten Güter sollen **Erträge** erzielt werden (Verkaufs- oder Umsatzerlöse), wobei die Erträge größer sein sollen als die dafür gemachten Aufwendungen.

Beispiel 1:		Beispiel 2:	
Ertrag	200 000 DM	Aufwand	250 000 DM
Aufwand	160 000 DM	Ertrag	180 000 DM
Gewinn	40 000 DM	Verlust	70 000 DM

Die Differenz zwischen Ertrag und Aufwand (bzw. zwischen Erträgen und Aufwendungen) heißt **Gewinn** oder **Verlust**.

Gewinn ist die Differenz zwischen Ertrag und Aufwand, wenn der Ertrag größer ist als der Aufwand. **Verlust** ist die Differenz zwischen Aufwand und Ertrag, wenn der Aufwand größer ist als der Ertrag.

2.4.1 Erwerbswirtschaftliche Betriebe

Erwerbswirtschaftliche Betriebe sollen durch **Gewinne** Einkommen für die Inhaber, Gesellschafter und Anteilseigner erwirtschaften. Die Betriebe handeln nach privatwirtschaftlichen Gesichtspunkten und streben langfristig nach größtmöglichem Gewinn **(Gewinnmaximierung).**

In der Bundesrepublik Deutschland arbeiten die weitaus meisten Betriebe nach diesem Prinzip; sie werden auch als **privatwirtschaftliche Betriebe** bezeichnet.

Die Bezeichnungen **„Betrieb"** und **„Unternehmen"** werden in diesem Buch gleichbedeutend verwendet.

2.4.1.1 Gewinn und Rentabilität

Für einen Unternehmer ist es wichtig zu wissen, mit welchem **Kapitaleinsatz** bzw. mit welchem **Umsatz** ein bestimmter Gewinn erreicht wurde. Der Unternehmer setzt daher den **Gewinn ins Verhältnis zum eingesetzten Kapital** (Eigenkapital oder Gesamtkapital) oder **zum Umsatz** und berechnet die Rentabilität.

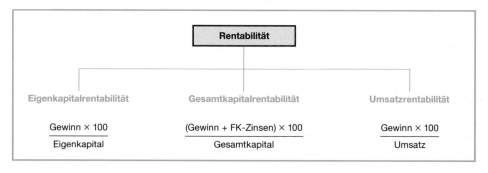

Eigenkapital ist die Bezeichnung für die eigenen Mittel des Unternehmers. Es sind die im Betrieb arbeitenden Geldmittel, die ihm gehören. **Fremdkapital** ist die Bezeichnung für Mittel, die dem Unternehmer von Außenstehenden als Kredit, z. B. als Bankkredit oder als Lieferantenkredit, für seinen Betrieb zur Verfügung gestellt sind. Für Fremdkapital sind **Zinsen** zu zahlen. Mit **Gesamtkapital** ist die Summe aus Eigen- und Fremdkapital gemeint.

Beispiel: Der Einsatz von Fremdkapital erhöht die Eigenkapitalrentabilität

Fall 1:   Ein Unternehmen arbeitet nur mit Eigenkapital

Eigenkapital: 500 000 DM
Erzielter Gewinn: 60 000 DM

$$\text{Eigenkapitalrentabilität} = \frac{60\,000 \times 100}{500\,000} = \underline{\underline{12\,\%}}$$

$$\text{Gesamtkapitalrentabilität} = \frac{60\,000 \times 100}{500\,000} = \underline{\underline{12\,\%}}$$

Fall 2:   Ein Unternehmen arbeitet mit Eigenkapital und Fremdkapital.

Eigenkapital: 400 000 DM
Fremdkapital: 100 000 DM
Gezahlte Zinsen: 10 000 DM (10 % auf 100 000 DM)
Erzielter Gewinn: 50 000 DM (60 000 DM ÷ 10 000 DM)

$$\text{Eigenkapitalrentabilität} = \frac{50\,000 \times 100}{500\,000} = \underline{\underline{12{,}5\,\%}} \blacktriangleleft$$

$$\text{Gesamtkapitalrentabilität} = \frac{60\,000 \times 100}{500\,000} = \underline{\underline{12\,\%}}$$

Das Beispiel zeigt, daß durch den Einsatz von Fremdkapital die Eigenkapitalrentabilität erhöht wird, wenn der Zinssatz für das Fremdkapital niedriger ist als die Gesamtkapitalrentabilität. Man spricht daher auch von einer **Hebelwirkung des Fremdkapitals (Leverage-Effekt).**

Erwerbswirtschaftliche Betriebe streben nach höchstmöglicher **Rentabilität** des eingesetzten Kapitals **(Erwerbswirtschaftliches Prinzip).**

In diesem Bild auf der gegenüberliegenden Seite wird statt der Bezeichnung „Gewinn" der Ausdruck **„Jahresüberschuß"** verwendet. „Jahresüberschuß nach Steuern" bedeutet, daß es sich um den Gewinn handelt, der nach Abzug der Steuern verbleibt. Es ist der Gewinn, der an die Inhaber bzw. Gesellschafter ausgeschüttet werden kann.

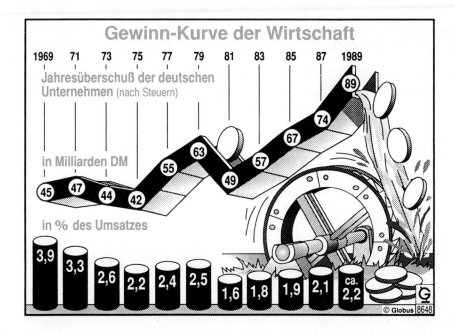

Gewinn-Kurve der Wirtschaft

1969 71 73 75 77 79 81 83 85 87 1989

Jahresüberschuß der deutschen Unternehmen (nach Steuern)

in Milliarden DM

45 47 44 42 55 63 49 57 67 74 89

in % des Umsatzes

3,9 3,3 2,6 2,2 2,4 2,5 1,6 1,8 1,9 2,1 ca. 2,2

© Globus 8648

2.4.1.2 Gewinnerzielung und andere unternehmerische Ziele

Umfrage

Ein Meinungsforschungsunternehmen legt Unternehmern, Arbeitnehmern, Hausfrauen, Schülern und Studenten die Frage vor:

„Mit welchen Zielen betätigen sich in der Bundesrepublik Deutschland Unternehmer, d. h. die Eigentümer von Unternehmungen oder die Manager, die Unternehmen leiten?"

Von den Befragten werden ganz unterschiedliche Antworten gegeben:

- „Unternehmer wollen Gewinn erzielen."
- „Unternehmer wollen Macht und Ansehen erringen."
- „Unternehmer wollen die Existenz ihres Unternehmens sichern."
- „Unternehmer wollen Arbeitsplätze erhalten."
- „Unternehmer wollen den Bedarf der Verbraucher decken."

Ein harter Wettbewerb zwischen den Anbietern sorgt dafür, daß nur gute Leistungen Anerkennung bei den Verbrauchern finden. Er sorgt auch dafür, daß die Gewinnspannen angemessen bleiben. Wer einen zu hohen Gewinnzuschlag in seine Preise einrechnet, wird von seinen Konkurrenten unterboten und aus dem Markt gedrängt.

Nur wer dies beachtet und Leistungen anbietet, die auf Zustimmung der Abnehmer stoßen, also deren **Bedarf decken,** kann rentabel arbeiten.

Nur Unternehmen, die ausreichende Gewinne erwirtschaften, können auf Dauer ihre **Existenz behaupten.** Unternehmen, die Verluste machen, gefährden ihre Existenz.

> **Gewinnerzielung setzt Bedarfsdeckung voraus. Sicherung des Unternehmensbestandes verlangt ausreichende Gewinnerzielung.**

Von einem amerikanischen Gewerkschaftsführer stammt der Ausspruch: „Ein Unternehmer, der keinen Gewinn macht, hat seinen Beruf verfehlt und versündigt sich gegen seine Mitarbeiter und die Volkswirtschaft."

In einer Marktwirtschaft sind **Arbeitsplätze** nur **sicher,** wenn Unternehmen ihre Produkte und Waren absetzen, Gewinne erzielen und aus den Gewinnen neue Maschinen, Einrichtungen, Werkzeuge usw. bezahlen. Solche Ausgaben für Investitionen helfen, kostengünstig zu produzieren. Nur so bleiben Unternehmen wettbewerbsfähig. Unternehmungen, die nicht wettbewerbsfähig sind, können ihre Produkte nicht verkaufen und erzielen keine Gewinne. Die Unternehmer müssen aufgeben. Sie schließen ihre Betriebe. Damit gehen Arbeitsplätze verloren.

> Die Erhaltung von Arbeitsplätzen setzt Gewinnerzielung voraus.

2.4.2 Gemeinwirtschaftliche Betriebe

Im marktwirtschaftlichen System der Bundesrepublik Deutschland gibt es neben den erwerbswirtschaftlichen Betrieben auch **gemeinwirtschaftliche Betriebe.**

Ihr Ziel besteht darin, die Bevölkerung mit bestimmten Leistungen zu versorgen, die erwerbswirtschaftliche Betriebe nicht erbringen können oder nicht erbringen wollen (preisgünstige Bereitstellung von Elektrizität, Wasser, Fernwärme usw.). Mit der bestmöglichen Versorgung der Bevölkerung erfüllen sie eine öffentliche Aufgabe. Weil die Versorgungsaufgabe dieser Betriebe im öffentlichen Interesse wahrgenommen wird, sind Gemeinden, Länder und der Bund Eigentümer.

Gemeinwirtschaftliche Betriebe streben grundsätzlich nicht nach Gewinn. Sie sollen wirtschaftlich arbeiten und zumindest um Deckung ihrer Kosten bemüht sein. Sie sollen möglichst keine Zuschüsse ihrer Eigentümer benötigen.

> **Beispiele für gemeinwirtschaftliche Betriebe:**
>
> **Versorgungsbetriebe der Gemeinden und Länder** (Elektrizität, Wasser, Gas, Fernwärme)
>
> **Verkehrsbetriebe und kulturelle Betriebe der Gemeinden und Länder** (Theater, Museen usw.)

> **Stadtwerke Neuhausen GmbH – ein gemeinwirtschaftlicher Betrieb**
>
> In der Satzung der Stadtwerke Neuhausen GmbH heißt es u. a.
>
> „Die Stadtwerke Neuhausen GmbH werden als Betrieb der Stadt Neuhausen mit dem Ziel geführt, die Bevölkerung des Stadtgebietes mit Elektrizität, Wasser und Fernwärme zu versorgen.
>
> Die Geschäfte werden nach wirtschaftlichen Grundsätzen ohne Gewinnstreben geführt."

> **Gemeinwirtschaftliche Betriebe** handeln nach dem **Versorgungsprinzip.**

Auf Grün geschaltet

Als vor einigen Jahren ein Haarwaschmittel der Unilever-Tochtergesellschaft Elida Gibbs in einem Fernsehbericht als gesundheitsschädlich eingestuft wurde, traf den Kosmetikhersteller eine Umsatzeinbuße von 40 Prozent. Die Unternehmensführung zog die Konsequenzen: Schutz von Mensch und Natur genießt im Unternehmen nun die höchstmögliche Priorität bei der Produktion und auch bei den Produkten. Im Sortiment finden sich keine Fluorchlorkohlenwasserstoffe und Treibgase mehr.

Elida Gibbs ist nur ein Beispiel. Viele Unternehmer suchen heute den Kontakt zu ihren ehemals schärfsten Kritikern, den Vertretern bekannter Umweltschutzorganisationen, um Nachhilfe auf diesem Gebiet zu erhalten. Auch wird der Umweltschutz ausdrücklich im Zielkatalog vieler Unternehmen genannt. Mehr denn je wird heute das Ansehen eines Unternehmens in der Öffentlichkeit danach bemessen, was es denn für Mensch und Natur leiste.

Umweltverträglichkeit der Produkte und der Produktionsverfahren ist ein **Ziel unternehmerischen Handelns,** das **in jedem Betrieb** zu beachten ist.

Konsequent beachtete Umweltverträglichkeit

- **schränkt Haftungsrisiken ein** (aufgrund der Umweltgesetzgebung – siehe Abschnitt 11.12),

- **bedeutet Imagegewinn in der Öffentlichkeit,**

- **vermeidet Zahlung von Umweltabgaben** (siehe Abschnitt 11.12),

- **senkt Kosten,** z.B. für Energieverbrauch,

- **führt zu einer verbesserten Arbeitsmotivation im Betrieb,** wenn auch die Mitarbeiter erkennen, daß der Betrieb ernsthaft und glaubwürdig Umweltschutz praktiziert,

- **erhöht die Absatzchancen** der Produkte (siehe Abschnitt 5.2).

Umweltverträglichkeit kann zu **erhöhter Wirtschaftlichkeit** führen, was wiederum eine entscheidende Voraussetzung für die Erreichung des Hauptziels (Gewinnmaximierung bei erwerbswirtschaftlichen Betrieben und der bestmöglichen Bedarfsdeckung bei gemeinwirtschaftlichen Betrieben) ist.

In den rund 1,9 Millionen kleinen, mittleren und großen Unternehmen aller Branchen in der Bundesrepublik gibt es zahllose Möglichkeiten, durch technisch erprobte Entwicklungen Energie und Wasser einzusparen, problematische Stoffe zu ersetzen, Abfälle zu vermeiden oder zu recyclen, die gesamte Materialbewirtschaftung umweltfreundlicher auszurichten, in der Prozeß- und Verfahrenstechnik verstärkt integrierten Umweltschutz und nicht nachgeschalteten Umweltschutz zu praktizieren, im Bereich des Marketing intensiv ökologische Aspekte einzubeziehen, beim Bauen und Instandhalten von Gebäudeteilen auch baubiologische Prinzipien zu berücksichtigen sowie im Rahmen der Mitarbeiterschulung auch Umweltschutzaspekte zu integrieren.

Quelle: „Umweltorientierte Unternehmensführung" (Andreas Oberholz), Frankfurt, 1989, S. 7.

Umweltschutz bietet innovationsfreundlichen Betrieben und Unternehmern neue Chancen.

Das Statistische Bundesamt schätzt den **Produktionswert von Umweltschutzgütern und Umweltschutzleistungen für 1988** auf rund **24 Milliarden Deutsche
Mark** (Umweltbericht der Bundesregierung 1990, Seite 2).

Aus einzelwirtschaftlicher Sicht müssen Ökonomie und Ökologie keine Gegensätze sein.

2.5 Produzieren, Konsumieren, Sparen und Investieren

2.5.1 Der einfache Wirtschaftskreislauf: Produzieren und Konsumieren

In einer vereinfachten Darstellung der Volkswirtschaft werden die Beziehungen
zwischen den privaten Haushalten und den Unternehmen betrachtet.

Private Haushalte besitzen Grundstücke und Gebäude, die sie Unternehmen zur
Produktion von Gütern zur Verfügung stellen (Produktionsfaktor Natur und Produktionsfaktor Kapital). Mitglieder der privaten Haushalte arbeiten in den Unternehmen an der Herstellung von Gütern: Die Haushalte stellen den Unternehmen
den Produktionsfaktor Arbeit zur Verfügung.

Für die Zurverfügungstellung der Produktionsfaktoren erhalten die Haushalte von den Unternehmen Einkommen (Geldeinkommen), für das sie Konsumgüter erwerben können, die
von Unternehmen angeboten werden.

Beispiel:

Ein **landwirtschaftlicher Betrieb** verkauft Schafwolle im Wert von 1 000 GE (Geldeinheiten) an
eine **Textilfabrik**. Diese stellt daraus Anzüge her. (Die Vorleistungen anderer Betriebe bleiben
aus Vereinfachungsgründen außer Betracht.) Die Anzüge werden für 2 500 GE an **Handelsbetriebe** verkauft. Die Anzüge werden von **privaten Haushalten** für 4 000 GE erworben.

	Umsatz	./. Vorleistungen	= Wertschöpfung
Landwirtschaftlicher Betrieb (Unternehmen I)	1000	./. 0	= 1000 GE
Textilfabrik (Unternehmen II)	2500	./. 1000	= 1500 GE
Handel (Unternehmen III)	4000	./. 2500	= 1500 GE
			4000 GE

In den Unternehmen einer Volkswirtschaft werden **Güter geschaffen.** Sie stellen die **Wertschöpfung dar.**

Das durch die Wertschöpfung in den Unternehmen entstandene Einkommen wird an die Haushalte verteilt.

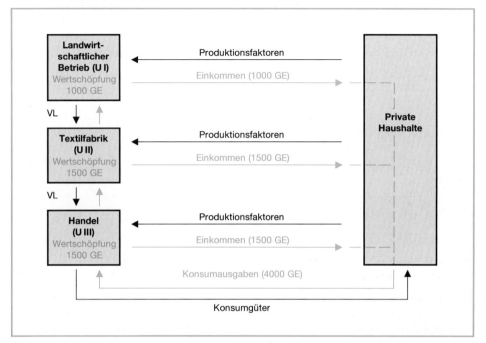

Die **Summe aller Wertschöpfungen in einer Volkswirtschaft** in einem Jahr wird als **Sozialprodukt** bezeichnet. Es ist das **Ergebnis der gesamten Güterproduktion der Volkswirtschaft.**

Im Beispiel besteht das Sozialprodukt ausschließlich aus Konsumgütern.

Die **Summe der Einkommen der Haushalte in einer Volkswirtschaft in einem Jahr wird als Volkseinkommen bezeichnet.**

Nur in Höhe der Wertschöpfung kann Einkommen an die Haushalte verteilt werden.

Das Einkommen, das die Haushalte für die Produktionsfaktoren erhalten, besteht aus Löhnen und Gehältern, Mieten, Pachten, Zinsen und Gewinnen.

Der Weg eines Erzeugnisses von der Rohstoffgewinnung bis zur Fertigstellung ist lang und geht über mehrere **Wirtschaftsstufen.** Zwischen den **Wirtschaftssubjekten** (Unternehmen und Haushalte) dient das **Geld als Tauschmittel.**

Faßt man alle Unternehmen zu dem Bereich Produktion (Erstellung von Sachgütern und Dienstleistungen) und alle Haushalte zu dem Bereich Konsum (Güterverbrauch und -gebrauch zur Bedürfnisbefriedigung) zusammen, ergibt sich folgender **Kreislauf:**

61

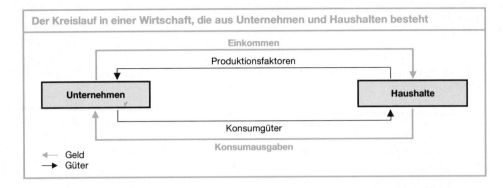

Der Kreislauf in einer Wirtschaft, die aus Unternehmen und Haushalten besteht

In der Wirtschaft fließen **Güterströme** und **Geldströme**. Güter- und Geldströme bilden einen Kreislauf **(Wirtschaftskreislauf).**

Produktionsfaktoren und Konsumgüter werden auf **Märkten** angeboten und nachgefragt.

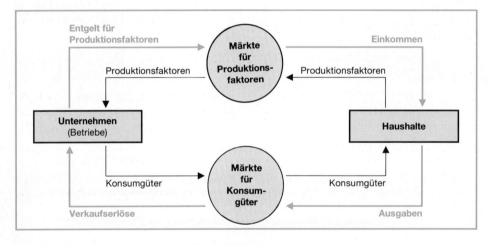

2.5.2 Der Wirtschaftskreislauf unter Einbeziehung von Investieren und Sparen

In einer Volkswirtschaft, in der das gesamte Sozialprodukt konsumiert wird, gibt es kein Wachstum. Das Ergebnis der Produktion in der Wirtschaft kann nicht gesteigert werden. Es wird im Laufe der Zeit sogar zu einer gegenteiligen Entwicklung kommen: Die Fabrikhallen, die Maschinen, Einrichtungen und Werkzeuge werden durch zu lange Nutzung aufgeschlissen. Die Wirtschaft schrumpft, wenn aufgebrauchte Anlagen nicht ersetzt und modernisiert werden. Es werden weniger Konsumgüter hergestellt.

Notwendig ist es daher, daß in der Wirtschaft nicht nur Konsumgüter, sondern auch **Produktionsgüter (Investitionsgüter)** hergestellt werden (Güter, mit denen wiederum andere Güter produziert werden können: Gebäude, Maschinen und maschinelle Anlagen, Einrichtungen, Transportmittel, Werkzeuge usw.).

Die Herstellung von Investitionsgütern bindet Produktionsfaktoren und schränkt damit die Möglichkeit ein, Konsumgüter herzustellen. Andererseits muß die Produktion der Investitionsgüter finanziert werden. Dies geht nur, wenn Haushalte sparen, also für einen Teil ihrer Einkommen **Konsumverzicht** leisten. Die **Ersparnisse** werden bei Banken und Sparkassen (Kreditinstitute) angelegt. Die Kreditinstitute geben den Unternehmen Kredite, mit denen die Anschaffung der Investitionsgüter – die **Investitionen** – finanziert wird. Das gesparte Geld fließt also in den Kreislauf zurück. (Die Arten der Investitionen werden ausführlich im Abschnitt 9 behandelt.)

> **Ersparnisse** werden zur **Finanzierung von Investitionen** verwendet. Investitionen setzen Sparen voraus. Sparen ist **Konsumverzicht.**

Die Nachfrage nach Konsumgütern sinkt infolge des Sparens. Der Nachfrageausfall wird ausgeglichen, wenn der gesamte gesparte Betrag als Kredit für Investitionszwecke beansprucht wird. **Er werden weniger Konsumgüter, dafür aber mehr Investitionsgüter produziert.** Arbeitnehmer, die in der Konsumgüterindustrie nicht benötigt werden, können bei der Herstellung von Investitionsgütern beschäftigt werden.

> **Sozialprodukt = Konsumgüter + Investitionsgüter**
> **Volkseinkommen = Konsumausgaben + Ersparnisse**

Eine Volkswirtschaft, in der das Sozialprodukt aus **Konsumgütern** und aus **Investitionsgütern** besteht, ist eine **Wirtschaft mit Wachstum.** Durch eine größere und bessere Ausstattung mit Produktionsanlagen und Produktionsmitteln kann die **Güterproduktion gesteigert** werden.

Die folgende Abbildung zeigt den **Geldkreislauf** in einer **wachsenden Wirtschaft.**

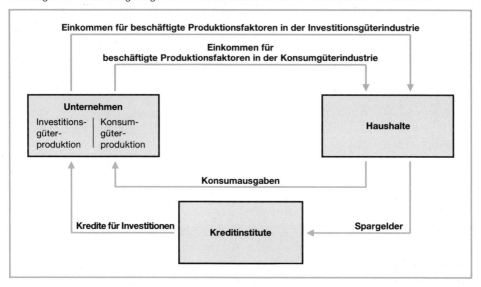

Im Beispiel auf Seite 60 ist außer acht gelassen worden, daß die Unternehmen auch **Abschreibungen** für den Wertverlust machen müssen, der durch die Abnutzung der Anlagen (Maschinen, Werkzeuge, Transportmittel usw.) entsteht.

Fortführung des Beispiels von Seite 60

Es wird unterstellt, daß das Unternehmen II eine **Abschreibung** in Höhe von 100 GE vornimmt. Dieser zusätzliche Aufwand verursacht auf dieser Wirtschaftsstufe eine Einkommensminderung, denn nunmehr kann das Unternehmen nicht 1500 GE, sondern nur 1400 GE an die Haushalte zahlen.

Das Unternehmen II kauft gleichzeitig von einer Maschinenfabrik (Unternehmen IV) eine neue Maschine im Wert von 100 GE. Das Unternehmen II nimmt eine **Ersatzinvestition** vor. Das Unternehmen IV erzielt einen Verkaufserlös (Umsatz) von 100 GE, der voll als Gewinn bzw. als Lohn an den Haushalt fließt. (Vorleistungen für das Unternehmen IV bleiben aus Vereinfachungsgründen außer acht.)

Im erweiterten Beispiel besteht das Sozialprodukt aus Konsumgütern und Produktionsgütern (Investitionsgütern).

Unverändert beträgt die Summe des Sozialprodukts 4000 GE. Ebenfalls unverändert beträgt das Volkseinkommen 4000 GE. Das geringere Einkommen aus dem Unternehmen II (Konsumgüterindustrie) ist durch zusätzliches Einkommen aus dem Unternehmen IV (Investitionsgüterindustrie) ausgeglichen worden.

In der folgenden Rechnung wird von den Verkaufserlösen (Umsätze) der vier Unternehmen ausgegangen.

Zusammengefaßte Produktionswerte aller Unternehmen	**Bruttoproduktionswerte**	U I U II U III U IV	1 000 2 500 4 000 100	7 600
Von anderen Unternehmen erhaltene Güter	**Vorleistungen**		1 000 2 500	3 500
Güterzuwachs in der Volkswirtschaft	**Nettoproduktionswerte** = Bruttosozialprodukt[1]			4 100
Güterverzehr in der Produktion	**Abschreibungen**			100
Tatsächlicher Güterzuwachs	Nettosozialprodukt[1] = Volkseinkommen[2]			4 000

[1] **Brutto- und Nettosozialprodukt zu Marktpreisen** (zu Preisen, zu denen die Güter verkauft werden)
[2] ohne Berücksichtigung von indirekten Steuern (z. B. Umsatzsteuer) und ohne Subventionen (zweckgebundene Zuschüsse des Staates) an Unternehmen.

Wichtige Ergebnisse der Berechnungen:

1. Man unterscheidet zwischen **Bruttosozialprodukt** und **Nettosozialprodukt:**
   Bruttosozialprodukt ./. Abschreibungen = Nettosozialprodukt

2. Das Nettosozialprodukt entspricht dem Volkseinkommen.

© Verlag Gehlen

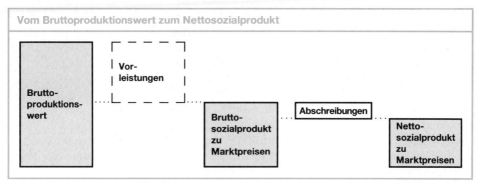

Vom Bruttoproduktionswert zum Nettosozialprodukt

Brutto-produktionswert → Vor-leistungen → Brutto-sozialprodukt zu Marktpreisen → Abschreibungen → Netto-sozialprodukt zu Marktpreisen

Das Sozialprodukt wird zu Preisen berechnet, zu denen die Güter verkauft werden. Deshalb spricht man vom **Sozialprodukt zu Marktpreisen.** Es kann dabei aber vorkommen, daß ein Anstieg des Sozialprodukts errechnet wird, ohne daß tatsäch-

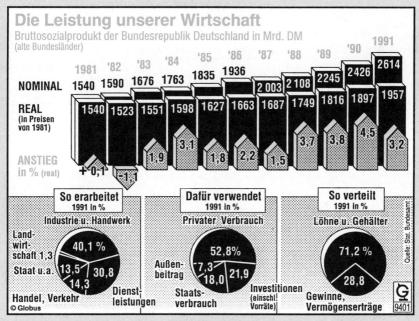

Die Leistung unserer Wirtschaft

Bruttosozialprodukt der Bundesrepublik Deutschland in Mrd. DM (alte Bundesländer)

	1981	'82	'83	'84	'85	'86	'87	'88	'89	'90	1991
NOMINAL	1540	1590	1676	1763	1835	1936	2 003	2 108	2245	2426	2614
REAL (in Preisen von 1981)	1540	1523	1551	1598	1627	1663	1687	1749	1816	1897	1957
ANSTIEG in % (real)	+0,1	-1,1	1,9	3,1	1,8	2,2	1,5	3,7	3,8	4,5	3,2

So erarbeitet 1991 in %

Industrie u. Handwerk 40,1 %
Land-wirt-schaft 1,3
Staat u.a. 13,5
30,8
14,3
Handel, Verkehr
Dienst-leistungen
© Globus

Dafür verwendet 1991 in %

Privater Verbrauch 52,8%
Außen-beitrag 7,3
18,0
21,9
Staats-verbrauch
Investitionen (einschl. Vorräte)

So verteilt 1991 in %

Löhne u. Gehälter 71,2 %
28,8
Gewinne, Vermögenserträge

Quelle: Stat. Bundesamt

Das Bruttosozialprodukt ist die wirtschaftliche Gesamtleistung eines Landes. In ihm wird der Wert aller innerhalb eines Jahres produzierten Waren und erbrachten Dienstleistungen in Mark und Pfennig zusammengefaßt. Die Produktion der Großindustrie ist darin ebenso enthalten wie die Arbeit des kleinen Handwerkers; die Leistung des Verkehrsgewerbes, des Handels, der Banken und der Landwirtschaft ebenso wie die des Staates. Nicht erfaßt, weil nicht erfaßbar, sind beispielsweise Hausarbeit und Schwarzarbeit. Dieses offizielle, vom Statistischen Bundesamt errechnete Bruttosozialprodukt erreichte im Jahre **1991** einen Wert von **2,6 Billionen DM** (genau: 2 614 000 000 000 DM). Das sind fast 70 Prozent mehr als zehn Jahre zuvor. Doch in diesem ,,nominalen'' Anstieg sind die alljährlichen Preissteigerungen mit enthalten, die den Geldwert der erfaßten Leistungen mächtig aufblähen. Erst wenn man diese herausrechnet, erhält man den echten, ,,realen'' Anstieg der Wirtschaftsleistung – das **Wirtschaftswachstum. Es betrug in den letzten zehn Jahren rund 27 Prozent.**

lich mehr Güter produziert worden sind. Die Wertsumme des Sozialprodukts kann nämlich durch gestiegene Preise größer geworden sein. Wenn man also das Sozialprodukt von zwei Jahren miteinander vergleichen will, um festzustellen, ob die Wirtschaftsleistung der Volkswirtschaft angestiegen ist, dann muß man Preissteigerungen herausrechnen.

Man unterscheidet daher zwischen dem nominalen und dem realen Sozialprodukt. Das **nominale Sozialprodukt** wird mit den Marktpreisen der Güter errechnet. Bei dem **realen Sozialprodukt** werden die Preissteigerungen herausgerechnet, indem man die Entwicklung des Sozialprodukts zu Preisen eines bestimmten Jahres, z. B. zu den Preisen von 1980, berechnet. Das reale Sozialprodukt zeigt also die Wirtschaftsentwicklung unter Ausschaltung von Preissteigerungen.

2.6 Die Arbeitsteilung – Notwendigkeit und Folgen

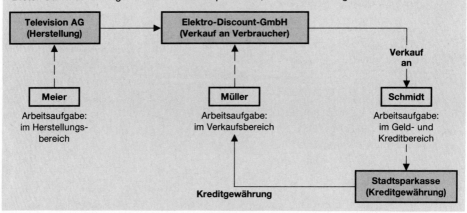

Horst Meier ist Facharbeiter bei der Television AG, die Fernseher herstellt. Axel Müller ist Verkäufer bei der Elektro-Discount-GmbH, die ein Fernsehgerät an Dieter Schmidt verkauft. Dieter Schmidt ist Angestellter der Stadtsparkasse, die Kredite vergibt.

Das Beispiel zeigt, daß **Arbeitsteilung Aufteilung von Arbeitsaufgaben** ist, sowohl **zwischen Menschen** als auch **zwischen Betrieben (Unternehmen).**
Darüber hinaus gibt es Arbeitsteilung zwischen Volkswirtschaften.

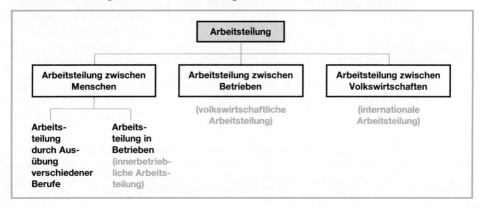

© Verlag Gehlen

Innerbetriebliche Arbeitsteilung ist Aufgliederung eines Arbeitsvorganges in Teilvorgänge.

In einem Kaufhaus sind an der Abwicklung eines Verkaufsvorgangs ein Verkäufer (Beratung und Abschluß), eine Kassiererin (Entgegennahme der Zahlung) und eine Mitarbeiterin am Packtisch (Einpacken, Aushändigung der Ware) beteiligt. In einem Industriebetrieb sind Facharbeiter in mehreren Fertigungsgruppen mit unterschiedlichen Arbeitsvorgängen beschäftigt: Sägen, Fräsen, Drehen, Bohren, Gewinde schneiden, Montieren, Endkontrolle durchführen.

Arbeitsteilung in den Betrieben ermöglicht Spezialisierung, größere Fertigkeiten der arbeitenden Menschen, vermehrten Einsatz von Maschinen, Rationalisierung und Automatisierung von Arbeitsabläufen und damit höhere Ausbringung (output), d. h. **Produktivitätssteigerung.**

Die innerbetriebliche Arbeitsteilung ist die Voraussetzung für die **Massenproduktion,** auf deren **Grundlage** der **hohe Lebensstandard in den Industrieländern** möglich geworden ist.

Andererseits führt eine **sehr weitgehende Arbeitszerlegung** dazu, daß viele Menschen nur noch **Teilverrichtungen mit geringem Arbeitsumfang** ausführen. Ein kleines Arbeitsfeld bedeutet für den einzelnen Menschen oft ein zu geringes Verantwortungsbewußtsein für das Endprodukt des Betriebs.

Neue Formen der Arbeitsorganisation zielen darauf hin, das Arbeitsfeld des einzelnen Mitarbeiters zu vergrößern, d. h. die früheren Formen der **Arbeitsteilung auf ein Mindestmaß zu reduzieren.**

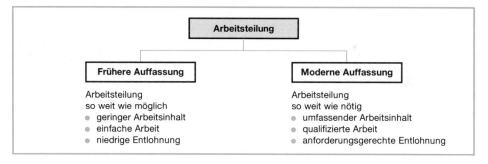

Formen der Arbeitsfeldvergrößerung sind Arbeitserweiterung und Arbeitsbereicherung.

Arbeitserweiterung (job enlargement) ist eine quantitative, horizontale Arbeitsfeldvergrößerung. Die Arbeiten eines Arbeitsplatzes werden durch Hinzufügen neuer, qualitativ gleichwertiger Aufgaben oder durch das Zusammenlegen von Stellen vergrößert.

Arbeitsbereicherung (job enrichment) ist eine qualitative, vertikale Arbeitsfeldvergrößerung. Die Arbeitsinhalte eines Arbeitsplatzes werden durch Hinzufügen von Tätigkeiten mit höherem Schwierigkeitsgrad vergrößert. Arbeitsbereicherung zielt auf sinnvolle Arbeitsgestaltung.

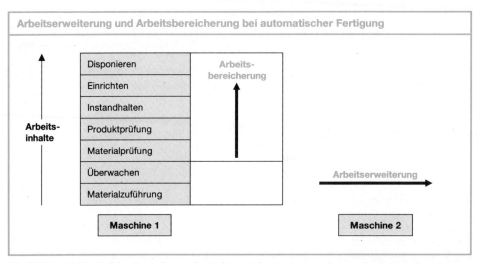

Arbeitserweiterung und Arbeitsbereicherung bei automatischer Fertigung

Vielfältige Möglichkeiten der Arbeitsbereicherung werden in Industriebetrieben durch die **Anwendung computergestützter Technik** eröffnet. Das folgende Bild zeigt vier Möglichkeiten der Arbeitsgestaltung an einer CNC-Maschine (vgl. Seite 90).

Beispiel CNC-Maschine

Arbeitsaufgaben	Variante			
	1	2	3	4
Programm erstellen				
Maschine einrichten				
Werkstück ein- und ausspannen				
Lochstreifen oder Diskette einlegen, Lauf überwachen				
Qualität kontrollieren				
Programm testen und optimieren				
Maschine warten				
Maschine reparieren				

☐ Aufgabe(n) des Mitarbeiters an der CNC-Maschine

☐ Aufgabe(n) anderer Mitarbeiter

(Quelle: „Mensch und Arbeit", Gesamtverband der metallindustriellen Arbeitgeberverbände – Gesamtmetall –, edition agrippa, Köln, 1989, S. 11)

In der ersten Variante beschränkt sich die Tätigkeit des Mitarbeiters darauf, das Werkstück ein- und auszuspannen, den Lochstreifen (oder die Diskette) einzulegen, den Lauf der Maschine zu überwachen und die Qualität des Werkstücks zu kontrollieren. Die übrigen Aufgaben erledigen andere Mitarbeiter (in der Werkstatt oder in der Arbeitsvorbereitung). Bei der zweiten Variante übernimmt der Mitarbeiter zusätzlich die Aufgabe, die Maschine einzurichten; bei der dritten hat er die Maschine auch zu warten, das in der Arbeitsvorbereitung erstellte Programm zu testen und, wenn notwendig, zu verbessern. Bei der vierten Variante schließlich programmiert er die CNC-Maschine selbst. Das freilich wird er nur dann können, wenn in die Steuerung der Maschine ein Programmiersystem integriert ist, mit dem er umgehen kann. Das bedeutet: Das System muß auf die Kenntnisse des Mitarbeiters an der CNC-Maschine ausgelegt sein.

Automatisierte Fertigungsmaschinen oder Fertigungsanlagen lassen eine flexible Gestaltung der Arbeit zu. In welchem Umfang diese Flexibilität für einen Arbeitsplatz genutzt werden kann, hängt von der Qualität des Mitarbeiters ab. Je mehr dieser problemlösungsorientiertes Verständnis für technische Zusammenhänge und betriebliche Abläufe hat, desto größer werden die Möglichkeiten, die früheren Formen der Arbeitsteilung abzubauen.

2.6.2 Volkswirtschaftliche Arbeitsteilung

Die modernen volkswirtschaftlichen Produktionsvorgänge sind dadurch gekennzeichnet, daß ein konsumreifes Gut mehrere Wirtschaftsstufen durchlaufen muß. Diese volkswirtschaftliche Arbeitsteilung ist **Arbeitsteilung zwischen Betrieben,** die jeweils auf bestimmte Produktionsaufgaben spezialisiert sind. Die Arbeitsteilung zwischen Betrieben ermöglicht eine kostensparende Produktion. Sie führt aber auch dazu, daß die Betriebe, die in einem Produktionsablauf zusammenarbeiten, wirtschaftlich voneinander abhängig sind.

> Die volkswirtschaftliche Arbeitsteilung ist sowohl **vertikale Arbeitsteilung** als auch **horizontale Arbeitsteilung.**

Vertikale Arbeitsteilung ist **Arbeitsteilung zwischen Betrieben verschiedener Wirtschaftsstufen.**

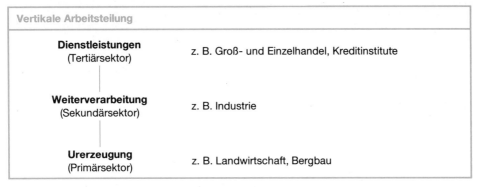

Vertikale Arbeitsteilung	
Dienstleistungen (Tertiärsektor)	z. B. Groß- und Einzelhandel, Kreditinstitute
Weiterverarbeitung (Sekundärsektor)	z. B. Industrie
Urerzeugung (Primärsektor)	z. B. Landwirtschaft, Bergbau

Im **Primärsektor der Wirtschaft** werden Güter unmittelbar aus der Natur gewonnen. Zu diesem Sektor zählen Landwirtschaft, Forstwirtschaft, Fischerei und Bergbau. Im **Sekundärsektor der Wirtschaft** werden Produktionsgüter oder Konsumgüter hergestellt. Zu diesem Bereich zählen die Handwerks- und Industriebetriebe. Im **Tertiärsektor** produzieren Dienstleistungsbetriebe immaterielle Güter (Verteilung von Waren, Ausführung von Transporten und Zahlungen usw.). Zu diesem Wirtschaftsbereich zählen der Groß- und der Einzelhandel, die Kreditinstitute, Transportbetriebe, Versicherungsbetriebe usw.

Horizontale Arbeitsteilung ist **Arbeitsteilung zwischen Betrieben derselben Wirtschaftsstufe.**

Horizontale Arbeitsteilung (Beispiel: Sekundärsektor)

Maschinenbau ——— **Elektrotechnik** ——— **Textilgewerbe** ——— **Nahrungs- und Genußmittelgewerbe**

2.6.3 Internationale Arbeitsteilung

Internationale Arbeitsteilung ist **Arbeitsteilung zwischen den Volkswirtschaften verschiedener Länder.**

Vor 40 Jahren, 1950, nahmen noch vergleichsweise wenige Länder am Welthandel teil, und dies meist nur mit einem kleinen Teil ihrer Produktion. Nur 7,2 % der in aller Welt erzeugten Güter kamen in den internationalen Handel. Heute hingegen liegt der Anteil der Welt-Exporte an der Weltwirtschaftsleistung bei 16,4 %. Das heißt, jedes sechste Produkt bleibt nicht im Erzeugerland, sondern wird exportiert. Diese Ausdehnung des Welthandels-Anteils ist um so erstaunlicher, als sich die Weltwirtschaftsleistung in diesem Zeitraum real mehr als verfünffacht hat. Von einem schnell wachsenden „Kuchen" wurde also ein immer größerer Teil international gehandelt. Tatsächlich ist der Zusammenhang zwischen Welt-Wirtschaftsleistung und Welthandel eng. Je freier nämlich der Handel ist, desto mehr verlagert sich die Produktion bestimmtor Güter in jene Länder, die sich auf die Produktion eben dieser Güter besonders gut verstehen, desto weniger groß ist die „Verschwendung" von Arbeit und Kapital in aller Welt, desto weiter geht die **internationale Arbeitsteilung,** desto schneller kann die Welt-Wirtschaftsleistung zum Nutzen von arm und reich wachsen.

Handel durchdringt die Welt

Von allen weltweit hergestellten Gütern wurden international gehandelt:

1990 16,4 %
1980 14,4
1970 13,0
1960 9,7
1950 7,2

8630 © Globus

Die **Bundesrepublik Deutschland** ist ein **rohstoffarmes Land.** Sie führt Rohstoffe zur Verarbeitung ein. Bei der Verarbeitung kommt ihr ein hoher Entwicklungsstand industrieller Fertigungsmethoden zugute. 1990 entfielen von den Gesamteinfuhren rd. 17 % auf Rohstoffe und Halbfertigerzeugnisse, rd. 11 % der **Einfuhren** waren Güter der Ernährungswirtschaft. Die von den geografischen Gegebenheiten her bestimmte relative Armut an Rohstoffen und die sich daraus ergebende Notwendigkeit zur Einfuhr vieler Vorprodukte ist ein Grund für die **starke außenwirtschaftliche Verflechtung.**

Die Verflechtung der Bundesrepublik Deutschland mit der Weltwirtschaft zeigt sich besonders deutlich im Vergleich der **Exportquoten** der großen Industrieländer. Während der Export von Waren und Dienstleistungen durch die Bundesrepublik Deutschland fast ein Drittel der im Inland erzeugten Güter beträgt, liegt der Anteil der USA, der größten Handelsnation der Welt, nur bei rund 7 bis 8 %. Aber auch andere Länder, z. B. Japan (15 %) und Frankreich (25 %), haben geringere Exportquoten als die Bundesrepublik Deutschland.

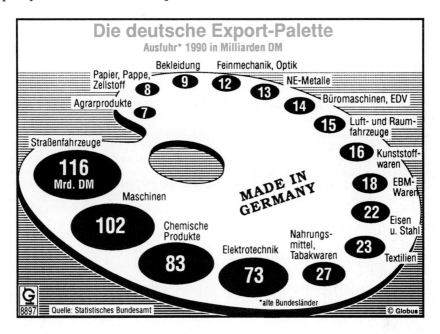

1 Personenkraftwagen als knappe Güter

Begründen Sie, warum Personenkraftwagen trotz des großen Angebots knappe Güter sind!

2 Das Gesetz der Knappheit

Unter dieser Überschrift führten die amerikanischen Wissenschaftler Paul A. Samuelson und William D. Nordhaus aus:

> „In der Welt, in der wir leben, lernen schon Kinder, daß ‚beides‘ eine unzulässige Antwort ist auf die Frage ‚welches von beiden?‘. Verglichen mit den Entwicklungsländern oder früheren Jahrhunderten, erscheinen die modernen Industriegesellschaften in der Tat sehr wohlhabend. Aber im Gefolge eines höheren Produktionsniveaus steigt auch das Konsumniveau ständig. Die Knappheit bleibt also bestehen.

Die Menschen verlangen beziehungsweise ‚brauchen‘ moderne sanitäre Anlagen, Zentralheizung, Kühlschränke, Bildung, Filme, Radios, Fernseher, Bücher, Autos, Reisen, Sport und Konzerte, Privatsphäre und doch großzügigen Lebensraum, elegante Garderobe, saubere Luft und sauberes Wasser, sicherere Fabriken usw.

Der Biologe erklärt ihnen, daß dünner Haferbrei für einige Cents am Tag eine ausreichende Ernährung sicherstellt. Aber jeder, der einmal das Familienbudget verwaltet hat, weiß, daß soziale Zwänge – alles, was zum absoluten ‚Muß‘ gehört – wenig mit den physiologischen Mindesterfordernissen in bezug auf Nahrung, Kleidung und Unterkunft zu tun hat.‘‘

a) Begründen Sie, warum die Antwort „beides‘‘ auf die Frage „welches von beiden‘‘ auch im Sinne des Wirtschaftens unzulässig ist!

b) Was sind soziale Zwänge? Welche Auswirkungen haben sie auf die Bedürfnisstruktur eines Haushalts?

3 Trinkwasser – ein freies Gut?

Nehmen Sie zu der Behauptung Stellung, Trinkwasser sei ein freies Gut!

4 Bedürfnisse – Bedarf – Nachfrage – Kauf

In dem folgenden Text sind die Begriffe „Bedürfnisse‘‘, „Bedarf‘‘, „Nachfrage‘‘ und „Kauf‘‘ falsch verwendet worden. Berichtigen Sie den Text!

Die Beobachtung menschlichen Verhaltens zeigt, daß auf einer Motivationsstufe zunächst Wünsche wach werden, oft nicht einmal genau faßbar, auch keineswegs immer im Hinblick auf ein bestimmtes Gut, sondern aus dem Antrieb heraus, sein Leben genießen und es besser haben zu wollen. Dabei können viele Anstöße von außen erfolgen. Ein Bedarf entsteht. Auf der Bewußtseins- und Willensstufe verfolgt der Mensch bereits eine bestimmte objektbezogene Handlungsabsicht. Er vergleicht sie mit seiner Kaufkraft, meldet sein Bedürfnis an und entschließt sich zum Bedarf. Auf der Vollzugsstufe schließlich wird sein Bedürfnis wirksam. Welche Nachfrage dem einzelnen als dringlich erscheint, ist letztlich das Ergebnis vielfältiger körperlicher und geistig-seelischer Antriebe sowie außengesteuerter Einflüsse.

5 Umweltgüter – Industriegüter

In welcher Hinsicht unterscheiden sich Umweltgüter und Industriegüter? Welche Gemeinsamkeiten bestehen?

6 Geben Sie Beispiele für Güter!

	Sachgüter	Dienstleistungen	Rechte
Konsumgüter	?	?	?
Produktionsgüter	?	?	?

7 Zuordnung von Begriffen, die einander entsprechen oder ergänzen

Stellen Sie die angegebenen Begriffe so zusammen, daß sich richtige Begriffspaare bzw. Begriffszusammenstellungen ergeben!

- Weltwirtschaft – Volkswirtschaft – Entwicklungsländer – Industrieländer – Schwellenländer
- Öffentliche Haushalte – Einzelwirtschaften – private Haushalte – Unternehmen
- Kollektivbedürfnisse – Existenzbedürfnisse – Individualbedürfnisse – Luxusbedürfnisse
- Umweltgüter – Konsumgüter – immaterielle Güter
  Materielle Güter – Produktionsgüter – Industriegüter
  Gebrauchsgüter – Verbrauchsgüter – Investitionsgüter

8 Einkommen

Ein Arbeitnehmer hat ein Arbeitseinkommen in Höhe von 3000 DM. Die Lohnsteuer beträgt 17%, die Beiträge zur Sozialversicherung belaufen sich auf 36,5% (davon zahlt der Arbeitgeber die Hälfte). Die Preissteigerungsrate beträgt 2,5%.

a) Wie hoch ist das Nettoeinkommen des Arbeitnehmers?
b) Wie hoch ist das Realeinkommen?

9 Güternachfrage, Güterangebot, Preisbildung

Auf dem Wochenmarkt in Lübeck werden u. a. auch Bananen angeboten. Es gibt insgesamt 3 Händler A, B und C, die Bananen immer im Angebot haben.

Erfahrungswerte zeigen, daß für Bananen an einem normalen Wochenmarkttag folgende Nachfrage- und Angebotssituation herrscht:

Preis/kg	Nachfragemenge	
	jeweils zusätzlich	insgesamt
3,00 DM	200 kg	200 kg
2,50 DM	200 kg	400 kg
2,00 DM	200 kg	600 kg

Die Händler (A, B und C) gehen von folgenden Überlegungen aus:

	Angebotsmenge			
	der einzelnen Händler			insgesamt
Preis/kg	A	B	C	
3,00 DM	400 kg	250 kg	150 kg	800 kg
2,50 DM	350 kg	200 kg	150 kg	700 kg
2,00 DM	300 kg	200 kg	100 kg	600 kg

Dabei ist zu berücksichtigen, daß Händler A sich auf Bananen spezialisiert hat, während die anderen auch anderes Obst im Angebot haben.

a) Stellen Sie Angebots- und Nachfragekurve graphisch und rechnerisch dar; ermitteln Sie den Gleichgewichtspreis!

b) Begründen Sie das Verhalten der Nachfrager unter Berücksichtigung des ökonomischen Prinzips!

c) Welcher Zusammenhang besteht zwischen der Kostenhöhe der Anbieter und der angebotenen Menge?

d) Welche Gründe kann es für die unterschiedlichen Angebotsmengen geben?

e) Der Strom der Kunden aus dem Umland von Lübeck nimmt zu. Man rechnet mit einer Steigerung der Nachfrage um 10%.

Ermitteln Sie den Gleichgewichtspreis!

10 Ökonomisches Prinzip

Ein Auszubildender schreibt in seinem Berichtsheft: „Unser Betrieb arbeitet nach dem ökonomischen Prinzip, weil er bemüht ist, mit dem geringstmöglichen Aufwand einen höchstmöglichen Ertrag zu erzielen."

Beurteilen Sie diese Aussage!

11 Gemeinlastprinzip und Verursacherprinzip

Bei Anwendung des Gemeinlastprinzips werden die Kosten für die Verhinderung bzw. für die Beseitigung von Umweltschäden der Allgemeinheit aufgebürdet, z. B. indem der Staat Steuereinnahmen zur Finanzierung von Maßnahmen zur Luftreinhaltung verwendet.

Bei Anwendung des Verursacherprinzips werden die Unternehmen, die durch ihre Güterproduktion die Umwelt belasten, durch Gesetze und Verordnungen gezwungen, bestimmte Handlungen zu unterlassen oder bestimmte Vorsorgemaßnahmen anzuwenden (sog. Umweltauflagen). Unternehmen könnten z. B. gezwungen werden, durch Verwendung vorgeschriebener Filter den Schadstoffausstoß zu verringern. Unternehmen mit einem bestimmten Schadstoffausstoß können auch zur Entrichtung von Umweltabgaben verpflichtet werden.

a) Warum führt die Anwendung des Gemeinlastprinzips zu keiner Einschränkung beim Verbrauch des Umweltgutes „Saubere Luft"?

b) Welche Wirkung soll die Erhebung von Umweltabgaben von Unternehmen auf die Verbraucher haben?

c) In welchen Fällen der Umweltbelastung kann nur das Gemeinlastprinzip angewendet werden?

12 Externe und interne Kosten

Zeigen Sie am Beispiel der Herstellung von Personenkraftwagen in Unternehmen und der Benutzung durch Verbraucher das Entstehen und die Wirkung externer und interner Kosten!

13 Berechnen von Produktionsfaktoren und Kapital

Die Möbelfabrik Windmann & Söhne hat zum 31. Dezember 19.. die untenstehende Bilanz aufgestellt.

a) Berechnen Sie die Höhe der Produktionsfaktoren!
  (1) Produktionsfaktor Kapital
  (2) Produktionsfaktor Natur
  (3) Produktionsfaktor Werkstoffe
  (4) Produktionsfaktor Betriebsmittel

b) Wie hoch ist das Kapital im betriebswirtschaftlichen Sinne?

Aktiva	Bilanz		Passiva
	DM		DM
Anlagevermögen		**Eigenkapital**	1 500 000
Unbebaute Grundstücke	100 000	**Verbindlichkeiten**	
Grundstücke mit Fabrikbauten	600 000	Langfristige Darlehen	500 000
Grundstücke mit Wohnbauten	300 000	Verbindlichkeiten aus	
Maschinen und maschinelle		Warenlieferungen	200 000
Anlagen	500 000		
Umlaufvermögen			
Vorräte (Roh-, Hilfs- und			
Betriebsstoffe	400 000		
Forderungen aus Lieferungen	200 000		
Bankguthaben, Kassenbestand	100 000		
	2 200 000		2 200 000
(Bauwert der Fabrikbauten	500 000 DM		
Bauwert der Wohnbauten	200 000 DM)		

14 Knappheit der Produktionsfaktoren und Umweltschutz

In einer sozialistischen Planwirtschaft werden die Preise für elektrische Energie und Heizöl durch Zuschüsse des Staates sehr niedrig gehalten. Die Preise liegen um etwa zwei Drittel unter dem als marktgerecht anzusehenden Preis.

Wie ist das Verhalten des Staates unter ökonomischen und ökologischen Gesichtspunkten zu beurteilen?

15 Volkswirtschaftliche und betriebswirtschaftliche Produktionsfaktoren

Geben Sie nach dem Muster der Spalte 1 die Produktionsfaktoren und ihre jeweilige Bezeichnung an!

	Volkswirtschaftliche Produktionsfaktoren	Betriebswirtschaftliche Produktionsfaktoren
1 Arbeitsleistung eines Lagerarbeiters	Arbeit	ausführende Arbeit
2 Grundstücke	?	?
3 Rohstoffe	?	?
4 Arbeitsleistung eines Geschäftsführers	?	?
5 Werkzeuge	?	?
6 Unfertige Erzeugnisse auf Lager	?	?
7 Geschäftseinrichtung	?	?

16 Regenerative (erneuerbare) Energiequellen

Geben Sie Beispiele für regenerative Energiequellen!

17 Umweltbewußte Darstellung Ihres Unternehmens

Wie kann sich Ihr Unternehmen gegenüber seinen Kunden und gegenüber seinen Mitarbeitern, also nach außen und nach innen, als umweltbewußt und ökologisch orientiert darstellen?

Tragen Sie Beispiele für Aktivitäten und Maßnahmen zusammen im Hinblick auf die Produkte und das Sortiment Ihres Unternehmens, auf Entsorgungsfragen in Ihrem Unternehmen, auf Ihren Arbeitsplatz und auch im Hinblick auf die Kantine Ihres Unternehmens!

18 Gewinn

„Der Gewinn ist die soziale Aufgabe des Unternehmers."

Nehmen Sie zu dieser Aussage Stellung! Führen Sie Gründe für Ihre Zustimmung oder Ablehnung an!

19 Leverage-Effekt

Prüfen Sie, ob in den folgenden Fällen ein Leverage-Effekt eintritt!

Fall 1:

Eigenkapital	160 000 DM	
Fremdkapital	40 000 DM	(Zinssatz für Fremdkapital 10 %)
Gewinn	16 000 DM	(20 000 DM minus 4 000 DM Zinsen)

Fall 2:

Eigenkapital	40 000 DM	
Fremdkapital	160 000 DM	(Zinssatz für Fremdkapital 10 %)
Gewinn	4 000 DM	(20 000 DM minus 16 000 DM Zinsen)

Fall 3:

Eigenkapital	160 000 DM	
Fremdkapital	40 000 DM	(Zinssatz für Fremdkapital 15 %)
Gewinn	14 000 DM	(20 000 DM minus 6 000 DM Zinsen)

Fall 4:

Eigenkapital	160 000 DM	
Fremdkapital	40 000 DM	(Zinssatz für Fremdkapital 10 %)
Gewinn	24 000 DM	(28 000 DM minus 4 000 DM Zinsen)

20 **Gegenüberstellung erwerbswirtschaftlicher und gemeinwirtschaftlicher Betriebe**

Vergleichen Sie erwerbswirtschaftliche und gemeinwirtschaftliche Betriebe im Hinblick auf

- das Streben nach Gewinn bzw. Überschuß und
- die Verwendung von Gewinn bzw. Überschuß!

21 **Zielsetzungen öffentlicher Betriebe** („Die Wirtschaft", dtv Wissenschaftliche Reihe, München 1978, S. 186.)

„Die besondere Bedeutung des Gewinnzieles gilt nicht für alle Betriebswirtschaften. Auch in privaten Betriebswirtschaften kann das Gewinnziel hinter anderen Zielvorstellungen zurücktreten. Besonders aber in öffentlichen Betrieben werden den Entscheidungen in der Regel andere Kriterien zugrunde gelegt. Damit ist nicht ausgeschlossen, daß auch öffentliche Betriebe Gewinn anstreben, nur ist dies im allgemeinen nicht die dominierende Zielsetzung.

Gemeinwirtschaftlichkeit

Öffentliche Betriebe streben häufig nach einer ausreichenden Versorgung der Bevölkerung mit bestimmten Leistungen (speziell solcher Art, die private Betriebe nicht erbringen können, wollen oder sollen). Die Aufgabe der Bedarfsdeckung wird gleichzeitig zum Ziel der Betriebswirtschaft und ihrer Träger. Geht es primär um das Wohl einer übergeordneten Gesamtheit (die ‚allgemeine Wohlfahrt', das *öffentliche Interesse)* und nicht um das Wohl der jeweiligen Träger der Organisation, so wird vom Ziel der *Gemeinwirtschaftlichkeit* gesprochen.

Eigenwirtschaftlichkeit

Neben dem Gemeinwirtschaftlichkeitsziel wird in bezug auf öffentliche Betriebe die Forderung nach Eigenwirtschaftlichkeit erhoben. Inhaltlich wird die Eigenwirtschaftlichkeit meist als *Kostendeckungsprinzip* interpretiert. Dies kann durchaus eine ‚angemessene' oder ‚marktübliche' Verzinsung des Eigenkapitals und die Bildung von Rücklagen einschließen. Wo Kostendeckung nicht zu erreichen ist, wird oft *Zuschußbegrenzung* angestrebt."

a) Stehen die Ziele „Gemeinwirtschaftlichkeit" und „Eigenwirtschaftlichkeit" zueinander in Konkurrenz? (Begründung)
b) Was ist unter „Zuschußbegrenzung" zu verstehen?

22 **Einzelwirtschaften und ihre Ziele; ökonomisches Prinzip**

Warum gilt in allen Einzelwirtschaften (trotz unterschiedlicher Ziele) das ökonomische Prinzip?

23 Sozialprodukt und Volkseinkommen

a) Begründen Sie am Beispiel des Wirtschaftskreislaufs in einer wachsenden Wirtschaft, daß das Sozialprodukt dem Volkseinkommen entspricht!

b) Warum setzen Investitionen Konsumverzicht voraus?

c) Warum bezeichnet man Investitionen auch als Kapitalbildung?

24 Wirtschaftskreislauf

Ein Sportfachgeschäft verkauft ein Paar Skier zum Preis von 400 DM. Der Großhandels-bezugspreis betrug 300 DM. Der Großhandel hatte das Paar Skier ab Skifabrik zum Preis von 240 DM erworben. Der Skihersteller hatte an die Vorlieferanten für Vorleistungen (Lieferung von Hölzern, Kunststoffen und Fertigteilen) zusammen 100 DM bezahlt.

a) Wie hoch ist die Wertschöpfung auf jeder Wirtschaftsstufe?

b) Erstellen Sie nach dem Muster von Seite 61 eine Abbildung zur Darstellung der Geld- und Güterströme!

25 Bezeichnungen im Wirtschaftskreislauf

Übernehmen Sie die Grafik in Ihr Arbeitsheft und ordnen Sie den Geld- und Güterströmen sowie den Märkten dieses Wirtschaftskreislaufes die untenstehenden Bezeichnungen zu!

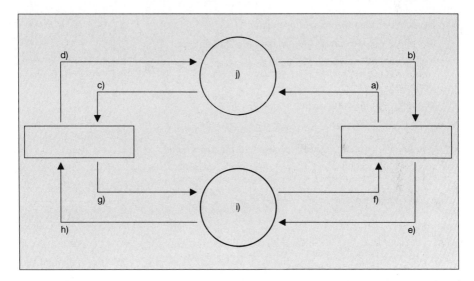

① Produktionsfaktoren   ⑤ Ausgaben für Konsumgüter
② Konsumgüter   ⑥ Erlöse aus Verkäufen von Konsumgütern
③ Entgelt (Kosten) für Produktionsfaktoren   ⑦ Markt für Konsumgüter
④ Einkommen   ⑧ Markt für Produktionsfaktoren

Lösungsmuster:

a) – ①   f) – ?
b) – ?   g) – ?
c) – ?   h) – ?
d) – ?   i) – ?
e) – ?   j) – ?

26 Wertschöpfung und Einkommen

Ein Automobilhersteller erzielt einen Umsatz von 38905 Mio. DM (nach Abzug der Umsatzsteuer).

An seine Zulieferer hat das Unternehmen 26645 Mio. DM gezahlt.

Das Unternehmen hatte aus dem angegebenen Nettoumsatz folgende Kosten zu decken:

- Personalkosten   8850 Mio. DM
- Zinskosten für beanspruchten Bankkredit   69 Mio. DM
- Steuern (Gewerbesteuer, Kfz-Steuer, Vermögensteuer, Grundsteuer usw.) 2654 Mio. DM

a) Wie hoch ist die Wertschöpfung des Unternehmens?

b) Wie hoch ist der Jahresüberschuß (Gewinn)?

c) Wie hoch ist das Einkommen der privaten Haushalte, die Arbeitsleistungen und (über Banken) Spargelder als Geldkapital zur Verfügung gestellt haben?

d) Wie hoch ist das Einkommen des Wirtschaftssubjekts Staat, der alle Einkommen der Haushalte mit 10% Einkommensteuer belegt? (Es wird angenommen, daß das Unternehmen den gesamten Gewinn ausschüttet und selbst keine Einkommensteuer zahlt.)

27 Warum ist das Ergebnis von Schwarzarbeit nicht im Bruttosozialprodukt enthalten?

28 Berechnung des Nettosozialprodukts

Für eine Volkswirtschaft liegen folgende Zahlen vor:

Bruttoproduktionswerte	2562
Abschreibungen	290
Vorleistungen	1357

Wie hoch ist das Nettosozialprodukt?

29 Wie hoch ist das Bruttosozialprodukt zu Marktpreisen?

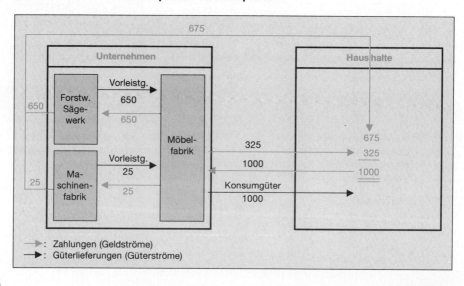

➤: Zahlungen (Geldströme)
➤: Güterlieferungen (Güterströme)

Welche Arten der Arbeitsteilung werden in den beiden Abbildungen dargestellt?

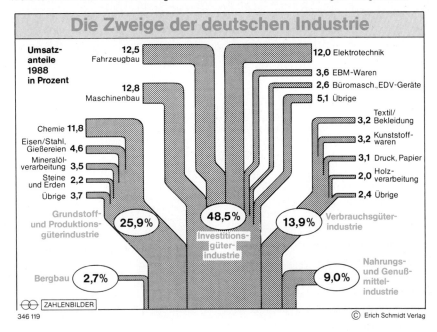

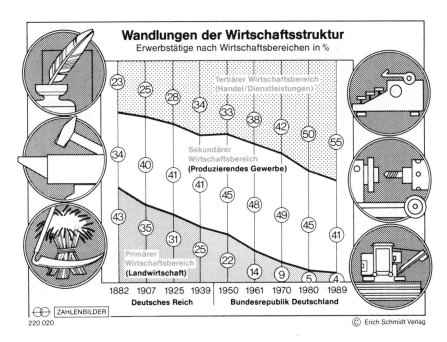

Betriebe können eingeteilt werden
- nach der **Art ihrer Leistung,**
- nach **Wirtschaftszweigen.**

Einteilung der Betriebe nach der Art ihrer Leistung

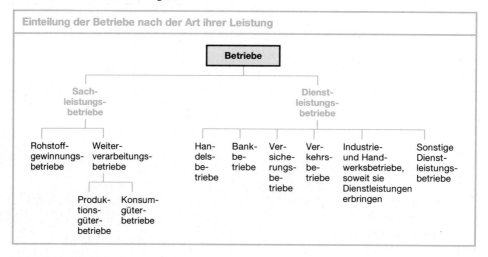

Einteilung der Betriebe nach Wirtschaftszweigen

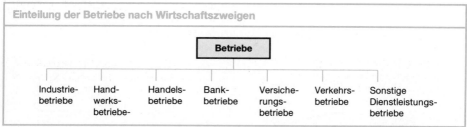

3.1 Sachleistungsbetriebe und Dienstleistungsbetriebe

3.1.1 Überblick über Arten und Aufgaben der Betriebe

Sachleistungsbetriebe stellen **materielle Güter** bereit.

Beispiele für Sachleistungsbetriebe:

Rohstoffgewinnung: Bergbau, Landwirtschaft, Energiegewinnung

Weiterverarbeitung: Grundstoffindustrie (eisenherstellende Industrie, chemische Industrie usw.), **Produktionsgüterindustrie** (Maschinenbau, Werkzeugherstellung usw.), **Konsumgüterindustrie** (Bekleidungsherstellung, Getränkeindustrie usw.), **Verarbeitendes Handwerk** (Holz, Textil, Nahrungsmittel usw.), **Bauhandwerk**

Dienstleistungsbetriebe stellen **immaterielle Güter** bereit.

Dienstleistungsbetriebe sind

- **Handelsbetriebe,** die Güter verteilen (Einzelhandel, Großhandel, Außenhandel),

- **Bankbetriebe,** die den Zahlungs- und Kreditverkehr abwickeln (Banken und Sparkassen),

- **Verkehrsbetriebe,** die Güter und Personen transportieren,

- **Versicherungsbetriebe,** die Risikoschutz in Form von Sachversicherungen (z. B. Feuerversicherung), Personenversicherungen (z. B. Lebensversicherung) und Vermögensversicherungen (z. B. Haftpflichtversicherung) anbieten,

- **sonstige Dienstleistungsbetriebe** (Unternehmensberater, Ingenieurbüros [siehe Beispiele], Werbeagenturen, Makler, Hotels usw.)

- **Handwerksbetriebe,** die Instandsetzungs- und Instandhaltungsarbeiten ausführen.

3.1.2   Industriebetriebe und Handwerksbetriebe

Industriebetriebe sind **Fertigungsbetriebe.** Ihre eigentliche Aufgabe ist die **Güterherstellung.** In zunehmendem Maße bieten Industriebetriebe im Zusammenhang mit ihren Erzeugnissen **Dienstleistungen** an.

Handwerksbetriebe sind in der Regel **sowohl Sachleistungsbetriebe als auch Dienstleistungsbetriebe.**

Dienstleistungen der Handwerksbetriebe sind Instandsetzungs- und Instandhaltungsarbeiten.

Instandsetzungsarbeiten sind Reparaturleistungen. Sie dienen dazu, beschädigte oder überholungsbedürftige Sachgüter wiederherzustellen.

Instandhaltungsarbeiten sind Leistungen zur Pflege und Wartung sowie zur Beseitigung geringfügiger Schäden.

Beispiele für Sachleistungen:

Leistungen von Tischlereibetrieben, von Bäckereien, von Heizungsinstallateuren, von Bauhandwerkern

Beispiele für Instandsetzungsarbeiten:

Reparaturleistungen von Maurern, Zimmerern, Tischlern, Malern usw. an Gebäuden, Reparaturleistungen von Uhrmachern

Beispiele für Instandhaltungsarbeiten:

Leistungen von Reinigungsbetrieben, Leistungen von Frisören, Pflegeleistungen von Kraftfahrzeugwerkstätten, Leistungen von Schornsteinfegern

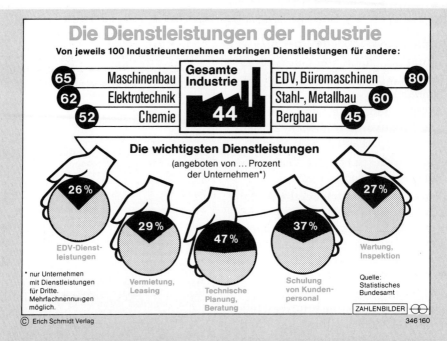

Die Dienstleistungen der Industrie

Von jeweils 100 Industrieunternehmen erbringen Dienstleistungen für andere:

		Gesamte Industrie		
65	Maschinenbau		EDV, Büromaschinen	**80**
62	Elektrotechnik	**44**	Stahl-, Metallbau	**60**
52	Chemie		Bergbau	**45**

Die wichtigsten Dienstleistungen
(angeboten von ... Prozent der Unternehmen*)

26% EDV-Dienstleistungen

29% Vermietung, Leasing

47% Technische Planung, Beratung

37% Schulung von Kundenpersonal

27% Wartung, Inspektion

* nur Unternehmen mit Dienstleistungen für Dritte. Mehrfachnennungen möglich.

Quelle: Statistisches Bundesamt

ZAHLENBILDER

© Erich Schmidt Verlag

346 160

Dienstleistungen werden in der modernen Volkswirtschaft nicht nur von den eigentlichen Dienstleistungsunternehmen oder von öffentlichen Einrichtungen erbracht. Sie gehören – quasi nebenbei – zum Produktionsprogramm vieler Industrieunternehmen und stehen dann häufig auch deren Kunden zur Verfügung.

Im Rahmen einer Umfrage unter mehreren tausend Industrieunternehmen hat das Statistische Bundesamt ermittelt, daß im Durchschnitt 44 % aller befragten Unternehmen auf dem Dienstleistungsmarkt in Erscheinung treten. Im allgemeinen stehen die Dienstleistungen der Industrie in einem sehr engen Zusammenhang mit der Warenproduktion und werden daher oft zusammen mit der Ware „geliefert", in vielen Fällen aber auch unabhängig davon auf den Markt gebracht. Von den Unternehmen, die überhaupt Dienstleistungen anbieten, führen 47 % technische Planungs- und Beratungstätigkeiten für Dritte aus, 37 % schulen Kundenpersonal, 27 % führen Wartungs- und Inspektionsarbeiten durch, 26 % erbringen EDV-Dienstleistungen, und 24 % erstellen Dokumentationsunterlagen. Für 29 % der Unternehmen gehört auch Vermietung und Leasing zum Geschäft.

Dienstleistungen sind auch die Handelstätigkeiten von Handwerksbetrieben, so z. B. von Uhrenfachgeschäften, vom Radio- und Fernsehfachhandel.

Unterscheidung von Industrie und Handwerk:

Grundsätzlich gilt: Ein Industriebetrieb beschäftigt meistens mehr Arbeitskräfte als ein Handwerksbetrieb. Er setzt auch in größerem Maße ungelernte und angelernte Arbeitskräfte ein als ein Handwerksbetrieb, der vorwiegend handwerklich ausgebildete Arbeitskräfte beschäftigt. Im Industriebetrieb wird mehr Handarbeit durch Maschinenarbeit ersetzt als im Handwerksbetrieb. Ein Kennzeichen des Handwerksbetriebes ist, daß der Handwerksunternehmer (Betriebsinhaber) oft im Betrieb mitarbeitet. Viele Handwerksbetriebe arbeiten auf Bestellung, Industriebetriebe produzieren in der Regel auf Lager.

Es ist aber auch zu beachten: Merkmale, die für das Handwerk zu Anfang des Jahrhunderts noch weitgehend zutrafen, sind heute vielfach nicht mehr kennzeichnend, so z. B. die Mitarbeit des Meisters in der Werkstatt. Sie ist für viele Handwerksmeister nicht mehr möglich, weil sie durch Bürotätigkeit, Auftragsverhandlungen usw. stark in Anspruch genommen sind. Auch die Vorstellung, daß Handwerksarbeit nur auf Bestellung geleistet wird, ist vielfach überholt. Betriebe, die in Serie fertigen, können auch Handwerksbetriebe sein.

3.2 Die Unterscheidung von Sachleistungsbetrieben und Dienstleistungsbetrieben anhand der Grundfunktionen Beschaffung, Leistungserstellung und Absatz

In jedem Sachleistungsbetrieb und in jedem Dienstleistungsbetrieb kann man **drei Vorgänge** beobachten und feststellen:

1. die Beschaffung von Mitteln, die zur Leistungserstellung erforderlich sind,

2. die Leistungserstellung selbst, also die **Produktion** von Sachgütern oder von Dienstleistungen,

3. die Leistungsverwertung, d. h. der **Absatz** von Sachgütern und Dienstleistungen.

Diese drei Vorgänge bilden den betrieblichen Leistungsprozeß.

Beschaffung, Leistungserstellung und **Leistungsverwertung** sind die **Grundfunktionen** (Grundaufgaben) jedes Betriebes.

3.2.1 Beschaffung

Beschaffung steht am Anfang des betrieblichen Leistungsprozesses.

Beschaffung ist Bereitstellung der Mittel zur Leistungserstellung.

Betrachtet man die Industrie- und Handwerksbetriebe, so erkennt man folgende **Teilbereiche der Beschaffung:**

● **Beschaffung des Produktionsfaktors Arbeit** (Einstellung von Arbeitnehmern),

● **Beschaffung des Produktionsfaktors Betriebsmittel** (Grundstücke, Gebäude, Maschinen, Werkzeuge, Transportmittel, Geschäftsausstattung),

● **Beschaffung des Produktionsfaktors Werkstoffe** (Roh-, Hilfs- und Betriebsstoffe sowie Fertigteile).

Rohstoffe sind die Grundmaterialien (Holz, Eisen, Stahl, Aluminium, Chrom, Wolle, Baumwolle, Ton, Sand usw.). Sie sind Hauptbestandteile des Produkts. **Hilfsstoffe** sind Ergänzungsmaterialien (Lacke, Farben, Nägel, Schrauben, Gewinde, Garne usw.). Rohstoffe und Hilfsstoffe sowie **Fertigteile** gehen in das Produkt ein. **Betriebsstoffe** gehen nicht in das Produkt ein; sie sind aber für die Leistungserstellung notwendig (Schmieröle, Brenn- und Energiestoffe, Putzmittel).

Betrachtet man die Handelsbetriebe, so erkennt man folgende **Teilbereiche der Beschaffung:**

● **Beschaffung des Produktionsfaktors Arbeit** (Einstellung von Arbeitnehmern),

● **Beschaffung des Produktionsfaktors Betriebsmittel** (Grundstücke, Gebäude, Maschinen, Werkzeuge, Transportmittel, Geschäftsausstattung),

● **Beschaffung des Produktionsfaktors Ware.**

> An die Stelle des im Verarbeitungsbetrieb zu beschaffenden Produktionsfaktors Werkstoffe tritt **im Handelsbetrieb** der **Produktionsfaktor Ware.**

3.2.2 Leistungserstellung (Produktion)

Im Mittelpunkt des betrieblichen Leistungsprozesses steht die Leistungserstellung **(Produktion).** Mit Produktion ist nicht nur die technische Herstellung von Sachleistungen (z. B. die Herstellung von Möbeln) gemeint, sondern auch die Erstellung von Dienstleistungen (z. B. die Ausführung einer Überweisung durch eine Sparkasse). Produktion ist ein wirtschaftlicher Begriff.

> Zur **Produktion** rechnen die Vorgänge, bei denen Produktionsfaktoren eingesetzt werden, um die **Leistungen des Betriebs zu erstellen.**

> Die **Leistung** ist das Ergebnis, das sich aus dem Zusammenwirken der Produktionsfaktoren im Betrieb ergibt. Leistungen können **Sachleistungen oder Dienstleistungen** sein.

Die Produktion in verarbeitenden Betrieben wird auch als **Fertigung** bezeichnet. Die Betriebe heißen **Fertigungsbetriebe. Fertigung** ist eine **Umformung von Gütern:** Aus Rohstoffen werden Halbfabrikate, aus Halbfabrikaten werden Fertigerzeugnisse.

> **In Fertigungsbetrieben werden Rohstoffe, Halbfabrikate und Fertigwaren unter Einsatz von Hilfs- und Betriebsstoffen zu Produktionsgütern oder Konsumgütern verarbeitet.**

Im **Organisationsplan (Organigramm)** eines Sachleistungsbetriebs wird die **betriebliche Grundfunktion Leistungserstellung** deutlich sichtbar; das zeigt das folgende (vereinfachte) **Beispiel eines Industriebetriebs.**

84

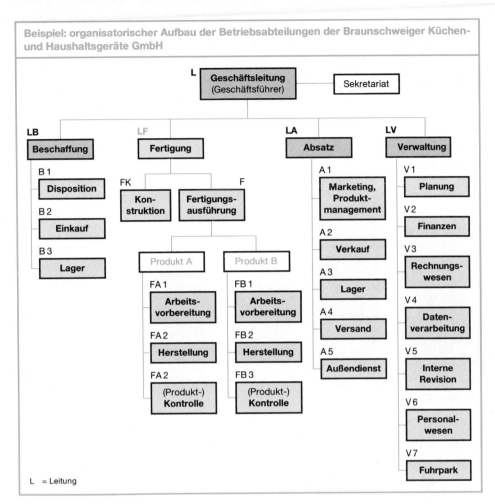

Beispiel: organisatorischer Aufbau der Betriebsabteilungen der Braunschweiger Küchen- und Haushaltsgeräte GmbH

L = Leitung

Die **Leistungserstellung in** Dienstleistungsbetrieben ist weniger sichtbar als in Sachleistungsbetrieben. Das zeigt z. B. ein Blick auf die Betriebe im **Einzelhandel.**

● Der Einzelhandel sammelt und verteilt die Güter, die zur Bedarfsdeckung dienen (Mittler zwischen Herstellung und Verbrauch).

● Der Einzelhandel überbrückt den Raum zwischen Herstellungsort und Ort der Bedarfsdeckung.

● Der Einzelhandel überbrückt die Zeit zwischen Herstellung und Bedarfsdeckung.

In der **Mittleraufgabe** und in der **Überbrückungsaufgabe** liegt die **Leistungserstellung der Handelsbetriebe.**

Im **Organisationsplan eines Dienstleistungsbetriebs** ist die betriebliche **Grundfunktion Leistungserstellung** – wie das folgende **Beispiel eines Verkehrsbetriebs** zeigt – nur indirekt erkennbar.

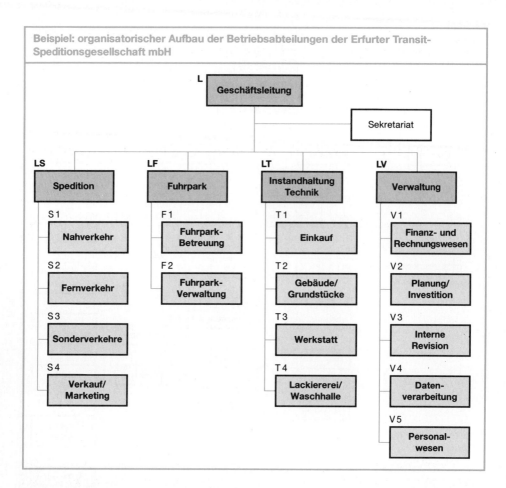

Beispiel: organisatorischer Aufbau der Betriebsabteilungen der Erfurter Transit-Speditionsgesellschaft mbH

L Geschäftsleitung

Sekretariat

LS Spedition
- S 1 Nahverkehr
- S 2 Fernverkehr
- S 3 Sonderverkehre
- S 4 Verkauf/Marketing

LF Fuhrpark
- F 1 Fuhrpark-Betreuung
- F 2 Fuhrpark-Verwaltung

LT Instandhaltung Technik
- T 1 Einkauf
- T 2 Gebäude/Grundstücke
- T 3 Werkstatt
- T 4 Lackiererei/Waschhalle

LV Verwaltung
- V 1 Finanz- und Rechnungswesen
- V 2 Planung/Investition
- V 3 Interne Revision
- V 4 Daten-verarbeitung
- V 5 Personal-wesen

3.2.3 Leistungsverwertung (Absatz)

Der Absatz steht am Ende des betrieblichen Leistungsprozesses.

Absatz ist **Verwertung der erstellten Leistungen** am Markt **(Verkauf von Sachgütern und Dienstleistungen).**

Während Sachleistungsbetriebe auf Vorrat produzieren können (Fertigerzeugnisse werden auf Lager genommen), werden die Leistungen von Dienstleistungsbetrieben erst in dem Augenblick produziert, in dem sie am Markt nachgefragt, d.h. abgesetzt werden.

Produktion auf Vorrat

Eine **Fleischwarenfabrik** stellt am 1. März 19.. 5000 Dosen Leberpastete her. Der Verkauf der 5000 Dosen erfolgt in der zweiten Märzhälfte.

Eine **Bank** wirbt am 15. Februar in einer Tageszeitung und preist die Vorzüge eines Girokontos an. Am 1. März lassen 10 neue Kunden Girokonten einrichten, zahlen Geld auf diese Konten ein und lassen Überweisungen durchführen.

Beim **Sachleistungsbetrieb** fallen **Produktion und Absatz oft auseinander.** Die Erzeugnisse werden gelagert. Beim **Dienstleistungsbetrieb** fallen **Produktion und Absatz zusammen** (Lagerung von Dienstleistungen ist nicht möglich).

3.3 Leistungserstellung in industriellen und handwerklichen Fertigungsbetrieben

In Fertigungsbetrieben gibt es **unterschiedliche Fertigungsverfahren** und unterschiedliche **Organisationsformen der Fertigung.**

3.3.1 Fertigungsverfahren

Bei **Handwerks- und Industriebetrieben** werden bestimmte **Fertigungs- oder Organisationstypen** unterschieden.

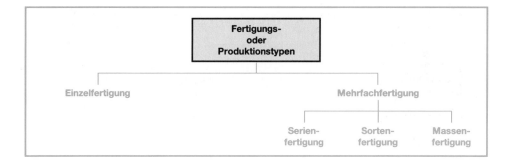

3.3.1.1 Einzelfertigung

Von **Einzelfertigung** spricht man, wenn ein Erzeugnis nur einmal und nach den Wünschen und Vorgaben des Auftraggebers hergestellt wird (z. B. Hausbau, Bau eines Kachelofens im Wohnhaus des Bestellers). Einzelfertigung erfordert gelernte Facharbeiter bzw. Gesellen.

Leistungen von Bauhandwerkern, von Handwerksbetrieben in der Gesundheits- und Körperpflege und Leistungen von Kraftfahrzeugwerkstätten sind Beispiele für Einzelfertigung im Handwerk. Maschinenbau, Schiffsbau und Bau kompletter Verpackungsanlagen sind Beispiele für Einzelfertigung in Industriebetrieben.

Einzelfertigung ist **Werkstattfertigung** und **Baustellenfertigung.** Sie ist abgestellt auf die Wünsche des Auftraggebers.

3.3.1.2 Mehrfachfertigung

▶ Serienfertigung

Serienfertigung ist eine **Form der Mehrfachfertigung,** bei der **mehrere gleichartige Erzeugnisse gemeinsam hergestellt** werden und nach Erreichen einer bestimmten Stückzahl eine **neue Serie** aufgelegt wird.

Serienfertigung kommt im Handwerk und in der Industrie vor. Beispiel für Serienfertigung im Handwerk ist die Herstellung einer Serie von Fenstern durch einen Tischlereibetrieb. Beispiele für Serienfertigung in der Industrie: Bau von Motoren mit verschiedenen Leistungen. Serienfertigung erfordert **mehr Maschinenarbeit** als Einzelfertigung. **Arbeitsteilung** und **Arbeitszerlegung** sind bei Serienfertigung notwendig. Bei Großserienfertigung, wie z. B. bei der Automobilherstellung, ist in der Regel **Fließfertigung (Fließbandfertigung)** anzutreffen.

▶ *Sortenfertigung*

Sortenfertigung ist eine **Form der Mehrfachfertigung**, bei der die Ausgangsstoffe und der Fertigungsgang so verwandt sind, daß die Produkte (Sorten) auf einer Produktionsanlage hintereinander (nach Ausführung von Umrüstvorgängen) hergestellt werden.

Beispiele für Sortenfertigung:

Herrenhemden aus unterschiedlichen Stoffen, Schrauben in verschiedenen Größen, Bretter in unterschiedlichen Abmessungen, Schränke und Tische in verschiedenen Größen und Typen

▶ *Massenfertigung*

Von **Massenfertigung** spricht man, wenn in Industriebetrieben über längere Zeit Produkte in großen Mengen hergestellt werden.

Massenfertigung ist **Fließfertigung oder automatische Fertigung.**

3.3.2 Organisation der industriellen Fertigung

Im Bereich der industriellen Herstellung werden drei **Typen für die Organisation der Fertigung** unterschieden **(Organisationstypen).**

3.3.2.1 Werkstattfertigung

Bei der **Werkstattfertigung** sind **Maschinen und Arbeitsplätze mit gleichartigen Arbeitsverrichtungen** in einer „Werkstatt" zusammengefaßt.

In einer Werkstatt stehen gleiche oder verwandte Maschinen und Anlagen. Werkstücke werden zu den Maschinen und Anlagen transportiert.

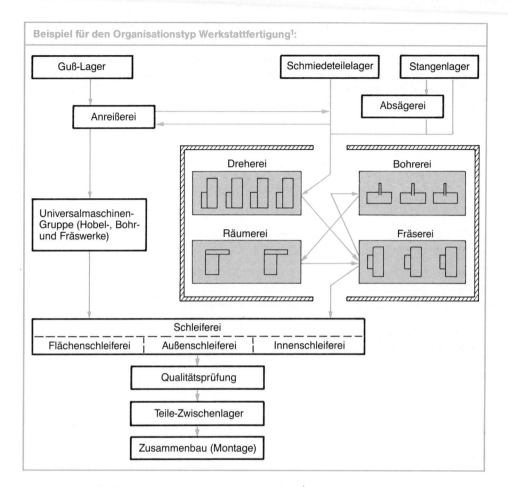

Beispiel für den Organisationstyp Werkstattfertigung[1]:

3.3.2.2 Fließfertigung

> Bei der **Fließfertigung** übernehmen **festinstallierte Transporteinrichtungen** den **Werkstück-transport.**

Werkstücke werden auf einem **Band** innerhalb einer bestimmten Zeit an einzelnen Arbeitsstationen vorbeigeführt **(Fließbandfertigung).**

Die Dauer der Arbeit an den einzelnen Arbeitsstationen ist zeitlich abgestimmt **(Austaktung).**

Die **Vorteile der Fließfertigung** liegen in der Großserien- oder Massenfertigung: Die Lagerhaltung von Roh- und Betriebsstoffen sowie Fertigteilen kann – im Gegensatz zur Werkstattfertigung, die typisch ist für Betriebe mit Kleinserienfertigung – rationalisiert und dem vorherberechneten Bedarf der Produktion angepaßt werden. Die Arbeitszerlegung bei der Fließfertigung ermöglicht eine **hohe Arbeitsproduktivität.** Es können angelernte Arbeitskräfte eingesetzt werden.

---

[1] Quelle: „Kompendium der Betriebswirtschaftslehre" (Herausgeber: Uwe Bestmann), R. Oldenbourg Verlag, München, 1984, Seite 204.

Werkstattfertigung erfordert dagegen ausgebildete Mitarbeiter. Während die Werkstattfertigung eine umfangreiche Terminplanung und Terminkontrolle benötigt, fallen bei der Fließfertigung keine Probleme der Ablaufplanung an. Der Fertigungsablauf ist im Gegensatz zur Werkstattfertigung sehr übersichtlich. Nachteilig ist bei der Fließfertigung die Einseitigkeit der von den Mitarbeitern auszuführenden Arbeiten (Gefahr der Monotonie). Die Fähigkeit zur Anpassung an ein geändertes Absatzprogramm des Unternehmens ist bei der Fließfertigung wesentlich geringer als bei der Werkstattfertigung.

Fließfertigung ist **Reihenfertigung.**

Wird bei der Fließfertigung menschliche Arbeitskraft nur noch für die Betreuung der Anlagen in Anspruch genommen, liegt **vollautomatische Fertigung** vor (Erläuterungen dazu in Abschnitt 3.3.2.4).

3.3.2.3 Gruppenfertigung

Zwischen der Fließfertigung und der Werkstattfertigung steht die **Gruppenfertigung,** bei der bestimmte Arbeitsgänge zu Fertigungsgruppen zusammengefaßt sind. Im Gegensatz zur Werkstattfertigung werden unterschiedliche Maschinen und Anlagen eingesetzt.

3.3.2.4 Vollautomatische Fertigung

Automatisierung ist die **vollkommene Mechanisierung des Arbeitsprozesses** mit dem Ziel, jede bisher manuell geleistete Arbeit durch die Arbeit einer Maschine zu ersetzen, dieser aber zugleich auch die **Bedienung, Steuerung und Überwachung des Produktionsprozesses** zu übertragen.

Die Automatisierung des Fertigungsprozesses ist durch Einbeziehung von Computern möglich geworden. **Automatisierung durch Computerunterstützung (CAM = Computer Aided Manufacturing)**[1] erfolgt **durch**

- **automatisierte Werkzeugmaschinen,**
- **Roboter,**
- **Bearbeitungszentren,**
- **flexible Fertigungszellen,**
- **flexible Fertigungssysteme,**
- **Fertigungsinseln** und
- **flexible Transferstraßen.**

Bei den **Werkzeugmaschinen** sind NC-Maschinen und CNC-Maschinen zu unterscheiden.

NC-Maschinen (NC = Numerical Control) sind Werkzeugmaschinen, bei denen die Bewegungsabläufe der Bearbeitungswerkzeuge durch ein Programm gesteuert werden.

[1] Quelle: „Industriebetriebslehre" (Herausgeber: Marcell Schweitzer), München, 1990, S. 955ff.

CNC-Maschinen (CNC – Computerized Numerical Control) sind speicherprogrammierbare Werkzeugmaschinen, die über eigene Prozessoren (Mikroprozessoren) zur Steuerung der Bearbeitungs- und Bewegungsvorgänge verfügen.

Industrieroboter sind **universell einsetzbare Bewegungsautomaten** mit mehreren Achsen, deren Bewegungen hinsichtlich Bewegungsfolge, -wegen und -winkeln **frei programmierbar** und gegebenenfalls **sensorgeführt** sind. Sie sind mit Greifern, Werkzeugen oder anderen Fertigungsmitteln ausrüstbar und können Handhabungs- und/oder Fertigungsaufgaben ausführen. (Definition des Vereins Deutscher Ingenieure [VDI])

Industrieroboter werden vor allem in der Automobilindustrie, in der Kunststoffindustrie, in der Elektroindustrie und im Maschinenbau eingesetzt.

Anwendungsgebiete sind **Werkstückhandhabung** (Beschicken und Entladen von Bearbeitungsmaschinen [z.B. von Pressen]) und **Werkzeughandhabung** (Bearbeiten des Werkstücks durch den Roboter [z.B. Punktschweißen, Bahnschweißen, Montage, Lackieren]).

Das folgende Bild zeigt den Einsatz von Schweißrobotern bei der Automobilherstellung.

Quelle: Daimler Benz AG

Als **Bearbeitungszentren** werden CNC-Maschinen bezeichnet, die über Vorrichtungen für einen automatischen Werkzeugwechsel verfügen und die dadurch in der Lage sind, an einem Werkstück mehrere Arbeitsgänge hintereinander oder gleichzeitig vorzunehmen. Die Beschickung mit Werkstücken erfolgt automatisch aus Werkstück-Magazinen.

Flexible Fertigungszellen entstehen aus dem Verbund mehrerer Bearbeitungszentren und einer Transporteinrichtung mit Pufferzonen für das automatische Weiterreichen der Werkstücke an die Bearbeitungszentren.

Flexible Fertigungssysteme unterscheiden sich von flexiblen Fertigungszellen dadurch, daß die Komponenten dieses Systems, Bearbeitungszentren und Transporteinrichtung, über einen Leitrechner verbunden sind, der den Bearbeitungszentren die jeweils erforderlichen NC-Programme zuleitet und der die Steuerung dieses Systems übernimmt.

Fertigungsinseln sind dadurch gekennzeichnet, daß darin nicht nur Teile, sondern Baugruppen und Teilprodukte weitestgehend vollständig und autonom gefertigt werden. Vollständig bedeutet, daß die für die Fertigung benötigten Materialien, Werkzeuge und Vorrichtungen in der Fertigungsinsel verfügbar gehalten werden, und autonom bedeutet, daß Arbeitsabläufe und Arbeitsverteilung für den jeweiligen Fertigungsauftrag selbständig geplant werden können.

Flexible Transferstraßen lassen sich gestalten durch die Verwendung von CNC-Komponenten in Verbindung mit Steuerungsrechnern sowie von computergesteuerten Material-Transporteinrichtungen.[1]

Unter der Bezeichnung **CIM (Computer Integrated Manufacturing)**[1] wird eine Konzeption für eine umfassende Integration (Einbeziehung) der DV-Unterstützung im betriebswirtschaftlichen und technischen Bereich des Unternehmens verstanden. Zugrunde liegt ein **computergestütztes Produktionsplanungs- und Produktionssteuerungssystem** mit den **Teilaufgaben**

● **Produktions-Programmplanung,**

● **Mengenplanung,**

● **Termin- und Kapazitätsplanung,**

● **Ablaufplanung** und

● **Ablaufsteuerung.**

---

[1] Quelle: „Industriebetriebslehre" (Herausgeber: Marcell Schweitzer), München, 1990, Seite 955ff. und Seite 960ff.

Quelle: Gildemaster Projecta GmbH

3.4 Leistungserstellung in Dienstleistungsbetrieben

In Dienstleistungsbetrieben ist der Vorgang der Leistungserstellung weniger sichtbar als in Sachleistungsbetrieben.

3.4.1 Leistungserstellung in Handelsbetrieben

Handelsbetriebe haben eine **Mittlerstellung**

- **als Großhandel,** z. B. zwischen Hersteller und Einzelhandel,
- **als Einzelhandel,** z. B. zwischen Großhandel und Verbrauchern.

Der Handel **überbrückt** den **Raum zwischen Hersteller und Käufern.** Er überbrückt die **Zeit zwischen Herstellung und Verbrauch.**

Der Großhandel (als Verteilungsgroßhandel) **kauft** Güter **vom Hersteller** und **verkauft** sie ohne wesentliche Veränderungen **an weiterverarbeitende Betriebe und den Einzelhandel.** Der Einzelhandel **verkauft** in kleinen Mengen **an den Verbraucher.**

Der Handel **informiert über Produkte und Hersteller.** Er informiert den Hersteller **über den Bedarf** an seinen Produkten. Der Handel **wirbt** für den Absatz von Produkten.

Die **Leistungserstellung des Handels** liegt

- in der **Überbrückung von Raum und Zeit,**
- in der **Schaffung ständiger bedarfsgerechter Lieferbereitschaft** und
- in der **Vermittlung zwischen Herstellung und Bedarfsdeckung.**

Weitere Informationen über Großhandel und Einzelhandel erhalten Sie im Abschnitt 5.4.3.

3.4.2 Leistungserstellung in Bankbetrieben

Bankbetriebe (Kreditinstitute) sind **Banken und Sparkassen.** Sie haben eine **Mittlerstellung im Geldkreislauf** der Wirtschaft.

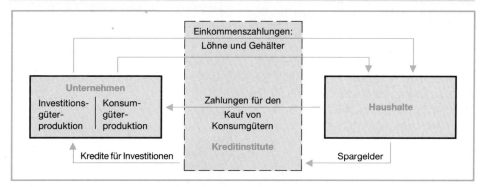

Kreditinstitute stellen **Bankleistungen** zur Verfügung.

3.5 Kosten der Leistungserstellung

3.5.1 Die Unterscheidung von Aufwand und Kosten

Aufwand ist der gesamte in Geld ausgedrückte Verbrauch von Sachgütern und Dienstleistungen durch einen Betrieb. Aufwand kann entstehen durch die betriebliche Leistungserstellung. Er ist **betriebsbedingter Aufwand = Kosten.** Aufwand muß nicht in allen Fällen betriebsbedingt sein. Es ist dann betriebsfremder Aufwand, der nicht zu den Kosten zählt.

Wie die nebenstehenden Beispiele zeigen, müssen Aufwand (Aufwendungen) und Kosten unterschieden werden.

Beispiel 1:

Der Verbrauch von Roh-, Hilfs- und Betriebsstoffen (Materialaufwand) in einer Möbelfabrik bei der Möbelherstellung ist betriebsbedingt.

Betriebsbedingte Aufwendungen sind Kosten.

Beispiel 2:

Der Kauf von Wertpapieren kann für eine Möbelfabrik, die Geld anlegen will, vorteilhaft sein. Der Kauf ist aber nicht betriebsbedingt. Provisionszahlung an die Bank für den Wertpapierkauf ist daher betriebsfremder Aufwand.

Betriebsfremde Aufwendungen sind keine Kosten.

Kosten sind der in Geld ausgedrückte Verbrauch von Sachgütern und Dienstleistungen zur Erstellung der betrieblichen Leistung.

Kosten entstehen z. B.

- durch **Verbrauch von Material** (z. B. Roh-, Hilfs- und Betriebsstoffe) = **Materialkosten,**

- durch **Inanspruchnahme der Arbeitskraft** von Mitarbeitern = **Arbeitskosten,**

- durch **Inanspruchnahme von Fremdleistungen** (z. B. Mieten, Steuern, Strom, Wasser),

- durch **Abschreibungen**, Wartung und Reparaturen = **Betriebsmittelkosten,**

- durch **Zinsen** = **Kapitalkosten.**

3.5.2 Die Arten der Kosten und ihre betriebswirtschaftliche Bedeutung

3.5.2.1 Fixe und variable Kosten

Das nebenstehende Beispiel zeigt, daß es Kosten gibt, die bei steigender Produktionsmenge unverändert bleiben. Sie heißen **fixe Kosten (feste Kosten).**

Kosten in einem Copy-Center

Ein Copy-Center hat Räume und Kopierautomaten gemietet. Durch die **Mietzahlungen** entstehen Kosten, die jeden Monat in gleichbleibender Höhe anfallen und daher nicht abhängig sind von der Stückzahl der angefertigten Kopien.

Andere Kosten steigen, wenn die Produktionsmenge **(Beschäftigung des Betriebes)** erhöht wird. Sie heißen **variable Kosten (veränderliche Kosten).**

Die **Kosten für den Papierverbrauch** sind abhängig von der Stückzahl der angefertigten Kopien.

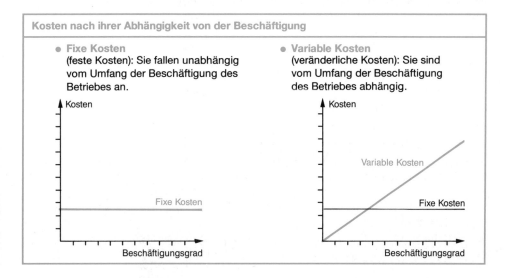

Kosten nach ihrer Abhängigkeit von der Beschäftigung

- Fixe Kosten
  (feste Kosten): Sie fallen unabhängig vom Umfang der Beschäftigung des Betriebes an.

- Variable Kosten
  (veränderliche Kosten): Sie sind vom Umfang der Beschäftigung des Betriebes abhängig.

3.5.2.2 Gesamtkosten und Stückkosten

Fixe Kosten und variable Kosten ergeben die **Gesamtkosten der Leistungserstellung.**

Die **Herstellungskosten für jedes produzierte Stück (Stückkosten)** erhält man, wenn man die Gesamtkosten durch die Stückzahl (Produktionsmenge) dividiert.

Beispiel 1:
Die Zahl der im Monat Januar erstellten Kopien beträgt 50 000.

Mietkosten	3 000 DM
Papierverbrauch	2 000 DM
Gesamtkosten	**5 000 DM**
Stückkosten	**0,10 DM**

3.5.2.3 Bedeutung der fixen Kosten

Im nebenstehenden Beispiel 2 steigen bei erhöhter Produktionsmenge die Gesamtkosten. Die Stückkosten sinken. Ursache für die sinkenden Stückkosten sind die Fixkosten, deren Anteil je Stück sinkt, und die gleich hoch bleibenden variablen Kosten je Stück.

Beispiel 2:
Die Zahl der im Monat Februar erstellten Kopien ist auf 75 000 Stück gestiegen.

Mietkosten	3 000 DM
Papierverbrauch	3 000 DM
Gesamtkosten	**8 000 DM**
Stückkosten	**0,08 DM**

Der Anteil der **Fixkosten je Stück** ist

im Beispiel 1:   3000 : 50 000 = 0,06 DM

im Beispiel 2:   3000 : 75 000 = 0,04 DM.

Die Herstellungskosten je Stück sind im Beispiel 2 geringer als die Herstellungskosten je Stück im Beispiel 1.

> Bei Erhöhung der Produktionsmenge sinkt der Fixkostenanteil eines Stückes.

> Bei erhöhter Produktionsmenge sinken die Stückkosten, wenn die variablen Kosten je Stück unverändert bleiben.

Berechnung der Stückkosten auf andere Weise:

Beispiel 1:

Variable Kosten je Stück	0,04 DM
Fixkostenanteil je Stück	0,06 DM
Herstellungskosten je Stück	**0,10 DM**

Beispiel 2:

Variable Kosten je Stück	0,04 DM
Fixkostenanteil je Stück	0,04 DM
Herstellungskosten je Stück	**0,08 DM**

In Industriebetrieben fallen fixe Kosten durch die Anschaffung teurer Maschinen oder moderner Automaten an, die nur mit der Herstellung großer Mengen ausgelastet sind. Solche Anlagen sind nur dann wirtschaftlich eingesetzt, wenn die durch sie verursachten fixen Kosten sich auf eine große Produktionsmenge verteilen. Ein Unternehmen, das in der Hoffnung auf einen großen Absatz hohe **Investitionen** vornimmt, kann durch einen Absatzrückgang in ernste Schwierigkeiten kommen. Seine **Kapazität** ist dann nicht mehr genügend ausgelastet.

Die **Auslastung der Kapazität** bezeichnet man als **Beschäftigungsgrad.**

Beschäftigungsgrad =

$$\frac{\text{Produktionsmenge x 100}}{\text{Kapazität}}$$

Kapazität und Beschäftigungsgrad:

Ein Betrieb kann in einem Monat 100 000 Stück herstellen. Das ist seine Kapazität. Er stellt im Monat Mai 70 000 Stück her. Dann beträgt sein Beschäftigungsgrad 70 %.

3.5.2.4   Einzelkosten und Gemeinkosten

Beispiel: Ein Ofenbauer stellt die Kosten für den Bau eines Kachelofens zusammen.

Heinz Klinger hat den Auftrag erhalten, im Hause seines Kunden Thorsten Weller einen Kachelofen zu bauen. Für die Rechnung stellt er die Kosten zusammen, die ihm entstanden sind (Selbstkosten);

Kacheln, Schamottsteine und anderes Material	7 000 DM
Löhne	3 000 DM
Fertigteile (Ofentür, Gitter usw.)	1 200 DM
allgemeine Betriebskosten (anteilig)	1 050 DM
Selbstkosten	12 250 DM

Aus dem Beispiel ist zu erkennen, daß es zwei Arten von Kosten gibt:

● **Einzelkosten** und
● **Gemeinkosten.**

> **Einzelkosten** sind die Kosten, die bei der Erstellung der Leistung (Kachelofenbau) direkt erfaßt und zugerechnet werden können (Materialverbrauch, Löhne, Fertigteile). Es sind **direkte Kosten.**

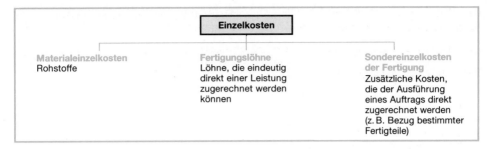

Gemeinkosten sind die Kosten, die während eines Zeitraumes **für mehrere Aufträge gemeinsam** angefallen sind.

Sie können bei der Erstellung einer Leistung (z. B. Kachelofenbau) **nicht direkt erfaßt und zugerechnet** werden (im Beispiel „allgemeine Betriebskosten" genannt). Sie ergeben zusammen mit den Einzelkosten die Selbstkosten.

$$
\begin{array}{l}
\ \text{Einzelkosten} \\
+\ \text{Gemeinkosten} \\
\hline
=\ \text{Selbstkosten}
\end{array}
$$

Für die Kostenrechnung ist es wichtig, die **Gemeinkosten aufzuschlüsseln** in:

- **materialabhängige Gemeinkosten,** z. B. Verbrauch von Hilfs- und Betriebsstoffen, Lagerkosten,
- **lohnabhängige Gemeinkosten,** z. B. Lohnzahlung während des Urlaubs, soziale Aufwendungen (Arbeitgeberanteil zur Sozialversicherung), Kosten für Arbeitskleidung,
- **verwaltungs- und vertriebsabhängige Gemeinkosten,** z. B. Gehälter für kaufmännische Angestellte, Steuern, Kosten für Werbung, Büromaterialverbrauch.

3.6 Leistungserstellung und Betriebsziele

Erwerbswirtschaftliche Betriebe erstellen ihre Leistungen, um sie am Markt gewinnbringend abzusetzen (erwerbswirtschaftliches Prinzip). **Gemeinwirtschaftliche Betriebe** erstellen ihre Leistungen im Interesse einer bestmöglichen Versorgung der Bevölkerung (Versorgungsprinzip).

Sowohl für die Leistungserstellung erwerbswirtschaftlicher Betriebe als auch für die Leistungserstellung gemeinwirtschaftlicher Betriebe gilt das **ökonomische Prinzip.** Jeder Betrieb ist bestrebt, seine Leistung mit geringstmöglichem Einsatz an Produktionsfaktoren zu erreichen **(Wirtschaftlichkeit der Leistungserstellung).**

Die Wirtschaftlichkeit gibt an, wie das **Verhältnis zwischen der denkbar günstigsten und der tatsächlich erreichten Kostensituation** ist.

$$\text{Wirtschaftlichkeit} = \frac{\text{Ist-Kosten}}{\text{Soll-Kosten}}$$

Die Wirtschaftlichkeit wird auch gemessen an dem **Verhältnis zwischen der erstellten Leistung** und den dadurch verursachten **Kosten.**

$$\text{Wirtschaftlichkeit} = \frac{\text{Leistung}}{\text{Kosten}}$$

Die Wirtschaftlichkeit ist um so höher, je größer die Kennziffer als 1 ist.

Von der Wirtschaftlichkeit ist die Produktivität zu unterscheiden. Während Wirtschaftlichkeit ein betrieblich-wertmäßiger Begriff ist, wird die Produktivität als technisch-mengenmäßige Größe gesehen. Sie gibt an, wie das Verhältnis zwischen **Ergebnis der Leistungserstellung (output)** und den **eingesetzten Produktionsfaktoren (input)** ist.

$$\text{Produktivität} = \frac{\text{output}}{\text{input}}$$

Die Produktivität soll die mengenmäßige Ergiebigkeit maschineller und menschlicher Arbeit ausweisen. Sie wird auch als technische Wirtschaftlichkeit bezeichnet. Die wichtigste Teilproduktivität ist die **Arbeitsproduktivität,** die auch als **Arbeitsstundenproduktivität** ermittelt werden kann.

$$\text{Arbeitsproduktivität (für ein Produkt)} = \frac{\text{Zahl der produzierten Stücke}}{\text{Zahl der eingesetzten Mitarbeiter}}$$

$$\text{Arbeitsstundenproduktivität (für ein Produkt)} = \frac{\text{Zahl der produzierten Stücke}}{\text{Zahl der Arbeitsstunden}}$$

Weitere betriebswirtschaftliche Teilproduktivitäten sind die **Materialproduktivität** und die **Betriebsmittelproduktivität.**

$$\text{Materialproduktivität} = \frac{\text{erzeugte Menge}}{\text{Materialeinsatz}}$$

$$\text{Betriebsmittelproduktivität} = \frac{\text{erzeugte Menge}}{\text{Maschinenstunden}}$$

Die **Volkswirtschaftslehre** unterscheidet zwischen der **Arbeitsproduktivität** und der **Kapitalproduktivität.** Die Kapitalproduktivität gibt das Verhältnis von output zum Kapitalinput an.

3.7 Leistungserstellung und ökologische Erfordernisse

Die Leistungserstellung in den Betrieben führt dazu, daß der Mensch neben seiner natürlichen Umwelt eine „**künstliche Umwelt"** schafft. Diese künstliche Umwelt besteht aus den Produktionsfaktoren Betriebsmittel und Werkstoffe, im folgenden Bild aufgeführt als bautechnische Objekte (Gebäude, Brücken, Straßen usw.), Gebrauchsobjekte (Werkzeuge, Maschinen, Betriebseinrichtungen usw.) und Verbrauchsobjekte.

100

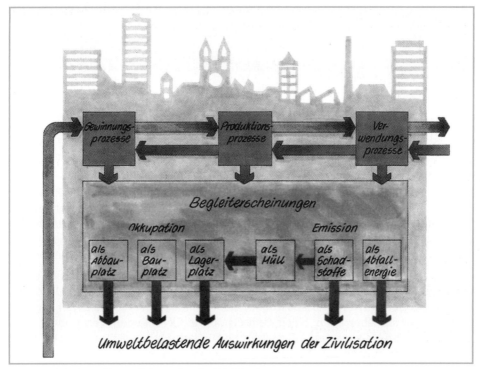

Quelle: „Umweltschutz", Siemens Aktiengesellschaft, 1986, Seite 10

Die **betriebliche Leistungserstellung** braucht **Platz in der natürlichen Umwelt.**
Sie eignet sich diesen Platz an („Okkupation"), und zwar für drei Zwecke:

● als **Abbauplatz,** d. h. als Orte, an denen Rohstoffe und Energieträger aus der
natürlichen Umwelt abgebaut werden können,

● als **Bauplatz,** d. h. als Orte, an denen bautechnische Objekte, wie z. B. Verkehrswege, Produktionsstätten usw., errichtet werden können, und

● als **Lagerplatz,** d. h. als Orte, an denen Vorräte, aber auch Müll (nicht verwertbare Objekte) gelagert werden können.

Leistungserstellung ist ein technischer Arbeitsprozeß, in dem nicht nur die gewünschten Güter, sondern auch **Nebenprodukte** entstehen, die nicht benötigt
werden und deshalb an die Umwelt abgegeben werden (**„Emissionen"** aus der
künstlichen Umwelt in die natürliche Umwelt):

● als **Müll** (nicht verwertbare Objekte),

● als **Schadstoffe** (chemische Substanzen), die bei dem Produktionsprozeß entstehen, und im Müll, in der Abluft oder im Abwasser in die natürliche Umwelt
gelangen und dort in der Luft, im Regen, im Grundwasser, im Boden, in Seen
und Flüssen, im Meer und in den Lebewesen weiterwirken, und

● als **Abfallenergien** (z. B. Abwärme, radioaktive Strahlung, Lärm).

Die Okkupation von Platz in der natürlichen Umwelt und die Emissionen aus der künstlichen Umwelt in die natürliche Umwelt, so wie sie oben beschrieben worden sind, müssen daher eingeschränkt werden.

Das **Recycling,** d. h. die Wiederverwendung von Abfallstoffen als neue Rohstoffe im betrieblichen Leistungserstellungsprozeß, kann **ein Weg zur Minimierung des Verbrauchs an natürlichen Ressourcen** und **zur Verminderung von Emissionen** beim technischen Herstellungsprozeß sein. Die knappen Produktionsfaktoren einschließlich der knappen Energie können für die Herstellung anderer Güter bereitgestellt werden.

Die Volkswagen AG beschreibt in ihrem Bericht über das Geschäftsjahr 1990, wie wirkungsvoller Umweltschutz sowohl in den Automobilen als auch in der Produktionstechnik aussehen muß. Nach dem Grundsatz „vermeiden, vermindern, verwerten" hat die Volkswagen AG vielfältige Umweltschutzaktivitäten entwickelt, wie z. B. die lösemittelarme Wasserlacktechnologie, das Kunststoff-Recycling und die durch geeignete Abfallsammel- und -sortiertechniken mögliche Werktoffrückgewinnung bis hin zum Pilotprojekt einer Demontagefabrik in Leer/Ostfriesland.

Zeitungsbericht: VW nimmt alte „Golf" bald kostenlos zurück

Neues Modell recyclingfähig konstruiert

WOLFSBURG. Die Volkswagen AG, Wolfsburg, garantiert als erster Automobilanbieter auf dem deutschen Markt die kostenlose Rücknahme von Altfahrzeugen. Alle neuen Golf der dritten Generation (Modelljahr 1992) würden als Altfahrzeuge kostenlos zurückgenommen, teilte das Unternehmen gestern mit.

Voraussetzung für die Rücknahme sei, daß das Altauto vollständig und nicht ausgeschlachtet ist. Produktfremde Beigaben dürften die Entsorgung nicht erschweren, hieß es am Donnerstag in Wolfsburg weiter. Weitere Einzelheiten der Rücknahme würden bei der Markteinführung des neuen Golf im November veröffentlicht. Die Rücknahmegarantie sei möglich, da der neue Golf konsequent recyclingfähig konstruiert worden sei. Der Metallanteil sei heute bereits hundertprozentig wiederverwertbar, auch die Kunststoffe im neuen Golf seien weitgehend recyclingfähig. Erkenntnisse aus einem VW-Recycling-Pilotprojekt in Leer/ Ostfriesland würden künftig bei allen neu entwickelten Fahrzeugen eine umweltverträgliche und ressourcenschonende Entsorgung von Altfahrzeugen ermöglichen.

Eigentümer, Manager und Betriebsleiter müssen bei ihren betrieblichen Entscheidungen den ökologischen Erfordernissen Rechnung tragen, aus **Einsicht in die Notwendigkeit** und aufgrund der vom Staat gemachten **Umweltauflagen,** die zur Beachtung von Geboten und Verboten zwingen. Beispiele für Umweltauflagen zeigt die Übersicht auf der gegenüberliegenden Seite.

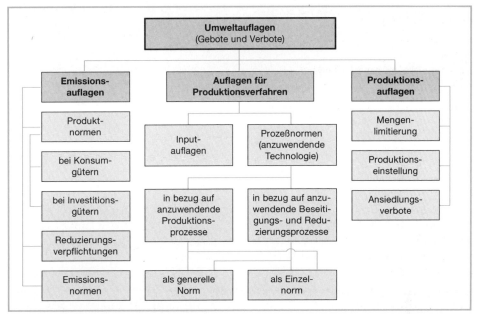

```
                    ┌─────────────────────────┐
                    │      Umweltauflagen      │
                    │   (Gebote und Verbote)   │
                    └─────────────────────────┘
```

Emissions-auflagen	Auflagen für Produktionsverfahren	Produktions-auflagen
Produkt-normen	Input-auflagen / Prozeßnormen (anzuwendende Technologie)	Mengen-limitierung
bei Konsum-gütern		Produktions-einstellung
bei Investitions-gütern	in bezug auf anzuwendende Produktions-prozesse / in bezug auf anzuwendende Beseitigungs- und Reduzierungsprozesse	Ansiedlungs-verbote
Reduzierungs-verpflichtungen		
Emissions-normen	als generelle Norm / als Einzel-norm	

Quelle: „Umweltökonomie" (Lutz Wicke), München, 1991, S. 169.

1 **Produktion und Lagerung bei Sachleistungsbetrieben und Dienstleistungsbetrieben**

Vergleichen Sie ein Industrieunternehmen mit einer Versicherungsgesellschaft im Hinblick auf Produktion und Lagerung von erstellten Leistungen!

2 **Leistungserstellung im Einzelhandel**

„Der Einzelhandel ist überflüssig. Er verteuert die Waren für den Verbraucher."
Nehmen Sie zu dieser Aussage Stellung!

3 **Grundfunktionen von Betrieben**

Zeigen Sie am Beispiel eines Taxiunternehmens die Funktionen Beschaffung, Leistungserstellung und Leistungsverwertung auf!

4 **Industrie und Handwerk**

Industrie und Handwerk unterscheiden sich durch den Einsatz ihrer Produktionsfaktoren bei der Leistungserstellung.

a) Machen Sie den Unterschied deutlich!

b) Nehmen Sie Stellung zu der Aussage, daß mit steigendem Wohlstand einer Gesellschaft auch das Handwerk im Rahmen zunehmender Dienstleistungsprozesse an Bedeutung gewinnen kann!

c) Begründen Sie, daß der technische Fortschritt tendenziell die Entwicklung zu mehr Industriefertigung fördert!

d) Welche Probleme können sich im Falle eines Absatzrückganges für einen anlageintensiven Betrieb ergeben?

e) Warum bieten Industriebetriebe in zunehmendem Umfang Dienstleistungen an?

f) Zeigen Sie anhand von Beispielen, daß Handwerksbetriebe Sachleistungen und Dienstleistungen produzieren!

5 Verbindung des Betriebes mit Märkten

Zeigen Sie anhand von Beispielen auf, wie die Volksbank Neuhausen mit Beschaffungsmarkt und Absatzmarkt verbunden ist!

6 Teilbereiche der Beschaffung

Vergleichen Sie die Teilbereiche der Beschaffung bei

- Industrie- und Handwerksbetrieben,
- Handelsbetrieben,
- Bankbetrieben,

und stellen Sie Gemeinsamkeiten und Unterschiede heraus!

7 Fertigungstypen

Fertigungstypen	Merkmale	Beispiele
Einzelfertigung	?	?
Serienfertigung	?	?
Sortenfertigung	?	?
Massenfertigung	?	?

**8 In einem Handwerksbetrieb (Malerbetrieb) sind dem Inhaber die folgenden Aufwendungen
entstanden. Nennen Sie diejenigen, die Kosten sind!**

a) Verbrauch von Farben
b) Verbrauch von Strom im Ladengeschäft
c) Aufwand für Reparaturen am Einfamilienhaus des Betriebsinhabers
d) Zahlung der Lebensversicherungsprämie des Betriebsinhabers
e) Lohnzahlung an die Gesellen
f) Verbrauch von Tapeten
g) Spendenzahlung für den Kirchenchor

9 Kapazität – Kapazitätsauslastung – Kosten

Im Bereich der industriellen Unternehmen beträgt die aktuelle Kapazitätsauslastung etwa
90 %.

a) Wie wird die Auslastung der Kapazität bezeichnet und berechnet?
b) Unterscheiden Sie zwischen fixen und variablen Kosten!
c) Machen Sie den Zusammenhang zwischen Kapazitätsauslastung und der Gewinnsituation eines Unternehmens deutlich!

10 Fixkosten und Stückkosten

In einem Betrieb betragen die Gesamtkosten für eine Serie 480 000 DM, die variablen Kosten
je Stück gleichbleibend 2 000 DM. Produziert werden 200 Stück.

a) Wie hoch sind die Fixkosten?
b) Wie hoch sind die Stückkosten?

11 Beschäftigungsgrad und Kapazität

Ein Betrieb stellt 600 Stück her. Damit beträgt sein Beschäftigungsgrad 80 %. Wie hoch ist
die Kapazität?

12 Fixkosten in einem Handwerksbetrieb

In welchen Fällen entstehen in einem Tischlereibetrieb Fixkosten?

a) Anschaffung und Einsatz einer neuen Hobelmaschine
b) Erhöhter Holzverbrauch durch höhere Auslastung der Kapazität
c) Einstellung einer Halbtagskraft für die Buchführung
d) Niedrigerer Verbrauch von Nägeln und Schrauben durch geringere Auslastung der Kapazität
e) Anmietung eines zusätzlichen Lagerraums für Holzvorräte

13 Einsatz von Industrierobotern

In der Automobilindustrie zeigt sich zunehmend die Tendenz der ,,Roboterisierung''.

a) Erklären Sie das zugrunde liegende Fertigungsverfahren!
b) Welche Vorteile ergeben sich aus dieser Entwicklung für die Unternehmen?
c) Beschreiben Sie Kosten, die durch diese Entwicklung in den Unternehmen verstärkt anfallen!
d) Machen Sie deutlich, daß die Fixkosten in der Automobilindustrie zunehmen, und erörtern Sie Vor- und Nachteile dieser Entwicklung!

14 Wirtschaftlichkeit und Rentabilität

Vergleichen Sie Wirtschaftlichkeit und Rentabilität eines Unternehmens!

	im 1. Jahr	im 2. Jahr
Soll-Kosten	75 000	75 000
Ist-Kosten	90 000	67 500
Kapitaleinsatz	375 000	375 000
Gewinn	37 500	30 000

15 Auswirkungen der Automatisierung

Aus Rationalisierungsgründen setzt ein Unternehmen eine vollautomatische Produktionsanlage ein. Wie wirkt sich der Einsatz der Produktionsanlage auf Produktivität, Wirtschaftlichkeit und Rentabilität aus?

16 Zulieferung für ein Automobilunternehmen

a) Unterscheiden Sie die verschiedenen Arten der Unternehmen, die ein Automobilunternehmen beliefern!
b) Welche Vorteile hat die Aufteilung der Zulieferer auf spezielle Tätigkeiten?
c) Inwiefern kann das Automobilunternehmen durch eine geschickte Beschaffungspolitik die Gewinnsituation verbessern?

17 Personalintensive Betriebe

Kreditinstitute (Banken und Sparkassen) sind personalintensive Betriebe.

a) Erläutern Sie, was diese Kennzeichnung aussagen soll!
b) Geben Sie Beispiele für andere personalintensive Betriebe!

18 Auto und Umwelt

1989 wurden in der Bundesrepublik Deutschland etwa 674 Milliarden Personenkilometer (beförderte Personen × Kilometer) zurückgelegt. Auf den Individualverkehr mit dem Auto entfielen davon etwas mehr als 80 %. Der private Besitz eines Autos gilt für die meisten Menschen als ein besonders erstrebenswertes Ziel. Andererseits gilt das Auto für viele als der ,,Umweltkiller Nr. 1''.

a) Welchen Nutzen bringt ein Auto seinem Besitzer? Welche Kosten entstehen dem Besitzer?

b) Die Auswirkungen des Besitzes und des Fahrens eines privaten Pkw sollen in einem ökologischen Portrait eines Autolebens (150 000 km) dargestellt werden.

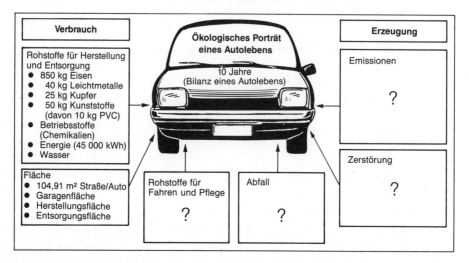

Stellen Sie in Ihrem Arbeitsheft für eine angenommene 10jährige Lebenszeit eines Autos und eine darauf beruhende Leistung von 150 000 km (nach dem Muster der Angaben zum „Verbrauch") zusammen,

(1) welche Emissionen erzeugt und welche Zerstörungen verursacht worden sind,

(2) welche Rohstoffe für Fahren und Pflege verbraucht worden sind und

(3) in welchen Formen Abfall entstanden ist.

c) Nennen Sie Beispiele für Umweltauflagen (siehe Übersicht auf Seite 103), die in der Bundesrepublik Deutschland schon als gesetzliche Gebote und Verbote erlassen worden sind!

d) Nennen sie volkswirtschaftliche Nachteile, die entstehen würden, wenn – bezogen auf die Herstellung von Autos – die in der Übersicht angeführten drei Maßnahmen von Produktionsauflagen durchgeführt würden!

19 Kosten und Kapazitätsauslastung

Die Kurt Windmann & Söhne KG, Kartonagenfabrik, hat im abgelaufenen Geschäftsjahr 150 000 Industrie-Ordner hergestellt. Der Beschäftigungsgrad betrug 80 %. Die Gesamtkosten für diese Produktionsmenge betrugen 315 000 DM, davon waren 120 000 DM fixe Kosten. Es wird unterstellt, daß bei steigender Produktionsmenge die Kosten im Verhältnis zur Produktionsmenge steigen (linearer Kostenverlauf). Die Umsatzerlöse betrugen 375 000 DM.

a) Ermitteln Sie die Gesamtkosten bei 100 % Kapazitätsauslastung!

b) Vergleichen Sie den Gewinn aus der Ordner-Produktion bei 80 % Kapazitätsauslastung und bei Übernahme eines Zusatzauftrages von 37 500 Stück zu 1,90 DM je Stück.

c) Ermitteln Sie die Stückkosten bei voller Kapazitätsauslastung!

d) Woran kann es liegen, wenn der bei voller Auslastung der Kapazität rechnerisch ermittelte Gewinn tatsächlich nicht erzielt wird?

20 CIM – CAM

Welche Unterschiede bestehen?

4 Rechtliche Grundlagen des Wirtschaftens

4.1 Die Bedeutung des Rechts für das Funktionieren des Wirtschaftsablaufs

Die am Wirtschaftsleben Beteiligten, **Unternehmen, private Haushalte** und **öffentliche Haushalte,** stehen im Wirtschaftskreislauf miteinander in Verbindung. Die wirtschaftlichen Beziehungen, die sie zueinander unterhalten, werden im **Güterkreislauf** und im **Geldkreislauf** sichtbar: Unternehmen produzieren Güter, Haushalte verbrauchen Güter, Haushalte stellen den Unternehmen Arbeitskräfte zur Verfügung, Unternehmen und private Haushalte zahlen Steuern an den Staat, was zu Einnahmen in den öffentlichen Haushalten führt. Der Staat seinerseits fragt Güter der Unternehmen nach und stellt öffentliche Einrichtungen, wie z. B. Schulen, der Allgemeinheit zur Verfügung.

Diese vielfältigen Beziehungen der Wirtschaftseinheiten untereinander müssen **auf der Grundlage einer rechtlichen Ordnung** erfolgen, damit jeder weiß, welche Pflichten und Rechte er erwerben kann, was er tun darf und was er nicht tun darf. Das Zusammenleben der Menschen untereinander bedarf bestimmter Regeln. Diese **Regeln** bilden das Recht.

> Das **Recht** hat die **Aufgabe, das Zusammenleben der Menschen durch verbindliche Regeln zu ordnen.** Die Gesamtheit aller Regeln (Rechtsvorschriften) ist die **Rechtsordnung.** Die Rechtsordnung wird vom Staat, dem die Menschen angehören, gesetzt; sie kann mit Machtmitteln, z. B. durch Gerichtsurteile, durchgesetzt werden.

Ein wichtiger Teil des Rechts ist das **private Recht,** das die **Beziehungen der einzelnen Rechtspersonen** (das sind die Menschen und die Unternehmen) **untereinander regelt.** Die Beziehungen der Rechtspersonen untereinander werden im wesentlichen durch Verträge gestaltet. Die Handlungen im Wirtschaftskreislauf, wie z. B. das Einkaufen von Waren oder das Vermieten einer Wohnung, finden ihren Niederschlag in entsprechend bezeichneten Verträgen, in Kaufverträgen und Mietverträgen. Vorgänge im Geldkreislauf, wie z. B. die Zahlung eines privaten Haushaltes an ein Unternehmen für die Lieferung einer Wohnungseinrichtung, führen ebenfalls zu Vertragsabschlüssen.

> Die **Beziehungen der Wirtschaftseinheiten (Rechtspersonen)** zueinander, die sich im Güterkreislauf und im Geldkreislauf niederschlagen, **werden hauptsächlich durch Verträge geordnet.**

Um die **rechtliche Ordnung des Wirtschaftsablaufs** zu verstehen, müssen **wichtige Rechtsbegriffe** bekannt sein. Dies sind z. B. Rechtsfähigkeit und Geschäftsfähigkeit, Rechtsgeschäfte und Verträge, natürliche und juristische Personen, Sachen und Rechte sowie Besitz und Eigentum.

Rechtsfragen wegen des Unternehmens Karl Möller:

Karl Möller, Inhaber eines Fachgeschäftes für Computerservice in Göttingen, und seine Frau Marlene kommen am 2. August bei einem Verkehrsunfall ums Leben. Sie hinterlassen einen 17jährigen Sohn, Dieter Möller, der im ersten Ausbildungsjahr den Beruf „Kaufmann für Organisation" bei der Firma Autohof Göttingen GmbH erlernt. Dieter Möller erhält nach dem Tod der Eltern Richard Voss, einen Vetter Karl Möllers, als Vormund.

1. Wem gehört das Fachgeschäft nach dem Tode Karl Möllers?

2. Am 7. August trifft eine Rechnung der NOREX Computerherstellung AG über 26212 DM für die Lieferung vom 31. Juli ein. Wer ist jetzt der Schuldner?

3. Der schon seit langem in dem Fachgeschäft tätige Prokurist Hahn bietet Dieter Möller an, den Betrieb auf 10 Jahre zu pachten. Wer schließt den Pachtvertrag?

Das Eigentum an dem Betrieb geht mit dem Tod der Eltern auf den 17jährigen Sohn Dieter Möller über. Unabhängig von seinem Alter kann er erben und Eigentümer werden. Er kann es, weil er nach dem **Bürgerlichen Gesetzbuch (BGB) rechtsfähig** ist.

Rechtsfähigkeit ist die Fähigkeit, Träger von Rechten und Pflichten zu sein.

Ein Recht, das Dieter Möller trägt, ist das Eigentumsrecht. Eine Pflicht, die sich aus dem Eigentum an dem Fachgeschäft für Computerservice ergibt, ist die Pflicht zur Bezahlung von Schulden, die mit dem Eigentum übernommen worden sind. Mit dem Tode seines Vaters ist auch dessen Schuld (Verbindlichkeit) gegenüber NOREX Computerherstellung AG auf Dieter Möller übergegangen. Er hat also die Pflicht, diese Lieferung zu bezahlen. **Rechte** und **Pflichten** zu **haben** sind **Merkmale der** Rechtsfähigkeit.

Schwieriger ist die Frage zu entscheiden, wer einen möglichen Pachtvertrag mit dem Prokuristen Hahn schließen kann. Dieter Möller und sein Vormund Richard Voss sind zu der Auffassung gekommen, es sei im Interesse von Dieter Möller, den Betrieb an den langjährigen Mitarbeiter seines Vaters zu verpachten. Nach Ablauf der Pacht könnte Dieter Möller dann selbst den Betrieb übernehmen. Es soll also ein Pachtvertrag geschlossen werden. **Vertragspartner** sind ohne Zweifel Dieter Möller als **Eigentümer** des Fachgeschäfts **und der Pächter Hahn.**

Wäre Dieter Möller **noch nicht sieben Jahre alt,** könnte er selbst **keine Willenserklärung** abgeben. Er wäre **geschäftsunfähig.** Seine **Eltern als gesetzliche Vertreter** müßten für ihn handeln. In unserem Beispiel ist an die **Stelle der Eltern der Vormund** getreten. Er ist jetzt gesetzlicher Vertreter. Als Siebzehnjähriger kann Dieter Möller den Pachtvertrag nur mit Einwilligung des Vormundes schließen. Er ist **beschränkt geschäftsfähig.**

Darüber hinaus ist die **Genehmigung dieses Pachtvertrages durch das Vormundschaftsgericht** erforderlich, um sicherzustellen, daß mit dem Pachtvertrag auch im Interesse von Dieter Möller gehandelt wird.

Geschäftsfähigkeit ist die Fähigkeit, Rechte und Pflichten durch Rechtsgeschäft erwerben zu können. Wer geschäftsfähig ist, kann rechtswirksam **Willenserklärungen** abgeben. Er kann rechtswirksam **Verträge** schließen.

Während die **Rechtsfähigkeit** von Menschen mit der Vollendung der Geburt beginnt und mit dem Eintritt des Todes endet, richtet sich die **Geschäftsfähigkeit** nach dem Lebensalter:

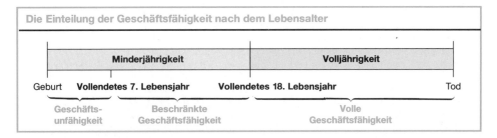

Die Einteilung der Geschäftsfähigkeit nach dem Lebensalter

| Minderjährigkeit | | Volljährigkeit |

Geburt — Vollendetes 7. Lebensjahr — Vollendetes 18. Lebensjahr — Tod

Geschäfts-unfähigkeit — Beschränkte Geschäftsfähigkeit — Volle Geschäftsfähigkeit

Auch nach Vollendung des 18. Lebensjahres sind solche Menschen **geschäftsunfähig,** die dauernd in einem Zustand „krankhafter Störung der Geistestätigkeit" sind, so daß ihnen keine „freie Willensbestimmung" möglich ist.

● Willenserklärungen geschäftsunfähiger Personen sind nichtig. Gesetzliche Vertreter (Eltern, Vormund, Pfleger) handeln für geschäftsunfähige Personen.

● Willenserklärungen beschränkt geschäftsfähiger Personen bedürfen grundsätzlich der Einwilligung des gesetzlichen Vertreters.

Für **Minderjährige, die das 7. Lebensjahr vollendet haben,** gelten **Sonderregelungen** (Übersicht auf Seite 110). Bei Willenserklärungen, die diese Minderjährigen abgeben, muß gefragt werden:

– Hat der Minderjährige von vornherein die Zustimmung des gesetzlichen Vertreters?
– Erhält der Minderjährige nachträglich die Zustimmung?
– Benötigt der Minderjährige überhaupt eine Zustimmung?
– Ist der Minderjährige für einen bestimmten Lebensbereich schon voll geschäftsfähig?

Nach dem **Betreuungsgesetz** ist **seit dem 01.01.92** an die Stelle von Vormundschaft bzw. Pflegschaft über **Volljährige** die **Betreuung** getreten. Die früher mögliche Entmündigung gibt es nicht mehr. Die Bestellung eines **Betreuers** schränkt die Teilnahme des **Betreuten** am Rechtsverkehr nicht automatisch ein.

Eine Vormundschaft gibt es seit 01.01.92 nur noch für Minderjährige.

Ein Betreuer darf nur für Aufgabenkreise bestellt werden, in denen eine Betreuung erforderlich ist. Der Betreuer hat die **Stellung eines gesetzlichen Vertreters.**

Im Gegensatz zur früheren Entmündigung bedeutet die Anordnung einer Betreuung nicht, daß der Betreute geschäftsunfähig oder beschränkt geschäftsfähig wird. Nur für den Fall, daß dies zur Abwendung einer erheblichen Gefahr für die Person oder für das Vermögen des Betreuten erforderlich ist, und nur im erforderlichen Umfang kann das Vormundschaftsgericht **Einschränkungen für die Teilnahme**

Rechtswirksamkeit von Willenserklärungen, die Minderjährige über 7 Jahre abgeben:	
	Beispiele:
Schließt ein Minderjähriger **mit vorheriger Zustimmung (Einwilligung) des gesetzlichen Vertreters** einen Vertrag, so ist dieser rechtswirksam.	Der **17jährige Dieter Möller** kauft ein Moped zum Preis von 780 DM. Der **Vormund hat dem Kauf vorher zugestimmt.** Damit ist der **Kaufvertrag rechtswirksam.**
Schließt ein Minderjähriger **ohne Einwilligung des gesetzlichen Vertreters** einen Vertrag, so ist die **Rechtswirksamkeit von der nachträglichen Zustimmung (Genehmigung) des gesetzlichen Vertreters abhängig.** Bis zur Erteilung der Genehmigung ist der Vertrag „schwebend unwirksam".	Hätte der 17jährige Dieter Möller das Moped **ohne Wissen des Vormundes** gekauft, würde der **Kaufvertrag erst rechtswirksam, wenn der Vormund nachträglich zustimmt.** Würde der Vormund die Zustimmung verweigern und von dem Verkäufer die Rücknahme des Mopeds gegen Rückgabe des Kaufpreises verlangen, hätte der Verkäufer dies tun müssen.
Willenserklärungen sind voll rechtswirksam: • ohne Einwilligung des gesetzlichen Vertreters, wenn sie dem Minderjährigen lediglich einen **rechtlichen Vorteil** bringen, • **ohne Zustimmung des gesetzlichen Vertreters,** wenn der Minderjährige Verträge schließt und für die **Erfüllung der Verträge Mittel verwendet, die ihm zu diesem Zweck oder zur freien Verfügung** von seinem gesetzlichen Vertreter oder mit dessen Zustimmung von einem Dritten **überlassen worden sind.**	Angenommen, Dieter Möller hätte das Moped von seiner Patentante geschenkt bekommen. Er hätte in diesem Fall **keine rechtlichen Pflichten** (eine Bezahlung würde ja entfallen), so daß das **Rechtsgeschäft,** das in der **Schenkung** besteht, auch **ohne Zustimmung des Vormundes gültig wäre.** Wenn Dieter Möller drei Schallplatten zu 72 DM gekauft und diesen Betrag von seiner monatlichen Ausbildungsvergütung, die ihm zur freien Verfügung überlassen ist (Taschengeld), genommen hätte, wäre der **Kaufvertrag ohne weiteres rechtswirksam gewesen.**
Minderjährige gelten in zwei Fällen als voll geschäftsfähig: • Der Minderjährige wird **durch seinen gesetzlichen Vertreter ermächtigt, ein Dienst- oder Arbeitsverhältnis einzugehen.** Er ist dann **im Rahmen dieses Vertragsverhältnisses unbeschränkt geschäftsfähig.** (Eine solche Regelung gilt nicht für den Ausbildungsvertrag.) • Der Minderjährige wird **durch seinen gesetzlichen Vertreter mit Genehmigung des Vormundschaftsgerichts zum selbständigen Betrieb eines Erwerbsgeschäftes ermächtigt.** Er ist dann **für solche Rechtsgeschäfte unbeschränkt geschäftsfähig, die der Geschäftsbetrieb mit sich bringt.**	Nach Beendigung seiner Ausbildung, aber noch vor Vollendung des 18. Lebensjahres nimmt Dieter Möller **mit Zustimmung seines Vormundes** eine **Tätigkeit** in einem Göttinger Großhandelsunternehmen auf. Das Unternehmen zahlt den Lohn bargeldlos. Dieter Möller darf sich ein Bankkonto bei einer Bank oder Sparkasse einrichten lassen, da er **im Rahmen seines Arbeitsverhältnisses voll geschäftsfähig ist.** **Dieter Möller** hat das Fachgeschäft seines Vaters übernommen, nachdem der bisherige Pächter Hahn aus Gesundheitsgründen um Aufhebung des Pachtvertrages gebeten hat. Der Übernahme haben **Vormund** und **Vormundschaftsgericht zugestimmt.** Der **Minderjährige** darf damit **für das Fachgeschäft rechtswirksam Verträge schließen.**

110

des Betreuten am Rechtsverkehr anordnen. Es kann anordnen, daß der Betreute zu einer Willenserklärung, die den Aufgabenkreis des Betreuers betrifft, die Einwilligung des Betreuers haben muß **(Einwilligungsvorbehalt).** Die Regelungen über die Rechtswirksamkeit von Willenserklärungen, die Minderjährige über sieben Jahre abgeben, gelten dann auch für einen Betreuten.

4.3 Rechtsgeschäfte

4.3.1 Die Arten der Rechtsgeschäfte

Rechtsgeschäfte, Willenserklärungen und Verträge in der Praxis

Irene Klinger hat das Tischlerhandwerk erlernt und sich zusätzlich zur Kauffrau im Einzelhandel ausbilden lassen. Sie ist jetzt Inhaberin der Lübecker Einrichtungs-Werkstätten GmbH. In ihrem Unternehmen, das Möbel verkauft und auch auf Bestellung selbst fertigt und einbaut, sind vier gewerbliche Mitarbeiter (Gesellen), drei kaufmännische Angestellte und drei Auszubildende beschäftigt.

Am 10. Dezember kommen folgende **Rechtsgeschäfte** in dem Unternehmen vor:

Rechtsgeschäft 1:
Irene Klinger bestellt telefonisch bei den Norddeutschen Möbelwerken AG, Bremen, fünf Sessel 3 PA/B 557.

Rechtsgeschäft 2:
Irene Klinger vereinbart mit dem Rechtsanwalt Altig, ihr Unternehmen bei einer Klage vor Gericht zu vertreten.

Rechtsgeschäft 3:
Irene Klinger vereinbart mit dem Kunden Wolfgang Schulz, daß dieser eine Schrankwand gemäß Zeichnung und Kostenanschlag erhält und der Einbau in der zweiten Januar-Woche im Haus des Kunden erfolgen soll.

Rechtsgeschäft 4:
Irene Klinger stellt den 25jährigen Peter Weber als kaufmännischen Angestellten zum 1. Januar ein.

Rechtsgeschäft 5:
Der Geselle Hugo Jensen kündigt zum 31. Dezember.

Rechtsgeschäfte kommen durch Willenserklärungen zustande.

In den Fällen 1, 2, 3 und 4 liegen jeweils **Willenserklärungen mehrerer Personen** vor. Man spricht daher von mehrseitigen Rechtsgeschäften, die als Verträge bezeichnet werden.

Ein Vertrag kommt durch übereinstimmende Willenserklärungen zustande. Am häufigsten sind dabei Verträge zwischen zwei Partnern, z. B. **Käufer** und **Verkäufer** beim **Kaufvertrag.**

Zustandekommen eines Vertrages (siehe Fall 1)

| Käufer | Antrag → Annahme | Verkäufer |

Kaufvertrag

Zwei **Willenserklärungen** liegen vor:

- **Der** Antrag ist die **Willenserklärung, mit der einem anderen der Abschluß eines Vertrages angeboten wird.**

- **Die** Annahme ist die **Willenserklärung, mit der dem Antragenden die Zustimmung zum Vertragsabschluß gegeben wird.**

Im Fall 5 liegt nur **eine Willenserklärung** vor, nämlich die des Gesellen Hugo Jensen, der die Kündigung seines Arbeitsvertrages ausspricht. Bei der Kündigung handelt es sich um ein einseitiges Rechtsgeschäft.

Einseitige Rechtsgeschäfte kommen durch die Willenserklärung einer Person zustande.

Einseitige Rechtsgeschäfte können **empfangsbedürftig** sein (z.B. Kündigung) oder **nicht empfangsbedürftig** sein (z.B. das Testament).

Rechtsgeschäfte können also nach Zahl und Art der abgegebenen Willenserklärungen unterschieden werden:

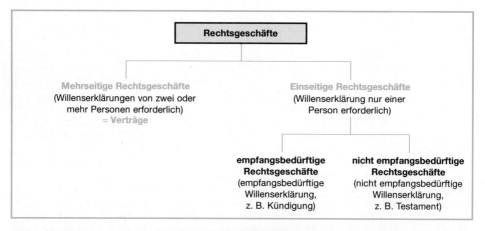

Die von Irene Klinger am 10. Dezember abgeschlossenen Verträge sind

1. ein **Kaufvertrag** mit den Norddeutschen Möbelwerken AG,
2. ein **Dienstvertrag** mit dem Rechtsanwalt Altig,
3. ein **Werklieferungsvertrag** mit dem Kunden Wolfgang Schulz,
4. ein **Arbeitsvertrag** mit dem Angestellten Peter Weber.

4.3.1.1 Überblick über die Vertragsarten

Die im Wirtschaftsleben wichtigen Verträge sind in der Übersicht auf der gegenüberliegenden Seite zusammengestellt und erklärt. Darüber hinaus finden Sie im einzelnen Erläuterungen

- zum Kaufvertrag auf Seite 116 ff. (Abschnitt 4.5),
- zum Dienstvertrag, Werkvertrag und Werklieferungsvertrag auf Seite 114 ff.,
- zum Kreditvertrag auf Seite 294 ff.

Wichtige Vertragsarten

Wie heißt der Vertrag?	Wie heißen die Vertragsparteien?	Was regelt der Vertrag?	Beispiele (aus dem Bereich von Irene Klinger, Inhaberin der Lübecker Einrichtungs-Werkstätten):
Kaufvertrag	Verkäufer/in, Käufer/in	Veräußerung von Sachen gegen Bezahlung	Irene Klinger kauft fünf Sessel. Irene Klinger verkauft eine Schlafzimmereinrichtung.
Dienstvertrag	Dienst-berechtigte/r, Verpflichtete/r	Entgeltliche Leistung von Diensten	Irene Klinger nimmt die Leistung eines Rechtsanwalts in Anspruch, um gegen einen Kunden auf Zahlung des Kaufpreises zu klagen.
Werkvertrag	Unternehmer/in, Besteller/in	Herstellung eines Werkes gegen Bezahlung	Irene Klinger baut antike Eichenbalken, die der Kunde selbst beschafft hat, im Haus des Kunden ein.
Werkliefe-rungsvertrag	Unternehmer/in, Besteller/in	Herstellung eines Werkes aus einem von dem Unternehmer selbst zu liefernden Stoff	Irene Klinger baut für Wolfgang Schulz eine Schrankwand und liefert Holz und anderes Material selbst.
Arbeitsvertrag	Arbeitgeber/in, Arbeitnehmer/in	Dienstvertrag, der ein Arbeitsverhältnis begründet	Irene Klinger beschäftigt Peter Weber als Angestellten.
Berufsausbil-dungsvertrag	Ausbildende/r, Auszubildende/r	Ausbildung in einem Ausbildungsberuf	Irene Klinger bildet Manfred Winter aus.
Mietvertrag	Vermieter/in, Mieter/in	Entgeltliche Überlassung von Sachen zum Gebrauch	Irene Klinger mietet auf dem Nachbargrundstück Räume, um ihr Ladengeschäft zu vergrößern.
Pachtvertrag	Verpächter/in, Pächter/in	Entgeltliche Überlassung von Sachen zum Gebrauch und um daraus Nutzen zu ziehen	Ein Berufskollege von Irene Klinger verpachtet aus Altersgründen sein Unternehmen.
Leihvertrag	Verleiher/in, Leiher/in	Unentgeltliche Überlassung von Sachen zum Gebrauch	Irene Klinger überläßt ihr Privatauto vorübergehend einem Freund.
Kreditvertrag	Kreditgeber/in, Kreditnehmer/in	Gewährung eines Kredites gegen Zinsen und mit der Verpflichtung des Kreditnehmers zur späteren Rückzahlung	Die Stadtsparkasse Lübeck gewährt Irene Klinger einen Kontokorrentkredit.

Im Bürgerlichen Gesetzbuch findet man eine Erklärung für den **Dienstvertrag** und für den **Werkvertrag:**

---

§ 611 BGB (Dienstvertrag)

(1) Durch den Dienstvertrag wird derjenige, welcher Dienste zusagt, zur Leistung der versprochenen Dienste, der andere Teil zur Gewährung der vereinbarten Vergütung verpflichtet.

(2) Gegenstand des Dienstvertrages können Dienste jeder Art sein.

§ 631 BGB (Werkvertrag)

(1) Durch den Werkvertrag wird der Unternehmer zur Herstellung des versprochenen Werkes, der Besteller zur Entrichtung der vereinbarten Vergütung verpflichtet.

(2) Gegenstand des Werkvertrags kann sowohl die Herstellung oder Veränderung einer Sache als ein anderer durch Arbeit oder Dienstleistung herbeizuführender Erfolg sein.

Ein Rechtsanwalt, der jemanden bei einer Klage vor Gericht vertritt, kann nicht zusichern, daß er die Klage gewinnt. Bei einem **Dienstvertrag** wird der **Erfolg nicht „garantiert".** Bei einem **Werkvertrag** kommt es dagegen **entscheidend** auf den **Erfolg** an (z.B. fachmännischer, optisch gut wirkender Einbau von alten Eichenbalken in einem Wohnhaus).

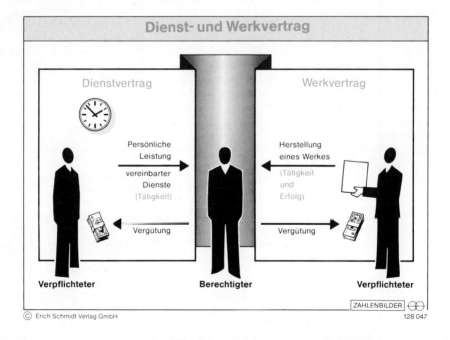

Dienst- und Werkvertrag

© Erich Schmidt Verlag GmbH

ZAHLENBILDER

128 047

Wie Sie schon in der Übersicht über die Vertragsarten gesehen haben, unterscheidet sich der Werklieferungsvertrag vom Werkvertrag dadurch, daß der Unternehmer nicht nur seine Arbeit oder Dienstleistung einsetzt, sondern auch das Material liefert.

Rechtsgeschäfte können **grundsätzlich formlos** (auch mündlich oder fernmündlich) abgeschlossen werden. Folgende **Ausnahmen** sind aber zu beachten:

● **Schriftform** (schriftliche Abgabe der Willenserklärung) ist z. B. für Miet- und Pachtverträge erforderlich, die länger als ein Jahr gelten sollen, und für Bürgschaftserklärungen von Nichtkaufleuten.

● **Öffentliche Beglaubigung** (schriftliche Abgabe der Willenserklärung und Beglaubigung der Unterschrift durch Notar) ist z. B. für Anträge auf Handelsregister- und Vereinsregistereintragungen und für Erklärungen zwecks Eintragungen im Grundbuch notwendig.

● **Öffentliche Beurkundung** (Aufnahme der Willenserklärung in Form einer öffentlichen Urkunde durch einen Notar) ist z. B. für Grundstückskaufverträge notwendig.

Geschäfte des täglichen Lebens, wie **z. B. Ladenkäufe,** werden in der Regel **mündlich abgeschlossen.** Bei Verträgen über größere Summen ziehen Verkäufer und Käufer die Schriftform vor, um in möglichen Streitfällen eindeutige Beweise zu haben. Kaufleute untereinander schließen Verträge fast immer schriftlich ab.

4.4 Natürliche und juristische Personen

Das **Bürgerliche Gesetzbuch (BGB)** bezeichnet Menschen als **natürliche Personen.** Neben ihnen gibt es **juristische Personen.**

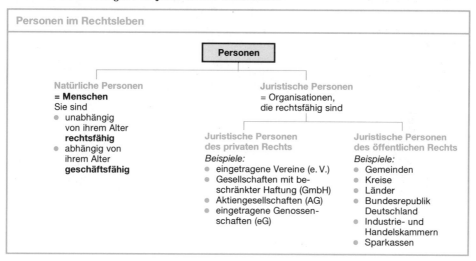

Personen im Rechtsleben

Personen

Natürliche Personen
= **Menschen**
Sie sind
● unabhängig
  von ihrem Alter
  rechtsfähig
● abhängig von
  ihrem Alter
  geschäftsfähig

Juristische Personen
= Organisationen,
die rechtsfähig sind

Juristische Personen
des privaten Rechts
Beispiele:
● eingetragene Vereine (e. V.)
● Gesellschaften mit beschränkter Haftung (GmbH)
● Aktiengesellschaften (AG)
● eingetragene Genossenschaften (eG)

Juristische Personen
des öffentlichen Rechts
Beispiele:
● Gemeinden
● Kreise
● Länder
● Bundesrepublik Deutschland
● Industrie- und Handelskammern
● Sparkassen

Juristische Personen sind Organisationen, die Rechtsfähigkeit besitzen.

Beispiele:
Ruderclub Alster e. V.
Lübecker Einrichtungswerkstätten GmbH
Gemeinde Gittelde
Industrie- und Handelskammer Nürnberg
Stadtsparkasse Hannover

Für juristische Personen handeln **Organe,** so z. B. der Vorstand eines Vereins, der Geschäftsführer einer GmbH.

4.5 Der Kaufvertrag

Über den **rechtlichen Inhalt des Kaufvertrages** lesen Sie im **Bürgerlichen Gesetzbuch (BGB):**

> **§ 433 (Pflichten aus dem Kaufvertrag)**
>
> **(1)** Durch den Kaufvertrag wird der Verkäufer einer **Sache** verpflichtet, dem Käufer die Sache zu übergeben und das Eigentum an der Sache zu verschaffen. Der Verkäufer eines **Rechtes** ist verpflichtet, dem Käufer das Recht zu verschaffen und ... die Sache zu übergeben.
>
> **(2)** Der Käufer ist verpflichtet, dem Verkäufer den vereinbarten Kaufpreis zu zahlen und die gekaufte Sache abzunehmen.

4.5.1 Gegenstände des Kaufvertrages: Sachen und Rechte

Wie § 433 BGB zeigt, kann ein Kaufvertrag über **Sachen** und über **Rechte** abgeschlossen werden.

Sachen sind **körperliche Gegenstände.**

Rechte sind **unkörperliche Gegenstände.**

Beispiele für Sachen: Auto, Grundstück

Beispiel für Rechte: Rückzahlungsanspruch des Sparers gegenüber der Bank

Sachen können **bewegliche Sachen** (Mobilien) oder **unbewegliche Sachen** (Immobilien = Grundstücke) sein.

Bewegliche Sachen werden unterteilt in vertretbare und nicht vertretbare Sachen. **Vertretbare Sachen** sind bewegliche Sachen von gleicher Beschaffenheit, die nach Maß, Zahl oder Gewicht bestimmt werden. Eine vertretbare Sache kann durch eine andere, gleiche Sache ersetzt werden. **Nicht vertretbare Sachen** sind bewegliche Sachen von ungleicher Beschaffenheit. Sie können nicht durch andere ersetzt werden.

Beispiele:

Bewegliche Sachen:
Möbel, Bücher, Auto, Geldmünze

Unbewegliche Sachen:
Grundstücke

Vertretbare Sachen:
5-DM-Münze, 100-DM-Banknote, druckfrische Bücher aus einer Auflage

Nicht vertretbare Sachen:
Gebrauchtes Auto, antiquarische Möbel

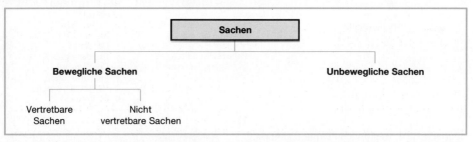

Kaufverträge über Sachen kommen häufiger vor als Kaufverträge über Rechte. Als Beispiele für **Kaufverträge über Rechte** lassen sich anführen: Verkauf des Rückzahlungsanspruchs eines Bausparers gegenüber einer Bausparkasse (einschließlich des Anspruchs auf ein zinsgünstiges Bauspardarlehen), Verkauf der Verlagsrechte an einem Buch, Verkauf eines Patents.

4.5.2 Bürgerlicher Kauf und Handelskauf

Beim Kaufvertrag unterscheidet man zwischen **bürgerlichem Kauf** und **Handelskauf.** Diese Unterscheidung hat bei der Warenannahme, der Prüfung der Waren und den Störungen bei der Erfüllung des Kaufvertrages Bedeutung. Je nach Art des Vertrages werden die Bestimmungen des BGB für den bürgerlichen Kauf oder die speziellen Vorschriften des HGB für den Handelskauf herangezogen.

Beim **bürgerlichen Kauf** sind **beide Vertragspartner Privatleute.** Auch ein Kaufvertrag, der von zwei Kaufleuten außerhalb ihres Handelsgeschäftes abgeschlossen wird, ist ein bürgerlicher Kauf. (Beispiel: Der Großhändler Baumann verkauft einen antiken Kleiderschrank an den Textilfabrikanten Schmidt.)

Beim Handelskauf unterscheidet man zwischen **einseitigem** und **zweiseitigem Handelskauf.**

Einseitiger Handelskauf: Einer der beiden Vertragspartner ist **Kaufmann nach dem HGB.** Der Kauf ist für diesen Kaufmann ein **Handelsgeschäft.** (Beispiel: Das City-Kaufhaus Kiel GmbH verkauft Waren an Verbraucher.)

Zweiseitiger Handelskauf: Beide Vertragspartner sind **Kaufleute nach dem HGB.** Für beide stellt der Kauf ein **Handelsgeschäft** dar. (Beispiel: Das Einzelhandelsunternehmen Karl Hagner GmbH kauft Waren bei dem Großhandelsunternehmen Walter Schumann & Söhne KG).

4.5.3 Abschluß des Kaufvertrages

Auch Unternehmen wickeln täglich eine Vielzahl von Kaufverträgen ab:

- bei der **Beschaffung von Rohstoffen, Fertigteilen oder Handelswaren,**
- beim **Absatz von Fertigerzeugnissen oder Handelswaren.**

> **Kaufverträge** bilden den **rechtlichen Rahmen, in dem Beschaffung und Absatz** von Sachgütern **abgewickelt werden.**

4.5.3.1 Vertragsfreiheit

> **Im Wirtschaftsleben gilt der Grundsatz der Vertragsfreiheit.** Vertragsfreiheit ist ein Teil des Rechts auf freie Entfaltung der Persönlichkeit.

Grundsätzlich kann niemand zum Abschluß eines Vertrages gezwungen werden **(Abschlußfreiheit).**

Jeder kann sich seinen Vertragspartner selbst aussuchen.

Die Vertragspartner können Verträge inhaltlich (im Rahmen der geltenden Gesetze) nach eigenem Belieben ausgestalten **(Gestaltungsfreiheit).**

Vertragsfreiheit:

Bernd Schmidt will seinen Pkw verkaufen. Er kommt mit Nils Braun ins Gespräch. Er kann Braun den Abschluß eines Vertrages anbieten, ihn aber nicht zum Abschluß zwingen.

Schmidt und Braun **können** Einzelheiten ihres Vertrages, wie Kaufpreis, Tag der Übergabe usw., **frei vereinbaren.**

Den Gegensatz zur Vertragsfreiheit bildet der **Abschlußzwang,** der sog. **„Kontrahierungszwang"** (Zwang zum Abschluß eines Kontraktes = Vertrages). Abschlußzwang ist z.B. gesetzlich für öffentliche Verkehrsbetriebe und für Sparkassen festgelegt.

„Kontrahierungszwang":

Nils Braun will bei der Stadtsparkasse Hannover ein Sparkonto eröffnen. Die Sparkasse darf **dies nicht ablehnen.**

4.5.3.2 Zustandekommen eines Kaufvertrages am Beispiel eines Vertragsabschlusses zwischen zwei Privatpersonen

Der Kaufvertrag kommt durch zwei übereinstimmende Willenserklärungen zustande (zweiseitiges Rechtsgeschäft).

Beispiel:

Bernd Schmidt will seinen Pkw „Stern 200 E" an Nils Braun verkaufen. Er fordert 15000 DM. Braun ist einverstanden. Beide bekräftigen den Vertrag mit Handschlag und verabreden, daß am nächsten Tag Auto und Geld übergeben werden sollen.

Grundsätzlich kann jedes Rechtsgeschäft formlos, also auch mündlich, geschlossen werden.

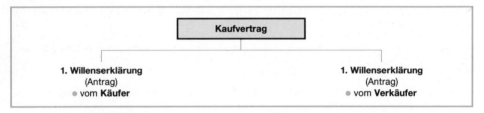

1. Willenserklärung vom Käufer

Der Kaufvertrag zwischen Schmidt und Braun hätte so zustande kommen können:

Braun: „Ich möchte Ihren Stern 200 E für 15000 DM kaufen."

Schmidt: „Ich verkaufe Ihnen meinen Stern 200 E für 15000 DM."

Hier gibt Braun die erste Willenserklärung **(Antrag)** und Schmidt die zweite Willenserklärung **(Annahme)** ab.

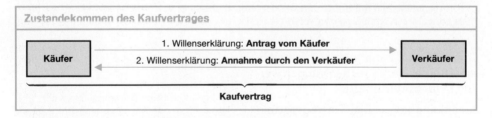

1. Willenserklärung vom Verkäufer

Schmidt als Verkäufer macht ein Angebot: „Ich biete Ihnen meinen Stern 200 E für 15000 DM an" **(Antrag).**

Braun als Käufer: „Einverstanden. Ich nehme den Wagen" **(Annahme).**

© Verlag Gehlen

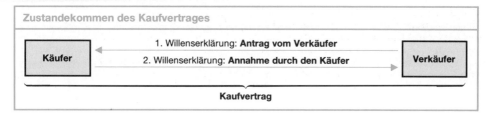

Es ist unerheblich, welcher der beiden Partner die erste Willenserklärung abgibt.

Antrag und Annahme sind empfangsbedürftige Willenserklärungen.

Die erste Willenserklärung (Antrag) muß inhaltlich stets so eindeutig sein, daß der angesprochene oder angeschriebene Partner durch eine **eindeutige Antwort ("ja", "einverstanden"** oder **"nein")** den Antrag annehmen oder ablehnen kann. Verändert der Partner in der Antwort wichtige Einzelheiten, so gilt seine Antwort als Ablehnung und seine Willenserklärung gleichzeitig als neuer Antrag, auf den nun der andere Partner seinerseits mit "ja", "einverstanden" oder "nein" reagieren kann.

Beim Kaufvertrag sind beide Willenserklärungen empfangsbedürftig, d.h. sie werden erst wirksam, wenn sie dem anderen Partner zugegangen sind. Der Kaufvertrag ist also abgeschlossen, wenn die zweite Willenserklärung beim Partner "angekommen" ist (auch z.B. im Briefkasten, im Postschließfach des Postamtes, während des Urlaubs, am Wochenende). Der Zugang, nicht das Lesen der Willenserklärung, ist entscheidend.

4.5.3.3 Zustandekommen eines Kaufvertrages am Beispiel eines Vertragsabschlusses zwischen zwei Unternehmen

Bei Vertragsabschlüssen zwischen Unternehmen kann es schwierig sein zu erkennen, in welcher Willenserklärung oder in welcher Handlung der Antrag und in welcher Willenserklärung oder Handlung die Annahme liegt (siehe Seite 120).

4.5.3.4 Anfrage, Angebot, Bestellung, Bestellungsannahme

Eine Anfrage dient der Information. Der Anfragende will wissen, ob bestimmte Waren geliefert werden können und zu welchen Preisen bzw. in welchen Mengen.

Der Anfragende ist nicht an seine Anfrage gebunden, unabhängig davon, ob er mündlich oder schriftlich angefragt hat. Er braucht bei dem angeschriebenen Unternehmen keine Bestellung aufzugeben.

Eine Anfrage hat keine rechtliche Wirkung.

Ein Angebot ist eine an eine bestimmte Person gerichtete Willenserklärung, mit der der Anbietende seine Bereitschaft ausdrückt, bestimmte Waren zu bestimmten Bedingungen zu liefern.

Ein Angebot ist im rechtlichen Sinne ein Antrag.

Beispiel: Abschluß eines Kaufvertrages zwischen einem Einzelhandels- und einem Großhandelsunternehmen

Das Einzelhandelsunternehmen		Das Großhandelsunternehmen

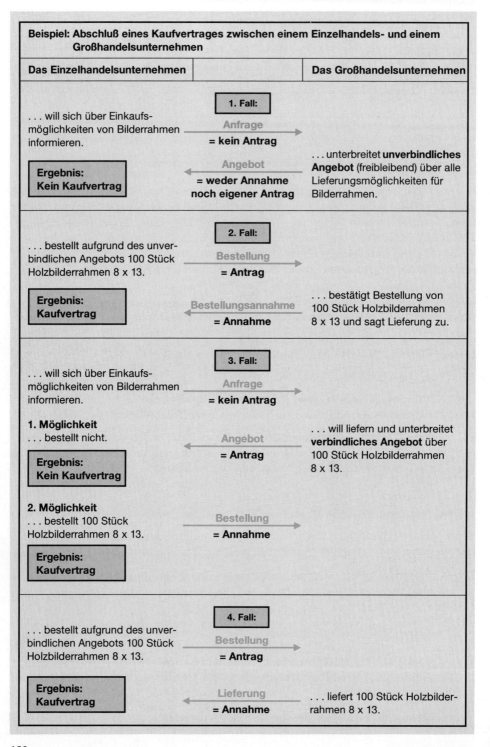

1. Fall:

. . . will sich über Einkaufs-möglichkeiten von Bilderrahmen informieren.

Anfrage
= kein Antrag

Ergebnis: Kein Kaufvertrag

Angebot
= weder Annahme noch eigener Antrag

. . . unterbreitet **unverbindliches Angebot** (freibleibend) über alle Lieferungsmöglichkeiten für Bilderrahmen.

---

2. Fall:

. . . bestellt aufgrund des unver-bindlichen Angebots 100 Stück Holzbilderrahmen 8 x 13.

Bestellung
= Antrag

Ergebnis: Kaufvertrag

Bestellungsannahme
= Annahme

. . . bestätigt Bestellung von 100 Stück Holzbilderrahmen 8 x 13 und sagt Lieferung zu.

---

3. Fall:

. . . will sich über Einkaufs-möglichkeiten von Bilderrahmen informieren.

Anfrage
= kein Antrag

1. Möglichkeit
. . . bestellt nicht.

Angebot
= Antrag

Ergebnis: Kein Kaufvertrag

. . . will liefern und unterbreitet **verbindliches Angebot** über 100 Stück Holzbilderrahmen 8 x 13.

2. Möglichkeit
. . . bestellt 100 Stück Holzbilderrahmen 8 x 13.

Bestellung
= Annahme

Ergebnis: Kaufvertrag

---

4. Fall:

. . . bestellt aufgrund des unver-bindlichen Angebots 100 Stück Holzbilderrahmen 8 x 13.

Bestellung
= Antrag

Ergebnis: Kaufvertrag

Lieferung
= Annahme

. . . liefert 100 Stück Holzbilder-rahmen 8 x 13.

Ein Angebot kann **zeitlich befristet** sein. Dann ist der Anbietende für die angegebene Frist an sein Angebot gebunden. Ein Angebot kann auch **zeitlich unbefristet** sein. Dann gelten die folgenden Regelungen:

Zeitliche Bindung an ein unbefristetes Angebot	
1. Angebot unter Anwesenden (mündlich oder fernmündlich abgegebenes Angebot)	Der Anbietende ist **bis zum Ende des Gesprächs** an sein Angebot gebunden.
2. Angebot unter Abwesenden (schriftlich oder fernschriftlich abgegebenes Angebot)	Der Anbietende ist so lange an sein Angebot gebunden, **bis er den „Eingang der Antwort unter regelmäßigen Umständen erwarten darf".** Zu berücksichtigen sind die Beförderungsdauer für das Angebot, die Überlegungsfrist für den Empfänger und die Beförderungsdauer für die Antwort. Die Antwort auf ein Angebot muß auf gleich schnellem oder auf einem schnelleren Weg als das Angebot selbst erfolgen.

Anpreisungen von Waren und Werbung für Waren sind im rechtlichen Sinne keine Angebote, also keine Anträge. Sie sind an die Allgemeinheit gerichtete Aufforderungen, Anträge zum Abschluß eines Kaufvertrages zu machen (z.B. Ausstellung von Waren im Schaufenster, Zeitungsanzeigen, Postwurfsendungen, Prospekte, Kataloge, Plakate, Präsentation von Waren in Btx-Systemen usw.). Auch das Ausstellen von Waren in Selbstbedienungsgeschäften ist kein Angebot.

Derjenige, dem ein Angebot gemacht wird, muß sich darauf verlassen können, daß er die Ware zu den im Angebot genannten Preisen und Bedingungen erhält. Will der Anbietende sich nicht binden, muß er sein Angebot von vornherein insgesamt **„unverbindlich"** oder **„freibleibend"** abgeben. Diese Zusätze nennt man **Freizeichnungsklauseln,** weil sich der Anbietende von der Bindung an sein Angebot freizeichnet. Freizeichnungsklauseln können sich auch auf bestimmte Teile des Angebots beschränken, z.B. auf die Preise („Preise freibleibend", „Preisänderungen vorbehalten") oder auf die Menge („Menge freibleibend", „solange der Vorrat reicht").

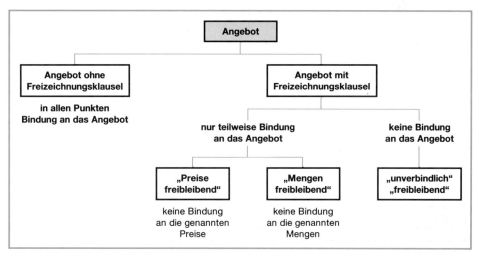

> Die **Bestellung** (in der Praxis auch **Auftrag** oder **Order** genannt) ist eine **Willenserklärung des Käufers, die an den Verkäufer gerichtet ist.**

Durch die Bestellung will der Besteller (Käufer) den Lieferanten (Anbieter) veranlassen, eine bestimmte Ware zu bestimmten Bedingungen zu liefern.

Die Bestellung kann die **Annahme eines Angebots (Antrag)** sein **oder** selbst einen **Antrag** darstellen, der durch Bestellungsannahme oder durch Lieferung angenommen wird (siehe Seite 120).

> Die **Bestellungsannahme** (in der Praxis auch als **Auftragsannahme** bezeichnet) ist eine **Willenserklärung des Verkäufers, die an den Käufer gerichtet ist.**

Eine Bestellungsannahme erfolgt,

- um dem Bestellenden den Eingang seiner Bestellung zu bestätigen,
- um mündliche oder fernmündliche Bestellungen schriftlich zu bestätigen und Hör- bzw. Übermittlungsfehler auszuschließen.

4.5.3.5 Lieferungs- und Zahlungsbedingungen

> **Warenschulden sind Holschulden.**

▶ *Verpackungskosten*

Aus dem gesetzlich festgelegten Grundsatz „Warenschulden sind Holschulden" ergibt sich, daß es die Pflicht des Käufers ist, die gekaufte Ware abzuholen, er also bei Versand der gekauften Ware die **Kosten einer besonderen Versandverpackung** zu tragen hat.

Die Übernahme der Verpackungskosten wird meistens **vertraglich** mit Hilfe sog. Verpackungsklauseln geregelt:

- Die Verpackungskosten sind im Preis enthalten: **Verpackung frei, Preis einschließlich Verpackung.** Der Verkäufer trägt die Verpackungskosten. Die Verpackung geht in das Eigentum des Käufers über.
- Die Verpackungskosten werden zusätzlich berechnet: **Verpackung zum Selbstkostenpreis, Preis ausschließlich Verpackung.** Der Verkäufer berechnet dem Käufer die Verpackung zu Selbstkosten. Die Verpackung wird Eigentum des Käufers. Dabei kann vereinbart werden, daß der Käufer das Recht zur (frachtfreien) Rücksendung der Verpackung gegen teilweise Vergütung (z. B. 50 %) hat.
- Die Verpackungskosten werden bei unterlassener Rücksendung berechnet: **Verpackung leihweise.** Die Verpackung bleibt Eigentum des Verkäufers. Der Verkäufer berechnet dem Käufer eine Gebühr für die Verpackung.
- Die Verpackung wird wie Ware berechnet: **Rohgewicht für Reingewicht, brutto für netto.** Die Verpackung wird mit der Ware gewogen und zum Preis der Ware berechnet. Die Verpackung geht in das Eigentum des Käufers über.

▶ *Beförderungskosten*

Nach dem Grundsatz „Warenschulden sind Holschulden" hat der Käufer auch die Pflicht, die gekaufte Ware beim Verkäufer abzuholen; anderenfalls hat er die **Kosten für die Beförderung** (mit Ausnahme der Anfuhrkosten und der Verladekosten) zu tragen.

Die Übernahme bzw. die Aufteilung der Beförderungskosten zwischen Verkäufer und Käufer kann auch vertraglich mit Hilfe sog. Lieferklauseln geregelt werden.

Auf dem Weg der Ware vom Verkäufer zum Käufer entstehen

- **Kosten für die Anfuhr** zum Bahnhof, Postamt, Betriebsgrundstück des Spediteurs (Rollgeld, Hausfracht),
- **Verladekosten** (Kosten für das Aufladen auf Lkw, Waggon usw.),
- **Fracht** für die Beförderung zwischen der Versandstation und der Empfangsstation,
- **Entladekosten,**
- **Kosten für die Zufuhr,** z. B. vom Bahnhof zum Betriebsgrundstück oder Wohnsitz des Empfängers (Rollgeld, Hausfracht).

Regelung der Beförderungskosten durch Lieferklauseln im Kaufvertrag		
Lieferklausel:	**Der Verkäufer trägt**	**Der Käufer trägt**
„ab Lager", „ab Werk"	keine Kosten	alle Kosten
„frei Haus", „frei Lager"	alle Kosten	keine Kosten
„ab Bahnhof hier", „ab hier", „unfrei", „ab Versandbahnhof"	Kosten für Anfuhr	Verladekosten, Fracht, Entladekosten, Kosten für Zufuhr
„frei Waggon"	Kosten für Anfuhr, Verladekosten	Fracht, Entladekosten, Kosten für Zufuhr
„frei Bahnhof dort", „frei dort", „frachtfrei"	Kosten für Anfuhr, Verladekosten, Fracht	Entladekosten, Kosten für Zufuhr
Das Wort „hier" kennzeichnet den Versandort, das Wort „dort" den Empfangsort.		

Zwischen Verkäufer und Käufer ist zu regeln, wer die **Verpackungskosten** und wer die **Beförderungskosten** zu tragen hat: Die **Lieferungsbedingungen** sind festzulegen.

▶ *Zahlungsbedingungen*

Wenn nichts anderes vereinbart ist, muß der **Käufer sofort zahlen** und die Kosten der Banküberweisung tragen (gesetzliche Regelung).

Geldschulden sind **Schickschulden.**

Der Zeitpunkt der Zahlung kann vertraglich durch Vereinbarung bestimmter Zahlungsbedingungen geregelt werden.

Mögliche Vereinbarungen über Zahlungstermine	
Fälligkeit der Zahlung	**Beispiele für Zahlungsbedingungen**
vor Lieferung	Lieferung gegen Vorkasse, Zahlung im voraus, Lieferung gegen Vorausberechnung, Zahlung bei Bestellung
bei Lieferung	Zahlung gegen Nachnahme, gegen Rechnung, Kasse bei Lieferung, sofort Kasse, netto Kasse, Zahlung innerhalb von . . . Tagen mit . . % Skonto
nach Lieferung	Zahlbar in drei Monaten, Zahlung in zwei Monaten netto

Bei Zahlung innerhalb einer bestimmten Frist kann der Verkäufer **Skonto** (Barzahlungsnachlaß) gewähren. (Bei Verkauf an Endverbraucher darf nach dem Rabattgesetz höchstens ein Skonto von 3% des Kaufpreises gewährt werden. Die Zahlungsfrist, die ohne Skontogewährung eingeräumt wird, darf längstens einen Monat betragen.)

Preisnachlaß kann auch als **Rabatt** gewährt werden, z.B. als

- **Mengenrabatt** (im handelsüblichen Umfang) als Preisabzug oder als Naturalvergütung sofort oder als **Bonus** nachträglich für die Abnahme einer bestimmten Gesamtmenge innerhalb eines bestimmten Zeitraumes, z.B. für die insgesamt innerhalb eines Jahres abgenommene Menge,

- **Treuerabatt** (für langjährige Kunden),

- **Wiederverkäuferrabatt,** z.B. bei preisgebundenen Verlagserzeugnissen, bei Waren mit empfohlenen Verkaufspreisen.

Die Zahlungsbedingungen regeln auch, ob der Käufer **bargeldlos** zahlen darf, z.B. durch Überweisung oder mit Scheck.

> Zwischen Verkäufer und Käufer sollte geregelt werden, wann die Zahlung des Käufers fällig ist, ob der Käufer unter Abzug von Skonto und Rabatt zahlen kann und wie der Käufer zu zahlen hat: Die **Zahlungsbedingungen** sind festzulegen.

4.5.4 Erfüllung des Kaufvertrages

Mit dem Abschluß des Kaufvertrags ist der Käufer noch nicht Eigentümer der gekauften Sache. Der Verkäufer hat sich durch den Kaufvertrag verpflichtet, das Eigentum an der verkauften Sache auf den Käufer zu übertragen.

4.5.4.1 Verpflichtungsgeschäfte und Verfügungsgeschäfte

> **Verpflichtungsgeschäfte** sind Rechtsgeschäfte, die die Verpflichtung zu Leistungen begründen.

Ein **Kaufvertrag** verpflichtet den Verkäufer, die verkaufte Sache dem Käufer zu liefern und ihm das Eigentum an der Sache zu verschaffen. Der Käufer ist verpflichtet, den Kaufgegenstand abzunehmen und zu bezahlen.

> **Verfügungsgeschäfte** sind Rechtsgeschäfte, die die Rechtslage einer Sache verändern.

In Erfüllung eines Kaufvertrages überträgt der Veräußerer das Eigentum an der Sache auf den Erwerber.

Es ist sehr wichtig, zwischen Verpflichtungsgeschäft und Verfügungsgeschäft zu unterscheiden. Das zeigt das folgende Beispiel.

> **Schmidt verkauft sein Auto ein zweites Mal**
>
> Nachdem Schmidt sein Auto an Nils Braun verkauft hat, trifft er seinen Freund Bertram und erzählt ihm von dem Verkauf. Bertram bietet ihm 16 000 DM. Schmidt meint, der nur mündlich geschlossene Vertrag mit Nils Braun sei nicht wirksam, und verkauft das Auto an Bertram, der es sofort mitnimmt.

Schmidt hat **zwei Kaufverträge,** also zwei Verpflichtungsgeschäfte, abgeschlossen. Selbstverständlich kann Schmidt nur einen Vertrag erfüllen, denn er kann seinen Stern 200 E nur einmal liefern. Dem anderen Käufer muß er Schadenersatz wegen Nichterfüllung des Vertrages leisten.

Vertragsabschluß und Vertragserfüllung sind zwei voneinander getrennte Vorgänge.

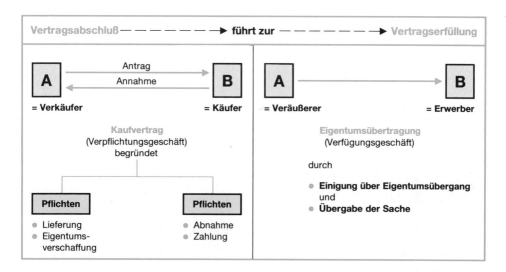

Im Bild ist die **Vertragserfüllung durch den Verkäufer** dargestellt, nämlich die Übertragung des Eigentums. Auch der **Käufer** hat seine **Pflichten** aus dem Vertrag zu erfüllen, er hat den **Kaufpreis zu zahlen.**

Bei Geschäften des täglichen Lebens, z. B. bei Ladenkäufen, fallen Vertragsabschluß und Vertragserfüllung meistens zusammen und sind nicht als einzelne Rechtsgeschäfte zu erkennen: Ein Kunde kauft ein Buch, bezahlt es bar und nimmt das Buch als sein Eigentum mit. Es haben **drei Rechtsgeschäfte** stattgefunden.

Erstes Rechtsgeschäft ist der **Kaufvertrag,** der mündlich geschlossen worden ist (Verpflichtungsgeschäft). **Zweites Rechtsgeschäft** ist das Verfügungsgeschäft über die Ware. In Erfüllung des Kaufvertrages wird das Buch übergeben und das Eigentum daran übertragen. **Drittes Rechtsgeschäft** ist das Verfügungsgeschäft über das Geld. In Erfüllung des Kaufvertrages wird das Geld übergeben und das Eigentum daran übertragen. Übereignung von Ware und Geld erfolgen jeweils durch Einigung und Übergabe.

Bei **Raten- oder Abzahlungsgeschäften** wird ein **Eigentumsvorbehalt** vereinbart: Der Verkäufer bleibt bis zur vollständigen Bezahlung Eigentümer der Ware. In diesen Fällen finden Vertragsabschluß und Vertragserfüllung nicht gleichzeitig statt. Die Zahlungen erfolgen später. Die Eigentumsübertragung wird bis zur vollständigen Bezahlung hinausgeschoben.

Bei **Kaufverträgen zwischen Unternehmen** wird **gegen Rechnung** geliefert. Die Zahlung erfolgt nach der Lieferung; sehr häufig wird sogar ein **Zahlungsziel** in

Anspruch genommen. Grundsätzlich wird ein **Eigentumsvorbehalt** vereinbart. Auch hier finden Vertragsabschluß und Vertragserfüllung nicht gleichzeitig statt.

Kaufverträge über bewegliche Sachen werden durch **Einigung über den Eigentumsübergang** und **Übergabe der Sache** erfüllt.

Eine besondere Regelung gilt für die Erfüllung von **Kaufverträgen über Grundstücke.** An die Stelle der Übergabe tritt eine **Eintragung im Grundbuch:** Das Eigentum wird vom Veräußerer auf den Erwerber umgeschrieben.

Kaufverträge über Grundstücke werden durch **Einigung über den Eigentumsübergang** und **Eintragung im Grundbuch** erfüllt.

4.5.4.2 Eigentum und Besitz

Das BGB bestimmt: „Der Eigentümer einer Sache kann, soweit nicht das Gesetz oder Rechte Dritter entgegenstehen, mit der Sache nach Belieben verfahren und andere von jeder Einwirkung ausschließen" (§ 903 BGB). Der Eigentümer übt die **rechtliche Herrschaft über eine Sache** aus.

Beispiel:

Werner Mindel leiht seinem Freund Kurt Kolbe für ein Wochenende sein Auto.

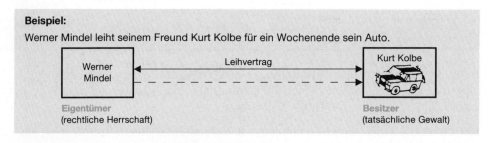

Der **Eigentümer** sagt: „**Mir gehört die Sache.**"
Der **Besitzer** sagt: „**Ich habe die Sache.**"

Eigentum und Besitz sind oft in einer Hand. Der Eigentümer übt dann die rechtliche Herrschaft und die tatsächliche Herrschaft über die Sache aus. Eigentum und Besitz können aber auch auseinanderfallen.

Beispiele:	**Eigentümer** ist der	**Besitzer** ist der
Vermietung einer Wohnung	Vermieter	Mieter
Leihe eines Buches	Verleiher	Leiher
Finden eines Gegenstandes	Verlierer	Finder
Diebstahl eines Fahrzeuges	Bestohlene	Dieb

Eigentum und Besitz werden durch Gesetze geschützt.

Nach der Rechtsordnung der Bundesrepublik Deutschland kann Eigentum aber nicht schrankenlos gebraucht werden. **Beschränkungen des Eigentums** ergeben sich aus dem BGB und aus dem Grundgesetz, das die soziale Bindung des Eigentums ausdrücklich festlegt.

4.5.5 Erfüllungsort, Gefahrenübergang und Gerichtsstand

Ein Vertrag ist erfüllt, wenn beide Vertragspartner rechtzeitig und ordnungsgemäß die vertraglich vereinbarten Leistungen erbracht haben:

- der **Verkäufer (Warenschuldner)** die Warenlieferung und die Übertragung des Eigentums an der Ware,
- der **Käufer (Geldschuldner)** die Annahme der Ware und die Zahlung des Kaufpreises.

4.5.5.1 Der Erfüllungsort und der Gefahrenübergang

> Der **Erfüllungsort** ist der **Ort, an dem die Vertragspartner ihre Pflichten erfüllen.**

Grundsätzlich geht die Gefahr, der die Ware durch Beschädigung, Verlust, Vernichtung oder Verderb unterliegen kann, am Erfüllungsort auf den Käufer über. Der Erfüllungsort bestimmt grundsätzlich den **Gefahrenübergang.**

> **Erfüllungsort und Gefahrenübergang**
>
> Das Fachgeschäft für Büroausstattung Norbert Rasch KG in Magdeburg hat bei der NOREX Computerherstellung AG in Stuttgart 20 PC 386 SX gekauft. Nach Ablieferung der Sendung durch die Speditionsfirma werden erhebliche Transportschäden bei den Geräten festgestellt.
>
> Die NOREX AG verlangt trotzdem unter Hinweis auf ihre **Allgemeinen Geschäftsbedingungen** (ABG) Zahlung des vereinbarten Kaufpreises ohne Abzug für die Wertminderungen:
> ,,Alle Sendungen reisen auf Rechnung und Gefahr des Käufers.''
> **,,Erfüllungsort** für Lieferung und Zahlung ist Stuttgart.''

Der Erfüllungsort kann vertraglich festgelegt werden (siehe Beispiel). Haben die Vertragspartner keine Vereinbarungen getroffen, gelten die **gesetzlichen Regelungen.** Dann ist der **Sitz des Schuldners Erfüllungsort,** für **Warenschulden** also der Sitz des Verkäufers.

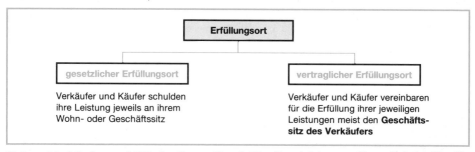

Haben Verkäufer und Käufer ihren Geschäftssitz nicht am selben Ort, ist für die **Frage des Gefahrenübergangs** nicht nur der Erfüllungsort wichtig, sondern auch die **Art des Kaufs** und die **Art des Transportes.**

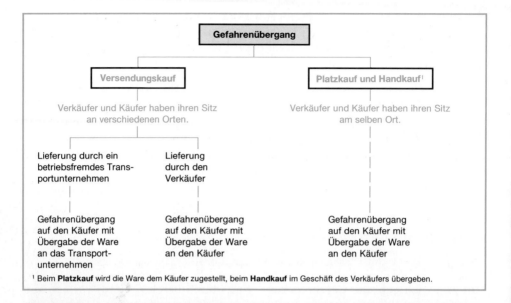

Gefahrenübergang

Versendungskauf	Platzkauf und Handkauf[1]
Verkäufer und Käufer haben ihren Sitz an verschiedenen Orten.	Verkäufer und Käufer haben ihren Sitz am selben Ort.

Lieferung durch ein betriebsfremdes Transportunternehmen

Lieferung durch den Verkäufer

Gefahrenübergang auf den Käufer mit Übergabe der Ware an das Transportunternehmen

Gefahrenübergang auf den Käufer mit Übergabe der Ware an den Käufer

Gefahrenübergang auf den Käufer mit Übergabe der Ware an den Käufer

[1] Beim **Platzkauf** wird die Ware dem Käufer zugestellt, beim **Handkauf** im Geschäft des Verkäufers übergeben.

Die Norbert Rasch KG muß den Kaufpreis zahlen. Die NOREX AG hat den Kaufvertrag erfüllt. Es liegt ein Versendungskauf vor, da die Robert Rasch KG ihren Geschäftssitz in Magdeburg und die NOREX AG ihren Geschäftssitz in Stuttgart hat. Die Lieferung erfolgt durch ein Transportunternehmen. Also geht die Gefahr einer möglichen Beschädigung oder Vernichtung der Ware mit Übergabe der Ware an den Spediteur auf die Norbert Rasch KG über. Diese hat aber Schadenersatzansprüche gegen den Spediteur oder gegen die Transportversicherung.

Obwohl der gesetzliche Erfüllungsort für **Geldschulden** der Wohn- oder Geschäftssitz des Käufers ist, trägt der Schuldner das Übermittlungsrisiko bis zum Zahlungseingang beim Gläubiger. Wie das Beispiel auf Seite 127 zeigt, wird in der Regel vertraglich vereinbart, daß Erfüllungsort auch für die Geldschulden der Sitz des Verkäufers ist. Der Käufer hat bei dieser Regelung seine Pflicht erst dann erfüllt, wenn die Kaufsumme auf dem Bankkonto des Verkäufers eingegangen ist.

4.5.5.2 Der Gerichtsstand

Der **Gerichtsstand** ist der **Ort, an dem Streitigkeiten aus dem Vertrag gerichtlich ausgetragen werden.**

Der gesetzliche Gerichtsstand ist der **Sitz des Schuldners:**

- Für Streitigkeiten aus der Lieferung **(Warenschuld)** ist der **Sitz des Verkäufers** Gerichtsstand.

- Für Streitigkeiten um die Bezahlung **(Geldschuld)** ist der **Sitz des Käufers** Gerichtsstand.

Abweichungen hiervon können zwischen Vollkaufleuten vertraglich vereinbart werden. Meist wird der Geschäftssitz des Lieferers in den AGB als Gerichtsstand für Verkäufer und Käufer vereinbart.

Von der Regelung „Gerichtsstand ist stets der Sitz des Schuldners" ist

- im **Verbraucherkreditgesetz** und
- im **Gesetz über den Widerruf von Haustürgeschäften und ähnlichen Geschäften**

abgewichen worden. **Gerichtsstand ist** bei Abzahlungsgeschäften und bei Haustürgeschäften **immer,** also auch bei Streitigkeiten um die Warenschuld, der **Sitz des Käufers.**

Die sachliche Zuständigkeit des Gerichts wird durch den Streitwert bestimmt. Bis 6 000 DM Streitwert ist das Amtsgericht, über 6 000 DM das Landgericht zuständig.

4.5.6 Überwachungsarbeiten bei der Abwicklung des Kaufvertrages: der Wareneingang

Bei dem Zweirad-Fachgeschäft Wulff & Söhne geht eine Warensendung ein.

Nachdem das Zweirad-Fachgeschäft Wulff & Söhne bei Lieferanten Angebote eingeholt und diese geprüft hat, bestellt es am 10. Februar 19.. bei der Südzweirad GmbH, 8000 München 80:

6 Super-Sporträder, 27 × 1¼, handgelöteter Rahmen mit Vierschichtenlackierung, französischer Sportlenker, Alu-Felgenbremsen, Feran-Schutzbleche, Kettenkasten, komplett mit Beleuchtung, Schloß und Ständer, 5-Gang-Kettenschaltung,

8 Mountain-Bike, Straßenmodell, geschweißter Bike-Rahmen mit Dreischichtenlackierung, BSA-Tretlager, zwei Cantilver-Bremsen, Rattrap-Pedale, Cross-Bereifung, verchromter Mountain-Lenker und Gepäckträger, komplett mit Beleuchtung und Ständer und 15-Gang-Kettenschaltung,

4 Luxus-Kinderräder nach Sicherheitsvorschrift, Dreischichtenlackierung, Kinder-Anatom-Sportlenker, VR-Felgenbremse, geschlossener Sicherheitskettenkasten, komplett mit Stützrädern,

6 Nostalgieräder, handgelöteter Rahmen mit Vierschichtenlackierung, lackierte Schutzbleche, weiße Mantelschoner, Westwood-Felgen, verstärkte Speichen, Nostalgie-Gepäckträger, Klappständer, Ringschloß, Fichtel & Sachs 3-Gang-Bremsnabe.

Als Liefertermin ist der Zeitraum zwischen dem 10. und dem 18. März 19.. vereinbart worden. Am 17. März 19.. werden die Fahrräder durch die Spedition originalverpackt mit Lieferschein übergeben.

Welche Arbeiten sind im Zusammenhang mit dem **Eingang der bestellten Ware** zu erledigen?

Arbeiten im Zusammenhang mit dem Wareneingang	
Bis zum Wareneingang	• Terminkontrolle • Vorbereitung des Wareneingangs
Beim Wareneingang	• Empfang der Ware • Quittieren des Empfangs • Wareneingangsprüfung
Nach dem Wareneingang	• Erfassen des Wareneingangs im Rechnungswesen • u. U. Schriftverkehr mit dem Lieferer • Rechnungsprüfung, Bezahlung der Ware

Die **Wareneingangsstelle eines Betriebes** nimmt die Warensendungen an, die auf Grund von Kaufverträgen angeliefert werden.

> Die Wareneingangsprüfung umfaßt die **äußere und die inhaltliche Prüfung einer eingehenden Warensendung.**

Mit der Wareneingangsprüfung soll die Wareneingangsstelle feststellen,

- ob die Sendung für das Unternehmen bestimmt ist,
- ob die Versandstücke mit den Angaben auf den Warenbegleitpapieren (Anzahl, Aufschrift, Gewicht, Muster usw.) übereinstimmen und
- ob die äußere Umhüllung der verpackten Ware oder der einzelnen Pakete unbeschädigt ist bzw.
- ob die gelieferte Ware unbeschädigt ist.

Der Käufer wird die Sendung abnehmen, wenn sie aufgrund der äußeren Prüfung ohne Mängel ist. Festgestellte Mängel werden unverzüglich reklamiert.

Bei Beschädigung der Verpackung und bei Verdacht auf Beschädigung der Ware selbst kann mit der Bestätigung auf den Warenbegleitpapieren (Frachtbrief bei Lkw- oder Bahnbeförderung, Paketkarte bei Postbeförderung, Lieferschein bei Beförderung durch den Lieferer selbst) ein Vermerk über die äußere Beschädigung der Sendung angebracht werden.

Die Prüfung der gelieferten Ware selbst bezieht sich auf Menge, Art, Güte, Beschaffenheit und Aufmachung der Ware. Grundlage der Prüfung sind die Angaben in den Bestellpapieren. Festgestellte Mängel müssen innerhalb bestimmter Reklamationsfristen (Rügefristen) dem Lieferanten mitgeteilt werden (siehe Abschnitt 6.6.2).

Eingehende Rechnungen (Rechnungen über Wareneinkäufe) sind vor ihrer Buchung und Bezahlung zu prüfen.

> Die Rechnungsprüfung erstreckt sich auf die **sachliche und die rechnerische Richtigkeit der Rechnung.**

Zur Überprüfung der sachlichen Richtigkeit werden die Angaben in der Rechnung hinsichtlich Menge, Art, Einzelpreis und Einhaltung der Zahlungsbedingungen auf der Grundlage der Bestellpapiere überprüft. Bei der Feststellung der rechnerischen Richtigkeit werden aus Mengen- und Einzelpreisangaben die Gesamtpreise nachgerechnet und die Richtigkeit der berechneten Rabatte, der Beförderungskosten und der in Rechnung gestellten Umsatzsteuer überprüft.

1 **Unterschied zwischen öffentlichem und privatem Recht**

In welchem Fall wird öffentliches Recht, in welchem Fall privates Recht angewendet?

a) Die Stadt Rostock macht der Metallverarbeitungs-GmbH Auflagen für den Einbau von Lärmschutzeinrichtungen.

b) Der Kreis Ostholstein kauft 30 Computer für die Kaufmännische Berufsschule.

c) Die Stadtsparkasse Leipzig mietet Geschäftsräume in einem Gebäude, das der Stadt Leipzig gehört.

2 **Beschränkte Geschäftsfähigkeit**

In welchem Lebensalter ist ein Mensch beschränkt geschäftsfähig?

1 bis zum 7. Lebensjahr
2 bis zum 14. Lebensjahr
3 vom 7. bis zum 18. Lebensjahr
4 vom 7. bis zum 21. Lebensjahr

3 **Willenserklärungen eines Minderjährigen**

Welche Willenserklärungen eines Minderjährigen, der das 7. Lebensjahr vollendet hat, sind voll rechtswirksam?

1 alle Willenserklärungen, die seine berufliche Zukunft betreffen
2 alle Willenserklärungen, die sein persönliches Vermögen betreffen
3 alle Willenserklärungen, die ihm lediglich einen rechtlichen Vorteil bringen
4 alle Willenserklärungen, die ihm offensichtlich einen wirtschaftlichen Vorteil bringen
5 alle Willenserklärungen, denen der gesetzliche Vertreter vorher zugestimmt hat
6 alle Willenserklärungen, die der gesetzliche Vertreter nachträglich genehmigt

4 **Rechtsgeschäfte von Minderjährigen**

Sind die Beitrittserklärungen rechtswirksam?

Die 17jährige Carola Wilhelm, Angestellte in der Maschinenfabrik Jürgen Gehrmann GmbH, tritt ohne Wissen ihrer Eltern der Industriegewerkschaft Metall bei. Daraus ergibt sich die Verpflichtung zur Zahlung des monatlichen Mitgliedsbeitrags von 12 DM.

Ihre gleichaltrige Freundin Sigrid Hahn, Schülerin der Realschule, tritt ohne Wissen ihrer Eltern dem ,,Club der Lesefreunde'' bei. Daraus ergibt sich die Verpflichtung, monatlich Bücher im Wert von 35 DM abzunehmen.

Entscheiden Sie, ob die Rechtsgeschäfte wirksam sind! Geben Sie Begründungen!

5 **Kaufvertrag eines Minderjährigen**

Wie ist die Rechtslage?

Im Fernsehhaus Neubauer & Söhne kauft der 17jährige Klaus Volkert einen CD-Player zum Preis von 720 DM. Es wird vereinbart, daß der Kaufpreis in zwölf Monatsraten beglichen werden soll.

Ist der Vertrag wirksam, unwirksam oder schwebend unwirksam?

6 Rechtsgeschäfte eines minderjährigen Auszubildenden

Einem minderjährigen Auszubildenden wird die Ausbildungsvergütung in Höhe von 800 DM von den Eltern zur freien Verfügung überlassen.

Beurteilen Sie die folgenden Fälle!

a) Der Minderjährige kauft ohne Zustimmung der Eltern ein Buch zum Preis von 48 DM und zahlt sofort.

b) Der Minderjährige kauft ohne Zustimmung der Eltern ein gebrauchtes Fernsehgerät zum Preis von 550 DM und zahlt sofort.

c) Der Minderjährige kauft ohne Zustimmung der Eltern ein gebrauchtes Motorrad zum Preis von 1 500 DM mit der Vereinbarung, daß der Kaufpreis in drei Monatsraten zu zahlen ist.

d) Der Minderjährige löst sein Konto bei der Bank A auf und richtet sich ein Konto bei der Bank B ein.

7 Verträge

Entscheiden Sie, welche Vertragsarten vorliegen!

a) Der kaufmännische Angestellte Jürgen Hartmann leiht sich nach einem Unfall einen Pkw von der Kieler Autoservice GmbH.

b) Der Unternehmer Jung läßt sich von einem Steuerberater Auskünfte für seine Einkommensteuererklärung geben.

c) Die Sanitärgroßhandlung I. Beck GmbH liefert Kupferrohre an den Fachbetrieb für Heizungstechnik Clausen & Söhne. Die Rohre werden bei der Installation einer Ölheizungsanlage im Hause eines Kunden verwendet.

d) Der Malermeister Lohnert erhält den Auftrag, die Außenfront der Kaufmännischen Berufsschule neu zu streichen.

e) Drei kaufmännische Angestellte machen sich selbständig und gründen die Hamburger Computer-Service GmbH.

8 Zustandekommen eines Vertrages

Entscheiden Sie für die folgenden Fälle, ob ein Vertrag zustande gekommen ist und welche Äußerung jeweils der Antrag und welche die Annahme war!

Detlev Müller will seinen Pkw an seinen Bekannten Klaus Meier verkaufen.

a) Müller fragt Meier: ,,Wollen Sie meinen Pkw für 4 000 DM haben?''
Meier antwortet: ,,Nur für 3 500 DM.''
Müller: ,,Einverstanden.''

b) Müller fragt Meier: ,,Wollen Sie meinen Pkw für 4 000 DM haben?''
Meier antwortet: ,,Nur für 3 500 DM.''
Müller: ,,Für 3 750 DM gebe ich ihn her.''
Meier: ,,Mein letztes Wort: 3 600 DM.''

c) Müller fragt Meier: ,,Wollen Sie meinen Pkw für 4 000 DM haben?''
Meier antwortet: ,,Nur für 3 500 DM.''
Müller: ,,Für 3 750 DM gebe ich ihn her.''
Meier antwortet nicht, schreibt aber einen Scheck über 3 750 DM aus und gibt ihn Müller.

d) Müller schreibt in einem Brief an Meier: ,,Sie können meinen Wagen für 4 000 DM kaufen.''
Meier antwortet nach sechs Wochen: ,,Ich bin einverstanden.''

e) Müller bietet Meier bei einem Gespräch am Vormittag den Kauf seines Wagens an: „Wollen Sie meinen Wagen für 4 000 DM haben?" Meier antwortet: „Vielleicht." Abends ruft Meier bei Müller an: „Ich hab's mir überlegt. Den Wagen nehme ich für 4 000 DM." Müllers Antwort am Telefon: „Ich verkaufe ihn nur noch für 4 500 DM."

9 Gültigkeit eines Angebots

Die Großhandlung Langemann & Söhne macht dem Einzelhändler Jürgen Hansen am Telefon ein Angebot über besonders preiswerte Schnellkochtöpfe. Hansen kann sich nicht entschließen. Das Gespräch wird beendet. Nach drei Tagen geht bei Langemann & Söhne über Telefax eine Bestellung über fünf Schnellkochtöpfe ein.

War das Angebot noch gültig? Begründung!

10 Lieferklausel

Welche Lieferklausel liegt vor, wenn der Käufer Fracht und Anfuhr bezahlt?

1 frei Haus	4 frei Bahnhof
2 ab Lager	5 frachtfrei
3 frei Waggon	

11 Verpflichtungs- und Verfügungsgeschäft

Der BOLO-Supermarkt bestellt am 02.03. telefonisch diverse Milch- und Käseprodukte zur Lieferung am nächsten Tag. Die Rechnung für die Lieferung trifft am 06.03. ein und wird am 10.03. bezahlt.

a) An welchem Tag erfolgte das Verpflichtungsgeschäft?
b) Wann wurde der Kaufvertrag erfüllt?

12 Gesetzlicher Erfüllungsort

Ein Fahrradhersteller in Braunschweig vereinbart mit einer Zweiradhandlung in Osnabrück die Lieferung dreier Tandemräder für Anfang März 19.. Es werden keine Vereinbarungen über den Erfüllungsort getroffen.

Wo ist der gesetzliche Erfüllungsort für die Lieferung der Räder, wo für die Bezahlung des vereinbarten Kaufpreises?

13 Gerichtsstand

Prüfen Sie, ob die folgenden Vereinbarungen über den Gerichtsstand zulässig sind!

a) Die Norbert Rasch KG und die NOREX AG haben als Gerichtsstand für alle Streitigkeiten Stuttgart vereinbart.

b) Die Norbert Rasch KG hat an Günter Stange in Helmstedt einen Computer verkauft und im Vertrag als Gerichtsstand für alle Streitigkeiten Magdeburg angegeben.

c) Jochen Welter, wohnhaft in Göttingen, hat in Hannover bei einem Gebrauchtwagenhändler ein Auto auf Abzahlung gekauft. Als Gerichtsstand für alle Streitigkeiten ist im Vertrag Hannover angegeben.

14 Wareneingangs- und Rechnungsprüfung

Welchen Zweck hat die Wareneingangsprüfung und welchen Zweck hat die Rechnungsprüfung?

15 Aussagen über den Erfüllungsort

Welche Aussagen über den Erfüllungsort bei Kaufverträgen sind zutreffend?

① Der Erfüllungsort ist der Ort des Vertragsabschlusses.
② Der Erfüllungsort ist der Leistungsort.
③ Der Erfüllungsort für Warenschulden ist nach der gesetzlichen Regelung der Sitz des Verkäufers.
④ Der Erfüllungsort für Warenschulden ist nach der gesetzlichen Regelung der Sitz des Käufers.
⑤ Der Erfüllungsort für Geldschulden ist nach der gesetzlichen Regelung der Sitz des Verkäufers.
⑥ Der Erfüllungsort für Geldschulden ist nach der gesetzlichen Regelung der Sitz des Käufers.
⑦ Der Erfüllungsort kann im Vertrag abweichend von den gesetzlichen Regelungen festgelegt werden.

16 Übertragung des Eigentums

Wie wird das Eigentum an einer beweglichen Sache übertragen?

① durch Kaufvertrag
② durch Übergabe
③ durch Einigung über den Eigentumsübergang und Übergabe der Sache
④ durch schriftliche Erklärung des Verkäufers und Übergabe der Sache

17 Eigentum und Besitz

Klaus Knabe will von Jörg Behle dessen PC „Blitz 386" kaufen. Um den PC auszuprobieren, leiht er sich das Gerät am 15. Juni für fünf Tage. Am 20. Juni teilt er Behle telefonisch mit, daß er den PC zum vereinbarten Preis kaufen und ihn deshalb gleich bei sich behalten möchte. Behle ist einverstanden und bittet Knabe, den Kaufpreis auf sein Bankkonto zu überweisen. Knabe gibt den Überweisungsauftrag am 21. Juni zu seiner Bank. Die Überweisung geht am 24. Juni auf Behles Konto ein.

In welchem Zeitpunkt und durch welche Handlung ist Knabe Eigentümer des PC geworden?

18 Kauf nach Katalog

Das Versandhaus „Sport und Mode" bietet in seinem Katalog einen Jogging-Anzug, Größe 38, für 127 DM an. Die Kundin Katrin Weiß bestellt diesen Anzug schriftlich.

Ist ein Kaufvertrag zustande gekommen?

19 Erfüllungsort und Gerichtsstand

Heinz Wille, Helmstedt, kauft im Niedersachsen-Kaufhaus Braunschweig ein Fernsehgerät zum Preis von 2 800 DM.

a) Das Kaufhaus liefert das Gerät mit eigenem Kraftfahrzeug. In den AGB des Kaufhauses heißt es: „Erfüllungsort ist der Sitz des Verkäufers." Wer trägt das Transportrisiko?

b) Bei welchem Gericht und an welchem Ort muß das Kaufhaus klagen, wenn Wille den Kaufpreis nicht zahlt?

20 Transportschaden

Die Spedition Klaus & Co., Hannover, transportiert im Auftrag der Fahrradfabrik W. & H. Klose, Göttingen, eine Sendung Fahrräder nach Hamburg. Der Empfänger (Kaufhaus Nord GmbH) stellt beim Empfang der Sendung fest, daß die Fahrräder auf dem Transportweg umgefallen sind. Die Transportverpackung ist teilweise eingerissen; die Fahrräder sind ineinander verkeilt.

Wie hat sich der Empfänger zu verhalten?

5.1 Vom Verkäufermarkt zum Käufermarkt: die Bedeutung der Absatzpolitik

> Unternehmen müssen **Erträge** erzielen, die **größer** sind **als** die **Aufwendungen (Erträge > Aufwendungen = Gewinn).** Erträge ergeben sich in erster Linie aus **Umsatzerlösen.**

Jedes Unternehmen will einen möglichst großen Umsatz, d.h. **möglichst hohe Umsatzerlöse,** erzielen. Ohne entsprechend hohe Umsatzerlöse kann ein Unternehmen nicht die **Kosten** decken und keine **Gewinne** erzielen.

> **Umsatz (Umsatzerlöse** in DM) = **Absatz** (Mengeneinheiten) × **Preis** je Mengeneinheit

Mit **Umsatz** bezeichnet man den in DM ausgedrückten **Wert der verkauften Waren. Absatz** ist die **Menge der verkauften Waren.** Der Absatz wird in bestimmten Mengeneinheiten ausgedrückt (Stück, m, kg usw.).

Der Zusammenhang von Umsatzerlösen, Kosten und Gewinn läßt sich besonders einfach am Beispiel des Handelsbetriebs verdeutlichen:

> **Umsatzerlöse**
> ./. **Wareneinstandskosten**
> = **Rohgewinn (Warengewinn)**
> ./. **Kosten des Geschäftsbetriebs**
> = **Reingewinn**

Das Streben nach möglichst hohen Umsatzerlösen versucht jedes Unternehmen durch seine **Absatzpolitik** zu unterstützen.

> Zur **Absatzpolitik** zählt man alle **Maßnahmen** des Unternehmens, die dazu geeignet sind, **den Verkauf von Gütern und Dienstleistungen günstig zu beeinflussen.** Ziel ist es, die Absatzchancen zu verbessern.

5.1.1 Im Mittelpunkt der Absatzpolitik: das Marketing

Aus den Verkäufermärkten, die nach dem 2. Weltkrieg wegen der zerstörten Produktionskapazitäten und wegen des hohen Nachholbedarfs der Menschen bestanden, sind **Käufermärkte** geworden. Mit Ausnahme junger, neu entstehender Branchen sind alle Märkte heute **Käufermärkte,** d.h. Märkte, auf denen die Käufer „stärker" sind als die Verkäufer. Auf Käufermärkten ist es für die Verkäufer wegen der großen Konkurrenz schwierig, ihre Produkte abzusetzen.

Käufermarkt

Auf dem Markt für eine bestimmte Ware ist bei einem gegebenen Preis die angebotene Menge größer als die nachgefragte Menge.

Beispiel:
Kaffee mittlerer Qualität wird den Verbrauchern zu 7,99 DM für 500 g angeboten. Der Abbau des Angebotsmengenüberhangs, d. h. die Anpassung der Angebotsmenge an die Nachfragemenge, erfolgt über den sinkenden Preis der Ware. Nur wenn die Verkäufer bereit sind, den Preis zu senken, können sie mehr absetzen.

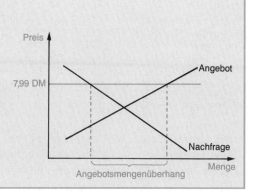

Auf einem Käufermarkt kann sich ein Unternehmen nur behaupten, wenn es eine konsequent marktgerichtete Unternehmenskonzeption hat; es muß **Marketing** betreiben. Das Unternehmen darf sich nicht passiv den Gegebenheiten, die es auf dem Markt vorfindet, fügen, sondern muß versuchen, das Verhalten seiner möglichen Abnehmer (z. B. die Verbrauchsgewohnheiten) kennenzulernen und zu beeinflussen. Ziel des Unternehmens ist es dabei, die Nachfrage nach den eigenen Produkten zu steigern.

Zeitgemäße Absatzpolitik ist immer **Marketingpolitik,** die **Marketingziele** setzt und die Instrumente der Absatzpolitik bündelt **(Marketing-Mix).**

> **Marketing** bedeutet **strenge Orientierung an Kundenbedürfnissen, Entwicklung von Marktstrategien** und **Einsatz aufeinander abgestimmter absatzpolitischer Instrumente (Marketing-Mix)** und **Maßnahmen.**

Marketing ist hier **Absatzmarketing.** Im Abschnitt 6.2 finden Sie Erläuterungen zum **Beschaffungsmarketing.**

5.1.2 Absatzmarketing und Umweltbewußtsein der Verbraucher

Unternehmen müssen in ihrer Absatzpolitik und daher auch in ihrem **Absatzmarketing** beachten, daß die **Verbraucher** in zunehmendem Maße **umweltbewußt** geworden sind. Um sich langfristig am Markt zu behaupten, müssen die Unternehmen **umweltfreundliche Produkte** entwickeln, anbieten und dem Verbraucher mit einem **auf den Umweltschutz ausgerichteten Marketing-Konzept** nahebringen. Immer mehr Unternehmen gehen daher dazu über, durch ihre Werbung zu verdeutlichen, daß ihre Produkte aus Materialien bestehen, die umweltverträglich sind, und daß die Produkte am Ende der Nutzungsdauer als Rohstoffe für ein neues Produkt wiederverwendet werden können **(Recycling als Maßnahme zur Verringerung der Emissionen und damit zur Schonung der Umwelt).**

Umweltfreundlichkeit und Umweltverträglichkeit sind heute Werbeargumente.

Ein **ökologisch orientiertes Marketing-Konzept** verspricht Markterfolg:

- Umweltbewußtes Verhalten des Unternehmens ist **Verkaufsförderung.**

- Unternehmen, die umweltverträgliche Produkte anbieten, **verbessern** ihr **Image.**

Auf bestimmten Märkten sind fast nur noch umweltverträgliche Produkte abzusetzen (Beispiel: Der Marktanteil von phosphatfreien Waschmitteln beträgt 80 %). Symbol für umweltfreundliche Produkte ist der „blaue Engel".

Wie stark der Umweltschutz heute bereits in Marketing-Konzepte Eingang gefunden hat, zeigt ein Beispiel aus der Werbung eines Automobilherstellers.

Die Umweltverträglichkeit

Woraus wir unsere Autos bauen.

Jährlich wandern ca. 180 Tonnen alter Zeitungen nicht auf den Müllberg, sondern in unsere Handschuhfächer. Denn die meisten Handschuhfächer von ▉▉▉▉▉▉ bestehen zu 80% aus dem wohl umweltfreundlichsten Werkstoff, den man für diesen Zweck überhaupt bekommen kann: aus Altpapier. Das ist auch ein zusätzlicher Sicherheits-

In einem Pilotprojekt „Stoßfänger-Recycling" arbeiten wir an der vollständigen Wiederverwertung dieser hochwertigen Bauteile.

faktor, denn das Handschuhfach dient gleichzeitig als Knautschzone nach innen, die den Beifahrer vor Verletzungen schützt. Nur eins von vielen Beispielen, die verdeutlichen, mit welcher Konsequenz ▉▉▉▉▉▉ die Umweltentlastung mit einem kompletten Umweltkonzept vorantreibt, das den ganzen Lebenszyklus eines Fahrzeugs umfaßt. Die Zurückführung von Kunststoffen in den Produktionskreislauf stellt dabei die bisher größte Herausforderung dar. Schon bei der Auswahl der Materialien denken unsere Ingenieure darüber nach, wie jedes einzelne Teil eines ▉▉▉▉▉▉ am Ende seines langen Lebens wiederverwertet werden kann. So wurden an vielen Stellen Kunststoffe durch natürliche Materialien ersetzt. Zum Schutz der Ressourcen und im Hinblick auf die spätere Entsorgung wurde dabei höchstmögliche Recycling-Fähigkeit verwirklicht. So hat ▉▉▉▉▉▉ als erster Automobilhersteller 1989 damit begonnen, Kunststoffteile über 100 g zu kennzeichnen. Das ist die Voraussetzung für eine sortenreine und hochqualifizierte Wiederverwertung. Denn unser Ziel ist es, daß von einem ▉▉▉▉▉▉ nach seinem langen Leben nichts mehr übrig bleibt. Bis auf viele schöne Erinnerungen.

5.2 Instrumente der Absatzpolitik

Instrumente der Absatzpolitik	
Produkt- und Sortimentspolitik	Maßnahmen, die darauf gerichtet sind, die Produktpalette und das Sortiment an die Marktnachfrage anzupassen
Preispolitik	Maßnahmen, die auf Preise Einfluß nehmen mit dem Ziel, den Absatz zu fördern
Konditionenpolitik	Entscheidungen über die Einräumung von Rabatten und Absatzkrediten (Lieferantenkredite, Zahlungsziele) und Entscheidungen, die die Allgemeinen Geschäftsbedingungen, insbesondere die Lieferungs- und Zahlungsbedingungen, festlegen. Konditionenpolitik ist indirekte Preispolitik
Kundendienstpolitik	Maßnahmen mit dem Ziel, durch entgeltliche oder unentgeltliche Leistungen die Anziehungskraft eines Unternehmens für den Kunden zu erhöhen und so das Unternehmen positiv von Mitbewerbern abzugrenzen
Distributionspolitik	Entscheidungen, die die Absatzformen und die Absatzwege eines Unternehmens betreffen
Werbepolitik und Kommunikationspolitik	Maßnahmen, mit denen ein Unternehmen seine Produkte und sich selbst beim Abnehmer bekannt macht. Dazu gehören • **Werbung** • **Verkaufsförderung:** alle unterstützenden und anregenden Maßnahmen, die Kaufanreize schaffen (Sales promotion) • **Public relations:** Pflege der Beziehungen eines Unternehmens zur Öffentlichkeit, zu seinen Kunden, Lieferanten usw. (Öffentlichkeitsarbeit)

5.2.1 Produkt- und Sortimentspolitik

Die **Produktpolitik des Unternehmens** umfaßt alle Maßnahmen im Hinblick auf die **Entwicklung und Einführung neuer Produkte, die Veränderung eingeführter Produkte** und die **Produktgestaltung.**

Bei der **Einführung neuer Produkte** unterscheidet man

• die Produktdifferenzierung (Erweiterung des Produktionsprogramms um Produkte der gleichen Produktgruppe und damit **Vertiefung des Produktionsprogramms)** und

Beispiel für Produktdifferenzierung:
Ein Hersteller von Küchen- und Haushaltsgeräten nimmt Espresso-Automaten in sein Produktionsprogramm.

• die Produktdiversifikation (Aufnahme neuer Produkte = Erweiterung des Produktionsprogramms um Produkte anderer Produktgruppen und damit **Verbreiterung des Produktionsprogramms).**

Beispiel für Produktdiversifikation:
Ein Hersteller von Küchen- und Haushaltsgeräten nimmt Geräte der Unterhaltungselektronik (CD-Player, Kassetten-Recorder, Tuner usw.) in sein Produktionsprogramm.

Produktgestaltung umfaßt Entscheidungen über die Ausstattung und Aufmachung der Produkte des Betriebes. Produktgestaltung soll helfen, das Interesse des Käufers zu wecken.

Beispiele:

Hinter allen ▬▬ Geräten steckt eine Philosophie: Sie sind bis ins kleinste Detail durchdacht, und erleichtern ein Stück Alltag. Durch ihr funktionelles, zeitloses Design fügen sich ▬▬ Geräte unaufdringlich in jede Umgebung ein, und behalten dadurch über viele Jahre hinweg ihren Wert. Mit Geräten von ▬▬ bereiten Sie immer Freude – sich selbst oder anderen.

Produktvariation ist Veränderung oder Weiterentwicklung von Produkten in ihrer funktionalen (aufgabenmäßigen) oder qualitativen Ausstattung oder ihrer äußeren Aufmachung. Produktvariation ist oft gleichzeitig Typendifferenzierung und Preisdifferenzierung (siehe Beispiele auf Seite 140).

Produktvariation bietet auch kostenmäßig Vorteile, da viele Bestandteile eines Produkts, das variiert wird, gleich bleiben und daher in hoher Stückzahl hergestellt werden können.

Beispiele:

HAARPFLEGE	Art.-Nr.	Watt	Abkühlstufe	Elektr. ik	Spannungsumschalter 120/230 V	Klappbarer Griff	Reiseetui (R) Kosmetiktasche (K)	aufsteckbare Formdüse	Anti-Rutsch-Noppen	Diffusor	Luftleistung	Borsten	Ausrollautomatik	Kabeldrehkupplung	abnehmbares Lufteintrittsgitter	Automatische Temperaturrückschaltung	Farbe
Silence 1000	427	500 / 1000						●	●	△	21 l/sec						weiß / brombeer
Silence 1200 Cool	433	600 / 1200	●					●	●	△	23 l/sec						weiß
Silence 1200 Sport	440	600 / 1200				●		●	●	△	22 l/sec						weiß
Silence 1200 Travel Plus	437	600 / 1200			●	●	R	●	●	△	22 l/sec						taubenblau
Silence 1600 Cool	436	800 / 1600	●					●	●	△	24 l/sec						weiß
Silence 1600 Electronic	435	Sensor-Elektr.		●				●	●	△	24 l/sec						taubenblau
Silence 1600 Diffusor	443	400/800/1600						●	●	●	24 l/sec						schwarz
Professional	441	500/600/750 1000/900/1500	Cool-stufe					Profi-Düse ●		△	23 l/sec				●	●	anthrazit
Dry & Curl S	406	150									-	Kamm	●				weiß
Dry & Curl Plus	407	150									-	Schon-borsten	●	●			weiß
Quick Air 450	476	375 / 450	200 W								mit Haube 8/ ohne Haube 17 l/sec						weiß
Quick Air 600	462	400 / 600	200 W				K				mit Haube 8/ ohne Haube 17 l/sec						weiß
Quick Air 800	460	500 / 800	200 W				K				19 l/sec						weiß

Hersteller müssen **im Rahmen ihrer Produktpolitik** (einschließlich Verpackungs-politik) Entscheidungen bei der Produktgestaltung sowie bei der Wahl der Pro-duktionsverfahren und bei der Wahl der einzusetzenden Werkstoffe Umweltge-sichtspunkte (auch im Hinblick auf das Absatzmarketing) berücksichtigen (siehe auch Abschnitt 3.7).

Ökologisch orientierte Produktpolitik bedeutet

● **geringstmögliche Inanspruchnahme natürlicher Ressourcen bei der Her-stellung der Produkte und bei der Entsorgung der Produkte,**

● **geringstmögliche Emission von Schadstoffen bei der Herstellung der Pro-dukte,**

● **geringstmögliche Umweltbelastung beim Gebrauch oder Verbrauch der Produkte,**

● **geringstmögliche Umweltbelastung bei der Entsorgung der Produkte.**

Die **Sortimentspolitik** umfaßt alle Maßnahmen zur **Zusammenstellung der Güter und Dienst-leistungen,** die das Unternehmen anbietet **(Sortiment).**

Maßnahmen der Sortimentspolitik können die **Sortimentsbreite** (gesamte Anzahl der verschiedenen Produktarten und Produktgruppen) oder die **Sortimentstiefe** (Anzahl der Produktarten innerhalb einer Produktgruppe) betreffen. Die Maßnah-

© Verlag Gehlen

men können auf eine **Sortimentserweiterung** oder auf eine **Sortimentsverengung (Sortimentsbereinigung)** gerichtet sein.

Eine **gute Produkt- und Sortimentspolitik** ist vorausschauende Absatzpolitik. Sie berücksichtigt so weit wie möglich sich anbahnende Veränderungen in den Abnehmer- und Verbrauchergewohnheiten und reagiert auf Trends und Marktveränderungen.

Marktveränderungen treten selten kurzfristig ein. Meist erstrecken sie sich über einen **längeren Zeitraum.** Dabei ergeben sich in der Regel für ein Produkt **bestimmte Entwicklungsphasen (Produktphasen).** Die Produktphasen bilden einen **Produktzyklus.**

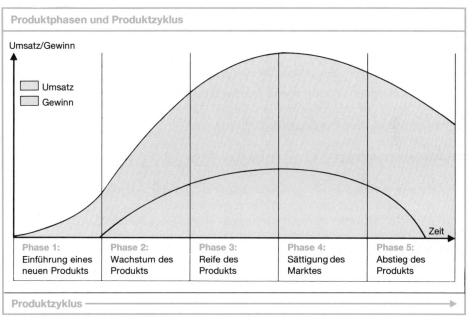

Produktphasen und Produktzyklus

Umsatz/Gewinn

Umsatz
Gewinn

Zeit

| Phase 1: | Phase 2: | Phase 3: | Phase 4: | Phase 5: |
| Einführung eines neuen Produkts | Wachstum des Produkts | Reife des Produkts | Sättigung des Marktes | Abstieg des Produkts |

Produktzyklus ————————————————————→

5.2.2 Preispolitik

Die **Preispolitik des Unternehmens** umfaßt alle **Maßnahmen zur Preisgestaltung,** insbesondere **Entscheidungen über die Festsetzung von Preisforderungen.**

Entscheidungen über Preisforderungen beruhen

- auf **Informationen über die Kostensituation des eigenen Unternehmens** (Deckt der am Markt erzielbare Preis die Kosten?) und

- auf **Informationen über den Markt** (Welchen Preis sind die Abnehmer bereit zu zahlen? Welchen Preis verlangen die Mitbewerber?)

Preisforderungen können sein

- **kostenorientierte Preisforderungen** bzw.
- **marktorientierte Preisforderungen.**

Für ein Unternehmen stellt sich die Frage, inwieweit es am Markt Preisforderungen durchsetzen kann, die nicht wettbewerbsorientiert, sondern nur kostenorientiert sind.

Je mehr es dem Unternehmen gelingt, durch **Marketing** mit seinen Produkten einen Vorsprung bei den Abnehmern zu erreichen, desto leichter wird es, kostenorientierte Preisforderungen am Markt durchzusetzen. Die **Vorkalkulation** (Errechnen des Preises für die Leistung, um eine bestimmte Preisforderung zu stellen) ist dann besonders wichtig.

Unternehmen, denen die Preise für ihre Leistungen ausschließlich vom Markt bestimmt werden, müssen durch die **Nachkalkulation** feststellen, in welchem Ausmaß der Absatz kostendeckend bzw. gewinnbringend war.

Bei **kostenorientierter Festlegung der Preisforderung** wird errechnet, wie hoch der Preis für die Leistung des Betriebes unter Berücksichtigung der entstandenen Kosten sein muß. Der Preis wird kalkuliert.

> **Kalkulieren** bedeutet, den **Preis für die Leistung des Betriebes berechnen.**

In Industriebetrieben wird der **Verkaufspreis** oder der **Angebotspreis** für Sachleistungen (Sachgüter) und Dienstleistungen kalkuliert. In Handwerksbetrieben wird bei Sachleistungen (Neuanfertigungen, wie z. B. der Bau des Kachelofens) und Dienstleistungen (Instandsetzungs- oder Instandhaltungsarbeiten) der **Angebotspreis** kalkuliert. Auch Dienstleistungsbetriebe wie Banken und Versicherungen stellen durch Kalkulation fest, wie hoch die Kosten ihrer Leistungen sind.

Mit der Kalkulation will der Betrieb den Preis so festsetzen, daß seine Kosten (Selbstkosten) gedeckt sind und ein Gewinn verbleibt.

Selbstkosten
+ **Gewinnzuschlag**
= **Verkaufs- oder Angebotspreis**

Die Art der Leistung (Sachleistung oder Dienstleistung), die Art der Leistungserstellung und die Größe des Betriebes bestimmen die Art der Kostenermittlung und das Kalkulationsverfahren.

In Handwerksbetrieben und Industriebetrieben wird die **Zuschlagskalkulation** angewandt.

▶ *Zuschlagskalkulation am Beispiel des Handwerksbetriebs*

Bei der **einfachen Zuschlagskalkulation** werden im **Handwerksbetrieb** die Einzelkosten ermittelt und der Betrag der Gemeinkosten, die anteilig aufgeschlagen werden sollen, mit Hilfe **eines** Zuschlagssatzes errechnet. Diesen Zuschlagssatz kann der Betrieb aus den Zahlen der Buchführung des Vorjahres ermitteln.

$$\text{Gemeinkostenzuschlagssatz} = \frac{\text{Gemeinkosten des Vorjahres} \times 100}{\text{Materialeinzelkosten des Vorjahres} + \text{Fertigungslöhne des Vorjahres}}$$

Kalkulation des Angebotspreises mit einem Zuschlagssatz
(Beispiel: Dachbodenausbau durch einen Tischlereibetrieb)

Materialeinzelkosten	5 000,00 DM
+ Fertigungslöhne	2 000,00 DM
Einzelkosten	7 000,00 DM
+ 15 % **Gemeinkostenzuschlag** auf die Einzelkosten	1 050,00 DM
	8 050,00 DM
+ Sondereinzelkosten	1 200,00 DM
Selbstkosten	**9 250,00 DM**

Man kann den Gemeinkostenzuschlag auch nur auf die Materialeinzelkosten oder nur auf die Fertigungslöhne beziehen. Dann ist aus den Zahlen des Vorjahres jeweils ein entsprechend anderer Zuschlagssatz errechnet.

Auf die Selbstkosten wird dann der Gewinn aufgeschlagen. Von dem sich daraufhin ergebenden Preis wird die Umsatzsteuer berechnet.

Selbstkosten	9 250,00 DM
+ 15 % Gewinnaufschlag	1 387,50 DM
Nettoangebotspreis	10 637,50 DM
+ 14 % Umsatzsteuer	1 489,25 DM
Bruttoangebotspreis	**12 126,75 DM**

Bei der **erweiterten Zuschlagskalkulation** trennt man die Gemeinkosten in **materialabhängige Gemeinkosten** und **lohnabhängige Gemeinkosten** und rechnet mit zwei Zuschlagssätzen.

Kalkulation des Angebotspreises mit zwei Zuschlagssätzen
(Beispiel: Dachbodenausbau durch einen Tischlereibetrieb)

Materialeinzelkosten	5 000,00 DM	
+ 13 % materialabhängige Gemeinkosten	650,00 DM	
Materialkosten		5 650,00 DM
+ Fertigungslöhne	2 000,00 DM	
+ 20 % lohnabhängige Gemeinkosten	400,00 DM	
Fertigungskosten		2 400,00 DM
		8 050,00 DM
+ Sondereinzelkosten		1 200,00 DM
Selbstkosten		9 250,00 DM
+ 15 % Gewinnaufschlag		1 387,50 DM
Nettoangebotspreis		10 637,50 DM
+ 14 % Umsatzsteuer		1 489,25 DM
Bruttoangebotspreis		**12 126,75 DM**

In **Industriebetrieben** wird die Zuschlagskalkulation noch weiter verfeinert.

**Beispiel: Kalkulation von Spindeltreppen
aus Stahl, Typ X/12**

Materialeinzelkosten	3 000,00 DM	
+ 40 % Materialgemeinkosten	1 200,00 DM	
Materialkosten		4 200,00 DM
+ Fertigungslöhne	1 200,00 DM	
+ 110 % Fertiungsgemeinkosten	1 320,00 DM	
+ Sondereinzelkosten der Fertigung	0,00 DM	
Fertigungskosten		2 520,00 DM
Herstellungskosten		6 720,00 DM
+ 7,5 % Verwaltungsgemeinkosten		504,00 DM
+ 6 % Vertriebsgemeinkosten		403,20 DM
+ Sondereinzelkosten des Vertriebs		0,00 DM
Selbstkosten		7 627,20 DM
+ 12 % Gewinnaufschlag		915,26 DM
Nettoverkaufspreis		8 542,46 DM
+ 14 % Umsatzsteuer		1 195,94 DM
Bruttoangebotspreis		**9 738,40 DM**

5.2.2.2 Vollkosten- und Teilkostenkalkulation

Werden **sämtliche Kosten** in den Selbstkosten erfaßt, liegt eine **Vollkosten-kalkulation** vor (Vollkostenrechnung). Im Gegensatz dazu steht die **Teilkosten-kalkulation** (Teilkostenrechnung), bei der (u. U. kurzfristig) Preisforderungen an die bestehenden Marktverhältnisse angepaßt werden, indem auf die volle Deckung der Selbstkosten verzichtet wird.

Das Unternehmen geht bei der Teilkostenkalkulation von der Überlegung aus, daß kurzfristig die Behauptung am Markt Vorrang vor anderen Zielen hat. Das Unternehmen begnügt sich dann damit, daß der **Verkaufspreis für ein Produkt** neben den variablen Kosten **nur einen Teil der fixen Kosten** deckt. Ein zusätzlicher Umsatz, der die Vollkosten nicht deckt, erhöht die Beschäftigung des Unternehmens und bewirkt, daß die ohnehin anfallenden fixen Kosten auf eine höhere Stückzahl des Produkts verteilt werden **(Senkung des Fixkostenanteils je Stück).**

Im Gegensatz zur Vollkostendeckungsrechnung werden bei der **Teilkostendeckungsrechnung** (Teilkostenkalkulation) nur die dem einzelnen Produkt direkt zurechenbaren Kosten (variable Kosten) kalkuliert; damit wird auf eine Verrechnung der fixen Kosten verzichtet.

Werden in der Erfolgsrechnung des Unternehmens für einen bestimmten Zeitraum die variablen Kosten vom Erlös für das Produkt abgezogen, bleibt ein Beitrag zur Deckung der fixen Kosten und des Gewinns übrig (Deckungsbeitrag).

© Verlag Gehlen

Beispiel:

Ein Unternehmen stellt ein Produkt A her. Die Selbstkosten je Stück betragen netto (ohne Umsatzsteuer) 500 DM. Die abgesetzte Produktion beträgt 160 Stück pro Tag (= Selbstkosten 80 000 DM), der Gewinnaufschlag 10 % (= Umsatzerlöse 88 000 DM), die täglich anfallenden fixen Kosten betragen 50 000 DM, die variablen Kosten je Stück 187,50 DM. Die Kapazität des Unternehmens ermöglicht eine tägliche Produktion von 200 Stück. Bei der bestehenden Auslastung beträgt der Beschäftigungsgrad 80 %.

Das Unternehmen kann **einen zusätzlichen Auftrag** zur Herstellung und Lieferung von 4 000 Stück des Produkts A erhalten, wenn es einen Netto-Verkaufspreis von 400 DM akzeptiert.

Lohnt es sich, den zusätzlichen Auftrag anzunehmen?

1. Der Netto-Erlös je Stück deckt nicht die Selbstkosten je Stück, ermöglicht aber einen Deckungsbeitrag.

Bisherige Kalkulation:		Zusätzliche Kalkulation:	
Selbstkosten je Stück		Netto-Erlös je Stück	400,00 DM
(Vollkostenkalkulation)	500 DM	./. variable Kosten	187,50 DM
+ 10 % Gewinnaufschlag	50 DM	**Deckungsbeitrag/Stück**	**212,50 DM**
Netto-Erlös	**550 DM**		

2. Der zusätzliche Auftrag führt zu einer Senkung des Fixkostenanteils je Stück.

Bisherige Berechnung des Fixkostenanteils:

Fixe Kosten (täglich)	50 000,00 DM
Variable Kosten (80 % = 160 Stück)	30 000,00 DM
Gesamte Kosten (täglich)	**80 000,00 DM**
Stückkosten	**500,00 DM**
Fixkostenanteil je Stück	**312,50 DM**

Neue Berechnung des Fixkostenanteils:

Fixe Kosten	50 000,00 DM
Variable Kosten (100 % = 200 Stück)	37 500,00 DM
Gesamte Kosten (täglich)	**87 500,00 DM**
Stückkosten	**437,50 DM**
Fixkostenanteil	**250,00 DM**

3. Der Stückerlös sinkt. Der tägliche Deckungsbedarf (40 x 212,50 = 8 500 DM) führt zu einer Steigerung des täglichen Gesamtgewinns.

Bisheriger Stückerlös	**550 DM**
Erlös aus dem täglichen Absatz von 160 Stück	88 000 DM
Erlös aus dem Absatz der (zusätzlichen) 40 Stück	16 000 DM
Erlös aus dem täglichen Absatz von 200 Stück	104 000 DM
Neuer Stückerlös	**520 DM**

Bisherige Gewinnberechnung:

Erlös aus dem Absatz von 160 Stück zu 550 DM	88 000 DM
./. Kosten	80 000 DM
Gewinn	**8 000 DM**

Neue Gewinnberechnung:

Erlös aus dem Absatz von 160 Stück zu 550 DM	88 000 DM
Erlös aus dem Absatz von 40 Stück zu 400 DM	16 000 DM
Gesamterlös	104 000 DM
./. Kosten	87 500 DM
Gewinn	**16 500 DM**

Der **Deckungsbeitrag eines Produkts** zeigt, in welcher Höhe der **Umsatzerlös** (für das Produkt) einen **Beitrag zur Deckung der fixen Kosten** und **zur Gewinnerhöhung** leistet.

Unternehmen, die bestimmte **Preisstrategien** verfolgen, wollen im Rahmen der Preispolitik mit **besonderen Maßnahmen zur Sicherung und Steigerung ihres Umsatzes** beitragen.

▶ *Einführungspreise*

Bei Einführung neuer Produkte werden häufig niedrige Einführungspreise festgesetzt, um Käufer zum Testen der Waren zu veranlassen.

Psychologische Preisgestaltung wird im Einzelhandel praktiziert, um bestimmte Preisschwellen, die den Verbraucher von möglichen Käufen abhalten, nicht zu übersteigen, z.B. Festsetzung eines Preises auf 298,00 DM statt auf 300,00 DM.

▶ *Preisdifferenzierung*

Unternehmen versuchen, auf unvollkommenen Märkten (Märkte, auf denen Durchsichtigkeit [Markttransparenz] fehlt und auf denen die Unternehmen bestimmte Vorzüge [Präferenzen] genießen), Umsatzsteigerungen zu erzielen, indem sie auf Teilmärkten ihre Produkte zu unterschiedlich hohen Preisen verkaufen.

Eine Preisdifferenzierung liegt vor, wenn ein Anbieter auf verschiedenen Märkten **für gleiche Güter oder Dienstleistungen unterschiedlich hohe Preise verlangt.**

Man unterscheidet

- **räumliche Preisdifferenzierung** (z.B. Preisdifferenzierung bei Benzin nach Absatzgebieten),

- **zeitliche Preisdifferenzierung** (z.B. Preisdifferenzierung in Hotels nach Vorsaison und Hauptsaison),

- **mengenmäßige Preisdifferenzierung** (z.B. Preisdifferenzierung bei Heizöl nach der Höhe der Absatzmenge),

- **verwendungsbezogene Preisdifferenzierung** (z.B. Preisdifferenzierung bei Tagstrom und bei Nachtstrom),

- **produktbezogene Preisdifferenzierung** (z.B. Preisdifferenzierung für Standardausführung und Luxusausführung eines Pkw),

- **abnehmerbezogene Preisdifferenzierung** (z.B. Preisdifferenzierung bei gewerblichen und nichtgewerblichen Abnehmern).

▶ *Premium-Preisstrategie*

Unternehmen, die Erzeugnisse in besonderer Qualität und Aufmachung anbieten, wollen auch über höhere Preise dem Abnehmer den besonderen Wert ihrer Produkte verdeutlichen.

© Verlag Gehlen

5.2.3 Konditionenpolitik

Die **Konditionenpolitik des Unternehmens** umfaßt alle **Maßnahmen indirekter Preispolitik** mit dem Ziel der Umsatzsicherung und -steigerung.

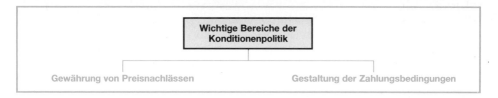

5.2.3.1 Gewährung von Preisnachlässen

Unternehmen gewähren **Preisnachlässe,** um Kunden zu gewinnen und an sich zu binden. Preisnachlässe bewirken eine **Herabsetzung des Verkaufspreises** und damit eine Minderung des Einstandspreises für den Käufer.

Preisnachlässe werden in Form von **Rabatten** gewährt für die Abnahme bestimmter Mengen **(Mengenrabatt),** Rabatt für die Abnahme von Waren zu bestimmten Terminen **(Zeitrabatt),** Rabatt für langjährige Kunden **(Treuerabatt)** und Rabatt, den Hersteller Wiederverkäufern bei preisgebundenen Verlagserzeugnissen und bei Waren mit empfohlenen Verkaufspreisen gewähren **(Wiederverkäuferrabatt).**

Rabatt, der nachträglich für die Abnahme einer bestimmten Gesamtmenge innerhalb eines Zeitraumes gewährt wird, heißt **Bonus.**

5.2.3.2 Zahlungsbedingungen

Mit der **Festlegung von Zahlungsbedingungen,** insbesondere mit der Bestimmung des **Zahlungszeitpunktes** sowie der Möglichkeit des Skontoabzugs, können Unternehmen Anreize für Kunden schaffen.

Auch die Möglichkeit, im Rahmen der **Einräumung eines Zahlungszieles** Kredit zu gewähren **(Lieferantenkredit),** kann Kunden positiv in der Entscheidung für den Warenbezug bei einem bestimmten Unternehmen beeinflussen.

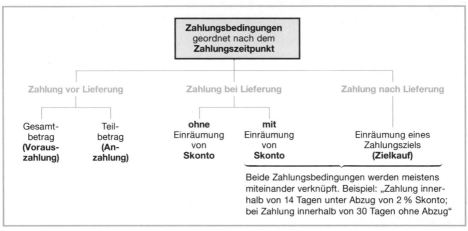

Die **Distributionspolitik des Unternehmens** umfaßt alle **Maßnahmen und Entscheidungen zur Gestaltung und Organisation der Absatzmethoden** (Vertriebssystem, Absatzform, Absatzweg).

Distribution heißt **Verteilung.** Für die Güterverteilung von den Herstellern (Erzeuger) bis zu den Verwendern (Verbraucher und Weiterverarbeiter) gibt es verschiedene Methoden **(Absatzmethoden).**

Die Möglichkeiten zur Gestaltung des Vertriebssystems (zentraler oder dezentraler Vertrieb?), die Wahl der Absatzform (Absatz über unternehmenseigene Organe oder über unternehmensfremde Organe) sowie die Wahl des Absatzweges (direkter oder indirekter Absatz) werden im Abschnitt 5.5 „Die Organisation des Absatzes" ausführlich dargestellt.

5.2.5 Werbepolitik und Kommunikationspolitik

Die **Werbepolitik des Unternehmens** umfaßt alle Maßnahmen, die geeignet sind, die **Nachfrage nach** den **Produkten positiv zu beeinflussen.** Werbepolitik dient der **Absatzerhaltung** und **Absatzerhöhung** bereits auf dem Markt befindlicher Produkte sowie der **Einführung neuer Produkte.**

Werbung ist **bewußte Beeinflussung überwiegend anonymer Personenkreise** (Werbezielgruppen) im Sinne des Werbetreibenden. Sie bedient sich bestimmter **Medien (Fernsehen, Zeitungen usw.).**

Die **Kommunikationspolitik** umfaßt alle Maßnahmen, die geeignet sind, das Unternehmen bekannt zu machen und ihm ein positives Ansehen zu verschaffen.

5.2.5.1 Notwendigkeit der Werbung

Ist Werbung notwendig?
Werbung im Radio, in der Tageszeitung, Werbung in Omnibussen, Plakate an Litfaßsäulen, Auslagen in Schaufenstern, Werbung im Fernsehen und im Kino – überall und zu jeder Tageszeit hören und lesen wir Werbung, überall und zu jeder Tageszeit wird uns, den Verbrauchern, gesagt, was wir essen und trinken sollen, wie wir wohnen sollen und wie wir uns zu kleiden haben, überall und zu jeder Tageszeit erfahren wir, was uns noch fehlt.

Kritiker behaupten: Der Verbraucher wird durch Werbung oftmals nur zum Kauf von Waren verführt, die er eigentlich gar nicht braucht. Erst die Werbung trichtert ihm ein, daß er noch unbefriedigte Bedürfnisse hat. Werbung weckt erst Bedürfnisse des Menschen, Werbung manipuliert.

In der Marktwirtschaft stehen die Anbieter von Gütern grundsätzlich im Wettbewerb miteinander. Der Wettbewerb unter den Anbietern ist zum Vorteil der Verbraucher.

Werbung ist notwendig, um
- den **Absatz und Umsatz** des Unternehmens zu fördern,
- die **Wettbewerbsfähigkeit** des Unternehmens gegenüber den Konkurrenten zu erhalten,
- das **Unternehmen** und seine **Produkte** bekannt zu machen,
- **Bedürfnisse** nach den Erzeugnissen des Unternehmens zu wecken.

Das Beispiel (rechts) zeigt:

Ohne Werbung würden viele Verbraucher von den Vorteilen der elektrischen Warmwasserbereitung zu wenig hören. Die Vorteile, könnten sie noch so groß sein, wären zu wenig bekannt.

Selbstverständlich werden mit dieser Werbung Bedürfnisse geweckt, Bedürfnisse nach den Vorteilen, die ein neues Produkt bringt.

5.2.5.2 Arten der Werbung

Werbung kann nach mehreren Gesichtspunkten unterschieden werden.

Arten der Werbung			
Unterscheidung nach			
der Zahl der werbenden Unternehmen	**der Zahl der Umworbenen**	**dem Inhalt der Werbung**	**der werbenden Wirtschaftsstufe**
Einzel- Sammel- Gemein- Verbund- werbung werbung schafts- werbung werbung	Einzel- Massen- um- um- werbung werbung	Produkt- Firmen- werbung werbung	Her- Händler- steller- werbung werbung

Einzelwerbung	Werbung **eines Unternehmens** für das eigene Unternehmen mit seinem Namen
Sammelwerbung	**Gemeinsame Werbung mehrerer Unternehmen** oft **unterschiedlicher Branchen mit** Angabe meist aller **Firmenbezeichnungen**
Gemeinschafts-werbung	**Gemeinsame Werbung mehrerer Unternehmen** aus derselben **Branche,** aber **ohne** Nennung der **Firmenbezeichnungen**
Verbundwerbung	**Gemeinsame Werbung verschiedener Unternehmen unterschiedlicher Wirtschaftsstufen** (z. B. Hersteller, Großhändler und Einzelhändler)
Einzelumwerbung	Eine bestimmte Person wird durch persönliche Gespräche, Schreiben oder Besuche angesprochen **(direkte Werbung, persönliche Werbung).**
Massenumwerbung	Eine bestimmte Zielgruppe oder die Allgemeinheit wird durch Massenmedien, wie z. B. Zeitungen, Zeitschriften, Radio, Fernsehen angesprochen **(indirekte Werbung oder Mediawerbung).**
Produktwerbung	**Produktwerbung** zielt auf den Absatz eines ganz bestimmten Gutes (Beispiel: „Damenfahrrad XYZ – 298,00 DM").
Firmenwerbung	**Firmenwerbung** bezieht sich auf das Unternehmen selbst **(Imagewerbung)** (Beispiel: „Hansabank – Die Bank an Ihrer Seite")
Herstellerwerbung	Der Hersteller wirbt, insbesondere im Fernsehen und im Hörfunk, für sein Produkt. (Beispiel: „Das neue flüssige Pantil – Sauberkeit mit natürlichen Mitteln").
Händlerwerbung	Ein Einzelhandelsunternehmen wirbt unter Hinzufügung seines Firmennamens für ein bestimmtes Produkt.

Die verschiedenen Mittel, mit denen geworben werden soll (Werbemittel), werden unter Verwendung der **Werbeelemente** aufgebaut. Verschiedene Werbeelemente werden durch Zusammenfügen und Gestaltung zu den **Werbefaktoren,** die die **Werbebotschaft** an den Werbeadressaten (Werbesubjekt) vermitteln. Dabei wird der **Werbegegenstand** (Werbeobjekt) herausgestellt. Die Werbefaktoren wiederum werden allein oder miteinander kombiniert bei den verschiedenen **Werbemitteln** verwendet.

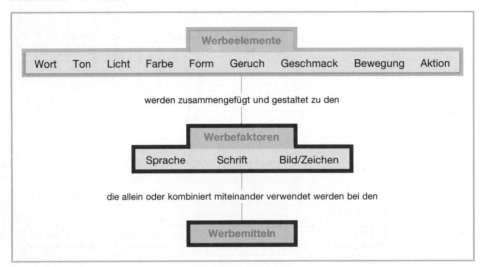

Werbemittel werden nach der Art ihrer Wirkung unterschieden.

Werbemittel	
Akustisch wirkende Werbemittel	Verkaufsgespräche, Werbevorführungen, Rundfunkwerbung (Sie wirken in erster Linie durch das gesprochene Wort.)
Optisch wirkende Werbemittel	Fernsehspots, Videoclips, Plakate, Fotos (Sie wirken in erster Linie durch Bilder.)
Graphisch wirkende Werbemittel	Anzeigen, Werbebriefe, Kataloge, Kundenzeitschriften (Sie wirken durch das geschriebene Wort, durch Zeichen und Bilder.)

Auch die Produkte des Unternehmens sind Werbemittel, z. B. auf Messen, Ausstellungen, in Verkaufsräumen und in Schaufenstern.

Der Einsatz der Werbemittel richtet sich nach

- den angestrebten Werbezielen,
- den zur Verfügung stehenden Geldmitteln (Etat),
- dem anzusprechenden Personenkreis (Zielgruppe),
- dem Werbegebiet,
- den zur Verfügung stehenden Werbemitteln und Werbeträgern und
- den jeweiligen Kosten der Werbemittel.

Ziel-setzung	Mit den Werbezielen umschreibt das Unternehmen den **Erfolg,** den es mit seinen Werbemaßnahmen erreichen will.
Planung	• **Werbeetat** In welcher Höhe stehen **Mittel** in dem vorgesehenen Zeitraum für Werbung zur Verfügung? Soll der Betrag umsatzabhängig oder gewinnabhängig festgesetzt werden?
	• **Werbeobjekte** Soll für ein **Produkt** oder für eine **Produktgruppe** oder für ein **Sortiment** geworben werden?
	• **Streukreis (Werbesubjekte)** Welcher **Personenkreis (Zielgruppe)** soll mit der Werbung angesprochen werden?
	• **Streugebiet (Werbegebiet)** In welchem **Gebiet** soll geworben werden (z. B. nur in Hannover, in Hannover und den Randgemeinden, in Niedersachsen oder im Gebiet der Bundesrepublik Deutschland)?
	• **Streuzeit (Werbezeit)** Von welchem Zeitpunkt an, zu welcher Tageszeit und über welchen Zeitraum soll die Werbemaßnahme ausgeführt werden?
	• **Streumedien (Streuweg)** Welche **Werbeträger** sollen für die geplanten Werbemittel eingesetzt werden (z. B. Fernsehsender, Rundfunksender, Tageszeitungen)? Welche Werbebotschaften sollen mit welchen Werbemitteln über die einzelnen Streumedien verbreitet werden?
	• **Streudichte:** Wie viele unterschiedliche Werbemittel bzw. Werbeträger sollen in bestimmter Häufigkeit und in bestimmten Teilen des vorgesehenen Streugebiets eingesetzt werden (z. B. Anzeige in der überörtlichen Tageszeitung, zusätzlich Anzeigen in Anzeigenblättern verschiedener Stadtteile, Plakatierung an den Haupteinfallstraßen, Schaufensterwerbung)?
	• **Streukosten** Welche Kosten entstehen durch die geplanten Maßnahmen? Welche Mittel müssen dafür bereitgestellt werden?
Durch-führung	Schon in der Planungsphase muß entschieden werden, ob **Eigenwerbung** oder **Fremdwerbung** (über eine Werbeagentur) durchgeführt werden soll. Werbeagenturen haben Fachkräfte und verfügen über Erfahrungen in der Planung und Durchführung von Werbemaßnahmen.
Werbe-erfolgs-kontrolle	Nach Abschluß der Werbemaßnahmen möchte das Unternehmen ermitteln, welchen Nutzen die Maßnahme gebracht hat.

Die **Werbeerfolgskontrolle** ist schwierig, weil bei der Produktwerbung zwar der Umsatz innerhalb eines bestimmten Zeitraumes, nicht aber der davon auf die Werbemaßnahmen zurückzuführende Teil, genau ermittelt werden kann.

Feststellungen durch Werbeerfolgskontrolle				
Streuverlust	Interesse-weckungserfolg	Aktionserfolg	Wirtschaftlicher Erfolg	Erinnerungs-erfolg

Streuverlust:
Welche Personen wurden durch die Werbung (z. B. durch eine Postwurfsendung) angesprochen, die nicht zu der anzusprechenden Zielgruppe gehörten? Wurde in einem Gebiet geworben, in dem keine der umworbenen Personen wohnt?

Interesseweckungserfolg:
Wie viele Personen aus dem angesprochenen Streukreis fragten aufgrund der Werbung nach dem Produkt?

Aktionserfolg:
Wie viele der Umworbenen haben das Produkt gekauft?

Wirtschaftlicher Erfolg:
Wie hoch ist der Mehrumsatz?

Wie ist die Wirtschaftlichkeit der Werbung zu beurteilen?

$$\text{Wirtschaftlichkeit der Werbung} = \frac{\text{Mehrumsatz}}{\text{Werbekosten}}$$

Erinnerungserfolg:
Wie viele der von der Werbung angesprochenen Personen können sich nach einer bestimmten Zeit noch an das Produkt oder an das Unternehmen erinnern?

5.2.5.5   Grenzen der Werbung

Werbung findet ihre Grenzen in wirtschaftlichen Überlegungen, in den vom Staat erlassenen Gesetzen und Verordnungen und im allgemeinen ethischen Empfinden.

▶ *Rechtliche Grenzen der Werbung*

Rechtliche Grenzen werden der Werbung vor allem durch folgende Gesetze und Verordnungen gesetzt:

- **Gesetz gegen den unlauteren Wettbewerb (UWG),**

- **Zugabeverordnung,**

- **Gesetz über Preisnachlässe (Rabattgesetz),**

- **Verordnung zur Regelung der Preisangaben (Preisangabenverordnung).**

Werbung in Deutschland

Einzeldarstellungen finden Sie hierzu im Abschnitt 5.5 **„Wichtige gesetzliche Bestimmungen für den Absatz".**

Durch Gesetze und Verordnungen können Tatbestände erlaubter oder unerlaubter Werbung geregelt werden. Es können Verstöße gegen Vorschriften geahndet werden. Gesetzliche Regelungen greifen aber schlecht in der Grauzone unterhalb gesetzlicher Verbote. Deshalb hat sich die Wirtschaft eine „freiwillige Selbstkontrolle" gegeben.

> **Wesentliche Ziele der freiwilligen Selbstkontrolle der Wirtschaft**
>
> - Aus sozialer Verantwortung heraus sorgt die Wirtschaft für eine lautere Werbung in der Zone zwischen erlaubter und gesetzlich verbotener Werbung. Sie will Schäden vom Verbraucher abwenden.
> - Die Wirtschaft sorgt für einen sauberen Wettbewerb und dadurch für Marktwirtschaft.
> - Die Wirtschaft setzt sich selbst Verhaltensregeln, über deren Einhaltung gewacht wird. Sie will dadurch gesetzliche Eingriffe entbehrlich machen.

Diesen Zielen dienen die Arbeit des **Deutschen Werberates,** die **freiwilligen Verhaltensregeln der Wirtschaft** und die **Internationalen Verhaltensregeln der Werbewirtschaft.**

> **Beschwerden** gegen **Fehlverhalten bei der Werbung** werden dem Deutschen Werberat übergeben, der nach seinen Grundsätzen darüber befindet, ob die Werbeaussage zu beanstanden ist oder nicht.

5.2.5.6 Werbung und Kommunikationspolitik

Neben Werbeaktivitäten im Rahmen der Produktwerbung ist für viele Unternehmen **Imagewerbung** besonders wichtig. Öffentlichkeitsarbeit (Public relations) soll den Ruf eines Unternehmens, seine Stellung und sein Ansehen in Wirtschaft und Gesellschaft verdeutlichen. Das Bild der Unternehmer in der Öffentlichkeit soll in positivem Sinn beeinflußt werden. Qualitätsbemühen bei den eigenen Leistungen, Umweltverträglichkeit der Produkte und die Unternehmensverantwortung für Mitarbeiter werden herausgestellt.

Auch Sponsoring (finanzielle Förderung und Unterstützung) von kulturellen, gesellschaftlichen und sportlichen Aktivitäten, gemeinnützigen und wohltätigen Bemühungen ist ein bedeutungsvoller Teil der Kommunikationspolitik der Unternehmen.

5.3 Marktforschung – Grundlage der Absatzpolitik

> **Marktforschung** ist **systematische Marktuntersuchung** zur Gewinnung von **Marktinformationen.**

Entwicklung und Bedeutung der Marktforschung

„Mit Zunahme des Wettbewerbs und der Absatzaktivitäten zu Beginn des Jahrhunderts wuchs das Verlangen der Unternehmer nach besseren **Marktinformationen.** Dabei war es kein Zufall, daß wesentliche Anstöße von den Werbefachleuten kamen, weil hier große Summen in relativ riskanter Weise ausgegeben wurden. Daraus erklärt sich auch, daß Werbeträger, insbesondere Verlage, mit die ersten waren, die Marktforschung in systematischer und organisierter Weise betrieben, um ihren Kunden Marktinformationen zur Verfügung stellen zu können. Das erfolgt auch heute noch in großem Umfang.

Nach dem ersten Weltkrieg wurde die **Marktforschung** befruchtet durch eine verstärkte Einbeziehung wissenschaftlicher Erkenntnisse aus dem Gebiet der Statistik, der Psychologie, der Konjunkturforschung und später der Soziologie. Die psychoanalytisch orientierte Motivforschung amerikanischer Provenienz sorgte dabei seinerzeit für besonderes Aufsehen. In der gesamten Absatzforschung erweiterte die elektronische Datenverarbeitung seit Beginn der 50er Jahre die Erfassungs- und Verarbeitungsmöglichkeiten beträchtlich.

Marketing ist ohne Absatzforschung, speziell ohne Marktforschung, heute praktisch undenkbar. Entsprechende Spezialisten bzw. **Spezialabteilungen** wurden für die Unternehmen immer zwingender und sind mittlerweile – zumindest für Mittel- und Großbetriebe – die Regel. Der Aufwand der deutschen Wirtschaft betrug im Jahr 1988 insgesamt ca. 780 Mio. DM.

Hand in Hand mit dieser Entwicklung verlief auch die Expansion der **Marktforschungsinstitute** nach Zahl und Größe. Neben Hunderten von Klein- und Kleinstinstituten gibt es eine Reihe ganz bedeutender, wie die GfK Nürnberg, Gesellschaft für Konsum-, Markt- und Absatzforschung mit einem Inlandsumsatz von 114 Mio. DM (1988) und 1200 Mitarbeitern, oder auch die hauptsächlich in der Verbraucher-Panelforschung tätige Tochtergesellschaft der GfK, die G&I Forschungsgemeinschaft für Marketing, Nürnberg. Das international größte Institut ist die A.C. Nielsen Co. (USA), die in 27 Ländern ca. 20000 Mitarbeiter beschäftigt und einen Weltumsatz von 765 Mio. $ (1988) aufzuweisen hat. (Der deutsche Anteil daran beträgt 90 Mio. DM.)

Eine weitere Zunahme des Marktforschungsvolumens ist voraussehbar. War früher die Industrie, insbesondere die Konsumgüterindustrie, allein maßgebend, so bedienen sich in zunehmendem Maße auch Handels- und Dienstleistungsbetriebe sowie nichtwirtschaftliche Institutionen und schließlich auch der Staat und die Kommunen solcher Forschungseinrichtungen und Methoden.''

Quelle: „Grundlagen der Absatzwirtschaft'' (Ludwig Berekoven), Heine/Berlin, 1989, S. 150

5.3.1 Ziele der Marktforschung

Mit Maßnahmen der Marktforschung will ein Unternehmen herausfinden, welche **Marktanteile** (Anteile am Marktvolumen) seine **Konkurrenten** jeweils haben. Auf der Nachfrageseite interessieren die Zahl der Abnehmer und die nachgefragten Mengen.

Die Marktforschung liefert **Informationen zur Struktur des Marktes** (Zusammensetzung des Marktes).

Für ein Unternehmen, das Marktforschung betreibt, ist es wichtig, zu erfahren, **welche Nachfrager** schon am Markt vorhanden sind und welche möglichen Nachfrager noch gewonnen werden könnten. Es ist daher u.a. auch wichtig, zu erfahren, welche entscheidenden **Kaufmotive** die Nachfrager haben und wie sie auf bestimmte absatzpolitische Maßnahmen des Unternehmens reagieren würden.

Unternehmen, die Konsumgüter verkaufen, wollen das **Einkaufsverhalten der privaten Verbraucher** erkunden. Hier interessieren u.a. die Markenwahl und die Markentreue, die Einkaufsstättentreue und die Einkaufshäufigkeiten.

© Verlag Gehlen

Für die Produktpolitik und für die Werbepolitik des Unternehmens ist entscheidend, das **Verwendungsverhalten** (Art des Gebrauchs bzw. des Verbrauchs) seiner Abnehmer zu kennen. Das Unternehmen will daher erfahren, wie die Nachfrager die angebotenen Produkte wahrnehmen und welche positiven oder negativen Einstellungen (Meinungen) sie gegenüber den Produkten des Unternehmens oder gegenüber dem Unternehmen selbst haben.

5.3.2 Datenerhebung und Datenauswertung – Sekundärdaten und Primärdaten

Mit Maßnahmen der Marktforschung müssen Informationen beschafft und ausgewertet werden **(Datenerhebung** und **Datenauswertung)**.

> **Datenerhebung** ist die **Gewinnung und Sammlung von Einzelinformationen. Datenauswertung** ist die **Aufbereitung und Auswertung von Einzelinformationen** zur Schaffung von Grundlagen für Entscheidungen.

Grundlage der Marktforschung können Sekundärdaten oder Primärdaten sein.

Sekundärdaten sind solche, die für ähnliche oder für andere Zwecke bereits erhoben worden sind und nunmehr neu unter dem Gesichtspunkt einer bestimmten Fragestellung untersucht werden. Sekundärdaten können unternehmensintern und unternehmensextern gewonnen werden. Absatz- und Kundenstatistiken, Außendienstberichte und Buchführungs- und Kostenrechnungsunterlagen sind Beispiele für unternehmensinternes Sekundärdatenmaterial. Extern gewinnt man Daten aus öffentlich zugänglichen Statistiken, aus Veröffentlichungen von Verbänden und Organisationen, aus Fachzeitschriften und aus speziellen Informationsdiensten von Marktforschungsinstituten.

> **Primärdaten** werden **durch Marktforschung** gewonnen, die unter einer bestimmten Fragestellung durchgeführt wird. Dafür stehen verschiedene Methoden zur Verfügung.

Grundsätzlich werden zur Gewinnung von Primärdaten die **Befragung** und die **Beobachtung** unterschieden.

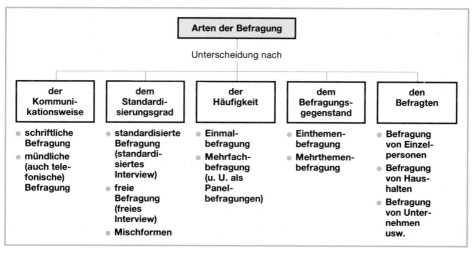

In der Praxis der Marktforschung haben sich bestimmte **typische Erhebungsmethoden** herausgebildet.

> Im allgemeinen bedient man sich bei **Befragungen (Interviews)** im Rahmen der Marktforschung der sog. **Panel-Befragung,** bei der man sich an einen ausgewählten Kreis von Einzelpersonen oder von Unternehmen bzw. Haushalten wendet.

Ein **Panel** ist eine repräsentative Personengruppe für die Meinungsforschung. Die Teilnehmer an einem Panel haben sich zur regelmäßigen Auskunftserteilung bereit erklärt; von ihnen erhält ein Unternehmen z. B. Auskünfte über Einkäufe von Haushalten, Auskünfte über die Meinung der Verbraucher zu bestimmten Produkten und somit Informationen über das Nachfrageverhalten.

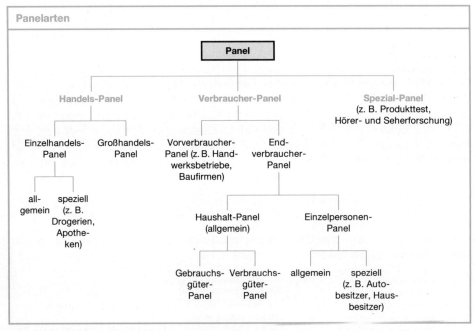

Panelarten

Quelle: Vahlens Großes Wirtschaftslexikon, München 1987, Seite 1409

> **Markttests** werden durchgeführt, um die **Marktchancen neuer Produkte zu erkunden.**

In einem räumlich begrenzten Gebiet werden alle absatzpolitischen Instrumente des Unternehmens (Marketinginstrumente) eingesetzt. Ziel ist es, durch (einen zunächst zeitlich befristeten) Verkauf der Produkte in diesem Gebiet Zahlenwerte über die Marktchancen des neuen Produkts und damit über die Wirksamkeit einzelner marktpolitischer Maßnahmen zu sammeln.

Von den Ergebnissen des Markttests wird die Markteinführung und der Einsatz der Absatzinstrumente abhängig gemacht.

5.4 Die Organisation des Absatzes

Ein Unternehmen muß seinen Absatz so organisieren, daß die gesteckten Umsatzziele auf bestmögliche Weise erreicht werden.

Entscheidungen über die Organisation des Absatzes sind u. a. abhängig

- von der **Beschaffenheit des Produkts** und der **Produktionsweise des Unternehmens,**
- von der **Art und der Größe des Unternehmens,**
- vom **Standort des Unternehmens,**
- von den **Möglichkeiten zur Gestaltung der Lieferfähigkeit des Unternehmens,**
- von der **Art und der Anzahl der Abnehmer des Unternehmens.**

Beispiele für Unternehmen, deren Absatzorganisation unterschiedlich gestaltet ist:

Fachbetrieb für Zentralheizungsbau (Handwerksbetrieb)
Automobilhersteller
Kreditinstitut
Unternehmen der Investitionsgüterindustrie (z. B. Maschinenfabrik)
Unternehmen der Konsumgüterindustrie (z. B. Bekleidungsindustrie).

Die Entscheidungen über die Organisation des Absatzes, die ein Unternehmen zu treffen hat, lassen sich anschaulich am **Beispiel der Industrie** darstellen. Einem Industrieunternehmen stellen sich drei Fragen:

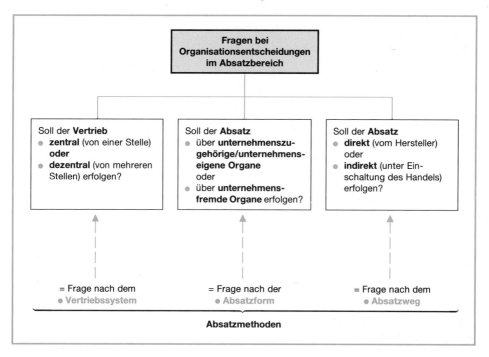

© Verlag Gehlen

157

5.4.1 Überblick über die Absatzmethoden

Zwischen welchen Absatzmethoden ein Industrieunternehmen zu entscheiden hat, zeigt die folgende Übersicht.

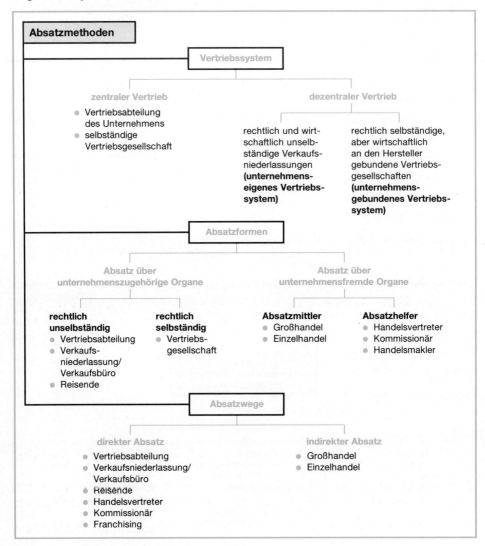

5.4.2 Beispiele für Absatzmethoden

5.4.2.1 Vertriebssysteme

Zentraler Vertrieb ist notwendig für technische und/oder wirtschaftlich erklärungsbedürftige Produkte (z. B. Erzeugnisse der Investitionsgüterindustrie).

Dezentraler Vertrieb kommt **als unternehmensgebundener Vertrieb** in der Automobilindustrie vor.

5.4.2.2 Absatzwege

Direkter Absatz liegt vor, wenn der Absatz über die Vertriebsabteilung (Verkaufsabteilung) des Unternehmens oder über eine Verkaufsniederlassung bzw. ein Verkaufsbüro erfolgt. Auch bei Einschaltung von Reisenden, Handelsvertretern und Kommissionären (sog. Absatzhelfer) liegt eine Form des direkten Absatzes vor.

Direkter Absatz kann **zentraler Vertrieb** oder **dezentraler Vertrieb** sein. Wird der Absatz der Produkte über eine Vertriebsabteilung des Unternehmens durchgeführt, liegt zentraler Vertrieb vor. Dies erfolgt z. B. bei Investitionsgütern. Sind rechtlich und wirtschaftlich unselbständige Verkaufsniederlassungen des Unternehmens für den Vertrieb zuständig (unternehmenseigenes Vertriebssystem), liegt dezentraler Vertrieb vor (direkter Absatz in dezentraler Form.)

Indirekter Absatz wird i.d.R. gewählt, um das Unternehmen von bestimmten Aufgaben, wie Lagerung, Sortimentshaltung usw., zu entbinden. Diese Funktionen werden auf den Handel (Groß- und Einzelhandel als sog. Absatzmittler) übertragen.

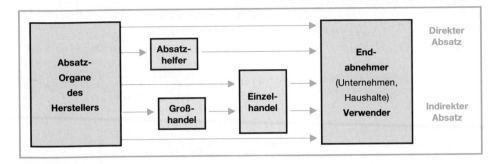

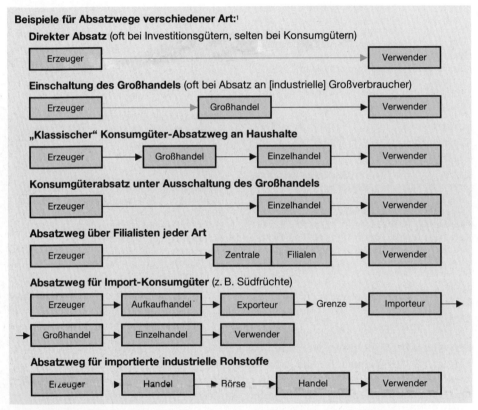

Beispiele für Absatzwege verschiedener Art:[1]

Eine **besondere Form des direkten Vertriebs** ist das **Franchising.**

Franchising ist ein **Vertriebssystem,** bei dem ein Unternehmen (Franchising-Nehmer) für ein anderes Unternehmen (Franchising-Geber) unter **Benutzung der Marke des Franchising-Gebers, seiner Symbole und seines Know-hows, unter Beachtung bestimmter Absatz- und Betriebsorganisationsrichtlinien und unter Anwendung einer bestimmten Ausstattung** Waren im eigenen Namen und für eigene Rechnung verkauft.

Bei Franchising findet eine dauerhafte Zusammenarbeit zwischen zwei Unternehmen statt; es besteht ein Franchising-Vertrag, der die Kooperation (Zusammenar-

[1] nach „Grundlagen der Absatzwirtschaft", S. 46

beit) regelt. Der Franchising-Nehmer bleibt rechtlich selbständig, bedient sich aber der Unterstützung des Franchising-Gebers und wird durch ihn kontrolliert. Der Franchising-Nehmer zahlt an den Franchising-Geber ein Entgelt (Franchise-Gebühr).

Der Vorteil für das Unternehmen, das seine Produkte im Franchising-System vertreibt, liegt in dem einheitlichen Auftreten aller Franchising-Nehmer im Markt.

Beispiele für Franchising:
Rodier (französische Feinstrickwaren), Seifenplatz (Drogerieartikel), Coca-Cola, Photo-Porst

5.4.3 Die Einschaltung des Handels

Großhandel und **Einzelhandel** sind **Absatzmittler.**

Großhandel und Einzelhandel werden eingeschaltet, weil sie bestimmte Aufgaben übernehmen **(Funktionen des Handels).**

5.4.3.1 Arten und Betriebsformen des Großhandels

Zum **Großhandel** zählen die Unternehmen, die **Waren erwerben und** diese im wesentlichen **unverändert an Weiterverarbeiter oder Wiederverkäufer liefern.**

▶ *Arten des Großhandels*

Nach den Tätigkeitsbereichen werden drei Arten des Großhandels unterschieden.

Der Aufkaufgroßhandel kauft auf dem Beschaffungsmarkt in relativ kleinen Mengen und verkauft auf dem Absatzmarkt in relativ großen Mengen.

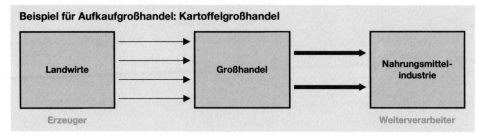

Der Produktionsverbindungshandel ist ein Bindeglied zwischen Herstellern von Rohstoffen bzw. Halbfabrikaten und Weiterverarbeitungsbetrieben.

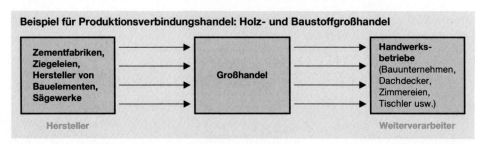

Der Verteilungsgroßhandel kauft auf dem Beschaffungsmarkt in relativ großen Mengen und verkauft auf dem Absatzmarkt meistens in relativ kleinen Mengen an weiterverarbeitende Betriebe (z.B. Handwerker) oder an Wiederverkäufer (z.B. Einzelhandelsbetriebe).

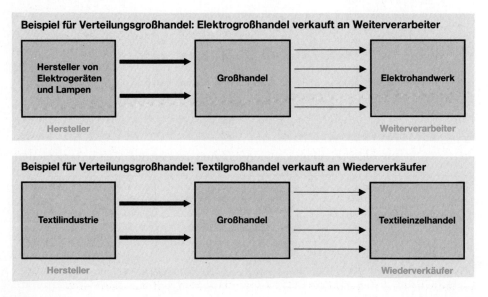

Der **Sortimentsgroßhandel** handelt mit Waren eines bestimmten Sortimentsbereiches, z. B. mit Textilien, Lederwaren. Der **Spezialgroßhandel** handelt mit Teilen eines bestimmten Sortiments, z. B. mit Bettwäsche, Damenoberbekleidung oder Skibekleidung aus dem Sortiment „Textilien".

Der **Cash & Carry-Großhandel** (cash = bezahlen, carry = mitnehmen) ist das Selbstbedienungsgeschäft im Großhandel.

5.4.3.2 Betriebsformen des Einzelhandels

Zum **Einzelhandel** zählen die Unternehmen, die **Waren** (und sonstige Leistungen) **an Letztverbraucher** liefern.

Das Fachgeschäft führt ein **schmales, branchenbezogenes und tief gestaffeltes Fachsortiment.** Das Spezialgeschäft ist ein Fachgeschäft mit stark verengtem Sortiment.

Supermärkte und Verbrauchermärkte sind **Einzelhandelsgeschäfte mit breitem und flachem Sortiment.** Sie unterscheiden sich durch die Größe der Verkaufsfläche.

Der Supermarkt führt ein **breites, branchenübergreifendes und flaches Bedarfssortiment** mit Artikeln, die täglich benötigt werden. Die Verkaufsfläche beträgt 400 bis 1000 qm. **Verkaufsform** ist die **Selbstbedienung,** soweit die Artikel dafür geeignet sind.

Der Verbrauchermarkt ist ein **großer Supermarkt mit einer Verkaufsfläche zwischen 1000 qm und 5000 qm** (zum Teil darüber). Er bietet ein **breites, warenhausähnliches Sortiment.**

Das Discountgeschäft beschränkt sich in seinem Sortiment auf die **gängigen, problemlosen Artikel des täglichen Bedarfs.**

Das Kaufhaus führt in Fach- und Spezialabteilungen ein **schmales, branchengebundenes und tief gestaffeltes Fachsortiment seines Bedarfsgebietes.**

Das Warenhaus führt in Fachabteilungen ein **breites, branchenübergreifendes Warensortiment aus verschiedenen Bedarfsgebieten.**

Beim **Shop-in-shop** werden in einem großen Warenhaus oder Kaufhaus Teilbereiche ausgegliedert und auf Eigentums- oder Mietbasis geführt.

Beim **„Rack-Jobber-System"** werden einzelne Regale an selbständige Händler vermietet, die selbst für die Warenpräsentation sorgen müssen. Der Verkauf läuft auf Rechnung des **„Regalhändlers"** (Rack Jobber).

Das **Einkaufszentrum** faßt in einem Geschäftskomplex verschiedene Einzelhandelsfachgeschäfte, Supermärkte, Kauf- und Warenhäuser und andere Dienstleistungsbetriebe, wie z. B. Bank, Post, Friseur, Reinigung sowie Kino, Restaurant und Unterhaltungseinrichtungen, zusammen. Es bietet ein **fast lückenloses Waren- und Dienstleistungsangebot.**

5.4.4 Die Einschaltung von Absatzhelfern: Handelsvertreter, Kommissionäre, Handelsmakler

Handelsvertreter, Kommissionäre und **Handelsmakler** sind **Absatzhelfer.**

Der Handelsvertreter ist ein **selbständiger Kaufmann,** der durch einen **Agenturvertrag** ständig damit betraut ist, für seinen Auftraggeber

Beispiele für Handelsvertreter:

Handelsvertreter, die Verkaufsverträge für Unternehmen abschließen, Versicherungsvertreter, Bausparkassenvertreter, Reisebüros als Vertreter für Reiseveranstalter

- **Verträge zu vermitteln** (Vermittlungsvertreter) oder
- **Verträge** (im fremden Namen und auf fremde Rechnung) **abzuschließen** (Abschlußvertreter).

Der **Reisende** ist **Mitarbeiter** eines Herstellers oder Großhändlers **im Außendienst** und durch Arbeitsvertrag ständig damit betraut, für seinen Arbeitgeber

- **Verträge zu vermitteln** oder
- **Verträge abzuschließen.**

Er hat die **Pflichten und Rechte** eines kaufmännischen Angestellten.

Der Kommissionär ist ein **selbständiger Kaufmann,** der es übernimmt, Waren oder Wertpapiere für Rechnung eines anderen (des Kommittenten) im eigenen Namen zu kaufen oder zu verkaufen.

Beispiele für Kommissionäre:

Beauftragte beim Kauf oder Verkauf von Waren an der Börse, Kunst- und Antiquitätenhändler, die für andere verkaufen

Der Handelsmakler ist ein selbständiger Kaufmann, der für andere Personen die Vermittlung von Verträgen über Gegenstände des Handelsverkehrs übernimmt, ohne mit seinen Auftraggebern in einem dauernden Vertragsverhältnis zu stehen.

Beispiele für Handelsmakler:

Makler an den Warenbörsen (Getreidebörse, Edelmetallbörse, Frachtenbörse usw.)

Handelsvertreter, Kommissionäre und Handelsmakler werden auch als **Absatzmittler** bezeichnet (vgl. Seite 158).

Vergleich: Handelsvertreter, Kommissionär, Handelsmakler			
	Handelsvertreter	Kommissionär	Handelsmakler
Rechtsstellung	selbständiger Kaufmann	selbständiger Kaufmann	selbständiger Kaufmann
Tätigkeit	Abschluß oder Vermittlung von Verträgen	Abschluß von Verträgen im eigenen Namen auf fremde Rechnung	Vermittlung von Verträgen
Dauer der Tätigkeit	ständig	von Fall zu Fall oder ständig	von Fall zu Fall
Vergütung	Provision	Provision, Ersatz der Aufwendungen	Maklergebühr (Courtage)

5.5 Wichtige gesetzliche Bestimmungen für den Absatz

Für den **Absatzbereich** sind u. a. folgende **Gesetze** zu beachten:

- das **Gesetz gegen den unlauteren Wettbewerb (UWG)**,
- das **Gesetz über Preisnachlässe (Rabattgesetz)**,
- die **Zugabeverordnung**,
- die **Preisangabenverordnung**,
- das **Produkthaftungsgesetz**.

Außerdem ist der **gewerbliche Rechtsschutz** zu beachten.

5.5.1 Gesetz gegen den unlauteren Wettbewerb

Das Gesetz gegen den unlauteren Wettbewerb will die **in der Marktwirtschaft notwendige Konkurrenz** zwischen den Anbietern **sichern,** aber den **unlauteren Konkurrenzkampf unterbinden.**

Derjenige, der „zu Zwecken des Wettbewerbs **Handlungen** vornimmt, **die gegen die guten Sitten verstoßen,** kann auf **Unterlassung** und **Schadenersatz** in Anspruch genommen werden". (§ 1 UWG)

Unerlaubte Werbung liegt z. B. vor

- beim **Anlocken von Kunden mit unzulässigen Mitteln** (Schleuderpreise, falsche Qualitätsangaben, Lockvogelangebote),
- bei **Werbung mit Preisgegenüberstellungen,**
- bei **Werbung mit wissentlich unwahren, zur Irreführung geeigneten Angaben.**

Werbung mit Preisgegenüberstellungen ist grundsätzlich nicht erlaubt, um zu verhindern, daß den verlangten Preisen Scheinpreise aus der Vergangenheit gegenübergestellt werden.

Das **Rabattgesetz** und die **Zugabeverordnung** sollen verhindern, daß Verkäufer verschiedene Arten von Preisnachlässen bei Käufen einräumen oder Zugaben machen und so Preisvergleiche für Verbraucher erschweren.

Nach dem **Rabattgesetz,** das nur **Preisnachlässe an Endverbraucher regelt,** sind z.B. erlaubt: Barzahlungsrabatt für sofortige Zahlung, Mengenrabatt in handelsüblicher Höhe, Großverbraucherrabatt und Treuerabatt. Barzahlungsrabatt an Endverbraucher darf höchstens bis 3 % gewährt werden.

Die **Zugabeverordnung** erlaubt bei Verkäufen nur Zugaben geringwertiger Gegenstände (z.B. Kugelschreiber) oder von handelsüblichem Zubehör (z.B. Plastiktüten) oder Werbegegenstände, die nur einen geringen Wert haben (z.B. Kleiderbügel beim Kauf eines Anzugs).

Die **Preisangabenverordnung** sieht vor, daß alle Handels-, Handwerks- und Gaststättenbetriebe sowie Banken und Sparkassen, Tankstellen und sonstige Dienstleistungsbetriebe die Preise einschließlich Umsatzsteuer anzugeben haben. Werden Waren in Schaufenstern oder in Schaukästen ausgestellt, sind sie mit Preisschildern auszuzeichnen.

5.5.3 Produkthaftpflicht und Produzentenhaftung

1990 ist durch das **Produkthaftungsgesetz** eine **Produkthaftpflicht** eingeführt worden.

Unter der Produkthaftpflicht versteht man die verschuldungsunabhängige **Haftung für alle Folgeschäden aus dem Ge- oder Verbrauch eines Produktes,** wenn der entstandene Sach- oder Personenschaden seine Ursache in einem Produktfehler hat.

Beispiel: Produkthaftung für einen Schreibtischsessel

Der Fabrikant eines modernen Schreibtischsessels mit Rücklehnautomatik hat dafür gesorgt, daß die Einzelteile mit hoher Sicherheit fehlerfrei sind. Gründliche Tests ergaben, daß das Material heftiges Vor- und Zurücklehnen auch eines wohlbeleibten Mannes problemlos aushalten kann. Doch eines Tages bricht die Automatik des Sessels – obwohl nur ein schmächtiger Student nervös vor dem Schreibtisch gewippt hatte. Der Student fällt mit dem Hinterkopf gegen eine Glasvitrine, die zerbricht, und erleidet selbst einige Schnittwunden im Gesicht. Der Auslöser des Unfalls ist ein Materialfehler im Gestänge des Sessels.

Vor dem Inkrafttreten des Produkthaftungsgesetzes wäre die Rechtslage so gewesen: Der Fabrikant hatte alle erforderliche Sorgfalt eingehalten und hatte sich nicht die geringste Fahrlässigkeit zuschulden kommen lassen. Die Gerichte hätten den Materialfehler als einen sogenannten Ausreißer behandelt, als unvorhersehbaren Unglücksfall, der auch bei Einhaltung der äußersten Sorgfalt nicht zu vermeiden gewesen wäre. Der Student hätte weder für seine Verletzung noch für die zerstörte Vitrine irgendeinen Schadenersatz verlangen können. Allerdings hätte er **Anspruch auf Ersatz** für den Sessel anmelden können.

Mit dem Inkrafttreten des Produkthaftungsgesetzes ist die Lage anders. Obwohl der Student nicht nachweisen kann, daß der Produzent des Sessels ohne die notwendige Sorgfalt gearbeitet hat und der Möbelhersteller sogar seine Sorgfalt zweifelsfrei beweisen kann, muß er für den Folgeschaden einstehen. Denn ursächlich für den Unfall war nachweislich ein Materialfehler an seinem Produkt.

Nach dem Produkthaftungsgesetz muß der **Fabrikant** die **Folgeschäden ausgleichen.** Die Kranken- oder Unfallversicherung des Studenten wird von ihm deshalb die Behandlungskosten verlangen, und der Student wird Schadenersatz verlangen, weil er durch den Krankenhausaufenthalt ein Semester verloren hat. Auch den Schaden an der Vitrine kann sich der Student von dem Möbelfabrikanten begleichen lassen.

Weitaus teurer hätte es für den Fabrikanten werden können, wenn der Student an den Folgen des Sturzes gestorben wäre. Denn das Produkthaftungsgesetz verlangt nicht nur den Ersatz der entstandenen Heilkosten und der Bestattungskosten. Vielmehr können sich auch Angehörige darauf berufen, daß der Student jetzt oder später zu ihrem Unterhalt verpflichtet gewesen wäre.

Die Ersatzpflicht umfaßt nicht den Schaden am Gegenstand selbst (im Beispiel: Schreibtischsessel); hierfür kann der Käufer u. U. den Verkäufer zur Haftung heranziehen (z. B. wenn seine Gewährleistungsansprüche noch bestehen).

Produkthaftpflichtig können **Hersteller des Endprodukts, eines Teilprodukts oder des Grundstoffes sein.**

5.5.4 Gewerblicher Rechtsschutz

Bestimmte, anerkannte **gewerblich-geistige Leistungen** genießen den **Rechtsschutz des Staates, um Mißbrauch durch Unberechtigte zu verhindern.**

Gewerb-liche Schutz-rechte	Patent	Gebrauchs-muster	Warenzeichen	Geschmacks-muster
Gegenstand des Rechtsschutzes:	Erfindungen (Gegenstände, Stoffe, Herstellungs- und Arbeitsverfahren)	Erfindungen (Neuerungen an Gegenständen, keine Verfahren)	Wort- und Bild-zeichen zur Kennzeichnung und Unterscheidung von Waren oder Dienstleistungen	Muster und Modelle in gewerblicher Verwendung
Voraus-setzungen:	Neuheit, Erfindungshöhe, Anwendbarkeit auf einem gewerblichen Gebiet	Neuheit, Erfindungshöhe, Anwendbarkeit auf einem gewerblichen Gebiet	Unterscheidungs-kraft, Eignung als Betriebs-kennzeichen	Neuheit und Eigentümlichkeit der Gestaltung
Erteilung der Schutzrechte durch:	**Deutsches Patentamt**	**Deutsches Patentamt**	**Deutsches Patentamt**	**Deutsches Patentamt**
Schutzdauer:	20 Jahre	3 Jahre (Verlängerung bis höchstens 10 Jahre)	10 Jahre (Verlängerung um jeweils weitere 10 Jahre)	5 Jahre (Verlängerung bis höchstens 20 Jahre)

ZAHLENBILDER

128 710

Beispiele:

Gebrauchsmuster: Neuerungen an Arbeitsgerätschaften und Gebrauchsgegenständen (Werkzeuge, Haushaltsgeräte usw.)

Warenzeichen:

Hansaplast®   Kodak

Geschmacksmuster: Flächenformen (z. B. Tapeten), Raumformen (z. B. Keramikwaren)

5.6 Die Güterbeförderung

Eine moderne, hochentwickelte Volkswirtschaft ist dadurch gekennzeichnet, daß viele Unternehmen an der Erstellung und Bereitstellung von Gütern und Dienstleistungen beteiligt sind. Voraussetzung für ein reibungsloses Funktionieren des Wirtschaftsablaufes ist es, daß erstellte Güter schnell, sicher und kostengünstig dorthin befördert werden, wo sie zur Verwendung oder zum Verbrauch benötigt werden.

Die Entscheidung über die Beförderungsart hängt von verschiedenen Umständen ab, z.B. von

- der **Art der Güter,**
- der **Art der in Betracht kommenden Beförderungsmittel,**
- der **Beförderungsdauer,**
- den **Beförderungskosten,**
- der **Sicherheit des Transports,** d.h. von dem **Beförderungsrisiko bzw. dem Haftungsumfang des Transportunternehmens** und
- der **Umweltverträglichkeit der Transportart.**

Nach den **Transportwegen** werden drei **Arten der Güterbeförderung** unterschieden:

- **Landtransport,**
- **Wassertransport** und
- **Lufttransport.**

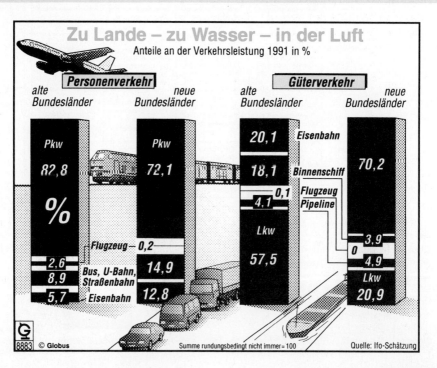

Zu Lande – zu Wasser – in der Luft
Anteile an der Verkehrsleistung 1991 in %

© Globus

Summe rundungsbedingt nicht immer = 100

Quelle: Ifo-Schätzung

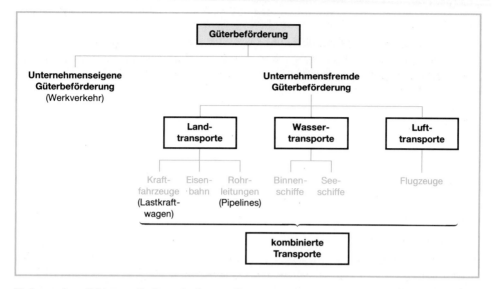

Träger des Güterverkehrs sind vor allem die Unternehmen, die gewerbsmäßig bzw. auftragsgemäß Beförderungsmöglichkeiten anbieten, wie **z. B.**

- **Unternehmen des Güterkraftverkehrs,**
- die **Deutsche Bundespost POSTDIENST,**
- **private Paketbeförderungsunternehmen**
- die **Deutsche Bundesbahn,**
- **Schiffahrtsunternehmen (Reedereien),**
- **Luftfahrtgesellschaften.**

5.6.1 Güterbeförderung durch die Deutsche Bundespost

Für die Güterbeförderung bietet die Deutsche Bundespost POSTDIENST verschiedene **Sendungsarten** an.

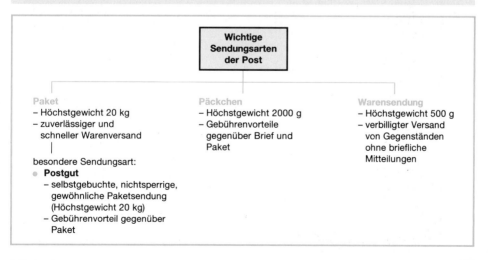

Zu unterscheiden sind

- **Sendungsart** (z.B. Paket, Päckchen, Warensendung, Postgut) und
- **besondere Versendungsformen** (z.B. Wertangabe, Luftpost, Eilzustellung, Schnellsendung, Rückschein, Nachnahme).

Wichtige **Gesichtspunkte** für die Wahl der Sendungsart sind

- **Schnelligkeit** (gewöhnliche Beförderung oder beschleunigte Beförderung bzw. Zustellung),
- **Kosten** (Sendungen zu normaler Gebühr, zu ermäßigter Gebühr oder Sendungen mit Zuschlag) und
- **Sicherheit gegen Verlust oder Beschädigung** (normale Sendungen oder Sendungen mit besonderer Sicherheit).

Die **Beförderungskosten** ergeben sich aus der Art der Sendung, dem Gewicht, der Entfernung, der besonderen Versendungsform und den sonstigen Gebühren (z.B. Zustellgebühr, Gebühr für die Einlieferung außerhalb der Annahmezeiten).

Mit dem **Postkurierdienst** bietet die Bundespost einen schnellen Transport eilbedürftiger Sendungen zum Empfänger innerhalb eines Ortes. Zulässig sind schriftliche Mitteilungen und Kleingut (Pakete) ohne besondere Versendungsformen sowie aufschriftlose und unverpackte Gegenstände und Gebinde (mehrere Gegenstände an denselben Empfänger), wenn das Einzelgewicht des Gebindes 20 kg nicht überschreitet. Auf Wunsch werden die Sendungen abgeholt und innerhalb des Ortes mit der nächsten Eilzustellfahrt ausgeliefert **(Eilkurier)**. Innerhalb bestimmter Orte und zwischen bestimmten Orten findet ein Direktkurierdienst statt.

Die Deutsche Bundespost **haftet** für Schäden aus nicht ordnungsgemäß ausgeführten Dienstleistungen:

- Bei **gewöhnlichen Paketen** und **Postkuriersendungen** haftet die Post in Höhe des unmittelbaren Schadens bis zu 1 000 DM je Sendung.
- Bei **Paketsendungen mit Wertangabe** haftet die Post für Verlust oder Beschädigung in Höhe des unmittelbaren Schadens bis zum Betrage der Wertangabe (Höchstbetrag der Wertangabe: 100 000 DM).

5.6.2 Güterbeförderung durch private Paketbeförderungsunternehmen

Da die Deutsche Bundespost kein Beförderungsmonopol im Paketdienst und Päckchendienst hat, können Unternehmen für die Güterbeförderung auch **private, postunabhängige Paketdienste** in Anspruch nehmen.

Beispiele:

- **„Deutscher Paketdienst (DPD)"** als Zusammenschluß von Speditionen,
- **„United Parcel Service Deutschland Inc. (UPS)"** als Tochterunternehmen eines amerikanischen Paketbeförderungsdienstes,
- **„Hermes Versand-Service GmbH".**

Private Paketbeförderungsunternehmen sind im Gegensatz zur Deutschen Bundespost in ihrer Annahme- und Beförderungspolitik frei. Sie brauchen auch keine festen Annahmestellen zu unterhalten, sondern holen die Sendungen beim Absender ab. Die Gebühren sind denen der Deutschen Bundespost ähnlich. Im Service und in der Beförderungsdauer findet ein Wettbewerb zwischen privaten Unternehmen und der Post statt.

Wesentliche Unterschiede in der Paketbeförderung sind in der folgenden Aufstellung zusammengestellt:

Unterschiede in der Paketbeförderung: Deutsche Bundespost POSTDIENST – Private Paketbeförderungsunternehmen (Beispiel United Parcel Service [UPS])		
Unterscheidungs-merkmal	Deutsche Bundespost POSTDIENST	United Parcel Service (UPS)
Abholung bei den Kunden	ja (bei Großkunden und bei selbstgebuchten Paketsendungen gegen Entgelt)	ja (Montag bis Freitag zu bestimmten Zeiten) 10 DM Wochenpauschale
Abholung durch den Kunden	ab 7.30 Uhr beim Post- oder Paketpostamt oder einer Amtsstelle	ja
Annahmestellen	ja	ja
Betriebspflicht	ja (Annahmepflicht und eingeschränkte Zustellpflicht)	nein, freie Auswahl der Kunden
Haftung	bis 1000 DM bei Paketen	bis zu 500 DM
Höchstgewicht Kleingut	20 kg	31,5 kg
Umsatzsteuer	nein (Leistungen der Post sind von der Umsatzsteuer befreit)	wird zusätzlich berechnet
Nachnahme	4,00 DM	4,75 DM
Rücknahme der Sendung	1,40 DM + Beförderungsgebühr	2,60 DM + Beförderungsgebühr
Rücksendung an den Absender	Gebührenberechnung	frei
Schnellsendung	Beschleunigter Transport zum Bestimmungsort: 1. Zone: 4,00 DM Gebühr 2. Zone: 4,50 DM Gebühr 3. Zone: 5,00 DM Gebühr	1-Tages-Service innerhalb der Bundesrepublik
Sperrige Pakete	10 DM	Mindestgebühr pro Paket wie für ein 10-kg-Paket
Wertangabe	höchstens 100 000 DM	höchstens 15 000 DM
Zustellung	regelmäßig vormittags, gesonderte Zustellung von Schnellsendungen (besondere Zustellung durch Boten bei „Eilzustellung")	auch nachmittags
Zustellgebühr	2,50 DM	nein

Beispiel für die Gebührenberechnung:
Ein Paket kostet bei einem Gewicht von 11,5 kg:

	1. Zone (bis zu 150 km)	2. Zone (151 bis zu 300 km)	3. Zone (über 300 km)
Deutsche Bundespost POSTDIENST[1]			
Standardpaket[2]	9,40 DM	10,30 DM	11,20 DM
Paket	10,90 DM	11,80 DM	12,70 DM
Selbstgebuchtes Standardpaket	8,10 DM	8,90 DM	9,70 DM
Selbstgebuchtes Paket	9,60 DM	10,40 DM	11,20 DM
Postgut	10,10 DM	10,10 DM	10,10 DM
United Parcel Service Deutschland Inc.[3]	10,50 DM	13,10 DM	15,90 DM

[1] jeweils zuzüglich 2,50 DM Zustellgebühr
[2] Standardpaket (quaderförmig, Länge bis 70 cm, Breite und Höhe je bis 50 cm)
[3] Preise ohne Umsatzsteuer

5.6.3 Güterbeförderung durch die Deutsche Bundesbahn

Die **Deutsche Bundesbahn** hat nach der Eisenbahnverkehrsordnung **(EVO) Beförderungspflicht**, d. h. sie muß Güter befördern, die den gesetzlichen Erfordernissen entsprechen.

Mit Kleingut werden Sendungen bezeichnet, für die vom Absender kein kompletter Güterwagen beansprucht wird.

IC-Kurierdienst ist die Bezeichnung für Kleinsendungen bis 10 kg, die bis kurz vor Abfahrt von Intercity- bzw. Eurocity-Personenzügen aufgegeben werden können.

Sendungen im **Termindienst** (bis 100 kg je Packstück zwischen bestimmten Postleitzahlbereichen) haben eine garantierte Bereitstellungszeit (Bereitstellung am nächsten Tag am Zielbahnhof oder beim Empfänger).

Sendungen im **Expreßdienst** (bis 100 kg je Packstück) werden zwischen zugelassenen Bahnhöfen schnell befördert und durch Rollfuhrunternehmer zugestellt (flächendeckendes Angebot im Gegensatz zum Termindienst). Im **Eurail-Expreßdienst** werden Kleingutsendungen auf bestimmten europäischen Eisenbahnstrecken schnell für den Empfänger bereitgestellt.

172

Stückfracht ist die Bezeichnung für die Haus-Haus-Beförderung von Packstücken **(Stückgütern)** bis unterhalb einer kompletten Wagenladung innerhalb von 24 Stunden (für Sendungen an bestimmte Orte) bzw. 48 Stunden.

Als **Partiefracht** werden Packstücke ab 1 Tonne Gewicht bis unterhalb einer kompletten Wagenladung bezeichnet, wobei ebenfalls eine Haus-Haus-Beförderung erfolgen kann.

Im Wagenladungsverkehr erfolgt die Beförderung eines Gutes oder bestimmter Güter gesondert in einem Güterwagen ohne Zuladungsmöglichkeit für die Bundesbahn. Es werden **Frachtgut** und **Eilgut** unterschieden.

173

Im **InterCargo-System** werden Stückgüter, Container (Behälter) und ganze Wagenladungen im sog. „Nachtsprung" zwischen den bedeutendsten Wirtschaftszentren transportiert.

Mit dem kombinierten Verkehr sollen die Vorteile der Verkehrswege Schiene und Straße zusammengefügt und die Nachteile beider Verkehrswege ausgeschlossen bzw. gemindert werden. Die Eisenbahn ist als Verkehrsträger für weite Entfernungen geeignet, erreicht aber nicht jeden Ort. Lastkraftwagen sind demgegenüber flächenmäßig beweglicher, belasten aber die vorhandenen Straßen und sind weniger umweltverträglich als die Eisenbahn. So bietet das **Huckepack-System** die Möglichkeit, Kraftfahrzeuge auf Eisenbahnwagen über große Entfernungen zu transportieren, aber Anfahrt zum Bahnhof und Gütertransport zum Empfänger (auch in abgelegenen Orten) durch den Kraftverkehr ausführen zu lassen. Eine weitere Möglichkeit des kombinierten Verkehrs, also der Transportteilung, bietet die Verladung von Gütern in Containern, die für Teile der Strecke von der Eisenbahn und für Teile von Lastkraftwagen transportiert werden. Die Deutsche Bundesbahn führt den **Großcontainerverkehr** durch ein Tochterunternehmen aus (Transfracht, Deutsche Transportgesellschaft mbH, Frankfurt am Main).

Die Deutsche Bundesbahn haftet nach der EVO für Verlust und Beschädigung der Transportgüter sowie für Überschreitung einer zugesagten Lieferfrist.

5.6.4 Güterbeförderung mit Lastkraftwagen

Die Güterbeförderung mit Lastkraftwagen wird als **Güterkraftverkehr** bezeichnet.

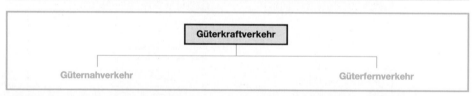

Güternahverkehr ist Güterkraftverkehr innerhalb der Nahzone (Umkreis von 50 km Luftlinie, berechnet vom Ortsmittelpunkt des Fahrzeugstandorts).

Güterfernverkehr ist Güterkraftverkehr über die Grenzen der Nahzone von 50 km hinaus.

Unternehmen im Güterkraftverkehr haften für direkte Schäden und Verluste, die durch Transportmittelunfälle oder Betriebsunfälle eintreten, sowie für Schäden, die in der Zeit zwischen Annahme und Auslieferung durch Verlust oder Beschädigung der Transportgüter entstehen.

5.6.5 Güterbeförderung im Schiffsverkehr

Im Schiffsgüterverkehr werden der **Binnenschiffsgüterverkehr** und der **Seeschiffsgüterverkehr** unterschieden.

Die Schiffahrtsunternehmen, die Güter befördern, haften als Frachtführer (in der Binnenschiffahrt) bzw. als Verfrachter (in der Seeschiffahrt) nach den Bestimmungen des Handelsgesetzbuches. Diese Haftung wird aber vertraglich regelmäßig beschränkt. Die Unternehmen, die Güter versenden, schließen daher eine Transportversicherung ab.

5.6.5.1 Binnenschiffsgüterverkehr

Für den Transport auf Binnengewässern kommen vor allem Massengüter (Kohle, Getreide, Öl, Steine) in Frage, die über weite Entfernungen transportiert werden müssen.

Bei der Beförderung kann ein ganzes Schiff oder ein Schiffsteil gemietet werden. Es ist auch eine Beförderung von Stückgütern möglich.

5.6.5.2 Seeschiffsgüterverkehr

Im Seeschiffsgüterverkehr (Seefrachtverkehr) erfolgt die Beförderung von Gütern, die zur Erfüllung von Verträgen zwischen inländischen und ausländischen Unternehmen geliefert werden.

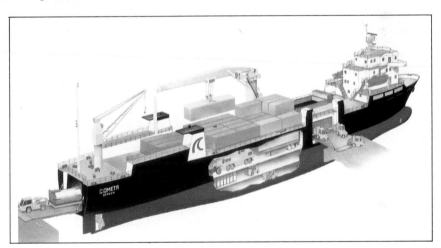

Zu unterscheiden ist im Seefrachtverkehr der Linienverkehr und der Charterverkehr. Im Linienverkehr werden Stückgüter, im Charterverkehr wird ein ganzes Schiff (oder auch ein Teil eines Schiffes) für einen vereinbarten Zeitraum oder nur für eine Reise überlassen bzw. übernommen (gechartert).

5.6.6 Luftfrachtverkehr

Für den Transport im Luftfrachtverkehr kommen Güter in Frage, die aufgrund ihres hohen Wertes mit erheblich höheren Beförderungskosten als bei anderen Verkehrsträgern belastet werden können. Ihre schnelle Zustellung an den Empfänger bedeutet eine kürzere Zeit der Kapitalbildung während der Transportzeit.

Die Verkehrsträger stellen Papiere aus, in denen sie die Annahme der Güter zur Beförderung bescheinigen (Transportdokumente).

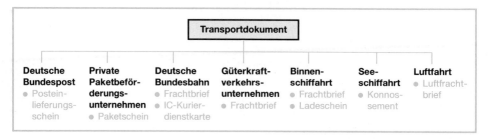

5.6.7.1 Posteinlieferungsschein

Postversanddokument ist der **Posteinlieferungsschein.**

Er wird mit dem Datum der Einlieferung abgestempelt und ist die Empfangsbescheinigung der Deutschen Bundespost POSTDIENST, daß sie eine Postsendung zur Beförderung und Auslieferung an einen bestimmten Empfänger erhalten hat.

Der Posteinlieferungsschein enthält keine Warenbeschreibung.

5.6.7.2 Eisenbahnfrachtbrief, Frachtbrief im Güterkraftverkehr, Luftfrachtbrief

Der **Frachtbrief** ist

- **Beweisurkunde** über den Abschluß des Frachtvertrages,
- **Bescheinigung über den Auftrag des Absenders** an den Frachtführer, die Ware an den im Frachtbrief benannten Empfänger auszuliefern, und
- **Warenbegleitpapier.**

> Der Frachtbrief kommt nicht nur im **Eisenbahnverkehr,** sondern auch im **Güterkraftverkehr** und **Luftfrachtverkehr** sowie teilweise in der Binnenschiffahrt vor.

▶ *Eisenbahnfrachtbrief*

Der **Eisenbahnfrachtbrief** kommt im **inländischen Schienengüterverkehr** und im **internationalen Schienengüterverkehr** vor.

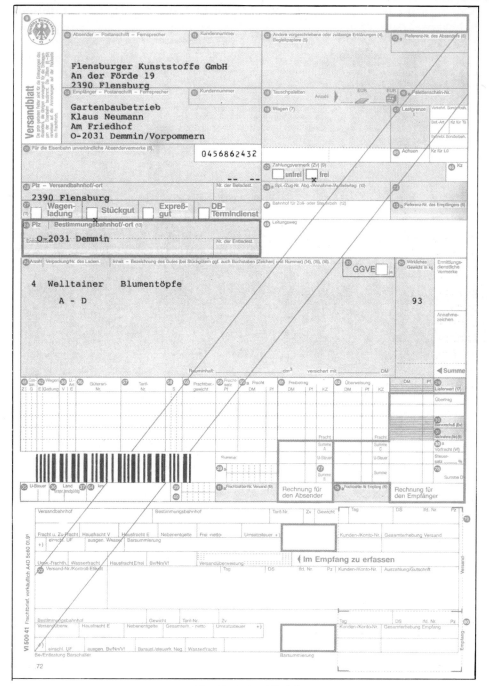

Eisenbahnfrachtbrief

Rechtsgrundlage für den inländischen Schienengüterverkehr ist die **EVO (Eisenbahnverkehrsordnung),** für den grenzüberschreitenden Schienengüterverkehr die **CIM.**

CIM = Convention Internationale concernant le Transport des Marchandises par Chemin de Fer (Internationales Übereinkommen über den Eisenbahnfrachtverkehr)

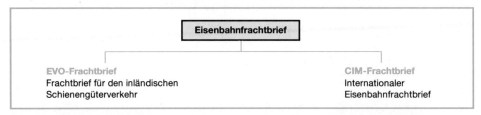

Der **Frachtbrief** ist **kein Wertpapier,** d. h. er verkörpert weder das Frachtgut noch einen Auslieferungsanspruch auf das Frachtgut. (Einen Auslieferungsanspruch hat der im Frachtbrief benannte Empfänger.) Der Frachtbrief gibt jedoch dem Absender ein **nachträgliches Verfügungsrecht (Dispositionsrecht) über das rollende Frachtgut.** Voraussetzung für die Ausübung dieses Rechts ist

- die **Vorlage des sog. Frachtbriefdoppels** (2. Ausfertigung des EVO-Frachtbriefs bzw. 4. Ausfertigung des CIM-Frachtbriefs) und
- die noch nicht erfolgte Auslieferung des Frachtguts an den Empfänger.

> Das **Dispositionsrecht** umfaßt das Recht, den Transport des Frachtguts anzuhalten, das Frachtgut zurückzurufen oder an einen anderen (als ursprünglich im Frachtbrief benannten) Empfänger ausliefern zu lassen.

Das Frachtbriefdoppel ist deshalb als Inkassopapier geeignet. Vereinbaren Verkäufer und Käufer **„Zahlung gegen Frachtbriefdoppel",** kann der Verkäufer sicher sein, daß er seine Ware nur gegen Zahlung aus der Hand gibt. Der Käufer weiß, daß diese Zahlungsbedingung ihm die Garantie gibt, daß der Verkäufer die Ware abgesandt hat und keine nachträgliche Verfügungsmöglichkeit über die Ware besitzt.

▶ *Frachtbrief im Güterkraftverkehr*

Dieser Frachtbrief kommt im inländischen Güterkraftverkehr und im grenzüberschreitenden Güterkraftverkehr vor.

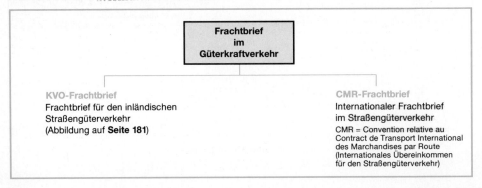

Nachträgliche Verfügung des Absenders[1])

Die Güterabfertigung in ___Flensburg_____
wird ersucht, den Frachtvertrag der nachstehend bezeichneten Sendung zu ändern:

[x] Frachtbrief   [ ] Eilfrachtbrief   vom ___07.11.19.._____

Empfänger (Name, Adresse) ___Gartenbaubetrieb Klaus Neumann, Am Friedhof,___
                                                    O-2031 Demmin
Bestimmungsbahnhof/-ort[2]) ___O-2031 Demmin_____

Bei Stückgut: Buchst. (Zchn.) und Nr. Bei Wagenladungen: Wagennummer	Anzahl	Art der Verpackung	Inhalt	wirkliches Gewicht kg
A - D	4	Welltainer	Blumentöpfe	93

Änderungen

1 [ ] Rückgabe an den Absender auf dem Versandbahnhof/im Versandort [2])

2 [x] Ablieferung erst nach Eingang weiterer Verfügungen

3 [ ] Ablieferung auf dem bisherigen Bestimmungsbahnhof/im bisherigen Bestimmungsort [2])
    an (Name, Adresse) _____

4 [ ] Ablieferung auf dem Bestimmungsbahnhof/im Bestimmungsort
    an (Name, Adresse) _____

5 [ ] Rücksendung an den Absender zum Versandbahnhof/Versandort

6 [ ] Ablieferung ohne Erhebung der Nachnahme

Diese Verfügung ist neben der brieflichen Übermittlung durch

[ ] Telegramm   [ ] Fernschreiber   [x] Fernsprecher

weiterzugeben.

Das Frachtbriefdoppel, in das der Inhalt der Verfügung eingetragen ist, liegt bei.

___Flensburg, 08.11.19.._____   _____
       (Ort, Datum)   (Unterschrift des Absenders)

[1]) Für die Eintragungen in den Vordruck gelten die Bestimmungen des § 56 entsprechend.
    Die tarifmäßigen Entgelte sind sogleich bei der Übergabe der nachträglichen Verfügung zu entrichten.

[2]) Hier ist einzutragen:
    bei Wagenladungen der tarifmäßige Bestimmungsbahnhof,
    bei Stückgutsendungen der Bestimmungsort (Deutscher Eisenbahn-Güter- und Tiertarif, Teil I Abteilung C Abschnitt B)

[X] Zutreffendes ankreuzen

500 39 Nachträgliche Verfügung im Inlandsverkehr   A4 5c-70 02.89   H 104

Formblatt für nachträgliche Verfügung

Der (in drei Originalausfertigungen ausgestellte) CMR-Frachtbrief läßt **nachträgliche Verfügungen des Absenders** zu. Dieses Recht erlischt, wenn die blaue Ausfertigung des Frachtbriefes dem Empfänger ausgehändigt worden ist.

▶ *Luftfrachtbrief*

Der Luftfrachtbrief (ebenfalls in drei Originalausfertigungen ausgestellt) läßt unter bestimmten Voraussetzungen nachträgliche Verfügungen zu. Der Absender muß dafür die 3. Originalausfertigung vorlegen.

5.6.7.3 Ladeschein

Transportdokument im Frachtverkehr auf Binnenwasserstraßen ist der **Ladeschein** (auch **Flußkonnossement** genannt). Er ist ein Papier, das schwimmende Ware verkörpert.

> Die Übergabe des Ladescheins ersetzt (im rechtlichen Sinne) die zur Übertragung des Eigentums notwendige Übergabe der versendeten Ware.

Der Ladeschein wird deshalb als **Traditionspapier** bezeichnet (traditio [lateinisch] = Übergabe).

> Der Ladeschein ist ein Wertpapier **(Warenwertpapier).**

In dem vom Frachtführer (Binnenschiffer) ausgestellten Ladeschein wird der Empfang der zu befördernden Güter bestätigt und ein Anspruch auf Auslieferung der Ware im Bestimmungshafen für den berechtigten Ladescheininhaber verbrieft.

5.6.7.4 Konnossement

Das **Konnossement** (englisch: Bill of Lading) ist das **Transportdokument im Seefrachtverkehr** (Abbildung auf **Seite 182**). Es ist ein Papier, das schwimmende Ware verkörpert.

> Die Übergabe des Konnossements ersetzt (im rechtlichen Sinne) die zur Übertragung des Eigentums notwendige Übergabe der verschifften Ware.

Das Konnossement ist daher ein **Traditionspapier.**

Traditionspapiere sind **Warenwertpapiere,** bei denen die Übergabe des Papiers die Übergabe der Ware ersetzt. Einigung über den Eigentumsübergang und Übergabe des Papiers genügen, um den Erwerber zum Eigentümer der Ware zu machen.

Das Konnossement ist eine für den Exporteur (oder für den von ihm beauftragten Spediteur) ausgestellte Urkunde, die

- den Empfang der zu befördernden Ware durch den Verfrachter (Reeder) bestätigt,

- dem berechtigten Konnossementsinhaber einen Anspruch auf Auslieferung der Ware im Bestimmungshafen verbrieft.

FRACHTBRIEF
für den gewerblichen
Güterfernverkehr

(N)

NR. _____

(A) Absender – Name und Postanschrift

Konservenfabrik
Walter Holtmann & Söhne
GmbH & Co. KG
3170 Gifhorn

(B) Versandort   **3170 Gifhorn**

Beladestelle

Gemeinde-
tarifbereich

(O) Tarifentfernung   km

(C) Empfänger – Name und Postanschrift

Hansa Cash & Carry Markt-GmbH
An der Bille 25
2000 Hamburg-Bergedorf

(D) Bestimmungsort   **Hamburg**

Entladestelle

Gemeinde-
tarifbereich

Ordnungs-Nr. der Genehmigung

Amtl. Kennzeichen | Nutzlast

Lkw

(E) Grenzübergang:

(F) Weitere Beladestellen (§ 20 KVO)

Anh.

(G) Erklärungen, Vereinbarungen (ggf. Hinweis auf Spezialfahrzeuge)

Lkw

Anh.

(H) Weitere Entladestellen (§ 20 KVO)

Fahrzeugführer

Begleiter

Fahrten-
buch Nr.

(I) Anzahl, Art, Verpackung	Zeichen, Nr.	Bezeichnung der Sendung Inhalt (tarifmäßige Bezeichnung)	Güterart-Nr.	Bruttogewicht kg	BELADUNG Fahrzeug bereitgestellt Tag Stunde
35 Palletten	1-35	Sauerkonserven			

Beladung beendet
Tag   Stunde

ENTLADUNG
Fahrzeug bereitgestellt
Tag   Stunde

Entladung beendet
Tag   Stunde

(K) Freivermerk

(L) Nachnahme DM

(M) Ort und Tag der Ausstellung _____, den _____

(R) Empfang der Sendung bescheinigt _____, den _____

(P) Gut und Frachtbrief übernommen Tag: _____ Stunde: _____

Unterschrift des Absenders | Unterschrift des Empfängers | Anschrift und Unterschrift des Unternehmers

(Q) Frachtberechnung (in Reihenfolge der Zeilen 16 bis 21)

frachtpflichtiges Gewicht kg	Ladungsklasse bzw. AT	Gewichts-klasse	Frachtsatz Pf/100 kg	errechnete Fracht DM	Marge ± %	vereinbarte Fracht DM	Zuschläge gemäß	%	DM	Summe DM	Werbe- und Ablertigungsvergütung (WAV) % DM

Zwischensumme   DM

Nebengebühr,   Zuschlag
Ziffer

Nebengebühr,   Zuschlag
Ziffer

Zwischensumme   DM

./. WAV

= Nettoentgelt

+   % Umsatzsteuer

Beförderungsentgelt DM

KVO-Frachtbrief

Konnossement

Hält der Exporteur das Konnossement in Händen, kann er die Verladung der Ware an Bord beweisen. Übergibt er dem Importeur das Konnossement, ersetzt das die Übergabe der Ware.

Der Ablader der Ware, d.h. der Exporteur oder sein Spediteur, füllt die erforderliche Zahl von Ausfertigungen (Originale) und Kopien des Konnossements aus und reicht sie beim Verfrachter oder bei einem Schiffsmakler (als Vertreter des Verfrachters) zur Ausstellung ein.

5.6.8 Spediteur, Frachtführer, Lagerhalter

An der Beförderung von Gütern sind Spediteure und Frachtführer beteiligt. Wer Spediteur ist und wer Frachtführer ist, wird durch Vorschriften des Handelsgesetzbuches (HGB) bestimmt.

> **§ 407 Abs. 1 HGB: Spediteur**
>
> Spediteur ist, wer es gewerbsmäßig übernimmt, Güterversendungen durch Frachtführer oder durch Verfrachter von Seeschiffen für Rechnung eines anderen (des Versenders) in eigenem Namen **zu besorgen.**

Mit **„zu besorgen"** legt das HGB fest, daß der Spediteur die Beförderung von Gütern nicht selbst ausführt, sondern die Durchführung von Güterversendungen durch andere Kaufleute, nämlich durch Frachtführer oder durch Verfrachter von Seeschiffen, veranlaßt.

> Die **Speditionstätigkeit** liegt in der Besorgung von Güterversendungen.

Über die Speditionstätigkeit schließt der Spediteur mit dem Versender einen **Speditionsvertrag.**

Zur Durchführung der Güterversendung schaltet der Spediteur einen Frachtführer ein.

> **§ 425 HGB: Frachtführer**
>
> Frachtführer ist, wer es gewerbsmäßig übernimmt, die Beförderung von Gütern zu Lande oder auf Flüssen oder sonstigen Binnengewässern auszuführen.

> **Beispiele für Frachtführer:**
>
> LKW-Transportunternehmen
> Binnenschiffahrtsunternehmen
> Luftfahrtgesellschaften

Mit dem Frachtführer wird ein **Frachtvertrag** geschlossen.

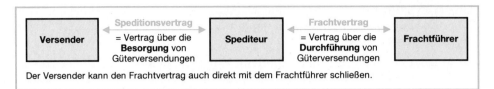

Der Versender kann den Frachtvertrag auch direkt mit dem Frachtführer schließen.

Der Spediteur darf nach den Vorschriften des HGB auch selbst die Ausführung von Güterversendungen übernehmen, d. h. zusätzlich selbst als Frachtführer tätig werden. Das HGB nennt das **Selbsteintritt.**

§ 412 Abs. 1 und Abs. 2 HGB: Selbsteintritt des Spediteurs

(1) Der Spediteur ist, wenn nicht ein anderes bestimmt ist, befugt, die Beförderung des Gutes selbst durchzuführen.

(2) Macht er von dieser Befugnis Gebrauch, so hat er zugleich die Rechte und Pflichten eines Frachtführers oder Verfrachters; er kann die Provision, die bei Speditionsgeschäften sonst regelmäßig vorkommenden Kosten sowie die gewöhnliche Fracht verlangen.

Der Selbsteintritt des Spediteurs führt dazu, daß zwischen Speditionstätigkeit und Frachtführertätigkeit zwar rechtlich unterschieden wird, praktisch aber beide Tätigkeiten zusammenfallen und in einer Hand liegen. Ein Unternehmen ist dann gleichzeitig Spediteur und Frachtführer.

Spediteure sind häufig auch als Lagerhalter tätig.

§ 416 HGB: Lagerhalter

Lagerhalter ist, wer gewerbsmäßig die Lagerung und Aufbewahrung von Gütern übernimmt.

Vor allem Massengüter, wie z. B. Getreide, Futtermittel, werden bei gewerbsmäßig tätigen Lagerhaltern eingelagert.

Zwischen Einlagerer und Lagerhalter wird ein **Lagervertrag** geschlossen.

Über die Einlagerung wird ein **Lagerschein** ausgestellt. Ein **Orderlagerschein** ist ein **Traditionspapier.**

1 **Verkäufermarkt**

a) Erläutern Sie, bei welchen Voraussetzungen von einem Verkäufermarkt gesprochen wird!

b) Stellen Sie grafisch die Situation dar, die bei einem Verkäufermarkt vorliegt!

c) Wie kommt es zum Ausgleich von Angebot und Nachfrage?

2 **Marketingpolitik**

Stellen Sie am Beispiel der Automobilindustrie dar, daß Marketingpolitik mehr ist als Absatzpolitik!

© Verlag Gehlen

3 Produktpolitik

Entscheiden Sie, welche Bezeichnungen den folgenden Maßnahmen zukommen!

a) Ein Sportartikelhersteller betätigt sich im Reisegeschäft und bietet Gemeinschaftsreisen an.

b) Eine Brauerei bietet Mineralwasser und alkoholfreies Bier an.

c) Ein Automobilhersteller bietet Personenkraftwagen nach dem Bausteinprinzip an. Jeder Pkw kann mit verschiedenen Motoren und unterschiedlicher Innenausstattung geliefert werden.

d) Ein Möbelhersteller nimmt in sein Produktionsprogramm (bisher nur Wohnmöbel) Büromöbel auf.

4 Produktphasen

a) Welche Bedeutung haben Maßnahmen der Absatzpolitik für die Entwicklungsphasen eines Produkts?

b) Welche Maßnahme der Produktpolitik ist in der Sättigungsphase notwendig?

c) Welche Konsequenz ergibt sich in der Abstiegsphase eines Produkts?

5 Festsetzung eines Verkaufspreises auf Vollkosten- und auf Teilkostenbasis

Ein Unternehmen stellt Einkaufsroller her. Je Stück entstehen 22,00 DM Selbstkosten. Der Gewinnaufschlag beträgt 20 %. In dem Einprodukt-Unternehmen fallen täglich 15 000 DM fixe Kosten an.

Zur Auslastung seiner Produktion akzeptiert das Unternehmen einen Auftrag über die Herstellung von 500 Stück zu einem Verkaufspreis von 20 DM. Die variablen Kosten je Stück betragen 15 DM.

Wie hoch ist der gesamte Deckungsbeitrag und wie hoch der Deckungsbeitrag je Stück?

6 Preisdifferenzierung

Geben Sie Beispiele für Preisdifferenzierung und erläutern Sie, unter welcher Voraussetzung ein Unternehmen eine Preisdifferenzierung durchführen kann!

7 Produktdifferenzierung

Ein Hersteller von Videogeräten betreibt Produktdifferenzierung, indem er verschiedene Videorecorder mit unterschiedlichen Funktionen und unterschiedlicher Qualität zu verschiedenen Preisen anbietet.

a) Welche Absicht verfolgt er damit?

b) Wie beurteilen Sie Produktdifferenzierung aus der Sicht des Verbrauchers, und welche Maßnahmen erscheinen Ihnen geeignet, den Verbraucherschutz zu stärken?

8 Werbepolitik und Kommunikationspolitik

Eine große Bank stellt in ganzseitigen Anzeigen in Tageszeitungen die Arbeitsgebiete von ausgesuchten und auf Fotos abgebildeten Mitarbeitern heraus und erläutert, welche Beschäftigungs- und Aufstiegsmöglichkeiten interessierten Mitarbeitern offenstehen.

a) Liegt Werbepolitik oder Kommunikationspolitik oder beides vor (Begründung)?

b) Geben Sie Beispiele für Maßnahmen, die große Unternehmen im Rahmen ihrer Öffentlichkeitsarbeit durchführen!

c) Begründen Sie, warum das Sponsern von Aktivitäten nichtwirtschaftlicher Art zur Kommunikationspolitik der Unternehmen gehört!

d) Wodurch unterscheiden sich Werbung und Sales Promotion?

9 Pro und contra Werbung

Tragen Sie Argumente zusammen, die in der Öffentlichkeit für (pro) und gegen (contra) Werbung vorgebracht werden!

10 **Was will die Karikatur aussagen?**

„Lächerlich – wie die sich von der Werbung
manipulieren lassen"

11 **Werbeanzeige in einer Tageszeitung**

Stellen Sie anhand der Übersicht auf Seite 149 fest,
welche Arten der Werbung mit dieser Anzeige in
einer Tageszeitung vorliegen!

WEES, Dorfstr. 40, ☎ 04631 / 8025

12 **Rabattgewährung als Mittel der Preispolitik**

a) Welche Arten der Rabattgewährung können unterschieden werden?

b) Welchen Zweck verfolgt ein Unternehmen, das Mengenrabatte und Treuerabatte gewährt?

13 **Marktforschung**

Ein großer Kaffeeröster will eine neue Kaffeesorte auf den Markt bringen. Er beauftragt ein Marktforschungsinstitut mit einer Marktanalyse.

a) Zeigen Sie anhand des Beispiels, daß das Institut Tatsachenforschung, Meinungsforschung und Motivforschung betreibt!

b) Welche Arten der Befragung kommen hier zur Gewinnung von Primärdaten in Betracht?

c) Der Kaffeeröster führt im Großraum Berlin einen Markttest durch. Welche Erkenntnisse sollen damit gewonnen werden?

14 **Marketing**

In einem Unternehmen wird für einen neuen CD-Player eine Vermarktungsstrategie gesucht.

a) Im Rahmen eines Marketing-Mix sollen Werbeaktionen durchgeführt werden. Unterscheiden Sie Werbemittel, Streugebiet und Streukreis, und schlagen Sie Werbemittel vor, die nach Ihrer Auffassung im vorliegenden Fall geeignet sind!

b) Welche Schwierigkeiten können bei der Werbeerfolgskontrolle auftreten?

c) Erklären Sie den Begriff Marketing-Mix!

15 Vertriebssystem und Absatzwege

Entscheiden Sie, ob direkter oder indirekter Absatz bzw. zentraler Vertrieb oder dezentraler Vertrieb vorliegt! Ordnen Sie die entsprechenden Ziffern zu!

① direkter Absatz
② indirekter Absatz
③ zentraler Vertrieb
④ dezentraler Vertrieb

a) Konsumgüterabsatz des Erzeugers über den Einzelhandel

b) Verkauf von Pharmaartikeln über Vertreter an Apotheken

c) Pkw-Verkauf über Händler, die rechtlich selbständig sind, aber nach außen ein einheitliches Erscheinungsbild haben und der Kontrolle des Herstellers unterliegen

d) Pkw-Vertrieb eines Herstellers über Händler, die durch Agenturverträge an den Hersteller gebunden sind

e) Absatz von Importware unter Einschaltung von Groß- und Einzelhandel

f) Absatz von Kaffee über eigene Filialen

g) Absatz von Kaffee über Bäckereien und Konditoreien

16 Franchising

a) Welche Vorteile hat der Franchising-Nehmer?

b) Warum tritt der Betrieb eines Franchising-Nehmers nach außen wie eine Filiale des Franchising-Gebers auf?

17 Direkter Absatz

a) Geben Sie Beispiele für Produkte, die i. d. R. vom Hersteller direkt verkauft werden!

b) In welcher Weise kann ein direkter Absatz organisiert werden?

c) Mit welcher Begründung kann man den Absatz über Reisende und Vertreter zum direkten Absatz zählen?

d) Ein Unternehmen beschäftigt einen Reisenden und einen Vertreter, die insgesamt im letzten Monat einen Umsatz von 120 000 DM erzielt haben. Der Reisende erhält neben einem monatlichen Gehalt in Höhe von 4 000 DM 2 % Provision vom Monatsumsatz. Der Handelsvertreter erhält ausschließlich eine umsatzabhängige Provision in Höhe von 10 %. Bei welcher Umsatzhöhe sind die Kosten für den Reisenden und für den Vertreter gleich hoch?

Geben Sie eine rechnerische und eine grafische Lösung in einem Koordinatensystem!

e) Welche Erkenntnisse sind aufgrund des Kostenvergleichs zwischen dem Einsatz eines Reisenden und eines Handelsvertreters in einem Absatzgebiet zu ziehen?

f) Nennen Sie Gründe, die ein Unternehmen veranlassen könnten, eine von Kostengesichtspunkten unabhängige Entscheidung zu treffen!

18 Arten des Großhandels

Welche Art des Großhandels liegt vor?

① Spezialgroßhandel
② Sortimentsgroßhandel

a) Lebensmittelgroßhandel
b) Spirituosengroßhandel
c) Bettengroßhandel
d) Lederwarengroßhandel

19 Großhandel und Einzelhandel

Stellen Sie Gemeinsamkeiten und Unterschiede von Großhandel und Einzelhandel heraus!

20 Absatzwege

Industriebetriebe können ihre Produkte selbst vermarkten oder Handelsbetriebe damit betrauen.

a) Erklären Sie den Begriff Vermarktung!

b) Begründen Sie aus der Sicht eines Industriebetriebes die Einschaltung von Groß- und Einzelhandel bei der Vermarktung seiner Produkte!

c) Welche Vor- und Nachteile hat die Einrichtung eines eigenen Händlernetzes für den Industriebetrieb?

d) Welche Hilfestellungen kann der Industriebetrieb dem Handel bei der Vermarktung geben, und warum sind solche Hilfestellungen sinnvoll?

21 Betriebsformen im Einzelhandel

Vergleichen Sie **Fachgeschäft, Supermarkt, Warenhaus und Verbrauchermarkt** anhand der aufgeführten Gesichtspunkte!

Betriebsform	Fachgeschäft	Supermarkt	Warenhaus	Verbraucher-markt
Sortiment	?	?	?	?
Art der Bedienung	?	?	?	?
Standort	?	?	?	?
Betriebsgröße	?	?	?	?

22 Absatzhelfer

Entscheiden Sie, wozu die in den folgenden Erklärungen beschriebenen Personen zählen:

① Handelsvertreter
② Reisender

Ordnen Sie jeweils die entsprechende Ziffer zu! Verwenden Sie für die Aussagen, die nicht zuzuordnen sind, eine ⓪!

a) Selbständiger Kaufmann, der gewerbsmäßig Waren im fremden Namen für eigene Rechnung kauft oder verkauft

b) Selbständiger Kaufmann, der ständig für bestimmte Auftraggeber im fremden Namen für fremde Rechnung Verträge abschließt

c) Selbständiger Kaufmann, der ständig für bestimmte Auftraggeber im fremden Namen für fremde Rechnung Verträge vermittelt

d) Selbständiger Kaufmann, der gewerbsmäßig Waren im eigenen Namen und für fremde Rechnung kauf oder verkauft

e) Kaufmann, der als Angestellter ständig für einen Auftraggeber im fremden Namen und für fremde Rechnung Verträge abschließt oder vermittelt

23 Kommissionsgeschäft

Im Gebrauchtwagenhandel treten gewerbsmäßig tätige Händler als Kommissionäre auf, da dann für den Verkaufsabschluß keine Mehrwertsteuer (Umsatzsteuer) anfällt.

a) Erläutern Sie anhand des Beispiels die Eigenart des Kommissionsgeschäftes!

b) Aus welchem Grund ist der Vorgang umsatzsteuerfrei?

24 Reisender oder Handelsvertreter?

Ein Industrieunternehmen in Norddeutschland möchte seinen Absatz auch auf die mittel- und ostdeutschen Länder ausdehnen. Für ein Verkaufsgebiet in Sachsen ist zu entscheiden, ob unter kostenmäßigen Gesichtspunkten die Beschäftigung eines Reisenden oder eines Handelsvertreters günstiger ist.

Für das in Aussicht genommene Verkaufsgebiet wird ein monatlicher Umsatz von 60 000 DM erwartet und angestrebt. Einem Reisenden wäre ein monatliches Gehalt von 2 800 DM und eine Umsatzprovision von 1,75 % zu zahlen. Ein Handelsvertreter hätte Anspruch auf eine Umsatzprovision in Höhe von 5,5 %.

a) Bei welchem Umsatz sind in diesem Verkaufsgebiet die Kosten für den Reisenden und für den Vertreter gleich hoch?

Ermitteln Sie das Ergebnis rechnerisch und stellen Sie es grafisch in einem Koordinatensystem dar!

b) Welche Entscheidung ist unter Kostengesichtspunkten zu treffen, und wie ist sie zu begründen?

25 Gesetzliche Bestimmungen für den Absatz

a) Welche gesetzlichen Bestimmungen für den Absatz von Gütern sind von Unternehmen zu beachten?

b) In wessen Interesse sind die Bestimmungen erlassen worden?

c) Wodurch unterscheidet sich die Produzentenhaftung von der Gewährleistungshaftung für Sachmängel?

26 Produktzyklus

In der pharmazeutischen Industrie bemüht man sich bei der Einführung eines neuen Produkts um einen möglichst langen Produktzyklus und begründet dies mit dem hohen Forschungs- und Entwicklungsaufwand.

a) Was ist ein Produktzyklus?

b) Inwiefern können Produktvariationen den Produktzyklus verlängern?

c) Welche Gründe gibt es für die hohen Forschungs- und Entwicklungskosten, und was bedeutet dies für die Kostenstruktur?

d) In der pharmazeutischen Industrie wird überwiegend der zentrale Absatzweg gewählt. Begründen Sie dieses Vorgehen!

27 Marketing – Werbung – Marktforschung

Vor der Aufnahme eines neuen Produkts in das Herstellungsprogramm wird in einem Unternehmen nach einer Vermarktungstrategie gesucht.

a) Was versteht man unter Marketing?

b) Welche Informationen benötigt das Unternehmen im Rahmen einer Marktanalyse?

c) Schlagen Sie dem Unternehmen sinnvolle Verfahren zur Marktanalyse vor!

28 Absatzpolitische Maßnahmen beim Umsatzrückgang

Die Wolf-Optik GmbH ist als Großhändler bundesweit tätig und vertreibt Kleinbild-, Pocket-, Sofort- und Spiegelreflexkameras. Die Geschäftsleitung stellt einen Umsatzrückgang fest und unternimmt eine Situationsanalyse.

a) Welche Ursachen könnten für den Umsatzrückgang maßgebend sein?

b) Welche Informationen benötigt das Unternehmen zur Marktanalyse, und woher kann es sie bekommen?

c) Der Verkaufsleiter erhält den Auftrag, sich über das Sortiment Gedanken zu machen. Welche Überlegungen könnten dabei eine Rolle spielen?

d) Die Werbeabteilung entschließt sich u. a. im Rahmen ihres Werbeplans zu einer Anzeigen-Serie

– in der „ADAC-Motorwelt" und
– in der Fachzeitschrift „Schöne Kamera"

Warum wirbt sie in diesen beiden Zeitschriften?

e) Ein japanischer Hersteller bietet den Unternehmen eine neuartige vollautomatische Pocketkamera zum Alleinvertrieb in der Bundesrepublik an.

Welche Vorteile hat diese Zusammenarbeit für die Beteiligten?

29 Betriebswirtschaftliche und ökologische Fragen einer neuen Produkttechnik

Der französische Automobilhersteller Renault hat einem Forschungsteam in Lügumkloster (Dänemark) die Aufgabe gestellt, bis zum Jahre 1993 eine Autokarosserie aus Aluminium zu entwickeln. Bis zum Jahre 2000 soll der Durchbruch zur Großserie gelungen sein.

Die Forschung von Renault geht von folgenden Überlegungen aus: Aluminium wiegt nur etwa ein Drittel so viel wie Stahl und läßt sich sehr rationell in der Produktion einsetzen. Durch lokale Wärmebehandlung können die „Knautschzonen" zielgerecht festgelegt werden. Aluminium hat außerdem den großen Vorteil einer nahezu unbegrenzten Wiederverwertbarkeit. Allerdings ist Aluminium ein relativ teures Metall, und bei der Herstellung ergibt sich ein hoher Energieverbrauch.

a) Welche betriebswirtschaftlichen Überlegungen würde ein erfolgreich durchgeführter Forschungsversuch im Hinblick auf die Absatzpolitik erforderlich machen?

b) Welche Argumente könnten Bestandteil eines erfolgversprechenden Marketing-Konzepts sein?

c) Wie beurteilen Sie die Herstellung von Alu-Karosserien aus ökologischer Sicht?

30 Beförderungsmöglichkeiten

a) Welche Verkehrsträger kommen in den nachstehend aufgeführten Fällen für die Güterbeförderung in Frage?

b) Welche Papiere über die Annahme zur Beförderung müßten ausgestellt werden?

1. 2 Kartons Herren-Oberhemden vom Hersteller in Mönchengladbach zum Fachgeschäft in Dresden
2. 10 Waschmaschinen vom Hersteller in Hannover zum Großhändler in Flensburg
3. 5 Bücher (Gewicht 3,5 kg) von der Buchhandlung in Magdeburg nach Eilsleben zum Käufer
4. 1 Kiste mit hochwertigen Spezialwerkzeugen von Köln nach Budapest
5. Möbeltransport von Wiedenbrück nach Amsterdam
6. 10 Container von Bremen nach Manila

6 Beschaffung von Gütern und Dienstleistungen

Die Beschaffung von Gütern und Dienstleistungen ist im **industriellen und handwerklichen** Bereich

- Beschaffung des Produktionsfaktors **Betriebsmittel** und
- Beschaffung des Produktionsfaktors **Werkstoffe.**

Im **Handel** tritt die Beschaffung von **Waren** an die Stelle der Werkstoffbeschaffung.

Beschaffung ist ein Teil der Materialwirtschaft.

6.1 Betriebswirtschaftliche Bedeutung der Beschaffung

Beispiel:

Umsatzerlöse eines Unternehmens 100 Mio. DM
Wert der dafür eingesetzten Güter und Dienstleistungen 50 Mio. DM

Gelingt es, dieselbe Gütermenge zu einem um 2 % günstigeren Preis zu erhalten, erhöht sich der Rohgewinn um 1 Mio. DM.

Um – ohne eine günstigere Beschaffung – 1 Mio. DM Mehr-Rohgewinn bei einer Umsatzrentabilität von 5 % zu erreichen, bedarf es einer Umsatzsteigerung von 20 %.

20 % von 100 Mio. DM = 20 Mio. DM, davon 5 % = 1 Mio. DM

Eine **aufwandsgünstige Beschaffung von Gütern und Dienstleistungen** bildet **eine wichtige Grundlage für den Erfolg des Unternehmens.**

6.2 Beschaffungsplanung, Beschaffungsmarketing und Beschaffungsdurchführung

Mit der **Gründung eines Unternehmens** wird der **Standort,** die **Branchenzugehörigkeit,** die **Betriebsgröße,** die **Produktart** (Warenart) und (bei Herstellungsbetrieben) die **Produktionstechnik** festgelegt. Diese Entscheidungen bestimmen die Erstbeschaffung von Gütern und Dienstleistungen und auch die regelmäßig im Geschäftsablauf notwendig werdenden, sich wiederholenden Beschaffungsvorgänge.

Beschaffungsvorgänge erfordern **Planung** und **Organisation.**

Aufgabe der **Beschaffungsplanung** ist **Bedarfsermittlung** und **Festlegung von Beschaffungsmengen und Beschaffungszeitpunkten.**

In einem **Industriebetrieb** wird die Beschaffungsplanung durch die **Produktions- und Absatzplanung** bestimmt. Das folgende **Beispiel** zeigt, in welcher Weise die Teilpläne von der Gesamtplanung des Unternehmens abhängig sind.

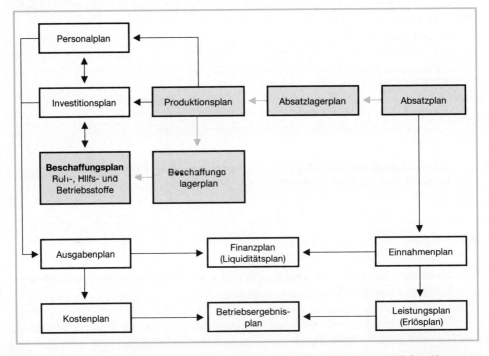

Quelle: „Leitfaden durch die kundenorientierte Betriebswirtschaftslehre", (Wolfgang Roß), Stuttgart, 1985, Seite 65.

© Verlag Gehlen

Der **Absatzplan** setzt die Vorgaben: Art, Menge, Qualität und Preise der Produkte werden von den Verkaufsmöglichkeiten am Absatzmarkt bestimmt. Durch die Zeitplanung des Absatzes ergibt sich (in Verbindung mit dem Absatzplan) der **Absatzlagerplan.** Aus diesen Vorgaben wird der **Produktionsplan** abgeleitet. Er bestimmt – unter Beachtung technologischer und kostenmäßiger Gesichtspunkte – die Art der Fertigung (z. B. Massenfertigung oder Serienfertigung oder Einzelfertigung) und ihren zeitlichen Ablauf.

Das Bemühen, die Kostensituation des Betriebes so günstig wie möglich zu gestalten, gilt auch für das **Beschaffungsmarketing.**

Die Unternehmenssparte **Beschaffung** (i. d. R. die zentrale **Einkaufsabteilung**) soll die laut Produktionsplan benötigten Materialien in bestimmter Art, in bestimmter Qualität und in bestimmten Mengen bereitstellen.

In der **Mengenplanung** ist der Einkauf ständig bemüht, die **optimale Bestellmenge** zu finden. Dabei hat er abzuwägen zwischen Preisvorteilen und Kostenvorteilen bei größeren Bestellungen (Rabatte, anteilig geringere Bezugskosten) und Kostennachteilen bei größeren Bestellungen (höhere Lagerkosten und größeres Lagerrisiko, erhöhte Bindung von Kapital im Lager).

In der **Zeitplanung** ist der Einkauf bemüht, Bedarfszeitpunkte und Lieferzeiten in Einklang zu bringen. Die zu beschaffenden Mengen und der günstigste Zeitpunkt hängen von der Lagergröße ab. Je größer die Kapazitäten der Läger des Betriebes sind, desto mehr können sie zu einem zeitlichen Ausgleich zwischen Beschaffung und Produktion beitragen.

Der Einkauf hat in seiner Zeitplanung bestimmte **Lagerbestandsgrößen** zu berücksichtigen.

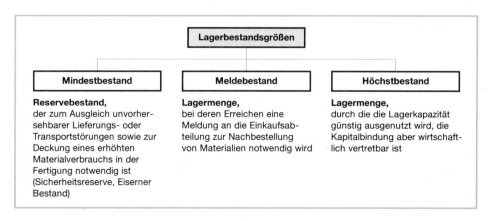

Der **Mindestbestand** wird möglichst niedrig festgesetzt, damit wenig Kapital gebunden wird. Der **Meldebestand** bestimmt für den Einkauf den Bestellzeitpunkt.

Meldebestand = durchschnittliche Tagesentnahme x Lieferzeit + Mindestbestand

Gelingt es auf dem Verhandlungswege, die **Lieferzeiten** für die benötigten Materialien so weit herabzusetzen, daß die angelieferten Stoffe sofort in den Produktionsprozeß eingeschleust werden können, reduzieren sich die Lagerbestände auf die Sicherheitsreserve; die Lagerkosten sinken. Dieses **Just-in-time-Verfahren** erfordert eine enge organisatorische Verflechtung mit den Zulieferbetrieben, um einen reibungslosen Ablauf der Herstellung zu sichern.

In der **Preisplanung** muß der Einkauf die für das Unternehmen höchstmöglichen Bezugspreise festlegen. Diese Preise orientieren sich an den für die eigenen Produkte des Unternehmens erzielbaren Verkaufspreise, der Kostensituation des Unternehmens und den Gewinnerwartungen. Die Spanne zwischen Absatzpreis und Bezugspreis muß ausreichen, um die Kosten abzudecken und um einen ausreichenden Gewinn zu ermöglichen.

Beschaffungsmarketing bedient sich der Instrumente des Absatzmarketing mit dem Ziel, eine optimale Beschaffung zu erreichen.

Durch **Beschaffungsmarketing** soll erreicht werden, daß die benötigten Güter und Dienstleistungen in der richtigen Menge, Beschaffenheit und Qualität, am richtigen Ort und zum richtigen Zeitpunkt mit möglichst geringem Aufwand bereitstehen.

Die Beschaffungsdurchführung umfaßt mehrere **Vorgänge:**

- Rückgriff auf Bezugsquellen bzw. Ermitteln von Bezugsquellen,
- Einholen von Angeboten,
- Prüfung von Angeboten (Angebotsvergleich),
- Verhandlungen mit Lieferanten,
- Bestellungen,
- Überwachung der Lieferungseingänge (Wareneingangsprüfung) und Überprüfung der Lieferantenrechnungen (Rechnungsprüfung).

Bezugsquellen sind **unternehmensintern** in Form von gespeicherten Daten über Lieferer und Waren **(Lieferantendatei, Bezugsquellendatei)** vorhanden.

Hinweise auf neue Bezugsquellen können gewonnen werden

- in großen Tageszeitungen und Fachzeitschriften,
- in Branchenadreßbüchern (z.B. „ABC der Deutschen Wirtschaft", „Wer liefert was?", „Einkaufs-1 × 1 der deutschen Industrie"),
- in den „Gelben Seiten" der Deutschen Bundespost,
- im Deutschen Bundestelefonbuch für die gewerbliche Wirtschaft,
- in den Mitteilungsblättern der Industrie- und Handelskammern,
- durch Kataloge, Preislisten und Prospekte
- durch den Besuch von Mustermessen und Ausstellungen,
- durch Hinweise von Wirtschaftsverbänden, Banken und Sparkassen.

Beispiel: Ablauf der Einkaufsvorgänge in einem Speditionsunternehmen		
Ablaufskizzierung	Ablaufbeschreibung	Bereich/Abteilung
Bedarf		
Erstellen der Bedarfs- anforde- rung	● Beschreibung ● Kontierung ● Wertabschätzung ● Lieferantenwunsch ● Wirtschaftlichkeitsnachweis (bei Anlagegegenständen)	Fachabteilung
Abzeichnung durch Vollmachts- träger	Gemäß Vollmachtenregelung	Fachabteilung
Bedarfs- anforderung	an Einkauf	Fachabteilung
Erstellen Bedarfs- anforde- rung	Prüfung auf ● sachliche Klarheit ● vollmächtige Unterschrift	Einkauf
Angebote einholen		Einkauf
über Mindest- Wertgrenze? (100 DM)	● ab 5 000 DM Gesamtwert: 2 Angebote ● ab 10 000 DM Gesamtwert: 3 Angebote ● ab 50 000 DM Gesamtwert: Anzahl der Angebote nach Entscheidung der Geschäftsleitung	Einkauf
Konkurrenz- angebote einholen		
Lieferanten- auswahl	● Konditionen aushandeln, ● Angebotsvergleiche erstellen ● Entscheidungen begründen	Einkauf
Erstellen Bedarfs- anforde- rung	u. a. ● genaue Beschreibung ● Empfangsstelle angeben ● Kontierung angeben ● Auftragswert ● Lieferdaten	Einkauf
Unterschrift durch Vollmachts- träger	Gemäß Vollmachtenregelung (Anschaffung von Anlagegegenständen für Investitionen mit Zustimmung der Geschäftsleitung)	Einkauf
Original **Kopien** ↓ **Lieferant**	1. Kopie: Archivieren mit Bedarfs- anforderung und Angebots- vergleich 2. Kopie: an Buchhaltung	Einkauf

6.3 Der Vergleich von Lieferantenangeboten

Liegen mehrere Angebote für einen Auftrag oder eine in Aussicht genommene Bestellung vor, müssen sie miteinander verglichen werden.

Lieferantenangebote werden verglichen
- anhand der **Lieferungs- und Zahlungsbedingungen,**
- anhand der zu errechnenden **Einstandspreise** und
- anhand der Informationen über **Produktqualität** sowie **Zuverlässigkeit** und **Kundendienst der Lieferanten.**

6.3.1 Angebotsvergleich bei Handelswaren

Der rechnerische Angebotsvergleich wird auf den Einstandspreis (Bezugspreis) abgestellt.

Beispiel: Vergleich von drei Angeboten verschiedener Lieferer einer Ware

Angaben / Angebot	Angebot A	Angebot B	Angebot C
Preis	Karton mit 6 Stück 39,00 DM	Karton mit 9 Stück 56,70 DM	Stück 5,85 DM
Verpackungs-kosten	einschließlich Verpackung	Karton 0,80 DM	Stück 0,10 DM
Mengenrabatt	ab 5 Kartons 3 % ab 10 Kartons 5 % ab 20 Kartons 10 %	ab 5 Kartons 4 % ab 10 Kartons 6 % ab 20 Kartons 8 %	–
Beförderungskosten (Bezugskosten)	25,00 DM	33,70 DM	frei Haus
Skonto	2 % bei Zahlung innerhalb von 7 Tagen	1,5 % bei Zahlung innerhalb von 10 Tagen	2,5 % bei sofortiger Zahlung
Lieferfrist	7 Tage	3 Tage	10 Tage

Es soll der **Einstandspreis** unter der Annahme einer **Bestellung von 270 Stück** berechnet werden.

	Angebot A		Angebot B		Angebot C	
	%		%		%	
Listenpreis + Verpackungskosten		1 755,00 DM 0,00 DM		1 701,00 DM 24,00 DM		1 579,50 DM 27,00 DM
÷ Liefererrabatt	10	1 755,00 DM 175,50 DM	8	1 725,00 DM 138,00 DM		1 606,50 DM 0,00 DM
Zieleinkaufspreis + Beförderungskosten		1 579,50 DM 25,00 DM		1 587,00 DM 33,70 DM		1 606,50 DM 0,00 DM
Einstandspreis für 270 Stück		**1 604,50 DM**		**1 620,70 DM**		**1 606,50 DM**
Einstandspreis pro Stück		5,94 DM		**6,00 DM**		**5,95 DM**

Die Entscheidung für ein Angebot wird **unter Berücksichtigung der Zahlungs-bedingungen (Skonto)** und der **Lieferfrist** getroffen.

	%	Angebot A	%	Angebot B	%	Angebot C
Zieleinkaufspreis		1 579,50 DM		1 587,00 DM		1 606,50 DM
./. Skonto	2	31,59 DM	1,5	23,81 DM	2,5	40,16 DM
Bareinkaufspreis		1 547,91 DM		1 563,19 DM		1 566,34 DM
+ Beförderungskosten		25,00 DM		33,70 DM		0,00 DM
Zu zahlender Betrag bei Skontoausnutzung		**1 572,91 DM**		**1 596,89 DM**		**1 566,34 DM**
Preis pro Stück		**5,83 DM**		**5,91 DM**		5,80 DM
Skontofrist in Tagen	7		10		0	
Lieferzeit in Tagen	7		3		10	

6.3.2 Angebotsvergleich bei Anlagen

Der Angebotsvergleich wird auf den Anschaffungspreis (Anschaffungskosten) abgestellt.

Beispiel: Vergleich von zwei Herstellerangeboten für eine Fräsmaschine

Angaben / Angebot	Angebot I	Angebot II
Listenpreis Lieferklausel	37 000 DM ab Werk	38 500 DM frei Werkhalle, betriebsbereit
Sonderrabatt	2 000 DM	1 000 DM
Transportkosten	1 300 DM	–
Montagekosten	1 200 DM	–
Skonto	2 %	3 %

		Angebot I		Angebot II
Listenpreis		37 000 DM		38 500 DM
./. Sonderrabatt		2 000 DM		1 000 DM
Rechnungspreis		35 000 DM		37 500 DM
+ Transportkosten		1 300 DM		–
+ Montagekosten		1 200 DM		–
		37 500 DM		37 500 DM
./. Skonto	2 %	750 DM	3 %	1 125 DM
Anschaffungspreis		**36 750 DM**		36 375 DM

6.4 Die Allgemeinen Geschäftsbedingungen (AGB)

Wenn ein Unternehmen täglich Verträge schließt, muß es in jeden einzelnen Vertrag wichtige Vereinbarungen, wie z.B. über Gefahrenübergang, Zahlung, Eigentumsvorbehalt, Ansprüche bei Mängeln, Erfüllungsort, Gerichtsstand, aufnehmen. Um diese Wiederholung gleichartiger Vertragsklauseln zu vermeiden, haben sich in der Praxis die **„Allgemeinen Geschäftsbedingungen"** entwickelt.

> Allgemeine Geschäftsbedingungen sind alle **für eine Vielzahl von Verträgen vorformulierten Vertragsbedingungen,** die eine **Vertragspartei („Verwender")** der **„anderen Vertragspartei"** bei Abschluß eines Vertrages stellt.

Allgemeine Geschäftsbedingungen werden **bei Verträgen mit Nichtkaufleuten** Bestandteil eines Vertrages, wenn der Verwender bei Vertragsabschluß

● die andere Vertragspartei ausdrücklich oder durch deutlich sichtbaren Aushang auf sie hinweist und der anderen Vertragspartei ermöglicht, den Inhalt der AGB kennenzulernen, und

● von der anderen Vertragspartei das Einverständnis über die Geltung der AGB erhält.

In den einzelnen Verträgen getroffene Abmachungen, also individuelle Vertragsabreden, haben Vorrang vor den AGB.

Die AGB der Braunschweiger Einrichtungs-Werkstätten GmbH

Das Unternehmen hat auf seinen Auftragsformularen deutlich sichtbar seine AGB abgedruckt. In den AGB heißt es u. a.:
„Mängel, die durch unsachgemäße Ausführung von Arbeiten entstehen, werden innerhalb von 6 Monaten kostenlos beseitigt (Gewährleistungsfrist)."

Fall 1

Ein Kunde läßt Gardinen anfertigen. Der Verkäufer hat ihn auf das „Kleingedruckte" auf der Rückseite des Auftragsformulars ausdrücklich hingewiesen.

Es gelten die AGB.

Fall 2

Ein Kunde bestellt die Anfertigung und den Einbau einer Bücherwand aus massivem Eichenholz. Das Unternehmen sichert dem Besteller auf der Vorderseite des Auftragsformulars durch einen handschriftlichen Vermerk zu, daß eine Gewährleistungsfrist von 5 Jahren gelten soll. Der Besteller unterschreibt das Auftragsformular.

Es gilt nicht die in den AGB festgelegte Gewährleistungsfrist von 6 Monaten, sondern die Einzelvereinbarung über eine Gewährleistungsfrist von 5 Jahren.

Zum Schutz der Käufer enthält das **AGB-Gesetz** Bestimmungen, die **gewisse Klauseln** in Allgemeinen Geschäftsbedingungen **für unwirksam** erklären.

- **Grundsätzlich unwirksam** sind Bestimmungen in AGB, die den Vertragspartner entgegen den Geboten von Treu und Glauben unangemessen benachteiligen.

- **Unwirksam** ist auch eine Bestimmung, durch die bei Verträgen über Lieferungen neu hergestellter Sachen die Gewährleistungsansprüche ausgeschlossen werden.

6.5 Wareneingangsprüfung und Rechnungsprüfung

Erläuterungen

- zur **Wareneingangsprüfung** finden Sie im Abschnitt 4.5.4.1,
- zur **Rechnungsprüfung** im Abschnitt 4.5.4.2.

6.6 Vertragsverletzungen bei der Beschaffung

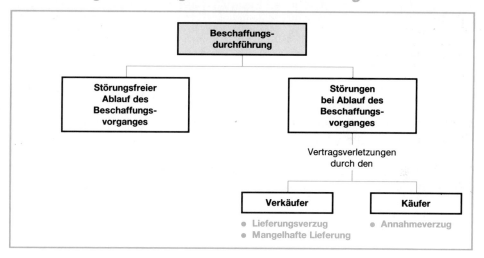

6.6.1 Der Lieferungsverzug

6.6.1.1 Voraussetzungen des Lieferungsverzugs

Der Lieferer kommt in **Lieferungsverzug,** wenn er seiner Lieferpflicht nicht rechtzeitig nachkommt.

Beispiel:

Die Klaus Thomsen KG hat bei der Keramikfabrik Sonnenhuber GmbH 50 Jugendstilkacheln „Berlin" zur Lieferung in vier Wochen bestellt. Als vier Wochen nach der Bestellung noch nicht geliefert worden ist, mahnt Thomsen telefonisch die Lieferung an.

Voraussetzungen für das Eintreten des Lieferungsverzuges sind:
- die **Lieferung** muß **fällig** sein.
- die **Lieferung** muß **nach Fälligkeit angemahnt** sein.
- Den Lieferer muß ein **Verschulden** treffen, d. h. er muß **fahrlässig oder vorsätzlich nicht geliefert** haben.

Sind die Voraussetzungen des Lieferungsverzugs erfüllt?
1. Die Keramikfabrik hat nicht geliefert.
2. Die Lieferung war fällig.
3. Der Käufer hat gemahnt.
4. Den Lieferanten trifft ein Verschulden, denn er hätte für rechtzeitige Lieferung sorgen müssen.

Die Voraussetzungen für den Lieferungsverzug sind erfüllt. Die Fabrik ist in Lieferungsverzug geraten.

Ob eine Mahnung erforderlich ist oder nicht, hängt von der Vereinbarung über den Lieferungstermin ab.

Leistungstermin und Mahnung beim Lieferungsverzug:

Fall 1:
Als Lieferungstermin war ,,4 Wochen nach Bestellung'' vereinbart. Um den Lieferer in Verzug zu setzen, muß der Käufer **mahnen**.

Fall 2:
Als Lieferungstermin war ,,spätestens 15.08.19..'' vereinbart. Der Verkäufer gerät **auch ohne Mahnung in Verzug.**

6.6.1.2 Rechte des Käufers beim Lieferungsverzug

Beim Lieferungsverzug kann der Käufer wahlweise Rechte geltend machen. Welche Rechte er geltend machen kann, hängt davon ab, ob er dem Lieferer eine Nachfrist setzt oder nicht.

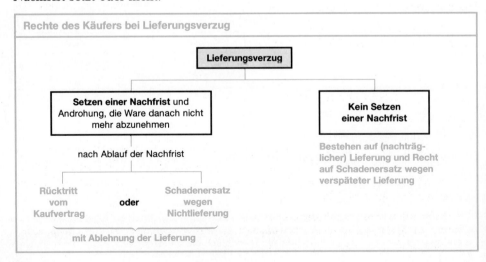

Eine Nachfrist ist nicht erforderlich beim Fixkauf (Kauf mit Zusatz „Lieferung fest am 9. September"), Zweckkauf (Bestellung von Weihnachtsgrußkarten) und beim Selbstinverzugsetzen des Lieferanten durch Erklärung, daß er nicht liefern werde.

6.6.2 Die mangelhafte Lieferung

Der **Verkäufer haftet** dem Käufer gegenüber **für eine mangelhafte Lieferung (Sachmängelhaftung).**

Beispiel:

Das Elektrofachgeschäft Mauser liefert Frau Knust einen Heizlüfter Marke „Super Schnellwarm 500". Frau Knust bringt das Gerät zwei Wochen später zurück, weil schon bei der ersten Benutzung die Heizstufe II nicht funktioniert hat. Sie verlangt ein neues Gerät. Herr Mauser sagt zu, daß er das Gerät dem Hersteller einschicken wird. Frau Knust möge sich gedulden, bis das Gerät repariert zurückkommt. Dieser Empfehlung muß Frau Knust nicht folgen. Nicht der Hersteller, sondern der Einzelhändler haftet aus dem Kaufvertrag mit dem Käufer für eine mangelfreie Ware.

Der Hersteller bzw. der Großhändler hat gegenüber dem Einzelhändler und der Einzelhändler gegenüber dem Kunden eine Gewährleistungspflicht. Er haftet für **Sachmängel** und für das **Fehlen zugesicherter Eigenschaften.** Der Kunde hat gegenüber dem Einzelhandel, der Einzelhandel gegenüber dem Großhandel bzw. gegenüber dem Hersteller ein Gewährleistungsrecht.

Kennt allerdings der Käufer zum Zeitpunkt des Abschlusses des Kaufvertrags den Mangel, so entfällt der Gewährleistungsanspruch.

Wenn der Verkäufer mangelhaft liefert, kann der Käufer Rechte geltend machen. Voraussetzung für Gewährleistungsansprüche ist, daß der Käufer die Mängel dem Verkäufer gegenüber beanstandet. Diese Beanstandung heißt **Mängelrüge.**

6.6.2.1 Unterscheidung der Mängel

Mängel werden unterschieden

- nach der **Art des Mangels,**
- nach der **Erkennbarkeit des Mangels.**

▶ *Unterscheidung nach der Art des Mangels*

Nach der Art des Mangels werden unterschieden

1. **Qualitätsmängel**
   - **Mängel in der Güte**
     (Fehlen einer zugesicherten oder üblichen Eigenschaft der Ware, z.B.: Obst Handelsklasse II statt Handelsklasse I, Hose aus einem Gemisch von Schurwolle und Synthetikfaser statt aus reiner Schurwolle, rostender Stahl statt nichtrostender Stahl),
   - **Mängel in der Beschaffenheit**
     (Ware ist beschädigt, zerstört, verdorben, z.B. Obst mit Faulstellen, verschimmeltes Brot, Kleid mit Farbfehlern),

2. **Gattungsmängel = Mängel in der Art**
   (Bestellt wurden Schraubenschlüssel, geliefert wurden Schraubendreher),
3. **Quantitätsmängel =ꞏMängel in der Menge**
   (Es wurden zu viele oder zu wenige Artikel geliefert),
4. **Rechtsmängel**
   (Eine Ware ist mit einem Eigentumsvorbehalt des Vorlieferanten belastet).

Qualitäts- und Gattungsmängel werden auch als **Sachmängel** bezeichnet.

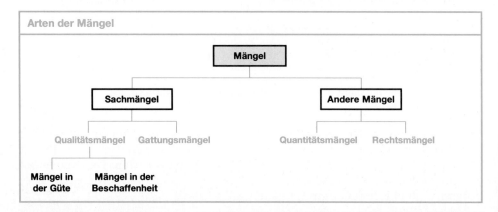

Arten der Mängel

Von der **Sachmängelhaftung** ist die **Produkthaftpflicht nach dem Produkthaftungsgesetz** zu unterscheiden.

Unterscheidung nach der Erkennbarkeit des Mangels

Nach der Erkennbarkeit des Mangels werden unterschieden

1. **offene Mängel**
   (Der Mangel muß bei ordnungsgemäßer Prüfung der Ware erkannt werden können, z. B. Personalcomputer mit nichtfunktionsfähiger Tastatur),
2. **versteckte oder verborgene Mängel**
   (Der Mangel stellt sich erst beim Gebrauch oder Verbrauch der Ware heraus, z. B. nicht funktionierender Heizlüfter, Schaltfehler in Fernsehgeräten),
3. **arglistig verschwiegene Mängel**
   (Der Verkäufer kennt den Mangel, verschweigt ihn aber dem Käufer, um sich einen Vermögensvorteil zu verschaffen, z. B. ein als neu verkauftes Kraftfahrzeug, das schon als Vorführwagen genutzt wurde).

6.6.2.2 Die Mängelrüge

Der Käufer muß einen festgestellten Mangel dem Verkäufer gegenüber eindeutig erklären, d. h. eine **Mängelrüge erteilen.** Für diese Mängelrüge gibt es gesetzlich **keine Formvorschriften.** Sie kann also mündlich oder schriftlich erklärt werden.

Das BGB und das HGB schreiben für die Mängelrüge bestimmte **Reklamations-fristen (Rügefristen)** vor.

Reklamationsfristen (Rügefristen)		
	Einseitiger Handelskauf und bürgerlicher Kauf	Zweiseitiger Handelskauf
bei offenen Mängeln	innerhalb von sechs Monaten nach Lieferung	unverzüglich nach Lieferung
bei versteckten/ verborgenen Mängeln		unverzüglich nach Entdeckung (spätestens innerhalb von sechs Monaten nach Lieferung)
bei arglistig verschwiegenen Mängeln	innerhalb von 30 Jahren nach Lieferung	unverzüglich nach Entdeckung (spätestens innerhalb von 30 Jahren nach Lieferung)

6.6.2.3 Gesetzliche Gewährleistungsansprüche des Käufers

Aufgrund einer **berechtigten Mängelrüge** kann der Käufer bei erheblichen Mängeln **(Sachmängel)** wahlweise Rechte geltend machen **(gesetzliche Gewährleistungsansprüche):**

- **Rückgängigmachung des Kaufvertrages (Wandlung)**
  (Der Verkäufer bekommt die mangelhafte Ware zurück und erstattet den Verkaufspreis),

- **Herabsetzung des Kaufpreises bzw. Preisnachlaß (Minderung),**

- **Ersatzlieferung** („Umtausch")
  (Der Käufer bekommt für die zurückgegebene mangelhafte Ware die gleiche Ware in mangelfreiem Zustand [nur möglich beim Gattungskauf, also bei vertretbarer Ware, nicht beim Stückkauf, also bei Einzelstücken oder Sonderanfertigungen]),

- **Schadenersatz wegen Nichterfüllung**
  (bei arglistigem Verschweigen eines Mangels oder Fehlen einer ausdrücklich zugesicherten Eigenschaft).

In der Praxis werden die **gesetzlichen Gewährleistungsansprüche** oft vertraglich eingeschränkt.

Rügefristen und gesetzliche Gewährleistungsansprüche stehen dem Käufer zu, wenn vertraglich – durch individuelle Vereinbarung im einzelnen Kaufvertrag oder durch die Anerkennung der Allgemeinen Geschäftsbedingungen (AGB) des Verkäufers – keine anderslautende individuelle Regelung zwischen den Vertragspartnern getroffen

Auszug aus den AGB der Büromaschinen AG Hildesheim:

Mängelrüge:

(1) Nichtkaufleute müssen offensichtliche Sachmängel innerhalb von 7 Tagen, Kaufleute unverzüglich nach Empfang der Ware schriftlich rügen.

(2) Kaufleute müssen nicht offensichtliche Sachmängel innerhalb von 7 Tagen nach Empfang der Ware rügen, sofern diese durch eine zumutbare Untersuchung feststellbar sind. Im übrigen gelten für Kaufleute die §§ 377, 378 HGB.

worden ist. In Kaufverträgen wird in der Regel durch die Anerkennung der AGB vereinbart, daß der Käufer zunächst nur einen **Anspruch auf Nachbesserung durch kostenlose Reparatur** hat.

Das nebenstehende Beispiel zeigt: Ein Kunde wird auch bei einer berechtigten Mängelrüge nicht ohne weiteres einen Kaufvertrag rückgängig machen oder einen Preisnachlaß verlangen können.

Gewährleistungsansprüche:

Für mangelhafte Ware erfolgt nach unserer Wahl Nachbesserung oder Ersatzlieferung ordnungsmäßiger Ware gegen Rücknahme der mangelhaften Ware oder Ersatz des Minderwertes.

Bei Fehlschlagen der Nachbesserung oder Ersatzlieferung steht dem Käufer das Recht zur Minderung oder nach seiner Wahl das Recht zur Wandlung zu.

Welches Recht der Käufer geltend macht, richtet sich nach den Verhältnissen des Einzelfalles:

- Wenn die Ware an anderer Stelle preiswerter ist, wird er Wandlung anstreben.
- Wenn die Ware trotz des Mangels verwendbar ist, wird er Minderung verlangen.
- Wenn der Kauf der Ware zu den vereinbarten Bedingungen (Preis) auch zum Zeitpunkt des Gewährleistungsanspruchs noch günstig ist, wird er Ersatzlieferung verlangen.

6.6.2.4 Die Garantie

Bei einer **Garantie** übernimmt der Verkäufer oder Hersteller die Haftung für die Eigenschaften einer Sache bis zu einem bestimmten Zeitpunkt nach der Lieferung (z. B. ein Jahr Garantie für einen Personalcomputer). Er verlängert dann die Frist für seine Gewährleistungspflicht. In der Regel wird der Vorteil einer längeren Garantiefrist mit dem vertraglichen Ausschluß bestimmter Gewährleistungsansprüche verbunden.

Die Garantie verpflichtet zur unentgeltlichen Nachbesserung und Beseitigung der unter die Garantie fallenden Schäden.

Ein Garantieanspruch wird nicht gewährt, wenn der Käufer den Schaden durch unsachgemäßen Umgang mit der Ware verursacht hat.

6.6.3 Der Annahmeverzug

6.6.3.1 Voraussetzungen des Annahmeverzugs

Wenn der Verkäufer die bestellte Ware zur richtigen Zeit und am richtigen Ort zur Übergabe bereit hält, gerät der **Käufer** bei Nichtabnahme **in Annahmeverzug.**

Beispiele:

Der Lkw der Baustoffhandlung fährt am vereinbarten Tag bei der Baustelle vor. Der Bauunternehmer nimmt den bestellten Zement nicht ab.

Das gekaufte Kraftfahrzeug steht am Donnerstag der vereinbarten 14. Woche beim Händler zum Abholen bereit. Der Käufer holt das Fahrzeug nicht ab.

Der Lieferer haftet nach Eintritt des Annahmeverzugs nur noch für grobe Fahrlässigkeit und Vorsatz. Grobe Fahrlässigkeit liegt vor, wenn „die im Verkehr erforderliche Sorgfalt besonders schwer verletzt wird".

Wenn der Käufer in **Annahmeverzug** ist, kann der **Verkäufer**

● die **Ware auf Gefahr und Kosten des Käufers in einem öffentlichen Lagerhaus einlagern** oder sonst in sicherer Weise **hinterlegen** (um dann weitere Schritte einzuleiten, z.B. eine Klage auf Abnahme) oder

● die **Ware im Wege des Selbsthilfeverkaufs verkaufen oder verkaufen lassen.**

Beim **Selbsthilfeverkauf** unterscheidet man

● die **öffentliche Versteigerung,**

● den **freihändigen Verkauf** durch einen öffentlich ermächtigten Handelsmakler oder einen öffentlich bestellten Versteigerer bei Waren, die einen Börsen- oder Marktpreis haben (z.B. Kaffee, Tee, Zucker, Getreide, Baumwolle),

● den **Notverkauf** durch den Verkäufer selbst, wenn Gefahr im Verzuge ist oder bei leicht verderblichen Waren (Gemüse und Obst, Frischfleisch usw.).

Der Verkäufer muß

● dem Käufer den Lagerort der Ware mitteilen,

● dem Käufer eine angemessene Nachfrist setzen und ihn von der Absicht der Versteigerung bzw. des freihändigen Verkaufs unterrichten und

● das Verkaufsergebnis mit dem Käufer abrechnen (z.B. Versteigerungserlös abzüglich der Kosten der Versteigerung). Mehrerlöse gegenüber dem im Kaufvertrag vereinbarten Preis stehen dem Käufer zu, Mindererlöse muß der Käufer ausgleichen.

Beim Notverkauf können Mitteilung des Lagerortes, Nachfristsetzung und Androhung entfallen.

Aufgaben   *BK5A+B*

1 **Überlegungen beim Einkauf – Angebotsvergleich**

Dem Einkäufer der Lebensmittelgroßhandlung C.H. Heinen & Söhne liegen Angebote über Dosengemüse vor:

Angebot A:
1,55 DM pro Dose, frei Waggon, Rabatt 3% bei einer Mindestabnahme von 1000 Dosen; bei einer Abnahme von 2000 Dosen 5% Rabatt, Zahlung innerhalb von 30 Tagen netto Kasse oder 14 Tage 2% Skonto

Angebot B:
1,75 DM pro Dose, 10% Rabatt bei einer Mindestabnahme von 1500 Dosen, Zahlung netto Kasse. Der Preis gilt frachtfrei

Beförderungskosten: Rollgeld für die An- und Abfuhr 55 DM, Ver- und Entladekosten 25 DM, Fracht 425 DM

Die Angebote erhielt die Großhandlung aufgrund einer Anfrage. Es sollen 1500 Dosen bestellt werden.

a) Unterscheiden Sie zwischen Anfrage und Angebot!

b) Der Einkäufer hat die beiden vorliegenden Angebote aus mehreren Angeboten ausgewählt. Nach welchen Überlegungen könnte er bei seiner Auswahl vorgegangen sein?

c) Der Einkäufer prüft die Angebote innerhalb von 2 Tagen. Begründen Sie sein Vorgehen!

d) Ist die Ausnutzung von Rabatt in jedem Fall sinnvoll?

e) Führen Sie den Angebotsvergleich durch!

f) Gehen Sie davon aus, daß für die Skontoausnutzung die Aufnahme eines Kredites zu einem Zinssatz von 12 % erforderlich ist!

Begründen Sie, ob eine Kreditaufnahme sinnvoll ist!

g) Unter welchen Umständen könnte die Entscheidung für das preislich ungünstigere Angebot sinnvoll sein?

2 Rohstoffbeschaffungsplan – optimale Beschaffung

Machen Sie am Beispiel des Rohstoffbeschaffungsplanes eines Industrieunternehmens den Zusammenhang der einzelnen Teilpläne des Unternehmens deutlich, begründen Sie den allgemein gegebenen Vorrang des Absatzplanes, und erläutern Sie, warum eine optimale Beschaffung den Gewinn des Unternehmens positiv beeinflußt!

3 Allgemeine Geschäftsbedingungen

Der Einkäufer einer Elektrogroßhandlung prüft die AGB-Regelungen eines Anbieters und findet u. a. folgende Formulierungen:

● Die Berechnung der Ware erfolgt zu den am Tage der Lieferung geltenden Preisen.

● Die Lieferung erfolgt ab Werk und auf Gefahr des Empfängers.

● Rügefrist für alle erkennbaren Mängel, Fehlmengen oder Falschlieferungen: 5 Werktage.

● Bei fristgerechter, berechtigter Mängelrüge stehen dem Käufer unter Ausschluß von Schadenersatzansprüchen die gesetzlichen Gewährleistungsansprüche zu.

a) Unterscheiden Sie Allgemeine Geschäftsbedingungen und individuelle Vertragsabreden!

b) Vergleichen Sie die oben aufgeführten AGB-Regelungen mit den gesetzlichen Bestimmungen!

c) Begründen Sie die Notwendigkeit des Gesetzes über Allgemeine Geschäftsbedingungen für den privaten Käufer!

4 Lieferungsverzug

Die HANSA-Gebäudereinigung GmbH erhält am 05.03. von der Wagner OHG ein verbindliches Angebot über eine neu entwickelte Fußbodenreinigungsmaschine.

Die HANSA-Gebäudereinigung GmbH hat für den 19. März einen Großauftrag übernommen. Sie bestellt die Maschine, da die Wagner OHG sofortige Lieferbereitschaft zugesichert hat unter der Bedingung „Lieferungstermin 17.03.".

a) Wie ist die Rechtslage?

b) Die Wagner OHG liefert nach einigen Auseinandersetzungen erst am 30.03. Die HANSA-Gebäudereinigung GmbH mußte zur Erfüllung des Großauftrages zwei zusätzliche Reinigungskräfte einstellen.

Welche Ansprüche kann die HANSA-Gebäudereinigung GmbH geltend machen?

5 Gesetzliche und vertragliche Gewährleistungsansprüche

Vergleichen Sie die gesetzlichen Gewährleistungsansprüche des Käufers mit den in den AGB der Büromaschinen AG, Hildesheim (siehe Seite 204), aufgeführten Gewährleistungsansprüchen!

Welche Unterschiede bestehen?

6 Rechtsfragen

Entscheiden und begründen Sie!

a) Eine Warensendung, die ,,Mitte November'' hätte geliefert werden sollen, trifft erst am 18.12. ein. Ist der Lieferer im Verzug?

b) Jürgen Wolter entdeckt beim Lesen eines Buches, daß mehrere Seiten fehlen. Er hatte es vor drei Monaten gekauft.

c) Ein Lehrer gibt Nachhilfeunterricht. Der Auszubildende fällt trotzdem durch die Prüfung. Er verlangt sein Geld zurück. Begründung: mangelhafte Leistung des Lehrers.

d) Hannelore Schumann hat ein Paar Schuhe gekauft. Nach vier Wochen bemerkt sie, daß das Leder fehlerhaft ist. Die Schuhe sind nur noch eingeschränkt verwendbar. Welche Rechte kann sie nach den gesetzlichen Bestimmungen geltend machen?

7 Lieferungsverzug

Welche Rechte kann der Käufer bei einem Lieferungsverzug geltend machen?

a) Er kann einen Preisnachlaß verlangen.
b) Er kann Verzugszinsen verlangen.
c) Er kann vom Vertrag zurücktreten.
d) Er kann darauf bestehen, daß die Ware nachträglich geliefert wird, und Schadenersatz wegen verspäteter Lieferung verlangen.
e) Er kann den Umtausch der Ware verlangen.

8 Rügefristen

Ein Unternehmen hat von seinem Lieferanten mangelhafte Waren erhalten. Welche Rügefristen muß es nach den gesetzlichen Vorschriften beachten?

a) Offen erkennbare Mängel müssen innerhalb von 14 Tagen gerügt werden.
b) Offen erkennbare Mängel müssen unverzüglich gerügt werden.
c) Offen erkennbare Mängel müssen innerhalb von 6 Monaten gerügt werden.
d) Versteckte Mängel müssen innerhalb eines Monats gerügt werden.
e) Versteckte Mängel müssen sofort nach Entdeckung gerügt werden.
f) Versteckte Mängel müssen unverzüglich nach 6 Monaten gerügt werden.

9 Probleme bei der Beschaffung

Der Prokurist der Hansetrail Fahrzeugvermietung bestellt bei der Data Service Hamburg GmbH einen Personalcomputer Autocomptstar I. Nach sechs Tagen wird der Personalcomputer geliefert.

a) Der Computer wird installiert. Hansetrail stellt nach drei Wochen fest, daß im Betriebssystem ein Fehler ist, der das Ausdrucken von Mahnbescheiden verhindert.

   1. Erklären Sie die rechtliche Situation!

   2. Welche Rechte kann die Hansetrail nach der gesetzlichen Regelung in Anspruch nehmen? Was empfehlen Sie?

b) Die Hansetrail bestellt bei der Data Service Hamburg ein dringend benötigtes Textverarbeitungsprogramm zur sofortigen Lieferung. Nach drei Wochen ist das Programm noch nicht geliefert worden. Wegen des großen Arbeitsanfalls muß eine Aushilfskraft eingestellt werden.

   Was kann die Hansetrail tun? (Rechtliche Begründung.)

10 Beschaffung und Lagerhaltung

Die Lüneburger Sanitär- und Heizungsfachhandels GmbH ist bemüht, durch eine gute Ablauforganisation und durch enge Zusammenarbeit mit den Lieferanten die Lagerhaltung so gering wie möglich zu halten.

Begründen Sie diese Zielsetzung!

11 Meldebestand

Aus einem Materiallager werden täglich 80 Stück eines Werkstoffs für die Herstellung entnommen. Die Sicherheitsreserve ist auf 240 Stück festgesetzt. Die Zeitspanne zwischen Bestellung und Wiederauffüllung des Bestandes im Lager beträgt 10 Tage.

a) Wie hoch ist der Meldebestand?

b) Wie ändert sich der Meldebestand, wenn die Lieferzeit auf 5 Tage verkürzt werden kann?

12 Lagerzinsen

Im Fertigteillager eines Industrieunternehmens lagert ein Artikel im Einkaufswert von 2 000 DM durchschnittlich 30 Tage.

Für das im Lager gebundene Kapital werden Zinsen angesetzt. Dabei geht man von der Überlegung aus, daß das Kapital durch eine anderweitige Anlage Zinsen erwirtschaftet hätte.

$$\textbf{Lagerzinssatz} = \frac{\text{Jahreszinssatz}}{\text{Umschlagshäufigkeit}}$$

$$\textbf{Umschlagshäufigkeit} = \frac{360}{\text{durchschnittliche Lagerdauer}}$$

a) Berechnen Sie den Lagerzinssatz unter der Annahme, daß der allgemeine Zinssatz (für Geldanlagen) 15 % beträgt!

b) Wieviel DM Lagerzinsen fallen für ein Stück des Artikels an?

13 Gewinnsteigerung

Ein Handelsunternehmen steigert die Umsatzerlöse um 10 % auf 110 Mio. DM. Auf 100 DM Umsatz entfallen 5 DM Gewinn. Gleichzeitig wird durch gutes Beschaffungsmarketing der Aufwand für den Wareneinsatz um 5 % gesenkt. Der Wareneinsatz beläuft sich auf 50 % der Umsatzerlöse.

Welche Gewinnsteigerung wird erreicht?

7.1 Die Träger des Zahlungsverkehrs: Banken und Sparkassen

Im Geldkreislauf der Volkswirtschaft sind die **Kreditinstitute,** also die **Banken und Sparkassen,** sowie die Postgiroämter (als Teile der Deutschen Bundespost POST-BANK) nicht nur Sammelstellen für Spargelder, sondern auch **Träger des modernen Zahlungsverkehrs.** Kreditinstitute führen Konten für Unternehmen und Haushalte. Die Zahlungen zwischen den Unternehmen erfolgen bargeldlos durch Überweisungen, Scheck- oder Lastschriftzahlungen. Auch die Lohn- und Gehaltszahlungen der Unternehmen an die Arbeitnehmer erfolgen fast ausnahmslos bargeldlos durch Überweisung von Konto zu Konto.

Fast jeder Arbeitnehmer unterhält ein Konto (Girokonto, Kontokorrentkonto). Er hat damit die Möglichkeit, seine Konsumgüterkäufe bargeldlos zu bezahlen, z. B. durch Überweisung oder durch Scheck.

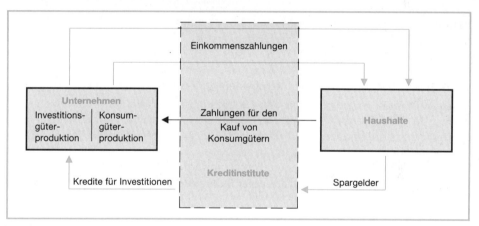

Nach wie vor werden aber viele Zahlungen mit Bargeld, also mit Banknoten und Münzen, ausgeführt.

7.2 Zahlungsmittel

Geld wird als „Tauschmittel" bezeichnet, weil es den direkten Tausch von Gütern (Ware gegen Ware: Naturaltausch) überflüssig macht.

> Mit Hilfe von Geld erfolgt ein **indirekter Tausch** (Ware gegen Geld und Geld gegen Ware). **Geld** ist **allgemeines Tauschmittel.**

Bargeld ist aufgrund staatlicher Anordnung **gesetzliches Zahlungsmittel.** Es muß von Gläubigern als **Schuldentilgungsmittel** in Zahlung genommen werden.

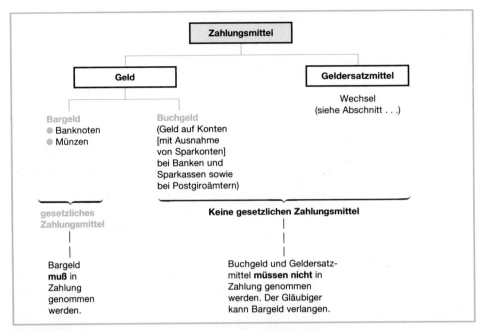

Banknoten werden von der **Deutschen Bundesbank** ausgegeben. Nur sie hat das Ausgaberecht. Die Banknoten der Bundesbank werden über die Banken und Sparkassen in Umlauf gebracht, d.h. in den Geldkreislauf eingeschleust. Sie kommen zur Zeit als Noten über 1000 DM, 500 DM, 200 DM, 100 DM, 50 DM, 20 DM, 10 DM und 5 DM vor. Für Banknoten besteht uneingeschränkter Annahmezwang.

Münzen können Kurantmünzen oder Scheidemünzen sein. Kurantmünzen sind vollwertig ausgeprägte Münzen. Der Metallwert entspricht dem aufgedruckten Nennwert. Scheidemünzen sind unterwertig ausgeprägte Münzen. Ihr Materialwert ist geringer als der aufgedruckte Nennwert. In der Bundesrepublik Deutschland werden zur Zeit nur Scheidemünzen geprägt.

Das Recht zur Ausprägung und Ausgabe von Münzen hat nicht die Bundesbank, sondern die **Bundesregierung.** Sie erteilt Prägeaufträge an bestimmte Münzstätten. Die Bundesregierung gibt die Münzen an die Bundesbank, die sie über die Banken und Sparkassen in Umlauf bringt. Es gibt zur Zeit Münzen über 10 DM, 5 DM, 2 DM und 1 DM sowie über 1 Pf, 2 Pf, 5 Pf, 10 Pf und 50 Pf. Auf Mark lautende Münzen brauchen nur bis zum Betrage von 20 DM, auf Pfennig lautende Münzen nur bis zum Betrage von 5 DM angenommen zu werden (eingeschränkter Annahmezwang). Der Gesamtbetrag, der in DM- und Pf-Münzen angenommen werden muß, kann also 25 DM erreichen.

Banknoten und **Münzen** sind aufgrund staatlicher Anordnung **gesetzliche Zahlungsmittel.**

Mit Geld wird **Kaufkraft** übertragen: Derjenige, der Geld erhält (unabhängig davon, ob er es als Bargeld in Form von Banknoten und Münzen erhält oder als Buchgeld durch Überweisung oder Scheck übertragen bekommt), kann dafür Waren kaufen oder Dienstleistungen in Anspruch nehmen.

Geld ist ein **Mittel zur Übertragung von Kaufkraft.**

Wer Geld in Form von Bargeld oder Buchgeld **„aufbewahrt"**, überträgt **Kaufkraft von der Gegenwart in die Zukunft.** Zu diesem Zweck unterhalten viele Menschen ein Sparkonto bei einer Bank oder einer Sparkasse und zahlen jeden Monat einen bestimmten Geldbetrag auf dieses Sparkonto ein oder lassen von ihrem Girokonto jeden Monat einen bestimmten Geldbetrag auf das Sparkonto übertragen.

> Geld ist ein **Wertspeicherungsmittel.** Geld überträgt Kaufkraft von der Gegenwart in die Zukunft.

Jedermann, gleich, ob als Arbeitnehmer oder Arbeitgeber, ob als Auszubildender, als Rentner oder Pensionär, als Hausfrau oder Unternehmer, **rechnet in Geld** und **drückt mit Preisen in Geldeinheiten (DM, Pfennig) den Wert von Sachgütern und Dienstleistungen aus.**

> Geld ist **Recheneinheit.** Preise drücken in Geldeinheiten den Wert von Gütern aus.

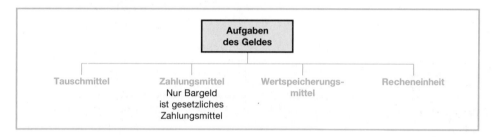

7.3 Zahlungsformen

Es werden bare, halbbare und bargeldlose (unbare) Zahlungen unterschieden. Hierüber gibt die Tabelle einen Überblick.

Der **Zahlungspflichtige** ist derjenige, der Waren oder Dienstleistungen erhalten hat und dafür bezahlen muß. Der **Zahlungsempfänger** ist derjenige, der das Geld bekommt.

Übersicht über die Zahlungsformen

Zahlungs- form	Zahlungsart (Beispiele)	Zahlungs- pflichtiger leistet	Zahlungs- empfänger erhält
Bare Zahlung	Zahlung durch direkte Übergabe von **Banknoten und Münzen** (Zahlung mit Bargeld gegen Quittung) Zahlung durch **Postanweisung**	bar bar	bar bar
Halbbare Zahlung	Zahlung durch **Zahlschein** auf ein Bankkonto oder Postgirokonto Zahlung durch **Barscheck** (Bankscheck oder Postscheck)	bar unbar	unbar bar
Bargeldlose Zahlung (unbare Zahlung)	Zahlung durch **Banküberweisung oder Postüberweisung** Zahlung durch **Lastschrift** Zahlung durch **Verrechnungsscheck** (Bank- oder Postscheck)	unbar unbar unbar	unbar unbar unbar

7.4 Zahlungsarten

Die Zahlungsarten werden von den Zahlungsformen bestimmt. Dabei ist zu beachten:

- Private Haushalte leisten sowohl Barzahlungen (z. B. bei Handkäufen im Einzelhandel) als auch bargeldlose Zahlungen (z. B. Mietzahlungen, Versicherungszahlungen).
- Unternehmen leisten i. d. R. nur bargeldlose Zahlungen (z. B. Bezahlung fälliger Verbindlichkeiten aus Warenlieferungen).

7.4.1 Zahlung durch Überweisung

Mit einer **Überweisung** kann ein **Zahlungsempfänger** von einem Bankkonto **(Banküberweisung)** oder von einem Postgirokonto **(Postüberweisung)** einen **Geldbetrag auf ein anderes Konto** (Bankkonto oder Postgirokonto) **übertragen.**

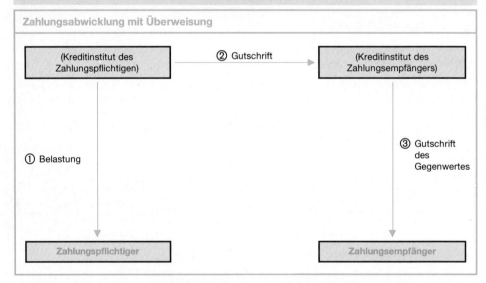

Beispiel: Überweisung von einem Bankkonto

Bernhard Becker beauftragt seine Bank, die Filiale Hannover der Commerzbank, von seinem Konto 7 283,45 DM an Ernst Meissner, Düsseldorf, zu überweisen. Auf dem Überweisungsformular gibt er den Zahlungsgrund (Rechnung Nr. 3413 A) an. Er bestimmt, auf welches Konto der Geldbetrag überwiesen werden soll.

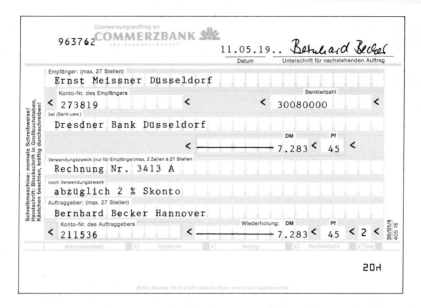

Mit einer **Postüberweisung** (gleicher Vordruck wie bei einer Banküberweisung) kann ein **Postgirokunde** von seinem Postgirokonto einen Geldbetrag zugunsten eines anderen **Postgirokontoinhabers** oder zugunsten eines **Bankkontoinhabers** überweisen.

7.4.2 Zahlung durch Lastschrift

Bei **Zahlung durch Lastschrift** zieht die **Bank oder Sparkasse (oder das Postgiroamt) des Zahlungsempfängers** in seinem Auftrag eine Geldsumme von dem Konto des Zahlungspflichtigen ein.

Das Lastschriftverfahren wird deshalb auch als „Bankeinzug" bezeichnet.

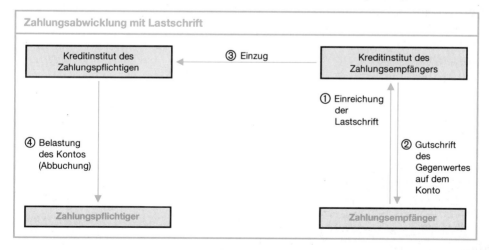

Zahlungsabwicklung mit Lastschrift

Lastschriften sind einteilige Formulare, die nicht vom Zahlungspflichtigen, sondern vom Zahlungsempfänger ausgefüllt werden. Der Zahlungsempfänger erhält von seiner Bank den Betrag auf seinem Konto gutgeschrieben. Dem Zahlungspflichtigen wird der Betrag abgebucht.

Versicherungsbeiträge, Strom und Wassergeld, Telefongebühren und andere Beträge, die regelmäßig zu bezahlen sind (sowie zum Teil auch fällige Rechnungen von Lieferanten), werden durch Lastschrift eingezogen. Für den Zahlungspflichtigen hat dieses Verfahren den Vorteil, daß er keine Termine übersehen kann, da seine Schulden „automatisch" bezahlt werden. Er muß sich aber schriftlich damit einverstanden erklären, daß der Zahlungsempfänger über sein Geld auf dem Konto verfügen darf. Man nennt diese Zustimmung Einzugsermächtigung.

Der Zahlungspflichtige hat gegen Lastschriften, die aufgrund einer Einzugsermächtigung eingezogen worden sind, ein **Widerspruchsrecht.** Damit kann er unberechtigte Abbuchungen verhindern. Der Zahlungspflichtige gibt in diesem Fall die Lastschrift an das Kreditinstitut zurück, das ihm den Betrag wieder gutschreibt.

214

7.4.3 Zahlung durch Verrechnungsscheck

Bei Zahlung durch Verrechnungsscheck (Scheck mit einem zusätzlichen **Vermerk „Nur zur Verrechnung")** weist der Zahlungspflichtige sein Kreditinstitut **(Bankscheck)** oder sein Postgiroamt **(Postscheck)** an, die auf dem Scheck genannte Geldsumme nur **bargeldlos an den Empfänger zu zahlen.**

Ein Verrechnungsscheck wird dem Konto des Empfängers gutgeschrieben.

7.4.3.1 Verrechnungsscheck auf eine Bank oder Sparkasse

Der Zahlungsempfänger (Franz Paetz) kann in diesem Fall den Betrag nicht bar ausgezahlt bekommen. Er übergibt den Scheck seinem Kreditinstitut und erhält dafür eine Gutschrift auf seinem Konto. Verrechnungsschecks tragen den Vermerk **„Nur zur Verrechnung"** oben schräg auf dem Formular. Dieser Vermerk ist entweder von vornherein aufgedruckt (siehe Beispiel), oder er kann auf einem Barscheck nachträglich angebracht werden.

Vergleich von Barschecks und Verrechnungsschecks		
	Barscheck	**Verrechnungsscheck**
Verwendung	Barauszahlung an den Kontoinhaber oder an einen Dritten	Gutschrift auf dem Konto eines Dritten
Vorteil	Zahlung mit Barscheck auch an Nichtkontoinhaber	Sicherheit (keine Barauszahlung); Einzugsweg läßt sich zurückverfolgen
Nachteil	Gefahr der Abhebung durch Unberechtigte bei Diebstahl oder Verlust	Keine Zahlung mit Verrechnungsscheck an Nichtkontoinhaber

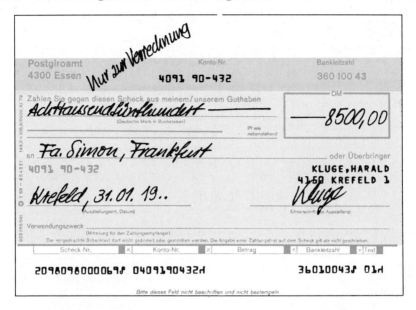

Beispiel:

Wolfgang Webs zahlt bei einem Einkauf mit einem eurocheque über 276 DM.

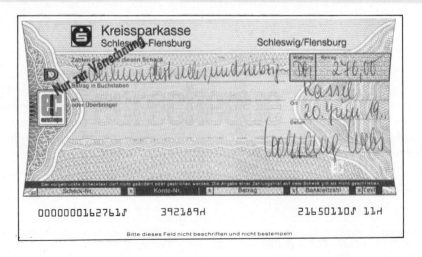

Der **eurocheque** hat gegenüber dem „normalen" Bankscheck ein **kleineres, international vereinheitlichtes Format.** Er hat eine **international einheitliche Farbe** und trägt links das **blau-rote ec-Symbol.** Über dem ec-Symbol steht das Kennzeichen des Landes des bezogenen Kreditinstituts (internationales Kfz-Kennzeichen). In dem zweigeteilten Betragsfeld steht „Währung" anstelle von „DM".

Eurocheques (auch als **ec-Schecks** bezeichnet) werden unter Vorlage einer **Scheckkarte** (auch als **eurocheque-Karte** oder **ec-Karte** bezeichnet) übergeben. Die Scheckkarte soll dem Zahlungsempfänger garantieren, daß der Scheck eingelöst wird.

Die Einlösungsgarantie des Geldinstituts gilt unter folgenden Voraussetzungen:

1. Unterschrift, Name des Kreditinstituts sowie Kontonummer auf ec-Scheck und eurocheque-Karte müssen übereinstimmen.

2. Die Nummer auf der eurocheque-Karte muß auf der Rückseite des ec-Schecks vermerkt sein.

3. Das Ausstellungsdatum des ec-Schecks muß innerhalb der Gültigkeitsdauer der eurocheque-Karte liegen.

4. Ein im Inland ausgestellter ec-Scheck muß binnen 8 Tagen, ein im Ausland ausgestellter ec-Scheck binnen 20 Tagen seit seinem Ausstellungsdatum vorgelegt werden (Garantiefristen). Für in DM ausgestellte ec-Schecks beträgt der Garantiehöchstbetrag 400 DM. Im Ausland in Landeswährung ausgestellte ec-Schecks sind bis zu dem in dem jeweiligen Land geltenden ec-Höchstbetrag garantiert.

Deshalb muß bei Annahme von ec-Schecks geprüft werden, ob diese Voraussetzungen erfüllt sind.

Grundsätzlich können eurocheques in unbegrenzter Höhe ausgestellt werden. Kreditinstitute und Postgiroämter garantieren aber nur die Einlösung bis zu 400 DM bzw. bis zum ec-Höchstbetrag in ausländischer Währung.

7.4.4 Möglichkeiten der Zahlungsvereinfachung

Zahlungsvereinfachung bedeutet, Arbeitsaufwand zu verringern, der bei der Erteilung von Zahlungsaufträgen und beim Erhalt von Zahlungen im bargeldlosen Zahlungsverkehr entsteht (Rationalisierung des Zahlungsverkehrs).

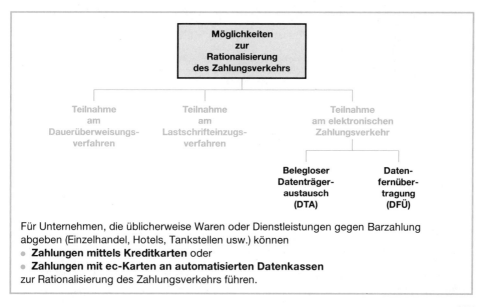

Für Unternehmen, die üblicherweise Waren oder Dienstleistungen gegen Barzahlung abgeben (Einzelhandel, Hotels, Tankstellen usw.) können
- **Zahlungen mittels Kreditkarten** oder
- **Zahlungen mit ec-Karten an automatisierten Datenkassen**
zur Rationalisierung des Zahlungsverkehrs führen.

7.4.4.1 Dauerüberweisung

Eine **Dauerüberweisung** ist eine **Überweisung, die aufgrund eines einmal erteilten Auftrags** an eine Bank, Sparkasse oder ein Postgiroamt **(Dauerauftrag)** zu bestimmten, regelmäßig wiederkehrenden Terminen ausgeführt wird.

Bei Dauerüberweisungen stehen der Überweisungsbetrag, der Überweisungstermin und der Überweisungsempfänger von vornherein fest.

Dauerüberweisungen eignen sich vor allem für Miet- und Pachtzahlungen, Lohn- und Gehaltszahlungen und Kredittilgungen, die in gleichbleibender Höhe vorgenommen werden.

Dauerüberweisungen bedeuten für den Zahlungspflichtigen Arbeitsersparnis. Sie schützen ihn auch vor der Gefahr, fällige Zahlungstermine zu übersehen.

7.4.4.2 Lastschrifteinzug

Am **Lastschrifteinzugsverfahren** nehmen z. B. Versicherungsgesellschaften, Verbände, öffentliche Verwaltungen und Lieferanten teil. Ihre Forderungen in gleichbleibender oder in wechselnder Höhe durch Lastschriften einzuziehen, bringt ihnen wesentliche Vorteile.

> Die Zahlungsempfänger müssen nicht darauf warten, daß ihre Schuldner die fälligen Zahlungen ausführen, sondern reichen bei ihrem Kreditinstitut oder ihrem Postgiroamt **bei Fälligkeit** der Zahlungen **Lastschriften zur Gutschrift** auf dem Konto ein **(Bankeinzug).**

Sie haben auch den Vorteil, daß sie die Zahlungseingänge nicht besonders überwachen müssen.

Das Lastschriftverfahren bietet aber auch den Zahlungspflichtigen Vorteile. Sie müssen Zahlungstermine nicht überwachen und haben einen verringerten Arbeitsaufwand, da sie keine Überweisungen oder Schecks ausschreiben müssen.

7.4.4.3 Elektronischer Zahlungsverkehr

Elektronischer Zahlungsverkehr ist **belegloser Zahlungsverkehr.**

> Zum elektronischen (beleglosen) Zahlungsverkehr werden alle Verfahren gerechnet, bei denen **unbare Zahlungen auf elektronischen Medien** (Magnetbänder, flexible Magnetplatten [Disketten], Magnetbandkassetten) **oder im Wege der Datenfernübertragung** weitergeleitet werden.

An die Stelle des Zahlungsverkehrsbelegs tritt ein **Datensatz,** der **im Wege des beleglosen Datenträgeraustauschs (DTA) oder der Datenfernübertragung (DFÜ)** vom Auftraggeber über die Kreditinstitute und deren Verrechnungsstellen bis zum Konto des Zahlungsempfängers bzw. des Zahlungspflichtigen geleitet werden. Träger des elektronischen Zahlungsverkehrs sind die Banken und Sparkassen sowie die Deutsche Bundespost POSTBANK (Postgiroämter).

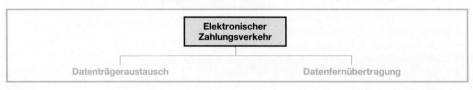

Beim beleglosen Datenträgeraustausch (DTA) werden Zahlungsverkehrsdaten durch **Austausch elektronischer Medien** weitergeleitet.

Bei der Datenfernübertragung (DFÜ) werden Zahlungsverkehrsdaten über Leitungen (Datex-Netze) weitergeleitet.

Als **technische Voraussetzungen** für den elektronischen Zahlungsverkehr bietet die Bundespost **Datendienste** im Fernsprechnetz, im integrierten Fernschreib- und Datennetz (IDN) und auf Festverbindungen an. Das integrierte Fernschreib- und Datennetz (IDN) bietet neben dem Fernschreibdienst den **Datex-Dienst mit Leitungsvermittlung (Datex-L)** und den **Datex-Dienst mit Paketvermittlung (Datex-P).**

Datex ist die Abkürzung für **Dat**a **Ex**change Service. Das Datex-Netz ist ein **öffentliches Wählnetz für Datenübertragung.**

Im elektronischen Zahlungsverkehr können Überweisungen sowie Lastschrift- und Scheckzahlungen abgewickelt werden.

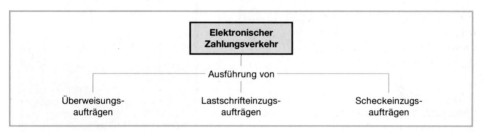

Zum elektronischen Zahlungsverkehr zählt auch das „Electronic-Cash-System", mit dem bargeldlose Zahlungen an automatisierten Datenkassen geregelt sind (siehe 6.4.4.5).

7.4.4.4 Kreditkarten

Kreditkarten ermöglichen **bargeldlose Zahlungen.** Sie bieten dem Karteninhaber gleichzeitig Zahlungsvereinfachung und kurzfristige Kreditinanspruchnahme. Kreditkarten sind auch die vom Einzelhandel und anderen Unternehmen (z. B. Lufthansa) ausgegebenen **Kundenkarten.**

In **Europa** haben sich vor allem die **Eurocard** sowie die Kreditkarten von **Visa, Diners Club** und **American Express Company** durchgesetzt.

Die **Eurocard** gibt es auch als Eurocard Gold mit erweiterten Leistungen. Eurocard und Eurocard Gold bieten in Zusammenarbeit mit den internationalen Kreditkartenorganisationen Access (England) und Master Card (USA) ein **weltweites Netz von Akzeptanzstellen,** bei denen der Karteninhaber bargeldlos zahlen kann. Als Akzeptanzstellen bezeichnet man Einzelhandelsunternehmen, Hotels, Fluggesellschaften, die Kreditkarten als Zahlungsmittel annehmen („akzeptieren").

```
        TANKSTELLE
HELMUT THOMSEN
SCHLESWIGERSTRASSE 45
2390 FLENSBURG
TEL. 0461 96635 FAX. 98990

EUROCARD
NR.: 5232 52120000880 7

K R E D I T V E R K A U F

*SUPER PLUS                      *
*905  35,02 ℓ  DM      54,25 *
GESAMT        DM       54,25


MWST  14,00%            6,66

UNTERSCHRIFT: ...............

6827 5379 08/11/91        1A01
IHR NAECHSTER OELWECHSEL MIT
      -SUPER-TRONIC-MOTOROEL-
```

Nachstehend sind abgebildet

- die Eurocard (obere Karte) und
- die Eurocard Gold (untere Karte):

Unternehmen, die Zahlungen mittels Eurocard und Eurocard Gold annehmen, zeigen dies durch einen Aushang (siehe nebenstehende Abbildung):

Wer mit der Kreditkarte bei einem der Kreditkartenorganisation angeschlossenen Vertragsunternehmen Waren kauft oder Dienstleistungen in Anspruch nimmt, ist von der Pflicht zur Barzahlung befreit. Die **Forderung,** die das Vertragsunternehmen (z. B. ein Einzelhandelsunternehmen) gegen den Karteninhaber (Käufer) hat, **bezahlt die Kreditkartengesellschaft.**

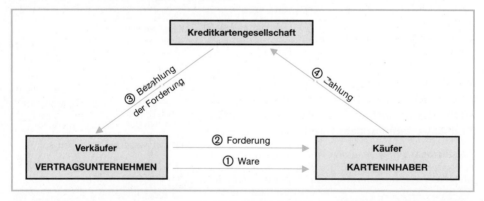

Die Kreditkartengesellschaft zieht nach Ablauf einer bestimmten Zeit, meistens monatlich, den Gesamtgegenwert der bezahlten Forderungen mit Lastschrift vom Bankkonto des Karteninhabers ein. Sie gewährt dem Karteninhaber bis zur Belastung seines Kontos einen Kredit. Die Vertragsunternehmen erhalten die Zahlungen für die erbrachten Leistungen nach einigen Tagen.

220

Aufgrund der Ausstattung der **ec-Karte** mit Magnetstreifen ist es möglich, die Scheckkarte auch zu **bargeldlosen Zahlungen an automatisierten Datenkassen des Einzelhandels** einzusetzen (**POS-Banking** = Zahlung am Ort des Verkaufs [Point of Sale]). Bei diesem als Electronic-Cash-System bezeichneten Verfahren wird die Karte durch ein Zusatzgerät an der Kasse gezogen. Dabei wird der Magnetstreifen der ec-Karte gelesen. Um einem Mißbrauch mit gestohlenen Karten vorzubeugen, muß der Kunde außerdem seine **Geheimzahl** eintippen.

Die Daten werden über eine Datenfernübertragungsleitung zu einem zentralen Computer der Banken und Sparkassen überspielt, der „Autorisierungszentrale". Hier wird geprüft, ob **Geheimzahl** und Scheckkarte zusammengehören und ob der Kunde auf seinem Konto über Guthaben oder Kredit verfügt. Es dauert nur Sekunden, bis der Autorisierungsrechner die Zahlungsfähigkeit des Kunden geprüft hat und die Zahlung am **Point of Sale** (Ort des Verkaufs) freigibt.

Der Kunde erhält einen Beleg (siehe nebenstehend) und wird auf seinem Girokonto von der Bank oder Sparkasse belastet.

Die Zahlung mit ec-Karte an einer Datenkasse **(Electronic-Cash-Terminal)** bietet Vorteile:

- Im Vergleich zur Barzahlung vermindern sich die Risiken des Verzählens und Verrechnens.

```
          TANKSTELLE
HELMUT THOMSEN
SCHLESWIGERSTRASSE 45
2390 FLENSBURG
TEL. 0461 96635 FAX. 98990


  K A R T E N Z A H L U N G
E L E C T R O N I C    C A S H
VDAT.: 12.91 KF.: 0
0 11.08 13:53:02  100000002242
TERMINAL-ID     : 71001762
BLZ: 21650110  KTO:     392189

AIDP: 0001500809 AID: CE55E534

VORWAESCHE            5,00
WASCHPR. 6          16,00
GESAMT      DM      21,00


MWST  14,00%          2,58
    5386 08/11/91        1A01
IHR NAECHSTER OELWECHSEL MIT
  -SUPER-TRONIC-MOTOROEL-
```

- Im Vergleich zur Scheck-Zahlung entfallen die Bearbeitungszeiten für den Scheckverkehr. Außerdem wird der Rechnungsbetrag dem Verkäufer schneller gutgeschrieben.

- Im Vergleich zur Zahlung mit Kreditkarten – bei denen der Verkäufer bis zu 7 % des Umsatzes als Vergütung an den Kreditkartenherausgeber zu zahlen hat – sind die Kosten für den Verkäufer niedriger.

Das Electronic-Cash-System ist ein Teil des elektronischen Zahlungsverkehrs (siehe Abschnitt 7.4.4.3).

Außer mit ec-Karten kann auch mit **Kreditkarten** und **Kundenkarten** von Kreditinstituten an Datenkassen gezahlt werden.

7.5 Überwachung der Zahlungseingänge und der Zahlungsausgänge (Terminüberwachung) in betriebswirtschaftlicher und in rechtlicher Sicht

7.5.1 Terminüberwachung und Finanzplanung

Es kommt immer wieder vor, daß ein **Schuldner** seine **Verpflichtung zur Zahlung nicht erfüllt.** Grund dafür kann eine schlechte finanzielle Situation des Schuldners sein, d.h. daß er nicht zahlen kann. Oftmals verweigert der Schuldner (auch als **Debitor** bezeichnet) eine fällige Zahlung, weil er meint, daß die gelieferte Ware nicht in Ordnung sei. Der **Gläubiger** muß selbst Verbindlichkeiten bezahlen und will nicht dadurch in Zahlungsschwierigkeiten kommen, daß sein Kunde Forderungen nicht begleicht.

Ursachen für das Nichtbezahlen fälliger Schulden:

Übersehen der Zahlungsfälligkeit, mangelndes Bankguthaben oder mangelnder Bankkredit bzw. ausgenutzter Bankkredit (Zahlungsschwierigkeiten/Zahlungsunfähigkeit)

Der Gläubiger einer Forderung muß darauf achten, daß **Zahlungseingänge aus Forderungen termingerecht** erfolgen, um seine eigenen Verbindlichkeiten begleichen zu können.

Kurzfristig gesehen, kann die Liquidität des Unternehmens durch Kredite, die bei der Bank oder bei Lieferanten in Anspruch genommen werden können, gesichert werden. Langfristig gesehen, müssen die Einnahmen aus dem Absatz die Ausgaben für die Beschaffung decken.

Liquidität ist die **Fähigkeit, fällige Zahlungsverpflichtungen uneingeschränkt erfüllen zu können.**

Illiquidität (Zahlungsunfähigkeit) ist ein Grund, ein Unternehmen zwangsweise aufzulösen (Konkurs – siehe Abschnitt 9.8.6). Liquidität (Zahlungsfähigkeit) ist also die Voraussetzung für die Erhaltung der Existenz des Unternehmens.

Ein liquides Unternehmen kann Rechnungen der Lieferanten unter **Abzug von Skonto** begleichen und damit auf die Ausnutzung des Zahlungsziels, d.h. die

222

Inanspruchnahme von Lieferantenkredit, verzichten. Dadurch kann das Unternehmen hohe Zinsaufwendungen vermeiden, wie im Abschnitt 9.6.3.2 ausführlich dargestellt wird.

Ein nichtliquides Unternehmen muß u. U. **Lieferantenkredit** in Anspruch nehmen. Kann es fällige Verbindlichkeiten nicht bezahlen, gerät das Unternehmen in Zahlungsverzug.

Muß ein Unternehmen, um Kunden zu halten oder um neue Kunden zu gewinnen, in verstärktem Umfang Zahlungsziele einräumen, also selbst Kredit gewähren, dann bindet es Mittel in Forderungen.

In Höhe des durchschnittlichen Forderungsbestandes ist **Kapital** des Unternehmens **gebunden.**

Für das im Forderungsbestand (Debitorenbestand) gebundene Kapital muß eine **Verzinsung** berechnet werden, da die Kunden, die auf Ziel Ware erhalten, Kredite in Anspruch nehmen.

Beispiel:

Durchschnittlicher Forderungsbestand	300 000 DM
durchschnittliche Dauer der Zielinanspruchnahme durch Kunden	60 Tage
Zinssatz (z. B.)	8 %

(Höhe wird durch den Zinssatz bestimmt, den das Unternehmen selbst für Kreditaufnahmen zahlen muß.)

$$\text{Zinsen} = \frac{300\,000 \times 60 \times 8}{100 \times 360} = \textbf{4000 DM}$$

Verzögern sich die Zahlungseingänge von den Kunden, zahlen Kunden z. B. erst nach Mahnung, bedeutet das nichteingeplante Zielinanspruchnahme und damit einen Zinsaufwand für die längere Kapitalbindung, der nicht einkalkuliert ist.

Beispiel:

Durchschnittlicher Forderungsbestand	300 000 DM
durchschnittliche Dauer der Zielinanspruchnahme durch Kunden	75 Tage
Zinssatz	8 %

$$\text{Zinsen} = \frac{300\,000 \times 75 \times 8}{100 \times 360} = \textbf{5000 DM}$$

Terminüberwachung bei Forderungen an Kunden bedeutet Überwachung der termingerechten Zahlungseingänge. Es ist Steuerung der Liquidität und der Erfolge des Unternehmens.

Werden offenstehende Forderungen nicht überwacht, kann es vorkommen, daß eine Forderung verjährt. Ein Schuldner, der sich auf **Verjährung** beruft, hat das Recht, die Bezahlung seiner Schuld zu verweigern (siehe Abschnitt 7.5.3).

Auch die Bezahlung eigener Verbindlichkeiten des Unternehmens muß überwacht werden. **Termingerechtes Erfüllen eigener Zahlungsverpflichtungen** erhöht das Ansehen des Unternehmens bei Lieferanten; es stärkt die eigene Kreditwürdigkeit. Bezahlen von Lieferantenverbindlichkeiten innerhalb der Skontierungsfrist ermöglicht Skontoabzug; es vermeidet also die Inanspruchnahme von Lieferantenkredit und damit Zinsaufwendungen.

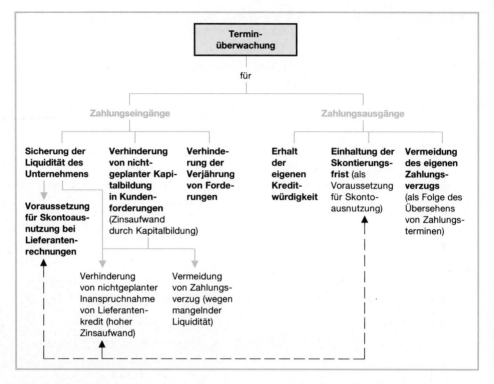

Die **Liquiditätssicherung des Unternehmens** erfordert eine Übersicht über die Liquiditätsentwicklung in der Zukunft. Diese Übersicht wird auch Finanzplan genannt.

Aufgabe der Finanzplanung und Finanzsteuerung ist es daher, möglichst weitgehend ein **Gleichgewicht von Einnahmen und Ausgaben** zu erreichen **(finanzielles Gleichgewicht).**

Finanzplanung und Finanzsteuerung sind Mittel zur **Vermeidung von finanziellen Ungleichgewichtssituationen:**

- **Unterdeckung** (Geldeinnahmen < Geldausgaben; Gefahr der Illiquidität, Belastung der Rentabilität),

- **Überdeckung** (Geldeinnahmen > Geldausgaben; Sicherung der Liquidität, aber Vorhandensein von Geld, das zwar auf Zeit zinsbringend angelegt werden kann, aber bei Einsatz im Umsatzprozeß einen größeren Ertrag erwirtschaftet hätte).

Der Finanzplan wird für einen bestimmten Zeitraum erstellt, z. B. für eine Woche, für einen Monat oder für ein Jahr. Erfaßt werden

- die **Zahlungsmittelbestände** (Guthaben auf Bank- und Postgirokonten, Kassenbestand),

- die **erwarteten Einnahmen** (Bareinnahmen aus Umsätzen an Waren und Dienstleistungen; Eingänge auf Bank- und Postgirokonten: aufgrund fälliger Forde-

© Verlag Gehlen

rungen an Kunden, Zinseinnahmen, Mieteinnahmen, Rückfluß von gewährten Krediten),

● die **erwarteten Ausgaben** (Barausgaben für Einkäufe; Ausgänge von Bank- und Postgirokonten: aufgrund fälliger Verbindlichkeiten bei Lieferanten und anderen Gläubigern, Ausgänge für Lohn- und Gehaltszahlungen, für Mieten usw.),

● die **Ausnutzung der von Banken und Sparkassen eingeräumten Kredite** (Ausnutzung der Kreditlinien).

Beispiel: Finanzplan der Elektrogroßhandlung Wagner & Co. für den Zeitraum **vom 24. 09... bis 05. 10...**

Konto bei der Handelsbank **(Bankkonto)**
Guthaben am 24. 09...	6 000 DM
eingeräumter Kredit (Kreditlimit)	30 000 DM

Konto beim Postgiroamt **(Postgirokonto)**
Guthaben am 24. 09...	2 500 DM

Kassenbestand am 24. 09...	1 500 DM
(zu haltender Mindestbestand)	500 DM

Erwartete Zahlungseingänge
aus Forderungen
fällig am	25. 09.	12 000 DM
	28. 09.	15 000 DM
	06. 10.	20 000 DM

An Lieferanten zu leistende Zahlungen
Verbindlichkeiten
fällig am	26. 09.	15 000 DM
	29. 09.	30 000 DM
	05. 10.	20 000 DM

Sonstige Zahlungsvorgänge
Lohnzahlungen	26. 09.	7 500 DM
Mieteinnahme	27. 09.	4 500 DM
Tilgungsrate Darlehen	04. 10.	12 000 DM

Es wird unterstellt, daß alle Zahlungen zu den vorgesehenen Terminen erfolgen.

Datum	Vorgang	Einnahme	Ausgabe	Zahlungs-mittelbestand	Kredit-spielraum	Liquidität
24. 09.	–	–	–	10 000	30 000	40 000
25. 09.	Forderung	12 000	–	22 000	30 000	52 000
26. 09.	Verbindlichkeit	–	15 000	7 000	30 000	37 000
26. 09.	Lohn	–	7 500	500	29 000	29 500
27. 09.	Miete	4 500	–	4 000	30 000	34 000
28. 09.	Forderung	15 000	–	19 000	30 000	49 000
29. 09.	Verbindlichkeit	–	30 000	500	18 500	19 000
04. 10.	Darlehen	–	12 000	500	6 500	7 000
05. 10.	Verbindlichkeit	–	20 000	500	0	./.13 500

Bei **kurzfristiger Unterdeckung** muß das Unternehmen mit seiner Bank oder Sparkasse über eine zeitweilige Überschreitung des Kreditlimits sprechen (Überziehung).

Bei **kurzfristiger Überdeckung** muß das Unternehmen mit seiner Bank oder Sparkasse über eine zeitweilige Geldanlage sprechen (z. B. Anlage als Festgeld für 30 Tage).

Ergibt der Finanzplan, daß eine **Unterdeckung über längere Zeit** vorherrschen wird, muß das Unternehmen Überlegungen über langfristig wirkende Maßnahmen anstellen:

- Senkung geplanter Ausgaben (z. B. im Personalbereich),
- zeitliche Verschiebung von geplanten Ausgaben,
- verstärkte Terminüberwachung,
- Maßnahmen, um Kunden zur strikten Einhaltung der gewährten Zahlungsziele zu veranlassen (z. B. sofortige Mahnung bei Zielüberschreitung).

7.5.2 Der Zahlungsverzug und seine Folgen

Wenn ein Schuldner seiner Zahlungsverpflichtung aus einem Vertrag nicht rechtzeitig nachkommt, gerät er in **Zahlungsverzug.** Der Zahlungsverzug tritt ein, wenn bestimmte Voraussetzungen vorliegen, und gibt dem Gläubiger bestimmte Rechte.

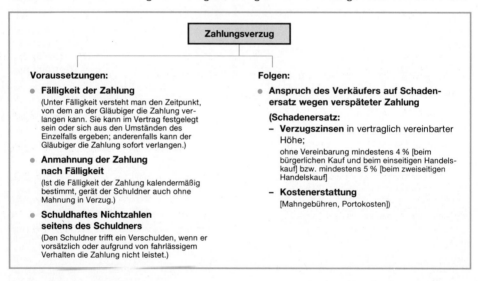

7.5.3 Die Verjährung

Beispiel:

Klaus Ludwig, Inhaber eines Fachgeschäftes für Uhren und Schmuckwaren, hat aus einem Reparaturauftrag eine Forderung von 225 DM gegen den kaufmännischen Angestellten Hans Hartmann. Die Rechnung darüber wurde am 6. September 1989 ausgestellt. Es wurde übersehen, daß für diese Rechnung keine Zahlung einging.

Im März 1992 entdeckt Ludwig, daß die Rechnung noch offen ist, und fordert Hartmann zur Zahlung auf. Hartmann lehnt dies ab und behauptet, die Forderung sei verjährt.

Aufgrund der Verjährung sei seine Schuld erloschen. Hat er mit dieser Auffassung recht?

Jeder, der Forderungen gegen andere hat – gleichgültig, ob er dabei Privatperson oder Kaufmann ist –, sollte daran denken, daß der Schuldner sich nach Ablauf einer bestimmten Zeit auf die **Verjährung** berufen kann.

> Nach Ablauf der Verjährungsfrist hat der **Schuldner** das **Recht, die Bezahlung der Schuld zu verweigern.**

Macht der Schuldner von der **Einrede der Verjährung** Gebrauch, verliert der Gläubiger zwar nicht seine Forderung. Er hat aber nicht mehr die Möglichkeit, die Forderung mit Hilfe des Gerichts einzutreiben. Bezahlt der Schuldner jedoch eine Verbindlichkeit, obwohl sie schon verjährt ist, kann er das Geld nicht zurückfordern.

Im **Bürgerlichen Gesetzbuch (BGB)** sind **verschiedene Verjährungsfristen** festgelegt worden.

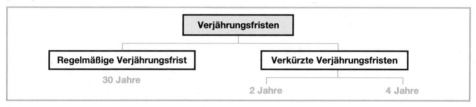

7.5.3.1 Die regelmäßige Verjährungsfrist

Die **regelmäßige Verjährungsfrist von 30 Jahren** gilt

1. **für alle Forderungen, die Privatpersonen haben,**
2. für **Darlehensforderungen,** also z.B. für Forderungen von Banken und Sparkassen auf Rückzahlung von Krediten, und
3. für **alle Ansprüche, die von einem Gericht als berechtigt festgestellt worden sind.**

Die regelmäßige Verjährungsfrist von 30 Jahren beginnt mit dem Zeitpunkt, in dem ein Anspruch entstanden ist. Hat z.B. eine Bank einem Unternehmen ein Darlehen gewährt und im Kreditvertrag vereinbart, daß das Darlehen am 31. Oktober zurückgezahlt werden muß, beginnt die Verjährungsfrist von diesem Zeitpunkt an zu laufen.

7.5.3.2 Verkürzte Verjährungsfristen

Verkürzte Verjährungsfristen sind **zwei-** oder **vierjährige Verjährungsfristen.**

In **zwei Jahren** verjähren die **Ansprüche aus Lieferungen und Dienstleistungen an Privatpersonen** (z.B. Ansprüche auf Bezahlung von Lieferungen des Einzelhandels an Privathaushalte).

Auch **Lohn- und Gehaltsforderungen von Arbeitnehmern** verjähren in zwei Jahren.

In **vier Jahren** verjähren **Forderungen aus Lieferungen und Leistungen von Gewerbetreibenden untereinander** (z.B. Forderung eines Bauunternehmers an einen Einzelhandelsbetrieb, Forderungen einer Maschinenfabrik an einen Handwerksbetrieb). In vier Jahren verjähren auch **alle regelmäßig wiederkehrenden Leistungen** (z.B. Ansprüche auf Zahlung von Mieten oder Pachten).

Im Gegensatz zu der regelmäßigen Verjährungsfrist von 30 Jahren **beginnen die verkürzten Verjährungsfristen mit dem Ende des Jahres,** in dem der Anspruch entstanden ist. Das nebenstehende Beispiel zeigt uns Beginn und Ende der Verjährungsfrist für die Ansprüche des Klaus Ludwig (siehe Seite 226).

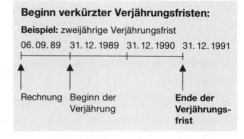

Beginn verkürzter Verjährungsfristen:

Beispiel: zweijährige Verjährungsfrist

| 06.09.89 | 31.12.1989 | 31.12.1990 | 31.12.1991 |

| Rechnung | Beginn der Verjährung | | **Ende der Verjährungsfrist** |

Die Forderung, die Klaus Ludwig gegen Hans Hartmann hat, ist nicht erloschen, wohl aber verjährt.

Die Verjährung führt nicht zum Erlöschen einer Forderung. Sie gibt aber dem Schuldner ein Recht zur Verweigerung der Leistung.

7.5.3.3 Unterbrechung und Hemmung der Verjährungsfrist

Jeder, der eine Forderung gegen einen anderen hat, ist daran interessiert, daß seine Forderung nicht verjährt. Er sollte daher ständig auf Zahlungseingänge achten und seine Schuldner rechtzeitig mahnen. Droht eine Forderung zu verjähren, kann der Gläubiger durch eine **gerichtliche Mahnung,** also durch einen **Mahnbescheid,** erreichen, daß die **Verjährungsfrist unterbrochen** wird. Dadurch beginnt die **Verjährungsfrist neu zu laufen.** Die Verjährung wird auch unterbrochen, wenn der Schuldner seine Schuld ausdrücklich anerkennt, z. B. durch Abschlagzahlung oder durch Bitte um Stundung.

Neben der Unterbrechung der Verjährung kann auch der Fall eintreten, daß eine **Verjährung gehemmt** wird. Stundet z. B. der Gläubiger dem Schuldner eine Forderung für drei Monate, so ruht für diese Zeit die Verjährung. Die drei Monate werden dann am Ende der Verjährungszeit hinzugerechnet.

7.6 Mahn- und Klagewesen: Durchsetzung von Ansprüchen

Beispiel:
Der Antiquitätenhandel Hans-Otto Heesch & Co. in Lübeck hat am 20.05.19.. einen antiken Sekretär (Eiche) zum Preis von 27872 DM für das Arbeitszimmer von Walter Hallermann, Inhaber eines Druckereibetriebes, geliefert. Rechnungsdatum: 25.05.19.. Gemäß Vereinbarung ist am 25.07.19.. ein Restbetrag von 9500 DM fällig.

Der **Gläubiger** mahnt die fällige Zahlung an. Dadurch gerät der Schuldner in Verzug, da ein genauer Zahlungstermin im Vertrag festgelegt war. (Wäre kein genauer Zahlungstermin vereinbart gewesen, hätte erst die Mahnung des Gläubigers den Schuldner in Zahlungsverzug gesetzt.) Es ist wichtig, sich dies vor Augen zu führen, denn der Gläubiger kann erst Verzugszinsen verlangen, wenn Zahlungsverzug vorliegt. Eine Mahnung ist kaufmännisch und rechtlich von Bedeutung.

Das **Mahnwesen des Unternehmens** hat den **Zweck, den Forderungseingang zu sichern** und **Kapitalbindung in Forderungen zu verringern.**

Die Übersendung der Rechnung selbst ist noch keine Mahnung. Zahlt der Schuldner jedoch nicht und übersendet der Gläubiger mehrfach eine Rechnung, so ist diese **wiederholte Zusendung der Rechnung** eine **eindeutige Aufforderung zur Zahlung** und damit rechtlich gesehen eine **Mahnung.**

Die Mahnung wird meistens direkt in einem **Mahnbrief** ausgesprochen, mit dem der Gläubiger den Schuldner eindeutig zur Zahlung auffordert.

Auszug aus dem 1. Mahnbrief vom 02.09.19..

Unsere Rechnung Nr. 2571 vom 25.05.19.. über 27 872 DM

Sehr geehrter Herr Hallermann!

Vereinbarungsgemäß sollte am 25. Juli 19.. der letzte Teilbetrag unserer oben angegebenen Rechnung von 9 500 DM bezahlt werden. Leider konnten wir bis heute keinen Zahlungseingang feststellen.

Auch wir müssen unsere Verpflichtungen pünktlich begleichen und sind deshalb auf die rechtzeitigen Zahlungen unserer Kunden angewiesen. Bitte, haben Sie Verständnis, daß wir Sie heute an den fälligen Betrag erinnern.

Mit freundlichen Grüßen

Hans-Otto Kusch

Eine Mahnung ist eine eindeutige Leistungsaufforderung.

Walter Hallermann zahlt trotz dieser Mahnung nicht.

Auszug aus dem 2. Mahnbrief vom 28.09.19..

Unsere Rechnung Nr. 2571 vom 25.05.19.. über 27 872 DM

Sehr geehrter Herr Hallermann,

zu unserem Bedauern haben Sie trotz unserer Erinnerung vom 02. September 19.. den am 25. Juli 19.. fälligen Betrag von 9 500 DM noch nicht gezahlt.

Wir bitten Sie um umgehende Begleichung des Rechnungsbetrages und setzen Ihnen hierfür eine Frist bis spätestens 05. Oktober 19.. Sollte die Zahlung bis zu diesem Termin nicht bei uns eingegangen sein, werden wir den Erlaß eines Mahnbescheids beim Amtsgericht beantragen.

Mit freundlichen Grüßen

Hans-Otto Kusch

Führen die Mahnungen (wiederholte Rechnungszusendung oder Mahnbriefe oder Zusendung einer Postnachnahme) nicht zum Erfolg, kann der Gläubiger die **Hilfe des Gerichtes** in Anspruch nehmen. Das gerichtliche Mahnverfahren kann aber auch eingeleitet werden, ohne daß der Gläubiger vorher selbst gemahnt hat. Diese Vorgehensweise empfiehlt sich, wenn der Schuldner ausdrücklich die Zahlung verweigert oder erkennbar in so großen Schwierigkeiten ist, daß ein Konkurs bevorsteht.

Der Gläubiger muß bei dem **Amtsgericht,** in dessen Bezirk er seinen Geschäftssitz oder Wohnsitz hat, einen **Antrag auf Erlaß eines** Mahnbescheids stellen. Der Antrag muß auf einem besonderen Vordruck eingereicht werden. Das **Amtsgericht erläßt** dann den **Mahnbescheid.** Es prüft nicht, ob der Anspruch berechtigt ist. Der Mahnbescheid wird dem Schuldner zugestellt. Der Schuldner wird damit aufgefordert, die Forderung und geltend gemachte Zinsen sowie die Gerichtskosten zu bezahlen oder Widerspruch einzulegen, falls er die Schuld bestreitet.

> Der Mahnbescheid ist eine gerichtliche Aufforderung, einen geltend gemachten Anspruch zu bezahlen oder dem Anspruch zu widersprechen.

Erhebt der **Schuldner Widerspruch,** kann der Gläubiger beantragen, daß eine Gerichtsverhandlung stattfindet, also ein **Klageverfahren** vor dem zuständigen Gericht eröffnet wird. Zahlt der Schuldner nicht und legt er auch keinen Widerspruch ein, kann der Gläubiger beantragen, daß der **Mahnbescheid vollstreckt** wird. In diesem Fall stellt das Gericht dem Schuldner einen Vollstreckungsbescheid zu. Auch jetzt gibt es wieder drei Möglichkeiten, wie sich der Schuldner verhalten kann. Zahlt er, ist die Angelegenheit erledigt. Erhebt er **Einspruch,** kommt es zum Klageverfahren. Zahlt er nicht und erhebt er auch keinen Einspruch, werden **Vermögensteile des Schuldners gepfändet.** Dies nennt man **Vollstreckung** oder **Zwangsvollstreckung.** Die gepfändeten Sachen werden versteigert. Aus dem **Versteigerungserlös** wird die Forderung des Gläubigers bezahlt.

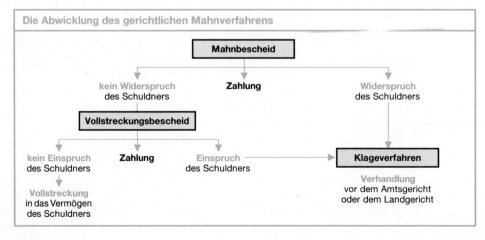

Der Antrag wird gerichtet
an das

Amtsgericht

Plz, Ort

1. SM-Zeile ► ① 2400 Lübeck

Geschäftsnummer des Amtsgerichts
Bei Schreiben an das Gericht stets angeben

② **Antragsgegner/ges. Vertreter**

Firma
Walter Hallermann
Alte Landstraße 5

2051 Hamburg-Billwerder

Plz   Ort

↓ Raum für Kostenmarken/Freistempler (falls nicht
ausreichend, unteres Viertel der Rückseite benutzen)

Mahnbescheid

◄ Datum des Mahnbescheids

③ **Antragsteller**, ges. Vertreter, Prozeßbevollmächtigte(r); Bankverbindung:

Antiquitätenhandel   vertreten durch   Bankverbindung:
Hans-Otto Heesch & Co.   Hans-Otto Heesch   Handelsbank in Lübeck
2400 Lübeck   Konto-Nr. 20/127 088

④ **macht gegen –Sie–**

☐ als Gesamt-
schuldner

⑤ **folgenden Anspruch geltend** (genaue Bezeichnung, insbes. mit Zeitangabe):   Geschäftszeichen: des Antragstellers:

Teilbetrag von 9 500,00 DM aus der Rechnung Nr. 2571 vom
25. Mai 19.. über 27 872,00 DM

⑥ Hauptforderung		Zinsen
	DM 9 500,00	6 % Verzugszinsen
⑦ Vorgerichtliche Kosten	DM	ab 25.07.19..

⑧ Kosten dieses Verfahrens (Summe ① bis ⑤) DM	① Gerichtskosten	② Auslagen d. Antragst.	③ Gebühr d. Prozeßbev.	④ Auslagen d. Prozeßbev.	⑤ MWSt. d. Prozeßbev.
124,50	112,50 DM	12,00 DM	DM	DM	DM

⑨ Gesamtbe-trag		Der Anspruch ist nach Erklärung des Antragstellers von einer Gegenleistung
DM 9 624,50	zuzügl. der Zinsen	☐ nicht abhängig. ☒ abhängig; diese ist aber bereits erbracht.

Das Gericht hat nicht geprüft, ob dem Antragsteller der Anspruch zusteht. Es fordert Sie hiermit auf, innerhalb von z w e i W o c h e n seit der Zustellung dieses Bescheids e n t w e d e r die vorstehend bezeichneten Beträge, soweit Sie den geltend gemachten Anspruch als begründet ansehen, zu begleichen o d e r dem (oben bezeichneten) **Gericht auf einem Vordruck der beigefügten Art** (s. Hinweis dazu auf der Rückseite) **mitzuteilen, ob und in welchem Umfang Sie dem Anspruch widersprechen.**

Werden die geforderten Beträge nicht beglichen und wird auch nicht Widerspruch erhoben, kann der Antragsteller nach Ablauf der Frist einen Vollstreckungsbescheid erwirken, aus dem er die Zwangsvollstreckung betreiben kann. Ein streitiges Verfahren in Ihrem allgemeinen Gerichtsstand wäre nach Angabe des Antragstellers durchzuführen vor dem

⑩ ☐ Amtsgericht ☒ Landgericht ☐ Landgericht -Kammer für Handelssachen-   Plz, Ort in 2000 Hamburg

An dieses Gericht, dem eine Prüfung seiner Zuständigkeit vorbehalten bleibt, wird die Sache im Falle Ihres Widerspruchs abgegeben.

Rechtspfleger

Antrag

Ort, Datum Lübeck, 10. Oktober 19..

⑪ Anschrift des Antragstellers/Vertreters/Prozeßbevollmächtigten

Antiquitätenhandel
Hans-Otto Heesch & Co.

2400 Lübeck

Eingangsstempel des Gerichts

Es wird beantragt, aufgrund der vorstehenden Angaben einen Mahnbescheid zu erlassen.

⑫ Im Falle des Widerspruchs wird die Durchführung des streitigen Verfahrens vor dem vorstehend bezeichneten Gericht beantragt.

⑬ Ordnungsgemäße Bevollmächtigung wird versichert.

⑭ Hier die Zahl der ausgefüllten Vordrucke angeben, falls sich der Antrag gegen mehrere Antragsgegner richtet.

Hans-Otto Heesch

Blatt 1: Antrag und Urschrift

(NK) Verlags-Nr. **707**

Unterschrift des Antragstellers/Vertreters/Prozeßbevollmächtigten

Dieser Mahnbescheid ist zu verwenden, wenn der **Antrag** auf Erlaß eines Mahnbescheids **an ein Gericht** gestellt wird, das die **Mahnverfahren nicht maschinell bearbeitet.** Für Gerichte, die die Mahnverfahren maschinell bearbeiten oder ein automatisiertes Mahnverfahren durchführen, sind die im **Anhang** auf den Seiten 459 und 460 abgebildeten Formulare zu benutzen.

© Verlag Gehlen

Bei ergebnislosem Verlauf einer Zwangsvollstreckung kann der Gläubiger beim Amtsgericht beantragen, daß der Schuldner eine sog. **„eidesstattliche Versicherung"** (früher Offenbarungseid genannt) abgeben muß. Mit der eidesstattlichen Versicherung wird der Schuldner gezwungen, ein genaues Verzeichnis seiner Vermögenswerte herzugeben und die Richtigkeit an Eides Statt zu versichern. Schuldner, die eine eidesstattliche Versicherung abgeben müssen, werden in einem beim Amtsgericht geführten **„Schuldnerverzeichnis"** eingetragen.

7.6.2 Durchführung des Klageverfahrens

Zum Klageverfahren kann es kommen:

1. aufgrund eines **Widerspruchs des Schuldners gegen den Mahnbescheid,**
2. aufgrund eines **Einspruchs des Schuldners gegen den Vollstreckungsbescheid** oder
3. durch **Einreichung einer Klage durch den Gläubiger** (unter Verzicht auf das Mahnverfahren).

Das Klageverfahren muß bei dem sachlich und örtlich zuständigen Gericht durchgeführt werden (siehe auch Abschnitt 4.5.5.2).

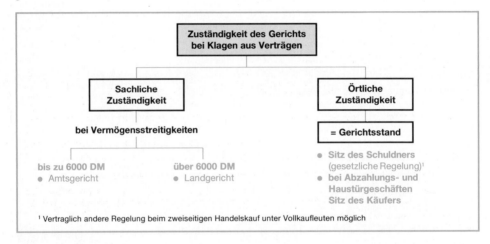

7.7 Factoring: Ankauf von Forderungen

Ihr Problem:

Sie möchten über den Gegenwert aus Ihren Warenlieferungen oder Leistungen sofort verfügen.

GEFA Gesellschaft für Absatzfinanzierung

Unsere Lösung:

Ankauf Ihrer Forderungen durch GEFA-Factoring. Unser Spezialinstitut zahlt bei einwandfreier Bonität 80 bis 90 % des Gegenwertes an Sie aus – und zwar sofort bei Entstehung der Forderung!

Factoring ist der Ankauf von Forderungen aus Warenlieferungen oder Dienstleistungen durch ein Finanzierungsinstitut (Factor). Grundlage der Geschäftsbeziehungen zwischen Factor und Factoring-Kunde ist ein Factoring-Vertrag, der rechtlich gesehen ein Kaufvertrag ist.

Für Factoring eignen sich **grundsätzlich alle Forderungen** mit Ausnahme von Ansprüchen gegen Endverbraucher. In der Praxis werden **vornehmlich kurzfristige Forderungen,** die aus Zahlungszielen **von längstens 90 Tagen** entstehen, angekauft. Forderungen aus Verträgen, für die sich längerfristige Gewährleistungsansprüche ergeben, sind nicht geeignet für den Ankauf durch Factoring-Gesellschaften. Factoring-Gesellschaften sind meistens Tochterunternehmen von Banken und Sparkassen.

Factoring wird in erster Linie durch **mittelständische Unternehmen der Industrie und des Großhandels** in Anspruch genommen. Die Hauptbedeutung des Factoring-Verfahrens wird von diesen Kunden in der **Beschaffung von liquiden Mitteln** gesehen.

Werbung für Factoring:

GEFA-Factoring bietet Ihnen:

- Ankauf Ihrer Forderungen aus Warenlieferungen und Leistungen,
- Schutz gegen mögliche Zahlungsunfähigkeit eines Abnehmers,
- laufende Bonitätsüberwachung Ihrer Abnehmer,
- auf Wunsch Übernahme Ihrer Debitorenbuchhaltung, Ihres Mahnwesens und des Einzugs Ihrer Forderungen.

GEFA-Factoring kauft Ihre Forderungen bei einwandfreier Bonität und zahlt 80 bis 90 % des Gegenwertes – sofort bei Entstehung der Forderung.

Das bedeutet für Sie:

- Sie können durch Bargeldzuwachs Ihre Marktchancen besser nutzen: Kauf gegen sofortige Kasse zu höchstmöglicher Skontierung!
- Sie sichern sich stete sofortige Zahlungsbereitschaft: ein Zeichen für erfolgreiche Unternehmensführung!
- Sie schonen Eigen- und Fremdmittel für die Realisierung anderer unternehmerischer Aufgaben: Ihre Wettbewerbsfähigkeit wird verbessert!

Außerdem bietet Ihnen GEFA-Factoring einen optimalen Delkredere-Schutz:

- Sie können die Sorgen um die Zahlungsfähigkeit Ihrer Kunden zu den Akten legen – zu den GEFA-Akten. Und zwar erstreckt sich der Schutz auf den vollen Wert einer Forderung und erübrigt den Nachweis des Ausfalls durch Sie.
- Sie ersparen sich Mühen und Kosten einer Rechtsverfolgung.
- Sie gewinnen größere Dispositionsfreiheit.

Die Übernahme Ihrer Debitorenbuchhaltung und Ihres Mahnwesens durch GEFA-Factoring führt ferner zu beträchtlichen Einsparungen an Personal- und Sachkosten. Vorhandene Kapazitäten können anderweitig nutzbringend eingesetzt werden.

Kein Zweifel: Vorteile, die den ,,rechnenden'' Unternehmer zum Nachdenken anregen können!

Die Factoring-Institute übernehmen das **Ausfallrisiko (Kreditrisiko) nach Prüfung der Kreditwürdigkeit (Bonität) der Debitoren** und verzichten auf Rückgriffsansprüche (Regreßansprüche) bei Zahlungsausfällen **(Delkrederefunktion).**

Ablauf des Factoring-Verfahrens: Der Factoring-Kunde (Unternehmen, das Waren oder Dienstleistungen verkauft) reicht dem Factoring-Institut Ausgangsrechnungen (Rechnungen an Abnehmer) ein. Für jeden Abnehmer (Debitor) werden Limite (Obergrenzen) zwischen dem Factoring-Kunden und dem Factoring-Institut vereinbart. Im Rahmen dieser Kundenlimite übernimmt das Factoring-Institut das

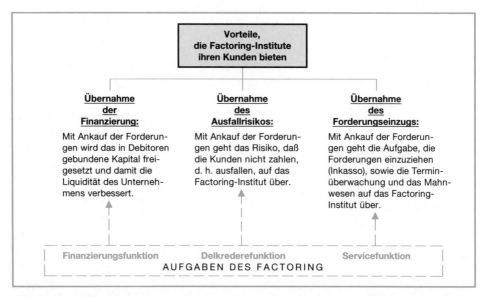

Delkredererisiko für die Debitoren des Factoring-Kunden zu 100 %. Das Factoring-Institut bevorschußt im Rahmen der Kundenlimite die Ausgangsrechnungen des Factoring-Kunden in der Regel bis zu 80 bzw. 90 %. Der Factoring-Kunde kann selbst entscheiden, ob, zu welchem Zeitpunkt und in welchem Umfang er von der Bevorschussung Gebrauch machen will. Die restlichen 10 bzw. 20 % der Forderungen werden auf einem Sperrkonto für etwaige Ansprüche aus Mängelrügen und aus Skonti bzw. Boni gebucht. Der Factoring-Kunde kann hierüber verfügen, sobald seine Abnehmer volle Zahlung an das Factoring-Institut geleistet haben bzw. sobald feststeht, daß eine Forderung ausgefallen ist (Eintritt des Delkrederefalls).

Bei **offenem Factoring** werden die Debitoren über den Verkauf der gegen sie bestehenden Forderungen unterrichtet. Sie können mit schuldbefreiender Wirkung nur an das Factoring-Institut zahlen. Bei **stillem Factoring** zahlen die Debitoren weiterhin an das Unternehmen, das die Geldeingänge an das Factoring-Institut weiterleitet. Das Factoring-Institut übernimmt in diesem Fall keine Servicefunktion. Stilles Factoring wird daher auch als unechtes Factoring bezeichnet.

Die **Kosten des Factoring** setzen sich aus der **Factoring-Gebühr** und den **Zinsen** zusammen. Die Factoring-Gebühr wird in Höhe eines bestimmten Prozentsatzes vom Umsatz (Verkauf auf Ziel) berechnet. Ihre Höhe hängt ab vom Umsatz des Factoring-Kunden, von der Zahl seiner Abnehmer und der durchschnittlichen Höhe der Ausgangsrechnungen. Die Factoring-Gebühr ist auch Entgelt für die Übernahme des Ausfallrisikos. Zinsen muß der Factoring-Kunde für die Bevorschussung der Forderungen vom Tage der Inanspruchnahme des Vorschusses bis zum Zahlungseingang bzw. bis zum Eintritt des Delkrederefalls bezahlen. Ihre Höhe entspricht im allgemeinen den banküblichen Zinssätzen für Kontokorrentkredite.

Factoring hat **liquiditätsmäßige** und **rentabilitätsmäßige Auswirkungen** für das Unternehmen, das Forderungen verkauft.

Beispiel:

Jahresumsatz:	240 Mio. DM
davon Verkauf auf Ziel:	120 Mio. DM
gewährtes Zahlungsziel:	180 Tage
Wareneinkauf:	180 Mio. DM
beanspruchtes Lieferantenziel:	60 Tage
(10 Tage, 3 % Skonto)	

Das Unternehmen begleicht bereits ⅓ der Wareneinkaufsrechnungen mit Skonto.

Bilanz vor Factoring in Mio. DM

AKTIVA		PASSIVA	
Anlagevermögen	5	Eigenkapital	20
Warenvorräte	30	Lieferantenverbindlichkeiten	20
Forderungen Zielkauf	60	Bankverbindlichkeiten	60
Sonstige Forderungen	10	Sonstige Verbindlichkeiten	10
Bank	5		
	110		110

Liquiditätszufluß in Mio. DM		**Liquiditätsverwendung in Mio. DM**	
Verkaufte Forderungen	60	Tilgung Lieferantenverbindlich-keiten (⅔, weil 10 Tage zinsfrei)	17
		Tilgung Bankschulden	43
	60		60

Bilanz nach Factoring in Mio. DM

AKTIVA		PASSIVA	
Anlagevermögen	5	Eigenkapital	20
Warenvorräte	30	Lieferantenverbindlichkeiten	3
Sonstige Forderungen	10	Bankverbindlichkeiten	17
Bank	5	Sonstige Verbindlichkeiten	10
	50		50

Kosten		**Nutzen**	
0,75 % Gebühr auf 120 Mio.	900 TDM	3 % Skonto auf 120 Mio. DM Wareneinkauf	3 600 TDM
Banktübliche Zinsen auf verkaufte Forderungen (10 %)	6000 TDM	Eingesparte Zinsen (10 % auf getilgten Bankkredit)	4 300 TDM
		Vermiedene Verluste aus Forderungsausfällen	200 TDM
	6 900 TDM		8 100 TDM

Quelle: „Absatzfinanzierung", 1990, Landsberg/Lech, Seite 62–65

Wie das Beispiel zeigt, ergeben sich aus der Finanzierungsfunktion des Factoring für das Unternehmen folgende Vorteile:

• Die in Forderungen gebundenen Mittel werden freigesetzt.

- Die Mittel können zur sofortigen Bezahlung der Wareneinkäufe (Skontoausnutzung) oder zur Tilgung teurer Schulden (Verbindlichkeiten, die sehr hoch verzinst werden müssen) verwendet werden.
- Die verbesserte Zahlungsbereitschaft ermöglicht dem Unternehmen günstige Einkäufe, z.B. durch Ausnutzung von Sonderrabatten.

7.8 Der Wechsel als Zahlungs- und Kreditsicherungsmittel

Beispiel:

Die Schmuckwarengroßhandlung Hartmann & Söhne KG liefert Uhren, Ketten und Ringe im Wert von 10 000 DM an Goldschmiedemeister Egon Schneider in Neumünster. Egon Schneider bittet den Lieferanten um Verständnis dafür, daß er erst dann zahlen kann, wenn er seinerseits die Waren verkauft hat. Er rechnet damit, daß er in ca. 3 Monaten genügend Geld eingenommen hat. Die Firma Hartmann & Söhne KG ist bereit, dieses Zahlungsziel einzuräumen, möchte zur Absicherung aber einen Wechsel auf die Firma Egon Schneider ausstellen („ziehen").

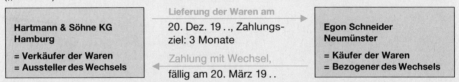

	Lieferung der Waren am	
Hartmann & Söhne KG **Hamburg**	20. Dez. 19 . ., Zahlungs- ziel: 3 Monate	**Egon Schneider** **Neumünster**
= Verkäufer der Waren = Aussteller des Wechsels	Zahlung mit Wechsel, fällig am 20. März 19 . .	= Käufer der Waren = Bezogener des Wechsels

Der Wechsel wird auf einem bestimmten **Formular** ausgeschrieben. Dieser **Einheitsvordruck** enthält alle wichtigen **Bestandteile** bzw. die genaue Anordnung zum Ausfüllen:

Aus dem Wechseltext – „Gegen diesen Wechsel zahlen Sie…" wird deutlich, daß der Wechsel eine **Zahlungsanweisung** ist (Aufforderung zu zahlen). Der Aussteller weist den Bezogenen an, eine bestimmte Geldsumme an einem bestimmten Zeitpunkt an eine bestimmte Person zu zahlen. Der Bezogene erkennt seine Schuld an, indem er auf der Vorderseite des Wechsels links quer zum Text unter dem Wort „Angenommen" unterschreibt. Mit dieser Annahmeerklärung (Akzeptierung des Wechsels) tritt zur Zahlungsanweisung des Ausstellers die **Zahlungsverpflichtung** des Bezogenen. Der Bezogene „zahlt" mit dem Wechsel. Seine Schuld aus dem Kaufvertrag ist aber erst erloschen, wenn er seine Zahlungsverpflichtung aus dem Wechsel am Fälligkeitstag erfüllt hat.

Der Wechsel unterliegt den strengen Vorschriften des Wechselgesetzes: Wer am Verfalltag einen von ihm akzeptierten Wechsel nicht einlöst, kann in einem schnellen Gerichtsverfahren der Zwangsvollstreckung unterworfen werden.

> Der Wechsel ist ein Mittel, um **Forderungen aus Zielverkäufen zu sichern (Kreditsicherungsmittel).**

1 Arten des Geldes

An der Kasse eines Kreditinstituts zahlt ein Kunde 285 DM auf sein Girokonto ein, und zwar in Form von

zwei Banknoten über je 100 DM,   einer Banknote über 10 DM,
einer Banknote über 50 DM,   fünf Münzen über je 5 DM.

a) Erläutern Sie anhand dieses Vorganges, wie Buchgeld entsteht!
b) Warum zählen Spareinlagen nicht zum Buchgeld?
c) Welche Zahlungsmittel werden unterschieden?

2 Zahlungsformen

Als Zahlungsformen unterscheidet man die Barzahlung, die halbbare und die bargeldlose Zahlung. Ergänzen Sie die (ungeordnete!) Übersicht nach dem Muster der ersten Zeile:

Zahlungspflichtiger leistet	Zahlungsempfänger erhält	Zahlung durch	Bezeichnung der Zahlungsform
bar: direkte Übergabe von Banknoten und Münzen an den Zahlungsempfänger	**bar:** direkter Empfang von Banknoten und Münzen vom Zahlungspflichtigen	Banknoten und Münzen	**Barzahlung**
...........?...........: Abbuchung vom Bankgirokonto	...........?...........: Gutschrift auf Postgirokonto	...........?........... oder ....?...........	...........?........... ....?...........
...........?...........: ....?........... ....?...........	...........?...........: ....?........... ....?...........	Postanweisung	...........?........... ....?...........
bar: Einzahlung von Banknoten und Münzen bei einem Postamt	...........?...........: Gutschrift auf Bankkonto	...........?...........	...........?........... ....?...........
unbar: ....?........... ....?...........	**bar:** Auszahlung bei einem Postamt	...........?...........	...........?........... ....?...........
...........?........... ....?........... oder ....?...........	...........?........... ....?........... oder ....?...........	Lastschrift	...........?........... ....?...........

3 Zahlungsarten und Annahmezwang

In welchen Fällen muß ein Gläubiger die Zahlungsart akzeptieren?

1. Zahlung über 1 000 DM mit Scheck
2. Zahlung über 820 DM mit Banknoten, die auf DM lauten
3. Zahlung über 15,20 DM mit Münzen, die auf DM oder Pf lauten
4. Zahlung über 1 550 DM mit Wechsel
5. Zahlung über 1 965,15 DM mit Überweisung

4 Quittung

Klaus Bertram schuldet seinem Freund Walter Braun 300 DM. Am 01.10. zahlt er 100 DM an Braun und verlangt dafür eine Quittung. Braun will ihm diese erst nach Erhalt der restlichen 200 DM geben. Wer hat recht?

> **§ 368 BGB (Quittung)**
> Der Gläubiger hat gegen Empfang der Leistung auf Verlangen ein schriftliches Empfangsbekenntnis (Quittung) zu erteilen. Hat der Schuldner ein rechtliches Interesse, daß die Quittung in anderer Form erteilt wird, so kann er die Erteilung in dieser Form verlangen.

5 Lastschriften

Beantworten Sie die folgenden Fragen, die sich im Zusammenhang mit Lastschriften auf den Zahlungspflichtigen (Schuldner) und den Zahlungsempfänger (Gläubiger) beziehen!

a) Wer bestimmt den Zeitpunkt der Zahlung?
b) Wer löst den Zahlungsvorgang aus?
c) Wem bietet das Lastschriftverfahren Vorteile?
d) Wer muß seine Zustimmung zur Durchführung des Lastschriftverfahrens geben?

6 Zahlungsformen und Vordrucke

Im Zahlungsverkehr werden verschiedene Vordrucke verwendet, die unter a) bis g) aufgezählt werden.

Ordnen Sie diese Vordrucke den Zahlungsformen zu!

Zahlungsformen:
① bare Zahlungen
② halbbare Zahlungen
③ bargeldlose Zahlungen

Vordrucke:
a) Lastschrift
b) Quittung
c) Barscheck
d) Überweisung
e) Postanweisung
f) Zahlschein
g) Verrechnungsscheck

7 Kreditkarten anstelle von eurocheques

Im Rahmen einer Rationalisierung wird in der NORD-WERBUNG-GmbH entschieden, auf Geschäftsreisen mit Kreditkarten statt mit eurocheques zu zahlen.

Begründen Sie die Entscheidung!

8 ec-Karten

Nennen und erläutern Sie die Einsatzmöglichkeiten, die eine ec-Karte bietet!

9 Zahlungseingänge

Erläutern Sie anhand des nachstehenden Formulars die Abwicklung der Zahlungsvorgänge unter der Annahme, daß es sich

a) um Scheckzahlungen,
b) um Zahlungen durch Lastschriften handelt!

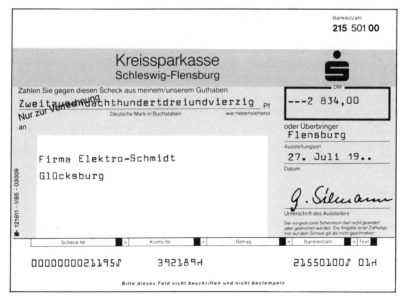

Einreichung von Schecks / Lastschriften

zur Gutschrift E. v. ~~Gutschrift nach Eingang~~ } Nichtzutreffendes bitte streichen!

an **UNIONBANK AG**
Hannover

Konto-Nr.	Kontoinhaber
80/81 216	Edgar Mohrmann, Hannover

Aussteller/Zahlungspflichtiger	Scheck-/Lastschrift-Nr.	Konto-Nummer des Ausstellers/Zahlungspfl.	Bankleitzahl der bez. Bank/Zahlst.	Betrag DM
A.Weise & Co.	334 583	11 655 9	37511411	874,00
Weber u.Söhne	334 584	4/554006	36050105	1 440,00
Paul Schütte	335 600	68/444822	20040000	350,00

Stück
3

2 664,00

30.09.19..
Datum

EDGAR MOHRMANN
Hannover
Firmenstempel und Unterschrift des Einreichers

./.

ZV 3.102–1– (1–3)7.77 Wir bitten alle Schecks zu girieren und mit dem Vermerk „Nur zur Verrechnung" zu versehen.

Mehrzweckfeld	×	Konto-Nr.	×	Betrag	×	Bankleitzahl	×	Text

70н

Bitte dieses Feld nicht beschreiben und nicht bestempeln

---

10   **Scheck**

Beantworten Sie Fragen zu dem abgebildeten Scheck!

Bankleitzahl
215 501 00

Kreissparkasse
Schleswig-Flensburg

Zahlen Sie gegen diesen Scheck aus meinem/unserem Guthaben

Zweitausendachthundertdreiundvierzig
Nur zur Verrechnung
Deutsche Mark in Buchstaben   Pf   wie nebenstehend

DM
---2 834,00

an

oder Überbringer
Flensburg
Ausstellungsort

Firma Elektro-Schmidt
Glücksburg

27. Juli 19..
Datum

g. Silmann
Unterschrift des Ausstellers

Der vorgedruckte Schecktext darf nicht geändert oder gestrichen werden. Die Angabe einer Zahlungsfrist auf dem Scheck gilt als nicht geschrieben

121611 · 1/85 · 03009

Scheck-Nr	×	Konto-Nr	×	Betrag	×	Bankleitzahl	×	Text

0000000021195ꞁ   392189н   215501000ꞁ 01н

Bitte dieses Feld nicht beschriften und nicht bestempeln

Um welche Scheckart handelt es sich?
a) um einen Barscheck
b) um einen Verrechnungsscheck
c) um einen Bankscheck
d) um einen Postscheck
e) um einen „normalen" Scheck
f) um einen eurocheque

Welcher Betrag ist maßgebend?
g) 2834 DM
h) 2843 DM

11 Finanzplan

Stellen Sie für die Hans Goedecke GmbH, Leipzig, den Finanzplan des Monats März nach folgendem Muster auf:

| Datum | Vorgang | Eingang | Ausgang | Zahlungsmittel | | Unaus-genutzter Kredit | Zahlungs-bereitschaft |
				bar (Kasse)	unbar (Bank-guthaben)		

Bestände am 01.03.:

Kasse 4 000 DM
Bank 12 000 DM (Guthaben)
Kreditlimit   50 000 DM

Zahlungseingänge

02.03. Forderung Bank	10 000
15.03. Miete Bank	5 000
18.03. Verkauf bar	1 000
25.03. Forderung Bank	12 000
30.03. Forderung Bank	55 000

Zahlungsausgänge

03.03. Provision bar	3 000
05.03. Verbindlichkeit Bank	25 000
08.03. Verbindlichkeit Bank	10 000
27.03. Verbindlichkeit Bank	30 000
28.03. Verbindlichkeit Bank	10 000

12 Liquidität und Zahlungsverkehr

Die Elektrogroßhandlung Wagner & Co. hat eine Unternehmensberatungsgesellschaft beauftragt, das Unternehmen auf „Schwachstellen" hin zu durchleuchten und ein Konzept zur Verbesserung der Geschäftsführung zu erarbeiten. Auch im Bereich der Liquiditätsplanung und -überwachung sowie des Zahlungsverkehrs sollen Verbesserungsvorschläge gemacht werden.

a) Erläutern Sie die Begriffe „Liquidität" und „Illiquidität" und begründen Sie die Bedeutung der Liquiditätssicherung!

b) Welche Gründe sprechen dafür, die Liquidität durch Terminüberwachung im Zahlungsverkehr zu sichern bzw. zu verbessern?

c) Die Zahlungsmoral der Kunden hat stark nachgelassen; es ist zur Überschreitung der Zahlungsfristen gekommen. Daher soll das Lastschriftverfahren eingeführt werden.

Nennen Sie Vor- und Nachteile dieses Verfahrens aus der Sicht des Unternehmens!

d) Es wird vorgeschlagen, den Außendienstmitarbeitern die Vollmacht zu erteilen, Kundenzahlungen in Form von Verrechnungsschecks entgegenzunehmen.

Erläutern Sie die Vorteile dieses Vorschlages!

e) Die Großhandlung versendet Ersatzteile häufig mit der Post. Allerdings gehen die relativ kleinen Forderungsbeträge oft nicht pünktlich ein, so daß gemahnt werden muß.

Beschreiben Sie das außergerichtliche Mahnverfahren! Machen Sie einen Lösungsvorschlag!

f) Das Unternehmen hat seinen Stammsitz in Braunschweig und hat in Goslar eine Zweigniederlassung. In Braunschweig hat es ein Konto bei der Norddeutschen Landesbank und in Goslar ein Konto bei der Commerzbank. Die Überweisungen von einem Konto zum anderen dauern sehr lange.

Unterbreiten Sie einen Lösungsvorschlag!

13 Zahlungsverzug

Heinrich Müller hat telefonisch Heizöl bestellt. Er erhält am 04.09. die Rechnung mit dem schriftlichen Vermerk „zu zahlen 14 Tage nach Rechnung".

Ist er ab 18.09. im Zahlungsverzug? (Begründung)

240

14 Mahnbescheid

Situation: Das Computerfachgeschäft Baum & Kroll, Taunusstr. 10, 6200 Wiesbaden, hat am 02.02.19.. einen Personal-Computer an Herrn Winfried Altmann, Gartenstr. 19, 6200 Wiesbaden, geliefert. Rechnungsbetrag: 8665 DM, Rechnungsdatum: 08.02.19.., Zahlungsfrist bis 28.02.19..

Zahlungserinnerung: am 07.04.19.., 2. Mahnung: 25.04.19.., 3. Mahnung mit Androhung des gerichtlichen Mahnverfahrens: 02.05.19..

Antrag auf Erlaß eines Mahnbescheids: 18.05.19.., eigene Auslagen 32 DM, 6 % Verzugszinsen lt. Kaufvertrag

Aufgabe: a) Besorgen Sie sich das Formular ,,Mahnbescheid'' (im Papier- und Schreibwarenhandel erhältlich)!

b) Lesen Sie die **Ausfüllhinweise** (Vorblatt) genau durch und füllen Sie den Vordruck aus!

Beachten Sie, daß Sie in ⑧ die Kosten des Verfahrens errechnen und eintragen müssen:

- Gerichtskosten (Gerichtsgebühr – siehe Vorblatt – zuzüglich 6 DM Auslagenbetrag)
- eigene Auslagen des Gläubigers

15 Verjährung von Forderungen

Sind die folgenden Forderungen am 31. Dezember 1989 verjährt?

a) Forderung des Rentners Schulze an seinen Nachbarn Köbler vom 1. März 1983

b) Forderung des Lohnbetriebs für Erdarbeiten Heinz Kuhlmann an den Beamten Peter Schütz vom 15. Juli 1987

c) Forderung des Einrichtungshauses Weber & Söhne vom 16. Mai 1987 an Hans Fincke über 2700 DM. Fincke hatte am 2. März 1988 eine Abschlagszahlung in Höhe von 1000 DM geleistet.

Geben Sie jeweils Begründungen!

16 Verjährungsfristen

Innerhalb welcher Fristen verjähren die unten genannten Ansprüche?

① 30 Jahre
② 4 Jahre
③ 2 Jahre

a) Ansprüche einer Sparkasse auf Rückzahlung eines Darlehens
b) Forderungen von Kaufleuten gegen Privatpersonen
c) Forderungen von Kaufleuten untereinander
d) Forderungen von Privatpersonen untereinander
e) Ansprüche auf Mietzahlungen

17 Ein Kunde zahlt nicht

Die Großhandlung Kurt Biermann KG hat an einen Kunden Waren im Werte von 1500 DM geliefert. Zahlungstermin ist 30 Tage nach Rechnungsdatum. Die Rechnung wurde am 15.08.19.. erstellt.

Der Kunde reklamiert die Ware und fordert einen Preisnachlaß von 20 %. Die Großhandlung erkennt die Mängelrüge nicht an.

a) Unter welchen Voraussetzungen gerät der Kunde in Zahlungsverzug?

b) Nach einigen erfolglosen Mahnungen schickt Kurt Biermann KG dem Kunden eine Postnachnahme.

Begründen Sie dieses Vorgehen!

c) Die Postnachnahme wird nicht eingelöst, das gerichtliche Mahnverfahren wird eingeleitet.

Beschreiben Sie anhand des Falles den Ablauf des gerichtlichen Mahnverfahrens!

18 Verjährung und Verhinderung der Verjährung

Nach Ausführung von Reparaturarbeiten übersandte der Inhaber eines Handwerksbetriebes dem Auftraggeber, einem kaufmännischen Angestellten, eine Rechnung über 1 950 DM
(Ausstellungsdatum 10.03.90). Die Zahlung sollte vereinbarungsgemäß „netto Kasse" erfolgen.

Der Schuldner überwies daraufhin einen Teilbetrag von 1 000 DM und bat mit Schreiben vom
10.05.90 um Stundung des Restbetrages bis zum 30.08.90.

In seinem Antwortschreiben vom 17.05.90 verweigerte der Gläubiger die Stundung und
forderte den Schuldner auf, den noch offenstehenden Betrag bis spätestens 31.05.90 zu
zahlen. Diese Zahlungsaufforderung und weitere Mahnungen blieben erfolglos.

a) Entscheiden Sie, wann der Anspruch auf Zahlung des Restbetrages verjährt, und geben
Sie das Datum des Verjährungseintritts an! Begründen Sie Ihre Entscheidung!

b) Erläutern Sie die Rechtswirkung der Verjährung von Ansprüchen aus Geldforderungen!

c) Nennen Sie zwei Maßnahmen, durch die der Gläubiger den Verjährungseintritt verhindern kann, und erläutern Sie die Rechtswirkung dieser Maßnahmen!

19 Factoring

Die Großhandlung Ralf Winter GmbH & Co. KG hat im letzten Geschäftsjahr ihren Umsatz
erheblich steigern können. Trotzdem war die Liquiditätslage des Unternehmens zeitweise
sehr angespannt, so daß in großem Umfang Bankkredite in Anspruch genommen werden
mußten.

Das Unternehmen will prüfen, ob in dieser Situation die Einführung von Factoring sinnvoll
ist, und holt ein Angebot von der Hamburger Factoring-Bank AG ein. Diese bietet an,

● die Verbuchung des gesamten Geschäftsverkehrs mit den Abnehmern durchzuführen
(Übernahme der Debitorenbuchhaltung),

● die fälligen Forderungen einzuziehen und säumige Kunden zu mahnen,

● das Risiko des Zahlungseingangs (Ausfallrisiko) zu übernehmen,

● die Forderungen mit 80−95 % zu bevorschussen und den Rest auf einem Sperrkonto
verzinslich bis zum Zahlungseingang festzulegen.

Die Factoring-Bank AG nennt folgende Bedingungen:

1. Factoring-Gebühr in Höhe von 1,5 % des Jahresumsatzes
2. Zinsen für die bevorschußten Betrage: 12 %
3. Zinsen für die auf dem Sperrkonto festgelegten Beträge: 2,5 %

a) Berechnen Sie die Kosten des Factoring unter Zugrundelegung folgender Daten:

● durchschnittlicher Forderungsbestand 450 000 DM
● Bevorschussungssatz 85 %
● Jahresumsatz 6 500 000 DM

b) Welche Kostenvorteile müssen den Kostenbelastungen gegenübergestellt werden?

20 Wechsel als Zahlungs- und Kreditsicherungsmittel

Ein Unternehmen sichert einen Großteil seiner Forderungen durch Wechsel ab.

a) Warum ist der Wechsel ein Sicherungsmittel?
b) Beschreiben Sie die Funktionen des Wechsels als Zahlungsmittel!

Unternehmen werden in bestimmten gesetzlich geregelten Formen **(Rechtsformen, Unternehmensformen)** geführt.

8.1 Fragen bei der Wahl der Unternehmensrechtsform

> Die Wahl der Rechtsform ist in erster Linie das **Ergebnis von wirtschaftlichen Überlegungen.**

Folgende Fragen sind wichtig:

- Wieviel **Kapital** ist erforderlich, um die notwendigen **Investitionen** (z. B. Anschaffung von Anlagen und Vorräten, Gewährung von Krediten an Kunden) zu **finanzieren** (siehe Abschnitt 9.1)? In welcher Höhe kann von Gläubigern (Banken, Lieferanten) Fremdkapital aufgenommen werden? In welcher Höhe muß **Eigenkapital** aufgebracht werden?

- Kann das notwendige Eigenkapital von einer Person aufgebracht werden **(Einzelunternehmung),** oder müssen sich mehrere Personen zusammentun und eine **Gesellschaftsunternehmung** gründen?

- Wollen bei einer Gesellschaftsunternehmung die Gesellschafter auch mit ihrem Privatvermögen für die Geschäftsverbindlichkeiten (Schulden der Unternehmung) **persönlich haften,** oder soll den Gläubigern nur das Geschäftsvermögen haften?

- Wie soll bei einer Gesellschaftsunternehmung die **Leitung des Betriebes** geregelt sein?

- Welche **steuerlichen Gesichtspunkte** sind zu beachten?

Auch die Mitbestimmung der Arbeitnehmer, die bei Vorliegen bestimmter Voraussetzungen beachtet werden muß, ist in die Überlegungen einzubeziehen.

8.2 Überblick über wichtige Unternehmensrechtsformen

> Bei grober Einteilung der Unternehmensformen unterscheidet man: **Einzelunternehmen, Personengesellschaften** und **Kapitalgesellschaften.**

Die folgende Übersicht zeigt, welche **Rechtsformen** im wesentlichen **für erwerbswirtschaftliche Betriebe** in Frage kommen.

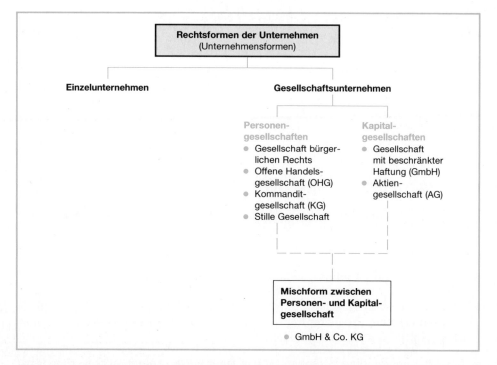

Die Gründung einer **Genossenschaft** kommt in Frage, wenn mehrere Personen Förderungsgesichtspunkte in den Vordergrund stellen.

Genossenschaften sind Betriebe, die den **Erwerb und die Wirtschaft ihrer Mitglieder mittels gemeinschaftlichen Geschäftsbetriebs fördern.** Sie streben nicht nach größtmöglichem Gewinn. Gewinne sollen die Rücklagen der Genossenschaften stärken und an die Mitglieder verteilt werden.

8.3   Das Einzelunternehmen

In einem Einzelunternehmen bringt der Unternehmer allein das **Eigenkapital** auf. Seine Finanzierungsquellen sind dabei sein Privatvermögen und sein erzielter Gewinn. Die Höhe des Eigenkapitals ist gesetzlich nicht vorgeschrieben. Der Unternehmer **führt den Betrieb allein** und **haftet auch für alle Geschäftsverbindlichkeiten (Schulden des Betriebes) allein.** Er haftet auch mit seinem Privatvermögen. Er erhält den vollen Gewinn, muß aber auch einen Verlust allein tragen.

Die Möglichkeit, Fremdkapital aufzunehmen, hängt von der Kreditwürdigkeit des Unternehmers ab.

Der Unternehmer allein ist berechtigt, Entscheidungen zu treffen und für den Betrieb Verträge zu schließen, wie z. B. einen Kaufvertrag mit einem Lieferanten oder einen Kreditvertrag mit einer Bank. Er kann aber, um sich arbeitsmäßig zu entlasten, an Mitarbeiter Vollmachten erteilen. Der Unternehmer kann Hand-

244

lungsbevollmächtigte oder Prokuristen ernennen. Hat ein Mitarbeiter Vollmacht erhalten, darf auch er im Namen des Betriebes Verträge abschließen, d. h., er darf den Betrieb vertreten.

Wer als Einzelunternehmer ein Unternehmen gründet, kann – sofern er keinen in kaufmännischer Weise eingerichteten Geschäftsbetrieb benötigt – zunächst als Kleingewerbetreibender anfangen (sog. **Minderkaufmann** – siehe Abschnitt 8.9.1.2). Er führt das Unternehmen dann unter seinem **bürgerlichen Namen.** Weitet sich das Unternehmen zu einem vollkaufmännischen Gewerbe aus, so daß ein kaufmännischer Geschäftsbetrieb notwendig wird, wird der Unternehmer **Vollkaufmann.** Er muß dann einen **besonderen Geschäftsnamen (Firma)** führen und sich in das **Handelsregister,** das beim zuständigen Amtsgericht (Amtsgericht, in dessen Bezirk der Sitz des Unternehmens ist) geführt wird, eintragen lassen. Die Eintragung in das Handelsregister schützt vor Nachahmung der Firma (siehe Abschnitt 8.9.2). Die Firma besteht aus ausgeschriebenem Vor- und Zunamen.

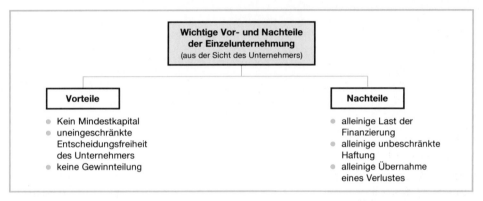

Der Geschäftsinhaber als natürliche Person zahlt **Einkommensteuer.** Er bezieht **Einkünfte aus Gewerbebetrieb** (Gewinn der Einzelunternehmung). Diese Einkünfte ergeben zusammen mit anderen Einkünften (z. B. aus Kaptialvermögen) nach Abzug von Sonderausgaben, Freibeträgen usw. (siehe dazu im einzelnen Abschnitt 12.2.2.4) das zu versteuernde Einkommen, das die Bemessungsgrundlage für die Höhe der zu zahlenden Einkommensteuer ist.

Ist der Einzelunternehmer Vollkaufmann, erfolgt die Gewinnermittlung durch Vergleich des Betriebsvermögens am Schluß des Wirtschaftsjahres mit dem Betriebsvermögen am Schluß des vorangegangenen Wirtschaftsjahres **(Bilanzvergleich).** Ist der Einzelunternehmer Minderkaufmann (und liegen Höhe des Umsatzes, Höhe des Betriebsvermögens und Höhe des Gewinns im Rahmen bestimmter Grenzen), erfolgt die Gewinnermittlung als **Überschußrechnung** (vereinfachte Gewinnermittlung durch Feststellung des Unterschieds von Betriebseinnahmen und Betriebsausgaben).

Die Rechtsform der Einzelunternehmung bietet Vorteile bei der Gewerbesteuer. Bei der Festsetzung des Gewerbeertrags, der (neben dem Gewerbekapital) Grundlage für die Ermittlung der Gewerbesteuer ist, kann ein hoher Freibetrag abgezogen werden, was zu einer geringeren Gewerbesteuerschuld führt. Dieser Freibetrag würde dem Unternehmer nicht zustehen, wenn er sein Unternehmen als GmbH führen würde.

Für die **Mitwirkung und Mitbestimmung der Arbeitnehmer** muß der Unternehmer das **Betriebsverfassungsgesetz** beachten. Es sichert die **Interessenvertretung der Arbeitnehmer** durch den **Betriebsrat,** der zu wählen ist, wenn im Unternehmen mindestens fünf (ständige, wahlberechtigte) Mitarbeiter über 18 Jahre beschäftigt sind.

8.4 Die Personengesellschaften

Personengesellschaften sind dadurch gekennzeichnet, daß die Gesellschafter nicht nur die Aufbringung der Finanzmittel (Finanzierung), sondern grundsätzlich auch die Leitung des Unternehmens übernehmen.

Personengesellschaften sind **Unternehmen,** bei denen

- **Finanzierungsaufgaben und Leitungsaufgaben grundsätzlich von Gesellschaftern übernommen werden,**
- **mindestens zwei Gesellschafter** vorhanden sind,
- **kein Mindesteigenkapital** vorgeschrieben ist,
- den Gläubigern **mindestens ein Gesellschafter persönlich,** also auch mit seinem **Privatvermögen, haftet.**

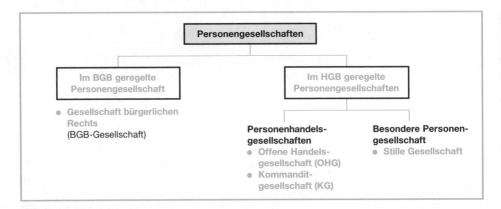

8.4.1 Die Gesellschaft bürgerlichen Rechts (BGB-Gesellschaft)

Jede Geschäftspartnerschaft kann die Form der im BGB geregelten Gesellschaft bürgerlichen Rechts annehmen. Erforderlich ist der Abschluß eines **Gesellschaftsvertrages;** er kann mündlich oder schriftlich erfolgen.

Kleingewerbetreibende (Minderkaufleute) dürfen nach den Vorschriften des HGB keine OHG und keine KG, also **keine Personenhandelsgesellschaft** gründen. Ihnen bietet sich als Ausweg die BGB-Gesellschaft.

Woll-Boutique Anne Griese und Beate Huber – eine BGB-Gesellschaft

Anne Griese und Beate Huber betreiben gemeinsam eine Woll-Boutique. Ihr Unternehmen erfordert wegen seiner Art und Größe keinen kaufmännischen Geschäftsbetrieb. Anne Griese und Beate Huber sind daher Minderkaufleute. Sie können keine OHG gründen. Sie müssen ihr gemeinsames Unternehmen als Gesellschaft bürgerlichen Rechts führen.

Die BGB-Gesellschaft ist eine häufig vorkommende **Rechtsform zur Verwirklichung von Gemeinschaftsinteressen.**

Die BGB-Gesellschaft ist für gewerbliche Zwecke (siehe Beispiel), aber auch für andere Zwecke geeignet. Auch Praxisgemeinschaften freier Berufe (Ärzte, Rechtsanwälte, Architekten usw.) und Arbeitsgemeinschaften in der Bauwirtschaft organisieren sich in dieser Rechtsform.

Die BGB-Gesellschaft führt keinen besonderen Geschäftsnamen (keine Firma). Gewerbetreibende, die eine offene Verkaufsstelle haben, müssen nach § 15a Gewerbeordnung an der Außenseite der Verkaufsstelle oder am Eingang ihren Familiennamen mit mindestens einem ausgeschriebenen Vornamen in deutlich lesbarer Schrift anbringen. Die BGB-Gesellschaft wird nicht in das Handelsregister eingetragen. Jeder Gesellschafter haftet mit seinem gesamten Vermögen (auch mit dem Privatvermögen) unbeschränkt und unmittelbar für sämtliche Verbindlichkeiten der Gesellschaft. Alle Gesellschafter sind gemeinschaftlich zur Geschäftsführung und Vertretung berechtigt.

Gewinn und Verlust werden (soweit keine andere Regelung im Gesellschaftsvertrag erfolgt) nach Köpfen verteilt.

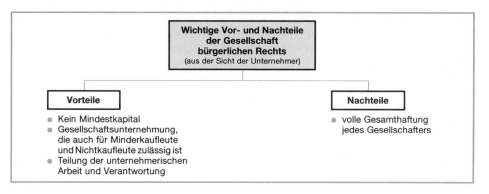

Die **BGB-Gesellschaft selbst unterliegt nicht der Einkommensteuer.** Betreibt die Gesellschaft ein Gewerbe, so haben die **Gesellschafter** grundsätzlich ihre **Gewinnanteile** als **Einkünfte aus Gewerbebetrieb** der Einkommensteuer (als natürliche Personen) bzw. der Körperschaftsteuer (als juristische Personen) zu unterwerfen.

8.4.2 Die Personenhandelsgesellschaften: OHG und KG

Die **Offene Handelsgesellschaft (OHG)** und die **Kommanditgesellschaft (KG)** sind

- **Zusammenschlüsse zum gemeinsamen Betrieb eines vollkaufmännischen Handelsgewerbes unter einer Firma,**

- **Personengesellschaften** (kein festgelegtes Mindesteigenkapital) und **Handelsgesellschaften** (Betrieb eines Handelsgewerbes), daher die zusammenfassende Bezeichnung „Personenhandelsgesellschaft".

Die OHG und die KG sind **keine juristischen Personen;** zu beachten ist aber:

- OHG und KG können unter ihrer Firma Rechte erwerben und Verbindlichkeiten eingehen (z. B. Verträge schließen, im Grundbuch als Eigentümer von Grundstücken eingetragen werden),

- OHG und KG können unter ihrer Firma vor Gericht klagen und verklagt werden.

Eine Personenhandelsgesellschaft unterliegt nicht der **Einkommensteuer.** Es erfolgt lediglich eine einheitliche Gewinnfeststellung durch das Finanzamt, das für die Gesellschaft zuständig ist (Betriebsstättenfinanzamt). Die **Gesellschafter** sind **Mitunternehmer** und beziehen ihre Gewinnanteile als **Einkünfte aus Gewerbebetrieb.** Jeder Gesellschafter hat sie zu versteuern. Ist er eine natürliche Person, zahlt er Einkommensteuer, ist er eine juristische Person, zahlt er Körperschaftsteuer.

Eine Personenhandelsgesellschaft hat steuerlich den Vorteil, daß **keine vermögensteuerliche Doppelbelastung** wie bei einer Kapitalgesellschaft erfolgt. Das Gesellschaftsvermögen unterliegt nur bei den Gesellschaftern der OHG oder KG der Vermögensteuer. Bei einer Kapitalgesellschaft unterliegt die Gesellschaft mit dem ihr gehörenden Vermögen der Vermögensteuer. Außerdem unterliegen die Gesellschafter mit ihren Beteiligungen selbst der Vermögensteuer. Nachteilig bei einer Personenhandelsgesellschaft ist, daß Gehälter für geschäftsführende Gesellschafter Bestandteile des Gewinns, also keine Betriebsausgaben sind, und daher den Gewerbeertrag (als Grundlage für die Berechnung der Gewerbesteuer) nicht mindern. Bei einer Kapitalgesellschaft erhöhen die Geschäftsführergehälter die Betriebsausgaben, was zur Verminderung des Gewerbeertrages führt. Allerdings kann eine Personenhandelsgesellschaft (im Gegensatz zu einer GmbH) einen hohen Freibetrag geltend machen.

8.4.2.1 Die Offene Handelsgesellschaft (OHG)

Die **Offene Handelsgesellschaft** ist ein Zusammenschluß von zwei oder mehr Kaufleuten zum gemeinsamen Betrieb eines vollkaufmännischen Handelsgewerbes unter einer Firma. Die Gesellschafter haften unbeschränkt für Verbindlichkeiten der Gesellschaft.

Die OHG ist die typische Rechtsform für kleinere und mittlere Unternehmen, in denen jeweils mehrere Unternehmer gemeinschaftlich Kapital und persönliche Fähigkeiten (Ideen, Arbeitskraft) einsetzen und gemeinschaftlich unbegrenzt das Geschäftsrisiko tragen. Die OHG ist daher grundsätzlich als besonders kreditwürdig anzusehen (im Einzelfall hängt dies von den privaten Vermögensverhältnissen der Gesellschafter ab).

Eine Gesellschaft, die kein vollkaufmännisches Handelsgewerbe (Handelsgewerbe mit kaufmännisch eingerichtetem Geschäftsbetrieb) betreibt, kann keine OHG, sondern nur eine Gesellschaft bürgerlichen Rechts sein.

Bei der **Gründung** leisten die Gesellschafter **Einlagen,** die meistens in Geldzahlungen oder in Übereignung von Sachen bestehen. Die in Geld bewerteten Einlagen bilden das **Eigenkapital** der OHG.

Beispiel: Bertram & Meier OHG

Bertram bringt ein Bankguthaben von 300 000 DM ein, Meier ein Grundstück im Wert von 350 000 DM und ein Bankguthaben von 250 000 DM, Kahl ein Bankguthaben von 200 000 DM. Weber bringt seine Unternehmens- und Verkaufserfahrungen, aber kein Kapital ein.

Aktiva		Gründungsbilanz		Passiva
Grundstück	350 000	**Eigenkapital**		
Bankguthaben	750 000	Einlage Bertram	300 000	
		Einlage Meier	600 000	
		Einlage Kahl	200 000	1 100 000
	1 100 000			1 100 000

Grundlage für alle Regelungen der Beziehungen der Gesellschafter untereinander (Innenverhältnis) ist der **Gesellschaftsvertrag.** Er legt neben der Kapitalaufbringung die Leitungsbefugnisse (Geschäftsführung und Vertretung) und die Ergebnisverteilung (Gewinn- und Verlustverteilung) fest. Ergänzend zum Gesellschaftsvertrag gilt das **HGB.**

Für das **Verhältnis der Gesellschaft Dritten gegenüber (Außenverhältnis)** ist das **HGB** maßgebend. Das HGB allein bestimmt, wie ein Gesellschafter haftet und welche Rechtswirksamkeit die Rechtsgeschäfte der OHG mit Dritten haben.

Die **Haftung** der OHG-Gesellschafter kann nicht beschränkt werden. Sie ist für jeden Gesellschafter gleich, nämlich unbeschränkt, unmittelbar und gesamtschuldnerisch.

Beispiel: Haftung für Schulden der OHG

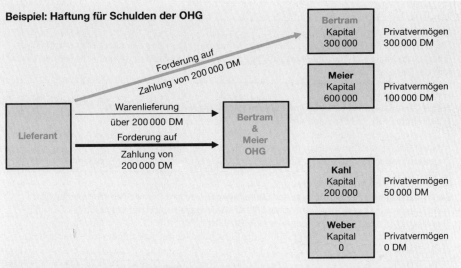

Wie das Beispiel zeigt, kann ein Gläubiger, der z. B. Waren auf Ziel geliefert hat, sowohl die OHG als auch unmittelbar einen Gesellschafter nach seiner Wahl zur Haftung heranziehen. Der Gesellschafter Bertram kann nicht einwenden, der Lieferant müsse sich erst an die OHG wenden. Jeder Gesellschafter haftet auch mit seinem Privatvermögen, also über seine Einlage hinaus. Der Lieferant könnte sich auch an Meier oder Kahl wenden.

Die **Geschäftsführung** umfaßt die Befugnis, Entscheidungen über Geschäfte der OHG zu treffen. Dabei ist zwischen **gewöhnlichen Geschäften des Handelsgewerbes der OHG** (z. B. Wareneinkauf, Personaleinstellung, Kreditaufnahme bei einer Bank) und **außergewöhnlichen Geschäften** (z. B. Errichtung einer Zweigniederlassung) zu unterscheiden. Nach dem HGB ist jeder Gesellschafter geschäftsführungsberechtigt, und zwar allein. Der Gesellschaftsvertrag kann abweichende Regelungen vorsehen (siehe Übersicht).

Für die **Mitwirkung und Mitbestimmung der Arbeitnehmer** ist das **Betriebsverfassungsgesetz** zu beachten. Es sichert die **Interessenvertretung der Arbeitnehmer** durch den **Betriebsrat,** der zu wählen ist, wenn im Unternehmen mindestens fünf (ständige, wahlberechtigte) Mitarbeiter über 18 Jahre beschäftigt sind.

Die **Vertretung** umfaßt die Befugnis, Rechtsgeschäfte für die OHG mit Dritten abzuschließen. Sie erstreckt sich nach dem HGB auf alle gerichtlichen und außergerichtlichen Geschäfte und Rechtshandlungen einschließlich der Veräußerung und Belastung von Grundstücken sowie der Erteilung und des Widerrufs der Prokura.

Im Gegensatz zur Geschäftsführungsbefugnis macht das HGB bei der Vertretungsmacht der OHG-Gesellschafter keinen Unterschied zwischen gewöhnlichen und außergewöhnlichen Geschäften. Eine Beschränkung des Umfangs der Vertretungsmacht eines OHG-Gesellschafters ist im Innenverhältnis, also durch den Gesellschaftsvertrag, möglich, aber Dritten gegenüber dennoch unwirksam. Ist z. B. einem OHG-Gesellschafter im Gesellschaftsvertrag die Befugnis zu Kreditaufnahmen bei Banken und Sparkassen nicht eingeräumt worden, ist ein von diesem Gesellschafter abgeschlossener Kreditvertrag gültig. Der Gesellschafter macht sich aber im Innenverhältnis unter Umständen schadenersatzpflichtig.

Die OHG im Überblick

Eigenkapitalaufbringung:
Die Gesellschafter haben entsprechend den Vereinbarungen des Gesellschaftsvertrages Einlagen zu leisten, d. h. Kapital aufzubringen. Die Einlagen werden gemeinschaftliches Eigentum der Gesellschafter.

Haftung:
Jeder Gesellschafter haftet für die Verbindlichkeiten der Gesellschaft
- **unbeschränkt,** d. h. mit seinem Geschäfts- und seinem Privatvermögen,
- **unmittelbar,** d. h. jeder Gläubiger kann sich nicht nur an die OHG, sondern auch an irgendeinen Gesellschafter wenden und von ihm Zahlungen verlangen,
- **gesamtschuldnerisch,** d. h. für die gesamten Verbindlichkeiten der Gesellschaft.

Geschäftsführung und Vertretung:
Jeder Gesellschafter ist (soweit der Gesellschaftsvertrag keine andere Regelung vorsieht) allein zur Geschäftsführung und Vertretung berechtigt und verpflichtet. Durch den Gesellschaftsvertrag können auch einzelne Gesellschafter von der Geschäftsführung ausgeschlossen werden. Für außergewöhnliche Geschäfte ist der Beschluß aller Gesellschafter erforderlich.

Gewinn- und Verlustverteilung:
Die Ergebnisverteilung richtet sich nach dem Gesellschaftsvertrag.
Soweit der Gesellschaftsvertrag nichts anderes bestimmt, erhält jeder Gesellschafter 4 % Zinsen auf seine Kapitaleinlage. Der Rest wird nach Köpfen verteilt. Ein Verlust wird lt. HGB nach Köpfen verteilt.

Gesellschaftsverträge enthalten **oftmals Regelungen, die von den gesetzlichen Bestimmungen abweichen.** Das folgende Beispiel zeigt dies deutlich.

Auszug aus dem Gesellschaftsvertrag Bertram & Meier OHG:

Nr. 1 Gegenstand des Unternehmens

Gegenstand des Unternehmens ist Herstellung und Vertrieb von Autozubehör.

Nr. 3 Gesellschafter und Einlagen

1. Persönlich haftende Gesellschafter sind Hans Bertram mit einer Einlage von 300 000 DM, Walter Meier mit einer Einlage von 600 000 DM, Helmut Kahl mit einer Einlage von 200 000 DM und Günter Weber ohne Einlage.
2. Die Einlagen werden auf Kapitalkonten gebucht und werden nicht verzinst.

Nr. 6 Geschäftsführung und Vertretung

1. Zur Geschäftsführung und Vertretung sind Hans Bertram, Walter Meier sowie Günter Weber berechtigt und verpflichtet. Vertretungsberechtigt sind jeweils zwei Gesellschafter gemeinsam.
2. Helmut Kahl ist von der Geschäftsführung und Vertretung ausgeschlossen.

Nr. 9 Vergütung sowie Gewinn- und Verlustverteilung

1. Die geschäftsführenden Gesellschafter erhalten für ihre Tätigkeit eine Vergütung.
2. Vom jährlichen Gewinn wird zunächst die an die geschäftsführenden Gesellschafter zu zahlende Tätigkeitsvergütung abgezogen. Der Restbetrag wird auf die Gesellschafter im Verhältnis ihrer Kapitalanteile verteilt.
3. Ein Verlust wird auf die Gesellschafter im Verhältnis ihrer Kapitalanteile verteilt.

Die **Firma** der OHG muß mindestens den Namen eines Gesellschafters mit einem Zusatz, der das Gesellschaftsverhältnis angibt oder andeutet, oder die Namen aller Gesellschafter enthalten. Beispiele: Bertram & Meier OHG; Meier & Co.; Bertram, Meier und Weber OHG; Bertram, Meier, Kahl und Weber.

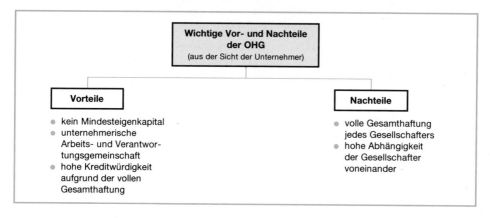

8.4.2.2 Die Kommanditgesellschaft (KG)

Bei einer **Kommanditgesellschaft** schließen sich ebenfalls **mindestens zwei Personen** zusammen, um unter einem gemeinsamen Geschäftsnamen (Firma) ein Unternehmen zu führen. Es handelt sich wie bei der Offenen Handelsgesellschaft um ein Handelsgewerbe.

Im Gegensatz zur Offenen Handelsgesellschaft sind **bei der Kommanditgesell-schaft zwei Arten von Gesellschaftern** zu unterscheiden:

- **unbeschränkt oder persönlich haftende Gesellschafter (Vollhafter oder Komplementäre).** Sie entsprechen den Gesellschaftern der Offenen Handels-gesellschaft und haben nach dem HGB ein Recht auf Leitung des Unternehmens (Geschäftsführung und Vertretung),

- **beschränkt haftende Gesellschafter (Teilhafter oder Kommanditisten).** Sie sind im wesentlichen nur Kaptialgeber und zur Leitung des Unternehmens (Geschäftsführung und Vertretung) nicht berechtigt. Bei außergewöhnlichen Geschäften haben sie ein Widerspruchsrecht.

Kommanditisten haften den Gläubigern der Gesellschaft bis zur Höhe ihrer Einlagen un-mittelbar. Ihre Haftung ist ausgeschlossen, soweit die Einlagen geleistet sind.

Die **Firma** der KG muß mindestens den Namen eines Vollhafters enthalten, außerdem einen Zusatz, der auf die Personengesellschaft hinweist. Teilhafter dürfen nicht genannt werden.

Die wesentlichen Vorzüge der Kommanditgesellschaft liegen in der Möglichkeit, die Kapitalgrundlage einer Unternehmung zu verbessern, ohne dem oder den Kapitalgebern Leitungsrechte einräumen zu müssen.

8.4.3 Die Stille Gesellschaft

Eine **Stille Gesellschaft** entsteht, wenn sich ein Kapitalgeber (eine Privatperson, ein Einzelunternehmer oder eine Gesellschaft) an einem anderen Unternehmen beteiligt, ohne daß diese Beteiligung durch die Firma, die Handelsregistereintra-gung oder sonst nach außen in Erscheinung tritt.

Der stille Gesellschafter hat eine ähnliche Stellung wie der Kommanditist. Er kann nur am Gewinn oder gleichermaßen am Gewinn und am Verlust des Unternehmens beteiligt sein. Er haftet nicht für die Schulden des Unternehmens.

Eine Stille Gesellschaft selbst hat keine Einkommensteuer zu zahlen. Die Gewinn-anteile der Gesellschafter unterliegen bei natürlichen Personen der Einkommen-steuer, bei juristischen Personen der Körperschaftsteuer.

8.5 Die Kapitalgesellschaften

Kapitalgesellschaften sind **Unternehmen,** bei denen

- **ein Mindesteigenkapital** vorgeschrieben ist,
- den Gläubigern nicht die Gesellschafter, sondern das **Gesellschaftsvermögen haftet,**
- **gesetzlich vorgeschriebene Organe** (Geschäftsführer, Vorstand) vorhanden sind.

Kapitalgesellschaften gelten nach dem HGB stets als Handelsgesellschaften.

Im Gegensatz zu Personengesellschaften sind bei Kapitalgesellschaften Finanzie-rungs- und Leitungsaufgaben grundsätzlich in verschiedenen Händen.

Wichtige Kapitalgesellschaften sind die **Gesellschaft mit beschränkter Haftung (GmbH)** und die **Aktiengesellschaft (AG).**

Die **Gesellschaft mit beschränkter Haftung** kann mit weniger Eigenkapital als die **Aktiengesellschaft** gegründet werden. Bei einer GmbH muß das Eigenkapital **(Stammkapital)** mindestens 50000 DM betragen. Bei einer Aktiengesellschaft muß das Eigenkapital **(Grundkapital)** mindestens 100000 DM betragen. Die GmbH ist eine Rechtsform, die auch für kleinere und mittlere Unternehmungen geeignet ist.

Kapitalgesellschaften sind juristische Personen. Rechtsfähigkeit erlangen sie durch Eintragung in das Handelsregister. Die Anteilseigner haften nicht für die Verbindlichkeiten der Gesellschaft.

Kapitalgesellschaften haben – im Gegensatz zu Einzelunternehmen und Personenhandelsgesellschaften – den **Jahresabschluß** um einen **Anhang** zu erweitern, der mit der Bilanz und der Gewinn- und Verlustrechnung eine Einheit bildet; darüber hinaus ist ein **Lagebericht** aufzustellen. Der Anhang dient der Erläuterung der Bilanz und der Gewinn- und Verlustrechnung. Im Lagebericht sind der Geschäftsverlauf und die Lage der Kapitalgesellschaften so darzustellen, daß ein den tatsächlichen Verhältnissen entsprechendes Bild vermittelt wird.

Im Hinblick auf die **Rechnungslegungspflichten der Kapitalgesellschaften** (Aufstellungsfrist, Pflichtprüfung, Offenlegung und Offenlegungsfrist für Jahresabschluß und Lagebericht) sind nach dem HGB **kleine Kapitalgesellschaften, mittelgroße Kapitalgesellschaften** und **große Kapitalgesellschaften** zu unterscheiden.

Kapitalgesellschaften sind **grundsätzlich publizitätspflichtig:** Sie sind (mit größenabhängigen Erleichterungen) zur **Offenlegung des Jahresabschlusses und des Lageberichts** verpflichtet. Mittelgroße und große Kapitalgesellschaften unterliegen mit ihrem Jahresabschluß (unter Einbeziehung der Buchführung) und mit dem Lagebericht einer **Pflichtprüfung.**

Eine Kapitalgesellschaft ist als juristische Person **selbständiges Steuersubjekt.** Der Gewinn der Gesellschaft unterliegt der **Körperschaftsteuer.** Die Gesellschafter müssen die erhaltenen **Gewinnanteile als Einkünfte aus Kapitalvermögen** der **Einkommensteuer** (als natürliche Personen) unterwerfen. Ein besonderes Anrechnungsverfahren sorgt dafür, daß keine Doppelbelastung erfolgt.

Bei der **Vermögensteuer** liegt eine **Doppelbelastung** vor: Die Gesellschaft unterliegt mit dem ihr gehörenden Vermögen der Vermögensteuer, die Gesellschafter werden mit ihren Beteiligungen ebenfalls zur Vermögensteuer herangezogen.

Tätigkeitsvergütungen eines GmbH-Gesellschafters führen, sofern sie als angemessen anerkannt werden, zu Betriebsausgaben, die den steuerpflichtigen Gewinn mindern. Sie sind aber bei dem empfangenden Gesellschafter als Einkünfte aus nichtselbständiger Arbeit zu versteuern.

Nachteilig ist, daß Kapitalgesellschaften im Gegensatz zu Personenhandelsgesellschaften bei der Ermittlung des Gewerbeertrages kein Freibetrag zusteht.

Kapitalgesellschaften haben ihre **Rechtsgrundlagen** im **HGB,** im **Aktiengesetz** und im **GmbH-Gesetz.** Das GmbH-Gesetz ist weniger zwingend als das Aktiengesetz: Eine GmbH ist bei der Aufstellung ihrer Satzung (Gesellschaftsvertrag) weniger stark an das GmbH-Gesetz gebunden als eine AG an das Aktiengesetz. Kapitalgesellschaften unterliegen dem **Mitbestimmungsgesetz von 1976,** sofern sie in der Regel mehr als 2000 Arbeitnehmer beschäftigen. Für Unternehmen der eisen- und stahlerzeugenden Industrie und für den Bergbau (Montanindustrie) gelten die besonderen Regelungen der **Montan-Mitbestimmung,** sofern sie in der Regel mehr als 1000 Arbeitnehmer beschäftigen. Außerdem ist bei allen Kapitalgesellschaften das **Betriebsverfassungsgesetz** zu beachten.

Die **Gesellschaft mit beschränkter Haftung** kann zu jedem gesetzlich zulässigen gewerblichen oder nichtgewerblichen Zweck errichtet werden. Die Rechtsform der GmbH ist also z.B. für eine Einzelhandelsunternehmung, für eine Beratungsgesellschaft, aber auch für ein Architektenbüro zulässig. Die Gesellschaft mit beschränkter Haftung wird immer in das Handelsregister eingetragen.

Die **Firma** muß den Zusatz „GmbH" haben.

Die Gesellschafter schließen einen **Gesellschaftsvertrag,** der als **Satzung** bezeichnet wird. Für Fragen, die durch die Satzung nicht geregelt sind, gilt das GmbH-Gesetz.

Im Gegensatz zu den Personenhandelsgesellschaften, bei denen als Unternehmer unbeschränkt haftende Gesellschafter tätig sind, werden bei Kapitalgesellschaften **Organe** gbildet, die unterschiedliche Aufgaben zu erfüllen haben.

Die GmbH im Überblick

Eigenkapitalaufbringung:
Das **Stammkapital** und die **Rücklagen** sind das Eigenkapital der GmbH. Mindestbetrag des Stammkapitals ist 50 000 DM. Die Gesellschafter leisten eine **Stammeinlage,** die **mindestens 500 DM** betragen muß. Als Urkunde über die Leistung der Stammeinlage erhalten die Gesellschafter einen **GmbH-Anteilschein.** Die GmbH kann auch als Einmann-GmbH gegründet werden.

Haftung:
Den Gläubigern der GmbH haftet nur das Gesellschaftsvermögen.

Organe:
Organe der GmbH sind die **Gesellschafterversammlung,** die **Geschäftsführer** und der **Aufsichtsrat,** der bei Gesellschaften mit mehr als 500 Arbeitnehmern gebildet werden muß. **Die Gesellschafterversammlung wählt die (den) Geschäftsführer.** Zwei oder mehr **Geschäftsführer sind gemeinschaftlich zur Geschäftsführung und Vertretung berechtigt.**

Ergebnisverteilung:
Die Gewinn- und Verlustverteilung erfolgt nach der Höhe der Stammeinlagen, sofern die Satzung keine andere Regelung vorsieht.

Unternehmen in der Rechtsform der GmbH besitzen wegen der fehlenden persönlichen Haftung eine **vergleichsweise geringere Kreditwürdigkeit** als die Rechtsform der OHG. Banken und Sparkassen verlangen daher bei Kreditgewährungen in der Regel zusätzliche Sicherheiten von den Gesellschaften.

Eine Gesellschaft mit beschränkter Haftung kann auch eine **Einmann-GmbH** sein, z.B. wenn

- aus einer bestehenden Gesellschaft alle Gesellschafter bis auf einen ausgeschieden sind oder wenn

- eine Gesellschaft mit beschränkter Haftung von einem Unternehmer allein gegründet wird.

In der Einmann-GmbH sind die Vorzüge einer Einzelunternehmung mit denen der Haftungsbeschränkung einer GmbH vereint.

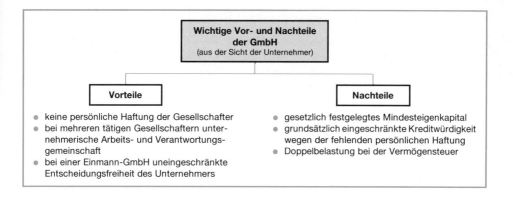

Wichtige Vor- und Nachteile der GmbH
(aus der Sicht der Unternehmer)

Vorteile

- keine persönliche Haftung der Gesellschafter
- bei mehreren tätigen Gesellschaftern unternehmerische Arbeits- und Verantwortungsgemeinschaft
- bei einer Einmann-GmbH uneingeschränkte Entscheidungsfreiheit des Unternehmers

Nachteile

- gesetzlich festgelegtes Mindesteigenkapital
- grundsätzlich eingeschränkte Kreditwürdigkeit wegen der fehlenden persönlichen Haftung
- Doppelbelastung bei der Vermögensteuer

8.5.2 Die Aktiengesellschaft (AG)

Die Aktiengesellschaft ist eine Rechtsform, die für Großbetriebe geeignet ist. Das Eigenkapital besteht aus dem Grundkapital und den Rücklagen. Das **Grundkapital** muß mindestens **100 000 DM** betragen. Es wird von mehreren (oft von sehr vielen) Gesellschaftern aufgebracht. Als Urkunde für ihre Einlagen erhalten sie Aktien. Der Mindestnennbetrag einer Aktie ist 50 DM. Die Gesellschafter werden als **Aktionäre** bezeichnet.

Die **Satzung** (Gesellschaftsvertrag) der AG bestimmt die Höhe des **Grundkapitals** sowie die Art der Aktien (Stammaktien, Vorzugsaktien) und die Stückelung der **Aktien** (z. B. Aufteilung in Aktien mit einem Nennwert von 50 DM und 100 DM).

Beispiel:

Die Data-Service AG hat 20 000 Aktionäre. Die Aktionäre haben Aktien (Nennwert von 50 DM) zum Preis von 100 DM gekauft. Dadurch ist ein **Eigenkapital** von 2 000 000 DM aufgebracht worden. Es setzt sich aus 1 000 000 DM **Grundkapital** und 100 000 DM **Rücklagen** zusammen. Die Rücklagen sind aus dem Aufgeld gebildet worden, das die Aktionäre gezahlt haben.

Den Gläubigern einer Aktiengesellschaft haften nicht die Aktionäre, sondern das Gesellschaftsvermögen.

Beispiel:

Die Data-Service AG hat Bankschulden in Höhe von 500 000 DM. Für diese Verbindlichkeiten haftet das **Vermögen** der Data-Service AG.

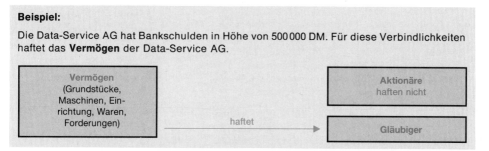

Vermögen (Grundstücke, Maschinen, Einrichtung, Waren, Forderungen) — haftet → Gläubiger

Aktionäre haften nicht

Die Aktiengesellschaft wird von ihrem **Vorstand** geleitet. Die Geschäftsführung des Vorstandes wird vom **Aufsichtsrat** überwacht. Die Aktionäre bilden die **Hauptversammlung,** die in bestimmten Angelegenheiten zu entscheiden hat.

Die **Hauptversammlung** beschließt in den durch Gesetz und Satzung bestimmten Angelegenheiten: Wahl der Vertreter der Aktionäre im Aufsichtsrat, Verwendung des Bilanzgewinns (die Hauptversammlung ist dabei an den durch Vorstand und Aufsichtsrat festgestellten Jahresabschluß gebunden), Entlastung von Vorstand und Aufsichtsrat, Beschlußfassung über Satzungsänderungen, z. B. über Kapitalbeschaffung durch Erhöhung des Grundkapitals, Wahl der Abschlußprüfer.

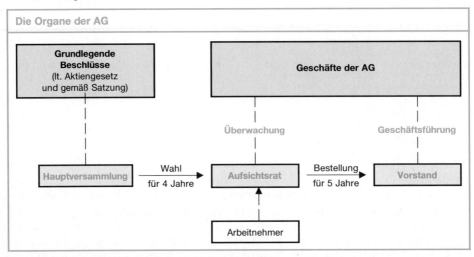

Für die **Zusammensetzung des Aufsichtsrats** sind das **Aktiengesetz** und die **Mitbestimmungsvorschriften** maßgebend.

Zusammensetzung des Aufsichtsrats nach dem Aktiengesetz: Der Aufsichtsrat besteht aus drei Mitgliedern. Die Satzung kann eine höhere Zahl bestimmen. Die Höchstzahl der Aufsichtsratsmitglieder beträgt 21. Bis zu 3 Mio. DM Grundkapital sind es höchstens 9 Mitglieder, bei mehr als 3 Mio. DM Grundkapital höchstens 15 Mitglieder, bei mehr als 20 Mio. DM Grundkapital höchstens 21 Mitglieder.

Zusammensetzung des Aufsichtsrats nach den Mitbestimmungsvorschriften				
Mitbestimmung nach	**Anwendung bei**	**Zahl der Mitglieder des Aufsichtsrats**	**Zusammensetzung**	
			Anteilseigner	Arbeitnehmer
Betriebsverfassungsgesetz (BetrVG)	bis zu **2 000** Arbeitnehmern	Regelung nach Aktiengesetz: mindestens **3** höchstens **21**	**2/3** der Mitglieder	**1/3** der Mitglieder
Mitbestimmungsgesetz von 1976 (MitbestG)	mehr als **2 000** Arbeitnehmern	bis 10 000 Arbeitnehmer : **12** 10 000–20 000 " : **16** mehr als 20 000 " : **20**	**6** **8** **10**	**6** **8** **10**

In Unternehmen, die dem Mitbestimmungsgesetz unterliegen, gibt bei Stimmengleichheit im Aufsichtsrat die Stimme des Vorsitzenden den Ausschlag.

256

Die AG im Überblick:

Eigenkapital:

Das Eigenkapital der AG besteht aus Grundkapital und Rücklagen.

- Das **Grundkapital** wird durch Ausgabe von Aktien aufgebracht. Die Inhaber von Aktien heißen Aktionäre. Mindestbetrag des Grundkapitals ist 100 000 DM, Mindestnennbetrag einer Aktie 50 DM.
- **Aktien** können auf den Inhaber (Inhaberaktien) oder auf den Namen (Namensaktien) lauten. Aktien können Stammaktien oder Vorzugsaktien sein. Vorzugsaktien gewähren Vorzugsrechte, z. B. bei der Gewinnverteilung.
- Nach den **Gliederungsvorschriften des HGB** ist als **Eigenkapital in der Bilanz auszuweisen:**
  I. Gezeichnetes Kapital (Ausweis des Grundkapitals)
  II. Kapitalrücklage
  III. Gewinnrücklagen:
     1. Gesetzliche Rücklage
     2. Rücklage für eigene Anteile
     3. Satzungsmäßige Rücklagen
     4. andere Rücklagen
  IV. Gewinnvortrag/Verlustvortrag
  V. Jahresüberschuß/Jahresfehlbetrag

Als **Kapitalrücklage** ist z. B. ein Aufgeld (Agio) bei der Ausgabe von Aktien auszuweisen. **Gewinnrücklagen** werden aus dem Ergebnis gebildet.
In die **gesetzliche Rücklage** müssen so lange jährlich 5 % des Jahresüberschusses (gemindert um einen Verlustvortrag) eingestellt werden, bis die gesetzliche Rücklage und die Kapitalrücklage zusammen 10 % des Grundkapitals betragen.

Haftung:

Den Gläubigern der Aktiengesellschaft haftet nur das Gesellschaftsvermögen.

Organe:

Organe der AG sind: der Vorstand, der Aufsichtsrat und die Hauptversammlung.

Der Vorstand leitet die AG und vertritt sie (Geschäftsführung und Vertretung).

- Sämtliche Vorstandsmitglieder sind **gemeinschaftlich** zur Geschäftsführung und Vertretung berechtigt. Die Satzung kann Einzelvertretungsbefugnis vorsehen. Unechte Gesamtvertretung ist zulässig (Erläuterungen dazu folgt auf Seite 268).
- Im Innenverhältnis, für das die Satzung maßgebend ist, kann der Umfang der Vertretungsbefugnis der Vorstandsmitglieder eingeschränkt werden. Dritten gegenüber ist eine solche gesellschaftsvertragliche Beschränkung unwirksam, da für das Außenverhältnis nur das Aktiengesetz gilt.
- Der Vorstand wird für die Dauer von höchstens 5 Jahren bestellt. Wiederbestellung ist zulässig.

Der Aufsichtsrat überwacht die Geschäftsführung des Vorstands. Der Aufsichtsrat bestellt und entläßt den Vorstand.

- Die Mitglieder des Aufsichtsrats werden auf längstens 4 Jahre gewählt. Der Aufsichtsrat besteht nach dem Aktiengesetz aus mindestens 3, höchstens 21 Mitgliedern.
- Für die Zusammensetzung des Aufsichtsrates sind die **Mitbestimmungsvorschriften** zu beachten.

Die Hauptversammlung beschließt in den durch Gesetz und Satzung bestimmten Angelegenheiten:

- **Beschlüsse der Hauptversammlung** bedürfen der Mehrheit der abgegebenen Stimmen (einfache Mehrheit), in besonderen Fällen, so z. B. bei Satzungsänderungen, einer ¾-Mehrheit des bei der Beschlußfassung vertretenen Grundkapitals.
- **Das Stimmrecht in der Hauptversammlung** wird nach Aktiennennbeträgen ausgeübt.

Das Ergebnis eines Geschäftsjahres wird als Jahresüberschuß oder Jahresfehlbetrag bezeichnet.

Ein **Jahresüberschuß** ergibt sich, wenn die Erträge größer sind als die Aufwendungen, ein **Jahresfehlbetrag,** wenn die Aufwendungen größer sind als die Erträge.

Aus dem Jahresüberschuß errechnet sich der Bilanzgewinn.

Jahresüberschuß
+ Gewinnvortrag aus dem Vorjahr
– Einstellung in Gewinnrücklagen

= Bilanzgewinn

Der **Bilanzgewinn** wird in der Regel als **Dividende** an die Aktionäre ausgeschüttet. Ein nicht verteilungsfähiger Rest wird auf das folgende Geschäftsjahr vorgetragen.

Die **Firma** der AG ist nach dem Aktiengesetz „in der Regel dem Gegenstand des Unternehmens zu entnehmen. Sie muß die Bezeichnung ‚Aktiengesellschaft' enthalten."

Die Kommanditgesellschaft auf Aktien (KGaA)

Die Kommanditgesellschaft auf Aktien ist eine Gesellschaft mit eigener Rechtspersönlichkeit, bei der mindestens ein Gesellschafter den Gesellschaftsgläubigern unbeschränkt haftet (persönlich haftender Gesellschafter) und die übrigen an dem in Aktien zerlegten Grundkapital beteiligt sind, ohne persönlich für die Verbindlichkeiten der Gesellschaft zu haften (Kommanditaktionäre).

8.6 Die GmbH & Co. KG als Mischform zwischen Personen- und Kapitalgesellschaft

Um die steuerlichen Vorteile einer Personenhandelsgesellschaft zu haben, gleichzeitig aber die unbeschränkte Haftung zu vermeiden, werden Mischgesellschaften gegründet, vornehmlich als GmbH & Co. KG.

Die **Firma** hat meistens den Zusatz „GmbH & Co. KG", es kommt auch vor „GmbH & Co." oder „GmbH KG".

Entstehung einer GmbH & Co. KG	
1. Schritt: Gründung der GmbH	2. Schritt: Gründung der GmbH & Co. KG
Gesellschafter: Dieter H. Hansen Werner Funck **Gesellschaft:** NEUSTÄDTER ELEKTROFACHHANDEL GMBH	**Gesellschafter:** NEUSTÄDTER ELEKTROFACHHANDEL GMBH (Vollhafter), Dieter H. Hansen Werner Funck (Teilhafter) **Gesellschaft:** NEUSTÄDTER ELEKTROFACHHANDEL GMBH & CO. KG

Die GmbH & Co. KG ist eine **Personenhandelsgesellschaft.** Sie ist in **Abteilung A des Handelsregisters** eingetragen. Da der Vollhafter eine GmbH ist, fehlt eine persönliche und unbeschränkte Haftung einer natürlichen Person.

Als Personenhandelsgesellschaft ist die GmbH & Co. einkommensteuerlich kein selbständiges Steuersubjekt. Die Einkünfte der Kommanditisten (als natürliche Personen) unterliegen der Einkommensteuer, die Einkünfte der GmbH-Komplementärin der Körperschaftsteuer. Bei der Gewerbeertragsteuer steht der KG ein Freibetrag zu (36 000 DM, ab 1993 48 000 DM), was zu einer geringeren Belastung mit Gewerbesteuer als bei einer GmbH führt. Die KG ist nicht vermögensteuerpflichtig, nur die Kommanditisten unterliegen mit ihren Beteiligungen der Vermögensteuer. Eine Vermögensteuerbelastung der Komplementär-GmbH entfällt, wenn sie nicht an dem Betriebsvermögen der KG beteiligt ist.

8.7 Europäische wirtschaftliche Interessenvereinigung

Die **Europäische wirtschaftliche Interessenvereinigung (EWIV)** ist die erste **Gesellschaftsform europäischen Rechts.** Rechtsgrundlage ist eine **Verordnung des Ministerrates der Europäischen Gemeinschaft.**

Die EWIV gleicht weitgehend der OHG. Nach Eintragung ins Handelsregister kann die EWIV im eigenen Namen Träger von Rechten und Pflichten sein und Verträge abschließen sowie sonstige Rechtshandlungen vornehmen und vor Gericht klagen und verklagt werden. Die in der Bundesrepublik Deutschland in das Handelsregister eingetragenen Europäischen wirtschaftlichen Interessenvereinigungen erwerben jedoch keine eigene Rechtspersönlichkeit.

Mitglieder der EWIV können natürliche Personen, Gesellschaften und andere juristische Einheiten aus EG-Mitgliedstaaten sein.

Zweck einer EWIV ist, die **wirtschaftliche Tätigkeit ihrer Mitglieder zu erleichtern oder zu entwickeln** sowie die Ergebnisse der wirtschaftlichen Tätigkeit zu verbessern oder zu steigern. Die EWIV hat nicht den Zweck, Gewinn für sich selbst zu erzielen.

Da die **EWIV-Verordnung** nur den grundsätzlichen Aufbau und die Funktionsweise der EWIV regelt, haben die Mitglieder die Möglichkeit, im Gesellschaftsvertrag die EWIV nach ihren Bedürfnissen zu gestalten. Das hat für die Mitglieder den Vorteil, daß sie sich nicht in jeder Hinsicht der Rechtsordnung eines Mitgliedstaates der EG unterwerfen müssen.

Organe der EWIV sind die **gemeinschaftlich handelnden Mitglieder** und ein oder mehrere **Geschäftsführer,** deren Rechtsstellung nach der EWIV-Verordnung ähnlich wie die der GmbH-Geschäftsführer ist. Ein Aufsichtsrat kann gebildet werden.

Jedes Mitglied hat grundsätzlich eine Stimme, sofern nicht der Gründungsvertrag ihm mehrere Stimmen gewährt. Dies ist möglich, solange dadurch keine Stimmenmehrheit entsteht. Für die Beschlußfassung der Mitglieder gilt weitgehend der Grundsatz der Einstimmigkeit.

Als Geschäftsführer werden eine oder mehrere natürliche Personen bestellt, die die EWIV auch gegenüber Dritten vertreten können.

Ein **Mindestkapital** ist für die EWIV **nicht vorgeschrieben.** Im Interesse des Gläubigerschutzes haften die Mitglieder für die Verbindlichkeiten der EWIV unbeschränkt und gesamtschuldnerisch.

	Einzelunternehmung	BGB-Gesellschaft	OHG	KG	Stille Gesellschaft	AG	GmbH
Kapital (Eigenkapital)	Kapitalhöhe nicht festgelegt	Kapitalhöhe nicht festgelegt	Kapitalhöhe nicht festgelegt	Kapitalhöhe nicht festgelegt	Kapitalhöhe nicht festgelegt	100 000 DM Grundkapital	50 000 DM Stammkapital
Geschäftsführung und Vertretung	Inhaber	alle Gesellschafter gemeinschaftlich	jeder Gesellschafter	nur Komplementär	kein Recht des stillen Gesellschafters	Vorstand	Geschäftsführer
Haftung für Verbindlichkeiten	Inhaber unbeschränkt	jeder Gesellschafter unbeschränkt unmittelbar gesamtschuldnerisch	jeder Gesellschafter unbeschränkt unmittelbar gesamtschuldnerisch	Komplementär wie OHG-Gesellschafter Kommanditist mit Einlage	keine Haftung des stillen Gesellschafters	Gesellschaftsvermögen	Gesellschaftsvermögen
Organe	–	–	–	–	–	Hauptversammlung Aufsichtsrat Vorstand	Gesellschafterversammlung Aufsichtsrat (nur bei mehr als 500 Arbeitnehmern Pflicht) Geschäftsführer
Firma	Vor- und Zuname des Inhabers	keine eigene Firma	Name eines Gesellschafters mit Zusatz „& Co.", „OHG" oder Namen aller Gesellschafter	Name eines Komplementärs und Zusatz „& Co." oder „KG"	keine eigene Firma	mit Zusatz „AG"	mit Zusatz „GmbH"
Gewinnverteilung	Inhaber 100 %	laut Vertrag oder (gesetzlich) nach Köpfen	laut Vertrag oder (gesetzlich) 4 % vom Kapital, Rest nach Köpfen	laut Vertrag oder (gesetzlich) 4 %, Rest im angemessenen Verhältnis	laut Vertrag	Einstellung in Rücklagen und Ausschüttung als Dividende an Aktionäre	nach Geschäftsanteilen an die Gesellschafter

8.9 Handelsrechtliche Vorschriften, die für alle Unternehmensformen von Bedeutung sind

Wer muß die Vorschriften des HGB beachten?

Anne Griese und Beate Huber führen ihre Woll-Boutique als Gesellschaft bürgerlichen Rechts (BGB-Gesellschaft). Haben sie die Vorschriften des Handelsgesetzbuches (HGB) zu beachten?

Das Unternehmen ist nicht so groß, als daß es einen vollkaufmännisch eingerichteten Betrieb benötigt. Anne Griese und Beate Huber müssen nur in eingeschränktem Umfange eine Buchführung haben. Sie haben nicht die Pflicht, Bilanzen aufzustellen. Sie sind auch nicht im Handelsregister eingetragen. In diesen und in einigen anderen Punkten haben sie als Minderkaufleute weniger Pflichten als andere Kaufleute (Vollkaufleute). Aber sie sind Kaufleute und haben daher grundsätzlich die Vorschriften des HGB zu beachten.

Alle Kaufleute unterliegen den Vorschriften des HGB. Für Minderkaufleute gilt das HGB eingeschränkt, für Vollkaufleute uneingeschränkt. Vollkaufleute haben mehr Rechte, aber auch mehr Pflichten als Minderkaufleute und Privatpersonen.

8.9.1 Die Kaufmannseigenschaft im Sinne des HGB

Uwe Vogt erlernt den Beruf „Bürokaufmann". Nach seiner Ausbildung wird er als kaufmännischer Angestellter tätig sein. Ist er dann Kaufmann im Sinne des HGB?

Es ist zu unterscheiden zwischen der umgangssprachlichen Bezeichnung „Kaufmann" („Er ist ein tüchtiger Kaufmann") und dem Begriff „Kaufmann", den das Handelsgesetzbuch verwendet.

Wenn das HGB die Rechte und Pflichten des „Kaufmanns" beschreibt, dann sind nicht die in den kaufmännischen Betrieben tätigen Sachbearbeiter, Verkäufer, Einkäufer oder Prokuristen gemeint. Auch Vorstandsmitglieder einer AG und Geschäftsführer sind keine Kaufleute im Sinne des HGB.

Wer ist Kaufmann im Sinne des HGB?

8.9.1.1 Muß-, Soll-, Kann- und Formkaufleute

▶ *Mußkaufmann = Kaufmann kraft Grundhandelsgewerbe*

Kaufmann im handelsrechtlichen Sinne ist, wer ein **Handelsgewerbe** betreibt.

Nach § 1 Abs. 2 HGB zählen dazu folgende sogenannte **Grundhandelsgewerbe:**

- Handel (Groß- und Einzelhandel),
- Herstellung einschließlich Kauf und Verkauf von Waren (Industrie und Warenhandwerk),
- industriell betriebene Be- und Verarbeitung (Reparatur-, Reinigungsbetriebe usw., die nicht Handwerksbetriebe sind),
- Versicherungen,
- Kreditinstitute,
- Transportunternehmen.

Ebenfalls zum Grundhandelsgewerbe rechnen die Geschäfte der Kommissionäre, Spediteure, Lagerhalter, Handelsmakler, Handelsvertreter, die Verlags- und Buchhandelsgeschäfte und die Druckereien.

Jeder, der ein Grundhandelsgewerbe betreibt, ist Kaufmann. Die **Kaufleute kraft Grundhandelsgewerbe** werden deshalb auch als **Mußkaufleute** bezeichnet.

Nach den Gewerbesteuerrichtlinien müssen für einen **Gewerbebetrieb** folgende Voraussetzungen gegeben sein:
- Selbständigkeit,
- Nachhaltigkeit der Betätigung,
- Absicht der Gewinnerzielung,
- Beteiligung am allgemeinen wirtschaftlichen Verkehr.

Kein Gewerbe üben Rechtsanwälte, Ärzte, Steuerberater, Architekten usw. aus. Sie zählen zu den **freien Berufen.** Sie sind also auch nicht Kaufleute. Auch künstlerische und wissenschaftliche Tätigkeit ist kein Gewerbe.

▶ *Sollkaufmann = Kaufmann kraft pflichtgemäßer Handelsregistereintragung*

Kaufmann ist nach **§ 2 HGB,** wer ein **handwerkliches oder sonstiges Gewerbe** betreibt, das **nach Art und Umfang einen in kaufmännischer Weise eingerichteten Geschäftsbetrieb** erfordert und im **Handelsregister eingetragen** ist.

Hierzu zählen **gewerbliche Dienstleistungsbetriebe** (wie z.B. Hotels, Auskunfteien, Werbebüros, Reisebüros, Theater, Kinos), **reine Lohnhandwerker, Bauunternehmer und Bauhandwerker** und **Betriebe der Urproduktion** (wie z.B. Bergwerke, Steinbrüche), **sofern sie im Handelsregister eingetragen sind.** Zur Handelsregistereintragung sind diese Betriebe gesetzlich verpflichtet, wenn sie aufgrund ihrer Art und ihres Umfangs (Zahl der Beschäftigten, Umsatz, Kapital, Art der Leistungen, Art der Geschäftsbeziehungen) einen kaufmännischen Geschäftsbetrieb haben. Sie heißen daher **Sollkaufleute.** Ihre Kaufmannseigenschaft erwerben sie im Gegensatz zu den Mußkaufleuten erst mit der Handelsregistereintragung **(Kaufleute kraft pflichtgemäßer Eintragung).** Nicht zu den Sollkaufleuten zählen land- und forstwirtschaftliche Betriebe.

▶ *Kannkaufmann = Kaufmann kraft freiwilliger Handelsregistereintragung*

Kaufmann ist auch, wer ein **land- oder forstwirtschaftliches Unternehmen** betreibt, das **nach Art und Umfang einen in kaufmännischer Weise eingerichteten Geschäftsbetrieb** erfordert und im **Handelsregister eingetragen** ist.

Zur Landwirtschaft rechnen auch Obst-, Gemüse-, Hopfen- und Weinbau sowie Gärtnereien und Baumschulen, sofern sie überwiegend eigene Produkte verkaufen.

Land- und Forstwirte sind zur Handelsregistereintragung berechtigt, aber nicht verpflichtet. Eingetragene Land- und Forstwirte sind daher **Kannkaufleute (Kaufleute kraft freiwilliger Eintragung).** Ihre Betriebe gelten dann als **Handelsgewerbe.**

Land- und Forstwirte können sich – unter Verzicht auf eine Eintragung für den Hauptbetrieb –
- auch nur für Nebenbetriebe (wie z.B. für Brennereien, Mühlen) eintragen lassen.

▶ *Formkaufmann = Kaufmann kraft Rechtsform*

Die für Kaufleute anzuwendenden Vorschriften gelten auch für Handelsgesellschaften. Bei der OHG und der KG liegt stets ein Handelsgewerbe vor. Ein Unternehmen mit mehreren Inhabern, das kein Vollhandelsgewerbe betreibt, kann keine OHG und keine KG sein, sondern nur eine Gesellschaft bürgerlichen Rechts.

Die **GmbH** und die **AG** sind ohne Rücksicht auf die Art des von ihnen betriebenen Unternehmens allein **wegen ihrer Rechtsform Handelsgesellschaften.** Sie sind nach dem HGB auch Kaufleute (Formkaufleute), wenn sie kein Handelsgewerbe betreiben.

Nach dem Umfang ihrer Rechte und Pflichten werden **Vollkaufleute** und **Minderkaufleute** unterschieden.

Für Vollkaufleute gelten die Vorschriften des HGB uneingeschränkt, für Minderkaufleute nur in bestimmtem Umfang.

Minderkaufleute können nur Betriebe mit Grundhandelsgewerbe sein (Mußkaufleute). Soll-, Kann- und Formkaufleute sind stets **Vollkaufleute.**

Zu den **Minderkaufleuten** zählen kaufmännisch Gewerbetreibende, deren Gewerbebetrieb nach Art und Umfang keinen in kaufmännischer Weise eingerichteten Geschäftsbetrieb erfordert.

Beispiele für Minderkaufleute:

Kleinbetriebe (wie z. B. Anne Griese und Beate Huber als Inhaber einer Boutique); Handelsvertreter, die trotz hohen Umsatzes keinen kaufmännischen Geschäftsbetrieb benötigen.

Rechte und Pflichten von Voll- und Minderkaufleuten	
Vollkaufleute	**Minderkaufleute**
● führen eine Firma	● führen keine Firma
● sind im Handelsregister eingetragen	● sind nicht im Handelsregister eingetragen
● dürfen Prokura erteilen	● dürfen keine Prokura erteilen
● haben uneingeschränkte Buchführungspflicht	● haben eine eingeschränkte Buchführungspflicht (z. B. keine Bilanzierungspflicht)

8.9.2 Die Firma des Unternehmens

Die Firma ist der **Name, unter dem ein Vollkaufmann seine Geschäfte betreibt und seine Unterschrift abgibt.**

Unter seiner Firma kann ein Vollkaufmann klagen und verklagt werden.

Im täglichen Sprachgebrauch verwendet man oft den Begriff „Firma". Gemeint ist damit aber, abweichend vom HGB, der Betrieb, die Unternehmung, das Geschäft.

Firma = Name des Vollkaufmanns

Hans Behr gründete 1955 einen Großhandelsbetrieb und gab seinem Unternehmen den Geschäftsnamen „Textilgroßhandlung Hans Behr". Nach seinem Tod im Jahre 1990 übernahm sein Sohn Ulrich Behr das Unternehmen und führte es unter der Firma „Textilgroßhandlung Hans Behr" weiter. Unter diesem Geschäftsnamen kann der neue Inhaber Verträge schließen.

Zu unterscheiden sind:

● die **Personenfirma,** die aus Personennamen besteht,

● die **Sachfirma,** die den Gegenstand des Unternehmens nennt,

● die **gemischte Firma,** die teils Personenfirma, teils Sachfirma ist.

Beispiele für Firmen

Personenfirma: Klaus-Gerd Brunner

Sachfirma: Kieler Maschinenbau GmbH

Gemischte Firma: Textilgroßhandlung Hans Behr

Ein Kaufmann muß darauf achten, daß

- seine Firma keine falschen oder irreführenden Angaben über die Rechtsform und die Art seines Unternehmens enthält **(Grundsatz der Firmenwahrheit),**

- seine Firma sich deutlich von anderen Firmen unterscheidet, die im selben Ort bereits bestehen **(Grundsatz der Firmenausschließlichkeit).**

Ein Kaufmann, der ein bereits bestehendes Unternehmen übernimmt, kann diese Firma beibehalten, wenn der bisherige Inhaber bzw. seine Erben zustimmen **(Grundsatz der Firmenbeständigkeit).**

> **Beständigkeit der Firma:**
>
> Hans Stolte erwirbt das Unternehmen Klaus Ritter, Diät- und Reformwaren. Er darf die bei der Kundschaft bereits gut bekannte Firma fortführen und kann so den guten Ruf (good will) für sich nutzen.

8.9.3 Das Handelsregister

Das Handelsregister ist ein **Verzeichnis der Vollkaufleute.**

Im Geschäftsleben ist es oft notwendig, Auskünfte über Vertragspartner einzuholen. Diese Auskünfte können die wirtschaftlichen oder die rechtlichen Verhältnisse der Geschäftspartner betreffen. Auskünfte über die rechtlichen Verhältnisse von Vollkaufleuten gibt das Handelsregister.

Das Handelsregister dient der **Unterrichtung der Öffentlichkeit über die Rechtsverhältnisse an Unternehmen.**

Das Handelsregister ist ein öffentliches Register:

- Jedermann kann in das Handelsregister und in die zum Handelsregister eingereichten Schriftstücke einsehen.

- Von Handelsregistereintragungen kann man Abschriften erhalten (Handelsregisterauszüge)

- Handelsregistereintragungen werden im Bundesanzeiger und in Tageszeitungen veröffentlicht.

Das Handelsregister wird in **zwei Abteilungen** geführt:

- **Abteilung A:** Eintragung von Einzelunternehmungen, offenen Handelsgesellschaften (OHG) und Kommanditgesellschaften (KG)

- **Abteilung B:** Eintragung von Gesellschaften mit beschränkter Haftung (GmbH), Aktiengesellschaften (AG) und anderen Kapitalgesellschaften.

264

Beispiel eines Handelsregisterauszuges

Abteilung B							Nummer der Firma: HR B 9156
Nr. der Eintragung	a) Firma b) Sitz c) Gegenstand	Grund- oder Stamm- kapital	Geschäfts- führer	Prokura		Rechts- verhält- nisse	Tag der Eintragung, Unterschrift
1	a) Fabrik für Ölhydraulik Windmann und Wehmer GmbH b) Halle c) Herstellung von Öl- hydraulik- anlagen	500 000 DM	<u>Artur Windmann in Halle</u> Hans Wehmer in Halle	Wilhelm Kern in Halle und <u>Horst K. Müller ist Prokura in der Weise er- teilt, daß sie gemeinsam vertretungs- berechtigt sind.</u>		Gesell- schaft mit beschränk- ter Haftung	20. Okt. 19..
2			Horst K. Müller in Halle	Wilhelm Kern ist Einzelpro- kura erteilt. <u>Die Prokura für Horst K. Müller ist erloschen.</u>		<u>Artur Wind- mann ist nicht mehr Geschäfts- führer.</u>	5. Jan. 19..

In der Praxis werden Löschungen durch Rotunterstreichungen kenntlich gemacht.

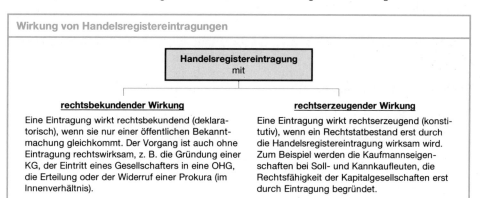

Wirkung von Handelsregistereintragungen

Handelsregistereintragung mit

rechtsbekundender Wirkung

Eine Eintragung wirkt rechtsbekundend (deklaratorisch), wenn sie nur einer öffentlichen Bekanntmachung gleichkommt. Der Vorgang ist auch ohne Eintragung rechtswirksam, z. B. die Gründung einer KG, der Eintritt eines Gesellschafters in eine OHG, die Erteilung oder der Widerruf einer Prokura (im Innenverhältnis).

rechtserzeugender Wirkung

Eine Eintragung wirkt rechtserzeugend (konstitutiv), wenn ein Rechtstatbestand erst durch die Handelsregistereintragung wirksam wird. Zum Beispiel werden die Kaufmannseigenschaften bei Soll- und Kannkaufleuten, die Rechtsfähigkeit der Kapitalgesellschaften erst durch Eintragung begründet.

Handelsregistereintragungen haben für die Rechtssicherheit im Wirtschaftsleben erhebliche Bedeutung, da das Handelsregister öffentlichen Glauben genießt.

- **Eingetragene und veröffentlichte Tatbestände** können jedermann gegenüber geltend gemacht werden, da sie als allgemein bekannt gelten. Ein Geschäftspartner kann sich regelmäßig nicht auf Unkenntnis über die Handelsregistereintragung berufen.

- **Eintragungspflichtige, aber nicht eingetragene Tatbestände** können einem gutgläubigen Dritten gegenüber nicht geltend gemacht werden (z. B. Erlöschen einer Prokura).

Genossenschaften werden in einem besonderen **Genossenschaftsregister** eingetragen.

Beim Amtsgericht werden neben dem Handelsregister das Genossenschaftsregister, das Grundbuch, das Güterrechtsregister, das Vereinsregister, das Schiffsregister und das Konkursverzeichnis geführt.

8.9.4 Von Unternehmen erteilte Vollmachten

Unternehmen können Vollmachten nach dem **Handelsgesetzbuch (HGB)** und nach dem **Bürgerlichen Gesetzbuch (BGB)** erteilen.

Vollmachten nach dem HGB sind **Prokura** und **Handlungsvollmacht.**

> **Prokuristen und Handlungsbevollmächtigte sind rechtsgeschäftliche Vertreter (Bevollmächtigte) des Unternehmers** (Einzelunternehmen) **oder der Unternehmer** (Personenhandelsgesellschaft). Prokuristen und Handlungsbevollmächtigte von Kapitalgesellschaften und Genossenschaften sind **Bevollmächtigte der juristischen Personen.** Sie werden von den Organen (Vorstand, Geschäftsführer) ernannt.

Prokuristen und Handlungsbevollmächtigte werden bestellt, um in einem Unternehmen neben den Inhabern von Personenhandelsgesellschaften (OHG, KG), oder neben den gesetzlichen Vertretern (Vorstand der AG, Geschäftsführer der GmbH usw.), **zeichnungsberechtigte Mitarbeiter** zu haben.

Wer zeichnungsberechtigt ist, darf das Unternehmen nach außen vertreten: Willenserklärungen abgeben und entgegennehmen und Verträge schließen (**Zeichnungsberechtigung** ist **Vertretungsberechtigung**).

Zeichnungsberechtigte Mitarbeiter haben aber auch das Recht, im Rahmen einer bestimmten, festgelegten Befugnis Entscheidungen in innerbetrieblichen Angelegenheiten zu treffen. Diese Zeichnungsberechtigung im Innenbereich des Unternehmens kann sich z.B. auf die Abzeichnung der sachlichen Richtigkeit von Eingangsrechnungen oder auf die Abzeichnung von Buchungsanweisungen erstrecken.

In den meisten Fällen ist ein zeichnungsberechtigter Mitarbeiter sowohl nach außen vertretungsberechtigt als auch entscheidungsberechtigt in Angelegenheiten des Innenbereichs. Beispiel: Ein Mitarbeiter im Bereich Finanzen und Verwaltung hat Bankvollmacht. Innerbetrieblich gesehen, darf er entscheiden, welche Überweisungsaufträge an die Bank gegeben werden. Durch sein Abzeichnen übernimmt er die Verantwortung gegenüber der Geschäftsleitung für ausgehende Überweisungen. Gleichzeitig darf er mit der Unterschrift auf der Überweisung eine Willenserklärung für das Unternehmen abgeben, nämlich die Erteilung des Auftrags an die Bank, eine bestimmte Geldsumme zu Lasten des Kontos zu überweisen.

8.9.4.1 Die Prokura

> Die **Prokura** berechtigt zu **allen Arten von gewöhnlichen und außergewöhnlichen Geschäften und Rechtshandlungen,** die der Betrieb **irgendeines Handelsgewerbes** mit sich bringt.

Der Prokurist darf auch außergewöhnliche, d.h. nicht nur unternehmenstypische Geschäfte abschließen.

266   © Verlag Gehlen

Eine Prokura kann nur von Vollkaufleuten durch ausdrückliche Erklärung erteilt werden.

Für die Veräußerung und Belastung von Grundstücken des Unternehmens (z.B. Eintragung einer Hypothek) benötigt der Prokurist eine zusätzliche, besondere Vollmacht.

Im **Außenverhältnis,** d.h. gegenüber Dritten (Kunden, Lieferanten, Kreditinstituten, Behörden usw.) kann der Umfang der Prokura nicht begrenzt werden.

Im **Innenverhältnis,** d.h. im Verhältnis zwischen Inhaber, Vorstand bzw. Geschäftsführer und dem Prokuristen, können Vereinbarungen über den Umfang der Prokura getroffen werden. Die im Innenverhältnis getroffenen Vereinbarungen über Beschränkungen der Prokura sind aber Dritten gegenüber unwirksam.

Beispiel: Außenverhältnis und Innenverhältnis bei der Prokura

Der kaufmännische Angestellte Dieter Feldt wird zum Prokuristen bestellt:

,,Mit Wirkung vom 1. Januar 19.. erteile ich Ihnen Einzelprokura für die Firma Norbert J. Bauer, Fachmarkt für Computer- und Büroservice, Hamburg. Sie sind berechtigt, für die Firma unter Beachtung der HGB-Vorschriften Rechtsgeschäfte mit folgenden Einschränkungen durchzuführen:

1. Kreditgewährungen an Kunden sind ohne meine Zustimmung nur bis 10 000 DM zulässig.

2. Wechsel von Lieferanten auf die Firma dürfen von Ihnen nicht akzeptiert werden''.

Im **Innenverhältnis** hat der Geschäftsführer mit dem Prokuristen Feldt Einschränkungen vereinbart. Dritten gegenüber sind sie aber unwirksam. Gewährt Feldt z.B. an Kunden einen Kredit über 5 000 DM oder akzeptiert er Wechsel, macht er sich zwar Bauer gegenüber schadenersatzpflichtig. **Nach außen** sind seine Handlungen aber rechtsgültig, d.h. für Bauer bindend.

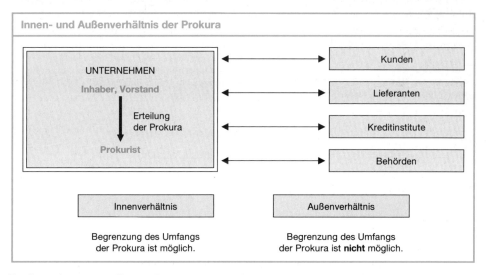

Prokura kann erteilt werden

- als **Prokura mit Einzelvertretungsbefugnis** (Erteilung der Prokura an eine Person – **Einzelprokura),**

- als **Prokura mit Gesamtvertretungsbefugnis** (Erteilung der Prokura an mehrere Personen, die gemeinschaftlich das Unternehmen vertreten dürfen – **Gesamtprokura).**

Eine Möglichkeit, die Prokura nach außen zu begrenzen, ist die Erteilung als **Filialprokura.** Der Prokurist mit Filialprokura darf nur den Betrieb einer von mehreren Niederlassungen vertreten, die unter verschiedenen Firmen betrieben werden.

> **Beispiel: Filialprokura**
>
> Die Nord-Hochbau-GmbH mit Sitz in Kiel erteilt Werner Neubauer Prokura für die Niederlassung Hannover, die als „Nord-Hochbau-GmbH Niederlassung Hannover" in das Handelsregister des Amtsgerichts Hannover eingetragen ist.

Bei Kapitalgesellschaften, Genossenschaften und Personenhandelsgesellschaften kann die Satzung bzw. der Gesellschaftsvertrag bestimmen, daß einzelne Vorstandsmitglieder, Geschäftsführer oder Gesellschafter nur gemeinschaftlich mit einem Prokuristen vertretungsberechtigt sein sollen. Diese Vertretungsregelung wird als **gemischte** oder **unechte Gesamtvertretung** bezeichnet, weil der Prokurist an die Stelle des gesetzlichen Vertreters tritt, der durch Gesetz oder Satzung bzw. Gesellschaftsvertrag Gesamtvertretungsbefugnis hat. Die Vertretungsbefugnis des Prokuristen erweitert sich in diesem Fall.

Dem Prokuristen sind alle Handlungen untersagt, die zu den eigentlichen Tätigkeiten des Unternehmens gehören: Unterschreiben der Bilanz und der Steuererklärung des Unternehmens, Anmeldung zum Handelsregister, Erteilen der Prokura, Verkauf des Geschäftes, Aufnahme von Gesellschaftern und Anmelden des Konkurses.

Erteilung und Erlöschen der Prokura sind zur Eintragung in das Handelsregister anzumelden.

8.9.4.2 Die Handlungsvollmacht

> Die **Handlungsvollmacht** berechtigt **zu allen gewöhnlichen Geschäften und Rechtshandlungen,** die der **Betrieb eines bestimmten Handelsgewerbes** oder einzelne in einem bestimmten Handelsgewerbe vorkommende Tätigkeiten mit sich bringen.

Im Gegensatz zum Prokuristen darf der Handlungsbevollmächtigte das Unternehmen nur bei gewöhnlichen, d. h. bei unternehmenstypischen Geschäften vertreten.

Nach dem Umfang der Handlungsvollmacht lassen sich unterscheiden:

- die **Gesamtvollmacht** oder **allgemeine Vollmacht,** die zu allen gewöhnlichen Rechtsgeschäften der Unternehmung berechtigt,

- die **Artvollmacht,** die zur Vornahme einer bestimmten Art von Rechtsgeschäften der Unternehmung berechtigt, z.B. die Vollmacht des Kassierers, des Verkäufers usw.,

- die **Einzel- oder Sondervollmacht,** die nur für ein bestimmtes Rechtsgeschäft erteilt wird, z.B. die Abschlußvollmacht für einen bestimmten Vertrag, die Prozeßvollmacht für ein bestimmtes Gerichtsverfahren, die Inkassovollmacht für den Einzug einer bestimmten Forderung.

Handlungsvollmacht kann erteilt werden

- als **Vollmacht mit Einzelvertretungsbefugnis** (Erteilung von Handlungsvollmacht an eine Person),

- als **Vollmacht mit Gesamtvertretungsbefugnis** (Erteilung von Handlungsvollmacht an mehrere Personen, die gemeinschaftlich das Unternehmen vertreten dürfen).

Handlungsvollmacht kann weiterhin erteilt werden

- als **Handlungsvollmacht ohne Befugnis nach § 54 Abs. 2 HGB,**

- als **Handlungsvollmacht mit Befugnis nach § 54 Abs. 2 HGB.**

---

§ 54 HGB

(1) Ist jemand ohne Erteilung der Prokura zum Betrieb eines Handelsgewerbes oder zur Vornahme einer bestimmten zu einem Handelsgewerbe gehörigen Art von Geschäften oder zur Vornahme einzelner zu einem Handelsgewerbe gehöriger Geschäfte ermächtigt, so erstreckt sich die Vollmacht (Handlungsvollmacht) auf alle Geschäfte und Rechtshandlungen, die der Betrieb eines derartigen Handelsgewerbes oder die Vornahme derartiger Geschäfte gewöhnlich mit sich bringt.

(2) Zur Veräußerung oder Belastung von Grundstücken, zur Eingehung von Wechselverbindlichkeiten, zur Aufnahme von Darlehen und zur Prozeßführung ist der Handlungsbevollmächtigte nur ermächtigt, wenn ihm eine solche Befugnis besonders erteilt ist.

(3) Sonstige Beschränkungen der Handlungsvollmacht braucht ein Dritter nur dann gegen sich gelten zu lassen, wenn er sie kannte oder kennen mußte.

Handlungsbevollmächtigte ohne Befugnis nach § 54 Abs. 2 HGB sind berechtigt, alle gewöhnlichen Geschäfte und Rechtshandlungen im Geschäftsverkehr vorzunehmen. **Handlungsbevollmächtigte mit Befugnis nach § 54 Abs. 2 HGB** sind darüber hinaus berechtigt, im Namen des Vollmachtgebers

- Wechselverbindlichkeiten einzugehen,
- Kredite und Darlehen aufzunehmen,
- Grundstücke zu belasten oder zu veräußern.

Sonstige Beschränkungen der Handlungsvollmacht muß ein Dritter **(Außenverhältnis)** nur gegen sich gelten lassen, wenn er sie kannte oder kennen mußte (§ 54 Abs. 3 HGB). Im **Innenverhältnis** sind alle denkbaren Einschränkungen der Handlungsvollmacht zulässig.

Die Handlungsvollmacht wird nicht in das Handelsregister eingetragen.

8.9.4.3 Vergleich von Prokura und Handlungsvollmacht

Der **Prokurist** ist **Stellvertreter eines Vollkaufmanns** mit umfassender, gesetzlich festgelegter Vertretungsmacht. Er darf das Unternehmen in fast allen Angelegenheiten vertreten. Er darf auch außergewöhnliche, also unternehmensatypische Geschäfte abschließen.

Der **Handlungsbevollmächtigte** ist **Stellvertreter eines Kaufmanns** mit einer im Vergleich zur Prokura weniger umfassenden, gesetzlich festgelegten Vertretungsmacht. Im Gegensatz zum Prokuristen darf er das Unternehmen nur bei gewöhnlichen, also unternehmenstypischen Geschäften vertreten.

Vergleich von Prokura und Handlungsvollmacht		
	Prokura	Handlungsvollmacht
Gewöhnliche Geschäfte des betreffenden Handelsgewerbes	erlaubt	erlaubt
Außergewöhnliche Geschäfte	erlaubt	nicht erlaubt
Aufnahme von Darlehen	erlaubt	nur mit zusätzlicher, besonderer Vollmacht erlaubt
Eingehen von Wechselverbindlichkeiten	erlaubt	
Veräußerung und Belastung von Grundstücken	nur mit zusätzlicher, besonderer Vollmacht erlaubt	nur mit zusätzlicher, besonderer Vollmacht erlaubt
Persönliche Handlungen des Unternehmers	nicht erlaubt	nicht erlaubt

8.9.4.4 BGB-Vollmacht

Neben Prokura und Handlungsvollmacht können Kaufleute auch Vollmachten nach § 164 BGB erteilen.

Der Umfang der **BGB-Vollmacht** ist gesetzlich nicht geregelt und muß daher in jedem Einzelfall vom Vollmachtgeber festgelegt werden.

BGB-Vollmachten kommen auch als besondere, umfassende und über den Umfang der Prokura hinausgehende Vollmachten vor (Generalbevollmächtigte von großen Aktiengesellschaften).

Nichtkaufleute, wie z.B. Handwerker, die nicht unter § 1 oder § 2 HGB fallen, und Freiberufler können nur BGB-Vollmachten erteilen.

Rechtsgeschäftliche Vertretung (Vollmacht) im Überblick

Vollmacht

HGB-Vollmacht
- Vertretung von Vollkaufleuten durch Prokuristen
- Vertretung von Kaufleuten durch Handlungsbevollmächtigte

BGB-Vollmacht
- Vertretung von Kaufleuten
- Vertretung von Nichtkaufleuten

1 OHG

Vergleichen Sie die gesetzlichen Bestimmungen (siehe Seite 250) mit den Vereinbarungen im Gesellschaftsvertrag der Bertram & Meyer OHG (siehe Seite 251).

a) Stellen Sie fest, welche der vertraglichen Regelungen von den gesetzlichen Bestimmungen abweichen!

b) Warum enthält der Gesellschaftsvertrag keine Regelung über die Haftung der Gesellschafter?

2 Kommanditgesellschaft

Die Rhein-Ruhr-Bank AG hat gegenüber der Möbelhandlung Hahn & Kröger KG aus einer Kreditgewährung eine fällige Forderung in Höhe von 270 000 DM.

Die Einlagen der Komplementäre betragen: Werner Hahn 120 000 DM, Friedrich Kröger 140 000 DM. Der Kommanditist Max Seehausen ist mit 50 000 DM an der Gesellschaft beteiligt (voll eingezahlt).

a) Welchen Betrag kann die Bank von Werner Hahn fordern?

b) Welchen Betrag kann die Bank von Max Seehausen fordern?

① 270 000 DM ③ 50 000 DM
② 120 000 DM ④ 0 DM

Geben Sie zu beiden Entscheidungen Begründungen!

3 Gesellschaft mit beschränkter Haftung

Drei Gesellschafter, Jochen Papenberg, Leo Hansen und Peter Niehaus, gründen durch Gesellschaftsvertrag eine GmbH zum Vertrieb von Personalcomputern.

a) Wie wird die Summe aller Kapitalanteile der Gesellschafter genannt?

① Grundkapital
② Stammkapital
③ Geschäftsguthaben
④ Dotationskapital

b) Wieviel TDM muß die Summe aller Kapitalanteile mindestens betragen?

c) In welcher Abteilung des Handelsregisters wird die Gesellschaft eingetragen?

d) Welche der folgenden Firmierungen wäre für die Gesellschaft zulässig?

① Papenberg und Partner
② Papenberg, Hansen & Niehaus
③ Personalcomputer-Vertrieb
④ Personalcomputer-Vertriebsgesellschaft mbH

e) Vergleichen Sie die GmbH und die OHG im Hinblick auf ihre Kreditwürdigkeit!

f) Die Gesellschafter haben vereinbart, daß nur Papenberg und Hansen, und zwar jeder einzeln, vertretungsberechtigt sind.
   Stellen Sie fest, ob diese Vereinbarung zulässig ist!

4 Einzelunternehmer

Hans Wolter betreibt als Einzelunternehmer ein Fachgeschäft. Im Handelsregister ist die Firma „Herrenausstatter Hans Wolter" eingetragen.

a) Nennen Sie die wichtigsten Vorteile, die die Rechtsform des Einzelunternehmens bietet!

b) Muß Wolter seinen Gewinn durch Bilanzvergleich oder durch eine Überschußrechnung ermitteln?

c) Wolter beschäftigt drei Angestellte und zwei minderjährige Auszubildende. Ein Angestellter verlangt, daß ein Betriebsrat gewählt wird. Zu Recht?

5 Beteiligung als Kommanditist

Einer Ihrer Freunde hat eine Erbschaft in Höhe von 100 000 DM gemacht. Er beabsichtigt, sich mit dem Geld an einer KG zu beteiligen. In der Frage, ob er als Komplementär oder als Kommanditist eintreten soll, bittet er Sie um Beratung.

a) Stellen Sie vier Gesichtspunkte dar, die Sie Ihrem Freund als Entscheidungshilfe in einem Gespräch darlegen würden!

b) Gehen Sie davon aus, daß Ihr Freund als Kommanditist in die KG eintritt. Es wird eine Einlage von 200 000 DM vereinbart, von der er 100 000 DM sofort einzahlt.

Was bedeutet dies für seine Haftung?

6 GmbH & Co.

Im Handelsblatt wird unter ,,Amtliche Bekanntmachungen'' die Neueintragung der J. Möller GmbH und der J. Möller GmbH & Co. im Handelsregister des Amtsgerichts Flensburg veröffentlicht.

a) Was ist eine GmbH & Co.?

① eine offene Handelsgesellschaft mit einer GmbH als Gesellschafterin
② eine Kommanditgesellschaft mit einer GmbH als Komplementärin
③ eine Kommanditgesellschaft mit einer GmbH als Kommanditistin
④ eine Kommanditgesellschaft, bei der die Gesellschafter der GmbH Vollhafter in der KG sind
⑤ eine Kommanditgesellschaft, bei der die Gesellschafter der GmbH Teilhafter in der KG sein können
⑥ eine GmbH mit einer Kommanditgesellschaft als Teilhafter
⑦ eine GmbH mit einer Kommanditgesellschaft als Vollhafter

b) Erläutern Sie die Rechtswirkung der Handelsregistereintragungen!

c) Nennen Sie mögliche Gründe für die Wahl der Rechtsform ,,GmbH & Co.''!

7 Kaufmannseigenschaft

Entscheiden Sie, ob die genannten Personen im Sinne des HGB

(1) Kaufleute,
(2) Vollkaufleute oder Minderkaufleute sind!

a) Hanseatische Werbung GmbH

b) Niedersächsische Wohnungsbau Aktiengesellschaft

c) Hannelore Speßhardt & Frauke Meier, Gesellschaft bürgerlichen Rechts (Handel mit Antiquitäten)

d) Joachim Hollmann, Vorstandsmitglied der Schleswig-Holstein-Bank AG

8 Handelsregistereintragungen

Entscheiden Sie, in welcher Abteilung des Handelsregisters die nachstehenden Unternehmungen eingetragen sind!

① Abteilung A   ② Abteilung B

272

a) Kurt Webenbauer, Bastelbedarf

b) Wein & Schenker, Textilien

c) Hamburger Unternehmensberatungsgesellschaft m.b.H.

d) Westdeutsche Finanz- und Kreditvermittlungs-GmbH & Co. KG

e) Hella-Brauerei AG, Hamburg

9 Zusammensetzung des Aufsichtsrats

a) Die Gewerbebank AG beschäftigt im Jahr durchschnittlich 1800 Mitarbeiter. Wie setzt sich der Aufsichtsrat zusammen?

b) Wie viele Arbeitnehmervertreter gehören in den beiden folgenden Fällen dem Aufsichtsrat an?

   (1) Die Industriebank AG beschäftigt 21 590 Mitarbeiter; dem Aufsichtsrat gehören insgesamt 20 Mitglieder an.

   (2) Die Niederrheinische Bank AG beschäftigt 800 Mitarbeiter; dem Aufsichtsrat gehören insgesamt 9 Mitglieder an.

c) In welchen Gesetzen finden Sie Regelungen über die Zusammensetzung des Aufsichtsrats?

10 Eintragungen im Handelsregister

Beantworten Sie Fragen, die sich auf den folgenden Handelsregister-Auszug beziehen:

Nr. der Eintragung	a) Firma b) Sitz c) Gegenstand	Geschäftsführer	Prokura	Rechtsverhältnisse	Tag der Eintragung, Unterschrift
1	a) Lüneburger Landmaschinenhandel Geffert GmbH b) Lüneburg c) Handel mit Landmaschinen aller Art	Manfred Geffert in Lüneburg Dieter Feldt in Lüneburg	Walter Jocher und Axel Peters ist Prokura in der Weise erteilt, daß sie gemeinsam vertretungsberechtigt sind.	Gesellschaft mit beschränkter Haftung	2. Februar 1988
2		Walter Jocher in Lüneburg	Axel Peters ist Einzelprokura erteilt. Die Prokura für Walter Jocher ist erloschen.	Manfred Geffert ist nicht mehr Geschäftsführer.	12. März 1991

a) In welcher Abteilung des Handelsregisters ist die Unternehmung eingetragen? (Begründen Sie Ihre Antwort!)

b) Welche Personen waren am 31. Dezember 1988 und welche am 31. März berechtigt, Verträge für die Lüneburger Landmaschinenhandel Geffert GmbH abzuschließen? (Löschungen von Eintragungen werden in der Praxis durch Rotunterstreichungen kenntlich gemacht.)

11 Prokura und Handlungsvollmacht

Eberhard Weiss und Hans Maurer, Inhaber des Textilkaufhauses Weiss & Maurer, haben folgende Vollmachten erteilt:

- Herrn Gerd Schäfer: Einzelprokura
- Frau Gudrun Stein: allgemeine Handlungsvollmacht

a) Wer ist im Handelsregister als vertretungsberechtigt für das Textilkaufhaus Weiss & Maurer eingetragen?

b) Weiss und Maurer haben bei der Erteilung der Prokura an Gerd Schäfer ausdrücklich festgelegt, daß Schäfer nicht das Recht haben sollte, Wechsel für das Unternehmen zu akzeptieren. Am 16.02.19.. wird dem Textilkaufhaus ein fälliger Wechsel in Höhe von 15 000 DM zur Bezahlung vorgelegt, der von Gerd Schäfer akzeptiert worden ist.

Muß die Unternehmung den Wechsel bezahlen? (Begründen Sie Ihre Antwort!)

c) Auf Anforderung der Stadtsparkasse, die das Geschäftskonto führt, legt Gerd Schäfer die von ihm unterschriebene Bilanz des Textilkaufhauses vor. Wie beurteilen Sie die Rechtslage?

12 Handlungsvollmachten

Der kaufmännische Angestellte Peter Zweig ist als Sachbearbeiter im Einkauf der Firma Reuter-Stahl OHG tätig. Durch den Prokuristen Klaus Hansen wird er zum 1. April 19.. zum Leiter der Einkaufsabteilung ernannt.

a) Welche Vollmacht hatte Zweig als Sachbearbeiter, welche nach seiner Bestellung zum Leiter der Einkaufsabteilung?

b) Durfte der Prokurist Hansen den Sachbearbeiter zum Abteilungsleiter ernennen?

Begründen Sie Ihre Entscheidung!

13 Einzelvertretung und Gesamtvertretung

Die Hallenbau GmbH hat Dieter Schneider Einzelprokura mit der Maßgabe erteilt, daß er für den Bereich Finanzierung des Unternehmens zuständig und vertretungsberechtigt ist.

Zur Beschaffung von Betriebsmitteln nimmt Schneider einen Kredit bei der Bank der Hallenbau GmbH auf und läßt als Sicherheit auf das Grundstück der Hallenbau GmbH eine Grundschuld eintragen. Er verkauft außerdem die im Besitz der Hallenbau GmbH befindlichen Daimler-Benz-AG-Aktien im Werte von 100 000 DM.

a) Die beiden Geschäftsführer der Hallenbau GmbH sind mit den genannten Handlungen des Prokuristen nicht einverstanden. Beurteilen Sie die Rechtslage!

b) Die Geschäftsführer der Hallenbau GmbH beschließen, die Einzelvertretungsbefugnis umzuwandeln in eine Gesamtvertretungsbefugnis. Sie lassen in das Handelsregister eintragen, daß Schneider ab 1. Juni 19.. gemeinsam mit je einem Geschäftsführer für die Hallenbau GmbH zeichnungsberechtigt ist. Welche Vor- und Nachteile hat diese Regelung?

14 Steuerliche Überlegungen bei der Wahl der Unternehmensrechtsform

a) Vergleichen Sie Personen- und Kapitalgesellschaften im Hinblick auf steuerliche Vor- und Nachteile!

b) Erläutern Sie, wie eine GmbH & Co. bei der Einkommensteuer, der Körperschaftsteuer, der Vermögensteuer und der Gewerbesteuer behandelt wird!

c) Vergleichen Sie in steuerlicher Hinsicht die Einzelunternehmung mit einer Einmann-GmbH!

15 Aktiengesellschaft

Die Nord-Brauerei AG hat ein Grundkapital von 30 Mio. DM, eine Kapitalrücklage von 5 Mio. DM sowie eine gesetzliche Rücklage von 1 Mio. DM und andere Rücklagen in Höhe von 4 Mio. DM. Das Unternehmen beschäftigt 3 000 Arbeitnehmer.

Jede Aktie des Unternehmens hat einen Nennwert von 50 DM. Der Börsenkurs der Aktien beträgt 200 DM je Stück.

a) Wie hoch ist das Eigenkapital der AG?

b) Woraus werden die Kapitalrücklage und die Gewinnrücklagen gebildet?

c) Muß das Unternehmen aus einem zukünftig erzielten Jahresüberschuß Teile in die gesetzliche Rücklage einstellen? (Begründung!)

d) Das Unternehmen hatte im abgelaufenen Geschäftsjahr einen Bilanzgewinn von 2 Mio. DM ausgewiesen. Es hatte 1 Mio. DM in andere Rücklagen eingestellt. Wie hoch war der Jahresüberschuß?

e) Erläutern Sie die Zusammensetzung des Aufsichtsrats des Unternehmens!

f) Der Vorstand hält eine Erhöhung des Grundkapitals für erforderlich, um eine ausreichende Eigenkapitalgrundlage für die Ausweitung des Unternehmens zu haben. Warum hat das Aktiengesetz festgelegt, daß zur Durchführung einer solchen Maßnahme die Zustimmung der Hauptversammlung erforderlich ist?

g) Ein Aktionär der Nord-Brauerei AG besitzt 50 Aktien zu je 50 DM Nennwert. Er ist außerdem Mitglied (Genosse) bei der Volksbank Lüneburg eG. Welches Stimmrecht hat der Anteilseigner als Aktionär in der Hauptversammlung der Nord-Brauerei AG und als Mitglied in der Generalversammlung (Mitgliederversammlung) der Volksbank eG?

h) Auf der Hauptversammlung der Nord-Brauerei AG soll entschieden werden über
   (1) die Neuwahl eines Mitglieds des Aufsichtsrats
   (2) die Verwendung des Bilanzgewinns
   (3) die Entlastung des Vorstands und des Aufsichtsrats
   (4) die Erhöhung des Grundkapitals
   (5) die Wahl des Abschlußprüfers

   Zu welchem der Tagesordnungspunkte ist eine Beschlußfassung der Hauptversammlung mit Dreiviertelmehrheit erforderlich?

16 Betriebsrat und Mitbestimmung bei verschiedenen Unternehmensrechtsformen

Vergleichen Sie die Einzelunternehmung, die BGB-Gesellschaft, die Offene Handelsgesellschaft, die Kommanditgesellschaft, die Stille Gesellschaft, die Gesellschaft mit beschränkter Haftung, die GmbH & Co. KG sowie die Aktiengesellschaft im Hinblick auf

a) die Pflicht bzw. das Recht, einen Betriebsrat zu wählen, und

b) die Anwendung von Mitbestimmungsvorschriften bei der Zusammensetzung des Aufsichtsrats!

17 Jahresabschluß – Anhang – Lagebericht

Welche Unterschiede im Hinblick auf Aufstellung und Veröffentlichung von Jahresabschluß, Anhang und Lagebericht bestehen zwischen Personenhandelsgesellschaften und Kapitalgesellschaften?

9.1 Der Zusammenhang von Finanzierung und Investition; der Kapitalbedarfsplan

Finanzierung und Investition sind Vorgänge, die bei Gründung eines Unternehmens und auch im laufenden Geschäftsbetrieb vorkommen.

Renate Lück und Horst Hansen wollen sich gemeinsam selbständig machen und einen Computer-Handel betreiben. Sie haben die Gelegenheit, Ladenräume zu mieten und die Betriebs- und Geschäftsausstattung (Regale, Schränke usw.) von dem Vermieter käuflich zu übernehmen. Dafür müssen sie 50 000 DM aufbringen.

Für die Erstbeschaffung von Waren rechnen sie mit 120 000 DM. Um in der Anlaufzeit alle Ausgaben für Miete, Strom, Heizung, Gebühren, Steuern usw. (unabhängig von den Einnahmen aus dem Verkauf) bezahlen zu können, wollen sie mit einem Bankguthaben von 50 000 DM starten.

Die Unternehmensgründer errechnen ihren **Kapitalbedarf.**

Berechnung des Kapitalbedarfs:

Benötigt werden
- für die Betriebs- und Geschäftsausstattung   50 000 DM
- für Waren   120 000 DM
- als Geldreserve (Bankguthaben)   50 000 DM

= Erforderliches Vermögen = Kapitalbedarf   220 000 DM

Die Unternehmensgründer überlegen, wie sie die Finanzmittel aufbringen können, d.h. wie sie den Betrag von 220 000 DM **finanzieren** können.

Renate Lück hat Ersparnisse in Höhe von 40 000 DM. Horst Hansen hat aus dem Verkauf des von seinen Eltern geerbten Hauses 130 000 DM zur Verfügung.

Die Handels- und Gewerbebank ist bereit, einen Kredit in Höhe von 50 000 DM als gewerbliches Anschaffungsdarlehen zur Verfügung zu stellen.

Berechnung der Mittelbeschaffung (Finanzierung):

Zur Verfügung stehen

• als eigene Mittel	40 000 DM	
	130 000 DM	170 000 DM
• als fremde Mittel		50 000 DM
= Vorhandene Mittel		220 000 DM

Die **Finanzierung** ist gesichert, da das benötigte **Kapital beschafft** werden kann. Die Unternehmensgründer haben damit **Kapital,** das sie **zur Anlage in Vermögensgegenständen verwenden** können.

> Kapitalbeschaffung nennt man **Finanzierung.**
> Kapitalverwendung nennt man **Investition.**

▶ *Der Ausweis von Finanzierung und Investition in der Bilanz*

Um Kapitalbeschaffung und Kapitalverwendung schriftlich festzuhalten, wird eine **Bilanz** aufgestellt.

Aktivseite		Bilanz	Passivseite
Betriebs- und		Eigenkapital	170 000 DM
Geschäftsausstattung	50 000 DM	Fremdkapital	50 000 DM
Waren	120 000 DM		
Bankguthaben	50 000 DM		
	220 000 DM		220 000 DM

Jede Seite der Bilanz gibt eine Information.

Auf der **rechten Seite der Bilanz (Passivseite)** ist die **Herkunft der Mittel** zu erkennen, also die **Beschaffung von Kapital** (Finanzierung):

● Das **Eigenkapital** zeigt, in welcher Höhe die Unternehmer **eigene Mittel** zur Verfügung stellen konnten.

● Das **Fremdkapital** zeigt, in welcher Höhe die Unternehmer **fremde Mittel** benötigen, also **Kredite** aufnehmen mußten.

Auf der **linken Seite der Bilanz (Aktivseite)** ist die **Verwendung der Mittel** zu erkennen, also die **Anlage in Vermögen (Kapitalverwendung =** Investition).

Aktivseite	Bilanz	Passivseite
Vermögen	**Eigenkapital**	
	Fremdkapital	
Investition	Finanzierung	

> Durch eine **Investition** werden **finanzielle Mittel angelegt** mit dem Ziel, einen Nutzen zu erreichen.

> **Anlage finanzieller Mittel**   **angestrebter Nutzen**
>
> ● Betriebs- und Geschäftsausstattung
> ● Waren   } Erzielung von Gewinn
> ● Bankguthaben

277

Im vorstehenden Beispiel waren für die Erstbeschaffung von Waren 120 000 DM eingeplant worden. Geht man jedoch davon aus, daß dieser Warenbestand schon nach einem halben Jahr verkauft ist, kann für die 2. Jahreshälfte nochmals ein Wareneinkauf in Höhe von 120 000 DM erfolgen. Im Ergebnis bedeutet dies, daß für einen jährlichen Wareneinsatz in Höhe von 240 000 DM ein **Kapitaleinsatz** von 120 000 DM erforderlich ist bzw. für einen Wareneinsatz von 120 000 DM ein Kapitaleinsatz von 60 000 DM.

Die Höhe des Kapitaleinsatzes für Waren ist von der **Umschlagshäufigkeit des Warenbestandes** bzw. von der durchschnittlichen Lagerdauer abhängig.

Die **Umschlagshäufigkeit** der Waren bestimmt die **Dauer der Kapitalbindung im Warenbestand.** Je schneller die Waren verkauft werden, also je schneller investiertes Kapital zurückfließt, desto kürzer ist die Zeit der Kapitalbindung und dementsprechend der Kapitalbedarf für den Wareneinsatz. Dem **Kapitalrückfluß** kommt bei der Errechnung des Kapitalbedarfs eine große Bedeutung zu.

▶ *Kapitalbeschaffung, Kapitalverwendung, Kapitalrückfluß und Kapitalabfluß*

In jedem Unternehmen finden bestimmte **Kapitalvorgänge** statt, die Finanzierung und Investition betreffen.

Den bei der Gründung des Unternehmens vorgenommenen Investitionen (Gründungsinvestitionen) folgen im Zeitablauf weitere Investitionen (laufende Investitionen). Zwischen den **Investitionen (Kapitalverwendung)** kommt es zu **Desinvestitionen (Kapitalrückfluß).**

Bezieht man in die Betrachtungen über Kapitalbindung (Investition) und Kapitalfreisetzung (Desinvestition) auch die finanziellen Vorgänge mit ein, können folgende Abläufe festgestellt werden:

Kauft das Unternehmen z. B. von einem Lieferanten Waren auf Ziel, findet eine Beschaffung von Fremdmitteln statt (Kapitalbeschaffung = **Finanzierung).** Gleichzeitig erfolgt eine Anlage finanzieller Mittel (Kapitalverwendung = **Investition).**

Verkauft das Unternehmen diese Waren gegen bar, wird das in den Waren gebundene Kapital wieder freigesetzt (desinvestiert). **Desinvestition** ist Kapitalrückfluß. Die freien Mittel können wieder zweckbestimmt gebunden werden, z. B. durch Einkauf weiterer Ware oder durch Einbeziehung in die als Liquiditätsreserve gehaltenen Bankguthaben des Unternehmens. In beiden Fällen ist der Desinvestition eine neue Investition gefolgt.

Dient das durch den Barverkauf freigesetzte Kapital dagegen zur Rückzahlung von Lieferantenschulden, findet anstelle einer weiteren Investition ein Kapitalabfluß (Entfinanzierung) statt.

© Verlag Gehlen

Zu unterscheiden sind

- **Kapitalbeschaffung = Finanzierung**
- **Kapitalverwendung = Investition**
- **Kapitalrückfluß = Desinvestition**
- **Kapitalabfluß = Entfinanzierung**

9.2 Investitionen in betriebswirtschaftlicher Sicht

Anlässe für Investitionen sind – in zeitlicher Folge –

- die Gründung des Unternehmens **(Gründungsinvestitionen)** und
- die Erhaltung und Sicherung des Unternehmens **(laufende Investitionen).**

Die Investitionen eines Unternehmens können auch nach den betrieblichen Funktionsbereichen unterschieden werden.

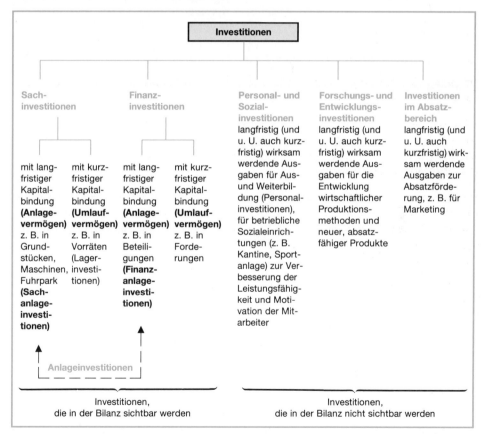

Sachinvestitionen (Sachanlageinvestitionen) werden in betriebswirtschaftlicher Sicht auch in **Ersatzinvestitionen** und **Erweiterungsinvestitionen** unterteilt.

Dient eine Sachinvestition der kosten- oder leistungsmäßigen Verbesserung der betrieblichen Produktion, liegt eine **Rationalisierungsinvestition** vor.

Diese Investitionsarten können nicht eindeutig voneinander abgegrenzt werden. In vielen Fällen ist eine Investition eine Mischung von Investitionsarten.

Beispiel:

Eine abgenutzte Maschine wird durch eine neue ersetzt, die eine höhere Leistung erbringt und gleichzeitig eine Kostensenkung ermöglicht.

Im Sprachgebrauch der Praxis werden häufig nur die langfristigen Kapitalanlagen in Grundstücken, Gebäuden, Maschinen, Fuhrpark usw. als Investitionen bezeichnet.

9.3 Investitionen in volkswirtschaftlicher Sicht

Investition ist der **nichtverbrauchte Teil der volkswirtschaftlichen Produktion an Sachgütern.**

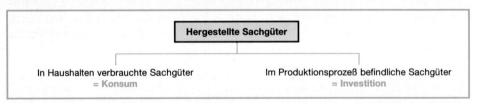

In volkswirtschaftlicher Sicht sind Investitionen immer **Sachinvestitionen.** Sie dienen zur Erhaltung, Verbesserung und Vergrößerung des volkswirtschaftlichen Produktionsapparates.

9.3.1 Anlageinvestitionen und Lagerinvestitionen

Im volkswirtschaftlichen Sinne sind Investitionen die hergestellten Maschinen und maschinellen Anlagen, Werkzeuge, Betriebs- und Transporteinrichtungen, Gebäude usw. **(Anlageinvestitionen)** und die Bestände an Rohstoffen, Hilfs- und Betriebsstoffen sowie an Fertigerzeugnissen, die sich bei den Unternehmen auf Lager befinden **(Lagerinvestitionen, Vorratsinvestitionen).** Die volkswirtschaftlichen Investitionen bestehen also nicht nur aus Produktionsgütern, sondern auch aus den Vorräten an Konsumgütern, die sich noch bei den Unternehmen befinden.

Volkswirtschaftliche Investition = Anlageinvestitionen + Lagerinvestitionen

Das Wort „Investition" wird im doppelten Sinne benutzt: Einmal ist die **Herstellung** von Anlagegütern bzw. die **Vergrößerung** von Lagerbeständen gemeint; zum anderen wird mit Investition die Summe der Güter selbst bezeichnet.

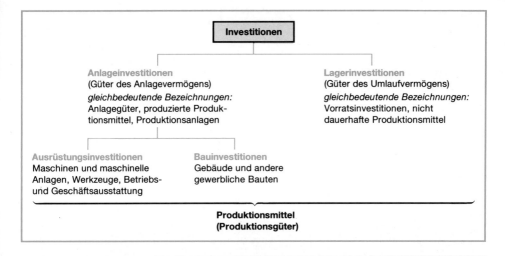

Anlageinvestitionen = Ausrüstungsinvestitionen + Bauinvestitionen

9.3.2 Ersatzinvestitionen und Erweiterungsinvestitionen

Der **Bestand an Anlagegütern in der Volkswirtschaft (Produktionsmittel)** ist durch den Einsatz bei der Herstellung von Gütern einer **Abnutzung** unterworfen. Soweit Investitionen nur abgenutzte Produktionsmittel ersetzen **(Ersatzinvestitionen)**, wird der Bestand an Produktionsgütern nicht erhöht. Die volkswirtschaftliche Kapazität wird nicht vergrößert, die Leistung der Volkswirtschaft kann nicht gesteigert werden.

> **Ersatzinvestitionen** (auch Re-Investitionen = Rückinvestitionen genannt) **dienen dem Ersatz der im Produktionsprozeß abgenutzten Produktionsanlagen.** Sie haben den Zweck, den Bestand an Produktionsanlagen in seiner bestehenden Größe zu erhalten.

Erhöhen die Investitionen die volkswirtschaftliche Kapazität, liegen **Erweiterungsinvestitionen** vor.

> **Erweiterungsinvestitionen** vergrößern den Bestand an Produktionsanlagen. Sie bewirken eine **Kapazitätserhöhung.**

9.3.3 Bruttoinvestitionen und Nettoinvestitionen

Der gesamte Zugang an Anlagen und Vorräten ist die **Bruttoinvestition** in einer Volkswirtschaft. In der Bruttoinvestition sind die **Ersatzinvestitionen,** die durch die nutzungsbedingten **Abschreibungen** erfaßt werden, enthalten.

Bruttoinvestition abzüglich Ersatzinvestition ergeben die **Nettoinvestition.** In Höhe der Nettoinvestitionen hat das Sachvermögen der Volkswirtschaft zugenommen.

> **Nettoinvestition** = **Bruttoinvestition** ./. **Ersatzinvestition**

Berechnung der Nettoinvestition in der Volkswirtschaft

Vermögenszugänge:	(in Mrd. DM)
Anlagen	500
Vorräte	100
Abschreibungen:	80

Anlageinvestition	500
+ Lagerinvestition	100
= Bruttoinvestition	600
– Abschreibungen	80
= Nettoinvestition	520

Bruttoanlageinvestition	500
– Abschreibungen	80
= Nettoanlageinvestition	420
+ Vorratsinvestition	100
= Nettoinvestition	520

9.3.4 Die Investitionsarten im Überblick

In volkswirtschaftlicher Sicht sind folgende Investitionsarten zu unterscheiden:

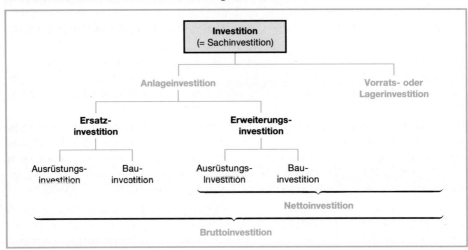

9.3.5 Die Bedeutung von Anlageinvestitionen

Für die **Leistungsfähigkeit einer Volkswirtschaft** ist der **Bestand an Ausrüstungen** (Maschinen, Werkzeuge, Fuhrpark usw.) und **Bauten** entscheidend. Diese **Anlagegüter,** zusammengefaßt auch **Produktionsanlagen** oder **langlebige Produktionsmittel** genannt, bilden im wesentlichen den sog. **Kapitalstock** der Volkswirtschaft, d. h. den Produktionsfaktor Kapital, der durch Umwegproduktion (siehe

282

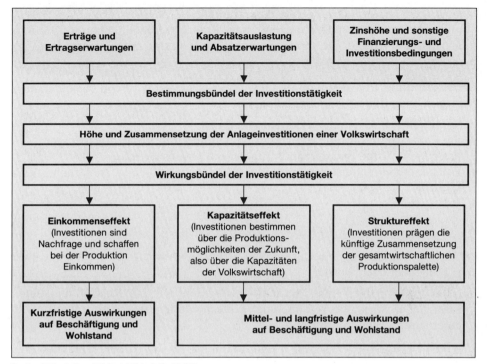

| Erträge und Ertragserwartungen | Kapazitätsauslastung und Absatzerwartungen | Zinshöhe und sonstige Finanzierungs- und Investitionsbedingungen |

Bestimmungsbündel der Investitionstätigkeit

Höhe und Zusammensetzung der Anlageinvestitionen einer Volkswirtschaft

Wirkungsbündel der Investitionstätigkeit

| **Einkommenseffekt** (Investitionen sind Nachfrage und schaffen bei der Produktion Einkommen) | **Kapazitätseffekt** (Investitionen bestimmen über die Produktionsmöglichkeiten der Zukunft, also über die Kapazitäten der Volkswirtschaft) | **Struktureffekt** (Investitionen prägen die künftige Zusammensetzung der gesamtwirtschaftlichen Produktionspalette) |

| **Kurzfristige Auswirkungen auf Beschäftigung und Wohlstand** | **Mittel- und langfristige Auswirkungen auf Beschäftigung und Wohlstand** |

Quelle: „Wirtschaft und Unterricht", iwd, Nr. 1/1983

Abschnitt 1.3.1) entsteht und daher auch die Bezeichnung **„Produzierte Produktionsmittel"** hat.

Langlebige Produktionsmittel entstehen aus **Anlageinvestitionen.** Sie rationalisieren die Herstellung von Gütern, sind also Voraussetzung für eine kostensparende Produktion und ermöglichen so Massenkonsum und Hebung des Lebensstandards.

Ist die Nachfrage nach Anlagegütern hoch, sind auch Produktion und Beschäftigung in den Branchen groß, die Investitionsgüter herstellen, sowie bei den Unternehmen, die Zulieferer der Investitionsgüterindustrie sind. Dementsprechend hoch sind die Einkommen, die von den Investitionsgüterherstellern und ihren Zulieferern gezahlt werden **(Einkommenseffekt von Investitionen).**

Führen Investitionen zu einer Vergrößerung der gesamtwirtschaftlichen Produktionsmöglichkeiten (volkswirtschaftliche Produktionskapazität), spricht man von dem **Kapazitätseffekt der Investitionen.** Ein positiver Kapazitätseffekt liegt vor, wenn die Bruttoinvestitionen größer sind als die Ersatzinvestitionen. Die Nettoinvestitionen sind dann positiv. Werden dagegen in einer Volkswirtschaft Investitionen nur in Höhe der notwendigen Ersatzinvestitionen vorgenommen, haben die Nettoinvestitionen den Wert 0.

Ständige (positive) Nettoinvestitionen ermöglichen eine ständige Ausweitung der volkswirtschaftlichen Produktion; sie sind eine wesentliche Voraussetzung für die Steigerung der volkswirtschaftlichen Leistung (Sozialprodukt).

Investitionen haben auch einen **Struktureffekt.** Die Zusammensetzung des Sozialprodukts ist von den volkswirtschaftlichen Produktionsmöglichkeiten (Produktionspalette) abhängig, die ihrerseits wiederum von der Zusammensetzung der Investitionen bestimmt werden.

Der **Umfang der Investitionen** in einer Volkswirtschaft wird von verschiedenen **Faktoren** beeinflußt. Maßgebend können sein:

- Rentabilitätsüberlegungen der Unternehmen,
- die Kapazitätsauslastung der Unternehmen und ihre Absatzerwartungen,
- das gegenwärtige und das zukünftig erwartete Zinsniveau,
- Rahmenbedingungen, wie z.B. investitionsbegünstigende steuerliche Vorschriften.

9.4 Investitionsentscheidungen im Unternehmen

Bei Entscheidungen, die ein Unternehmen über Investitionen zu treffen hat, sind zwei Fragen zu beantworten:

- Ist es zweckmäßig, eine bestimmte Investition, z.B. die Anschaffung einer zusätzlichen Maschine, vorzunehmen (Entscheidung über die Vorteilhaftigkeit einer zusätzlichen Investition)?

- Welche Investition (Maschine A oder Maschine B?) soll vorgenommen werden (Entscheidung über die Vorteilhaftigkeit bei Vergleich von zwei Investitionsmöglichkeiten)?

Investitionsentscheidungen im Unternehmen hängen von **Ermittlungen über die Vorteilhaftigkeit** ab.

Soll eine Entscheidung zwischen zwei oder mehr Investitionsobjekten getroffen werden, kann durch das **Kostenvergleichsverfahren** die kostengünstigere Investition festgestellt werden.

Beispiel 1:	Maschine A	Maschine B
Kapitaleinsatz	156 000 DM	152 000 DM
Nutzungsdauer	8 Jahre	8 Jahre
Kapazität	22 000 Einheiten	19 200 Einheiten
Fixe Kosten	35 600 DM	25 000 DM
Fixkosten je Leistungseinheit	1,62 DM	1,30 DM
Variable Kosten je Leistungseinheit	1,00 DM	1,50 DM
Kosten je Leistungseinheit	2,62 DM	2,80 DM

Bei einem **Kostenvergleich auf Basis der Kosten je Leistungseinheit** ist die Maschine A günstiger.

Die Kostenvergleichsrechnung geht von gleich hohen Absatzerlösen je Leistungseinheit aus. Sind diese Erlöse unterschiedlich hoch, muß eine **Gewinnvergleichsrechnung** durchgeführt werden.

Beispiel 2:	Maschine A	Maschine B
Erlöse je Jahr	72 820 DM	71 400 DM
Kosten je Jahr (aus Beispiel 1)	57 648 DM	53 760 DM
Gewinn je Jahr	15 172 DM	17 640 DM
Gewinn je Leistungseinheit/Jahr	0,69 DM	0,92 DM

Die Beispiele zeigen, daß die Gewinnvergleichsrechnung zu einem anderen Ergebnis kommen kann als die Kostenvergleichsrechnung.

Da die Gewinne nicht ins Verhältnis zum Kapitaleinsatz gesetzt werden, kann die Gewinnvergleichsrechnung nur bei gleich hohem oder annähernd gleich hohem Kapitaleinsatz zur Ermittlung der günstigeren Alternative eingesetzt werden.

Nachteilig bei der Kosten- und bei der Gewinnvergleichsrechnung ist, daß von geschätzten Kosten- bzw. Erlöszahlen auszugehen ist.

Kostenvergleichsrechnung und Gewinnvergleichsrechnung zählen (neben der Rentabilitätsrechnung und der Amortisationsrechnung) zu den sog. **statischen oder kalkulatorischen Verfahren der Investitionsrechnung.**

Die **dynamischen oder finanzmathematischen Verfahren der Investitionsrechnung** berücksichtigen – im Gegensatz zu den statischen Verfahren – die zeitlich unterschiedlich anfallenden Zahlungen während der Nutzungsdauer. Die Zahlungen werden, auf einen Zeitpunkt bezogen, aufgezinst oder abgezinst.

9.5 Überblick über die Finanzierungsarten: Eigen- und Fremdfinanzierung, Innen- und Außenfinanzierung

Mit jeder Investition (Kapitalverwendung) ist eine Finanzierung (Kapitalbeschaffung) verbunden. Investition und Finanzierung können zwei voneinander getrennte Vorgänge sein (Beispiel: Aufnahme eines Bankdarlehens – Verwendung des Darlehens zum Kauf eines Lieferwagens). Investition und Finanzierung können aber auch in einem Vorgang miteinander verbunden sein (Beispiel: Kauf eines Lieferwagens mit der Vereinbarung, den Kaufpreis in vier Halbjahresraten zu bezahlen).

Jede Investition muß entweder mit eigenen Mitteln **(Eigenkapital)** oder mit fremden Mitteln **(Fremdkapital)** finanziert werden.

Setzt das Unternehmen Eigenkapital ein, handelt es sich um **Eigenfinanzierung.** Setzt es Fremdkapital ein, liegt **Fremdfinanzierung** vor.

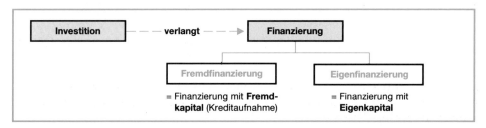

Wer wissen will, **welche Finanzierungsart** vorliegt, stellt zwei Fragen:

● **Woher stammt das Kapital?**
● **Von wem stammt das Kapital?**

Darauf sind folgende **Antworten** möglich:

1. Das Kapital stammt **von außen** (= Außenfinanzierung), und zwar **von den Eigentümern** (Unternehmer), die ihrem Unternehmen Eigenkapital zur Verfügung gestellt haben (= Eigenfinanzierung).

Die hier beschriebene Art der Eigenfinanzierung heißt auch Einlagen- oder Beteiligungsfinanzierung:

Der Unternehmer oder (bei mehreren Inhabern) die Unternehmer **legen** Kapital **ein;** sie **beteiligen** sich. Nähere Erläuterungen folgen im Abschnitt 9.5.1.

2. Das Kapital stammt **von außen** (= Außenfinanzierung), aber von **Kreditgebern (Banken und Sparkassen, Lieferanten),** die dem Unternehmen **Bankkredite** oder **Lieferantenkredite (Warenkredite)** zur Verfügung gestellt haben (= Fremdfinanzierung). Nähere Erläuterungen folgen in den Abschnitten 9.5.3 und 9.6.

Die Fremdfinanzierung wird auch als **Kreditfinanzierung** bezeichnet.

3. Das Kapital stammt **von innen, aus dem Unternehmen selbst** (= Innenfinanzierung, Selbstfinanzierung). Das ist dann der Fall, wenn ein **erwirtschafteter Gewinn** am Ende des Geschäftsjahres **nicht** an den oder an die Unternehmer **ausgeschüttet wird,** sondern **im Unternehmen bleibt** und damit das Eigenkapital erhöht (= Eigenfinanzierung). Nähere Erläuterungen folgen im Abschnitt 9.5.2.

286

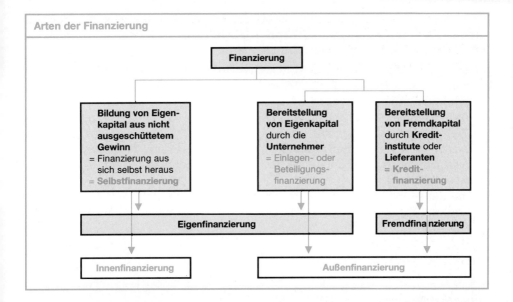

Arten der Finanzierung

Finanzierung

- Bildung von Eigenkapital aus nicht ausgeschüttetem Gewinn
  = Finanzierung aus sich selbst heraus
  = Selbstfinanzierung

- Bereitstellung von Eigenkapital durch die **Unternehmer**
  = Einlagen- oder Beteiligungsfinanzierung

- Bereitstellung von Fremdkapital durch **Kreditinstitute** oder **Lieferanten**
  = Kreditfinanzierung

Eigenfinanzierung

Fremdfinanzierung

Innenfinanzierung

Außenfinanzierung

9.5.1 Einlagen- oder Beteiligungsfinanzierung

Bei der **Einlagen- oder Beteiligungsfinanzierung** fließt dem Unternehmen von außen **Eigenkapital** zu **(Außenfinanzierung).**

Kapitalgeber ist bei Einzelunternehmen der Inhaber des Unternehmens (der Unternehmer), bei Gesellschaftsunternehmen die Inhaber des Unternehmens (je nach Unternehmensform als Unternehmer und/oder Gesellschafter bezeichnet) bzw. bei Aktiengesellschaften die Aktionäre.

Bei Gesellschaftsunternehmen sind **zwei Formen der Beschaffung zusätzlichen Eigenkapitals (Eigenfinanzierung)** zu unterscheiden:

- Erhöhung der Kapitalanteile der bereits vorhandenen Gesellschafter durch Leistung zusätzlicher Einlagen,

- Aufnahme (Beteiligung) neuer Gesellschafter, die Kapitalanteile gegen Leistung von Einlagen übernehmen.

Erhöhung von Kapitalanteilen und Beteiligung neuer Gesellschafter können in manchen Fällen auch kombiniert erfolgen.

Beispiele:

In einer Kommanditgesellschaft erhöhen die Komplementäre ihre Kapitalanteile. Zusätzlich werden neue Kommanditisten aufgenommen.

Die Gesellschafter einer GmbH erhöhen ihre Geschäftsanteile und nehmen zusätzlich weitere Gesellschafter auf.

Eine Aktiengesellschaft gibt neue Aktien aus, die zum Teil von Altaktionären, zum Teil von Neuaktionären gekauft werden.

Im Gegensatz zu OHG, KG und GmbH hat die AG die Möglichkeit, einen sehr großen Kreis von interessierten Kapitalanlegern anzusprechen und für eine **Kapitalbeteiligung** zu gewinnen. Gründe hierfür sind:

● Das Grundkapital einer AG ist in kleine Teilbeträge aufgeteilt: Der Nennwert einer Aktie beträgt i.d.R. 50 DM, so daß schon mit geringen Geldbeträgen eine Kapitalbeteiligung möglich ist.

● Aktien können leicht und einfach verkauft werden, vor allem, wenn sie an einer Wertpapierbörse gehandelt werden.

● Das Eigentum an Aktien kann leicht übertragen werden, da sie i.d.R. Inhaberwertpapiere sind und somit wie bewegliche Sachen übereignet werden (siehe Abschnitt 4.5.4.1).

● Das Anlagerisiko ist bei Aktien, für die an Wertpapierbörsen Preise (Kurse) festgestellt werden, leichter zu übersehen als bei Kapitalanteilen von OHG, KG oder GmbH.

9.5.2 Selbstfinanzierung

Bei der **Selbstfinanzierung** wird aus nicht ausgeschüttetem Gewinn **Eigenkapital** gebildet **(Innenfinanzierung)**.

Beispiel 1:
Renate Lück und Horst Hansen haben ihr Computer-Fachgeschäft mit einem Eigenkapital von 170 000 DM eröffnet. Am Ende des Geschäftsjahres stellen sie mit Hilfe ihrer Buchführung fest, daß sie einen Gewinn von 28 000 DM erzielt haben. Diesen Gewinn entnehmen sie nicht, da sie für die ersten drei Jahre ihrer Tätigkeit als Unternehmer private Rücklagen zum Bestreiten ihres Lebensunterhalts haben. Das Eigenkapital beträgt daher am Ende des ersten Geschäftsjahres 198 000 DM.

Beispiel 2:
Die Maschinenbau AG hat das Geschäftsjahr 1991 mit folgender Bilanz begonnen:

Aktiva		Bilanz (01.01.91)	Passiva	
	Anlagevermögen Grundstücke, Einrichtungen	1,7 Mio. DM	**Grundkapital** 1,0 Mio. DM	**Eigenkapital** 1,5 Mio. DM
4 Mio. DM Vermögen			**Rücklagen** 0,5 Mio. DM	
	Umlaufvermögen Waren, Forderungen, Bankguthaben	2,3 Mio. DM	**Verbindlichkeiten** Lieferantenschulden, Bankschulden 2,5 Mio. DM	**Fremdkapital** 2,5 Mio. DM

Am Ende des Geschäftsjahres 1991 ist ein Jahresüberschuß von 0,3 Mio. DM erzielt worden. Davon werden
● 0,2 Mio. DM den Rücklagen zugeführt und
● 0,1 Mio. DM an die Aktionäre ausgeschüttet.
Durch Selbstfinanzierung hat die AG ihr Eigenkapital um 0,2 Mio. DM von 1,5 Mio. DM auf 1,7 Mio. DM erhöht.

Aktiva	Bilanz (31.12.91)		Passiva
Anlagevermögen Grundstücke, Einrichtungen 1,7 Mio. DM	**Grundkapital** 1,0 Mio. DM		**Eigenkapital** 1,7 Mio. DM
	Rücklagen 0,7 Mio. DM		
Umlaufvermögen Waren, Forderungen, Bankguthaben 2,5 Mio. DM	**Verbindlichkeiten** Lieferantenschulden, Bankschulden 2,5 Mio. DM		**Fremdkapital** 2,5 Mio. DM

4,2 Mio. DM Vermögen

9.5.3 Fremd- oder Kreditfinanzierung

Bei der **Fremd- oder Kreditfinanzierung** fließt dem Unternehmen von außen **Fremdkapital** zu (**Außenfinanzierung**).

Beispiel 1:
Die Bertram & Meier OHG, Herstellung und Vertrieb von Autozubehör, will Roh- und Hilfsstoffe für die Produktion im Monat März einkaufen. Der Einkaufswert beträgt 200 000 DM. Die Herstellungsdauer beläuft sich auf 30 Tage. Für die gesamte Monatsproduktion sind bereits Kaufverträge mit den Abnehmern geschlossen. Die Erzeugnisse werden am 1. April ausgeliefert und sind von den Abnehmern nach 60 Tagen zu bezahlen.

Im vorliegenden Fall muß, wenn die Herstellung und die Zieleinräumung nicht aus eigenen Mitteln finanziert werden können, ein **kurzfristiger Kredit** aufgenommen werden. Als Kreditgeber kommen Lieferanten oder ein Kreditinstitut (Bank oder Sparkasse) in Frage. Die Kreditlaufzeit muß 90 Tage betragen.

Beispiel 2:
Die Bertram & Meier OHG will ihre Fertigungshalle erweitern. Der Kostenvoranschlag lautet über 2 Millionen DM.

Im Beispiel 2 soll ebenfalls eine Fremdfinanzierung erfolgen. Der Kredit soll in 20 Halbjahresraten von je 100 000 DM zuzüglich Zinsen getilgt werden. Das Unternehmen muß einen **langfristigen Kredit** aufnehmen.

Bei einer **Anleihe** gibt das Unternehmen **Schuldverschreibungen** (Wertpapiere) aus, in denen es die Verpflichtung zur regelmäßigen Zinszahlung und zur Rückzahlung des aufgenommenen Fremdkapitals beurkundet. Die Käufer der Schuldverschreibungen sind Gläubiger des Unternehmens; es sind Privatpersonen und Unternehmen, die Kapital investieren wollen (Finanzanlagen). Die Schuldverschreibungen lauten über 100 DM und mehr. Das Unternehmen nimmt daher bei sehr vielen Gläubigern Fremdkapital auf.

Bei einem **Schuldscheindarlehen** stellt das Unternehmen, das langfristiges Fremdkapital benötigt, einen Schuldschein aus. Kreditgeber ist ein Gläubiger (u. U. einige wenige Gläubiger).

Nur große und sehr bekannte Unternehmen (im allgemeinen auch nur Aktiengesellschaften) haben die Möglichkeit zur langfristigen Fremdfinanzierung über Schuldverschreibungen und Schuldscheindarlehen.

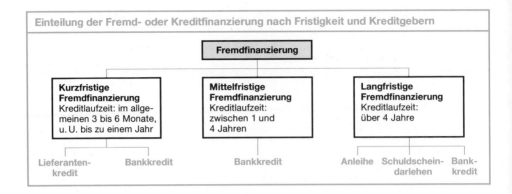

Einteilung der Fremd- oder Kreditfinanzierung nach Fristigkeit und Kreditgebern

Fremdfinanzierung

Kurzfristige Fremdfinanzierung	Mittelfristige Fremdfinanzierung	Langfristige Fremdfinanzierung
Kreditlaufzeit: im allgemeinen 3 bis 6 Monate, u. U. bis zu einem Jahr	Kreditlaufzeit: zwischen 1 und 4 Jahren	Kreditlaufzeit: über 4 Jahre

Lieferantenkredit   Bankkredit   Bankkredit   Anleihe   Schuldscheindarlehen   Bankkredit

9.6 Möglichkeiten der Fremdfinanzierung, die grundsätzlich für alle Unternehmensformen in Frage kommen

9.6.1 Der Lieferantenkredit

Lieferantenkredite sind kurzfristige Kredite. Sie haben im allgemeinen eine Laufzeit bis zu drei Monaten.

Lieferantenkredite sind **keine kostenlosen Kredite** (siehe Seite 296).

Lieferanten, die ihren Abnehmern ein Zahlungsziel einräumen, holen vielfach **Auskünfte** über die kreditaufnehmenden Kunden ein, um sich ein Bild von der Kreditwürdigkeit zu machen.

Beispiel:
Ein Lieferer der Bertram & Meier OHG bittet die Unionbank Hannover um Auskunft über die wirtschaftlichen Verhältnisse seines Kunden, dem er ein Zahlungsziel für einen Einkauf im Wert von 50 000 DM einräumen will. Er erhält folgende Auskunft:

Auskunft

Name: Bertram & Meier OHG
Wohnort: Hannover
Stand bzw. Geschäftszweig: Herstellung und Vertrieb von Autozubehör
(im Handelsregister eingetragen)
Hannover, den 20. 06. 19 . .

Wir geben die nachstehende Auskunft streng vertraulich unter dem ausdrücklichen Vorbehalt, daß wir mit deren Erteilung für den Inhalt nach Nr. 10 Absatz 2 der Allgemeinen Geschäftsbedingungen nur für grobes Verschulden haften. Sollten Sie hiermit nicht einverstanden sein, so bitten wir Sie, von unserer Auskunft keinen Gebrauch zu machen, sondern uns diese zurückzusenden, ohne von ihr Kenntnis zu nehmen. Diese Angaben beruhen auf den bei uns bisher eingelaufenen Informationen. Über uns nach Erteilung dieser Auskunft bekannt werdende Veränderungen in den Verhältnissen der betreffenden Firma bzw. Person berichten wir nur auf Grund neuer Anfragen.

Die Bertram & Meier OHG steht mit uns seit mehreren Jahren in Geschäftsverbindung. Die Konten weisen lebhafte Umsätze aus. Über den geschäftlichen Ruf der Inhaber ist uns nichts Nachteiliges bekannt. Die wirtschaftlichen Verhältnisse des von ihnen geführten Unternehmens sind nach unserer Kenntnis gut. Haus- und Grundbesitz ist vorhanden; es ist unseres Wissens in vertretbarem Umfang belastet. Für den angefragten Betrag halten wir das Unternehmen für gut.

In Nr. 10 der Allgemeinen Geschäftsbedingungen der Banken werden **Bankauskünfte** geregelt.

(1) Die Bank ist berechtigt, über juristische Personen und im Handelsregister eingetragene Kaufleute Bankauskünfte zu erteilen, sofern ihr keine anderslautende Weisung des Kunden vorliegt. Bankauskünfte über alle sonstigen Personen und Vereinigungen erteilt die Bank nur dann, wenn diese allgemein oder im Einzelfall ausdrücklich zugestimmt haben.

(2) Bankauskünfte sind allgemein gehaltene Feststellungen und Bemerkungen über die wirtschaftlichen Verhältnisse des Kunden, seine Kreditwürdigkeit und Zahlungsfähigkeit; betragsmäßige Angaben über Kontostände, Spargurhaben, Depot- oder sonstige der Bank anvertraute Vermögenswerte sowie Kreditinanspruchnahmen werden nicht gemacht. Bankauskünfte erhalten nur eigene Kunden sowie andere Kreditinstitute für deren Zwecke und die ihrer Kunden; sie werden nur erteilt, wenn der Anfragende ein berechtigtes Interesse an der gewünschten Auskunft glaubhaft darlegt. Die Bank haftet gegenüber dem Auskunftsempfänger bei der Erteilung von Bankauskünften und – soweit sie im Einzelfalle eine Verpflichtung hierzu trifft – auch bei deren Unterlassung nur für grobes Verschulden.

9.6.2 Die Besicherung von Lieferantenkrediten

Als Sicherheit für Lieferantenkredite wird meistens ein **Eigentumsvorbehalt** vereinbart. In manchen Fällen verlangen Lieferer zusätzlich **Wechselakzeptierungen:** Der Lieferantenkredit wird dann als **Wechselkredit gewährt.**

9.6.2.1 Die Vereinbarung eines Eigentumsvorbehalts

Der Lieferant einer Ware, der seinem Abnehmer ein Zahlungsziel und damit einen Kredit gewährt, sichert seine Forderung meist durch einen **Eigentumsvorbehalt** ab. Das bedeutet, daß er Eigentümer der gelieferten Ware bleibt (obwohl sich diese jetzt beim Käufer befindet), und zwar so lange, bis sie endgültig bezahlt worden ist.

Der Eigentumsvorbehalt bewirkt, daß der Lieferant die Ware zurückverlangen kann, wenn der Käufer seine Schuld nicht bezahlt.

In vielen Fällen wird Ware – noch bevor sie bezahlt worden ist – weiterverkauft. In solchen Fällen erlischt der **einfache Eigentumsvorbehalt;** es wird daher ein sog. **verlängerter Eigentumsvorbehalt** vereinbart: Die Forderung aus diesem Verkauf steht nicht dem Weiterverkäufer, sondern dem ersten Lieferanten zu. Der Weiterverkäufer tritt die Forderung an seinen Kreditgeber ab. Von der Forderungsabtretung wissen nur der erste Lieferant und der Weiterverkäufer. Außenstehende erfahren davon nicht.

Beispiel für einen verlängerten Eigentumsvorbehalt:

Die Nord-Holzimport GmbH liefert Kiefernholz auf Ziel an die Oldenburger Möbelfabrik Hahn & Co. KG. Hier wird das Holz zu Tischen und Stühlen verarbeitet und an ein Einrichtungshaus – wiederum auf Ziel – verkauft. Durch den verlängerten Eigentumsvorbehalt hat die Nord-Holzimport GmbH die Forderung gegenüber dem Einrichtungshaus erworben. Zahlt das Einrichtungshaus an die Möbelfabrik, muß diese den Betrag sofort an die Nord-Holzimport GmbH weiterleiten.

Arten des Eigentumsvorbehalts

Einfacher Eigentumsvorbehalt
Vereinbarung zwischen Lieferer und Käufer, daß das Eigentum an der gelieferten Ware erst mit vollständiger Bezahlung auf den Käufer übergeht.

Verlängerter Eigentumsvorbehalt
1. Vereinbarung eines Eigentumsvorbehalts und Ermächtigung des Käufers durch den Lieferer zur Weiterveräußerung der Ware im eigenen Namen mit der Vereinbarung einer Vorausabtretung der aus dem Weiterverkauf stammenden Forderungen.

oder

2. Vereinbarung eines Eigentumsvorbehalts und Ermächtigung des Käufers durch den Lieferer zur Weiterverarbeitung mit der Vereinbarung, daß das Eigentum an den hergestellten Erzeugnissen auf den Lieferer übergeht.

Kontokorrentvorbehalt
Vereinbarung zwischen Lieferer und Käufer, daß das Eigentum an der gelieferten Ware erst mit der Tilgung aller aus der Geschäftsverbindung stammenden Verbindlichkeiten auf den Käufer übergeht.

9.6.2.2 Der Wechselkredit

Beispiel: Die Hartmann & Söhne KG zieht einen Wechsel (Fortführung des Beispiels von Seite 236)
Die Schmuckwarengroßhandlung Hartmann & Söhne KG liefert Waren im Wert von 10 000 DM an Egon Schneider in Neumünster. Egon Schneider bittet den Lieferanten um ein Zahlungsziel von 3 Monaten. Die Firma Hartmann & Söhne KG ist bereit, dieses Zahlungsziel einzuräumen, wünscht zur Absicherung aber eine Wechselakzeptierung.

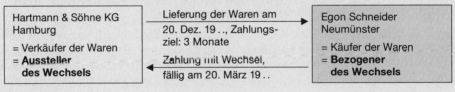

Der Aussteller weist den Bezogenen an, eine bestimmte Geldsumme an einem bestimmten Zeitpunkt an eine bestimmte Person zu zahlen. Im Beispiel kann der Aussteller noch später entscheiden, an wen der Bezogene zahlen soll („an eigene Order"): an ihn selbst oder an einen Dritten.

Mit der Annahmeerklärung (Akzeptierung des Wechsels) tritt zur Zahlungsanweisung des Ausstellers die **Zahlungsverpflichtung** des Bezogenen.

Hartmann & Söhne haben (als **Aussteller**) Egon Schneider (als dem **Bezogenen**) einen **Kredit** eingeräumt (Zahlungsaufschub für drei Monate). Der Aussteller hat dem Bezogenen einen Wechselkredit gewährt.

292

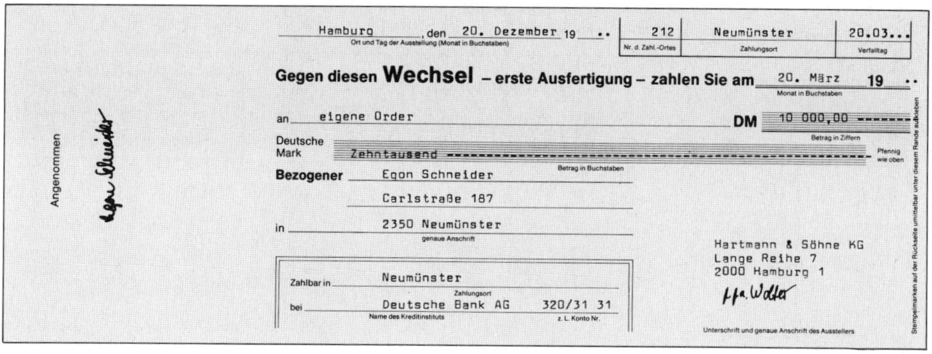

Hamburg, den 20. Dezember 19.. | 212 | Neumünster | 20.03...
Ort und Tag der Ausstellung (Monat in Buchstaben) | Nr. d. Zahl.-Ortes | Zahlungsort | Verfalltag

Gegen diesen **Wechsel** – erste Ausfertigung – zahlen Sie am 20. März 19..
Monat in Buchstaben

an eigene Order DM 10 000,00
Betrag in Ziffern

Deutsche Mark Zehntausend
Betrag in Buchstaben
Pfennig wie oben

Bezogener Egon Schneider
Carlstraße 187
in 2350 Neumünster
genaue Anschrift

Zahlbar in Neumünster
Zahlungsort
bei Deutsche Bank AG 320/31 31
Name des Kreditinstituts z. L. Konto Nr.

Hartmann & Söhne KG
Lange Reihe 7
2000 Hamburg 1
Unterschrift und genaue Anschrift des Ausstellers

Angenommen

Stempelmarken auf der Rückseite unmittelbar unter diesem Rande aufkleben

Wer mit einem Wechsel zahlt, nimmt einen Kredit in Anspruch.

Der Aussteller kann den Wechsel

1. **vor Fälligkeit an einen Gläubiger weitergeben** oder
2. **vor Fälligkeit an sein Kreditinstitut verkaufen** oder
3. **bei Fälligkeit seinem Kreditinstitut mit dem Auftrag geben, den Wechselbetrag einzuziehen.**

In den Fällen 1 und 2 nimmt der Aussteller seinerseits einen Wechselkredit in Anspruch (im Fall 2 als Diskontkredit – siehe Abschnitt 9.6.3.3).

Beispiel:

Hartmann & Söhne haben Verbindlichkeiten bei der Idarobersteiner Schmuckwarenherstellung GmbH. Sie geben den Wechsel an ihren Gläubiger weiter.

Wird ein Wechsel weitergegeben, muß auf der Rückseite ein **Übertragungsvermerk (Indossament)** angebracht werden. Der Übertragende heißt **Indossant.** Das Indossament ist der Vermerk über die Übertragung der Wechselrechte. Mit dem Indossament erklärt der Berechtigte aus dem Wechsel (im Beispiel der Aussteller), daß der Bezogene bei Fälligkeit nicht an ihn, sondern an einen neuen Wechselgläubiger zahlen soll: **Der alte Wechselgläubiger überträgt seine Rechte auf den neuen Wechselgläubiger.** Mit dem Indossament übernimmt er auch die **Haftung für die Einlösung des Wechsels.**

Beispiel:

Hartmann & Söhne übertragen den Wechsel **an die Idarobersteiner Fabrik** durch ein **Vollindossament.**

Für uns an die Order der
Idarobersteiner Schmuckwarenherstellung GmbH

Hamburg, den 30.12..

Hartmann & Söhne KG

Zur Übertragung des Wechsels genügt auch ein **Kurz- oder Blankoindossament.** Es besteht nur aus der Unterschrift des Indossanten (u. U. mit Firmenstempel).

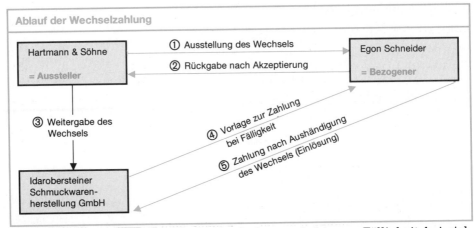

Ablauf der Wechselzahlung

Hartmann & Söhne
= Aussteller

① Ausstellung des Wechsels
② Rückgabe nach Akzeptierung

Egon Schneider
= Bezogener

③ Weitergabe des Wechsels

④ Vorlage zur Zahlung bei Fälligkeit
⑤ Zahlung nach Aushändigung des Wechsels (Einlösung)

Idarobersteiner Schmuckwarenherstellung GmbH

Der Wechselinhaber kann den Wechsel aber auch bis zur Fälligkeit bei sich aufbewahren und ihn (z. B. durch ein Kreditinstitut) dem Bezogenen zur Zahlung vorlegen.

Beispiel:
Die **Idarobersteiner Fabrik** beauftragt die Stadtsparkasse Idaroberstein, von Egon Schneider den Gegenwert des Wechsels einzuziehen. Auch dafür ist ein **Indossament** notwendig.

```
Für uns an die Order der
Stadtsparkasse Idaroberstein
- Wert zum Einzug -
Idarobersteiner Schmuckwaren-
herstellung GmbH
```

Einzugsindossament

Bei **Fälligkeit** hat der Bezogene die Wechselsumme an den Wechselinhaber zu zahlen **(Einlösung des Wechsels).** Zahlt der Bezogene nicht, muß der Wechsel protestiert werden. Der **Protest** wird grundsätzlich von einem Notar aufgenommen. Es ist eine öffentliche Urkunde, mit der der Nachweis der erfolglosen Vorlage zur Einlösung erbracht wird. Aufgrund des Protestes kann der Wechselinhaber **Rückgriff auf einen Indossanten oder auf den Aussteller** nehmen. Dieser hat mit seinem Indossament die Haftung für die Einlösung des Wechsels übernommen und hat somit die Verpflichtung, den Wechsel bei Fälligkeit zu bezahlen.

9.6.3 Bankkredite

Banken und Sparkassen stellen kurzfristige Kredite, mittelfristige Kredite und langfristige Kredite zur Verfügung.

Mit **kurzfristigen Krediten** soll ein Unternehmen seinen **Umsatzprozeß** finanzieren (Bezahlung der Einkäufe von Waren, Roh- und Hilfsstoffen, Überbrückung der Herstellungszeit und der Dauer der Zielgewährung an Kunden). Kurzfristige Kredite sind **Betriebsmittelkredite (Umsatzkredite).**

Wichtige kurzfristige Bankkredite sind der **Kontokorrentkredit** und der **Diskontkredit.**

9.6.3.1 Der Kontokorrentkredit

Kontokorrent bedeutet „laufende Rechnung".

Auf einem **Kontokorrent-Konto bei einem Kreditinstitut** können **Guthaben** unterhalten **oder Kredite** in Anspruch genommen werden. **Eingänge** bzw. **Zugänge (Gutschriften) und Ausgänge** bzw. **Abgänge (Belastungen) werden laufend verrechnet.** Ergibt sich daraus ein Guthaben für den Kontoinhaber, spricht man von einem Haben-Saldo. Sind die Belastungen dagegen höher als die Gutschriften, gerät der Kontoinhaber „ins Minus"; das Konto weist einen Soll-Saldo aus.

Beispiele (aus der Sicht der Bank):

> **Beispiel 1:**

Soll		Kunde A	Haben
Belastung (Abgang durch Barabhebung)	500	Gutschrift (Zugang durch Überweisung)	2 000

Ergebnis:
Aus dem Konto ergibt sich ein **Guthaben für den Kontoinhaber.** Das Konto weist (aus der Sicht der Bank) einen **Habensaldo** aus (= 1 500 DM).

> **Beispiel 2:**

Soll		Kunde B	Haben
Belastung (Abgang durch Barabhebung)	3 000	Gutschrift (Zugang durch Überweisung)	2 000

Ergebnis:
Aus dem Konto ergibt sich, daß der **Kontoinhaber** einen **Kredit in Anspruch genommen** hat. Das Konto weist (aus der Sicht der Bank) einen **Soll-Saldo** aus (1 000 DM).

Bei einem **Kontokorrentkredit** erlaubt die Bank (oder Sparkasse) ihrem Kunden, sein **Konto bis zu einem festgelegten Höchstbetrag zu überziehen.**

Der Kreditnehmer kann durch Barabhebungen, Überweisungen, Schecks usw. über Geld verfügen, ohne daß er Guthaben unterhält. Durch Eingänge, z. B. aus Überweisungen, die auf dem Konto gutgeschrieben werden, vermindert sich der Schuldsaldo, durch erneute Verfügungen des Kreditnehmers erhöht er sich wieder. Der Kontoinhaber kann den Kredit während der vereinbarten Laufzeit jederzeit bis zu der mit dem Kreditinstitut vereinbarten Höchstgrenze beanspruchen.

Beispiel:

Anne Griese und Beate Huber haben für ihre Woll-Boutique von der Handels- und Gewerbebank eine Zusage für einen Kontokorrentkredit in Höhe von 20 000 DM erhalten. Laufzeit: ein Jahr. Zinssatz: 8 % (Jahreszinssatz).

Das bedeutet:
- Sie können jederzeit ihr Konto bis 20 000 DM „überziehen".
- Auf den jeweils in Anspruch genommenen Kreditbetrag müssen sie 8 % Zinsen bezahlen.

Auch **Privatpersonen** können bei Banken und Sparkassen Kontokorrentkredite erhalten. Diese Privatkredite werden als **Dispositionskredite** bezeichnet. Ein Dispositionskredit sollte ebenfalls nur zur Überbrückung von kurzfristigem Finanzierungsbedarf dienen. Für die Anschaffung langlebiger Gebrauchsgüter ist ein **Ratenkredit (Darlehen)** geeignet.

Um einen Kredit zu erhalten, muß der **Kreditnehmer** (ein Unternehmen oder eine Privatperson) **kreditwürdig** sein. Der Kreditgeber muß sicher sein können, daß er sein Geld, das er „verliehen" hat, auch zurückerhalten wird. **Kreditwürdig ist der Kreditnehmer, wenn er aufgrund seiner Zuverlässigkeit und der beruflichen und fachlichen Fähigkeiten Vertrauen verdient.** Außerdem müssen bei einem Unternehmen die gegenwärtige wirtschaftliche Situation und die Aussichten für die Zukunft günstig sein. Bei einer Privatperson müssen die finanziellen Verhältnisse geordnet sein (regelmäßiges Einkommen, sicherer Arbeitsplatz).

Darüber hinaus wird vom Kreditgeber in den meisten Fällen die Stellung einer Sicherheit verlangt. Der Kreditgeber will damit sichergehen, daß er aus der Verwertung der Sicherheit sein Geld erhält, wenn der Kreditnehmer nicht in der Lage ist, den Kredit zurückzuzahlen.

9.6.3.2 Kostenvergleich: Kontokorrentkredit und Lieferantenkredit

Anne Griese und Beate Huber haben bei einem Lieferanten Wolle im Wert von 5000 DM gekauft. Im Kaufvertrag ist folgende Vereinbarung getroffen worden: „Zahlung netto Kasse spätestens 30 Tage nach Lieferung, bei Zahlung innerhalb von 10 Tagen 2 % Skonto."

Sollen sie ihren Kontokorrentkredit bei der Handels- und Gewerbebank zu 8 % Zinsen oder den Lieferantenkredit in Anspruch nehmen?

Skonto ist ein Abzug vom Rechnungsbetrag, den die Käufer vornehmen können, wenn sie nicht erst nach Ablauf des Zahlungsziels, sondern bereits innerhalb einer kurzen Zeit nach der Lieferung bezahlen. Sie könnten in diesem Falle 2 % von 5000 DM = 100 DM abziehen und brauchten nur 4900 DM an den Lieferer zu überweisen. Nutzen sie jedoch den Lieferantenkredit aus und überweisen sie erst nach Ablauf von 30 Tagen, müssen sie den vollen Rechnungsbetrag von 5000 DM zahlen. Das bedeutet, daß die Zinsen für die Kreditgewährung bereits im Warenpreis eingerechnet worden sind.

Kostenvergleich

Nach Ablauf von 10 Tagen sind 4900 DM zu zahlen, nach Ablauf von 30 Tagen 5000 DM. Für 20 Tage Kredit werden also 2 % Zinsen berechnet. Auf ein Jahr umgerechnet, bedeutet das:

20 Tage Kredit kosten 2 % Zinsen.

1 Tag Kredit kostet $\frac{2}{20}$ % Zinsen.

360 Tage Kredit kosten $\frac{2 \times 360}{20} = 36$ % Zinsen.

Für einen **Bankkredit** müssen die Käufer 8 % Zinsen pro Jahr zahlen. Daraus wird deutlich, daß es für sie in diesem Fall günstiger wäre, einen Bankkredit in Anspruch zu nehmen und mit diesen Mitteln sofort zu zahlen, um den Skontoabzug auszunutzen.

Zu beachten ist, daß die 2 % Skonto sich auf den Zieleinkaufspreis beziehen, während die 8 % Zinsen nur für eine Kreditsumme in Höhe des Bareinkaufspreises anfallen.

9.6.3.3 Der Diskontkredit

Der Diskontkredit wird vom Kreditnehmer durch den Verkauf von Wechseln an die Bank oder Sparkasse in Anspruch genommen.

Beispiel:
Die Idarobersteiner Schmuckwarenherstellung GmbH verkauft den Wechsel über 10 000 DM an die Stadtsparkasse Idaroberstein und überträgt den Wechsel durch ein Indossament.

Für uns an die Order der Stadtsparkasse Idaroberstein

Idaroberstein, d. 31.12.19..

Idarobersteiner Schmuckwarenherstellung GmbH

Vollindossament

Idarobersteiner Schmuckwarenherstellung GmbH

Kurz- oder Blankoindossament

Die Schmuckwarenfabrik nimmt mit dem **Wechselverkauf** einen Kredit in Anspruch. Die Stadtsparkasse gewährt mit dem **Wechselankauf (Diskontierung)** einen Kredit **(Diskontkredit).** Das Kreditinstitut kauft noch nicht fällige Wechsel an und gewährt damit dem Kreditnehmer **für die Zeit vom Ankaufstag bis zum Verfalltag** einen **Kredit.** Da der Bezogene erst am Verfalltag den Wechsel mit dem Nennwert – im Beispiel 10 000 DM – einlösen muß, ist der Wechsel vorher weniger wert.

Der Kreditnehmer erhält den **Barwert des Wechsels** (Wert am Ankaufstag) auf seinem Kontokorrentkonto gutgeschrieben. Der Unterschied zwischen dem Barwert und dem **Nennwert** ist der **Zins,** den das Kreditinstitut für den Diskontkredit erhält. Er wird als **Diskont** bezeichnet.

Die Stadtsparkasse Idaroberstein diskontiert den Wechsel am 31. Dezember 19.. und berechnet 7 % Diskont für 80 Tage = 155,56 DM.

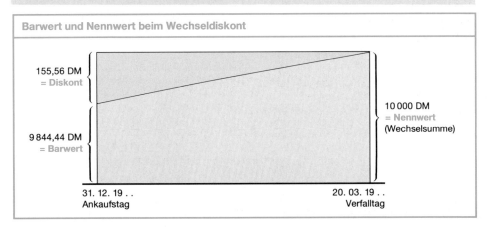

Barwert und Nennwert beim Wechseldiskont

155,56 DM = Diskont

9 844,44 DM = Barwert

10 000 DM = Nennwert (Wechselsumme)

31. 12. 19 . . Ankaufstag

20. 03. 19 . . Verfalltag

Am Verfalltag legt das Kreditinstitut, das durch den Ankauf Eigentümer des Wechsels geworden ist, den Wechsel dem Bezogenen vor. Löst der Bezogene den Wechsel ein, ist damit der Diskontkredit zurückgezahlt.

9.6.3.4 Mittel- und langfristige Bankdarlehen

Banken und Sparkassen bieten Unternehmen zur **Finanzierung von Anlageinvestitionen** mittel- und langfristige Darlehen an.

Ein **Darlehen** wird dem Kreditnehmer **in einer Summe zur Verfügung** gestellt. Für die Rückzahlung (Tilgung) der Darlehensschuld kann vereinbart werden:

• Rückzahlung in einer Summe am Ende der Laufzeit oder

• Tilgung in festgelegten Teilbeträgen (Raten) zu bestimmten Zeitpunkten während der Laufzeit (mit gesonderter Zinszahlung oder einschließlich Zinsen).

Beispiele

Darlehen mit Tilgung in einer Summe		Darlehen mit Tilgung in Jahresraten	
Erhalt des Darlehens		Erhalt des Darlehens	
am 01.11.1988	100 000 DM	am 01.11.1988	100 000 DM
		Tilgung:	
		01.11.1989	20 000 DM
		01.11.1990	20 000 DM
		01.11.1991	20 000 DM
		01.11.1992	20 000 DM
Rückzahlung:		01.11.1993	20 000 DM
01.11.1993	100 000 DM		100 000 DM

Die Zinsen werden in beiden Fällen gesondert berechnet und bezahlt.

Kreditinstitute bieten diese **Darlehen in vielfältigen Formen** und **mit unterschiedlichen Bezeichnungen** an, wie die folgenden Beispiele zeigen.

Unionbank-Mittelstandskredit

Ob Computer, Werkstatt, Fuhrpark oder Lagerhalle – unser Mittelstandskredit erleichtert Ihnen die Finanzierung.

Bei der Finanzierung von Maschinen, Einrichtungen, Fahrzeugen, Grundstücken und Gebäuden, die mehr als 30 000 Mark kosten, hilft der Unionbank-Mittelstandskredit. Er ist ganz auf die Bedürfnisse der mittelständischen Unternehmen zugeschnitten.

Der Kredit wird in der Regel durch das zu kaufende Objekt weitgehend abgesichert, so daß sich die Frage nach zusätzlichen Sicherheiten kaum stellt. Die Kreditlaufzeit orientiert sich an der wirtschaftlichen Nutzungs-/Abschreibungsdauer des Sicherungsobjektes. Sie beträgt maximal acht Jahre.

Allerdings sollten Sie 20 bis 25 Prozent des Investitionsaufwandes als Eigenkapital aufbringen, es sei denn, Sie hätten zusätzliche Sicherheiten anzubieten. Für die Finanzierung von Betriebsmitteln oder Aufträgen ist der Unionbank-Mittelstandskredit ungeeignet. Er ist auch nicht gedacht für Investitionen im privaten Bereich.

Die Zinsen sind für eine bestimmte Zeit festgeschrieben, so daß Sie klar kalkulieren können.

Sie können den Kredit mit drei verschiedenen Tilgungsmöglichkeiten aufnehmen:

1. **Als Annuitätendarlehen:**

   mit gleichbleibenden Vierteljahresraten einschließlich der Zinsen

2. **als Ratentilgungsdarlehen:**

   mit gleichbleibenden Vierteljahresraten bei gesonderter Zinszahlung

3. **als tilgungsfreies Darlehen:**

   Tilgung erfolgt aus einer Lebensversicherungs-Leistung am Ende der vereinbarten Laufzeit (bereits bestehende Versicherungsverträge können unter bestimmten Voraussetzungen einbezogen werden).

Wenn Sie die Form des Annuitäten- oder Ratentilgungsdarlehens wählen, können auf Wunsch drei Freijahre vorgeschaltet werden, in denen Sie keine Tilgungszahlungen zu leisten brauchen.

Grundsätzlich gibt es für die Kredithöhe keine Obergrenze. Doch wenn die Kosten eines Bauvorhabens über eine Million Mark hinausgehen, bietet sich der Unionbank-Gewerbekredit an, mit dem Sie auch größere Investitionen finanzieren können.

Gewerblicher Anschaffungs-Kredit (GAK)

Ihr Problem:

Mittel- bis langfristiger Kreditbedarf für Ihren Betrieb.

Unsere Lösung:

Gewerblicher Anschaffungs-Kredit (GAK), maßgerecht auf den Bedarf der mittelständischen Wirtschaft und der freien Berufe zugeschnitten.

Kredithöhe: bis 750 000 DM

Laufzeit: bis zu 12 Jahren; auf Wunsch ein bis zwei tilgungsfreie Jahre

Zinsen: fest für 5 Jahre

Rückzahlung: in gleichbleibenden Vierteljahresraten

Kombination mit staatlichen Finanzierungshilfen möglich.

Ihr Vorteil:

- Schnelle Kreditentscheidung und -bereitstellung
- Feste Kalkulationsbasis durch gleichbleibende Raten

Nordbank-Industriedarlehen

Ihr Problem:

Maßgeschneiderte mittel- oder langfristige Investitionsfinanzierung.

Unsere Lösung:

NB-Industriedarlehen, das Darlehen mit der vielfältigen Gestaltungsmöglichkeit. Kombination aus verschiedenen Finanzierungs-Bausteinen entsprechend Ihren Wünschen.

Kredithöhe: keine Obergrenze

Laufzeit: bis zum Ende des Abschreibungszeitraums des Investitionsprojektes bzw. höchstens 20 Jahre

Zinsen: variable oder feste Zinssätze für 4 bis 10 Jahre

Rückzahlung: in gleichen oder unterschiedlichen Raten

Kombination mit staatlichen Finanzierungshilfen möglich.

Ihr Vorteil:

- Individuelle Projektfinanzierung aus einer Hand auch bei Einsatz von Hypothekendarlehen
- Schnelle Kreditentscheidung und -auszahlung

Kreditinstitute bieten auch **Anschaffungsdarlehen für Privatpersonen** an. Der Kreditnehmer tilgt seine Schuld in festen monatlichen Teilbeträgen (Raten). Das Kreditinstitut berechnet eine Bearbeitungsgebühr und Zinsen vom ursprünglichen Darlehensbetrag.

Die Kredite werden ebenfalls mit unterschiedlichen Bezeichnungen im Angebot der Banken und Sparkassen geführt: Persönliches Darlehen, Privatdarlehen, Allzweckdarlehen usw.

Als **Kreditsicherheiten** kommen in Frage:

- **Verpflichtungserklärungen von Dritten** (z. B. Bürgschaft oder Wechselakzeptierung),
- **Forderungen des Kreditnehmers an Dritte,** die sicherungsweise abgetreten oder verpfändet werden,
- **Bewegliche Sachen** (wie z. B. Waren, Maschinen), die sicherungsübereignet werden,
- **Grundstücke und Gebäude,** die durch Eintragung einer Hypothek oder einer Grundschuld verpfändet werden.

In der Praxis sind bedeutsam

- die **Bürgschaft,**
- die **Abtretung von Forderungen,**
- die **Sicherungsübereignung,**
- die **Grundstücksverpfändung.**

9.6.4.1 Bürgschaft

Bei einer **Bürgschaft** verpflichtet sich ein Dritter (der Bürge), für die Schuld eines Kreditnehmers einzustehen. Das Kreditinstitut, das als Kreditsicherung eine Bürgschaft erhalten hat, kann den Bürgen auffordern, den Kreditbetrag zurückzuzahlen, wenn der Kreditnehmer dazu nicht in der Lage ist. In den meisten Fällen haftet der Bürge in gleicher Weise wie der Kreditnehmer. Man bezeichnet eine solche Bürgschaft als **selbstschuldnerisch.**

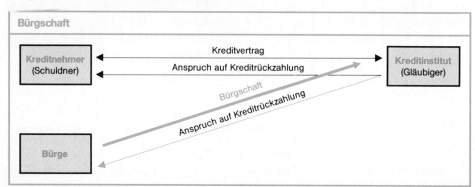

Die **Abtretung von Forderungen** wird auch als **Zession** bezeichnet. Zessionen kommen als Sicherheiten für Bankkredite bei solchen Kreditnehmern vor, die an ihre Abnehmer (Käufer) auf Ziel liefern. Aus der Zielgewährung entstehen ihnen Forderungen gegenüber den Abnehmern. Wenn diese Forderungen an das Kreditinstitut abgetreten werden, müssen die Abnehmer ihre Schulden auf das Konto bei diesem Kreditinstitut überweisen. Das Kreditinstitut hat also die Sicherheit, daß dadurch der Kredit zurückgezahlt wird.

Sicherungsabtretungen von Forderungen zugunsten von Kreditinstituten werden meistens als **stille Zessionen** vereinbart. Der Schuldner des Kreditnehmers wird von der Abtretung nicht benachrichtigt. Er erhält damit keine Kenntnis von der Kreditaufnahme seines Gläubigers. Das Kreditinstitut hat ein Recht auf Offenlegung der Zession, d. h. zur Benachrichtigung des Schuldners. Dieses Offenlegungsrecht kann vertraglich nicht ausgeschlossen werden.

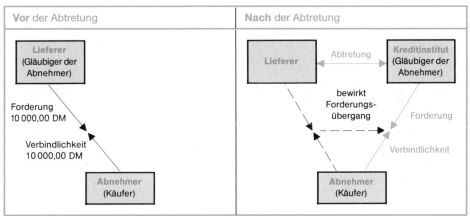

9.6.4.3 *Sicherungsübereignung von beweglichen Sachen*

Bei der **Sicherungsübereignung** wird das Eigentum an einer Sache, z. B. an einem Lieferwagen, auf das Kreditinstitut übertragen. Damit der Kreditnehmer aber weiterhin den Lieferwagen benutzen kann, wird vereinbart, daß er im Betrieb des Kreditnehmers bleibt. Das **Kreditinstitut** wird also **Eigentümer,** der **Kreditnehmer** bleibt **Besitzer** des Lieferwagens. Wenn der Kredit getilgt worden ist, geht das Eigentum an dem Lieferwagen wieder auf den Kreditnehmer über. Kann das Unternehmen den Kredit nicht zurückzahlen, hat das Kreditinstitut die Möglichkeit, das Fahrzeug zu verkaufen, und erhält somit das Geld zurück.

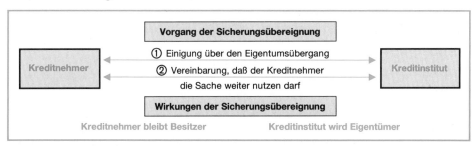

Bei der **Verpfändung eines Grundstücks** wird eine **Hypothek** oder eine **Grundschuld** zugunsten des Kreditgebers bestellt. Hypotheken und Grundschulden sind **Grundpfandrechte.** Der Kreditnehmer verpfändet sein Grundstück an das Kreditinstitut. Das Grundpfandrecht wird in das **Grundbuch** (beim Amtsgericht) eingetragen. Damit hat die Bank oder Sparkasse das Recht, das Grundstück zwangsweise verkaufen zu lassen, falls der Kreditnehmer das Darlehen nicht zurückzahlen kann.

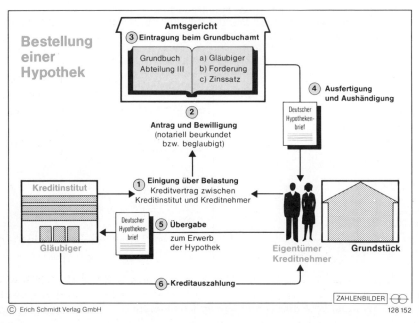

© Erich Schmidt Verlag GmbH

128 152

In der Praxis wird meistens anstelle einer Hypothek eine Grundschuld eingetragen. Auf die Ausstellung eines Grundschuldbriefes wird verzichtet (Buchgrundschuld).

9.7 Absatzfinanzierung

Zur **Absatzfinanzierung** zählen Finanzierungsmaßnahmen, die dazu dienen, den **Absatz des Unternehmens zu fördern.**

Absatzfinanzierungsangebote werden vor allem von Kreditinstituten, von Finanzierungsinstituten, die auf besondere Finanzierungsarten spezialisiert sind, und von Herstellern und Händlern selbst gemacht.

Wichtige **Absatzfinanzierungsarten** sind

- Mittel- und langfristige Darlehen (siehe Abschnitt 9.6.3.4),
- Factoring, Exportfactoring und Forfaitierung sowie
- Leasing

© Verlag Gehlen

9.7.1 Factoring, Exportfactoring und Forfaitierung

Factoring und **Forfaitierung** sind verschiedene **Formen des Verkaufs von Forderungen.**

Factoring ist Verkauf von kurzfristigen Forderungen gegen inländische Abnehmer (siehe Abschnitt 7.7). Es bedeutet für das Unternehmen, das Forderungen an ein Factoring-Institut verkauft, **Freisetzung von Kapital,** das sonst in den Forderungen für die Dauer des Zahlungsziels gebunden wäre. Factoring dient somit der Finanzierung des Absatzes.

Exportfactoring ist Verkauf von kurzfristigen Forderungen gegen ausländische Abnehmer an ein Factoring-Institut. Die Forderungen können eine Laufzeit bis zu 120 Tagen haben.

Forfaitierung ist Verkauf von Forderungen gegen ausländische Abnehmer, wobei die Forderungen Laufzeiten zwischen 6 Monaten und 5 Jahren haben, in der Regel Wechselforderungen sind und zusätzlich durch Bürgschaften von Kreditinstituten gesichert sind. Das ankaufende Finanzierungsinstitut übernimmt auch das Risiko, daß bei Forderungen, die über eine fremde Währung lauten, der Erlös durch Kursverschlechterung sinkt.

9.7.2 Leasing

Leasing ist eine **Form der Absatzfinanzierung für Produktionsgüter und für langlebige Konsumgüter.**

Aus der Sicht des Kunden ist es eine **besondere Form der Beschaffungsfinanzierung.** Statt eines Kaufvertrages wird beim Leasing ein **Mietvertrag** geschlossen. Der Kunde (Leasingnehmer) zahlt statt eines einmaligen Kaufpreises laufende, meistens monatliche Mietzahlungen.

Der **Leasingnehmer** wird Besitzer; der **Leasinggeber,** der die Mietzahlungen erhält, bleibt Eigentümer.

Meistens wird das Leasing-Geschäft nicht von den **Herstellern** selbst, sondern von Gesellschaften betrieben, die besonders für diesen Zweck gegründet sind.

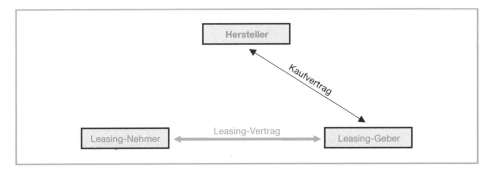

Geleast werden können Kraftfahrzeuge, Ladeneinrichtungen, EDV-Anlagen, Büroeinrichtungen usw. Neben diesem Leasing beweglicher Sachen (Mobilien-Leasing) gibt es die Möglichkeit des Grundstücks-Leasing (Immobilien-Leasing).

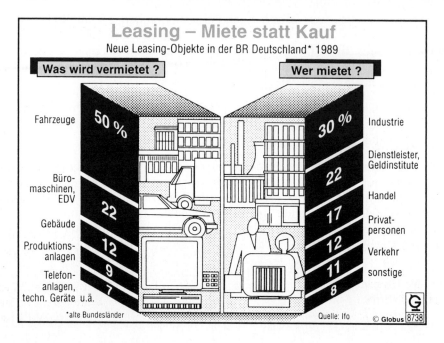

Für den Leasingnehmer können sich Vor- und Nachteile ergeben.

Vorteile des Leasing:

- Der Leasinggegenstand muß nicht im voraus bezahlt werden. Die monatlichen Zahlungen können während der gesamten Leasingzeit aus den Erträgen, die durch den Einsatz des Leasing-Gegenstandes erwirtschaftet werden, geleistet werden.

- Leasing macht es möglich, daß Investitionen auch ohne Eigenmittel durchgeführt werden können.

- Mietraten können unter Umständen vom Leasingnehmer steuerlich abgesetzt werden.

Nachteile des Leasing:

- Der Leasingnehmer muß laufend verhältnismäßig hohe Mietkosten aufbringen; sie können insgesamt bis 40 % über der Kaufsumme des Leasing-Gegenstandes liegen.

- Der Leasingnehmer ist für eine bestimmte Zeit durch den Leasing-Vertrag gebunden. Auch bei rückläufigem Absatz müssen die monatlichen Leasing-Zahlungen geleistet werden.

9.8 Das Unternehmen in finanziellen Schwierigkeiten – Erhaltung oder Auflösung des Unternehmens

9.8.1 Das Problem des finanziellen Gleichgewichts

Aus den Einnahmen muß das Unternehmen seine Ausgaben bestreiten.

Sind zu einem Zeitpunkt die Ausgaben größer als die Einnahmen, müssen zusätzliche finanzielle Mittel beschafft werden.

Fremdkapital kann nicht unbegrenzt aufgenommen werden. Kreditgeber sind grundsätzlich auch nur bereit, Fremdkapital zur Verfügung zu stellen, wenn die Unternehmung so ausreichend Erlöse (Einnahmen) erwirtschaftet, daß sie Zinsen zahlen und Tilgungen leisten kann.

> Langfristig gesehen, müssen alle Ausgaben aus den auf dem Absatzmarkt erzielten Einnahmen bestritten werden. Ist dieses finanzielle Gleichgewicht gestört, spricht man davon, daß das Unternehmen „in **Schwierigkeiten** ist" oder „sich in einer **Krise** befindet".

Kann das Unternehmen vorübergehend seine Zahlungsverpflichtungen nicht erfüllen, spricht man von **Zahlungsstockungen.** Muß es seine Zahlungen einstellen, liegt **Zahlungsunfähigkeit** (Illiquidität) vor. Bei Zahlungsunfähigkeit muß **Konkurs** angemeldet werden.

9.8.2 Kennzeichen und Ursachen von Unternehmensschwierigkeiten

Typische Kennzeichen von Unternehmensschwierigkeiten sind

- sinkender Umsatz und dadurch sinkende Einnahmen,
- zunehmende Schwierigkeiten, Zahlungstermine einzuhalten,
- sinkende Gewinne, unter Umständen Entstehen von Verlusten,
- mangelnde Eigenkapitalbildung aufgrund sinkender Gewinne,
- zunehmende Zahlungsverpflichtungen durch steigende Verschuldung bei Lieferanten und Kreditinstituten (verstärkte Fremdfinanzierung),
- zunehmende Verschlechterung des Verhältnisses Eigenkapital zu Fremdkapital.

Schwierigkeiten und Krisen können durch Ereignisse **außerhalb des Unternehmens** verursacht werden. Ein Beispiel dafür ist die Verschlechterung der gesamten wirtschaftlichen Lage und dadurch bedingter Absatzrückgang. Sehr häufig werden Schwierigkeiten aber auch **innerhalb des Unternehmens,** z. B. durch Fehlentscheidungen in der Unternehmensführung oder Fehlverhalten von Mitarbeitern, hervorgerufen.

Schwierigkeiten können entstehen

- im **Finanzierungs- und Investitionsbereich** (z. B. bei unzureichender Ausstattung mit Eigenkapital, dadurch unzureichende Kreditwürdigkeit; bei Nichtbeachtung von Finanzierungsgrundsätzen [Finanzierung von Anlagevermögen mit kurzfristigem Fremdkapital]; bei zu hohen Zins- und Tilgungsbelastungen aufgrund zu hoher Verschuldung),

- im **Beschaffungs- und Absatzbereich** (z. B. bei falscher Markteinschätzung, bei fehlerhafter Produktpolitik, bei fehlerhafter Werbepolitik, bei falscher Preispolitik),

- im **Personal- und Organisationsbereich** (z. B. bei unzureichender Information der Mitarbeiter, bei falscher Betriebs- und Mitarbeiterführung, bei Fehlern in der Betriebsorganisation, bei Fehlen von qualifizierten Mitarbeitern).

9.8.3 Die Erhaltung des Unternehmens durch Sanierung

Befindet sich ein Unternehmen in ernsthaften finanziellen Schwierigkeiten (hohe Verluste, anhaltende Zahlungsschwierigkeiten), so ist zu prüfen, ob eine **Sanierung (Gesundung)** möglich ist.

- Bestehen Möglichkeiten, dem Unternehmen durch **zusätzliche eigene Mittel** eine tragfähige Grundlage zum Fortbestehen zu geben, ohne daß mit den Gläubigern (Lieferanten, Kreditinstitute, andere Kreditgeber) über einen teilweisen Verzicht ihrer Forderungen und/oder über Stundungen gesprochen werden muß?

- Bestehen Möglichkeiten, dem Unternehmen durch **Zugeständnisse der Gläubiger** eine neue Grundlage zum Fortbestehen zu geben?

- Bestehen Möglichkeiten, dem Unternehmen durch **Vermögensumschichtung** liquide Mittel zuzuführen?

Sanierungsmaßnahmen können **im Bereich des Eigenkapitals** und **im Bereich des Fremdkapitals** ergriffen werden.

Im Bereich des Eigenkapitals kann durch die Zuführung von zusätzlichem Eigenkapital (z. B. durch neue Einlagen des Unternehmers bzw. der Gesellschafter, Ausgabe junger Aktien) eine Überschuldung beseitigt und dem Unternehmen Liquidität zugeführt werden.

Sehr häufig wird bei Vorliegen einer Überschuldung zunächst eine Kapitalherabsetzung vorgenommen.

Beispiel

Eine GmbH hatte bei ihrer Gründung in der Bilanz folgende Vermögens- und Kapitalverhältnisse ausgewiesen (in Tausend DM):

Aktiva		Bilanz 1	Passiva	
Vermögen	100	Eigenkapital		55
		Fremdkapital		45
	100			100

Nach 2 Jahren ist eine sog. Unterbilanz eingetreten. Das Fremdkapital ist größer als das Vermögen, d. h. das Vermögen ist kleiner als das Fremdkapital: Die eingetretenen Verluste sind größer als das noch in der Bilanz ausgewiesene Eigenkapital.

Aktiva		Bilanz 2	Passiva	
Vermögen	40	Eigenkapital		55
Verluste	60	Fremdkapital		45
	100			100

Die Bilanz 2 zeigt, daß das Eigenkapital durch Verluste aufgezehrt ist und die Gesellschafter ihre Einlagen verloren haben. Das Eigenkapital wird auf 0 DM herabgesetzt, so daß nur noch 5 TDM Verluste ausgewiesen sind (Bilanz 3).

Aktiva		Bilanz 3	Passiva	
Vermögen	40	Eigenkapital		0
Verluste	5	Fremdkapital		45
	45			45

Nach der Kapitalherabsetzung erfolgt eine Neuzuführung von Eigenkapital (durch die alten und/oder durch neue Gesellschafter) in Höhe von 60 TDM Einlagen (Zugang als Bankguthaben).

Aktiva		Bilanz 4	Passiva	
Vermögen	100	Eigenkapital		55
		Fremdkapital		45
	100			100

Im Bereich des Fremdkapitals kann mit den Gläubigern im Wege eines **außergerichtlichen Vergleichs** (siehe Abschnitt 9.8.4) über Zugeständnisse verhandelt werden, z. B. über

- die Umwandlung von kurzfristigen Schulden in langfristige Verbindlichkeiten,
- einen teilweisen Verzicht auf ihre Forderungen sowie über
- Stundungen.

Ohne Vorliegen einer Überschuldung kann u.U. eine **Vermögensumschichtung** angestrebt werden. Ziel ist die Erhöhung der liquiden Mittel (Bankguthaben) durch Verkauf von nicht mehr benötigtem Anlagevermögen (z. B. Grundstücke).

Alle Sanierungsmaßnahmen haben nur Sinn, wenn gleichzeitig die Ursachen der Schwierigkeiten erkannt und behoben werden.

9.8.4 Der außergerichtliche Vergleich

Der außergerichtliche Vergleich hat den Zweck, **den Konkurs des Unternehmens abzuwenden und eine Sanierung herbeizuführen.**

Gläubiger und Schuldner einigen sich über den teilweisen Erlaß der Verbindlichkeiten und über einen Zahlungsaufschub. Der Schuldner kann mit den Gläubigern unterschiedliche Vereinbarungen treffen.

Außergerichtlicher Vergleich

Vergleichsforderungen:	300 000 DM
Zahl der Gläubiger:	20

Vergleichsvorschläge:
unterschiedliche Angebote
an die verschiedenen Gläubiger

Zustimmung der Gläubiger:

• zustimmende Gläubiger:	15
• nicht zustimmende Gläubiger:	5

Die nicht zustimmenden Gläubiger können weiterhin ihre Forderungen voll geltend machen.

9.8.5 Der gerichtliche Vergleich

Der gerichtliche Vergleich ist ein **gesetzlich geregeltes Verfahren,** das **bei Zahlungsunfähigkeit und/oder Überschuldung** zur **Abwendung des Konkurses** dienen soll.

Die Eröffnung des Verfahrens und das Zustandekommen des Vergleichs sind an bestimmte, in der **Vergleichsordnung** aufgeführte **Voraussetzungen** gebunden.

Das gerichtliche Vergleichsverfahren hat den Zweck, **das Unternehmen zu erhalten.** Gläubiger und Schuldner einigen sich („vergleichen" sich) über den teilweisen Erlaß der Verbindlichkeiten und über einen Zahlungsaufschub. Die Gläubiger verzichten also auf einen Teil ihrer Forderungen.

Veröffentlichung des Amtsgerichts:
Eröffnung eines gerichtlichen Vergleichsverfahrens

Über das Vermögen des Kaufmanns Walter Hahn, Inhaber des Getränkegroßhandels Walter Hahn, Brunnenstr. 35, Kassel, wurde durch Beschluß des Amtsgerichts Kassel vom 10. Februar 19.. zur Abwendung des Konkurses das Vergleichsverfahren eröffnet. Vergleichsverwalter: Rechtsanwalt Rolf Lund, Waldweg 15, Kassel.

Ein gerichtliches Vergleichsverfahren darf nur eröffnet werden, wenn den **Vergleichsgläubigern** (nicht bevorrechtigte Gläubiger) **mindestens 35 % ihrer Forderungen gewährt wird** (Vergleichsvorschlag). Dieser **Mindestsatz** erhöht sich auf 40 %, wenn der Schuldner eine Zahlungsfrist von mehr als einem Jahr beansprucht. Dem Vergleichsvorschlag muß die Mehrheit der Vergleichsgläubiger zustimmen,

Ergebnis eines gerichtlichen Vergleichs

Vergleichsforderungen:	300 000 DM
Vergleichsvorschlag:	40 %
Zahl der Vergleichsgläubiger	12

Zustimmung der Vergleichsgläubiger:
* zustimmende Gläubiger: 10
* durch sie vertretene Forderungen: 250 000 DM

die 75 % der Forderungen vertritt (80 % der Forderungen bei Vergleichsquote unter 40 %). Wird die erforderliche Mehrheit nicht erreicht, beschließt das Gericht über die Eröffnung eines **Anschlußkonkurses.** Nach Abwicklung des Vergleichsverfahrens sind alle über die Vergleichsquote hinausgehenden Forderungen erloschen. Der Vergleich ist auch für die Gläubiger bindend, die ihm nicht zugestimmt haben.

9.8.6 Der Konkurs

Das Konkursverfahren hat den **Zweck, durch Verwertung und Verteilung des gesamten Schuldnervermögens die Gläubiger zu befriedigen.**

Konkurs kann vom Schuldner (im Konkursverfahren Gemeinschuldner genannt) oder von Gläubigern beim Amtsgericht beantragt werden.

Konkursgründe sind

* **Zahlungsunfähigkeit** und/oder
* **Überschuldung.**

Außergerichtlicher Vergleich, gerichtlicher Vergleich, Zwangsvergleich und Konkurs im Überblick:				
	Außergerichtlicher Vergleich	**Gerichtlicher Vergleich**	**Zwangsvergleich**	**Konkurs**
Grund:	Zahlungsschwierigkeiten	Zahlungsunfähigkeit und/oder Überschuldung	wie gerichtlicher Vergleich	Zahlungsunfähigkeit und/oder Überschuldung
Zweck:	Abwendung eines gerichtlichen Vergleichs- oder Konkursverfahrens	Abwendung des Konkurses		Verteilung des gesamten Schuldnervermögens an die Gläubiger nach der Konkursordnung
Quote für Gläubiger:	freie Vereinbarung zwischen Gläubiger und Schuldner	mindestens 35 % (bei Zahlungsfrist von mehr als einem Jahr: mindestens 40 %)	mindestens 20 %	Quote ergibt sich als Ergebnis des Verfahrens
Zustimmung der Gläubiger:	alle Gläubiger, soweit sie auf Forderungen verzichten	Mehrheit der Vergleichsgläubiger mit 75 % bzw. 80 % der Forderungen	Mehrheit der Vergleichsgläubiger mit 75 % der Forderungen	erfolgt nicht
Restschulden:	Schulden gegenüber den nicht zustimmenden Gläubigern bleiben bestehen	Restschulden sind erlassen		Restschulden bleiben bestehen

Zahlungsunfähigkeit ist für alle Unternehmen Konkursgrund, **Überschuldung** (Verbindlichkeiten übersteigen das Vermögen) ist grundsätzlich nur bei Kapitalgesellschaften Konkursgrund.

Das Gericht kann die Konkurseröffnung ablehnen, wenn die Konkursmasse (Vermögen des Gemeinschuldners) die Konkurskosten nicht deckt.

Mit Eröffnung des Konkursverfahrens geht das Verfügungsrecht über das Vermögen auf den **Konkursverwalter** über. Die Gläubiger müssen ihre Forderungen beim Gericht anmelden. Sie dürfen während des Verfahrens keine Einzelvollstreckung (Pfändung) gegen den Gemeinschuldner betreiben.

Lieferanten, die zur Sicherung ihrer Forderungen Waren unter Eigentumsvorbehalt geliefert haben, können die Herausgabe ihres Eigentums verlangen **(Recht auf Aussonderung)**.

Gläubiger, die sich zur Sicherung ihrer Forderungen Gegenstände verpfänden oder sicherungsübereignen ließen, haben ein Recht auf Befriedigung aus der Verwertung des Sicherungsgegenstandes **(Recht auf Absonderung)**.

Die übrigen Gläubiger müssen ihre Forderungen im Konkursverfahren geltend machen. Bestimmte Forderungen, wie z. B. Lohn- und Gehaltsforderungen des Personals, Steuerforderungen des Staates, werden **bevorrechtigt** aus der Konkursmasse, also vor den gewöhnlichen Gläubigern, bezahlt.

Mit Zustimmung der Gläubiger kann der Konkurs durch **Zwangsvergleich** aufgehoben werden. Es ist ein gerichtlicher Vergleich, bei dem die Quote für die Gläubiger mindestens 20 % betragen und eine Mehrheit der Gläubiger mit 75 % der Forderungen zustimmen muß.

Arbeitnehmer haben bei Zahlungsunfähigkeit ihres Arbeitgebers nach dem Arbeitsförderungsgesetz Anspruch auf Ausgleich ihres in den letzten drei Monaten vor Konkurseröffnung ausgefallenen Arbeitsentgelts **(Konkursausfallgeld)**. Das Konkursausfallgeld wird durch das Arbeitsamt (Bundesanstalt für Arbeit) gezahlt.

9.8.7 Die neue Insolvenzordnung

Am Vergleichsverfahren und am Konkursverfahren zur Regelung von sog. Insolvenzfällen (Fälle von Zahlungsunfähigkeit) wird Kritik geübt.

Die **Vergleichsordnung** (Gesetz zur Regelung der Abwicklung von gerichtlichen Vergleichsverfahren) und die **Konkursordnung** (Gesetz zur Regelung der Abwicklung von Konkursverfahren) sollen durch ein **neues Gesetz** ersetzt werden. Infolge der Bestimmungen der noch geltenden Konkursordnung wurden in den letzten Jahren über 75 % der Anträge auf Konkurseröffnung mangels Masse (wegen zu geringen Vermögens) abgelehnt. Auch die Vergleichsordnung ist aufgrund vieler erschwerender Bestimmungen bedeutungslos geworden.

Die Bundesregierung hat daher Anfang 1992 den Entwurf einer neuen **Insolvenzordnung** in das Gesetzgebungsverfahren eingebracht. An die Stelle des Konkurs- und des Vergleichsverfahrens soll ein **einheitliches Insolvenzverfahren** treten. Erleichterte und rechtzeitige Eröffnung des Insolvenzverfahrens, mehr Verteilungsgerechtigkeit und Erleichterung der Restschuldbefreiung für den Schuldner sind wichtige Ziele der Reform des Insolvenzrechts.

9.8.8 Die Liquidation

Liquidieren heißt „etwas flüssig machen". **Liquidation** ist die **Umwandlung von Sachwerten in Geld:** Vermögensgegenstände werden verkauft.

Geschäftsaufgabe

Der Lebensmittel- und Feinkosteinzelhändler Walter Born hat sich wegen der schlechten Ertragslage entschlossen, sein Geschäft aufzugeben. Da er das Unternehmen nicht als ganzes verkaufen kann, veranstaltet er einen Räumungsverkauf zu herabgesetzten Preisen: Er führt eine Liquidation durch mit dem Ziel, sein Unternehmen aufzulösen.

Die **Liquidation einer Unternehmung** ist eine **freiwillige Auflösung.** Alle Sachwerte werden verkauft und alle noch bestehenden Forderungen eingezogen. Danach werden die Gläubiger befriedigt. Die Firma wird im Handelsregister gelöscht.

© Verlag Gehlen

1 **Innen- und Außenfinanzierung**

Prüfen Sie, welche Finanzierungsart vorliegt:

① Innenfinanzierung
② Außenfinanzierung

a) Ein Unternehmen bildet eine Rücklage von 100 000 DM.

b) Ein Unternehmen nimmt einen Kontokorrentkredit in Anspruch.

c) Eine AG gibt junge Aktien aus.

d) Ein Unternehmen kauft Waren auf Ziel.

e) In eine KG tritt ein weiterer Kommanditist ein.

f) Ein Unternehmer erzielt einen Reingewinn von 180 000 DM, wovon er 120 000 DM für sich entnimmt.

2 **Finanzierung und Investitionen in einem Großhandelsunternehmen**

Für das Arzneimittelgroßhandelsunternehmen W. Hoffmann GmbH liegen folgende Zahlen über vorhandene Werte vor:

Fuhrpark	100 000 DM
Forderungen an Kunden	1 850 000 DM
Verbindlichkeiten gegenüber Lieferanten	1 700 000 DM
Langfristige Darlehen	280 000 DM
Bankguthaben	10 000 DM
Bankverbindlichkeiten	800 000 DM
Kassenbestand	20 000 DM
Warenbestand	1 200 000 DM
Betriebs- und Geschäftsausstattung	100 000 DM

a) Errechnen Sie die Höhe der Eigenfinanzierung und die Höhe der Fremdfinanzierung!

b) Stellen Sie für das Unternehmen eine Bilanz auf!

c) Errechnen Sie die Eigenkapitalquote (Anteil des Eigenkapitals an der Bilanzsumme)!

d) Warum sollen Anlagegegenstände (Fuhrpark, Betriebs- und Geschäftsausstattung) nicht mit kurzfristigem Fremdkapital finanziert werden?

e) Prüfen Sie, ob die unter d) angesprochene Finanzierungsregel beachtet worden ist!

3 **Kapitalbedarf und Finanzierungsmöglichkeiten für eine Erweiterungsinvestition**

Die Hans Klausmann GmbH, Herstellerin von elektronischen Bauteilen, hat mit Hilfe einer guten Produktpolitik ihre Marktanteile kontinuierlich ausgeweitet. Sie stößt jetzt an die Grenzen ihrer Produktionskapazität.

a) Erläutern Sie die betriebswirtschaftlichen Probleme!

b) Das Unternehmen will die Produktionskapazität ausweiten und plant eine Erweiterungsinvestition. Beschreiben Sie die damit verbundenen Risiken!

c) Wovon hängt die Höhe des Kapitalbedarfs für die Erweiterungsinvestition ab?

d) Folgendes Finanzierungskonzept wird beschlossen:

● Ein neuer Gesellschafter stellt zusätzliches Kapital zur Verfügung.
● Zusätzlich benötigte Maschinen werden geleast.
● Forderungen aus Warenverkäufen werden an ein Factoring-Institut verkauft.

Stellen Sie die mit den angesprochenen Finanzierungsmaßnahmen verbundenen Vor- und Nachteile heraus!

4 Rationalisierungsinvestitionen

In einem Unternehmen der Büromaschinenindustrie wird aufgrund der starken Konkurrenzsituation auf dem Absatzmarkt nach Möglichkeiten zur Rationalisierung gesucht. Zu diesem Zweck sollen umfangreiche Investitionen durchgeführt werden.

a) Erklären Sie das Wesen der Rationalisierungsinvestition und begründen Sie, warum eine Rationalisierungsinvestition häufig auch einen Erweiterungseffekt hat!

b) Welche Auswirkungen haben in vielen Fällen Rationalisierungsinvestitionen für die im Betrieb beschäftigten Arbeitnehmer?

c) Vor welchen Schwierigkeiten steht ein Unternehmen, das in einer Krisensituation (zurückgehende Absatzerlöse, steigende Kosten) eine Rationalisierungsinvestition durchführen will?

5 Arten der Investition

In einem Branchenbericht findet sich folgende Aussage über die aktuelle Lage:

,,Die Situation in der Branche ist gekennzeichnet durch steigende positive Nettoinvestitionen. Die Lagerbestände sind aufgefüllt worden. Zunehmend werden Bauinvestitionen in Angriff genommen.''

a) Erläutern Sie die angesprochenen Investitionsbegriffe!

b) Welche gesamtwirtschaftliche Bedeutung haben Investitionen?

6 Kreditsicherheiten

Für die Besicherung von Bankkrediten sind bedeutsam:

- die Bürgschaft,
- die Abtretung von Forderungen,
- die Sicherungsübereignung und
- die Grundstücksverpfändung.

Unterscheiden Sie diese Sicherheiten nach Personensicherheiten (Kreditsicherheit liegt in einer Person) und Sachsicherheiten (Kreditsicherheit liegt in einer Sache)!

7 Kosten eines Lieferantenkredits

Wieviel Prozent Jahreszinsen kostet ein Lieferantenkredit bei folgender Zahlungsvereinbarung:

,,Zahlung netto Kasse spätestens nach 21 Tagen, bei Zahlung innerhalb von 7 Tagen 1% Skonto''?

8 Kreditarten

Welcher Kredit liegt vor?
Ordnen Sie die Ziffern zu!

1. Langfrister Kredit, der durch eine Grundschuld gesichert ist
2. Bankkredit, bei dem das Konto bis zu einer festgesetzten Höhe überzogen werden kann
3. Bankkredit mit festgesetzten monatlichen Tilgungsraten
4. Einkauf von Waren unter Eigentumsvorbehalt
5. Verkauf eines Wechsels an die Bank
6. Aufnahme eines gewerblichen Anschaffungsdarlehens

Diskontkredit	?
Lieferantenkredit	?
Kontokorrentkredit	?

9 Verkauf unter Eigentumsvorbehalt

Das Einrichtungshaus Gebrüder Schumann verkauft und liefert zwei Sessel und ein Sofa zum Preis von 5000 DM an die Eheleute Klaus und Ilona Saffke. Es wird Ratenzahlung (10 Raten zu je 500 DM) unter Eigentumsvorbehalt des Verkäufers vereinbart.

Das Einrichtungshaus hatte die Sitzmöbel bei der Westfälischen Möbelfabrik Sanne & Co. GmbH in Wiedenbrück gekauft und mit dem Hersteller einen verlängerten Eigentumsvorbehalt vereinbart.

a) Wer ist Besitzer, wer ist Eigentümer nach Lieferung an die Eheleute Saffke?

b) Das Einrichtungshaus hat inzwischen die Verbindlichkeiten gegenüber der Westfälischen Möbelfabrik Sanne & Co. GmbH beglichen. Wer ist jetzt Eigentümer?

c) Ilona und Klaus Saffke haben 5 Raten gezahlt. Welche Folgen hat das?

d) Nach Zahlung der 5. Rate sind Ilona und Klaus Saffke mit drei Monatsraten in Verzug geraten. Was kann das Einrichtungshaus unternehmen?

10 Ein Unternehmen in der Krise

Die Metallbau GmbH & Co. KG hat es versäumt, rechtzeitig die Produktpalette den Markterfordernissen anzupassen. Nachteilig ist auch, daß sie mit veralteten Produktionsanlagen arbeitet.

a) Welche Schwierigkeiten ergeben sich bei diesen Voraussetzungen für das Unternehmen?

b) Der Hauptzulieferer ist bereit, der Metallbau GmbH & Co. KG zu helfen. Begründen Sie das Interesse der Unternehmen an einer engeren Zusammenarbeit und schlagen Sie geeignete Maßnahmen aus dem Finanzbereich zur Lösung der Probleme vor!

c) Welcher Zusammenhang besteht zwischen der veralteten Produktionsstruktur und einer rückläufigen Absatzlage?

d) Welche Reaktionen können sich aus der Krise des Unternehmens bei Kunden, Zulieferern und kreditgebenden Banken ergeben?

11 Besondere Finanzierungsarten

a) Welchen gemeinsamen Zweck haben Leasing, Factoring und Forfaitierung?

b) Welches sind die beiden wichtigsten Vorteile, die Leasing bietet?

c) Welches sind die beiden wichtigsten Vorteile, die das Forfaitieren bietet?

d) Wodurch unterscheiden sich Exportfactoring und Forfaitierung?

12 Illiquidität

Was bedeutet der Begriff ,,Illiquidität''?

1 Aufnahme zusätzlichen langfristigen Fremdkapitals
2 Zunehmende Verschlechterung des Verhältnisses Eigenkapital zu Fremdkapital
3 Mangelnde Zahlungsbereitschaft des Unternehmens
4 Zahlungsunfähigkeit des Unternehmens
5 Erhöhung der liquiden Mittel durch Verkauf von nicht mehr benötigten Anlagegegenständen
6 Umwandlung von kurzfristigen Schulden in langfristige Verbindlichkeiten
7 Außergerichtliches Vergleichsverfahren

13 Gerichtlicher Vergleich und Konkurs

a) Nennen Sie den Grund (bzw. die Gründe), der (bzw. die)

- eine Einzelunternehmung (EU),
- eine Kommanditgesellschaft (KG) und
- eine Gesellschaft mit beschränkter Haftung (GmbH)

verpflichtet (verpflichten), einen Antrag auf Eröffnung eines gerichtlichen Vergleichsverfahrens zu stellen!

b) Unter welchen Voraussetzungen wird ein Unternehmen einen Antrag auf Eröffnung eines gerichtlichen Vergleichsverfahrens stellen, unter welchen Voraussetzungen einen Antrag auf Eröffnung eines Konkursverfahrens?

14 Ablehnung eines Konkurses mangels Masse

Heinz-Otto Wittig hat als alleiniger Inhaber eines Textilfachgeschäftes den Antrag auf Eröffnung des Konkursverfahrens gestellt, weil er zahlungsunfähig ist. Obwohl ein großes Warenlager, eine aufwendige Geschäftsausstattung und zwei fast neue Firmenfahrzeuge vorhanden sind, lehnt das Amtsgericht die Eröffnung des Verfahrens mangels Masse ab. Wie ist das zu erklären?

15 Finanzierung durch Factoring

Für ein Unternehmen reichen die zur Verfügung stehenden Bankkredite nicht aus, um Lieferantenrechnungen unter Abzug von Skonto zu begleichen. Das Unternehmen schließt einen Factoring-Vertrag mit einer Factoring-Gesellschaft.

Forderungsbestand	1 850 000 DM
davon ankaufsfähig	1 700 000 DM
Factoringgebühr	0,9 %
Zinsen auf die von der Factoring-Gesellschaft zur Verfügung gestellten Beträge	10,75 %
Wareneinsatz	11 900 000 DM
Skontosatz	4 %
Sonstige Einkaufsvorteile	15 000 DM
Durch Factoring vermiedene Forderungsverluste	25 000 DM
Entfallene Kosten für Sachbearbeitung	10 000 DM

Errechnen Sie, in welcher Höhe durch Factoring Aufwand und Ertrag entstehen!

16 Kapitalvorgänge

Entscheiden Sie, welche Kapitalvorgänge vorliegen.

① Finanzierungsvorgang   ③ Finanzierungs- und Investitionsvorgang
② Investitionsvorgang   ④ Entfinanzierungsvorgang

a) Zwei Kaufleute gründen ein Unternehmen (Herstellungsbetrieb) und legen 2 000 000 DM durch Banküberweisung ein.

b) Das Unternehmen kauft für 300 000 DM ein bebautes Grundstück, für 900 000 DM Maschinen, Werkzeuge und Transporteinrichtungen und für 600 000 DM Roh- und Hilfsstoffe. Zahlungen erfolgen aus dem Bankguthaben.

c) Einer der Gesellschafter überschreibt dem Unternehmen ein Grundstück aus seinem Privatvermögen. Das Grundstück wird mit 400 000 DM bewertet.

d) Das Unternehmen nimmt ein Darlehen über 200 000 DM auf, das auf dem Kontokorrentkonto gutgeschrieben wird.

e) Das Unternehmen kauft Fertigteile von Lieferanten auf Ziel für 300 000 DM.

Als **Wirtschaftsordnung** bezeichnet man das **System,** das **zur Lenkung des Wirtschaftsablaufes in einer Volkswirtschaft** angewendet wird.

Es werden **zwei Systeme** unterschieden:

- die **Marktwirtschaft** und
- die **Zentralverwaltungswirtschaft.**

Sie werden auch als **idealtypische Wirtschaftsordnungen** bezeichnet, weil sie in der Wirklichkeit in reiner Form nicht vorkommen.

Den idealtypischen Wirtschaftsordnungen stehen die **realtypischen Wirtschaftsordnungen** gegenüber. Dies sind Lenkungssysteme, die tatsächlich in der Wirklichkeit vorkommen. Die soziale Marktwirtschaft der Bundesrepublik Deutschland ist eine realtypische marktwirtschaftliche Ordnung. Die sozialistische Planwirtschaft der Volksrepublik China ist eine realtypische zentralverwaltungswirtschaftliche Ordnung.

10.1 Die Marktwirtschaft

Nach der Theorie der Marktwirtschaft werden alle Abläufe in der Wirtschaft durch den Preis, der sich auf dem Markt aufgrund von Angebot und Nachfrage bildet, gesteuert **(Preismechanismus).**

Der Preis hat bestimmte Aufgaben (Funktionen).

Erwerbswirtschaftlich orientierte Unternehmen stellen ihre **Produktionspläne** unter **privatwirtschaftlichen Gesichtspunkten** auf. Sie werden nur solche Güter herstellen, die sie mit **Gewinn** verkaufen können, d.h. zu Verkaufspreisen, die höher sind als die Beschaffungspreise (Kosten) der Produktionsfaktoren.

Produktionsfaktoren werden **zur Herstellung und Bereitstellung** solcher **Güter gelenkt,** die wegen des Grades ihrer Knappheit einen hohen Marktpreis haben und deren Produktion daher für die Unternehmen lohnend ist. Die Preise geben also **Anreize für die Produktion bestimmter Güter.**

Die Preise signalisieren auch den Grad der Knappheit der Produktionsgüter. Sie informieren über die Art kostengünstiger Produktion. Jedes Unternehmen wird bei der Entscheidung über den Einsatz von Produktionsfaktoren Güter verwenden, die möglichst niedrige Beschaffungspreise haben, also einen möglichst niedrigen Grad von Knappheit aufweisen.

Den **Haushalten,** die ihre **Verbrauchspläne** aufstellen und daran interessiert sind, mit ihrem Einkommen einen **hohen Nutzen** zu erzielen, signalisieren die Preise den **Grad der Knappheit von Konsumgütern.** Damit werden die Verbraucher angereizt, entsprechend sparsam mit Gütern umzugehen. Sie werden auch durch unterschiedlich hohe Preise angereizt, von sehr knappen Konsumgütern auf weniger knappe auszuweichen.

> In der **Marktwirtschaft lenken die Preise das Verhalten von Produzenten (Unternehmen) und Konsumenten (Haushalte).**

Wesensmerkmal der Marktwirtschaft ist, daß jedes Wirtschaftssubjekt für sich selbst plant **(Planungsautonomie der Wirtschaftssubjekte):** Jedes Unternehmen stellt seinen **Produktionsplan** auf, jeder Haushalt erstellt seinen **Verbrauchsplan.**

Die **Unternehmen** orientieren sich bei ihren **Produktionsentscheidungen** an den **Verkaufspreisen,** die **auf den Absatzmärkten** erzielt werden können, und an den **Einkaufspreisen,** die **auf den Beschaffungsmärkten** gezahlt werden müssen. Unternehmen planen auf der Grundlage erwarteter Erlöse und erwarteter Kosten.

Die **Haushalte** orientieren sich bei ihren **Verbrauchsentscheidungen** an ihren **verfügbaren Einkommen,** an den **Preisen der gewünschten Güter** und an den **Preisen von Substitutionsgütern** (Güter, die andere ersetzen können, wie z.B. Margarine, die Butter ersetzen kann).

Die Pläne aller Unternehmen und die Pläne aller Haushalte stimmen in der Wirklichkeit, was Menge und Preisvorstellungen der angebotenen Güter sowie Menge und Preisvorstellungen der nachgefragten Güter angeht, nicht von vornherein überein.

> **Die Pläne von Unternehmen und Haushalten müssen über die Preise auf dem Markt abgestimmt werden.**

Situation 1: Ist auf einem Markt zu einem bestimmten Preis das **Angebot größer als die Nachfrage, fällt der Preis.** Unternehmen, die zu dem gesunkenen Preis nicht mehr kostendeckend und gewinnerzielend anbieten können, fallen als Anbieter aus. Sie werden durch den Marktpreis ausgeschaltet. Wenn sie zukünftig wieder als Anbieter Absatzchancen haben wollen, müssen sie die Kosten ihrer Produktion senken (z. B. durch Rationalisierung). Sie können dann ihre Verkaufspreise herabsetzen. Der gesunkene Preis verursacht außerdem zusätzliche Nachfrage.

Situation 2: Ist auf einem Markt zu einem bestimmten Preis das **Angebot kleiner als die Nachfrage, steigt der Preis.**

Nachfrager, die zu dem gestiegenen Preis nicht kaufen wollen oder können, fallen aus. Sie werden durch den Marktpreis ausgeschaltet. Wenn sie zukünftig nicht ausgeschaltet sein wollen, müssen sie ihr Einkommen erhöhen. Der gestiegene Preis veranlaßt andere Unternehmen, auf diesem Markt anzubieten.

Die beiden geschilderten Prozesse laufen jeweils so lange, bis auf dem Markt ein **Gleichgewicht von Angebot und Nachfrage** (Marktgleichgewicht) erreicht ist und damit ein **Ausgleich** stattfindet. Die Pläne der Unternehmen und der Haushalte sind dann aufeinander abgestimmt.

> **In der Marktwirtschaft schalten die Preise nichtkonkurrenzfähige Anbieter und nichtkauffähige Nachfrager auf dem Wege zum Marktgleichgewicht aus.**

10.1.3   Voraussetzungen für das Funktionieren der Marktwirtschaft

Für das Funktionieren der Marktwirtschaft muß der **Staat** bestimmte Rahmenbedingungen garantieren. Sie sind die **Voraussetzungen** dafür, daß sich der **Marktmechanismus zum Wohle aller** entfalten kann.

> **Voraussetzungen der Marktwirtschaft** sind
>
> ● **Vertragsfreiheit,**
> ● **Gewerbefreiheit,**
> ● **freie Wahl des Arbeitsplatzes** und
> ● **Privateigentum an den Produktionsmitteln.**

In der Marktwirtschaft muß jedermann das Recht haben, Verträge nach freiem Ermessen abschließen zu können **(Vertragsfreiheit),** solange er nicht gegen Gesetze verstößt. Zur Vertragsfreiheit gehören Abschlußfreiheit und Gestaltungsfreiheit.

Gewerbefreiheit ist die Voraussetzung, um **als Unternehmer** tätig sein zu können. Im Rahmen der bestehenden Gesetze muß jedem erlaubt sein, Güter nach seiner

Wahl zu produzieren und anzubieten. Gewerbefreiheit ist die ungehinderte Gewerbezulassung. Nicht gegen die Gewerbefreiheit verstößt es, wenn der Staat für die Gewerbeausübung Vorschriften erläßt.

Dem **Arbeitnehmer** muß das **Recht auf freie Wahl des Arbeitsplatzes** gesichert sein.

In der Marktwirtschaft müssen die **Produktionsmittel grundsätzlich im Privateigentum** sein. Private Unternehmer richten sich in ihren Entscheidungen nach den Marktverhältnissen. Privateigentum an Produktionsmitteln ist somit eine Voraussetzung für das Funktionieren des Marktmechanismus.

10.2 Die Zentralverwaltungswirtschaft

Die **Zentralverwaltungswirtschaft** ist ein Wirtschaftssystem, in dem der **Wirtschaftsablauf von zentralen Planungsbehörden gelenkt und verwaltet** wird.

> Zentrale Planungsbehörden legen fest, welche Güter in welchen Mengen produziert werden sollen. Sie legen auch fest, welche Güter den Verbrauchern zustehen sollen und in welcher Art, Qualität und Menge.

10.2.1 Die Lenkung der Zentralverwaltungswirtschaft

Aufgrund des fehlenden Marktmechanismus müssen die Planungsbehörden die Lenkung der Wirtschaft übernehmen.

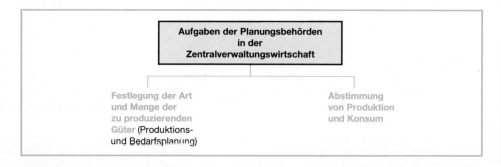

Die Planungsbehörden errechnen im Rahmen der **Produktions- und Bedarfsplanung** den **individuellen Bedarf für bestimmte, von ihnen festgelegte Verbrauchertypen** (z.B. Frauen und Männer, Kinder, Industriearbeiter mit hoher oder mit geringer körperlicher Beanspruchung). Daraus ermitteln die Planungsbehörden den **Gesamtbedarf,** der von der volkswirtschaftlichen Produktion gedeckt werden soll.

> Der **Planungsprozeß** in einer Zentralverwaltungswirtschaft vollzieht sich **von oben nach unten** und wiederum **von unten nach oben.** Er beginnt mit der allgemeinen **Zielvorgabe** und endet mit der **Genehmigung des Volkswirtschaftsplanes.**

Der Planungsprozeß umfaßt verschiedene Planungs- und Entscheidungsebenen.

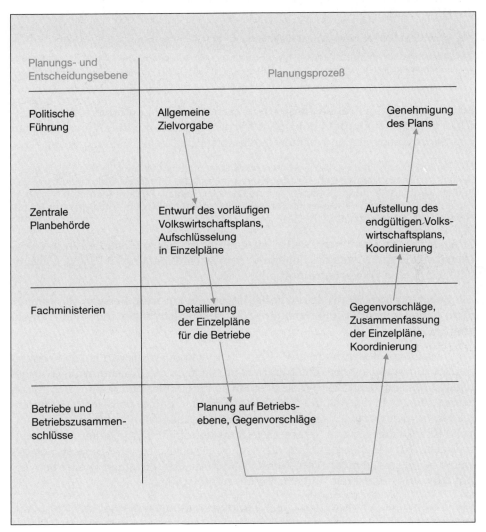

Übersicht über den **Grad der Knappheit der Güter** haben **nur die an der Planung beteiligten Stellen.** Sie stimmen die Einzelplanungen aufeinander ab, **notfalls** durch **Kürzungen bei bestimmten Produktionsgütern** und in bestimmten Produktionsbereichen.

Entscheidendes Instrument für die Durchsetzung des Volkswirtschaftsplans und der darin enthaltenen Ziele sind die staatlichen Kontrollbehörden, die die Umsetzung der Planungen in die Wirklichkeit zu überwachen haben.

Der **rechtliche Rahmen der Zentralverwaltungswirtschaft** ist gekennzeichnet durch:

- **gesellschaftliches (staatliches) Eigentum an Produktionsmitteln** und
- **Ausschluß von privaten Gestaltungs- und Entscheidungsrechten über private Produktionstätigkeiten.**

Privateigentum an Produktionsmitteln kann es in einer Zentralverwaltungswirtschaft **grundsätzlich nicht geben,** weil Privateigentum die freie Verfügung über eine Sache voraussetzt und dies im Gegensatz zur staatlichen Planung stehen kann.

Im Gegensatz zum Idealtyp der Zentralverwaltungswirtschaft ist auch in den früher bestehenden sozialistischen Wirtschaftsordnungen (realtypische Wirtschaftsordnungen), wie z. B. in der DDR bis 1990 und in anderen osteuropäischen Staaten, Privateigentum in geringem Umfang, z. B. im Handwerk oder im Einzelhandel, erlaubt gewesen. Auch privates Wohneigentum ist vorgekommen.

In einer Zentralverwaltungswirtschaft kann es auch **grundsätzlich keine Vertragsfreiheit** und wegen des Fehlens von privatem Eigentum an Produktionsmitteln auch **keine Gewerbefreiheit** geben.

Ein Recht auf **freie Wahl des Arbeitsplatzes** und auf **freie Berufswahl kann es nicht geben,** da der Produktivfaktor Arbeit ebenfalls von der zentralen Planung erfaßt wird.

Von besonderer Bedeutung für die Zentralverwaltungswirtschaft ist, ob Konsumfreiheit zugestanden wird. Im Grundsatz müßte auch die **Konsumfreiheit** ausgeschaltet sein, um den Volkswirtschaftsplan kompromißlos und reibungslos umsetzen zu können. In der Realität hat sich aber gezeigt, daß es politisch nicht durchsetzbar ist, den privaten Haushalten jede Entscheidungsfreiheit für die Befriedigung ihrer Bedürfnisse zu nehmen. Die Konsumfreiheit wurde daher in den realtypischen Wirtschaftsordnungen der osteuropäischen Staaten grundsätzlich gewährt. Nicht zuletzt hieraus ergaben sich für diese Staaten immer wieder Schwierigkeiten, die gesteckten Wirtschaftsziele zu erreichen.

Die Erfahrungen haben gezeigt, daß Zentralverwaltungswirtschaften nicht in der Lage sind, das Konsumgüterangebot nach Art, Menge und Qualität zentral so zu steuern, daß es den Bedürfnissen der Haushalte entspricht. Die Versorgungsschwierigkeiten haben zur Unzufriedenheit der Bevölkerung geführt. In der Güterproduktion hat sich die Unmöglichkeit, alle Produktionspläne genau aufeinander abzustimmen, in Produktivitätsverlusten ausgedrückt, was zusätzlich das Güterangebot negativ beeinflußte.

Das Versagen der Zentralverwaltungswirtschaft in der Realität wurde auch dadurch mit verursacht, daß Entscheidungen in der volkswirtschaftlichen Planung vorrangig von politischen und nicht von ökonomischen Gesichtspunkten bestimmt wurden. So ist häufig dem Aufbau einer Investitionsgüterindustrie Vorrang vor der Konsumgüterindustrie eingeräumt worden.

10.3 Die Soziale Marktwirtschaft der Bundesrepublik Deutschland

Die **Soziale Marktwirtschaft in der Bundesrepublik Deutschland** ist eine marktwirtschaftliche Ordnung, die dem einzelnen wirtschaftliche Entfaltungs- und Gestaltungsrechte in dem durch das **Grundgesetz** vorgegebenen Rahmen gibt.

Die **soziale Verpflichtung der Wirtschaftsordnung** der Bundesrepublik Deutschland wird durch Artikel 20 Abs.1 Grundgesetz festgelegt. Danach muß die Bundesrepublik Deutschland in Gesetzgebung, Verwaltung und Rechtsprechung den **Grundsatz der Sozialstaatlichkeit** beachten. Der Staat darf keine schrankenlose Wirtschaftsfreiheit dulden; er hat auf die Erfüllung der Sozialverpflichtung des Grundgesetzes zu achten.

Die Bezeichnung „Soziale Marktwirtschaft" ist im Text des Grundgesetzes nicht ausdrücklich erwähnt.

Im Grundgesetz ist keine Entscheidung für eine bestimmte Wirtschaftsordnung enthalten. Das System einer völlig freien Marktwirtschaft ohne staatliche Eingriffe (sog. Manchester-Liberalismus) ist aber ebensowenig mit dem Grundgesetz vereinbar wie eine marxistisch-sozialistische Planwirtschaft.

Verankerung wesentlicher Prinzipien einer marktwirtschaftlich orientierten Wirtschaftsverfassung im Grundgesetz

„Davon abgesehen, kann es keinen vernünftigen Zweifel daran geben, daß eine Verfassung, die wie das **Grundgesetz** die Grundrechte des Eigentums, der Berufsfreiheit, der Freizügigkeit und der allgemeinen wirtschaftlichen Handlungsfreiheit verankert, damit zugleich **die wesentlichen Prinzipien einer marktwirtschaftlich orientierten Wirtschaftsverfassung verankert.** Diese These... ist bisher... nicht widerlegt worden. Heute sollte man ehrlicherweise hinzufügen: Sie ist nicht widerlegt worden, weil sie nicht widerlegbar ist."

(Roman Herzog, Präsident des Bundesverfassungsgerichts)

10.3.1 Wesentliche Prinzipien der marktwirtschaftlich orientierten Wirtschaftsverfassung der Bundesrepublik Deutschland

Die wesentlichen Prinzipien der Wirtschaftsordnung der Bundesrepublik Deutschland sind im Grundgesetz enthalten.

Artikel 2 Abs.1 Grundgesetz (GG) garantiert den **Grundsatz der wirtschaftlichen Entfaltungsfreiheit,** wozu auch das Recht der Gewerkschaften und der Arbeitgeber auf Tarifautonomie gehört.

Art. 2 Abs. 1 GG: Freie Entfaltung der Persönlichkeit

Jeder hat das Recht auf die freie Entfaltung seiner Persönlichkeit, soweit er nicht die Rechte anderer verletzt und nicht gegen die verfassungsmäßige Ordnung oder das Sittengesetz verstößt.

Artikel 14 garantiert das **Eigentums- und das Erbrecht,** verlangt aber auch die Sozialbindung des Eigentums und läßt die Möglichkeit einer Enteignung zu. Nach **Artikel 15** können Grund und Boden, Naturschätze und Produktionsmittel in Gemeineigentum oder in andere Formen der Gemeinwirtschaft überführt werden **(Vergesellschaftung).**

Art. 14 GG: Eigentum, Erbrecht, Sozialbindung des Eigentums, Enteignung

(1) Das Eigentum und das Erbrecht werden gewährleistet. Inhalt und Schranken werden durch die Gesetze bestimmt.

(2) Eigentum verpflichtet. Sein Gebrauch soll zugleich dem Wohle der Allgemeinheit dienen.

(3) Eine Enteignung ist nur zum Wohle der Allgemeinheit zulässig. Sie darf nur durch Gesetz oder aufgrund eines Gesetzes erfolgen, das Art und Ausmaß der Entschädigung regelt. Die Entschädigung ist unter gerechter Abwägung der Interessen der Allgemeinheit und der Beteiligten zu bestimmen. Wegen der Höhe der Entschädigung steht im Streitfalle der Rechtsweg vor den ordentlichen Gerichten offen.

Art. 15 GG: Sozialisierung

Grund und Boden, Naturschätze und Produktionsmittel können zum Zwecke der Vergesellschaftung durch ein Gesetz, das Art und Ausmaß der Entschädigung regelt, in Gemeineigentum oder in andere Formen der Gemeinwirtschaft überführt werden. Für die Entschädigung gilt Artikel 14 Absatz 3 Satz 3 und 4 entsprechend.

Der Sozialisierungsartikel 15 des Grundgesetzes enthält kein Grundrecht, auch wenn er im Grundgesetz im Abschnitt „Grundrechte" aufgeführt ist. Er wurde bisher noch nicht angewandt.

Die in der Bundesrepublik Deutschland bestehende **Gewerbefreiheit** ist zusammen mit der **Gewährleistung des Privateigentums und des Erbrechts** eine wesentliche **Voraussetzung für die marktwirtschaftliche Ordnung.**

Nach **Artikel 12 Abs. 1 Grundgesetz** hat jeder Deutsche das **Recht, Beruf, Arbeitsplatz und Ausbildungsstätte frei zu wählen.** Die Berufsausübung kann durch Gesetz oder aufgrund eines Gesetzes geregelt werden. Mit der Freiheit der Berufswahl wird der freie Zugang zu einem Beruf gewährleistet. Damit ist aber kein Recht auf Arbeit in einem gewählten Beruf oder eine Arbeitsplatzgarantie verbunden.

10.3.2 Die Preisfunktionen in der Sozialen Marktwirtschaft

In der Sozialen Marktwirtschaft der Bundesrepublik Deutschland soll grundsätzlich der **Marktmechanismus** wirken. Der Marktpreis soll die im Abschnitt 9.1 beschriebenen Funktionen haben (Lenkungsfunktion, Ausschaltungsfunktion). **Der Staat beeinflußt** im Rahmen seiner Wirtschaftspolitik **aber den Preismechanismus.**

Bleiben die Preisfunktionen erhalten, bezeichnet man den **Eingriff des Staates** als marktkonform. **Marktkonforme Eingriffe** sind z.B. **Interventionen (Stützungskäufe oder -verkäufe),** wie sie die Bundesrepublik Deutschland als Mitglied der EG für Agrarprodukte durchführt. Um ein Absinken von Preisen für landwirtschaftliche Produkte zu verhindern, kauft der Staat Ware auf; er interveniert auf dem Markt.

© Verlag Gehlen

Zu den marktkonformen Eingriffen gehören auch **Steuervergünstigungen,** die vom Staat in unterschiedlicher Weise gewährt werden, z.B. zur Förderung des Wohnungseigentums durch erhöhte Abschreibung nach § 10 e Einkommensteuergesetz.

Auch die **Gewährung von Subventionen (Unterstützungszahlungen)** sind zu den marktkonformen Eingriffen zu rechnen. Gewährt der Staat z.B. an Bezieher niedriger Einkommen Wohngeld, so erhalten die Vermieter weiterhin marktgerechte Mieten. Vielfach wird aber gegen die Gewährung von Subventionen eingewandt, daß sie die Lenkungsfunktion des Preises beeinträchtigen. Die Gewährung von Wohngeld macht z.B. nicht sichtbar, daß Bedarf nach Wohnungen mit niedrigeren Mieten besteht.

Den Gegensatz zu marktkonformen Eingriffen bilden die **marktkonträren Eingriffe.** Marktkonträr ist z.B. ein Eingriff, mit dem Mindest- oder Höchstpreise durch den Staat festgesetzt werden. Preisfunktionen werden damit ausgeschaltet.

10.3.3 Ordnungspolitik in der Sozialen Marktwirtschaft

Ordnungspolitik ist der **Teil der Wirtschafts- und Gesellschaftspolitik,** mit dem der **rechtliche Ordnungsrahmen der sozialverpflichteten Marktwirtschaft** gestaltet wird, wie z.B. die **Eigentumsordnung** durch das Grundgesetz oder die **Ordnung des Geld- und Kreditwesens** durch das Bundesbankgesetz und das Kreditwesengesetz.

> Eigentumsordnung, Wettbewerbsordnung, Sozialordnung, Geld- und Währungsordnung und Tarifautonomie sind die **tragenden Elemente der Sozialen Marktwirtschaft.**

Eckpfeiler sind die **Wettbewerbspolitik,** die eine Förderung des Wettbewerbs zum Ziel hat, und die **Arbeits- und Sozialpolitik,** die Grundregeln für das Arbeitsleben aufstellt und die Sozialordnung unter Beachtung der Ziele **„soziale Gerechtigkeit"** und **„soziale Sicherheit"** gestaltet.

10.3.3.1 Wettbewerbspolitik

In der Sozialen Marktwirtschaft der Bundesrepublik Deutschland ist die Förderung des Wettbewerbs eine der wichtigsten Aufgaben der Ordnungspolitik des Staates.

> Das **Gesetz gegen Wettbewerbsbeschränkungen (Kartellgesetz)** verbietet grundsätzlich Unternehmenszusammenschlüsse, die den Wettbewerb einschränken.

Das Kartellgesetz verbietet grundsätzlich Kartelle. Als Kartell bezeichnet man einen **Zusammenschluß von wirtschaftlich und rechtlich selbständigen Unternehmen einer Wirtschaftsstufe mit dem Ziel, den Markt zu beeinflussen und den Wettbewerb zu beschränken.**

Das Kartellgesetz läßt vom grundsätzlichen Kartellverbot **zwei Ausnahmen** zu:

1. **Anmeldepflichtige Kartelle** (einschließlich Widerspruchskartelle):

   Sie werden durch Anmeldung beim Bundeskartellamt wirksam (z.B. Normungs- und Typungskartell). Manche Kartelle werden erst wirksam, wenn das Bundeskartellamt nicht innerhalb von drei Monaten nach der Anmeldung widerspricht (z. B. Rabattkartell als sog. Widerspruchskartell).

2. **Genehmigungspflichtige Kartelle:**
Sie werden mit ausdrücklicher Genehmigung durch das Bundeskartellamt wirksam (z. B. Rationalisierungskartell).

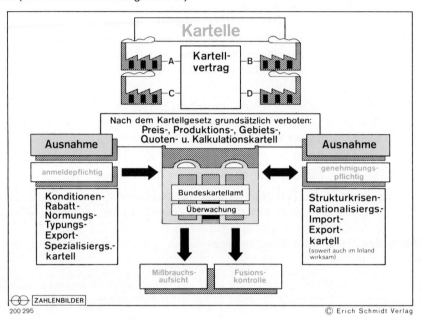

Das **Kartellgesetz** enthält auch Regelungen, die verhindern sollen, daß sog. **markt-beherrschende Unternehmen** ihre Marktmacht zum Nachteil der Verbraucher ausnutzen. Eine Marktbeherrschung wird nach dem Kartellgesetz vermutet, wenn ein Unternehmen einen Marktanteil von mindestens 33⅓ % hat. Über die Entstehung von marktbeherrschenden Unternehmen wacht das Bundeskartellamt. Es übt eine **Mißbrauchsaufsicht** aus.

Neben der Mißbrauchsaufsicht steht dem Bundeskartellamt auch das **Recht zur Fusionskontrolle** zu. Eine **Fusion** ist eine **Verschmelzung von Unternehmen.** Dem Bundeskartellamt sind Fusionen von Unternehmen zu melden, wenn durch die Verschmelzung ein bereits bestehender Marktanteil von 20 oder mehr % noch erhöht wird. Nach dem Kartellgesetz sind Fusionen verboten, die zu einer Marktbeherrschung führen oder die marktbeherrschende Stellung von Unternehmen noch verstärken. Marktbeherrschende Unternehmen dürfen nicht mit anderen fusionieren. Nur in bestimmten gesetzlich geregelten Fällen können Ausnahmen vom Fusionsverbot zugelassen werden.

In der Bundesrepublik Deutschland dienen neben dem Kartellgesetz noch andere Gesetze, wie z. B. das **Gesetz gegen den unlauteren Wettbewerb,** das **Gesetz über Preisnachlässe (Rabattgesetz)** und die **Preisangabenverordnung** der Förderung des Wettbewerbs. Diese Gesetze sind im Abschnitt 5.5 erläutert worden.

Das Bestreben der Anbieter ist, das Warenangebot **durch möglichst vielfältige Arten, durch möglichst unterschiedliche Aufmachung** und **möglichst unterschiedliche Verpackung** für den Verbraucher **unübersichtlich** zu halten und Preis- und Qualitätsvergleiche auf diese Weise zu erschweren. Daraus ergibt sich, daß der Staat **Maßnahmen zum Schutze des Verbrauchers** treffen muß.

Staatliche Verbraucherpolitik hat das Ziel, die **Marktstellung des Verbrauchers** gegenüber der starken Marktstellung der Anbieter **zu stützen und zu stärken.** Dazu dienen verschiedene Mittel und Maßnahmen.

Staatliche Verbraucherpolitik umfaßt **Verbraucheraufklärung** und **Verbraucherschutz.**

Die Verbraucheraufklärung will dem Verbraucher helfen, ein ebenbürtiger Partner der Anbieter zu werden, so daß der Verbraucher selbst erkennt, wodurch für ihn Nachteile entstehen können.

Zum Verbraucherschutz zählen alle rechtlichen Bestimmungen, die die Anbieter zu einem Verhalten zwingen, das im Interesse der Verbraucher erforderlich ist. Der Verbraucher kann bestimmte Rechte geltend machen (Verbraucherrechtsschutz).

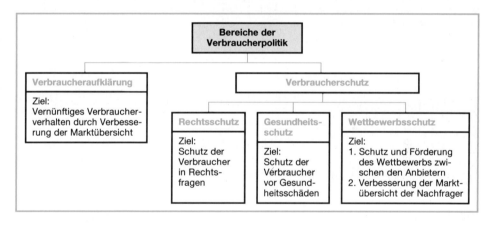

▶ *Verbraucheraufklärung*

Verbraucheraufklärung soll dazu führen, daß Verbraucher bewußt handeln und bei Käufen abwägen können. Verbraucher werden informiert, damit sie Preis- und Qualitätsvergleiche anstellen können.

Damit soll erreicht werden, daß der Verbraucher eine bestimmte Übersicht über den Markt gewinnt. Verbraucheraufklärung bedeutet, daß Verbraucher unterrichtet und beraten werden. Auf diesem wichtigen Gebiet arbeiten **Verbraucherverbände, Verbraucherzentralen** und die **„Arbeitsgemeinschaft der Verbraucher"** auf Bundesebene. Sie stehen den Verbrauchern mit Auskünften zur Verfügung. Sie bemühen sich, über Zeitschriften, über Radio und Fernsehen den Verbraucher aufzuklären. Hervorzuheben ist insbesondere die **Stiftung „Warentest",** die in ihrer Zeitschrift „test" laufend darüber berichtet, welche Ergebnisse ihre Tests gehabt haben und wie insbesondere die Sicherheit, die Haltbarkeit, die Materialbeschaffenheit und die Handhabung bestimmter Gegenstände zu beurteilen sind.

Der Bund und die Länder unterstützen die Verbraucheraufklärung, indem sie die Beratungsstellen der Verbraucherzentralen und die Stiftung „Warentest" finanziell fördern.

▶ *Verbraucher-Rechtsschutz*

Der Verbraucher soll in Rechtsfragen geschützt werden. Hierzu hat der Staat bestimmte Gesetze erlassen. Die wichtigsten sind das **Verbraucherkreditgesetz,** das **Gesetz über den Widerruf von Haustürgeschäften und ähnlichen Geschäften** und das **Gesetz über Allgemeine Geschäftsbedingungen.**

Hat ein Kunde eine Ware gegen Zahlung monatlicher Raten gekauft **(Abzahlungskauf, Ratenkauf, Teilzahlungskauf),** ist der Vertrag nur gültig, wenn er **schriftlich** geschlossen wurde. Der Kunde hat außerdem ein **einwöchiges** Widerrufsrecht. Hat jemand von einem Versandhaus nach Katalog Waren bestellt, kann er diese innerhalb einer Woche zurückgeben.

Kauf eines Fernsehgeräts auf Raten:

Frau Else Meyer hat ein Fernsehgerät gekauft. Der Kaufpreis von 2 000 DM soll in 10 Monatsraten bezahlt werden.

Am Tag nach dem Vertragsabschluß bereut Frau Meyer ihren Entschluß.

Ist sie an den Vertrag gebunden? Nein – nach dem Verbraucherkreditgesetz kann Frau Meyer innerhalb einer Woche ihre Willenserklärung widerrufen.

Der **Mindestinhalt** des **schriftlichen Kaufvertrages** ist im Verbraucherkreditgesetz vorgeschrieben. Der Kaufvertrag muß enthalten: den **Barzahlungspreis,** den **Teilzahlungspreis** (Preis einschließlich der Zinsen und Kosten), den **Betrag,** die **Zahl und** die **Fälligkeit der einzelnen Teilzahlungen** und den **effektiven Jahreszins** sowie die **Kosten einer Versicherung, die im Zusammenhang mit dem Kreditvertrag** abgeschlossen wird (z.B. eine **Restschuldversicherung**) und die **Vereinbarung eines Eigentumsvorbehalts** oder einer anderen zu bestellenden Kreditsicherheit.

Der Barzahlungspreis ist der Preis, den der Käufer zu entrichten hätte, wenn spätestens bei Übergabe der Sache der Preis in voller Höhe fällig wäre. Der Teilzahlungspreis besteht aus dem Gesamtbetrag von Anzahlung und allen vom Käufer zu entrichtenden Raten einschließlich Zinsen und sonstigen Kosten. Effektiver Jahreszins sind Zinsen und sonstige vom Käufer zu entrichtende Kosten (Differenz zwischen Teilzahlungs- und Barzahlungspreis), ausgedrückt als einheitlicher, auf das Jahr

Barzahlungspreis und Teilzahlungspreis	
Kauf eines Fotoapparats	850,00 DM
Zahlung in	8 Monatsraten
Teilzahlungsaufschlag	0,6 % vom
pro Monat	Barzahlungspreis
Barzahlungspreis	**850,00 DM**
+ 0,6 % pro Monat für 8 Monate	40,80 DM
Teilzahlungspreis	**890,80 DM**
Effektiver Jahreszins	**12 % pro Jahr**

bezogener Vom-Hundert-Satz vom Barzahlungspreis abzüglich Anzahlung, unter Berücksichtigung der Zahl, der Fälligkeit und des Betrages der Teilzahlungen.

Bei **Zahlungsverzug** wird die Restschuld in einer Summe fällig. Voraussetzung hierfür ist aber, daß der Käufer mit mindestens zwei aufeinanderfolgenden Teilzahlungen ganz oder teilweise im Verzug ist und der Betrag mindestens dem zehnten Teil des Kaufpreises entspricht (siehe das folgende Bild). Tritt der Verkäufer bei Zahlungsverzug zurück, muß der Käufer die Kaufsache zurückgeben und der Verkäufer die gezahlten Kaufpreisraten zurückerstatten. Für die Benutzung der Kaufsache muß der Käufer eine angemessene Vergütung entrichten.

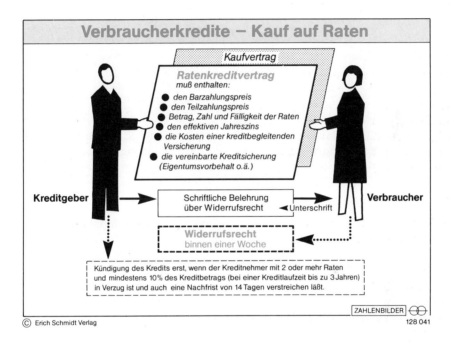

Die Vorschriften des **Verbraucherkreditgesetzes** gelten für **alle Kredite einer natürlichen Person, soweit sie nicht für eine bereits ausgeübte gewerbliche oder selbständige berufliche Tätigkeit bestimmt sind.**

Für Verträge über Waren und Dienstleistungen, die an der Haustür, auf der Straße, am Arbeitsplatz, auf sogenannten Kaffeefahrten oder bei ähnlichen Gelegenheiten geschlossen werden, gilt das „Gesetz über den Widerruf von Haustürgeschäften und ähnlichen Geschäften". Sein Zweck ist, die Verbraucher vor Überrumpelung zu schützen.

Der Kunde hat ein Widerrufsrecht: Er kann seine Willenserklärung innerhalb einer Woche schriftlich widerrufen.

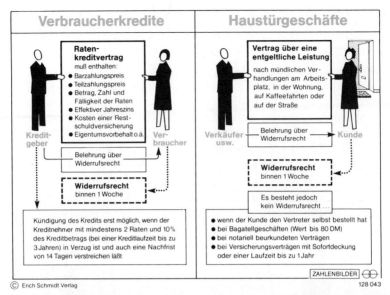

128 043

Das Gesetz über Allgemeine Geschäftsbedingungen (AGB-Gesetz) soll Verbraucher davor schützen, daß sie Nachteile durch bestimmte Klauseln haben, die sehr häufig nur **im Kleingedruckten** in Verträgen zu finden sind.

> Das AGB-Gesetz verhindert, daß die Rechte des Kunden einseitig eingeschränkt werden.

Einzelerläuterungen finden Sie im Abschnitt 6.4.

Durch das **Produkthaftungsgesetz** ist eine **Produkthaftpflicht** eingeführt worden. Erläuterungen finden Sie im Abschnitt 5.5.

▶ *Gesundheitsschutz*

Dem **Gesundheitsschutz** dienen z. B. das **Lebensmittelgesetz** mit seinen Vorschriften über die Herstellung, Zusammensetzung und Verpackung von Lebensmitteln und das **Arzneimittelgesetz.**

▶ *Wettbewerbsschutz*

> Verschiedene Gesetze sollen den Wettbewerb unter den Anbietern sichern und so den Verbrauchern dienen.

Erläuterungen zu diesen Gesetzen finden Sie im Abschnitt 5.5.

10.3.3.3 Sozialpolitik

Die **Sozialpolitik** in der Sozialen Marktwirtschaft ist **Verteilungspolitik,** durch die der Staat eine **sozial gerechte Einkommens- und Vermögensverteilung** anstrebt (Einkommens- und Vermögenspolitik). Andererseits ist Sozialpolitik auf **Sicherung der sozialen Rechte der Bürger** gerichtet. Soziale Sicherung umfaßt auch den sozialen Arbeitsschutz und den Schutz vor Lebensrisiken durch die Sozialversicherung (siehe Abschnitt 13.2).

Aus den Koalitionsvereinbarungen von CDU, CSU und FDP im Januar 1991 für die 12. Legislaturperiode des Deutschen Bundestages:

1. Die Umweltpolitik in der 12. Legislaturperiode muß die ökologische Orientierung der Sozialen Marktwirtschaft als Grundprinzip jeden Handels konkretisieren, festigen und ausbauen.

   Die zum Teil katastrophale Situation, die in den neuen Bundesländern von der sozialistischen Planwirtschaft hinterlassen worden ist, ist allein auf der Grundlage einer in die Soziale Marktwirtschaft eingebundenen Umweltverantwortung, des Bewußtseins und des Handelns aller Bürgerinnen und Bürger, zu bewältigen...

2. ... Umweltverantwortung muß vom vereinten Deutschland aber auch im globalen Maßstab wahrgenommen werden. Die gewaltige Zunahme der Bevölkerung gerade in den Ländern der Dritten Welt erhöht den Druck auf die Übernutzung von Natur und Umwelt...

3. Die Umweltpolitik im vereinten Deutschland hat somit drei unterschiedliche, sich jedoch wechselseitig bedingende und unterstützende Handlungsebenen:
   - die Umweltprobleme einer Wohlstandsgesellschaft in einem dicht besiedelten, hoch industrialisierten Raum
   - die Sanierung der dramatischen ökologischen Hypotheken, die von der sozialistischen Planwirtschaft in den neuen Bundesländern hinterlassen worden sind
   - die Solidarität der europaweiten und weltweiten Umweltpartnerschaft, insbesondere auch mit den mittel- und osteuropäischen Staaten...

Quelle: Frankfurter Allgemeine Zeitung vom 25.01.91

In der Sozialen Marktwirtschaft ist es selbstverständlich, daß der Staat Rahmenbedingungen für die Wettbewerbsordnung, d.h. zur Erhaltung des Preismechanismus als Lenkungssystem der Marktwirtschaft setzt. Es ist ebenso selbstverständlich, daß er durch Gesetze die Sozialverpflichtung, die durch das Grundgesetz gegeben ist, erfüllt. Ebenso ist auch eine umweltpolitische Rahmensetzung notwendig, z.B. durch Aufnahme der **Verpflichtung zum Umweltschutz** in das **Grundgesetz.**

Soziale Marktwirtschaft muß zur **öko-sozialen Marktwirtschaft** weiterentwickelt werden.

1971 ist der Sachverständigenrat für Umweltfragen geschaffen worden. Seine Aufgabe liegt darin, die Umweltsituation und die Umweltbedingungen periodisch zu begutachten und insbesondere auf Fehlentwicklungen hinzuweisen sowie Möglichkeiten aufzuzeigen zur Vermeidung oder Beseitigung von solchen Fehlentwicklungen.

1974 ist das Umweltbundesamt zur Beratung der Bundesregierung in Umweltfragen errichtet worden.

Seine Aufgaben sind
- Bereitstellung von Informationen über Umweltfragen,
- Förderung und Koordinierung von Forschung und Entwicklung im Bereich der Umweltfragen,
- fachwissenschaftliche Unterstützung des Bundesinnenministeriums in Umweltfragen (z.B. bei der Vorbereitung von umweltrechtlichen Vorschriften, bei der Aufklärung der Öffentlichkeit).

10.3.3.5 Ordnungspolitische Gesetze, die Arbeitnehmer- und Arbeitgeberinteressen berühren

Für den **Arbeitsmarkt** gilt das Wettbewerbsprinzip weitgehend nicht, da die Gewerkschaften zum Schutz der Arbeitnehmer ein „Preiskartell" auf der Angebotsseite des Arbeitsmarktes bilden. Das **Tarifvertragsgesetz** ist ein wichtiges ordnungspolitisches Gesetz, da die in Ausübung der **Tarifautonomie** zwischen Gewerkschaften und Arbeitgebern bzw. Arbeitgeberverbänden vereinbarten (Mindest-)Bedingungen für Arbeitsverträge vom Bundesminister für Arbeit und Sozialordnung auf Antrag einer Tarifvertragspartei für allgemeinverbindlich erklärt werden können.

Von großer ordnungspolitischer Bedeutung sind auch das **Betriebsverfassungsgesetz** und das **Mitbestimmungsgesetz** sowie das **Arbeitsförderungsgesetz.**

In Unternehmen wirken **Kapital** und **Arbeit** als Produktionsfaktoren bei der Erstellung von Gütern und Dienstleistungen zusammen. Daraus leitet sich das Recht der Arbeitnehmer ab, an Entscheidungen beteiligt zu werden. Dieses Recht auf **Mitbestimmung** ist in der Bundesrepublik Deutschland durch folgende Gesetze geregelt:

- **Betriebsverfassungsgesetz** von 1972,
- **Montan-Mitbestimmungsgesetz** von 1951,
- **Mitbestimmungsgesetz** von 1976.

Das Betriebsverfassungsgesetz regelt

1. die Beteiligungsrechte des einzelnen Arbeitnehmers,
2. die Beteiligungsrechte des Betriebsrats,
3. die Mitbestimmungsrechte der Arbeitnehmer im Aufsichtsrat.

Das Betriebsverfassungsgesetz

243 511

© Erich Schmidt Verlag

© Verlag Gehlen

Der Aufsichtsrat einer Aktiengesellschaft, einer Kommanditgesellschaft auf Aktien sowie einer Gesellschaft mit beschränkter Haftung oder Genossenschaft mit mehr als 500 Arbeitnehmern muß nach dem Betriebsverfassungsgesetz zu einem Drittel aus Vertretern der Arbeitnehmer bestehen.

Das Mitbestimmungsgesetz von 1976 gilt für **Kapitalgesellschaften und Genossenschaften, die in der Regel mehr als 2000 Arbeitnehmer beschäftigen.** Das Gesetz legt fest, daß

- **der Aufsichtsrat paritätisch mit Vertretern der Kapitaleigner und der Arbeitnehmer besetzt ist,**

- **Personal- und Sozialfragen** durch einen **Arbeitsdirektor** (als Mitglied des Vorstands) besonders betreut werden,

- **bei Stimmengleichheit im Aufsichtsrat die Stimme des Vorsitzenden den Ausschlag gibt.** Der Aufsichtsratsvorsitzende ist in der Regel ein Vertreter der Aktionäre (Kapitaleigner).

Die Maßnahmen nach dem Arbeitsförderungsgesetz sind darauf auszurichten, daß ein hoher Beschäftigungsstand erzielt und aufrechterhalten, die Beschäftigungsstruktur ständig verbessert und damit das Wachstum der Wirtschaft gefördert wird.

Aufgaben

1 Verfassungsartikel: Vergleich Bundesrepublik Deutschland und ehemalige DDR

Vergleichen Sie die Artikel 2, 14 und 15 des Grundgesetzes der Bundesrepublik Deutschland (abgedruckt auf den Seiten 321 und 322) mit den folgenden Verfassungsartikeln der ehemaligen DDR!

Artikel 11

(1) Das persönliche Eigentum der Bürger und das Erbrecht sind gewährleistet. Das persönliche Eigentum dient der Befriedigung der materiellen und kulturellen Bedürfnisse der Bürger.

Artikel 12

(1) Die Bodenschätze, die Bergwerke, Kraftwerke, Talsperren und großen Gewässer, die Naturreichtümer des Festlandsockels, größere Industriebetriebe, Banken und Versicherungseinrichtungen, die volkseigenen Güter, die Verkehrswege, die Transportmittel der Eisenbahn, der Seeschiffahrt sowie der Luftfahrt, die Post- und Fernmeldeanlagen sind Volkseigentum. Privateigentum daran ist unzulässig.

Artikel 14

(1) Die Nutzung und der Betrieb privater Wirtschaftsunternehmen und -einrichtungen zu Erwerbszwecken müssen gesellschaftliche Bedürfnisse befriedigen, der Erhöhung des Volkswohlstandes und der Mehrung des gesellschaftlichen Reichtums dienen.

Artikel 16

Enteignungen sind nur für gemeinnützige Zwecke auf gesetzlicher Grundlage und gegen angemessene Entschädigung zulässig. Sie dürfen nur erfolgen, wenn auf andere Weise der angestrebte gemeinnützige Zweck nicht erreicht werden kann.

Stellen Sie die grundsätzlichen Unterschiede heraus!

2 Unterschiede zwischen der Marktwirtschaft und der Zentralverwaltungswirtschaft

Die Entscheidung für eine Wirtschaftsordnung beruht auf grundsätzlichen Einstellungen zur Frage der Planung und des Abstimmungsmechanismus in der Wirtschaft und zur Eigentumsordnung.

a) Erläutern Sie anhand dieser Gesichtspunkte den Unterschied zwischen einer Marktwirtschaft und einer Zentralverwaltungswirtschaft!

b) Warum ist es irreführend, die Zentralverwaltungswirtschaft als Planwirtschaft zu bezeichnen?

c) Erklären Sie, daß die Entscheidung für ein bestimmtes Wirtschaftssystem auch eine Entscheidung für oder gegen politische Freiheiten ist!

3 Abstimmung der Einzelpläne der Wirtschaftssubjekte in der Marktwirtschaft

Im marktwirtschaftlichen System wird davon ausgegangen, daß die Abstimmung der von den einzelnen Wirtschaftssubjekten aufgestellten Pläne über den Markt zu optimalen Ergebnissen führt.

a) Erläutern Sie diese Aussage!

b) Welche Voraussetzungen müssen erfüllt sein, damit es zu optimalen Ergebnissen kommt?

c) Erklären Sie die Funktionen des Preises in einer marktwirtschaftlichen Ordnung!

d) Zeigen Sie anhand eines Beispiels auf, daß im marktwirtschaftlichen System Anpassungsprozesse stattfinden, und erläutern Sie die Folgen für Produzenten und Konsumenten!

4 Kennzeichen der Zentralverwaltungswirtschaft

a) Welche wichtigen Rechte müssen den Wirtschaftssubjekten vorenthalten werden, wenn das System der Zentralverwaltungswirtschaft funktionieren soll?

b) Welche Gründe kann es dafür geben, daß die gesamtwirtschaftliche Produktivität in einer Zentralverwaltungswirtschaft niedriger ist als in einem marktwirtschaftlichen System?

c) Welche Bedeutung haben in der Zentralverwaltungswirtschaft persönliche Ehrungen (Orden, Auszeichnungen) für Mitarbeiter in Betrieben?

5 Soziale Marktwirtschaft

Auch in einer Sozialen Marktwirtschaft kann es zu Entwicklungen kommen, die unerwünscht sind.

a) Warum ist die zunehmende Zusammenballung von Unternehmen im Einzelhandel zu wenigen großen Gruppen (Konzentration) gefährlich? In welcher Weise wirkt das Gesetz gegen Wettbewerbsbeschränkungen der zunehmenden Konzentration entgegen?

b) Warum führt der steigende materielle Wohlstand zu einer steigenden ökologischen Belastung? Was muß der Staat dagegen unternehmen?

6 Mittelstandskartell

Nachricht der Sächsischen Allgemeinen Zeitung vom 10. März 19..

„20 mittelständische Unternehmen dürfen den Verkauf ihrer Produkte einer gemeinsam von ihnen gegründeten Verkaufsagentur übertragen".

Das Kartell ist nach Auffassung des Bundeskartellamtes auf Rationalisierung gerichtet.

Warum kann diese Kartellbildung wettbewerbsfördernd wirken?

7 Verbraucherschutz

Welche der folgenden Gesetze dienen

① dem **Gesundheitsschutz**
② dem **Wettbewerbsschutz**
③ dem **Rechtsschutz**

der Verbraucher?

Ordnen Sie zu!

a) das Gesetz über Allgemeine Geschäftsbedingungen
b) das Lebensmittelgesetz
c) das Verbraucherkreditgesetz
d) das Gesetz gegen den unlauteren Wettbewerb
e) das Kartellgesetz
f) das Rabattgesetz
g) die Preisangabenverordnung
h) das Gesetz über den Widerruf von Haustürgeschäften und ähnlichen Geschäften

8 Allgemeine Geschäftsbedingungen

Im Büro einer Werkstatt hängt ein Schild, auf dem gut sichtbar zu lesen ist: „Reparaturarbeiten nur gegen sofortige Barzahlung." Warum ist diese Klausel nach dem Gesetz über die Allgemeinen Geschäftsbedingungen erlaubt?

9 Unternehmenszusammenschlüsse

a) Welche Gesichtspunkte können aus betriebs- und aus volkswirtschaftlicher Sicht **für Unternehmenszusammenschlüsse** vorgebracht werden?

b) Welche Gefahren für die Marktwirtschaft können von Unternehmenszusammenschlüssen ausgehen?

c) Was versteht man unter der Fusionskontrolle des Bundeskartellamtes?

Unternehmens-Hochzeiten

Zusammenschlüsse in der Bundesrepublik Deutschland

Jahr	Anzahl
1990	1 548
1989	1 414
1988	1 159
1987	887
1986	802
1985	709
1984	575
1983	506
1982	603
1981	618
1980	635

9052

© Globus

10 Strafen und Belohnen durch den Markt

„Der Markt straft."

„Der Markt belohnt."

Erläutern Sie anhand von Beispielen die Bedeutung dieser Aussagen!

11 Marktkonträre Maßnahmen

Unterstellen Sie, die Regierung eines Staates mit Sozialer Marktwirtschaft würde die folgenden wirtschaftspolitischen Maßnahmen treffen. Welche dieser Maßnahmen wäre marktkonträr (nicht systemkonform)?

Die Regierung...

a) fördert die Bauwirtschaft durch Verbesserung der steuerlichen Abschreibungsmöglichkeiten für private Bauherren.

b) zahlt landwirtschaftlichen Betrieben Prämien für stillgelegte Flächen.

c) dämpft die Konjunktur durch zeitlichen Aufschub öffentlicher Investitionen.

d) teilt Bürgern für Auslandsreisen eine bestimmte Menge an Devisen zu.

e) zahlt den Beziehern niedriger Einkommen Wohngeld, damit für sie die auf dem Markt geforderten hohen Mieten tragbar sind.

12 Wirtschaftsordnung der Bundesrepublik Deutschland

Prüfen Sie, ob die folgenden Aussagen auf die Wirtschaftsordnung der Bundesrepublik Deutschland zutreffen!

a) Es erfolgt kein Eingriff des Staates in den Wirtschaftsablauf.

b) Es gibt staatlich garantierte Höchstpreise für Mietwohnungen.

c) Die Entscheidung über Art und Menge der Produktion von Gütern und Dienstleistungen wird durch die Unternehmer getroffen.

d) In den meisten Wirtschaftszweigen gilt der Grundsatz „Tarifautonomie der Sozialpartner".

e) Auch die öffentlichen Versorgungsbetriebe arbeiten nach dem erwerbswirtschaftlichen Prinzip.

11 Grundzüge der Wirtschaftspolitik

11.1 Gesetzliche Verpflichtungen, eine stabile und wachstumsorientierte Wirtschaftsentwicklung zu fördern

In der Bundesrepublik Deutschland sind Regierungen, Parlamente und die Deutsche Bundesbank durch **Gesetze** zur **Förderung einer stabilen und wachstumsorientierten Entwicklung der Wirtschaft** verpflichtet.

Solche Verpflichtungen zur Förderung der Wirtschaft enthalten:

- das Grundgesetz:

> **Art. 109 Abs. 2 Grundgesetz**
>
> Bund und Länder haben bei ihrer Haushaltswirtschaft den Erfordernissen des gesamtwirtschaftlichen Gleichgewichts Rechnung zu tragen.

- das **Gesetz zur Förderung der Stabilität und des Wachstums der Wirtschaft (Stabilitätsgesetz):**

> **§ 1 Stabilitätsgesetz**
>
> Bund und Länder haben bei ihren wirtschafts- und finanzpolitischen Maßnahmen die Erfordernisse des gesamtwirtschaftlichen Gleichgewichts zu beachten. Die Maßnahmen sind so zu treffen, daß sie im Rahmen der marktwirtschaftlichen Ordnung gleichzeitig zur Stabilität des Preisniveaus, zu einem hohen Beschäftigungsstand und außenwirtschaftlichem Gleichgewicht bei stetigem und angemessenem Wirtschaftswachstum beitragen.

- das Arbeitsförderungsgesetz:

> **§ 1 Arbeitsförderungsgesetz**
>
> Die Maßnahmen nach diesem Gesetz sind im Rahmen der Sozial- und Wirtschaftspolitik der Bundesregierung darauf auszurichten, daß ein hoher Beschäftigungsstand erzielt und aufrechterhalten, die Beschäftigungsstruktur ständig verbessert und damit das Wachstum der Wirtschaft gefördert wird.

- das **Gesetz über die Deutsche Bundesbank** (Bundesbankgesetz), das der Bundesbank die stabilitätspolitische Verantwortung für den Geldwert überträgt.

> **§ 3 Bundesbankgesetz**
>
> Die Deutsche Bundesbank regelt mit Hilfe der währungspolitischen Befugnisse, die ihr nach diesem Gesetz zustehen, den Geldumlauf und die Kreditversorgung der Wirtschaft mit dem **Ziel, die Währung zu sichern,** und ...

11.2 Gesamtwirtschaftliche Ungleichgewichte

Im Sinne der Wirtschaftstheorie liegt ein **gesamtwirtschaftliches Gleichgewicht** vor, wenn **auf allen Teilmärkten der Volkswirtschaft** (Konsumgütermärkte und Märkte für Produktionsfaktoren einschließlich Arbeitsmarkt) **Angebot und Nachfrage übereinstimmen.**

> In einer **Wirtschaft,** die sich **im Gleichgewicht** befindet, hätte kein Wirtschaftssubjekt Veranlassung, sein Verhalten zu ändern. Alle Erwartungen und Planungen sind erfüllt:
>
> - Die **Unternehmen** sind in der Lage, genau die **Menge an Gütern und Dienstleistungen abzusetzen,** die sie **geplant** hatten.
>
> - Die **Menge des geplanten Absatzes an Gütern und Dienstleistungen entspricht der Menge des geplanten Konsums der Haushalte.**

Der **Idealzustand** ist erreicht, wenn in einer **Wirtschaft im Gleichgewicht** durch Vollbeschäftigung aller Produktionsfaktoren die **Produktionskapazitäten ausgeschöpft** sind.

Eine volle Auslastung der Produktionskapazitäten ist jedoch nur möglich, wenn eine entsprechende Nachfrage gegeben ist. Sie wird bestimmt durch die Konsumentscheidungen der privaten Haushalte, die Investitionsentscheidungen der Unternehmen, die Staatsnachfrage (Staatsverbrauch und staatliche Investitionen) sowie durch die Auslandsnachfrage.

Die **Problematik** liegt darin, daß in einer Marktwirtschaft alle Wirtschaftssubjekte ihre eigenen Pläne erstellen und ihre Entscheidungen über Güterverbrauch (Konsum) und Güterbereitstellung (Produktion) und damit über Sparen und Investieren frei treffen. Alle Einzelpläne der Wirtschaftssubjekte müssen in der Marktwirtschaft aufeinander abgestimmt werden. Diese Aufgabe übernimmt der Markt.

> **Auf dem Weg zum angestrebten Gleichgewicht kommt es aufgrund der vielen Einzelpläne zu gesamtwirtschaftlichen Ungleichgewichtssituationen.**

Begriffe wie „Wirtschaftsablauf" und „Wirtschaftsgeschehen" deuten darauf hin, daß **Wirtschaften** ein Prozeß, also **dynamisch** ist. Die Wirtschaftssubjekte lassen ihre Planungen über Produktion und Konsum sowie über Investition und Sparen nicht unverändert, sondern passen sie ständig aufgrund neuer Einschätzungen und neuer Erwartungen an bestehende Gegebenheiten an. Das führt im Ergebnis dazu, daß nicht zu jedem Zeitpunkt die gesamtwirtschaftliche Nachfrage mit dem möglichen gesamtwirtschaftlichen Angebot an Gütern und Dienstleistungen übereinstimmt. Die Entscheidungen der Wirtschaftssubjekte beeinflussen die Kapazitätsauslastungen in den Unternehmen, was wiederum zu Veränderungen bei den Einkommen der privaten und öffentlichen Haushalte führt und diese zwingt, ihre bisherigen Planungen zu überdenken und gegebenenfalls neue Planungen aufzustellen.

> **Anpassungsprozesse ergeben Schwankungen im Wirtschaftsablauf und führen zu gesamtwirtschaftlichen Ungleichgewichtssituationen.**

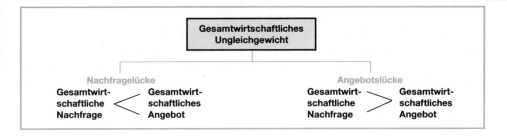

- Ist die **gesamtwirtschaftliche Nachfrage zu klein** (Nachfragelücke), können die vorhandenen Produktionsfaktoren nicht vollständig genutzt und beschäftigt werden. Die Unternehmen stellen fest, daß ihre Produktionskapazitäten nicht in vollem Umfang benötigt werden; sie schränken ihre Produktion (Bereitstellung von Sachgütern und Dienstleistungen) ein und entlassen Arbeitskräfte. Sie passen ihre Bestellungen bei den Zulieferern an die veränderte Situation an.

Als Folge dieser **Unterbeschäftigung der Produktionsfaktoren** erhalten die privaten Haushalte geringere Einkommen; sie müssen ihre Ausgaben für die Nachfrage nach Konsumgütern reduzieren, genauso wie der Staat (öffentliche Haushalte) sein Ausgabenverhalten ändern muß. So kann sich zwar ein neues **Gleichgewicht** ergeben, das aber durch **Unterbeschäftigung bei gesunkenem Sozialprodukt** gekennzeichnet ist.

Weil ein gesamtwirtschaftlich bedeutsamer Nachfrageausfall zu einem Rückgang des allgemeinen Preisniveaus (Deflation) führen kann, wird eine Nachfragelücke auch als **deflatorische Lücke** bezeichnet.

- Ist die **gesamtwirtschaftliche Nachfrage zu groß** (Angebotslücke), kommt es zu einer entgegengesetzten Entwicklung. Die Unternehmen weiten ihre Produktion aus und stellen zusätzlich Arbeitskräfte ein. Die Anpassungsprozesse führen zu einer größeren Produktion von Gütern und Dienstleistungen; sie erfordern aber Zeit, so daß es in ihrem Verlauf zu einem Ansteigen des allgemeinen Preisniveaus **(Inflation)** kommen kann. Die Angebotslücke wird daher auch als **inflatorische Lücke** bezeichnet. Führen weitere Produktionssteigerungen zu Engpässen auf dem Arbeitsmarkt, kann es zu einer Situation kommen, die nicht mehr als Vollbeschäftigung, sondern als **Überbeschäftigung** bezeichnet wird.

11.3 Wirtschaftspolitik – eine Notwendigkeit in der Sozialen Marktwirtschaft

Nach Auffassungen von Ökonomen im 18. und 19. Jahrhundert kann es in einer Marktwirtschaft auf Dauer weder Unterbeschäftigung noch Überbeschäftigung, weder zu viel noch zu wenig Investition oder Konsum geben. Störungen im Wirtschaftsablauf würden sich nur dann ergeben, wenn die Märkte nicht voll funktionsfähig wären. Nach Beseitigung von Störungen müßte es durch den Regelmechanismus des Marktpreises wieder zu einem neuen und stabilen Gleichgewicht kommen. Der Staat müsse nur darauf achten, daß solche Rahmenbedingungen vorhanden seien, daß alle Wirtschaftssubjekte frei und autonom entscheiden könnten.

Diesem klassischen Konzept der freien Marktwirtschaft, in dem der Preis die „unsichtbare Hand" ist, die alles regelt, steht heute in der Sozialen Marktwirtschaft eine andere Auffassung gegenüber. In der Sozialen Marktwirtschaft wird eine weitgehend von staatlichen Instanzen getragene Wirtschaftspolitik als notwendig erachtet, um zu verhindern, daß

- sich durch ausschließliche Steuerung der Wirtschaft über den Markt soziale Ungerechtigkeit ergibt und

- der Wettbewerb der Unternehmen untereinander (als wichtige Voraussetzung für das Funktionieren des Marktes) mißbraucht wird, z.B. durch Absprachen der Unternehmen über Preise.

> **In der Sozialen Marktwirtschaft soll staatliche Wirtschaftspolitik mögliche Fehlentwicklungen entgegenwirken und positive Entwicklungen fördern.**

11.4 Der wirtschaftspolitische Zielkatalog des Stabilitätsgesetzes: das magische Viereck und die Erweiterung zum Sechseck

Das 1967 erlassene **Stabilitätsgesetz** stellt einen Zielkatalog auf und unterteilt die gesamtwirtschaftlichen Ziele in **drei Stabilitätsziele** und **ein Wachstumsziel:**

- Stabilität des Preisniveaus (= Stabilität des Durchschnitts aller Güterpreise in der Volkswirtschaft),
  Die Preisniveaustabilität wird auch als **Geldwertstabilität** bezeichnet.

- hoher Beschäftigungsstand (= niedrige Arbeitslosenquote, hohe Auslastung der Produktionsanlagen),
  Sehr häufig wird anstelle des Ausdrucks „hoher Beschäftigungsstand" von **Vollbeschäftigung** gesprochen; damit ist in erster Linie die Vollbeschäftigung des Produktionsfaktors Arbeit gemeint.

- außenwirtschaftliches Gleichgewicht (= ausgeglichene Zahlungsbilanz, d.h. auf längere Sicht keine Veränderung des Bestandes an Währungsreserven [Gold und Devisen]),

- stetiges, angemessenes Wirtschaftswachstum (= Vergrößerung des realen Bruttosozialprodukts, das in Preisen eines bestimmten Jahres [unter Ausschaltung der jährlichen Preissteigerungen] berechnet wird).

> **Die drei Stabilitätsziele sind gleichzeitig unter Beachtung des Wachstumszieles und im Rahmen der marktwirtschaftlichen Ordnung zu erreichen.**

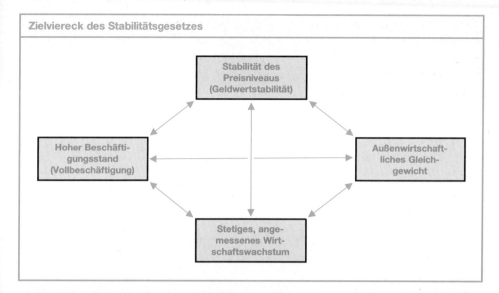

Zielviereck des Stabilitätsgesetzes

Stabilität des Preisniveaus (Geldwertstabilität)

Hoher Beschäftigungsstand (Vollbeschäftigung)

Außenwirtschaftliches Gleichgewicht

Stetiges, angemessenes Wirtschaftswachstum

Das **Zielviereck des Stabilitätsgesetzes** wird in der wirtschafts- und gesellschaftspolitischen Diskussion häufig um die **Forderung nach einer** gerechten Einkommens- und Vermögensverteilung erweitert.

Schon das 1963 in Kraft getretene **Gesetz über die Bildung eines Sachverständigenrates,** der die gesamtwirtschaftliche Entwicklung begutachten soll (siehe Abschnitt 11.7), bestimmt, daß in die Untersuchungen über die wirtschaftliche Entwicklung auch die **Bildung und die Verteilung von Einkommen und Vermögen** einbezogen werden sollen.

Immer drängender wird auch die **Forderung nach** Aufnahme des Umweltschutzes in den wirtschaftspolitischen Zielkatalog. Die wirtschaftlichen Tätigkeiten verursachen einen Verbrauch des Kollektivgutes Umwelt. Ein kostenloser Zugriff auf die Produktivkraft der Natur (Verbrauch der Umweltgüter) gefährdet aber das ökologische System der Erde.

Waldsterben, ungenießbares Wasser, Ozonloch, Klimakatastrophe, Luftverschmutzung durch Emissionen des Güter- und Personenverkehrs, Gewässerverunreinigung, Überdüngung des Bodens, Bodenverunreinigung durch Haus- und Industriemüll, Raubbau an den Vorräten der Natur sowie Verschwendung wichtiger Rohstoffe sind Probleme, die gelöst werden müssen.

Mangelnder Umweltschutz führt zur Zerstörung der natürlichen Lebensgrundlagen auf der Erde. Ziel muß es daher sein, die **wirtschaftliche Nutzung der Natur in Produktion und Konsum umweltverträglich zu gestalten** (Erhalt des ökologischen Gleichgewichts). Es ist davon auszugehen, daß das Ziel Umweltschutz in absehbarer Zeit den Zielkatalog des Stabilitätsgesetzes erweitern oder sogar zum **Verfassungsziel** durch Aufnahme in das Grundgesetz erhoben wird. Unabhängig davon ist in die Betrachtung des Wirtschaftswachstums in seiner rein materiellen Ausrichtung die ökologische Sichtweise einzubeziehen (siehe Abschnitt 2.2.2 „Ökonomie und Ökologie").

Das Zielviereck des Stabilitätsgesetzes wird zum wirtschafts- und gesellschaftspolitischen Sechseck.

Wirtschafts- und gesellschaftspolitisches Sechseck

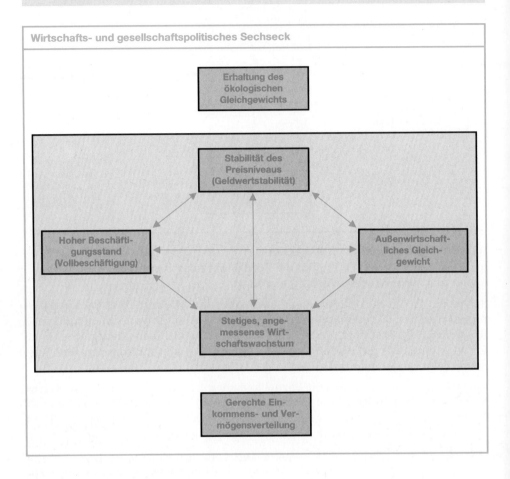

11.5 Mögliche Zielkonflikte in der Wirtschaftspolitik

11.5.1 Zielkonflikt zwischen Geldwertstabilität und Vollbeschäftigung?

Der Wert des Geldes (= die Kaufkraft der DM) bleibt stabil, wenn das allgemeine Preisniveau stabil bleibt.

Die **Geldwertstabilität ist gefährdet,** wenn in der Volkswirtschaft eine **Angebotslücke** besteht und aus diesem Grunde das **allgemeine Preisniveau ansteigt (Inflation).**

Eine **Angebotslücke** kann entstehen, wenn in einer Hochkonjunktur die Gewerkschaften Lohnerhöhungen durchsetzen, die über die Produktivitätssteigerung hinausgehen (expansive Lohnpolitik). Die **Einkommenssteigerungen** können **zu er-**

höhter **Nachfrage** und zu einem Anstieg des Preisniveaus führen. Die Preisniveauerhöhung kann noch verstärkt werden, da Lohnerhöhungen auch **Kostensteigerungen** für die Unternehmen bedeutet.

Bei **inflationären Entwicklungen**

- **sinkt die Kaufkraft der Einkommen der privaten und der öffentlichen Haushalte** (Wegen steigender Preise kann ein Teil der Bedürfnisse nicht befriedigt werden, die Erfüllung öffentlicher Aufgaben muß eingeschränkt werden.),

- **verlieren Forderungen an Kaufkraft** (Sparer und Besitzer von festverzinslichen Wertpapieren erhalten bei Rückzahlung der Forderungen für einen bestimmten Geldbetrag weniger Güter als heute.),

- werden Arbeitnehmer, Rentner und Pensionäre geschädigt, wenn keine Einkommensanpassungen erfolgen (ihr **Realeinkommen sinkt),**

- werden **Besitzer von Sachvermögen** (Grundstücke, Produktionsanlagen) **bevorzugt.**

In der Bundesrepublik Deutschland ist die Deutsche Bundesbank **gesetzlich verpflichtet, für die Erhaltung des Geldwerts zu sorgen.** Sie muß daher die Inflation bekämpfen und entsprechende Maßnahmen ergreifen. Da man weiß, daß **Preissteigerungen auf die Dauer nur möglich** sind, wenn die Geldmenge **in der Volkswirtschaft zu stark ansteigt, d.h. zu hoch** ist, muß die Bundesbank die Geldmenge knapp halten. Entsprechend steigen aber die **Zinsen.** Aufgrund der Maßnahmen zur Verringerung des Anstiegs der Geldmenge, die letztlich einer Dämpfung der Nachfrage dienen sollen, kann es dazu kommen, daß die Kapazitäten der Unternehmen nicht mehr ausgelastet werden und Arbeitnehmer entlassen werden.

Bekämpfung der Inflation kann bewirken, daß es zu **Unterbeschäftigung** kommt.

Andererseits führt aber die Hinnahme einer Inflation oder inflatiouären Entwicklung nicht zu einer Verbesserung der Beschäftigungssituation in der Volkswirtschaft. Dies haben die Erfahrungen seit Anfang der siebziger Jahre bewiesen. Die Vermutung, bei einer steigenden Inflationsrate würden die Unternehmen mehr Absatzchancen sehen und daher mehr produzieren, wurde widerlegt. Auch bei Inkaufnahme einer inflationären Entwicklung kann es zu rückläufiger Produktionstätigkeit und zu steigender Arbeitslosigkeit kommen. Für die Kennzeichnung einer solchen Situation hat man den Ausdruck **„Stagflation"** gefunden (Zusammensetzung aus **Stag**nation und In**flation**). Stagnation bedeutet Stillstand der Produktionsentwicklung, Inflation Steigen des Preisniveaus. Hieraus ist die Erkenntnis gewonnen worden, daß eine Inflation immer zu bekämpfen ist.

Nichtbekämpfung von Inflation führt zur Verschlechterung der volkswirtschaftlichen Beschäftigungssituation.

Das gilt in besonderem Maße für ein **exportabhängiges Land.** Eine inflatorische Entwicklung bedeutet für Unternehmen als Anbieter auf ausländischen Märkten, daß ihre Wettbewerbsfähigkeit gegenüber den ausländischen Konkurrenten auf grund der steigenden Absatzpreise gefährdet wird. Fehlende Wettbewerbsfähigkeit wiederum mindert den Absatz, führt zu Produktionseinschränkungen und damit zum Abbau von Arbeitsplätzen.

11.5.2 Zielkonflikt zwischen Wirtschaftswachstum und außenwirtschaftlichem Gleichgewicht?

Wirtschaftswachstum kann nur erreicht werden, wenn die **gesamtwirtschaftliche Nachfrage zur Auslastung der vorhandenen Produktionskapazitäten führt und Erweiterungsinvestitionen auslöst.**

Positive Nettoinvestitionen bei Produktionsanlagen und langlebigen Produktionsmitteln haben, wie in Abschnitt 9.3.3 erläutert ist, einen Einkommenseffekt und einen Kapazitätseffekt.

Eine positive Nachfrageentwicklung wird nicht nur von den inländischen privaten und öffentlichen Haushalten sowie den Unternehmen, sondern auch vom **Ausland** getragen.

> Eine **ausreichende Nachfrage** des Auslands nach inländischen Gütern und Dienstleistungen kann eine wichtige Voraussetzung für eine positive Entwicklung der Wirtschaft sein.

Das im Stabilitätsgesetz geforderte **außenwirtschaftliche Gleichgewicht** besagt, daß Exporte und Importe an Gütern und Dienstleistungen sich umfangmäßig so ausgleichen sollen, daß es auf längere Sicht nicht zum Abfluß von Gold und Devisen kommt.

Betrachtet man Export und Import von Gütern und Dienstleistungen, die in der Leistungsbilanz erfaßt werden, so gelangt man zu folgenden Überlegungen:

- Der **Güter- und Dienstleistungsexport trägt zur Auslastung der inländischen Produktionskapazitäten bei.** Er erhöht das erwirtschaftete Sozialprodukt, also das Volkseinkommen, reduziert aber die im Inland zur Verfügung stehende Gütermenge. Der Güter- und Dienstleistungsimport hat entgegengesetzte Wirkung. Er verstärkt die im Inland zur Verfügung stehende Gütermenge, ersetzt aber inländische Produktion.

  Bei einer ausgeglichenen Leistungsbilanz halten sich positive und negative Wirkungen die Waage.

- In einer Situation aber, in der die **inländische Gesamtnachfrage nicht ausreicht,** um die Produktionskapazitäten auszulasten, kann eine **verstärkte Nachfrage des Auslandes nach inländischen Gütern und Dienstleistungen durchaus erwünscht sein.** Das Wachstumsziel konkurriert mit dem Ziel, eine ausgeglichene Leistungsbilanz zu haben.

- Auch in einer Situation, in der die **inländische Gesamtnachfrage größer** ist als die Gütermenge, die im Inland produziert werden kann, wird sichtbar, daß die

Ziele „ausgeglichene Leistungsbilanz" und „Wachstum der Wirtschaft" miteinander konkurrieren können. Durch das Ungleichgewicht von Nachfrage und Angebot im Inland können nämlich inflationäre Tendenzen ausgelöst werden, die zu Kostensteigerungen bei den Unternehmen führen und langfristig das Wachstum der Wirtschaft gefährden können.

Importüberschüsse und damit eine nicht ausgeglichene Leistungsbilanz **können das Güterangebot im Inland erhöhen** und dem Preisauftrieb engegenwirken und somit indirekt dem Wachstumsziel dienen.

11.5.3 Zielkonflikt zwischen Wirtschaftswachstum und Umweltschutz?

Wirtschaftswachstum ermöglicht **materiellen Wohlstand** und **sozialen Fortschritt.**

Die wirtschaftliche Entwicklung in den westdeutschen Bundesländern von 1950 bis zur Wiedervereinigung im Jahre 1990 hat bewiesen, daß Wirtschaftswachstum den Lebensstandard aller Menschen verbessert und den Aufbau eines Sozialstaats ermöglicht (siehe auch Seite 373).

Wirtschaftswachstum schafft Arbeitsplätze.

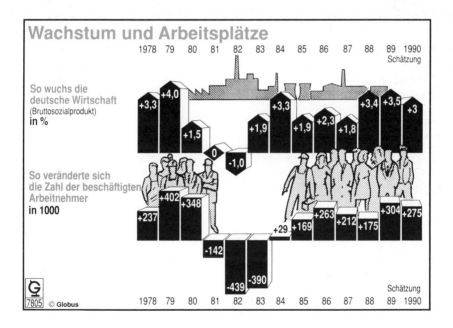

Ohne Wirtschaftswachstum entsteht Arbeitslosigkeit.

Ein Industrieland wie die Bundesrepublik Deutschland muß Wirtschaftswachstum anstreben, um Beschäftigung und Einkommen zu sichern und um die steigenden Soziallasten zu finanzieren.

Kosten des sozialen Netzes

Die Kosten des sozialen Netzes in der Bundesrepublik (alte Bundesländer) sind astronomisch hoch. Im Jahr 1990 waren 734,4 Milliarden DM an Einnahmen erforderlich, um von der Rente bis zur Krankenversicherung, von der Lohnfortzahlung im Krankheitsfall bis zum Arbeitslosengeld, von der Sozialhilfe bis zum Wohngeld alle sozialen Leistungen finanzieren zu können. Die Lasten haben sich vor allem drei Zahler geteilt: der Staat – Bund, Länder und Gemeinden –, die Unternehmen und die privaten Haushalte (unser Schaubild). Freilich, sie sind nur die Zahler, nicht aber die wirklich Belasteten. Getragen werden die Sozialleistungen nämlich letztlich nur von der Gemeinschaft aller Erwerbstätigen. Denn sie zahlen die Steuern, von denen der Staat einen Teil für die soziale Sicherheit abzweigt, und sie zahlen die Preise, in die die Unternehmen natürlich auch die Sozialkosten einkalkulieren.

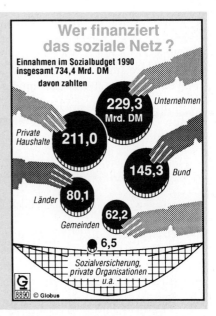

Wer finanziert das soziale Netz ?

Einnahmen im Sozialbudget 1990 insgesamt 734,4 Mrd. DM davon zahlten

229,3 Mrd. DM — Unternehmen
Private Haushalte 211,0
145,3 Bund
Länder 80,1
62,2 Gemeinden
6,5
Sozialversicherung, private Organisationen u.a.

© Globus

Die **Entwicklungsländer** sind auf Wirtschaftswachstum angewiesen, um der Verelendung ihrer Menschen entgegenzuwirken.

Ein **Konflikt zwischen Wirtschaftswachstum und Umweltschutz** kann sich aus dem **Einsatz des Produktionsfaktors Natur zur Steigerung des Wirtschaftswachstums** ergeben. Produktionsvorgänge nutzen Natur; sie benötigen Boden (als Standort, zum An- und zum Abbau), Luft und Wasser.

Ein Konfliktbeispiel (Flensburger Tageblatt vom 18.10.91)

HAMBURG (Ino). Gegen die Vertreibung der letzten Bewohner aus dem Hamburger Elbdorf Altenwerder wollen Betroffene und Umweltschützer an diesem Sonnabend mit einem ,,Fischerfest'' protestieren. Altenwerder müsse als ,,Mahnmal'' gegen die natur- und menschenzerstörende Industrie und Hafenpolitik erhalten bleiben. Seit mehr als 15 Jahren wolle der Senat ein neues Hafengebiet in Altenwerder verwirklichen, heißt es in einem Demonstrationsaufruf des Förderkreises ,,Rettet die Elbe''. Mehr als 2000 Menschen wurden bereits aus dem ehemaligen Fischerdorf vertrieben.

Angeblich wäre Altenwerder schon vor über zehn Jahren dringend für den Containerumschlag benötigt worden. Jetzt werde als neues Argument für die Hafenerweiterung die Öffnung des Ostens herangezogen. Der Senat wolle darum noch in diesem Herbst ein Planfeststellungsverfahren eröffnen. Das 235 Hektar große Altenwerder, das inzwischen zu einem wertvollen Biotop geworden sei, solle endgültig zugeschüttet werden. Der Hafen müsse in seinen jetzigen Grenzen erhalten bleiben, meinen die Umweltschützer. Naturnahe Freiräume in Hamburg wie in Altenwerder seien zu schützen und zu pflegen.

Der Zielkonflikt zwischen Wirtschaftswachstum und Umweltschutz wird durch die **Beeinträchtigung des ökologischen Gleichgewichts** auf der Erde sichtbar.

Die Erkenntnis hat sich durchgesetzt, daß **Umweltgüter knappe Güter** sind (siehe dazu die Erläuterungen in den Abschnitten 2.2.2, 2.4.3 und 11.9).

© Verlag Gehlen

Beispiel: soziale Kosten

Stahlproduktion führt zur Bildung von Schwefeldioxydabgasen. Die Gase werden an die Luft abgegeben. Sie führen zu Luftverschmutzung und lösen u. U. Folgekrankheiten aus. Die hierdurch entstehenden Kosten werden nicht von dem verursachenden Unternehmen getragen, sondern auf die Allgemeinheit (z. B. auf die Sozialversicherung) abgewälzt. Daher werden sie als **soziale Kosten (externe Kosten)** bezeichnet. Wenn aber in der Stahlherstellung nicht alle durch den Produktionsvorgang verursachten Kosten erfaßt und in den Preis eingerechnet werden, wird Stahl zu einem zu niedrigen Preis abgegeben. Den Beziehern von Stahl wird nicht deutlich, wie knapp Stahl ist, dementsprechend wird der Stahlverbrauch nicht, wie es notwendig wäre, eingeschränkt. Er ist also zu hoch.

Die verursachten sozialen Kosten (externe Kosten) werden erst sichtbar, wenn die Belastung der Umwelt erkennbar zu hoch geworden ist. Die dann erforderlichen „Reparaturen" (Wasseraufbereitung, Luftfilter, Bodenverbesserung usw.) verursachen Kosten. Scheinbar freie Güter sind Güter geworden, die einen Preis haben und damit knapp sind.

Die nachträglich entstehenden **Kosten für die Beseitigung von Umweltschäden erhöhen das Bruttosozialprodukt.** Das macht deutlich, daß allein das Bruttosozialprodukt als rein rechnerische Größe nicht mehr geeignet ist, ein Maßstab für den Wohlstand der Menschen zu sein. Das **Statistische Bundesamt** ergänzt daher bereits seine Veröffentlichungen über das Sozialprodukt um **Daten zum Umweltschutz und zur Umweltverschmutzung.**

Der Preis für eine bessere Umwelt
Bedarfsschätzung des Ifo-Instituts bis zum Jahr 2000 in Mrd. DM (zu Preisen von 1980)

Umweltbereich insgesamt: 249 – 325 Mrd. DM
Gewässerschutz* 162 – 216
Abfall / Altlasten 64 – 77
Luftreinhaltung 21 – 29
Lärmschutz 2 – 3

*Kläranlagen, Abwasserleitungen u.a.

Wirtschaftswachstum bleibt die **unabdingbare Voraussetzung für den materiellen Wohlstand.** Die Forderung für die Zukunft ist aber, zu einem Öko-Sozialprodukt als Maßstab für eine Wachstumsrate zu gelangen, in dem auch die **externen Kosten** des rein ökonomischen Wachstumsprozesses sichtbar werden. Sie sind nämlich nicht Ausdruck eines wachsenden Wohlstandes, sondern Hinweise für negative Entwicklungen.

Für die Erfassung des Zustandes der Umwelt und der ökologischen Entwicklung wird eine **ökologische Gesamtrechnung** gefordert.

Ökologische Gesamtrechnung (Umweltbericht 1990 der Bundesregierung)

Die **Notwendigkeit und die Probleme einer Einbeziehung von Umweltgrößen in die Volkswirtschaftliche Gesamtrechnung** bzw. des **Aufbaus einer eigenen ökologischen Gesamtrechnung** werden in jüngster Zeit verstärkt diskutiert.

Der **Sachverständigenrat für Umweltfragen** hat sich in seinem **Umweltgutachten 1987** ebenso mit dieser Thematik befaßt wie der **Sachverständigenrat zur Begutachtung der gesamtwirtschaftlichen Entwicklung (Jahresgutachten 1989/90).** Der Wirtschaftsausschuß des Deutschen Bundestages hat eine Anhörung zu den ökologischen und sozialen Folgekosten des Wirtschaftens durchgeführt.

Unbeschadet der vielfältigen noch ungelösten methodischen Probleme eines ökologischen Rechnungssystems, besteht in Wissenschaft und Politik weitgehend Einigkeit, daß eine **größere Transparenz der Wechselbeziehungen zwischen wirtschaftlicher Entwicklung und Umwelt unabdingbar ist.**

Dies spricht für ein **eigenständiges ökologisches Datensystem,** das **neben** die übliche **Sozialproduktsberechnung** tritt, die für die Darstellung der kurz- und mittelfristigen Wirtschaftsentwicklung unerläßlich bleibt. Beide Systeme sollten so aufeinander abgestimmt werden, daß eine **Darstellung der ökonomisch-ökologischen Zusammenhänge** möglich wird.

Ökonomisch-ökologische Zusammenhänge sollen sichtbar gemacht werden, indem die **volkswirtschaftliche Gesamtrechnung** und die **ökologische Gesamtrechnung aufeinander abgestimmt** werden.

Bei der Diskussion über den Zielkonflikt zwischen Wirtschaftswachstum und Umweltschutz darf nicht übersehen werden, daß durch die **Einführung umweltfreundlicher Produktionsverfahren** (Energieeinsparung, Verzicht auf Fluorchlor-Kohlenwasserstoff, Abgasreinigung, Lärmschutz usw.) und durch die **Herstellung umweltfreundlicher Produkte** ein Strukturwandel in der Wirtschaft gefördert wird, der neue Markt- und Wachstumschancen eröffnet.

Impulse für den Umweltschutz

Der **Markt für Umweltschutzgüter** hat in Westeuropa während der letzten Jahre eine beachtliche Dynamik entwickelt. Er wird durch die deutsche Vereinigung und die Öffnung der osteuropäischen Länder weitere Impulse erhalten. Die **Nachfrage nach diesen Gütern** wird dort aus drei Richtungen **Anstöße** bekommen:

① Die Bürger in den neuen Bundesländern, denen bislang ökologische Informationen vorenthalten wurden, werden angesichts der desolaten Umweltsituation mehr Umweltschutz einfordern.

② Das gewachsene Umweltbewußtsein der Bürger ruft zum anderen die Politiker auf den Plan, die den Umweltschutz schnell vorantreiben werden.

③ Diese Entwicklungen werden die Wirtschaft motivieren, mehr für den Umweltschutz zu tun. Denn sie müssen auch für ein umweltfreundliches Image sorgen und den Umweltschutz in die Unternehmens- und Produktionsplanung sowie in das Marketing einbeziehen.

Die **umweltgerechte Modernisierung** wird die **Nachfrage nach jenen Investitionsgütern** beleben, die einen durchgreifenden Umweltschutz sichern. Viele Branchen werden davon profitieren, allen voran die Hersteller von **Meß- und Regeltechnik und von Filteranlagen, der Apparate- und Maschinenbau sowie die elektronische Industrie. Anstöße wird es auch für den Hoch- und Tiefbau geben.**

Quelle: iwd Institut der deutschen Wirtschaft, 25.10.90

Nach Schätzungen des Statistischen Bundesamtes betrug der Produktionswert von Umweltschutzgütern und -dienstleistungen 1988 rd. 24 Milliarden DM. Allein in der unmittelbaren Herstellung von Umweltschutzgütern **(Umweltschutzindustrie)** bedeutet dies 190000 Arbeitsplätze. Insgesamt schaffen bzw. sichern die umweltpolitischen Maßnahmen in der Bundesrepublik Deutschland nach Schätzung eines Wirtschaftsforschungsinstituts 440000 Arbeitsplätze.

11.5.4 Zielkonflikt zwischen Beschäftigung und Umweltschutz?

Sind in der Produktion innerhalb einer Volkswirtschaft alle Kosten für die Produktionsfaktoren, also auch der Verbrauch des Produktionsfaktors Umwelt zu erfassen und kommt es zu umweltfreundlicheren Produkten und zu entsprechenden Herstellungsverfahren, **kann** es zu Einbußen bei der Beschäftigung durch notwendige Anpassungsvorgänge kommen. Verlagert ein Unternehmen seine Produktion in einen ausländischen Staat, in dem die Kosten für den Produktionsfaktor Umwelt noch nicht anfallen, werden Arbeitskräfte im Inland entlassen.

Auch Unternehmen, die durch die zusätzliche Belastung mit Kosten für den Produktionsfaktor Umwelt auf den Weltmärkten nicht mehr konkurrenzfähig sind, können gezwungen sein, ihre Produktion einzustellen oder auf die Herstellung anderer Produkte auszuweichen. Auch so kann es zu Entlassungen von Arbeitnehmern kommen. Zu berücksichtigen ist auch, daß nicht alle Unternehmen in der Lage sein werden, die Investitionsausgaben für eine Produktionsumstellung aufzubringen.

Diese negativen Folgen, die sich unter Umständen ergeben, können möglicherweise durch **positive Entwicklungen** in anderen Bereichen ausgeglichen werden. **Investitionen für umweltschützende Anlagen** führen zu erhöhter Güternachfrage, was sich wiederum positiv für den Einsatz menschlicher Arbeitskraft auswirkt (**Impulse für den Umweltschutz:** siehe Seite 346). Auch ist eine Beschäftigung von mehr Menschen in den **Dienstleistungsbereichen** zu erwarten, die für den Umweltschutz notwendig sind (Beispiele: Kontrollarbeiten, Wartungsarbeiten).

11.5.5 Wirtschaftswachstum und die ungelösten weltpolitischen Probleme: Wohlstandsmehrung im Nord-Süd-Gefälle, Bevölkerungsexplosion auf der Erde

Die große **Steigerung des materiellen Wohlstandes in einem Teil dieser Welt** ist zurückzuführen auf

- die großen Produktivitätsfortschritte als Folge des technischen Wissens (computergesteuerte industrielle Herstellungsverfahren),
- die zunehmende Qualifizierung der Menschen (Bildungsinvestitionen),
- die Schaffung neuer Werkstoffe und neuer chemischer Produkte,
- den Verbrauch des Produktionsfaktors Natur (Energie, Rohstoffe, Umwelt),
- das marktwirtschaftliche Wirtschaftssystem, das motivierend und antreibend auf die menschliche Leistungskraft gewirkt hat.

Betrachtet man die Ergebnisse der ökonomischen Aktivitäten über die nationalen Grenzen hinaus, so werden **in globaler Sicht viele Probleme als Folgewirkungen der revolutionsartigen Entwicklung von Wirtschaft und Technik** sichtbar:

- Ein Großteil der Menschheit lebt in wirtschaftlich und technisch unterentwickelten Regionen; hier leiden die Menschen Hunger und verelenden.

  Die **Wohlstandsmehrung in den Industrieländern** ist mit erkauft worden durch die Verschlechterung der Lebensverhältnisse in anderen Teilen der Welt (**Nord-Süd-Gefälle**).

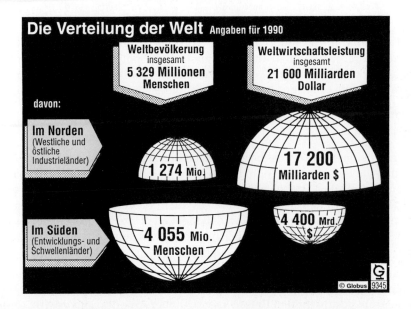

Die Verteilung der Welt Angaben für 1990

Weltbevölkerung
insgesamt
**5 329 Millionen
Menschen**

Weltwirtschaftsleistung
insgesamt
**21 600 Milliarden
Dollar**

davon:

Im Norden
(Westliche und
östliche
Industrieländer)

1 274 Mio.

17 200
Milliarden $

Im Süden
(Entwicklungs- und
Schwellenländer)

**4 055 Mio.
Menschen**

**4 400 Mrd.
$**

© Globus 9345

● Der Reichtum der Industrieländer ist mit erkauft worden durch Schädigungen des ökologischen Kreislaufes. Diese Schäden sind Folgen des maßlosen Energieverbrauchs, der alltäglichen Chemisierung, der wachsenden Müllberge, des ausufernden Verkehrs, der Vernichtung von Boden und Wäldern usw.

● Die **Bevölkerungsexplosion auf der Erde** (für das Jahr 2025 rechnet man damit, daß 8,5 Mrd. Menschen auf der Erde leben werden) verschärft die wirtschaftlichen und ökologischen Probleme der Menschheit. Dabei ist zu beachten, daß diese Bevölkerungsexplosion in den unterentwickelten Regionen stattfindet, was vielfältige Ursachen hat (z.B. mangelnde Aufgeklärtheit der Menschen, soziale Sicherung von Familien durch Einsatz von Kindern als Arbeitskräfte). Dem steht in den hochentwickelten Industrieländern ein Bevölkerungsrückgang gegenüber.

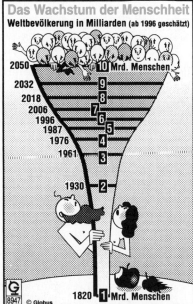

Das Wachstum der Menschheit
Weltbevölkerung in Milliarden (ab 1996 geschätzt)

2050 — **10** Mrd. Menschen
2032 — **9**
2018 — **8**
2006 — **7**
1996 — **6**
1987 — **5**
1976 — **4**
1961 — **3**
1930 — **2**
1820 — **1** Mrd. Menschen

© Globus 8947

Nach Angaben des Bevölkerungsfonds der Vereinten Nationen (UNFTA) wird die Weltbevölkerung bis Ende des 21. Jahrhunderts auf 14 Mrd. Menschen ansteigen.

Die Verbesserung der Lebensbedingungen für die nicht entwickelten und nicht ausreichend entwickelten Länder der Erde erfordert Wirtschaftswachstum. Das aber wiederum wirft ökologische Probleme auf.

Die **Aufgabe für die Zukunft** wird daher sein, in Solidarität von reichen und armen Menschen und in bewußter Wahrnehmung der Verantwortung gegenüber künftig auf der Erde lebenden Generationen die Versorgung der Menschen mit Gütern zu verbessern und dabei gleichzeitig ökonomisch sinnvoll und ökologisch verantwortlich vorzugehen.

11.6 Die Wirtschaftsentwicklung in der Marktwirtschaft

11.6.1 Konjunktur und konjunkturelle Schwankungen, Trend

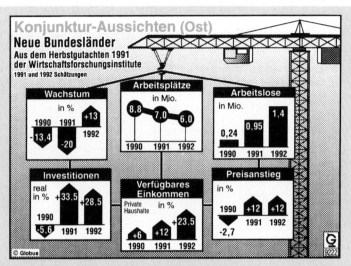

Aufschwung: In den neuen Ländern zeichnet sich ein Aufschwung ab. Die Zahl der Arbeitsplätze geht allerdings zunächst noch weiter zurück, und die Arbeitslosenzahl steigt.

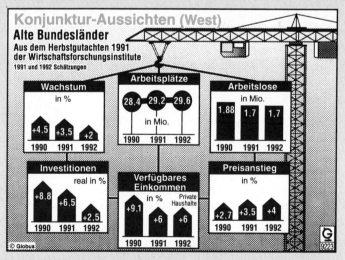

Abschwung: Für die alten Länder zeichnet sich eine Verlangsamung der Konjunktur ab. Das Wachstum dürfte 1992 deutlich geringer ausfallen als in den Jahren zuvor.

Als **Konjunktur** bezeichnet man die **Gesamtsituation einer Volkswirtschaft.**

Die **Entwicklung der Konjunktur** weist **Schwankungen** aus. Diese konjunkturellen Schwankungen werden durch die Entscheidungen der privaten Haushalte, der Unternehmen und der öffentlichen Haushalte verursacht.

Konjunkturelle Schwankungen werden anhand der **Veränderungen der jährlichen Wachstumsrate des realen Bruttosozialprodukts** gemessen.

Als **saisonale Schwankungen** werden dagegen Veränderungen in der Entwicklung bezeichnet, die nicht die Gesamtwirtschaft, sondern nur Teilbereiche der Wirtschaft betreffen. Es sind Schwankungen, die z. B. in der Landwirtschaft durch die Jahreszeiten auftreten.

Der **Trend** gibt die **Grundrichtung der Entwicklung** in der Wirtschaft wieder.

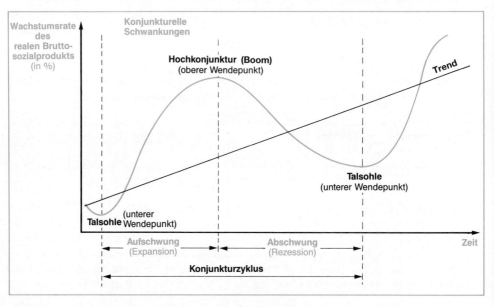

11.6.2 Die Konjunkturphasen

Zwischen Aufschwung und Abschwung liegen Wendepunkte, so daß sich **innerhalb eines Konjunkturzyklus vier Phasen (Konjunkturphasen)** ergeben.

● Aufschwung (auch als **Expansion** bezeichnet): In dieser Erholungsphase nehmen die wirtschaftlichen Aktivitäten zu: Die volkswirtschaftliche Produktion steigt, es werden mehr Produktionsfaktoren beschäftigt. Die Produktionskapazitäten der Unternehmen werden in höherem Maße ausgelastet. Die Wachstumsrate des realen Bruttosozialprodukts wird größer.

● Hochkonjunktur (auch als **Boom** bezeichnet): Die Produktionskapazitäten der Unternehmen sind voll ausgelastet. Alle Produktionsfaktoren sind voll beschäftigt. Es kommt zu Engpässen in der Produktion, zu Preissteigerungen und Zinssatzerhöhungen. Gestiegene Lohn- und Zinskosten beeinflussen die Gewinnerwartungen und die Investitionsneigung der Unternehmen negativ. Das Wachstum wird langsamer, stagniert und nimmt ab. Wird die Wachstumsrate des realen Bruttosozialprodukts kleiner, ist der **obere Wendepunkt** überschritten.

- Abschwung (auch als **Rezession** bezeichnet): Im Abschwung findet eine Entwicklung statt, die gegenteilig zum Aufschwung verläuft. Die Wachstumsrate des realen Bruttosozialprodukts wird kleiner. (Das schließt ein absolutes Wachstum des Sozialprodukts nicht aus.)

- In der **Talsohle** sind Produktion und Beschäftigung am Tiefpunkt angekommen. Der **untere Wendepunkt** wird erreicht, wenn die Wachstumsrate des realen Bruttosozialprodukts auf dem tiefsten Punkt angekommen ist. Die Wende von der Abwärtsentwicklung zur Aufwärtsentwicklung (Übergang vom Abschwung zum Aufschwung) wird durch steigende Nachfrage (Haushalte, Unternehmen, Staat, Ausland) verursacht. Die höhere Nachfrage der Wirtschaftssubjekte kann auf einer positiven Einschätzung der künftigen wirtschaftlichen Entwicklung beruhen, aber auch durch wirtschaftspolitische Anreize (z. B. Steuersenkungen) bewirkt worden sein.

Die Konjunkturphasen können nicht eindeutig voneinander abgegrenzt werden. Eindeutig können aber Aufschwung und Abschwung abgegrenzt werden.

Ein **Aufschwung in der Wirtschaftsentwicklung** liegt vor, wenn die **Wachstumsraten des realen Bruttosozialprodukts zunehmen.**

Ein **Abschwung** liegt vor, wenn die **Wachstumsraten des realen Bruttosozialprodukts abnehmen.**

Nicht jeder Konjunkturzyklus ist so ausgeprägt wie in dem auf Seite 350 dargestellten idealtypischen Verlauf. Im Aufschwung kann ein Boom fehlen; die wirtschaftlichen Aktivitäten zeigen dann kein ausgeprägtes Bild einer Hochkonjunktur, der Übergang vom Aufschwung in den Abschwung findet auf einem relativ flachen Niveau statt. Auch ein Abschwung muß nicht zwangsläufig in einer Depression (im Sinne einer schweren, langanhaltenden Wirtschaftskrise) enden.

Die Begriffe Rezession und Depression müssen scharf voneinander abgegrenzt werden. „Unter **Rezession** sollte ... eine relativ kurzfristige, vorübergehende Abschwächung der Wirtschaftstätigkeit verstanden werden, die sich in einer Verringerung grundsätzlich positiver Wachstumsraten ausdrückt und nur in Einzelfällen negative Wachstumsraten aufweist. Der Begriff **Depression** sollte langanhaltenden Wirtschaftskrisen vorbehalten sein, die nicht nur relative, sondern nachhaltige absolute Wachstumsrückgänge verzeichnen und u. a. auch mit massiven Konkursen und sehr hoher Arbeitslosigkeit verbunden sind." (Altmann, Jörn „Wirtschaftspolitik", UTB Nr. 1317, Seite 18).

Dank einer **vorausschauenden Wirtschaftspolitik** kann es möglich sein, frühzeitig die zurückgehenden wirtschaftlichen Aktivitäten wieder zu beleben und damit zu verhindern, daß es einen besonders stark ausgeprägten Tiefstand im Konjunkturverlauf mit unter Umständen sogar negativen Wachstumsraten des realen Bruttosozialprodukts gibt.

Auf die Selbstheilungskräfte des Marktes allein kann nicht vertraut werden. Wollen Bundesregierung und Bundesbank (als Hüterin der Währung, die den Geldwert zu sichern hat, also auf Preisniveaustabilität bedacht sein muß) und die Tarifpartner (Arbeitgeber und Gewerkschaften) einerseits verhindern, daß es zu Rückgang von Produktion und Beschäftigung kommt, und andererseits verhindern, daß inflatorische Lücken mit Preissteigerungen entstehen, dann müssen sie mit **wirtschaftspolitischen Maßnahmen** eingreifen bzw. ein „richtiges" **wirtschaftspolitisches Verhalten** an den Tag legen. Sie müssen versuchen, den wirtschaftlichen Schwankungen entgegenzuwirken, d. h. zur Stabilisierung der Wirtschaft beizutragen sowie das Wirtschaftswachstum zu fördern.

Möglichkeiten zur Einflußnahme durch **staatliche Wirtschaftspolitik** gibt es auf der **Nachfrageseite** (dann versucht der Staat, **Einfluß auf die gesamtwirtschaftliche Nachfrage** zu nehmen) und/oder auf der **Angebotsseite** (dann versucht der Staat, **Einfluß auf das gesamtwirtschaftliche Angebot** zu nehmen).

11.7 Wirtschaftspolitik: die Bereiche und die Handelnden; die Beziehungen zur Umweltpolitik

Wichtige Bereiche der Wirtschaftspolitik sind die Ordnungspolitik und die Konjunkturpolitik.

Mit der im Abschnitt 10.3.3 dargestellten **Ordnungspolitik** schafft der Staat den rechtlichen Ordnungsrahmen für das Wirtschaftsleben.

Konjunkturpolitik ist der Bereich der Wirtschaftspolitik, der zum Ziel hat, die regelmäßig auftretenden Schwankungen im Ablauf der Wirtschaft (Konjunktur) auszugleichen (daher auch die Bezeichnung Ablaufpolitik); vor allem soll dabei auch für einen hohen Beschäftigungsstand der Produktionsfaktoren gesorgt werden (daher auch die Bezeichnung Konjunktur- und Beschäftigungspolitik).

Die **Maßnahmen der Konjunkturpolitik (Ablaufpolitik)** sollen stabilisierend, z. B. auf das Preisniveau und auf den Beschäftigungsstand, wirken **(Stabilisierungspolitik)** bzw. Stabilität in der Wirtschaft erhalten **(Stabilitätspolitik)**; die Maßnahmen sollen gleichzeitig auch das Wirtschaftswachstum fördern, also für eine stetige, angemessene Steigerung des realen Bruttosozialprodukts sorgen **(Wachstumspolitik** – Darstellung im Abschnitt 11.11).

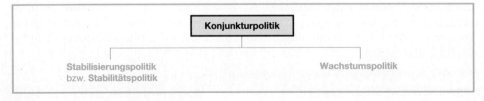

© Verlag Gehlen

Der Ablauf der wirtschaftlichen Tätigkeiten und die Ergebnisse, die Unternehmen und Haushalte erreichen, werden beeinflußt durch Entscheidungen bei der Festsetzung der staatlichen Einnahmen und Ausgaben **(Finanzpolitik),** durch Entscheidungen bei der Festlegung und Steuerung der Geldmenge und der Zinsen durch die Bundesbank **(Geldpolitik),** durch Entscheidungen bei der Förderung der Beschäftigung **(Beschäftigungs- und Arbeitsmarktpolitik)** und durch Entscheidungen, die Gewerkschaften und Arbeitgeber (Tarifpartner) beim Aushandeln der Tarifverträge treffen, insbesondere beim Festlegen der Arbeitsentgelte **(Lohn- und Einkommenspolitik).**

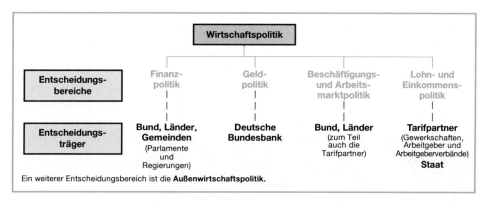

Ein weiterer Entscheidungsbereich ist die **Außenwirtschaftspolitik.**

Als **Entscheidungsträger** werden die Handelnden **der Wirtschaftspolitik** bezeichnet. Die in der Übersicht genannten Akteure sind die nationalen Träger der Wirtschaftspolitik; zu ergänzen sind die internationalen Träger (z.B. Internationaler Währungsfonds) und die supranationalen Träger (z.B. Europäische Gemeinschaft [EG]).

Die **Regierungen** sind in ihren Entscheidungen den **Parlamenten** verantwortlich; die Parlamente kontrollieren die Regierungen. Über staatliche Einnahmen und Ausgaben entscheiden die Parlamente, indem sie die Haushaltsgesetze beschließen.

Die **Deutsche Bundesbank** ist in der Durchführung ihrer Geldpolitik von der Bundesregierung unabhängig. Sie ist zwar verpflichtet, die allgemeine Wirtschaftspolitik der Bundesregierung zu unterstützen; im Zweifelsfall hat aber ihre Aufgabe, die Geldwertstabilität zu sichern, Vorrang.

Bundesregierung und **Bundesbank** sind die **wichtigsten öffentlichen Entscheidungsträger** der Wirtschaftspolitik.

Eigenverantwortlich handeln auch die **Tarifpartner,** wenn sie Tarifverträge abschließen (Tarifautonomie). Jede Vertragspartei – Gewerkschaften auf der einen, Arbeitgeber bzw. Arbeitgeberverbände auf der anderen Seite – versucht, ihre Interessen bzw. die Interessen ihrer Mitglieder durchzusetzen.

Die **Tarifpartner** sind die **wichtigsten privaten Entscheidungsträger** der Wirtschaftspolitik.

Die Handelnden der Wirtschaftspolitik haben bei ihren Entscheidungen über Maßnahmen zur Förderung der Wirtschaft, insbesondere zur Förderung des Wirtschaftswachstums und der Beschäftigung, die ökologischen Erfordernisse zu beachten. **Wirtschaftspolitik** ist daher vielfach auch **Umweltpolitik**. Andererseits verlangt die starke Beeinträchtigung des ökologischen Gleichgewichts einen eigenständigen Politikbereich, in dem ausschließlich der Staat Entscheidungsträger ist **(staatliche Umweltpolitik** – siehe Abschnitt 11.12).

Zwischen **ökonomischen Zielen** und **ökologischen Zielen** bestehen **enge Beziehungen.** Die **Ziele der Wirtschaftspolitik** sind daher **mit den Zielen der Umweltpolitik in Einklang zu bringen.**

Urteilen und **Entscheiden** setzt voraus, die vorhandene **Lage** mit den vorgegebenen oder angestrebten **Zielen** zu vergleichen (Ziel-Lage-Analyse). Ergibt sich bei dieser Analyse Handlungsbedarf, muß über mögliche Maßnahmen nachgedacht werden. Die einzusetzenden **Maßnahmen** müssen geeignet sein, die Lage in Richtung Zielerreichung zu verändern (Ziel-Lage-Maßnahmen-Analyse).

Die **Urteilsbildung** in einem demokratischen Staat, in dem wichtige Entscheidungen im Blickfeld der Öffentlichkeit vollzogen werden, unterliegt einer **Beeinflussung durch die öffentliche Meinung.**

Presse, Fernsehen und Rundfunk sowie die Interessenverbände (Unternehmerverbände, Verbraucherverbände u.a.) beeinflussen und bestimmen die öffentliche Meinung; sie wirken ein auf die Meinungsbildung und die Urteilsfindung in den politischen Parteien, auf die Gesetzgebung in den Parlamenten und auf das Verhalten der Tarifpartner.

Auf die Urteilsbildung in der Wirtschaftspolitik soll in besonderer Weise der **Sachverständigenrat zur Begutachtung der gesamtwirtschaftlichen Entwicklung** einwirken.

Der Sachverständigenrat
zur Begutachtung der gesamtwirtschaftlichen Entwicklung

5 Mitglieder
mit besonderen wirtschaftswissenschaftlichen Kenntnissen und volkswirtschaftlichen Erfahrungen

vom Bundespräsidenten auf Vorschlag der Bundesregierung für die Dauer von 5 Jahren berufen

Aufgabe:
Darstellung der gesamtwirtschaftlichen Lage und ihrer absehbaren Entwicklung

Aufzeigen verschiedener Handlungsmöglichkeiten, *aber:* keine Empfehlungen für bestimmte Maßnahmen

Jahresgutachten

Öffentlichkeit

Bundestag Bundesrat

Vorlage

Bundesregierung

Jahreswirtschaftsbericht: Stellungnahme zum Gutachten und wirtschaftspolitische Schlußfolgerungen daraus

ZAHLENBILDER

200 580

Der **Sachverständigenrat zur Begutachtung der gesamtwirtschaftlichen Lage** erstattet **jährlich** ein Gutachten, bei bestimmten Anlässen auch **Sondergutachten.**

Zu dem Sachverständigengutachten nimmt die **Bundesregierung** im Jahreswirtschaftsbericht Stellung.

Im Jahreswirtschaftsbericht werden die **wirtschaftspolitischen Zielvorstellungen der Bundesregierung für das laufende Jahr** veröffentlicht. Die Zielvorstellungen der Bundesregierung sollen die Träger der Wirtschaftspolitik über die von der Bundesregierung angestrebten Ziele unterrichten.

Wegen der Beziehungen, die zwischen ökonomischen und ökologischen Zielen bestehen, wird zunehmend eine **Abstimmung** des **Sachverständigenrates zur Begutachtung der gesamtwirtschaftlichen Lage** mit dem **Sachverständigenrat für Umweltfragen** notwendig sein. 1989 ist ein **gemeinsames Gutachten zur Fortentwicklung der Umweltpolitik** unter **marktwirtschaftlichen Gesichtspunkten** erstellt worden.

11.8 Die Bedeutung der Finanz- und Steuerpolitik

Die **Finanz- und Steuerpolitik** des Bundes, der Länder und der Gemeinden hat drei **Aufgaben:**

● **Finanzierung der Bereitstellung öffentlicher Güter** (Gesundheitswesen, Bildung, Rechtswesen usw.), nach denen die Bürger verlangen (kollektive Bedürfnisbefriedigung),

● **Umverteilung von Einkommen zwischen sozial stärkeren und sozial schwächeren Gruppen der Gesellschaft.** Dazu dienen z. B. direkte Steuern (Besteuerung nach der Leistungsfähigkeit – siehe Seite 406) und staatliche Transferzahlungen an private Haushalte (siehe Seite 377),

● **Stabilisierung der konjunkturellen Entwicklung und Förderung des Wachstums in der Wirtschaft.**

Finanzpolitik zur Stabilisierung und Förderung der Wirtschaftsentwicklung kann der Staat betreiben, indem er das Volumen seiner Einnahmen und Ausgaben unter gesamtwirtschaftlichen Gesichtspunkten, insbesondere unter dem Gesichtspunkt der Konjunktursteuerung, verändert (antizyklische Finanz- oder Haushaltspolitik).

Grundsatz der antizyklischen Haushaltspolitik ist es,

- mit **verringerten Ausgaben** dämpfend auf eine **Hochkonjunktur** einzuwirken und

- mit **erhöhten, durch Verschuldung finanzierten Ausgaben (deficit spending)** auf einen **Konjunkturabschwung** zu reagieren.

Aufgrund des **Stabilitätsgesetzes** hat der Staat Möglichkeiten, dämpfend oder anregend auf den Konjunkturverlauf einzuwirken. Er kann

- die Vorauszahlungen von natürlichen Personen auf die Einkommensteuer bzw. von juristischen Personen auf die Körperschaftsteuer erhöhen oder senken,

- die Einkommensteuer und die Körperschaftsteuer für ein Jahr um 10 % heraufsetzen oder herabsetzen,

- bestimmte Abschreibungen für ein Jahr ausschließen bzw. aussetzen,

- eine Investitionsprämie gewähren (Abzug von 7,5 % der Investitionsaufwendungen von der Einkommen- bzw. Körperschaftsteuerschuld).

Auch über die Art seiner **Ausgaben** kann der Staat auf die Wirtschaftsentwicklung Einfluß nehmen. Durch Vergabe öffentlicher Aufträge in bestimmte Bereiche der Wirtschaft kann eine Förderung erfolgen. Die Erfahrung zeigt aber, daß ein Großteil der staatlichen Ausgaben aufgrund bestehender gesetzlicher Vorschriften erfolgen muß und damit kurzfristig für konjunkturpolitische Zwecke nicht zur Verfügung steht.

In den **70er Jahren** wurde in der Bundesrepublik Deutschland eine **aktive antizyklische Haushaltspolitik** betrieben. Aufgrund der Erfahrungen in dieser Zeit wird diese Art der **Konjunkturpolitik** heute nicht mehr als wirkungsvoll angesehen. Die **Möglichkeiten des Stabilitätsgesetzes zum kurzfristigen konjunkturellen Gegensteuern** werden seit vielen Jahren **nicht mehr genutzt.**

> Staatliche Finanzpolitik wird heute nicht mehr zum Zwecke kurzfristiger Konjunktursteuerung eingesetzt.

11.9 Die Geldwertstabilität und die Geldpolitik der Deutschen Bundesbank

11.9.1 Veränderungen des Geldwerts

11.9.1.1 Inflation = sinkender Geldwert

Frankfurter Tageblatt: „Benzinpreise steigen auf breiter Front"

Wie aus Unternehmen der Mineralölwirtschaft zu hören ist, steigen die Benzinpreise weiter. Der Liter Benzin kostet ab heute bei den Tankstellen der großen Mineralölkonzerne 3 Pf mehr. Der Preis für Dieselkraftstoff ist nicht verändert worden.

© Verlag Gehlen

Wenn ein einzelner Preis steigt, wie im Beispiel der Benzinpreis, liegt keine Inflation vor. Eine Inflation und damit eine Verringerung des Geldwertes der Deutschen Mark liegt vor, wenn die Preise vieler Güter ständig steigen (Steigen des Preisniveaus).

> Eine **Inflation** entsteht, wenn die Nachfrage nach Gütern größer ist als das Angebot an Gütern und es daher zu einem **anhaltenden Anstieg des Preisniveaus** kommt.
>
> Bei einer Inflation **sinkt die Kaufkraft** und damit der **Wert des Geldes.**

Haushalte und Unternehmen können nur in dem Umfang, in dem sie Geld besitzen, Güter nachfragen. Je mehr Geld in einer Volkswirtschaft vorhanden ist und umläuft, also je größer die gesamte **Geldmenge** in der Volkswirtschaft ist, desto mehr Güter können nachgefragt werden. Es besteht ein **Zusammenhang zwischen der Geldmenge in der Volkswirtschaft und dem Preisniveau der Güter.**

Die Geldmenge in einer Volkswirtschaft muß also in einem richtigen Verhältnis zu dem Umfang der Güterproduktion stehen. Ist die Geldmenge im Verhältnis zur Gütermenge zu groß, steigt das Preisniveau. Es kommt zu einer Inflation. Vermeidet man einen übermäßigen Anstieg der Geldmenge, kann es nicht zu einer Inflation kommen.

> **Ohne Vermehrung der Geldmenge,** die für die Nachfrage nach Gütern zur Verfügung steht, kann es **keine Inflation** geben.

Zur Verhinderung einer Inflation muß die **Geldmenge knapp gehalten werden.** Das ist **Aufgabe der Deutschen Bundesbank.**

> **Die Deutsche Bundesbank ist verpflichtet, die Kaufkraft des Geldes (den Geldwert) zu sichern.** Durch bestimmte Maßnahmen muß sie dafür Sorge tragen, daß die Geldmenge im Verhältnis zur Gütermenge knapp bleibt, um so einen anhaltenden Anstieg des Preisniveaus und damit eine Inflation zu verhindern.

11.9.1.2 Die Messung von Geldwertschwankungen mit Hilfe von Preisindizes

Um **Veränderungen des Geldwerts festzustellen,** wird die Entwicklung des Preisniveaus statistisch erfaßt. Die Preise für bestimmte, ausgesuchte Güter und Dienstleistungen werden von Zeit zu Zeit (z. B. monatlich oder jährlich) ermittelt und verglichen. Die Veränderungen werden durch einen **Preisindex** angezeigt. Zuständig für diese Preisermittlungen und Preisvergleiche ist das **Statistische Bundesamt** in Wiesbaden.

Für die privaten Haushalte ist die Veränderung des Preisniveaus bei den Kosumgütern bedeutsam. Das Statistische Bundesamt läßt bestimmte, ausgesuchte Familien über ihre Ausgaben Buch führen. Diese „Modellfamilien" notieren ihre Ausgaben für eine bestimmte Art und bestimmte Menge von Gütern und Dienstleistungen, die vom Statistischen Bundesamt in einem sog. „Warenkorb" als Grundlage für die Berechnung des Preisindexes vorgegeben sind.

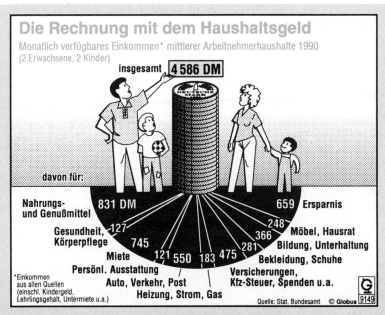

Die Rechnung mit dem Haushaltsgeld

Monatlich verfügbares Einkommen* mittlerer Arbeitnehmerhaushalte 1990
(2 Erwachsene, 2 Kinder)

insgesamt **4 586 DM**

davon für:

Nahrungs- und Genußmittel **831 DM**

659 Ersparnis

Gesundheit, Körperpflege **127**

248 Möbel, Hausrat

745

366 Bildung, Unterhaltung

Miete **121** **550** **183** **475** **281**

Bekleidung, Schuhe

Persönl. Ausstattung

*Einkommen aus allen Quellen (einschl. Kindergeld, Lehrlingsgehalt, Untermiete u.a.)

Auto, Verkehr, Post

Heizung, Strom, Gas

Versicherungen, Kfz-Steuer, Spenden u.a.

Quelle: Stat. Bundesamt © Globus 9149

Wo ihr Geld geblieben ist, das wissen rund 380 Familien in der Bundesrepublik Deutschland ganz genau: Sie führen für das Statistische Bundesamt penibel Buch über ihre Ausgaben. Ob sie Lebensmittel einkaufen, die Miete überweisen oder etwas in die Sparbüchse stecken – jede Ausgabe wird auf den Pfennig genau festgehalten. Die Modellfamilien werden dafür sorgfältig ausgesucht; es sind Arbeitnehmerhaushalte mit zwei Kindern; der Bruttoverdienst des Familienoberhauptes liegt in der Nähe des Durchschnitts aller Arbeitnehmer, die Ehefrau verdient nicht mit, eines der beiden Kinder ist jünger als 15 Jahre. Wofür das Haushaltsgeld ausgegeben wurde, zeigt unser Schaubild.

Die Preisentwicklung eines Warenkorbs wird monatlich und jährlich ermittelt und durch Veränderungen des **Preisindexes** angezeigt. 3,5% Anstieg im Jahr 1991 bedeutet eine Teuerung von 3,5% gegenüber 1990.

| Zeit | Preisindex für die Lebenshaltung aller privaten Haushalte | | | | | | Lebenshaltung ohne Nahrungsmittel | | Energieträger | |
| | insgesamt | | davon: | | | | | | | |
	1985 = 100 %	Verän- derung gegen Vorjahr %	Nah- rungs- mittel	Andere Ver- brauchs- und Ge- brauchs- güter	Dienst- leistun- gen und Repara- turen	Woh- nungs- und Gara- gen- nutzung	1985 = 100 %	Verän- derung gegen Vorjahr %	1985 = 100 %	Verän- derung gegen Vorjahr %
1985	100	+ 2,0	100	100	100	100	100	+ 2,5	100	+ 1,9
1986	99,9	– 0,1	99,6	97,7	102,3	101,8	99,9	– 0,1	101,6	+ 1,6
1987	100,1	+ 0,2	99,1	96,6	104,3	103,4	100,3	+ 0,4	102,7	+ 1,1
1988	101,4	+ 1,3	99,1	96,9	107,2	105,6	101,7	+ 1,4	104,4	+ 1,7
1989	104,2	+ 2,8	101,3	99,9	109,9	108,7	104,6	+ 2,9	106,8	+ 2,3
1990	107,0	+ 2,7	104,9	102,1	112,6	112,5	107,3	+ 2,6	109,5	+ 2,5
1991	110,7	+ 3,5	108,2	105,4	116,5	117,3	111,1	+ 3,5	113,0	+ 3,2

Das Statistische Bundesamt berechnet **verschiedene Preisindizes für die Lebenshaltung.** Der Preisindex für die Lebenshaltung aller privaten Haushalte hat die größte Bedeutung.

Der Warenkorb, der Grundlage der Berechnung des Preisindexes ist, ist nach einem bestimmten *Wägungsschema* zusammengesetzt. Von Zeit zu Zeit wird diese Zusammensetzung geändert. Die jetzt gültige Zusammensetzung des Warenkorbs bezieht sich auf **1985;** das ist das **Basisjahr des Preisindexes.**

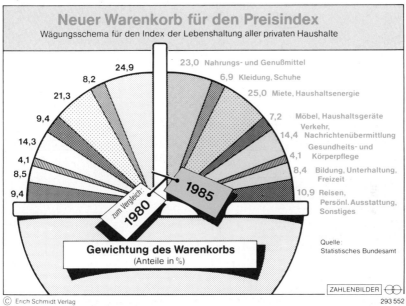

Durch **Veränderungen des Preisindexes** werden **Veränderungen des Preisniveaus** festgestellt:

Ist der **Preisindex nach einer bestimmten Zeit gestiegen,** so bedeutet das, daß das **Preisniveau gestiegen** ist.

Ist der **Preisindex nach einer bestimmten Zeit gesunken,** so bedeutet das, daß das **Preisniveau gesunken** ist.

11.9.2 *Erhaltung des Geldwerts – geldpolitische Maßnahmen der Deutschen Bundesbank*

Die Aufgabe, die **Kaufkraft des Geldes zu sichern,** d. h. den Geldwert zu erhalten, hat die **Deutsche Bundesbank.** Sie ist verantwortlich dafür, daß nur so viel Geld im Umlauf ist, wie die Wirtschaft benötigt. Ist zu viel Geld im Umlauf, steigen die Preise. Die Bundesbank muß also dafür sorgen, daß die Geldmenge in der Volkswirtschaft grundsätzlich knapp bleibt. Dafür stehen ihr verschiedene Möglichkeiten zur Verfügung.

Das **Beispiel** auf Seite 360 zeigt, wie die Bundesbank **geldpolitische Instrumente** einsetzen kann, wenn sie einen Anstieg des Preisniveaus dämpfen, d. h. eine inflationäre Entwicklung bekämpfen will.

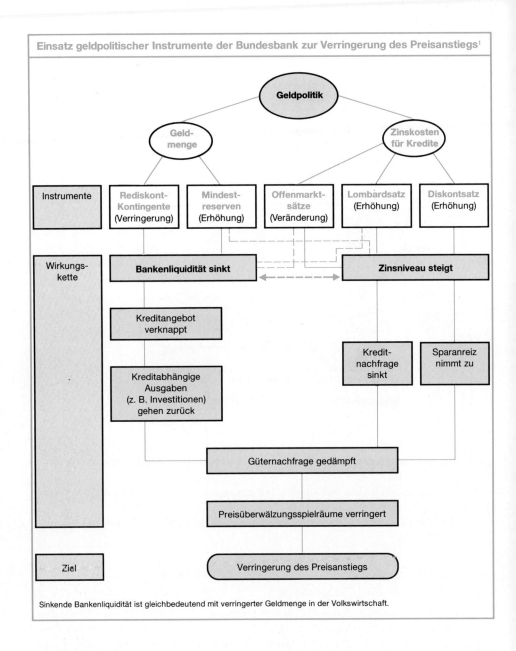

Einsatz geldpolitischer Instrumente der Bundesbank zur Verringerung des Preisanstiegs[1]

Geldpolitik

Geld-menge

Zinskosten für Kredite

| Instrumente | Rediskont-Kontingente (Verringerung) | Mindest-reserven (Erhöhung) | Offenmarkt-sätze (Veränderung) | Lombardsatz (Erhöhung) | Diskontsatz (Erhöhung) |

Wirkungs-kette

Bankenliquidität sinkt ←→ Zinsniveau steigt

Kreditangebot verknappt

Kredit-nachfrage sinkt

Sparanreiz nimmt zu

Kreditabhängige Ausgaben (z. B. Investitionen) gehen zurück

Güternachfrage gedämpft

Preisüberwälzungsspielräume verringert

Ziel — Verringerung des Preisanstiegs

Sinkende Bankenliquidität ist gleichbedeutend mit verringerter Geldmenge in der Volkswirtschaft.

Die **Übersicht** auf Seite 361 zeigt, welche **Möglichkeiten zum Einsatz geldpolitischer Instrumente der Bundesbank insgesamt zur Verfügung stehen,** d.h. welche **Maßnahmen** die Bundesbank ergreifen kann.

[1] Bildgestaltung nach iwd, Informationsdienst der deutschen Wirtschaft, Nr. 36 vom 6. Sept. 1979.

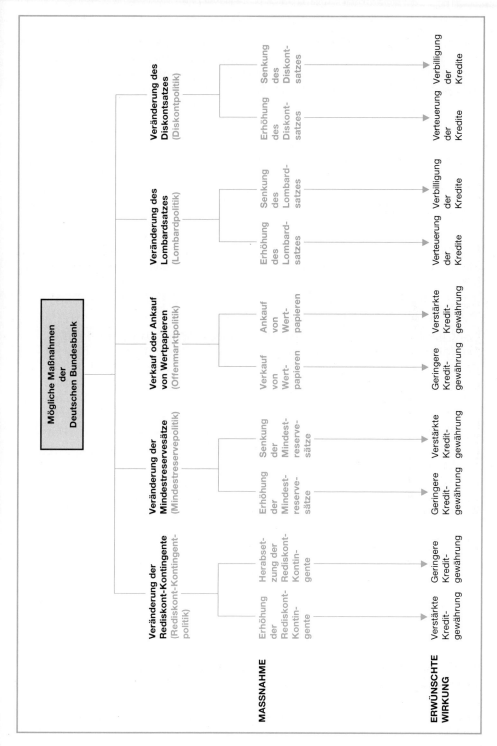

Mögliche Maßnahmen der Deutschen Bundesbank

MASSNAHME

Veränderung der Rediskont-Kontingente (Rediskont-Kontingentpolitik)	Veränderung der Mindestreservesätze (Mindestreservepolitik)	Verkauf oder Ankauf von Wertpapieren (Offenmarktpolitik)	Veränderung des Lombardsatzes (Lombardpolitik)	Veränderung des Diskontsatzes (Diskontpolitik)
Erhöhung der Rediskont-Kontingente	Herabsetzung der Rediskont-Kontingente	Erhöhung der Mindestreservesätze	Senkung der Mindestreservesätze	Verkauf von Wertpapieren	Ankauf von Wertpapieren	Erhöhung des Lombardsatzes	Senkung des Lombardsatzes	Erhöhung des Diskontsatzes	Senkung des Diskontsatzes

ERWÜNSCHTE WIRKUNG

| Verstärkte Kreditgewährung | Geringere Kreditgewährung | Geringere Kreditgewährung | Verstärkte Kreditgewährung | Geringere Kreditgewährung | Verstärkte Kreditgewährung | Verteuerung der Kredite | Verbilligung der Kredite | Verteuerung der Kredite | Verbilligung der Kredite |

▶ Veränderung der Rediskont-Kontingente

Kontingente sind **Höchstmengen.** Rediskont-Kontingente sind Höchstmengen **für den Ankauf von Wechseln** durch die Bundesbank. Erhöht die Bundesbank die Kontingente, häuft sie mehr Wechsel von den Banken und Sparkassen an. Banken und Sparkassen haben **mehr** Geld, um **Kredite** an ihre Kunden zu gewähren. Senkt die Bundesbank die Rediskont-Kontingente, können Banken und Sparkassen **weniger Kredite** geben.

▶ Veränderung der Mindestreservesätze

Mindestreserven sind **Guthaben, die Banken und Sparkassen bei der Bundesbank als Pflichtguthaben halten müssen, ohne dafür Zinsen zu bekommen.** Je höher die Bundesbank die Mindestreservesätze für die Unterhaltung der zinslosen Pflichtguthaben festsetzt, desto mehr Pflichtguthaben müssen die Banken und Sparkassen unterhalten und desto **weniger Kredite** können sie an ihre Kunden vergeben. Je niedriger die Mindestreservesätze sind, desto niedriger sind die zinslos zu unterhaltenden Pflichtguthaben und desto **mehr Kredite** können die Banken und Sparkassen an ihre Kunden geben.

▶ Verkauf oder Ankauf von Wertpapieren

Wenn die Bundesbank den Banken und Sparkassen **Wertpapiere** (Anleihen; keine Aktien) **verkauft,** bezahlen die Kreditinstitute die Wertpapiere und haben daher **weniger Geld für die Gewährung von Krediten** an ihre Kunden zur Verfügung. **Kauft** die Bundesbank dagegen von den Banken und Sparkassen **Wertpapiere** an, muß sie an die Banken und Sparkassen zahlen. Das heißt, daß die Banken und Sparkassen **mehr Geld für die Gewährung von Krediten** an ihre Kunden zur Verfügung haben.

In der Wirklichkeit erfolgt **erst der Ankauf, dann der Verkauf.** Beide Geschäfte werden miteinander verbunden: Die Bundesbank kauft Wertpapiere von den Banken und Sparkassen mit der **Bedingung,** daß die Kreditinstitute die Papiere nach einer bestimmten Zeit (meistens nach ca. 30 bis 60 Tagen) zurückkaufen. Die Wertpapiere sind also nur vorübergehend bei der Bundesbank; sie sind dort **„in Pension".** Daher bezeichnet man diese Ankäufe und Rückkäufe als Wertpapierpensionsgeschäfte oder als **Offenmarktgeschäfte auf Zeit.** Nach Auslaufen eines Pensionsgeschäftes, d.h. nach Rückkauf von Wertpapieren durch die Banken und Sparkassen und damit Rückfluß von Geld an die Bundesbank, bietet die Bundesbank den Kreditinstituten ein neues Pensionsgeschäft an. Dabei kann sie (je nachdem, ob sie die **Geldmenge verknappen oder vergrößern** will) den Umfang des Geschäftes (gegenüber dem vorherigen) herabsetzen oder erhöhen.

Bundesbank entzieht Kreditinstituten Geld

Die Deutsche Bundesbank hat den inländischen Kreditinstituten am 14. August über ein **Wertpapierpensionsgeschäft** insgesamt **19,8 Milliarden DM** zum **Zinssatz** von **8 Prozent** zugeteilt. Da am selben Tag Verpflichtungen aus einem vorangegangenen Offenmarktgeschäft in Höhe von **22,3 Milliarden DM** fällig wurden, entzog die Bundesbank den Banken und Sparkassen **im Ergebnis 2,5 Milliarden DM.**

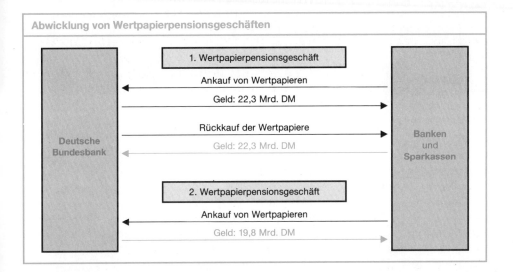

Abwicklung von Wertpapierpensionsgeschäften

1. Wertpapierpensionsgeschäft

Ankauf von Wertpapieren

Geld: 22,3 Mrd. DM

Rückkauf der Wertpapiere

Geld: 22,3 Mrd. DM

Deutsche Bundesbank

Banken und Sparkassen

2. Wertpapierpensionsgeschäft

Ankauf von Wertpapieren

Geld: 19,8 Mrd. DM

Die Bundesbank führt ständig Wertpapierpensionsgeschäfte mit Banken und Sparkassen durch, um auf diese Weise die **Geldmenge in der Volkswirtschaft zu steuern** und den Umfang der Kredite von Banken und Sparkassen an Unternehmen und Haushalte **im Interesse der Geldwertstabilität** zu regulieren. Für das Geld, das die Bundesbank den Kreditinstituten „auf Zeit" überläßt (als Kaufpreis für die Wertpapiere), müssen die Kreditinstitute Zinsen zahlen (im Beispiel 8 %). Diesen Zinssatz setzt die Bundesbank so hoch an, daß für die Banken und Sparkassen ein Anreiz zum Abschluß eines Pensionsgeschäftes besteht.

Wertpapierpensionsgeschäfte sind die wichtigsten geldpolitischen Maßnahmen der Deutschen Bundesbank.

▶ Veränderung des Diskontsatzes und des Lombardsatzes

Der **Diskontsatz** und der **Lombardsatz** sind **amtliche Zinssätze der Deutschen Bundesbank.** Der Diskontsatz ist der **Zinssatz** für den **Ankauf von Wechseln.** Der Lombardsatz ist der **Zinssatz** für **Kredite gegen Verpfändung von Wertpapieren.** Verkäufer der Wechsel sind Banken und Sparkassen. Sie beschaffen sich durch den Verkauf von Wechseln Geld von der Bundesbank. Jede Erhöhung des Diskontsatzes und des Lombardsatzes bedeutet, daß die Banken und Sparkassen **höhere Zinsen** an die Bundesbank zahlen müssen; das bedeutet eine Verteuerung der Geldbeschaffung der Banken und Sparkassen bei der Bundesbank. Jede Senkung des Diskontsatzes und des Lombardsatzes **verbilligt** die Geldbeschaffung der Banken und Sparkassen bei der Bundesbank. Je teurer für die Banken und Sparkassen die Geldbeschaffung bei der Bundesbank ist, desto höher sind die Zinssätze, die sie bei der Vergabe von Krediten an ihre Kunden, also an Unternehmen und Haushalte, verlangen. Je billiger für Banken und Sparkassen die Geldbeschaffung bei der Bundesbank ist, desto niedriger sind die Zinsen, die sie bei der Vergabe von Krediten verlangen.

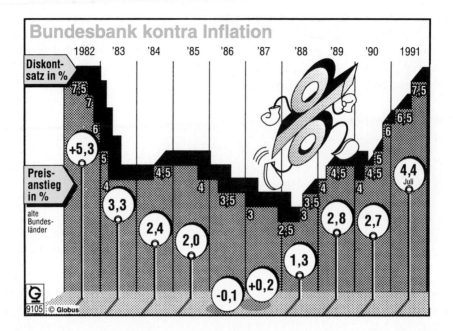

11.10 Förderung der Beschäftigung und Bekämpfung der Arbeitslosigkeit

Das Ziel einer hohen Beschäftigung kann sich auf die **gesamte Beschäftigungssituation** in einer Volkswirtschaft, also auf die **Produktionsfaktoren Arbeit und Kapital,** oder nur auf die **Beschäftigung des Produktionsfaktors Arbeit** beziehen.

Inwieweit das Ziel der **Vollbeschäftigung der abhängigen Erwerbspersonen** erreicht ist, wird anhand der **Arbeitslosenquote** gemessen.

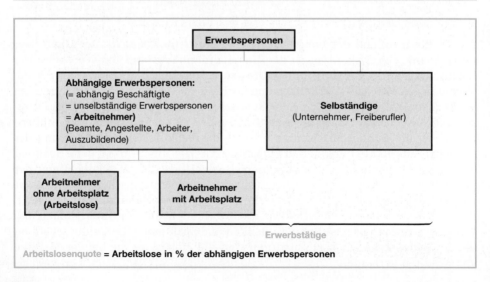

Das Ziel Vollbeschäftigung der Erwerbspersonen wird damit begründet, daß Arbeitslosigkeit unter **ökonomischen Gesichtspunkten** Verzicht auf Produktionsmöglichkeiten und damit Verzicht auf Verbesserung des Güterangebots sowie Verzicht auf Einkommen bedeutet. Zu beachten ist auch, daß Arbeitslosigkeit hohe Kosten für den Staat verursacht.

Kosten der Arbeitslosigkeit:

Mehrausgaben des Staates für Arbeitslosengeld und Arbeitslosenhilfe, für Beiträge zur Renten- und Krankenversicherung für Arbeitslose, für Sozialhilfe und Wohngeld

Mindereinnahmen des Staates durch Steuerausfälle und Beitragsausfälle zur Renten-, Kranken- und Arbeitslosenversicherung

Um die Notwendigkeit der Vollbeschäftigung zu begründen, müssen aber vor allem **soziale Gesichtspunkte** (Verminderung sozialer Entwicklungschancen der betroffenen Menschen) herangezogen werden.

11.10.1 Ursachen der Arbeitslosigkeit

Weil die Arbeitslosigkeit ein besonders schwerwiegendes ökonomisches und soziales Problem ist, berichten Presse, Fernsehen und Rundfunk laufend über die Entwicklung und die Lage am **Arbeitsmarkt.** Dabei stehen die Zahlenangaben über die **Beschäftigung** (Zahl der Erwerbstätigen) und über die **Arbeitslosigkeit** (Zahl der Arbeitslosen) im Mittelpunkt.

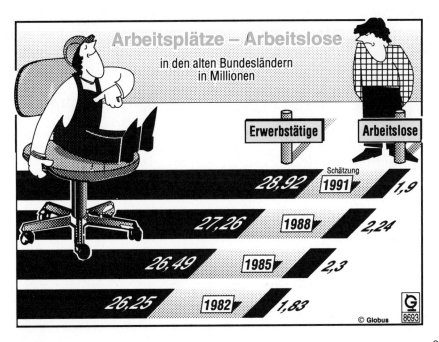

Arbeitsplätze – Arbeitslose in den alten Bundesländern in Millionen

Erwerbstätige		Arbeitslose
28,92	1991 (Schätzung)	1,9
27,26	1988	2,24
26,49	1985	2,3
26,25	1982	1,83

© Globus 8693

Durch die Beobachtung des Arbeitsmarktes hat man herausgefunden, daß **Arbeitslosigkeit verschiedene Ursachen** haben kann. Zu unterscheiden sind:

- **saisonale Arbeitslosigkeit,**
- **friktionelle Arbeitslosigkeit,**
- **konjunkturelle Arbeitslosigkeit,**
- **strukturelle Arbeitslosigkeit.**

11.10.1.1 Saisonale Arbeitslosigkeit

Saisonale Arbeitslosigkeit ist die Folge jahreszeitlich bedingter **Schwankungen in der Nachfrage nach Arbeitskräften.**

Saisonale Arbeitslosigkeit kommt vor allem im Beherbergungs- und Gaststättengewerbe sowie in der Bauwirtschaft vor.

11.10.1.2 Friktionelle Arbeitslosigkeit

Friktionelle Arbeitslosigkeit ist Arbeitslosigkeit, die **beim Überwechseln von einem Arbeitsplatz zu einem anderen,** also zwischen Aufgabe der alten und Aufnahme der neuen Tätigkeit, entsteht.

Arbeitskräfte, die freiwillig ihren Arbeitsplatz aufgeben, um eine andere Beschäftigung zu suchen, und Arbeitskräfte, die entlassen worden sind, werden zum Teil von anderen Betrieben wieder eingestellt. Aber es dauert oftmals einige Zeit, bis diese Arbeitnehmer wieder einen Arbeitsplatz gefunden haben. Die folgende Tabelle verdeutlicht den relativ hohen Anteil der **Kurzzeitarbeitslosigkeit.**

Mehr Kurzzeitarbeitslose
Abgänge aus Arbeitslosigkeit nach ihrer Dauer

– in Prozent –	1985	1987	1989
unter 1 Monat	13,5	16,8	22,5
1 bis unter 3 Monate	22,9	24,1	24,0
3 bis unter 6 Monate	26,8	25,9	21,9
6 Monate bis unter 1 Jahr	21,0	19,5	17,5
1 bis unter 2 Jahre	11,9	9,0	9,0
2 Jahre und länger	3,9	4,6	5,2

Stand: jeweils Mai/Juni
Quelle: Bundesanstalt für Arbeit   © 29/1990 Deutscher Instituts-Verlag

11.10.1.3 Konjunkturelle Arbeitslosigkeit

Konjunkturelle Arbeitslosigkeit entsteht in der **Abschwungphase eines Konjunkturzyklus.**
Konjunkturelle Arbeitslosigkeit erfaßt alle Wirtschaftszweige.

Beschäftigungsrückgang und damit ansteigende Arbeitslosigkeit sind die Folgen, wenn die inländische bzw. die ausländische Nachfrage nach Konsum- und Investitionsgütern zurückgeht.

Strukturelle Arbeitslosigkeit liegt vor, wenn die Art der Arbeitsnachfrage von der Art des Arbeitskräfteangebots abweicht. Strukturelle Arbeitslosigkeit ist längerfristig.

Gründe für strukturelle Arbeitslosigkeit können sein:

- **Mangelnde Qualifikation:** Individuelle Fähigkeiten von Arbeitsplatzsuchenden (z.B. aufgrund von Ausbildung und bisheriger Tätigkeit) stimmen nicht mit den Arbeitsplatzanforderungen überein (insbesondere aufgrund von technologischer Entwicklung, die zu neuen Produktionsverfahren geführt hat).

- **Unzureichender wirtschaftlicher Entwicklungsstand in bestimmten Regionen einer Volkswirtschaft:**

  Beispiel:

  Die Arbeitslosenquoten streuen nach Bundesländern zwischen 4,5 Prozent in Baden-Württemberg und 14,6 Prozent in Bremen. Die durchschnittliche Arbeitslosigkeitsdauer liegt in Baden-Württemberg bei 19 Wochen und in Nordrhein-Westfalen bei 34 Wochen. Der Anteil der Langzeitarbeitslosen schwankt zwischen 11,8 Prozent (Nagold) und 44,8 Prozent (Essen).

  In einigen süddeutschen Arbeitsamtsbezirken kommen über alle Berufe hinweg auf eine offene Stelle zwei Arbeitslose – beispielsweise in Freising, Stuttgart, Nagold und Lörrach. Im Bundesdurchschnitt betrug das Verhältnis 1:8, in einzelnen Bezirken wie in Flensburg liegt es sogar bei 1:40.

  Quelle: iwd, Nr. 29, 19.07.1990

- Unternehmen führen wegen eines zu hohen Lohnkostenniveaus **Rationalisierungsinvestitionen** durch (verstärkter Maschineneinsatz: Arbeit wird durch Kapital ersetzt) und entlassen Arbeitskräfte. Der technische Fortschritt beschleunigt die Rationalisierung.

- Auch eine **bestimmte Bevölkerungsentwicklung** (Beispiel: Geburtenstarke Jahrgänge drängen auf den Arbeitsmarkt) kann zu Arbeitslosigkeit führen.

Besondere Aufmerksamkeit finden in der Öffentlichkeit auch Zahlenangaben über altersbedingte Arbeitslosigkeit (Jugendarbeitslosigkeit, Arbeitslosigkeit älterer Arbeitnehmer) und geschlechtsbedingte Arbeitslosigkeit (Frauenarbeitslosigkeit).

Eine Arbeitsmarktlage, die durch hohe Arbeitslosigkeit bei gleichzeitigem Arbeitskräftemangel in einigen Branchen oder Berufen bzw. bei gleichzeitiger Zunahme von Überstunden gekennzeichnet ist, deutet grundsätzlich auf strukturelle Arbeitslosigkeit hin.

11.10.2 Beschäftigungs- und Arbeitsmarktpolitik

Maßnahmen der Beschäftigungs- und Arbeitsmarktpolitik sollen dazu beitragen, daß alle arbeitsfähigen und arbeitswilligen Menschen Arbeitsplätze erhalten. Sie sind auf **Vermeidung von Arbeitslosigkeit** gerichtet.

Ziel der Beschäftigungspolitik ist der Ausgleich von Angebot und Nachfrage auf den Arbeitsmärkten.

Beim Vorliegen **konjunktureller Arbeitslosigkeit** glauben die Anhänger der nachfrageorientierten Wirtschaftspolitik, über eine **Anregung der gesamtwirtschaftlichen Nachfrage** Unterbeschäftigungssituationen beseitigen zu können. Nach den Vorstellungen der Anhänger angebotsorientierter Wirtschaftspolitik soll mehr Beschäftigung über die **Selbstheilungskräfte des Marktes** erreicht werden, wobei sie der Förderung von Investitionen der Unternehmen durch Schaffung günstiger Rahmenbedingungen (z.B. steuerliche Anreize) besondere Bedeutung beimessen (siehe auch Seite 374).

Zum **Abbau struktureller Arbeitslosigkeit** werden zwei Lösungsansätze diskutiert:

- **Schaffung zusätzlicher, neuer Arbeitsplätze** und
- **Aufteilung vorhandener Arbeitsplätze auf mehr Arbeitnehmer durch Arbeitszeitverkürzung**

Durch **zusätzliche Arbeitsplätze** können mehr Arbeitnehmer beschäftigt werden. Neue Arbeitsplätze setzen voraus, daß Unternehmer eine gute Ertragslage haben und die notwendigen Investitionen für die Schaffung von Arbeitsplätzen finanzieren können. Der Staat kann die Neigung der Unternehmen zur Arbeitsplatzschaffung durch Gewährung von Steuervorteilen oder Zuschüssen fördern.

Arbeitszeitverkürzung kann Verkürzung der Wochenarbeitszeit, der Jahresarbeitszeit oder der Lebensarbeitszeit sein. Die Wirksamkeit von Arbeitszeitverkürzung als beschäftigungspolitisches Mittel ist umstritten.

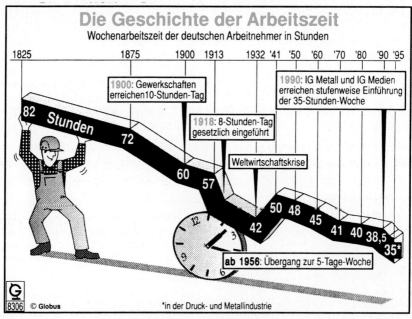

Die Geschichte der Arbeitszeit
Wochenarbeitszeit der deutschen Arbeitnehmer in Stunden

1825   1875   1900 1913   1932 '41 '50 '60 '70 '80 '90 '95

1900: Gewerkschaften erreichen 10-Stunden-Tag

1990: IG Metall und IG Medien erreichen stufenweise Einführung der 35-Stunden-Woche

1918: 8-Stunden-Tag gesetzlich eingeführt

82 Stunden   72   60 57   Weltwirtschaftskrise   42   50 48   45   41 40 38,5   35*

ab 1956: Übergang zur 5-Tage-Woche

8306 © Globus   *in der Druck- und Metallindustrie

Durch staatliche Arbeitsmarktpolitik, insbesondere durch die Bundesanstalt für Arbeit, soll eine ununterbrochene, den individuellen Neigungen und Fähigkeiten entsprechende Beschäftigung aller Arbeitsfähigen und Arbeitswilligen gefördert werden (**Arbeitsförderung**).

© Verlag Gehlen

Die **Maßnahmen nach dem Arbeitsförderungsgesetz (AFG)** sind im Rahmen der Sozial- und Wirtschaftspolitik der Bundesregierung „darauf auszurichten, daß ein hoher Beschäftigungsstand **erzielt und aufrechterhalten,** die **Beschäftigungs- struktur ständig verbessert** und damit das **Wachstum der Wirtschaft gefördert wird"** (§ 1 AFG).

Ziele des AFG im besonderen

Die Maßnahmen nach dem AFG „haben insbesondere dazu beizutragen, daß:

1. weder Arbeitslosigkeit und unterwertige Beschäftigung noch ein Mangel an Arbeitskräften eintreten oder fortdauern,

2. die berufliche Beweglichkeit der Erwerbstätigen gesichert und verbessert wird,

3. nachteilige Folgen, die sich für die Erwerbstätigen aus der technischen Entwicklung oder aus wirtschaftlichen Strukturwandlungen ergeben können, vermieden, ausgeglichen oder beseitigt werden,

4. die berufliche Eingliederung körperlich, geistig oder seelisch Behinderter gefördert wird,

5. Frauen, deren Unterbringung unter den üblichen Bedingungen des Arbeitsmarktes er- schwert ist, weil sie verheiratet oder aus anderen Gründen durch häusliche Pflichten gebunden sind oder waren, beruflich eingegliedert werden,

6. ältere und andere Erwerbstätige, deren Unterbringung unter den üblichen Bedingungen des Arbeitsmarktes erschwert ist, beruflich eingegliedert werden,

7. die Struktur der Beschäftigung nach Gebieten und Wirtschaftszweigen verbessert wird,

8. illegale Beschäftigung bekämpft und die Ordnung auf dem Arbeitsmarkt aufrechterhalten wird" (§ 2 AFG).

Die **Bundesanstalt für Arbeit** führt die Aufgaben nach dem Arbeitsförderungs- gesetz durch. Sie ist eine rechtsfähige Körperschaft des öffentlichen Rechts mit Selbstverwaltung. Wie das Bild auf Seite 370 zeigt, gliedert sich die Bundesanstalt für Arbeit in:

- die **Hauptstelle** (Nürnberg),

- die **Landesarbeitsämter** (Kiel, Berlin, Hannover, Halle, Chemnitz, Düsseldorf, Frankfurt am Main, Saarbrücken, Nürnberg, Stuttgart, München) und

- die **Arbeitsämter.**

Mecklenburg-Vorpommern gehört zusammen mit Schleswig-Holstein und Hamburg zum Landesarbeitsamtsbezirk Nord. West- und Ost-Berlin und das Land Brandenburg bilden einen gemeinsamen Landesarbeitsamtsbezirk. Neue Landesarbeitsämter gibt es für das Land Sachsen (mit Sitz in Chemnitz) und für Sachsen-Anhalt und Thüringen (mit Sitz in Halle).

Organe der Bundesanstalt für Arbeit sind:

- der Verwaltungsrat,
- der Vorstand,
- die Verwaltungsausschüsse der Landesarbeitsämter und
- die Verwaltungsausschüsse der Arbeitsämter.

Die Organe der Bundesanstalt für Arbeit sind **Selbstverwaltungsorgane.** Sie setzen sich zu je einem Drittel aus Vertretern der Arbeitnehmer, der Arbeitgeber und von Bund, Ländern und Gemeinden zusammen.

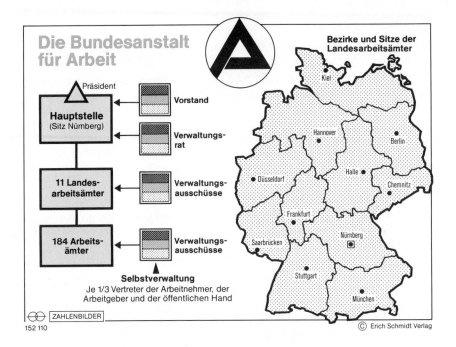

Die Bundesanstalt für Arbeit

Präsident

Hauptstelle
(Sitz Nürnberg) ← Vorstand

← Verwaltungs-rat

11 Landes-arbeitsämter ← Verwaltungs-ausschüsse

184 Arbeits-ämter ← Verwaltungs-ausschüsse

Selbstverwaltung
Je 1/3 Vertreter der Arbeitnehmer, der Arbeitgeber und der öffentlichen Hand

ZAHLENBILDER
152 110

Bezirke und Sitze der Landesarbeitsämter

Kiel
Hannover
Berlin
Düsseldorf
Halle
Chemnitz
Frankfurt
Saarbrücken
Nürnberg
Stuttgart
München

© Erich Schmidt Verlag

11.10.2.3 Die Aufgaben der Bundesanstalt für Arbeit im Rahmen der Arbeitsförderung

---

Aufgaben und Maßnahmen der Bundesanstalt für Arbeit nach § 3 AFG

1. Berufsberatung

Berufsberatung umfaßt die Erteilung von Rat und Auskunft in Fragen der Berufswahl, des Berufswechsels und des beruflichen Fortkommens.

Berufsberatung wird von den Berufsberatern der Arbeitsämter ausgeübt. Sie ist für die Ratsuchenden kostenlos. Die Berufsberater haben einen Überblick über den örtlichen und den überregionalen Arbeits- und Ausbildungsstellenmarkt und können im persönlichen Gespräch unter Berücksichtigung von Eignung und Neigung sowie der von den Betrieben gestellten Anforderungen sachkundigen Rat erteilen.

2. Arbeitsvermittlung und -beratung

Arbeitsvermittlung ist das Bemühen der Bundesanstalt für Arbeit, **Arbeitssuchende mit Arbeitgebern zusammenzubringen in der Absicht, daß ein Arbeitsverhältnis zustande kommt.** Die Bundesanstalt für Arbeit hat dahin zu wirken, daß Arbeitssuchende Arbeit und Arbeitgeber die erforderlichen Arbeitskräfte erhalten.

Zur **Arbeitsberatung** gehört die Tätigkeit der Bundesanstalt für Arbeit, Arbeitnehmer und Arbeitgeber auf Verlangen über

● die Entwicklung in den Berufen,
● die Notwendigkeit und Möglichkeiten der beruflichen Bildung und deren Förderung,
● die Förderung der Arbeitsaufnahme und
● in Fragen der Wahl oder Besetzung von Arbeitsplätzen
zu beraten.

© Verlag Gehlen

3. Förderung der beruflichen Bildung

Maßnahmen zur **Förderung der beruflichen Bildung (Berufsbildungsförderung)** haben das Ziel, die **Qualifikation der Arbeitnehmer zu heben.** Die auch bei herrschender Arbeitslosigkeit angebotenen offenen Stellen lassen einen bestehenden Mangel an entsprechend qualifizierten Arbeitnehmern sichtbar werden. Schlecht qualifizierte Arbeitskräfte sind der Gefahr, arbeitslos zu sein, besonders ausgesetzt.

Neben der fachlichen Qualifikation sollen **berufliche Mobilität** (Fähigsein zum Überwechseln in andere Berufe und zur Übernahme anderer Tätigkeiten) und **räumliche Mobilität** (Bereitschaft zum Betriebs- und Wohnsitzwechsel) gefördert werden.

Die Bundesanstalt für Arbeit fördert mit verschiedenen beruflichen Bildungsmaßnahmen

- **berufliche Ausbildung (Erstausbildung),**
- **berufliche Fortbildung und**
- **berufliche Umschulung.**

4. Förderung der Arbeitsaufnahme

Die Leistungen der Bundesanstalt für Arbeit zur Förderung der Arbeitsaufnahme sollen die **berufliche Mobilität der Arbeitnehmer erhöhen.**

5. Arbeits- und Berufsförderung Behinderter

Die Bundesanstalt für Arbeit gewährt als **berufsfördernde Leistungen zur Rehabilitation** die Hilfen, die erforderlich sind, um die Erwerbsfähigkeit der körperlich, geistig oder seelisch Behinderten entsprechend ihrer Leistungsfähigkeit zu erhalten, zu bessern, herzustellen oder wiederherzustellen und die Behinderten möglichst auf Dauer beruflich einzugliedern.

6. Leistungen der Arbeitslosenversicherung zur Erhaltung und Schaffung von Arbeitsplätzen

Die Bundesanstalt für Arbeit als Trägerin der Arbeitslosenversicherung stellt in erster Linie **Leistungen zur Erhaltung von Arbeitsplätzen** zur Verfügung:

- das **Kurzarbeitergeld,** das bei vorübergehenden Beschäftigungsschwierigkeiten des Betriebes den Arbeitnehmern zur Erhaltung der Arbeitsplätze und den Betrieben zur Erhaltung der eingearbeiteten Arbeitnehmer dienen soll,
- **Förderung der ganzjährigen Beschäftigung in der Bauwirtschaft,**
- das **Schlechtwettergeld** für Arbeiter in der **Bauwirtschaft,**
- **Zuschüsse und Darlehen an Arbeitgeber zur produktiven Winterbauförderung.**

Die Bundesanstalt für Arbeit kann für Arbeiten, die im öffentlichen Interesse liegen, die **Schaffung von Arbeitsplätzen** z. B. durch Zurverfügungstellung von
– eigenen Mitteln als Zuschüsse zum Arbeitsentgelt für Arbeitnehmer, die vom Arbeitsamt zugewiesen sind, oder
– Bundesmitteln (Darlehen oder Zuschüsse),
fördern **(Maßnahmen zur Arbeitsbeschaffung).**

7. Leistungen bei Arbeitslosigkeit und bei Zahlungsunfähigkeit des Arbeitgebers

- **Arbeitslosengeld** als Leistung der Arbeitslosenversicherung (siehe Seite 439),
- **Arbeitslosenhilfe** (siehe Seite 440),
- **Konkursausfallgeld** (siehe Seite 310).

Die Bundesanstalt für Arbeit betreibt **aktive Arbeitsmarktpolitik** (Verhinderung und Abbau von Arbeitslosigkeit). Die **Leistungen bei Arbeitslosigkeit** sollen ausgleichend wirken.

Die Maßnahmen der Bundesanstalt für Arbeit sind insbesondere auf **Abbau struktureller Arbeitslosigkeit** gerichtet; sie können aber auch konjunkturpolitisch ausgerichtet sein, so z. B., wenn die Anstalt in Rezessionsjahren ihre Ausgaben zur Arbeitsförderung steigert (antizyklisches Ausgabenverhalten), um **stabilisierend auf die Beschäftigungsentwicklung im Konjunkturablauf** einzuwirken.

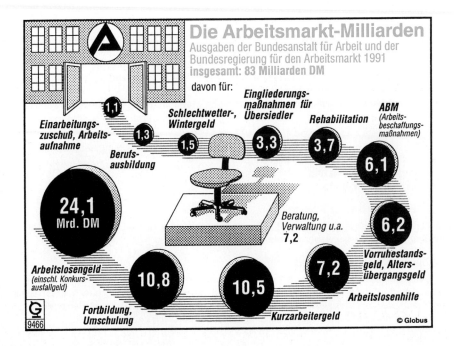

Die Arbeitsmarkt-Milliarden
Ausgaben der Bundesanstalt für Arbeit und der
Bundesregierung für den Arbeitsmarkt 1991
insgesamt: 83 Milliarden DM
davon für:

1,1 — Einarbeitungszuschuß, Arbeitsaufnahme

1,3 — Berufsausbildung

1,5 — Schlechtwetter-, Wintergeld

3,3 — Eingliederungsmaßnahmen für Übersiedler

3,7 — Rehabilitation

6,1 — ABM (Arbeitsbeschaffungsmaßnahmen)

24,1 Mrd. DM — Arbeitslosengeld (einschl. Konkursausfallgeld)

10,8 — Fortbildung, Umschulung

10,5 — Kurzarbeitergeld

7,2 — Beratung, Verwaltung u.a.

7,2 — Arbeitslosenhilfe

6,2 — Vorruhestandsgeld, Altersübergangsgeld

9466

© Globus

11.11 Förderung des Wirtschaftswachstums: Steigerung des ökonomischen Wohlstands

Maßstab für das reale Wirtschaftswachstum ist das zu konstanten Preisen berechnete Bruttosozialprodukt **(reales Bruttosozialprodukt).**

11.11.1 Ursachen des Wirtschaftswachstums

Wirtschaftswachstum ist zurückzuführen

* auf einen **vermehrten Einsatz von Produktionsfaktoren** und
* auf eine **Steigerung der gesamtwirtschaftlichen Produktivität.**

Die gesamtwirtschaftliche Produktivität steigt, wenn bei gleichhohem Einsatz an Produktionsfaktoren durch technischen Fortschritt das Produktionsergebnis der Volkswirtschaft vergrößert wird. Auch Verbesserungen in der Arbeitsablauforganisation der Unternehmen (Rationalisierung) können die Produktivität erhöhen.

11.11.2 Wirtschaftspolitische Möglichkeiten zur Förderung des Wirtschaftswachstums

Die Wirtschaftsordnung der Sozialen Marktwirtschaft bot in Westdeutschland beim Wiederaufbau nach dem Zweiten Weltkrieg die notwendigen Anreize, sich unternehmerisch zu betätigen. Die Chance, Gewinne zu erzielen, war die Voraussetzung für unternehmerische Investitionen; die Möglichkeit, durch Einsatz von

Arbeitskraft Einkommen und Wohlstand zu erreichen, war die Motivation für Arbeitnehmer. Neben weiteren wichtigen Grundlagen zur Schaffung von Wirtschaftswachstum (hoher Ausbildungsstand der Arbeitskräfte, hohes technisches Wissen) war es vor allem der große Nachholbedarf, der in den fünfziger Jahren der westdeutschen Wirtschaft auffällig hohe Zuwachsraten beim realen Bruttosozialprodukt brachte.

Entwicklung des Bruttosozialprodukts 1950–1985			
Jahr	in Mrd. DM	in jeweiligen Preisen 1950 = 100	in Preisen von 1970 1950 = 100
1950*	98,1	100	100
1955*	181,4	185	158
1960	303,0	308	230
1965	458,2	469	291
1970	679,0	696	363
1975	1034,9	1056	402
1980	1497,5	1527	480
1985	1844,9	1881	510

* Bis 1960 ohne Saarland und West-Berlin

Das Sozialprodukt stieg auf der Basis der jeweils gültigen Preise zwischen 1950 und 1960 um das Dreifache, zwischen 1960 und 1970 und zwischen 1970 und 1980 dagegen jeweils nur noch um gut das Zweifache. Der Rückgang des Wirtschaftswachstums wird noch deutlicher, wenn man nicht den nominalen, sondern den realen Zuwachs zugrunde legt. Dazu ist eine Preisbereinigung erforderlich, um die Auswirkungen der Inflation auf die Sozialproduktberechnung auszuschalten. Auf der Basis konstanter Preise nahm das Sozialprodukt zwischen 1950 und 1960 zwar immer noch um das Zweifache zu, zwischen 1960 und 1970 dagegen nur um gut die Hälfte, zwischen 1970 und 1980 um knapp ein Drittel und in der ersten Hälfte der 80er Jahre um 6 %. Die jährliche reale Zunahme des Sozialprodukts betrug im Durchschnitt 1950/60 8,6 %, 1960/70 4,9 %, 1970/80 2,7 % und 1980/85 1,2 %. Eines der charakteristischen Merkmale der Wirtschaftsentwicklung nach 1945 liegt in dieser stetigen Verlangsamung des Wirtschaftswachstums.

Quelle: „Die Geschichte der Bundesrepublik Deutschland", Band 2: Wirtschaft, Fischer Taschenbuch Verlag, 1989, Seite 13

Wirtschaftswachstum muß heute gefördert werden. Wie im Abschnitt 11.5.3 dargestellt ist, sprechen dafür drei Gründe:

- Wirtschaftswachstum ermöglicht materiellen Wohlstand und sozialen Fortschritt.
- Wirtschaftswachstum schafft Arbeitsplätze.
- Ohne Wirtschaftswachstum entsteht Arbeitslosigkeit.

Dabei ist unbestritten, daß als Maßstab für Wirtschaftswachstum zukünftig nicht mehr nur das Bruttosozialprodukt, sondern vorrangig das Ökosozialprodukt herangezogen werden muß.

Hauptansatzpunkt der staatlichen Wirtschaftspolitik zur **Förderung des Wirtschaftswachstums** sind die **Investitionen**.

Zur **Erhaltung und Verbesserung der Rahmenbedingungen** hat der Staat vor allem darauf zu achten, daß wichtige Grundlagen der marktwirtschaftlichen Ordnung, wie z. B. das Privateigentum und das Leistungsprinzip, nicht in Frage gestellt werden. Mit seiner Finanzpolitik muß der Staat auch dafür Sorge tragen, daß unternehmerische Investitionen von der Rentabilität her reizvoll bleiben: Dies ist z. B. nicht mehr der Fall, wenn die Verzinsung des in Unternehmen investierten Kapitals niedriger ist als die Verzinsung von Anleihen, die der Staat zur Beschaffung von Krediten ausgibt.

Für investitionsfördernde staatliche Maßnahmen gibt es **unterschiedliche Vorstellungen** und **Vorschläge.** Nach dem Konzept von Wirtschaftspolitikern, die die **gesamtwirtschaftliche Nachfrage** stärken wollen, muß der Staat seine Politik vor allem darauf abstellen, daß die Kaufkraft der Verbraucher hoch genug ist (nachfrageorientierte Wirtschaftspolitik). Ihre Nachfrage trage entscheidend zur Auslastung der Produktionskapazitäten der Unternehmen bei. Die Ausgaben des Staates und die Vergabe staatlicher Aufträge an Unternehmen müsse in erster Linie unter dem Gesichtspunkt erfolgen, die Nachfrage zu stärken; eine höhere Verschuldung des Staates (deficit spending) müsse in Kauf genommen werden. Die Geldpolitik der Bundesbank solle vorrangig auf niedrige Zinsen abgestellt sein, um Investitionen auch von dieser Seite her anzuregen.

Im Gegensatz hierzu vertreten andere Wirtschaftspolitiker das Konzept, das Wachstum der Wirtschaft durch Erweiterung von Produktionskapazitäten der Unternehmen zu fördern; das **gesamtwirtschaftliche Angebot** soll verbessert werden (angebotsorientierte Wirtschaftspolitik). Der Staat müsse der privatwirtschaftlichen Initiative bessere Grundlagen geben, so z. B. durch Abbau überflüssiger staatlicher Regelungen, durch kostenmäßige Entlastung der Unternehmen (Senkung von Steuern und Abgaben). Zu dieser Konzeption der Wirtschaftspolitik gehört auch, die Staatsschulden abzubauen, um das Angebot von langfristigen Krediten auf dem Kapitalmarkt weitgehend für die Unternehmen zur Verfügung zu haben. Durch geringere Kreditnachfrage des Staates würden die Zinsen und damit die Kosten der Produktion in den Unternehmen nicht in die Höhe getrieben.

11.12 Lohn- und Einkommenspolitik; Vermögenspolitik

Eine **gerechte Einkommens- und Vermögensverteilung** gehört zu den gesellschaftspolitischen Zielen in der Bundesrepublik Deutschland (siehe Seite 340).

11.12.1 Einkommensverteilung zwischen Arbeit und Kapital

An der Erwirtschaftung des **Sozialprodukts** und damit an der Erzielung eines bestimmten **Volkseinkommens** sind die **Produktionsfaktoren Arbeit und Kapital** beteiligt. Arbeitnehmer und Kapitaleigner haben entsprechend Anspruch auf bestimmte Anteile des Volkseinkommens.

Die Verteilung des Volkseinkommens auf Arbeit und Kapital entsprechend ihrer Bedeutung und gemäß den Aufgaben, die sie bei der Gütererstellung übernehmen, wird daher auch als **funktionale Einkommensverteilung** bezeichnet.

Über die **Höhe des Anteils der Arbeitnehmer am Volkseinkommen (Arbeits-einkommen)** wird in erster Linie in **Tarifverhandlungen** entschieden, die zwischen Gewerkschaften und Arbeitgeberverbänden bzw. einzelnen Arbeitgebern **(Tarifpartner, Sozialpartner)** stattfinden. Die Tarifpartner sind die Träger der Lohn- und Einkommenspolitik. Sie sind dabei von staatlichen Weisungen unabhängig und entscheiden beim Aushandeln von Lohntarifen eigenverantwortlich **(Tarifautonomie).**

> Das **Ziel der Gewerkschaften** in Tarifverhandlungen ist eine Erhöhung des Anteils des Arbeitseinkommens am Volkseinkommen, d. h. eine **Erhöhung der Lohnquote.**

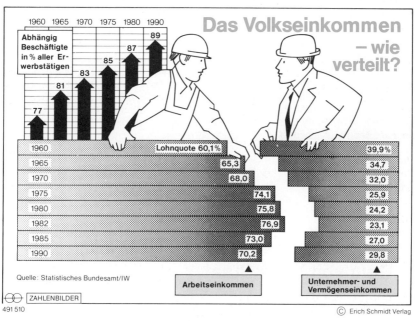

Volkseinkommen

Arbeitseinkommen
Einkommen aus
unselbständiger Arbeit

Unternehmer- und Vermögenseinkommen
Einkommen aus Unternehmertätigkeit und
Vermögen
(Einkommen aus Vermögen sind Zinsen, Dividenden
und Mieterträge)

(Brutto-) $\dfrac{\text{Lohnquote}^1)}{\text{(in \%)}} = \dfrac{\textbf{Arbeitseinkommen}^2) \times \textbf{100}}{\textbf{Volkseinkommen}}$

$\text{Gewinnquote} = \dfrac{\textbf{Unternehmer- und Ver-mögenseinkommen} \times \textbf{100}}{\textbf{Volkseinkommen}}$

(Netto-) Lohnquote^1) = Arbeitseinkommen^2) abzüglich Lohn-
steuer und Arbeitnehmeranteil zur
Sozialversicherung in Prozent vom
Volkseinkommen

^{1}) Neben der (oben dargestellten) Berechnung der Lohnquote wird – bezogen auf einen als konstant angenommenen Anteil
der Arbeitnehmer an der Zahl der Erwerbstätigen (in einem bestimmten Jahr) – die sog. **bereinigte Lohnquote** ermittelt.
^{2}) einschließlich Arbeitgeberanteil zur Sozialversicherung.

Lohnquote ist der **Anteil des Arbeitseinkommens am Volkseinkommen. Gewinnquote** ist der **Anteil des Unternehmer- und Vermögenseinkommens am Volkseinkommen.** Eine Erhöhung der Lohnquote geht zu Lasten der Gewinnquote: Die Einkommensverteilung zwischen Arbeit und Kapital verschiebt sich.

Lohnquote und Gewinnquote – geeignete Maßstäbe für eine Beurteilung der Verteilungsgerechtigkeit?

Das „Lohnquoten-Argument" taugt .... schlecht als Beleg für die beliebte These, in der Bundesrepublik sei eine „Umverteilung von unten nach oben" im Gange. In der Lohnquote wird nämlich der fürstlich bezahlte Vorstandsvorsitzende genauso erfaßt wie ein Hilfsarbeiter, Spitzengehälter und Hungerlöhne werden in einen Topf geworfen. Gleiches gilt für die Gewinnquote, in die ein potenter Unternehmer genauso eingeht wie ein Kleinbauer, der am Existenzminimum wirtschaftet.

Die Gewinnquote hat einen weiteren fundamentalen Mangel. Sie erfaßt ja neben den Unternehmereinkommen auch Vermögenserträge aller Art (wie Zinsen, Dividenden, Mieten). Die fließen bekanntlich nicht nur auf die Konten der Unternehmer, sondern in steigendem Maße auch in die Kassen von Arbeitnehmern und Rentnern. Dazu hat das Statistische Bundesamt die folgende Rechnung aufgemacht: 1988 entstanden in der Bundesrepublik private Vermögenseinkommen von 114 Milliarden Mark; davon floß lediglich ein Fünftel an die Selbständigen, jeweils zwei Fünftel an Arbeitnehmer und Nichterwerbstätige (das heißt: Rentner, Pensionäre und Arbeitslose).

Quelle: DIE ZEIT vom 09.11.90

11.12.2 Einkommensumverteilung durch den Staat

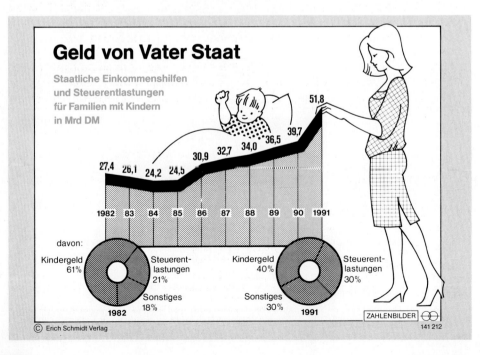

Geld von Vater Staat

Staatliche Einkommenshilfen
und Steuerentlastungen
für Familien mit Kindern
in Mrd DM

27,4 26,1 24,2 24,5 30,9 32,7 34,0 36,5 39,7 51,8

1982 83 84 85 86 87 88 89 90 1991

davon:

Kindergeld 61% — Steuerentlastungen 21% — Sonstiges 18% — 1982

Kindergeld 40% — Steuerentlastungen 30% — Sonstiges 30% — 1991

ZAHLENBILDER

© Erich Schmidt Verlag

141 212

© Verlag Gehlen

Der **Staat** betreibt Einkommenspolitik, um ein **Mindestmaß an sozialer Gerechtigkeit** bei der Einkommensverteilung zwischen den Bürgern zu sichern.

Der Staat nimmt den privaten Haushalten Teile ihres erzielten Einkommens weg: Er erhebt **Abgaben, z.B. in Form von Einkommensteuer** (direkte Steuern) und **in Form von Sozialabgaben** (Beiträge zur Arbeitslosenversicherung). Anderen Haushalten gibt der Staat **Zuschüsse, z.B. in Form von Sozialleistungen** (Wohngeld, Kindergeld).

Familien mit Kindern werden vom Staat auf vielfältige Weise finanziell gefördert, sei es durch direkte Zuwendungen oder durch den Verzicht auf Steuereinnahmen. Nach Angaben der Bundesregierung erreicht der daraus resultierende Aufwand 1991 bereits einen Umfang von fast 52 Milliarden DM.

Bei den familienpolitischen Einkommenshilfen liegt das Schwergewicht auf dem Kindergeld, das allen Familien mit Kindern zusteht, und auf dem Erziehungsgeld, das einen finanziellen Anreiz für diejenigen Mütter und Väter bietet, die ihr Baby selbst betreuen wollen und währenddessen auf eine Erwerbstätigkeit verzichten.

Daneben dienen steuerliche Entlastungen als bevorzugtes Mittel der Familienförderung. Ein Kinderfreibetrag von 4104 DM sorgt dafür, daß der Teil des Einkommens, der für den Unterhalt eines Kindes mindestens erforderlich ist, nicht auch noch versteuert werden muß.

Die **staatliche Einkommenspolitik** ist eine **Umverteilung der erzielten Einkommen.** Der Erstverteilung der Einkommen zwischen Arbeit und Kapital folgt eine Zweitverteilung.

Im **Rahmen der** Steuerpolitik sorgt der Staat dafür, daß der **Steuertarif** auch **soziale Gesichtspunkte** berücksichtigt. Das führt dazu, daß Bezieher höherer Einkommen prozentual einen höheren Anteil ihres Einkommens als Einkommensteuer an den Staat abführen als Bezieher niedrigerer Einkommen.

Auch **im Rahmen der** Sozialpolitik belastet der Staat gutverdienende Bürger mit höheren Abgaben als die Bezieher kleiner Einkommen. Zum Beispiel wird die Höhe der Beiträge zur gesetzlichen Krankenversicherung ausschließlich durch die Höhe des Einkommens bestimmt.

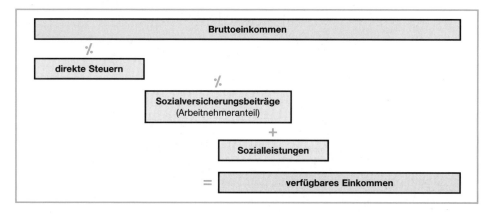

11.12.3 Einkommensverteilung zwischen den sozialen Gruppen

Während die funktionelle Einkommensverteilung Auskunft über die Anteile von Arbeit und Kapital am erzielten Volkseinkommen gibt (Lohnquote und Gewinnquote), vermittelt die sog. **personelle Einkommensverteilung Informationen über die Anteile der sozialen Gruppen am Volkseinkommen.**

Mit der personellen Einkommensverteilung wird verglichen, wieviel die verschiedenen Haushaltsgruppen nach der Umverteilung durch den Staat für den Konsum ausgeben oder sparen können. Grundlage für die personelle Einkommensverteilung ist das verfügbare Einkommen.

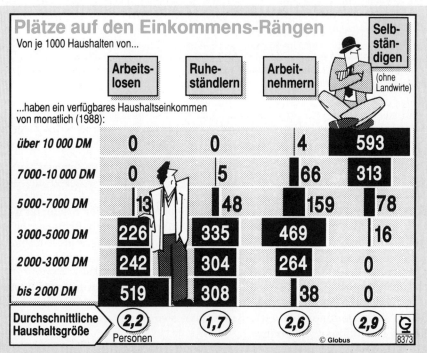

Plätze auf den Einkommens-Rängen
Von je 1000 Haushalten von...

...haben ein verfügbares Haushaltseinkommen von monatlich (1988):	Arbeits-losen	Ruhe-ständlern	Arbeit-nehmern	Selb-ständigen (ohne Landwirte)
über 10 000 DM	0	0	4	593
7000-10 000 DM	0	5	66	313
5000-7000 DM	13	48	159	78
3000-5000 DM	226	335	469	16
2000-3000 DM	242	304	264	0
bis 2000 DM	519	308	38	0
Durchschnittliche Haushaltsgröße	2,2 Personen	1,7	2,6	2,9

© Globus 8373

Nur vier von 1000 Arbeitnehmerhaushalten hatten nach Berechnungen des Deutschen Instituts für Wirtschaftsforschung 1988 ein verfügbares Haushaltseinkommen von 10000 und mehr DM monatlich. Von den Selbständigenhaushalten (ohne Landwirte) hatten hingegen 593 von je 1000 ein derart stattliches Einkommen. Um diese Einkommensgrößen richtig einordnen zu können, muß man freilich wissen, daß sie das gesamte Einkommen aller Familienmitglieder aus allen Quellen umfassen. Verdienst aus Arbeitnehmertätigkeit ist darin ebenso enthalten wie Unternehmergewinn, Kindergeld gehört dazu wie Zins- oder Mieteinnahmen, das Lehrlingsgehalt des Sohnes ebenso wie die Rente der Großmutter.

11.12.4 Vermögenspolitik

Die **Vermögen,** insbesondere die **Produktivvermögen** (Eigentum an Unternehmen, Besitz von Aktien), sind in der Bundesrepublik Deutschland **ungleich verteilt.** Arbeitnehmerhaushalte besitzen nur einen sehr geringen Anteil am Produktivvermögen.

In einer freiheitlichen Wirtschaftsordnung dürfen zur Erreichung des Ziels einer breiten Vermögensstreuung keine Maßnahmen durchgeführt werden, die das in der Verfassung garantierte Eigentumsrecht und das ebenso garantierte Erbrecht antasten.

> Maßnahmen der Vermögensverteilungspolitik können nur die **Vermögenszuwächse** in Form von erzielten Gewinnen betreffen.

11.12.4.1 Vermögensbildung in Arbeitnehmerhand durch Erfolgsbeteiligung

Bei einer **Erfolgsbeteiligung** erhalten Arbeitnehmer zusätzlich zu ihrem Arbeitslohn **Anteile vom erzielten Gewinn des Unternehmens (Gewinnbeteiligung).** Diese **Gewinnanteile** können

- **im Unternehmen des Arbeitnehmers angelegt werden** (z. B. durch Erwerb von Belegschaftsaktien, in Form von stillen Beteiligungen oder als Arbeitnehmerdarlehen) oder
- **in überbetrieblichen Vermögensfonds angelegt werden.**

Arbeitgeber befürworten die direkte Anlage der Gewinnanteile im Unternehmen des Arbeitnehmers. Die Gewerkschaften befürworten überbetriebliche Vermögensfonds.

> **Vermögensbildung in Arbeitnehmerhand** kann **in betrieblicher Vermögensbeteiligung** oder **in überbetrieblicher Vermögensbeteiligung** bestehen.

11.12.4.2 Vermögensbildung in Arbeitnehmerhand durch Zahlung von Investivlohn

Investivlohn ist **zusätzlicher Lohn,** der nicht an die Arbeitnehmer ausgezahlt, sondern **im Unternehmen des Arbeitnehmers angelegt (investiert) wird.** Die Anlage kann durch Erwerb von Aktien oder durch Gewährung von Mitarbeiterdarlehen (Arbeitnehmerdarlehen) erfolgen.

> **Arbeitnehmer können über den Investivlohn am Unternehmen des Arbeitgebers beteiligt werden.**

11.12.4.3 Staatliche Förderung der Vermögensbildung

> **Maßnahmen der Vermögensverteilungspolitik können durch Maßnahmen zur Förderung der Vermögensbildung in Arbeitnehmerhand unterstützt werden.**

In der Bundesrepublik Deutschland wird die Vermögensbildung der Arbeitnehmer durch den Staat gefördert.

Nach dem **5. Vermögensbildungsgesetz** erhalten Arbeitnehmer (Arbeiter, Angestellte und Auszubildende), deren zu versteuernde Einkommen bestimmte Grenzen nicht übersteigen (27 000 DM bei Alleinstehenden, 54 000 DM bei Verheirateten) eine **Arbeitnehmer-Sparzulage** für **vermögenswirksame Leistungen.**

Vermögenswirksame Leistungen nach dem 5. Vermögensbildungsgesetz sind überwiegend **Leistungen des Arbeitgebers,** die freiwillig oder aufgrund von Tarifverträgen oder Betriebsvereinbarungen gezahlt werden. Vermögenswirksame Leistungen unterliegen Sperrfristen: Über die Geldanlagen kann erst nach 6 Jahren bei Vermögensbeteiligungen bzw. nach 7 Jahren bei anderen Anlagen verfügt werden. Sie können auch aufgrund einer **Ergebnisbeteiligung (Gewinnbeteiligung)** der Arbeitnehmer erbracht werden.

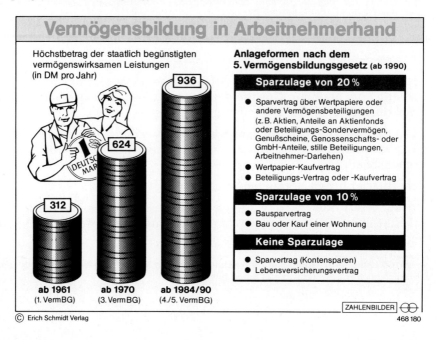

Vermögensbildung in Arbeitnehmerhand

Höchstbetrag der staatlich begünstigten vermögenswirksamen Leistungen (in DM pro Jahr)

936
624
312

ab 1961 (1. VermBG) **ab 1970** (3. VermBG) **ab 1984/90** (4./5. VermBG)

Anlageformen nach dem 5. Vermögensbildungsgesetz (ab 1990)

Sparzulage von 20 %

● Sparvertrag über Wertpapiere oder andere Vermögensbeteiligungen (z. B. Aktien, Anteile an Aktienfonds oder Beteiligungs-Sondervermögen, Genußscheine, Genossenschafts- oder GmbH-Anteile, stille Beteiligungen, Arbeitnehmer-Darlehen)
● Wertpapier-Kaufvertrag
● Beteiligungs-Vertrag oder -Kaufvertrag

Sparzulage von 10 %

● Bausparvertrag
● Bau oder Kauf einer Wohnung

Keine Sparzulage

● Sparvertrag (Kontensparen)
● Lebensversicherungsvertrag

ZAHLENBILDER

© Erich Schmidt Verlag

468 180

11.13 Staatliche Umweltpolitik

Ziele und Bereiche sowie Prinzipien und Instrumente der staatlichen Umweltpolitik werden im **Umweltbericht 1990** des Bundesministers für Umwelt, Naturschutz und Reaktorsicherheit dargestellt.

Der Umweltbericht 1990 ist die erste grundlegende Bestandsaufnahme; sie soll alle vier Jahre fortgeschrieben werden.

Der Umweltbericht setzt sich auch mit dem **Umweltgutachten 1987** auseinander, das der **Sachverständigenrat für Umweltfragen** erstattet hat.

11.13.1 Ziele und Bereiche der Umweltpolitik

Der Umweltbericht 1990 definiert folgende **Ziele der Umweltpolitik:**

„Die Umweltpolitik muß den Zustand der Umwelt so erhalten und verbessern, daß

● bestehende Umweltschäden vermindert und beseitigt werden,

● Schäden für Mensch und Umwelt abgewehrt werden,

© Verlag Gehlen

- Risiken für Menschen, Tiere und Pflanzen, Natur und Landschaft, Umweltmedien (Luft, Wasser, Boden) und Sachgüter minimiert werden,

- Freiräume für die Entwicklung der künftigen Generationen sowie Freiräume für die Entwicklung der Vielfalt von wildlebenden Arten und Landschaftsräumen erhalten bleiben und erweitert werden.

Diese Aufgabe verlangt vertiefte Kenntnisse über die Wechselwirkungen zwischen menschlichem Handeln und Veränderungen des Umweltzustandes."

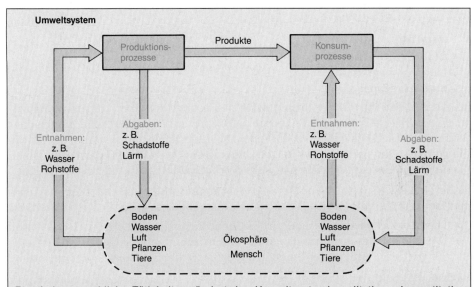

Umweltsystem

Fast jede menschliche Tätigkeit verändert den Umweltzustand qualitativ und quantitativ: Boden, Wasser, Luft, Natur und Landschaft, Tiere und Pflanzen werden für Ernährung, Wohnen, Energieerzeugung, Güterproduktion, Vorratshaltung, Kommunikation und Freizeitgestaltung genutzt. Mit der Nutzung verbundene Abgase, Abwässer, Abfälle, Geräusche, Abwärme und Strahlen werden an die Umwelt abgegeben. Da der Mensch selbst Bestandteil der Natur ist, wirken Umweltveränderungen auf ihn zurück.

Quelle: Umweltbericht 1990, Seite 28/29

Bereiche der Umweltpolitik sind

- Schutz vor Gefahrstoffen,

- Luftreinhaltung,

- Wasserwirtschaft,

- Abfallwirtschaft,

- Naturschutz und Landschaftspflege,

- Bodenschutz,

- Lärmbekämpfung,

- Strahlenschutz, Reaktorsicherheit, Versorgung und Entsorgung der Kernkraftwerke und anderer kerntechnischer Einrichtungen.

Die staatliche Umweltpolitik in der Bundesrepublik Deutschland wird von **drei Prinzipien** getragen:
- **Vorsorgeprinzip,**
- **Verursacherprinzip** und
- **Kooperationsprinzip**

Durch Beachtung des Vorsorgeprinzips soll erreicht werden, daß Gefahren und Belastungen für die Umwelt im voraus erkannt und durch vorbeugende Maßnahmen vermieden werden.

Vorsorge ist
- **Gefahrenabwehr,**
- **Risikovorsorge** und
- **Zukunftsvorsorge.**

Instrument der Umweltvorsorgepolitik ist u. a. die **Umweltverträglichkeitsprüfung.** Durch diese Prüfung soll sichergestellt werden, daß vor Entscheidungen über bestimmte, gesetzlich genannte Vorhaben im öffentlichen und privaten Bereich die Umweltauswirkungen frühzeitig und angemessen berücksichtigt werden (siehe Darstellung **„Gesetz über die Umweltverträglichkeitsprüfung"** auf Seite 385).

Im Bereich der Sicherheit von Produktionsanlagen sind das **Bundes-Immissionsschutzgesetz** und die **Störfallverordnung** ausgebaut worden.

Die **Chemikalienvorsorge** ist durch das **Chemikaliengesetz** und durch eine Reihe von **Verbots-, Beschränkungs- und Höchstmengenvorschriften** weiterentwickelt worden. Damit ist der Umgang mit gefährlichen Stoffen sicherer geworden.

Nach Auffassung der Bundesregierung ist „damit ein aufeinander abgestimmtes System zur Durchsetzung von Umweltverträglichkeit und -sicherheit in allen Phasen – von der Produktion über die Verteilung, den Ge- und Verbrauch bis hin zur Entsorgung – geschaffen" (Umweltbericht 1990).

Durch Beachtung des Verursacherprinzips sollen externe Kosten zu internen Kosten werden (siehe dazu die Seiten 46 und 345).

Verursacherprinzip ist Kostenzurechnungsprinzip
(Auszug aus dem Umweltbericht 1990 der Bundesregierung)
„Das Verursacherprinzip im Umweltschutz ist **Kostenzurechnungsprinzip** und **ökonomisches Effizienzkriterium.** Danach müssen grundsätzlich demjenigen die Kosten einer Umweltbelastung angelastet werden, der für ihre Entstehung verantwortlich ist. Das Verursacherprinzip entspricht damit dem Grundgedanken der Marktwirtschaft.
Die Anwendung des Verursacherprinzips ist der entscheidende **Anstoß für ökologisch wirksame und zugleich ökonomisch effiziente Maßnahmen.** Auf diese Weise werden Eigeninitiative und Kreativität für umweltschonende und zugleich kostengünstige Techniken mobilisiert.
Die öffentliche Hand sollte grundsätzlich nur dann mit den Kosten für die Beseitigung von Umweltschäden belastet werden, wenn der Verursacher nicht oder nicht mehr festgestellt werden kann oder wenn akute Notstände beseitigt werden müssen und dies mit Instrumenten, die mit dem Verursacherprinzip im Einklang stehen, nicht rasch genug erreicht werden kann."

Die Beachtung des Kooperationsprinzips soll bewirken, daß der Umweltschutz durch das Zusammenwirken aller gesellschaftlichen Gruppen erreicht wird.

Nach dem Umweltbericht 1990 umfaßt das **Instrumentarium der Umweltpolitik:**

- **Gebote und Verbote,**
- die **Umweltverträglichkeitsprüfung** (siehe Seite 385),
- die **Technikfolgenabschätzung,**
- **raumbezogene Planungen,**
- **wirtschaftliche Anreize,**
- **Selbstverpflichtungen und Zusagen,**
- **Beratungs- und Informationsleistungen,**
- **umwelterzieherische Aktivitäten.**

11.13.3.1 Umweltpolitik durch Gebote und Verbote (Umweltauflagen)

Wenn der Staat für Unternehmen und Haushalte Verhaltensvorschriften zum Schutze der Umwelt aufstellt, so setzt er **Gebote und Verbote** fest.

Mit Geboten will der Staat ein **bestimmtes Verhalten gegenüber der Umwelt durchsetzen,** mit dem Umweltbelastungen verringert werden sollen.

Mit Verboten will der Staat **umweltbeeinträchtigendes Verhalten unterbinden.**

Eine Übersicht über mögliche Umweltauflagen enthält Seite 103.

> Gebote und Verbote sind **Instrumente der Umweltvorsorgepolitik.**

Der Verursacher von Umweltbelastungen soll zur Einhaltung der Auflagen gezwungen werden und (z.B. durch Einschränkung, Umstellung, Verlagerung oder Stillegung der Produktion) damit die Umweltbelastung verringern und somit externe Kosten vermeiden, die für die Allgemeinheit in Form von Luft-, Wasser- und Bodenbelastungen entstehen.

Mit Geboten und Verboten wird dem Handeln in der Wirtschaft ein rechtlicher Rahmen gesetzt. In zunehmendem Maße sind die europäischen Staaten an Vorgaben der EG gebunden.

Die Wirksamkeit von Umweltauflagen stößt jedoch an Grenzen, weil sie zwar zur Einhaltung der Vorschriften zwingt, häufig jedoch keinen Anreiz auf die Verursacher ausübt, Umweltbelastungen entsprechend dem möglichen technischen Fortschritt so gering wie möglich zu halten.

Nach der **„Verordnung über die Vermeidung von Verpackungsabfällen" (Verpackungsverordnung)**

- müssen **Handel und Hersteller** seit **01.12.1991** ein **Rücknahmesystem für Verpackungen** aufbauen (zur erneuten Verwendung [Mehrweglösung] oder zur stofflichen Verwertung außerhalb der öffentlichen Abfallentsorgung [Recycling-Lösung]),
- hat der **Verbraucher** seit **01.04.1992** das Recht, **Umverpackungen im Laden** zu entfernen und **zurückzulassen,**
- hat der **Handel** ab **01.01.1993** gebrauchte **Verkaufsverpackungen im Laden oder in dessen unmittelbarer Nähe zurückzunehmen** und zu verwerten.

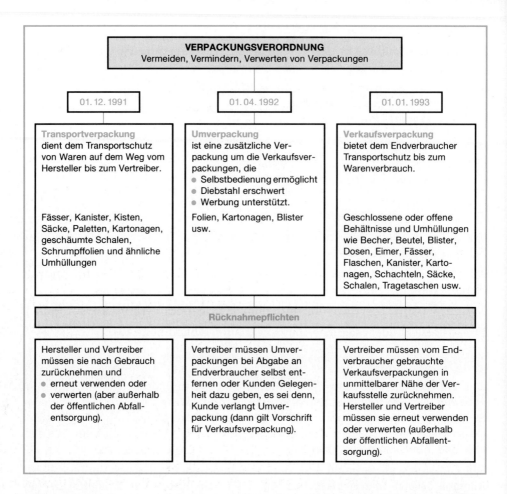

VERPACKUNGSVERORDNUNG
Vermeiden, Vermindern, Verwerten von Verpackungen

01. 12. 1991	01. 04. 1992	01. 01. 1993
Transportverpackung dient dem Transportschutz von Waren auf dem Weg vom Hersteller bis zum Vertreiber.	**Umverpackung** ist eine zusätzliche Verpackung um die Verkaufsverpackungen, die • Selbstbedienung ermöglicht • Diebstahl erschwert • Werbung unterstützt.	**Verkaufsverpackung** bietet dem Endverbraucher Transportschutz bis zum Warenverbrauch.
Fässer, Kanister, Kisten, Säcke, Paletten, Kartonagen, geschäumte Schalen, Schrumpffolien und ähnliche Umhüllungen	Folien, Kartonagen, Blister usw.	Geschlossene oder offene Behältnisse und Umhüllungen wie Becher, Beutel, Blister, Dosen, Eimer, Fässer, Flaschen, Kanister, Kartonagen, Schachteln, Säcke, Schalen, Tragetaschen usw.

Rücknahmepflichten

Hersteller und Vertreiber müssen sie nach Gebrauch zurücknehmen und • erneut verwenden oder • verwerten (aber außerhalb der öffentlichen Abfallentsorgung).	Vertreiber müssen Umverpackungen bei Abgabe an Endverbraucher selbst entfernen oder Kunden Gelegenheit dazu geben, es sei denn, Kunde verlangt Umverpackung (dann gilt Vorschrift für Verkaufsverpackung).	Vertreiber müssen vom Endverbraucher gebrauchte Verkaufsverpackungen in unmittelbarer Nähe der Verkaufsstelle zurücknehmen. Hersteller und Vertreiber müssen sie erneut verwenden oder verwerten (außerhalb der öffentlichen Abfallentsorgung).

Aufgrund der Verpackungsverordnung ist außerdem für **Getränke-Einwegverpackungen** ab 0,2 l Inhalt, für Verpackungen von Wasch- und Reinigungsmittel (ausgenommen Weichverpackungen) ab 0,2 l Inhalt und für Verpackungen von Dispersionsfarben ab 2 kg Inhalt **Pfand** zu erheben.

Unter Auflagen und Vorgaben für die Erfassung, Sortierung und Verwertung von Verpackungen ist es aber auch zulässig, Verpackungen „haushaltsnah" zu sammeln und zu entsorgen (im Hol- und Bringsystem – sog. **duale Abfallwirtschaft).** Dazu ist die Gesellschaft **„Duales System in Deutschland, Gesellschaft für Abfallvermeidung und Sekundärrohstoffgewinnung mbH"** gegründet worden. Sie soll auf privatwirtschaftlicher Basis den Aufbau eines Erfassungs- und Verwertungssystems für Verpackungen organisieren. Alle Verpackungen, die gesammelt und von der Industrie garantiert wiederverwertet werden, können mit dem GRÜNEN PUNKT gekennzeichnet werden.

Der Handel hat sich verpflichtet, die Kosten für den „Grünen Punkt" (z. B. 2 Pfennig für eine 0,7-l-Flasche) im Preis an den Verbraucher weiterzugeben. Die Verpackungsverordnung wird somit zur Herstellung abfallärmerer Produkte anregen.

Grundlage für dieses **Instrument der Umweltvorsorge** ist das **Gesetz über die Umweltverträglichkeitsprüfung.**

Gesetz über die Umweltverträglichkeitsprüfung
vom 12. Februar 1990

§ 1 Zweck des Gesetzes

Zweck dieses Gesetzes ist es, sicherzustellen, daß bei **den in der Anlage zu § 3 aufgeführten Vorhaben zur wirksamen Umweltvorsorge** nach einheitlichen Grundsätzen

1. die **Auswirkungen auf die Umwelt frühzeitig und umfassend ermittelt, beschrieben und bewertet werden,**

2. das **Ergebnis der Umweltverträglichkeitsprüfung so früh wie möglich bei allen behördlichen Entscheidungen über die Zulässigkeit berücksichtigt wird.**

§ 2 Begriffsbestimmungen

(1) Die Umweltverträglichkeitsprüfung ist ein unselbständiger Teil verwaltungsbehördlicher Verfahren, die der Entscheidung über die Zulässigkeit von Vorhaben dienen. Die **Umweltverträglichkeitsprüfung** umfaßt die **Ermittlung, Beschreibung und Bewertung der Auswirkungen eines Vorhabens auf**

1. **Menschen, Tiere und Pflanzen, Boden, Wasser, Luft, Klima und Landschaft** einschließlich der jeweiligen Wechselwirkungen,

2. **Kultur- und sonstige Sachgüter.**

Beispiele für Vorhaben, die der Umweltverträglichkeitsprüfung unterliegen:

● Kraftwerke, Heizkraftwerke und Heizwerke und sonstige Feuerungsanlagen für den Einsatz von festen, flüssigen oder gasförmigen Brennstoffen, soweit die Feuerungswärmeleistung 200 Megawatt übersteigt.

● Kühltürme bei einer ortsfesten kerntechnischen Anlage.

● Anlagen zur Trockendestillation von Steinkohle oder Braunkohle, soweit täglich 500 Tonnen Kohle oder mehr durchgesetzt werden.

● Anlagen zur Vergasung oder Verflüssigung von Kohle, soweit täglich 500 Tonnen oder mehr durchgesetzt werden.

● Anlagen zur Gewinnung von Öl oder Gas aus Schiefer oder anderen Gesteinen oder Sanden, soweit täglich 500 Tonnen oder mehr durchgesetzt werden.

● Anlagen zur Herstellung von Zementklinker mit einer Leistung von 1000 Tonnen je Tag oder mehr.

● Anlagen zur Gewinnung von Asbest sowie zur Be- und Verarbeitung von Asbest und Asbesterzeugnissen.

● Anlagen zur Herstellung von Glas, auch soweit es aus Altglas hergestellt wird.

● Anlagen zur Gewinnung von Zellstoff aus Holz, Stroh oder ähnlichen Faserstoffen mit Hilfe des Sulfataufschlusses.

● Anlagen zur Gewinnung von Roheisen oder Nichteisenrohmetallen.

● Anlagen
  – zur Stahlerzeugung und zugehörige Walzwerke,
  – zum Erschmelzen von Gußeisen oder Rohstahl mit einer Leistung von jährlich 200 000 Tonnen oder mehr.

Beispiele für Vorhaben, die der Umweltverträglichkeitsprüfung unterliegen:

● Schmelzanlagen für Nichteisenmetalle mit einer Leistung von jährlich 100 000 Tonnen oder mehr.

● Anlagen zur fabrikmäßigen Herstellung von Stoffen durch chemische Umwandlung, die mindestens mit einer weiteren derartigen Anlage in einem verfahrenstechnischen Verbund stehen.

● Anlagen zur fabrikmäßigen Herstellung von Metallen oder Nichtmetallen mit Hilfe elektrischer Energie.

● Raffinerien für Erdöl, ausgenommen Schmierstoffraffinerien.

● Anlagen zum Halten oder zur Aufzucht von Geflügel oder zum Halten von Schweinen mit
  a) 42 000 Legehennenplätzen,
  b) 84 000 Junghennenplätzen,
  c) 84 000 Mastgeflügelplätzen,
  d) 1 400 Mastschweineplätzen oder
  e) 500 Sauenplätzen oder mehr.

11.13.3.3 Umweltpolitik durch wirtschaftliche Anreize

Marktorientierte Umweltpolitik will **ökonomische Anreize** geben, um das **Gewinnstreben der Unternehmen in den Dienst des Umweltschutzes** zu stellen.

Im Gegensatz zur Umweltpolitik durch Auflagen bleibt die Planungsautonomie der Unternehmen erhalten. Marktorientierte Umweltpolitik handelt nach dem **Verursacherprinzip.**

Durch Informationen über eine **umweltorientierte Unternehmensführung ("offensives Umweltmanagement")** soll nicht nur die Eigenverantwortlichkeit der Wirtschaft gestärkt, sondern das Gewinnerzielungsinteresse der Unternehmen angesprochen werden.

Investitionsgüter mit integriertem Umweltschutz

Umweltbewußte Betriebe können häufig Investitionsgüter (mit integriertem Umweltschutz) erwerben, die gegenüber umwelttechnisch veralteten Anlagen (Stichwort ,,geschlossene Wasserkreisläufe'') teure Rohstoffe wesentlich besser ausgenutzt, Frischwasser und Energie eingespart und die Abwasserabgabenzahlung gesenkt haben. So hat die Daimler-Benz AG in Stuttgart eine praktisch abwasserfreie Galvanik installiert, die 99,95 % des eingesetzten Chroms auf die Mercedes-Karosserieteile aufbringt. Dieses neue Verfahren ist so rentabel, daß sich die Anlage in nur sechs Monaten (!) amortisiert hat! Das heißt, daß die Millionenbeträge für diese Anlage innerhalb nur eines halben Jahres durch Kostenersparnisse wieder an dieses Unternehmen zurückgeflossen sind.

Quelle: ,,Ökosoziale Marktwirtschaft für Ost und West'' (Lutz Wicke, Lothar de Maizière, Thomas de Maizière), Deutscher Taschenbuchverlag, 1989, S. 111.

Die Förderung eines offensiven Umweltmanagements aus Eigeninteresse ist in einer marktwirtschaftlichen Ordnung der entscheidende umweltpolitische Ansatz, um – über gesetzliche Gebote und Verbote hinaus – den technischen Fortschritt im Dienste des Umweltschutzes wirkungsvoll zu nutzen.

Das Eigeninteresse der Unternehmen kann **durch staatliche Maßnahmen** aktiviert werden.

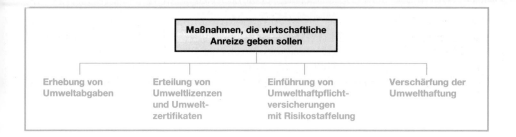

Maßnahmen, die wirtschaftliche Anreize geben sollen			
Erhebung von Umweltabgaben	Erteilung von Umweltlizenzen und Umweltzertifikaten	Einführung von Umwelthaftpflichtversicherungen mit Risikostaffelung	Verschärfung der Umwelthaftung

▶ *Umweltabgaben*

> Die **Erhebung von Umweltabgaben** soll nicht zur Finanzierung bei der Beseitigung von Umweltschäden dienen, sondern einen **Preis für die Nutzung des Produktionsfaktors Umwelt** darstellen.

Umweltabgaben sollen als **Kosten** in die **Preiskalkulation der Unternehmen** eingehen und sich im Preis für die hergestellten Güter niederschlagen.

Mit der Erhebung von Umweltabgaben sollen Unternehmen einen **Anreiz** erhalten, Produktionsverfahren zu entwickeln und Produkte herzustellen, mit denen die durch Umweltabgaben entstehenden Kosten vermieden oder verringert werden können. Umweltabgaben können als Steuern oder als Sonderabgaben erhoben werden.

> **Beispiele für Umweltabgaben:**
>
> Erhöhte Mineralölsteuer auf verbleites Benzin,
> Abwasserabgaben,
> Abgaben zur Lärmbekämpfung, zur Luftreinhaltung und zur Verminderung oder schadlosen Beseitigung von Abfällen.

Umweltabgaben sollen anreizen, die Umweltbelastung einzuschränken, um die Zahlung der Abgaben zu vermeiden.

Die Abgaben führen dazu, daß Unternehmen so lange bemüht sind, die Umweltbelastungen einzuschränken, wie die ihnen entstehenden Vermeidungskosten geringer sind als die Abgabe. Werden die Abgaben hinsichtlich der Höhe richtig dosiert, fördern sie die Entwicklung umweltschützender Produktionsverfahren.

> **Umweltabgaben** sollen einen **Druck zur Entwicklung umweltfreundlicher Produkte** und **umweltfreundlicher Produktionsverfahren** auslösen.

Soweit Umweltabgaben nicht vermieden werden können, müssen sie von den Unternehmen als Kosten in die Preise eingerechnet und auf die Verbraucher abgewälzt werden. Weniger umweltfreundliche Produkte werden dadurch teurer als andere und können **Veränderungen im Nachfrageverhalten der Haushalte** auslösen.

> Umweltabgaben sollen die Produktion und den Verbrauch von Gütern lenken **(Lenkungsabgaben).**

Umweltlizenzen und Umweltzertifikate können das Recht geben, innerhalb einer bestimmten Zeit in einem bestimmten Gebiet eine bestimmte Menge Schadstoffe auszustoßen.

Umweltzertifikate müßten von Umweltbehörden ausgestellt werden, die vorher die schon vorhandene Belastung und daraus errechnet die noch mögliche Belastung der Umwelt, z.B. der Luft, ausrechnen und nur in Höhe der zulässigen Höchstimmissionen Umweltlizenzen ausgeben oder verkaufen dürfen.

Die Zertifikate sind übertragbar. Wenn sich neue Unternehmen in einem Gebiet ansiedeln, können sie Immissionsrechte von anderen Unternehmen erwerben. Dadurch bildet sich ein Preis für Immissionsrechte, also für das Recht, Schadstoffe auszustoßen. Umweltzertifikate würden nur verkauft werden, wenn ihr Preis höher ist als die Kosten, die eine Umstellung der Produktionsverfahren auslöst. Es bestünde ein Anreiz, den Schadstoffausstoß zu verringern.

▶ *Umwelthaftpflichtversicherung*

Eine gesetzlich vorgeschriebene **Umwelthaftpflichtversicherung** würde von den Unternehmen Prämien verlangen und damit das wirtschaftliche Interesse der Unternehmen an einer Risikominderung erhöhen. Die Betreiber von Anlagen mit geringen Risiken zur Umweltgefährdung müßten niedrigere Prämien zahlen als die Betreiber, deren Anlagen ein höheres Umweltrisiko bedeuten.

▶ *Umwelthaftung*

Umwelthaftung bedeutet, daß der Verursacher von Umweltschäden zur Verantwortung gezogen wird. Sie übt daher einen wirtschaftlichen Anreiz aus, die Risiken zu vermeiden, die sich aus Ersatzansprüchen der Geschädigten ergeben können.

Die Umwelthaftung wirkt auf eine fortlaufende Minderung der Umweltbelastungen hin.

Durch das zum 1. Januar 1991 in Kraft getretene Umwelthaftungsgesetz wird die **Gefährdungshaftung auf den Schutz von Boden und Luft ausgedehnt.** Gefährdungshaftung bedeutet, daß der Betreiber einer Anlage auch **ohne Verschulden haftet, wenn ein Schaden eintritt.**

Die Gefährdungshaftung nach dem Umwelthaftungsgesetz gilt für bestimmte gefährliche Anlagen in Industrie und Gewerbe. Sie sind in einer Verordnung im einzelnen aufgeführt. Ausgenommen von der Gefährdungshaftung sind lediglich solche Anlagen, von denen nur Belästigungen für die Umwelt ausgehen.

Beispiele für umweltgefährliche Anlagen:
Anlagen zum Mahlen oder Trocknen von Kohle, zur Gewinnung oder Verarbeitung von Asbest, zur Herstellung von Blei, Akkumulatoren, zur Herstellung von anorganischen Chemikalien, zum Lackieren, zur Tierkörperbeseitigung oder zur Lagerung von Mineralöl.

Nach dem Umwelthaftungsgesetz lösen auch Schäden, die durch einen störungsfreien Normalbetrieb entstehen, die Haftungsfolgen aus.

Eine Ersatzpflicht aus der Gefährdungshaftung, die nach dem Umwelthaftungsgesetz übernommen wird, ist nur ausgeschlossen, wenn der Schaden durch höhere Gewalt verursacht worden ist. **Für eine typische Betriebsgefahr** also, z.B. bei Undichtwerden von Behältern, Leitungen oder Pumpen, **muß in jedem Fall gehaftet werden.**

Selbstverpflichtungen und Zusagen der Wirtschaft für umweltschonendes Verhalten bieten für den Staat die Möglichkeit, auf den Erlaß von Geboten und Verboten zu verzichten, wenn die Einhaltung der Verpflichtungen und Zusagen gewährleistet ist.

Beispiele für Selbstverpflichtungen und Zusagen der Wirtschaft:
Verringerung des Einsatzes von Asbest im Hochbau, Verringerung von bestimmten Waschmittelinhaltsstoffen, Verringerung von Lösemitteln in Lacken, Verringerung von FCKW in Spraydosen;
Entsorgung von FCKW in Kühlschränken, Entsorgung von quecksilberhaltigen Batterien

In Fällen, in denen solche Selbstverpflichtungen zu umweltschonendem Verhalten von der Wirtschaft nicht erfolgen, ist die Regierung gezwungen, Ge- und Verbote zu erlassen.

11.14   Übernationale und internationale Wirtschaftspolitik: Institutionen und ihre Aufgaben

Beispiele für **Institutionen,** die **übernationale und internationale wirtschaftspolitische Aufgaben** zu erfüllen haben, sind

- im Rahmen der **europäischen Wirtschaftspolitik** die Europäischen Gemeinschaften (EG) und das Europäische Währungssystem (EWS),
- im Rahmen **weltweiter Wirtschaftspolitik** der Internationale Währungsfonds (IWF) und die Weltbank, die **Organisation für wirtschaftliche Zusammenarbeit und Entwicklung (OECD)** sowie das **Allgemeine Zoll- und Handelsabkommen (GATT).**

11.14.1   Europäische Wirtschaftspolitik

11.14.1.1   Die europäische Integration

„Europäische Gemeinschaften" (EG) ist eine Sammelbezeichnung für die drei Teilgemeinschaften, die im Rahmen der wirtschaftlichen **Integration Westeuropas** geschaffen worden sind.

Als **Integration** bezeichnet man den **Abbau von zwischenstaatlichen Beschränkungen im Wirtschaftsverkehr,** insbesondere im Waren- und Dienstleistungsverkehr sowie im Kapitalverkehr.

```
                    ┌─────────────────────────────┐
                    │  Europäische Gemeinschaften │
                    └─────────────────────────────┘
         ┌────────────────────┼────────────────────────┐
    Europäische        Europäische Gemeinschaft      Europäische
 Wirtschaftsgemeinschaft    für Kohle und Stahl      Atomgemeinschaft
       (EWG)                      EGKS                 (Euratom)
```

1952 wurde die **Europäische Gemeinschaft für Kohle und Stahl (EGKS)** mit den Mitgliedsländern Belgien, Bundesrepublik Deutschland, Frankreich, Italien, Luxemburg und den Niederlanden geschaffen. Mit dieser Gemeinschaft sollten die Handelsschranken für Kohle- und Stahlerzeugnisse abgebaut werden.

1958 wurden die **Europäische Wirtschaftsgemeinschaft (EWG)** und die Europäische Atomgemeinschaft (Euratom) geschaffen.

Die EWG ist die bedeutendste europäische Gemeinschaft; auf ihrer Grundlage soll ein **gemeinsamer Markt in Europa (Europäischer Binnenmarkt)** entstehen. Gründerstaaten sind Belgien, die Bundesrepublik Deutschland, Frankreich, Italien, Luxemburg und die Niederlande. 1973 sind Dänemark, Großbritannien und Irland, 1981 Italien, 1986 Spanien und Portugal beigetreten.

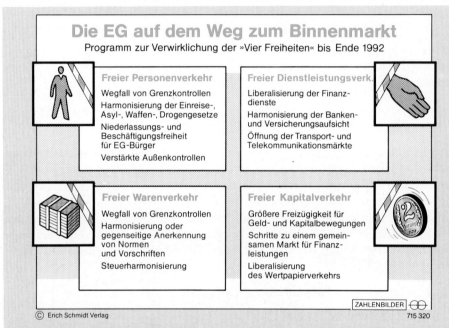

Die EG auf dem Weg zum Binnenmarkt
Programm zur Verwirklichung der »Vier Freiheiten« bis Ende 1992

Freier Personenverkehr
Wegfall von Grenzkontrollen
Harmonisierung der Einreise-, Asyl-, Waffen-, Drogengesetze
Niederlassungs- und Beschäftigungsfreiheit für EG-Bürger
Verstärkte Außenkontrollen

Freier Dienstleistungsverk.
Liberalisierung der Finanzdienste
Harmonisierung der Banken- und Versicherungsaufsicht
Öffnung der Transport- und Telekommunikationsmärkte

Freier Warenverkehr
Wegfall von Grenzkontrollen
Harmonisierung oder gegenseitige Anerkennung von Normen und Vorschriften
Steuerharmonisierung

Freier Kapitalverkehr
Größere Freizügigkeit für Geld- und Kapitalbewegungen
Schritte zu einem gemeinsamen Markt für Finanzleistungen
Liberalisierung des Wertpapierverkehrs

© Erich Schmidt Verlag

ZAHLENBILDER
715 320

Die EG auf dem Weg zum Binnenmarkt
Schon der Gründungsvertrag der Europäischen Wirtschaftsgemeinschaft von 1957 sah die Errichtung eines alle Mitgliedstaaten umfassenden Gemeinsamen Marktes vor. Doch während die Zollschranken zwischen den beteiligten Ländern innerhalb weniger Jahre abgebaut wurden, ließ die Verwirklichung der anderen Elemente eines Gemeinschaftsmarkts – nämlich die Abschaffung der Grenzkontrollen innerhalb der Gemeinschaft und die Liberalisierung des Personen-, Dienstleistungs- und Kapitalverkehrs – weiter auf sich warten. Erst 1985 einigten sich die EG-Mitgliedstaaten auf das Ziel, bis Ende 1992 alle noch bestehenden Schranken innerhalb der Gemeinschaft zu beseitigen und damit einen echten Binnenmarkt zu schaffen.

Am **1. Juli 1990** ist die erste Stufe der Europäischen Währungs- und Wirtschaftsunion in Kraft getreten. Sie sieht eine völlige Liberalisierung des Kapitalverkehrs und eine engere Koordinierung der Wirtschafts- und Währungspolitik vor. Die meisten EG-Staaten haben bereits alle Devisenbeschränkungen abgeschafft. Mit Ausnahme Spaniens, Portugals und Griechenlands sowie Irlands bildet die EG damit einen einheitlichen Finanzraum.

Zum 1. Januar 1994 ist das **Inkrafttreten der zweiten Stufe** vorgesehen. Es soll ein **Europäisches Währungsinstitut** gegründet werden, das eine Reihe währungspolitischer Aufgaben wahrnehmen soll, ohne jedoch bereits für die Geldpolitik in

Europa zuständig zu sein. Das Europäische Währungsinstitut soll Vorläufer des später zu schaffenden Europäischen Systems der Zentralbanken sein.

Der **Vollzug der dritten Stufe** der Europäischen Wirtschafts- und Währungsunion ist für den **1. Januar 1997 bzw. 1. Januar 1999** vorgesehen. Dann soll damit begonnen werden, die nationalen Währungen durch eine **europäische Gemeinschaftswährung** zu ersetzen. Im Rahmen des Europäischen Systems der Zentralbanken wird neben den nationalen Zentralbanken eine **Europäische Zentralbank** arbeiten, die für die gemeinsame Geldpolitik in Europa verantwortlich und dabei nicht an Weisungen der Regierungen gebunden sein wird.

> In die Europäische Wirtschafts- und Währungsunion werden nur die Staaten aufgenommen, die **bestimmte Aufnahmevoraussetzungen** erfüllen.

So darf z.B. die Inflationsrate eines Landes eine bestimmte Grenze nicht übersteigen. Die jährliche Neuverschuldung eines Staates darf nicht mehr als 3% des im Inland erwirtschafteten Sozialprodukts betragen. Auch das Zinsniveau eines Landes muß unterhalb einer bestimmten Grenze liegen.

> Die **EG** und die **EFTA** haben am 22.10.91 beschlossen, ihre **19 Länder ab 01.09.93** zum **Europäischen Wirtschaftsraum** zusammenzuschließen.

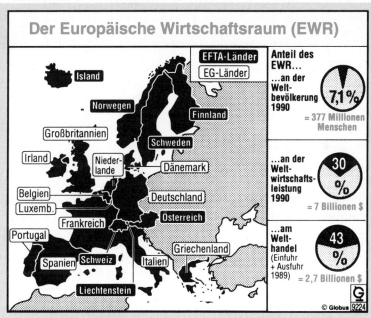

Der Europäische Wirtschaftsraum (EWR)

EFTA-Länder
EG-Länder

Island
Norwegen
Finnland
Großbritannien
Schweden
Irland
Niederlande
Dänemark
Belgien
Deutschland
Luxemb.
Österreich
Frankreich
Portugal
Griechenland
Spanien Schweiz Italien
Liechtenstein

Anteil des EWR...
...an der Weltbevölkerung 1990 **7,1%** = 377 Millionen Menschen
...an der Weltwirtschaftsleistung 1990 **30%** = 7 Billionen $
...am Welthandel (Einfuhr + Ausfuhr 1989) **43%** = 2,7 Billionen $

© Globus 9224

Die sieben Mitgliedsländer der Europäischen Freihandelszone (European Free Trade Association = EFTA) haben mit der EG ein Abkommen geschlossen, das **ab 1993** den **gemeinsamen Europäischen Wirtschaftsraum (EWR)** für die **sieben EFTA-Länder** und die **zwölf EG-Länder** vorsieht. In diesem Wirtschaftsraum sollen mit wenigen Einschränkungen die gleichen „**vier Freiheiten**" gelten, die ab 1993 für den EG-Binnenmarkt vorgesehen sind: **Freier Warenverkehr, freier Dienstleistungsverkehr, freier Kapitalverkehr, freier Personenverkehr.** Damit schaffen die Europäer den **kaufkräftigsten Markt der Welt.**

Die folgende Abbildung zeigt einen **Vergleich** der drei Wirtschaftsräume **EWR, USA und Japan:**

Auch auf die **osteuropäischen Staaten,** die in ihren Ländern die Marktwirtschaft einführen oder schon eingeführt haben, übt die EG eine starke Anziehungskraft aus. Mehrere dieser Staaten streben eine Mitgliedschaft in den Europäischen Gemeinschaften an.

11.14.1.2 Organe der Europäischen Gemeinschaften

Die drei Teilgemeinschaften hatten ursprünglich getrennte Organe (Ausnahmen: das Europäische Parlament und der Europäische Gerichtshof). Bereits 1967 erhielten sie **gemeinsame Organe.** Es sind

- der **Rat der EG (Europäischer Rat** und **Ministerrat,** der aus je einem Regierungsmitglied der EG-Länder besteht und **gesetzgeberische Funktion** hat. Er erläßt Verordnungen [in jedem Mitgliedsland unmittelbar geltendes Recht], Richtlinien [in den Mitgliedstaaten durch die eigene Gesetzgebung in nationales Recht umzusetzen] und Empfehlungen),

- die **Kommission der EG** (sie erfüllt vollziehende und verwaltende Aufgaben, kann aber auch Verordnungen erlassen. Sie besteht aus 17 Mitgliedern, die von den Regierungen ernannt werden),

- das **Europäische Parlament** (die direkt gewählten 518 Abgeordneten haben gegenüber der Kommission eng begrenzte Beratungs- und Kontrollbefugnisse),

- der **Europäische Gerichtshof** (er hat die Aufgabe, bei der Anwendung und Auslegung der Verträge über die drei Teilgemeinschaften die Rechtsanwendung zu sichern).

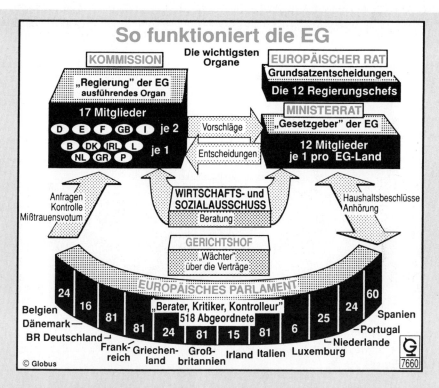

So funktioniert die EG

Die wichtigsten Organe

KOMMISSION

„Regierung" der EG
ausführendes Organ

17 Mitglieder

D E F GB I je 2
B DK IRL L je 1
NL GR P

EUROPÄISCHER RAT

Grundsatzentscheidungen

Die 12 Regierungschefs

MINISTERRAT

„Gesetzgeber" der EG

12 Mitglieder
je 1 pro EG-Land

Vorschläge
Entscheidungen

Anfragen
Kontrolle
Mißtrauensvotum

WIRTSCHAFTS- und SOZIALAUSSCHUSS
Beratung

Haushaltsbeschlüsse
Anhörung

GERICHTSHOF
„Wächter"
über die Verträge

EUROPÄISCHES PARLAMENT

„Berater, Kritiker, Kontrolleur"
518 Abgeordnete

| 24 | 16 | 81 | 81 | 24 | 81 | 15 | 81 | 6 | 25 | 24 | 60 |

Belgien
Dänemark
BR Deutschland
Frankreich
Griechenland
Großbritannien
Irland
Italien
Luxemburg
Niederlande
Portugal
Spanien

© Globus

G
7660

Auf die Frage, welches Organ das „Herz" der EG ist, gibt es keine eindeutige Antwort. Einerseits geht nichts ohne den **Ministerrat** – zusammengesetzt aus den jeweiligen Fachministern der Mitgliedsländer; seine Beschlüsse haben Gesetzeskraft. Andererseits darf der Ministerrat nur über Vorschläge beschließen, die von der **EG-Kommission** kommen. Die Kommission hat den Sachverstand ihrer EG-Beamten hinter sich, um Vorschläge auszuarbeiten und – wenn der Ministerrat sie zum Beschluß erhebt – auch auszuführen. Kommission und Ministerrat arbeiten ähnlich zusammen wie Regierung und Gesetzgeber. Der Ministerrat hat einen **„Europäischen Rat"** über sich, der aus den Regierungschefs der Mitgliedsländer besteht. Er faßt keine verbindlichen Beschlüsse, weist aber die Richtung, in der es mit der EG weitergehen soll. – Das **Europäische Parlament** ist im Vergleich zu diesen EG-Organen noch unterentwickelt. Es kann zwar mit Zweidrittelmehrheit die EG-Kommission zum Rücktritt zwingen, es kann auch bei Haushaltsfragen mitwirken und mitbestimmen, es kann kontrollieren und anregen. Aber das parlamentarische Grundrecht, nämlich Gesetze zu beschließen, hat es nicht – noch nicht.

Die Haushalte der drei Teilgemeinschaften sind vereinigt. Zölle und Abschöpfungen im Rahmen der Europäischen Agrarmarktordnung (siehe den folgenden Abschnitt) bilden wichtige Einnahmen der EG. Die EG erhält außerdem aus dem Mehrwertsteueraufkommen in den Mitgliedsländern einen Anteil (siehe Abbildung auf Seite 407). Damit finanziert sich die EG vollständig aus eigenen Mitteln.

Für landwirtschaftliche Erzeugnisse sind in der Europäischen Wirtschaftsgemeinschaft **Marktordnungen** geschaffen worden, mit denen in die Marktabläufe eingegriffen wird. Durch eine gemeinsame europäische Agrarpolitik soll nicht nur die Versorgung der Bevölkerung zu angemessenen Preisen sichergestellt, sondern auch die Einkommen in der Landwirtschaft erhalten und gesteigert werden.

> Die **Marktordnungen,** die für alle wichtigen Agrarprodukte eingeführt sind, **schützen die landwirtschaftlichen Binnenmärkte der EG vor den Weltagrarmärkten.**

Die Erzeugerpreise und die Verbraucherpreise sind in der EG höher als die Welthandelspreise.

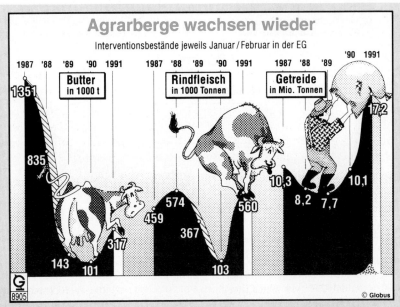

Agrarproblem nicht gelöst: Die Agrarpolitiker der EG fürchten die Agrarberge – also die sich in Kühlhäusern und Lagerhallen anhäufenden unverkäuflichen Erzeugnisse. Denn diese Berge sind ein sichtbarer Beweis dafür, daß mit der EG-Agrarpolitik etwas nicht stimmt. Kann es doch unmöglich sinnvoll sein, wenn in der EG teure Nahrungsmittel erzeugt werden, die zu den festgesetzten Preisen niemand haben will, die deshalb vom Staat aufgekauft, eingelagert und schließlich verbilligt auf dem Weltmarkt verschleudert werden müssen – unter hohem Aufwand an Lagerkosten und Subventionen und zum Ärger der anderen Anbieter auf den Welt-Agrarmärkten. Eine Zeitlang war es mit großem finanziellen Einsatz gelungen, die Agrarberge abzubauen. Aber nun wachsen die Bestände wieder, die Butter- und Rindfleischbestände seit 1990, die Getreidebestände schon seit 1989. Dies zeigt, daß das Grundproblem der EG-Agrarpolitik immer noch nicht gelöst ist. Es lautet: Wie kann man die EG-Landwirte davon abbringen, mehr zu produzieren, als zu den festgesetzten Preisen in der EG abgesetzt werden kann? Die EG setzt zur Lösung des Problems eher auf eine Strategie der sinkenden Agrarpreise, die auf die bäuerlichen Einkommen durchschlägt und schließlich viele Landwirte zwingen würde, ihren Beruf aufzugeben. Die Bundesregierung bevorzugt dagegen Flächenstillegungen, Produktionsquoten und andere Maßnahmen zur direkten Beschränkung des Agrarangebots.

Durch die Marktordnungen sind **Mindestpreise für landwirtschaftliche Produkte in Europa** festgesetzt worden. Das hat folgende Konsequenzen:

- Sinken die Preise für landwirtschaftliche Erzeugnisse in der EG aufgrund steigender Produktion unter diese Mindestpreise, werden die Agrarprodukte von der EG aufgekauft und gelagert. Diese Aufkäufe werden als **Marktinterventionen** bezeichnet.

- Bei Einfuhren von landwirtschaftlichen Erzeugnissen aus Staaten, die nicht der EG angehören, werden **Einfuhrabgaben** erhoben, um die Einfuhrpreise an die in der EG geltenden Mindestpreise anzuheben.

- Bei Ausfuhr von landwirtschaftlichen Produkten in Staaten außerhalb der EG werden den Landwirten **Ausfuhrbeihilfen** gewährt, die die Differenz zwischen den EG-Preisen und den Welthandelspreisen ausgleichen.

> In der EG besteht für landwirtschaftliche Produkte ein **Interventionssystem** und ein **Abschöpfungssystem,** das aus der Erhebung von Einfuhrabgaben und Gewährung von Ausfuhrbeihilfen besteht.

Produktivitätsfortschritt und Mindestpreissystem sowie das Abschöpfungssystem haben zu einer **Überschußproduktion** in der EG geführt.

Da eine Steigerung der Ausfuhr aufgrund der niedrigen Weltmarktpreise nicht möglich ist, wird versucht, durch Einführung von Produktionsobergrenzen (z.B. Kontingentierung durch Milchquoten) oder Gewährung von Stillegungsprämien für Ackerflächen das Angebot an landwirtschaftlichen Produkten zu verringern.

11.14.1.4 Das Europäische Währungssystem (EWS)

> Das **Europäische Währungssystem (EWS)** ist das **Währungssystem der Europäischen Gemeinschaften (EG),** das zwischen den EG-Mitgliedstaaten relativ feste Wechselkurse geschaffen hat.

Das EWS wurde **1979** ins Leben gerufen, um die wirtschaftlichen Beziehungen in der Europäischen Wirtschaftsgemeinschaft (EWG) zu festigen. Mitglieder sind Belgien, Dänemark, die Bundesrepublik Deutschland, Frankreich, Irland, Italien, Luxemburg, Niederlande, Spanien, Portugal, Griechenland und Großbritannien (Portugal und Griechenland haben noch eine Sonderstellung).

> Als **Wechselkurse** werden die **Preise für ausländische Zahlungsmittel (Devisen)** bezeichnet. Sie werden auch **Devisenkurse** genannt. Devisen sind Zahlungsmittel in ausländischer Währung.

Devisen werden auf Märkten gehandelt **(Devisenmärkte).** Auf Devisenmärkten bieten Exporteure die in ausländischen Währungen erhaltenen Erlöse aus Ausfuhrgeschäften an, um einheimische Währung zu erhalten. Importeure fragen ausländische Währungen nach, um damit Einfuhren zu bezahlen. Als Anbieter und Nachfrager auf den Devisenmärkten treten auch Geldanleger auf, die Geldbeträge von einem Land in ein anderes Land übertragen wollen, um sie zinsgünstig anzulegen. Die Devisenmärkte mit amtlicher Feststellung von Preisen in Form von **Kursen** werden als Devisenbörse bezeichnet. Die amtliche Devisenkursfeststellung heißt **Notierung.**

Im Europäischen Währungssystem ist für die Währung eines jeden Mitgliedstaates ein **festes Wertverhältnis** zu den Währungen jedes anderen Mitgliedstaates festgelegt. Dieses Wertverhältnis bezeichnet man als **Leitkurs.** An den Devisenbörsen kann der amtliche Devisenkurs, der sich aufgrund von Angebot und Nachfrage bildet, für jede Währung nur **um 2,25 % nach oben** und nur **um 2,25 % nach unten von dem offiziell festgelegten Leitkurs entfernen.** Es ergeben sich also Höchstkurse und Niedrigstkurse, die die Abweichungen der Marktpreise von den Leitkursen begrenzen.

Beispiele für Devisenkurse

Amtliche Devisenkurse am 21. 02. 92		Geld	Brief
USA	1 Dollar	1,6495	1,6575
Großbrit.	1 £	2,877	2,891
Irland	1 Ir £	2,663	2,677
Kanada	1 Dollar	1,3931	1,4011
Niederl.	100 hfl	88,780	89,000
Schweiz	100 sfr	110,560	110,760
Belgien	100 bfrs	4,853	4,873
Frankreich	100 FF	29,325	29,485
Dänemark	100 dKr	25,745	25,865
Norwegen	100 nKr	25,470	25,590
Schweden	100 sKr	27,500	27,660
Italien	1000 Lire	1,3270	1,3370
Österreich	100 öS	14,192	14,232
Spanien	100 Ptas	1,591	1,602
Portugal	100 Esc.	1,153	1,173
Japan	100 Yen	1,2810	1,2840
Finnland	100 Fmk	36,450	36,650

Beispiel: Höchst- und Niedrigstkurse für 100 französische Franken an der deutschen Devisenbörse in Frankfurt am Main

Der zwischen Frankreich und Deutschland vereinbarte **Leitkurs für 100 französische Franken (FF)** beträgt 29,45 DM.

Der Kurs an der deutschen Devisenbörse für 100 FF darf um 2,25 % steigen, d. h. bis auf 30,495 DM. Wird dieser **Höchstkurs** aufgrund einer hohen Nachfrage nach FF erreicht, muß die Deutsche Bundesbank **eingreifen (intervenieren)** und an der deutschen Devisenbörse FF verkaufen. Das zusätzliche Angebot an FF auf dem Markt soll bewirken, daß der Kurs nicht über den Höchstkurs hinaus steigt.

Umgekehrt hat die Bundesbank die Pflicht, an der deutschen Devisenbörse FF aufzukaufen, wenn der Kurs für 100 FF unter 29,15 DM abzusinken droht. Der Kurs darf nämlich nur um 2,25 % von 29,45 DM sinken. 29,15 DM ist der **Niedrigstkurs.**

Die Grafik zeigt, daß am 21. Februar 1992 der Kurs für 100 FF mit 29,405 DM innerhalb der vorgesehenen Bandbreite von 29,15 DM (Niedrigstkurs) und 30,495 DM (Höchstkurs) war und daher kein **Eingriff (Intervention)** erfolgte.

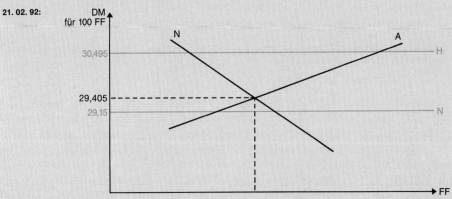

21. 02. 92:

© Verlag Gehlen

Zu beachten ist, daß die Höchst- und Niedrigstkurse für die Feststellung der **Mittelkurse** an der Frankfurter Devisenbörse gelten. 29,405 DM ist der am 21.02.92 amtlich festgestellte Mittelkurs. Unter Abzug von 0,08 DM errechnet sich der **Geldkurs,** zu dem eine Bank oder Sparkasse von ihren Kunden Devisen ankauft (29,325 DM – siehe Übersicht auf Seite 396). Unter Aufschlag von 0,08 DM errechnet sich der **Briefkurs,** zu dem eine Bank oder Sparkasse an ihre Kunden Devisen verkauft (29,485 DM – siehe Übersicht auf Seite 396).

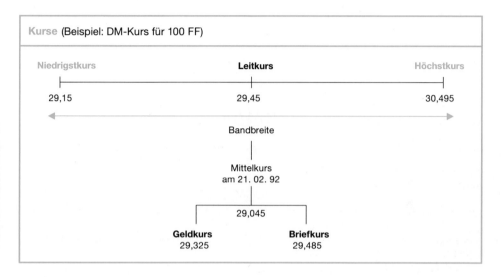

Kurse (Beispiel: DM-Kurs für 100 FF)

Niedrigstkurs	Leitkurs	Höchstkurs
29,15	29,45	30,495

Bandbreite

Mittelkurs
am 21. 02. 92

29,045

Geldkurs   **Briefkurs**
29,325   29,485

Für die Währung Griechenlands ist noch kein Interventionspunkt festgesetzt worden. Für die Währung Großbritanniens (£ Sterling) und Portugals sind Höchst- und Niedrigstkurse vereinbart worden, die um 6 % nach oben bzw. um 6 % nach unten vom Leitkurs abweichen dürfen.

Als **Recheneinheit** und als **Maßstab für den Wert** der am Europäischen Währungssystem beteiligten Währungen dient die Europäische Währungseinheit (European Currency Unit – ECU). Sie setzt sich, wie die Abbildung auf Seite 398 zeigt, aus bestimmten Anteilen der einzelnen Währungen der Mitgliedstaaten zusammen. Für die ECU wird aufgrund der zweiseitigen Leitkurse ein sog. ECU-Leitkurs errechnet. Er drückt den Wert einer Währung in ECU aus.

Die Leitkurse zwischen den Währungen und die ECU-Leitkurse der einzelnen Währungen können im Europäischen Währungssystem durch Absprache zwischen den Mitgliedstaaten geändert werden. Diese Veränderungen der offiziellen Wertverhältnisse können in bestimmten wirtschaftlichen Situationen notwendig sein. Bei einer Wertveränderung werden durch **Aufwertung** oder **Abwertung** der eigenen Währung die Leitkurse und der ECU-Leitkurs neu festgelegt.

Bei einer **Aufwertung der eigenen Währung** wird der Preis (Kurs) für eine andere ausländische Währung herabgesetzt.

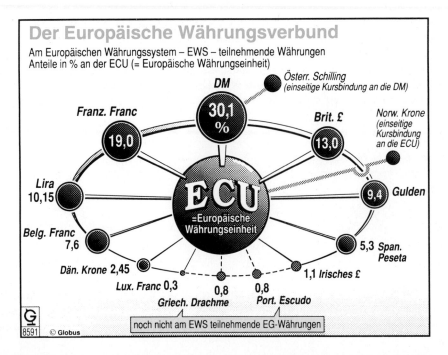

Der Europäische Währungsverbund

Am Europäischen Währungssystem – EWS – teilnehmende Währungen
Anteile in % an der ECU (= Europäische Währungseinheit)

DM **30,1 %**

Österr. Schilling *(einseitige Kursbindung an die DM)*

Franz. Franc **19,0**

Brit. £ **13,0**

Norw. Krone *(einseitige Kursbindung an die ECU)*

Lira **10,15**

ECU =Europäische Währungseinheit

9,4 Gulden

Belg. Franc **7,6**

5,3 Span. Peseta

Dän. Krone **2,45**

1,1 Irisches £

Lux. Franc **0,3**

Griech. Drachme **0,8**

Port. Escudo **0,8**

noch nicht am EWS teilnehmende EG-Währungen

8591 © Globus

Würde z.B. die Deutsche Mark gegenüber dem französischen Franken (FF) aufgewertet, wie es in der Vergangenheit schon der Fall war, dann würde der Preis für 100 FF in DM gesenkt, d.h. der Wert der DM gegenüber dem französischen Franken würde größer.

Bei einer **Abwertung der eigenen Währung** wird der Preis (Kurs) für eine andere ausländische Währung heraufgesetzt.

11.14.2 Wichtige internationale Institutionen und Abkommen: Internationaler Währungsfonds und Weltbank sowie Allgemeines Zoll- und Handelsabkommen

Auf der Konferenz der Vereinten Nationen (UN) wurde **1944** in **Bretton Woods (USA)** von 44 Ländern ein Abkommen über die Neuordnung des internationalen Weltwährungssystems nach dem Zweiten Weltkrieg beschlossen, durch das

- der **Internationale Währungsfonds (IWF)** und
- die **Weltbank**

errichtet worden sind.

Der **Internationale Währungsfonds** wurde vor allem geschaffen, um ein System fester Wechselkurse aufzubauen. Die **Weltbank** hatte die Aufgabe, den Wiederaufbau und die wirtschaftliche Entwicklung in den Mitgliedstaaten mit zu finanzieren.

Auch heute noch hat der Internationale Währungsfonds die Aufgabe, die internationale währungspolitische Zusammenarbeit zu fördern, den Welthandel zu erleichtern, zur Aufrechterhaltung geordneter Währungsbeziehungen zwischen den Mitgliedstaaten beizutragen und die Mitgliedstaaten im Bedarfsfall durch die Bereitstellung von befristeten Devisenkrediten zu unterstützen.

Jedes Mitgliedsland ist in dem einmal jährlich tagenden Gouverneursrat vertreten. Dieser leitet den Internationalen Währungsfonds. Die Geschäftsführung liegt in den Händen des Exekutivrates, der aus Direktoren besteht.

Seit Anfang der siebziger Jahre haben die Bestimmungen über die Einhaltung fester Wechselkurse keine Gültigkeit mehr. Die Kurse der Währungen der Mitgliedsländer können frei schwanken (freie Wechselkurse).

Das **Allgemeine Zoll- und Handelsabkommen (General Agreement on Tarrifs and Trade – GATT)** entstand ebenfalls nach Beendigung des Zweiten Weltkriegs. Es sollte helfen, die weltwirtschaftlichen Beziehungen neu zu ordnen.

Das GATT ist ein Vertragswerk zwischen etwa 100 Staaten, das auf die Ausweitung des Welthandels abzielt und damit helfen will, die Vollbeschäftigung in den Mitgliedstaaten zu sichern. Hierfür sollen **Zölle und andere Handelsbeschränkungen im internationalen Wirtschaftsverkehr abgebaut und beseitigt werden.** Von Zeit zu Zeit werden GATT-Verhandlungen durchgeführt, um den Abbau der Zölle voranzutreiben.

11.14.3 Die Organisation für wirtschaftliche Zusammenarbeit und Entwicklung (OECD)

Die Organisation für wirtschaftliche Zusammenarbeit und Entwicklung (Organization for Economic Cooperation and Development – OECD) verfolgt das Ziel, eine günstige Wirtschaftsentwicklung in ihren Mitgliedstaaten zu fördern und den Welthandel auszuweiten. Die OECD hat ihren Sitz in Paris; der Organisation gehören als Mitglieder an: Belgien, die Bundesrepublik Deutschland, Dänemark, Frankreich, Griechenland, Großbritannien, Irland, Italien, Luxemburg, Niederlande, Finnland, Norwegen, Österreich, Portugal, Schweden, Schweiz, Australien, Island, Japan, Kanada, Neuseeland, Spanien, Türkei und die USA.

Allgemeine Beachtung finden die Veröffentlichungen der OECD über die Wirtschaftslage in ihren Mitgliedstaaten und die halbjährlichen Konjunkturprognosen.

11.15 Multinationale Unternehmen

Als **multinationale Unternehmen** werden solche Unternehmen angesehen, die **in mehreren Staaten über Tochtergesellschaften, Zweigniederlassungen oder Betriebsstätten verfügen** und im Vergleich zu nationalen Unternehmen über eine **beträchtliche Unternehmensgröße** verfügen, so daß sie die Möglichkeit haben, die Märkte zu beeinflussen.

Multinationalität wird dann angenommen, wenn das Unternehmen außer im Land mit dem ursprünglichen Sitz in mindestens zwei weiteren Ländern vertreten ist.

Multinationale Unternehmen entstehen dadurch, daß Beteiligungen an ausländischen Unternehmungen erworben werden oder im Ausland Neugründungen erfolgen. Beide Vorgehensweisen werden als sog. **Direktinvestitionen** bezeichnet.

Für die **Entstehung** und für die **Ausweitung von multinationalen Unternehmen** werden u. a. folgende **begünstigende Umstände** angeführt:

- Es bestehen zwischen verschiedenen Ländern **Unterschiede in der Höhe der Lohnkosten, in der Verfügbarkeit von Arbeitskräften, Rohstoffen und Energie.**

- Es bestehen zwischen verschiedenen Ländern **Unterschiede in bedeutsamen rechtlichen Regelungen,** z. B. in der Frage der Besteuerung der Unternehmen oder in der Frage der Regelung der Mitbestimmung der Arbeitnehmer oder in der Frage der steuerlichen Begünstigung von Investitionen.

- Ein Anreiz, in einem anderen Land eine Niederlassung zu errichten, kann auch dadurch gegeben sein, daß dieses Land **Importe aus anderen Staaten erschwert.**

- Auch **Transportkostenersparnisse** können Direktinvestitionen in einem anderen Land begünstigen.

Wegen der Möglichkeiten, aufgrund der Unternehmensgröße Märkte zu beeinflussen, und wegen der sehr hohen Zahl der in einem multinationalen Unternehmen beschäftigten Mitarbeiter (beim IBM-Weltkonzern z. B. 373 000) stehen multinationale Unternehmen stark im Blickpunkt des öffentlichen Interesses. Als **positive Wirkung multinationaler Unternehmen** wird vor allem die **Förderung der internationalen Arbeitsteilung** sowie die **Förderung der weltwirtschaftlichen Beziehungen** genannt.

Von multinationalen Unternehmen können auch **negative Wirkungen** ausgehen. Dabei wird vorrangig darauf hingewiesen, daß multinationale Unternehmen aufgrund ihrer Größe auf den nationalen Märkten leicht eine **marktbeherrschende Stellung** einnehmen können und dadurch den **Wettbewerb beschränken.** Der Marktmechanismus kann beeinträchtigt werden, wenn die multinationalen Unternehmen Preisforderungen für ihre Produkte stellen, die sich nicht nach den Gegebenheiten des Marktes richten, sondern von den konzernintern bestehenden Möglichkeiten bestimmt werden, sog. Verrechnungspreise zu bilden mit dem Ziel, Gewinne in die Staaten zu verlagern, in denen sie besonders steuerbegünstigt sind.

Die Frage, ob ein multinationales Unternehmen in seinem Stammland Arbeitsplätze gefährdet, wird unterschiedlich beantwortet. Eine Untersuchung der Internationalen Arbeitsorganisation in Genf hat ergeben, daß die Zahl der Beschäftigten bei den multinationalen Unternehmen in den Gastländern stärker gestiegen ist als in den Mutterländern. Allerdings nahm trotz der Zunahme der Beschäftigtenzahl in den Gastländern die Zahl der Arbeitsplätze in den Mutterländern nicht ab.

1 Wirtschaftspolitische Ziele

Welches sind die wirtschaftspolitischen Ziele, die im Stabilitätsgesetz genannt werden?

a) hoher Beschäftigungsstand
b) gerechte Einkommensverteilung
c) ausgeglichene Handelsbilanz
d) hohes Investitionsniveau
e) außenwirtschaftliches Gleichgewicht
f) Schutz der Umwelt
g) hohes Wirtschaftswachstum
h) Stabilität des Preisniveaus
i) stetiges, angemessenes Wirtschaftswachstum
j) Förderung der Vermögensbildung der Arbeitnehmer
k) Verbesserung der Infrastruktur
l) Wahrung der Tarifautonomie

2 Magisches Viereck

Aus welchem Grunde spricht man bei den wirtschaftspolitischen Zielen des Stabilitätsgesetzes von einem magischen Viereck?

a) Die Verfolgung eines der wirtschaftspolitischen Ziele läßt die anderen unberührt.
b) Die Annäherung an ein Ziel ist verbunden mit der Entfernung von einem anderen oder von mehreren anderen Zielen.
c) Die Verwirklichung eines der wirtschaftspolitischen Ziele begünstigt zugleich die Annäherung an ein anderes Ziel.

3 Konjunktur und Konjunkturentwicklung

Im Jahresgutachten des Sachverständigenrates zur Begutachtung der gesamtwirtschaftlichen Entwicklung ist zu lesen:

„Die deutliche Verbesserung der Unternehmenserträge, günstige Exporterwartungen, die höhere Kapazitätsauslastung und die wachsende Bereitschaft zur Modernisierung sowie die annähernde Preisstabilität werden die konjunkturelle Situation positiv beeinflussen, obwohl die hohe Arbeitslosigkeit Sorgen bereitet."

a) Welche Bedeutung hat der Sachverständigenrat?
b) Welche Konjunkturphase wird erwartet?
c) Wie ist es zu erklären, daß trotz der erwarteten Entwicklung nicht mit einem nennenswerten Abbau der Arbeitslosigkeit gerechnet wird?

4 Konjunkturpolitik

a) Welches Ziel wird mit der Konjunkturpolitik verfolgt?
b) Welche Bedeutung kommt dem Bund, der Deutschen Bundesbank und den Gewerkschaften im Rahmen der Konjunkturpolitik zu?

5 Deflatorische und inflatorische Lücke

Geben Sie an, welche gesamtwirtschaftlichen Situationen jeweils kennzeichnend sind für
① eine deflatorische Lücke
② eine inflatorische Lücke

Ordnen Sie zu!
a) Die gesamtwirtschaftliche Nachfrage ist geringer als das gesamtwirtschaftliche Angebot.
b) Produktion und Beschäftigung sind rückläufig.

c) Es wird weniger gespart als investiert.

d) Die gesamtwirtschaftliche Nachfrage ist höher als das gesamtwirtschaftliche Angebot.

e) Produktion und Beschäftigung nehmen zu; es sind Preissteigerungen zu beobachten.

f) Es wird mehr gespart als investiert.

6 Der Staat in der Wirtschaftspolitik

Welche Aussagen kennzeichnen das Verhalten des Staates in der Sozialen Marktwirtschaft richtig?

a) Der Staat nimmt keinen Einfluß auf das Wirtschaftsgeschehen.

b) Der Staat setzt Rahmenbedingungen und Ordnungsnormen.

c) Der Staat schützt das Privateigentum unbegrenzt.

d) Der Staat nimmt mit marktgerechten Mitteln Einfluß auf das Wirtschaftsgeschehen.

e) Der Staat muß bei Maßnahmen der Konjunkturpolitik in erster Linie auf soziale Ausgewogenheit achten.

f) Der Staat setzt Lohnleitlinien für die Verhandlungen der Tarifpartner.

7 Preisindex

Der Preisindex für die Lebenshaltung aller privaten Haushalte betrug im Berichtsjahr 115,6 gegenüber 111,9 im Vorjahr. Die Bruttolöhne und -gehälter betrugen im Berichtsjahr 920,7 Mrd. DM, im Vorjahr 874,4 Mrd. DM.

a) Wieviel Prozent betrug die Preissteigerungsrate im Berichtsjahr?

b) Um wieviel Prozent lagen die Lebenshaltungskosten des Vorjahres unter denen des Berichtsjahres?

c) Welche der folgenden Aussagen kennzeichnen die oben geschilderte Entwicklung in zutreffender Weise?

① Die Nominallöhne und -gehälter sind gestiegen.

② Die Nominallöhne und -gehälter sind gesunken.

③ Die Reallöhne und -gehälter sind gestiegen.

④ Die Reallöhne und -gehälter sind gesunken.

⑤ Es hat eine inflationäre Entwicklung stattgefunden.

⑥ Es hat keine inflationäre Entwicklung stattgefunden.

8 Geldpolitische Maßnahmen der Deutschen Bundesbank

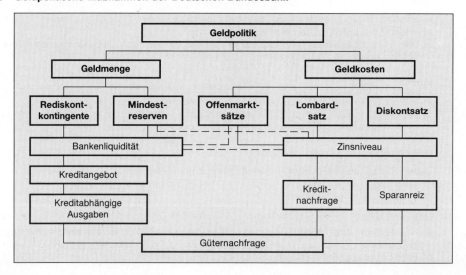

Welche Maßnahmen sind geeignet, dämpfend auf eine inflationäre Entwicklung zu wirken?

a) Erhöhung der Rediskontkontingente
b) Verringerung der Rediskontkontingente
c) Erhöhung der Mindestreserven
d) Verringerung der Mindestreserven
e) Erhöhung der Offenmarktsätze
f) Senkung der Offenmarktsätze
g) Erhöhung des Lombardsatzes
h) Senkung des Lombardsatzes
i) Erhöhung des Diskontsatzes
j) Senkung des Diskontsatzes

9 Ausgeglichener Staatshaushalt

Welche Folgen für den Konjunkturverlauf würden sich ergeben, wenn in jedem Fall der Staatshaushalt ohne Kreditaufnahme ausgeglichen werden muß?

10 Inflationäre Entwicklung

In einer Volkswirtschaft besteht eine inflatorische Entwicklung.

Wie wirkt sich das auf die Wirtschaft aus?

a) Die Geldvermögen gewinnen an Kaufkraft.
b) Die Nominaleinkommen steigen im gleichen Maße wie die Inflationsrate.
c) Steigende Preise drosseln die Güterproduktion und lähmen die Investitionsbereitschaft der Unternehmen.
d) Die Realeinkommen sinken.

11 Arbeitsproduktivität und inflationäre Entwicklung

In einer Volkswirtschaft steigt die Arbeitsproduktivität (bei gleichbleibendem Stand der Technik) um 5 %. Gleichzeitig verlangen die Gewerkschaften eine Lohnerhöhung von 5 % für alle Arbeitnehmer.

Kommt es zu einer inflationären Entwicklung? (Begründung)

12 Arten der Arbeitslosigkeit

Welche Art von Arbeitslosigkeit liegt vor?

① saisonale Arbeitslosigkeit
② strukturelle Arbeitslosigkeit
③ friktionelle Arbeitslosigkeit
④ konjunkturelle Arbeitslosigkeit

Ordnen Sie zu!

a) Thomas Neumann kann nach bestandener Abschlußprüfung in dem Beruf, für den er ausgebildet worden ist, keine Stelle finden und läßt sich umschulen.

b) Nach den Osterferien wird Helga Kühl, die als Serviererin in einem Wintersportort gearbeitet hat, von der Hotelleitung entlassen.

c) In verschiedenen Branchen kommt es zu Entlassungen von Arbeitnehmern, da die gesamtwirtschaftliche Nachfrage bei stagnierendem Wirtschaftswachstum nicht ausreicht, um die vorhandenen Produktionskapazitäten voll auszuschöpfen.

d) Mehrere Unternehmen, die optische Geräte herstellen, entlassen Arbeitskräfte, da sie aufgrund von Rationalisierungsmaßnahmen durch Einführung neuer Technologien arbeitssparender produzieren können.

13 Arbeitslosenquote

In einem Land beträgt die Zahl der

- Einwohner   61 Mio.
- beschäftigten Arbeitnehmer   22,5 Mio.
- offenen Stellen   154 000
- Arbeitslosen   2,3 Mio.
- Kurzarbeiter   197 000

Wie hoch ist die Arbeitslosenquote?

14 Lohnquote und Gewinnquote

In einem Land liegt das Volkseinkommen bei 1 340 Mrd.

Bruttoeinkommen der Arbeitnehmer	887,6 Mrd.
Einkommen aus Unternehmertätigkeit	323,2 Mrd.
Zinseinkommen	36,7 Mrd.
Arbeitgeberanteil zur Sozialversicherung	77,2 Mrd.
Mieteinkommen	15,3 Mrd.
Arbeitnehmeranteil zur Sozialversicherung	72 Mrd.

a) Wie hoch sind Lohnquote und Gewinnquote?
b) Beurteilen Sie den Aussagewert von Lohnquote und Gewinnquote!

15 Wirtschaftswachstum, Volkseinkommen und Umweltschutz

a) Unterscheiden Sie zwischen nominalem und realem Wirtschaftswachstum.

b) Begründen Sie, ob die Aussage richtig ist:
„Die Leistungssteigerung der Wirtschaft führt zu einer Steigerung des Volkseinkommens."

c) Welche Ursachen können eine Leistungssteigerung der Wirtschaft bewirken?

d) Welche positiven Wirkungen hat Wirtschaftswachstum?

e) Warum wird immer häufiger verlangt, das Ökosozialprodukt als Maßstab für das Wachstum zu verwenden?

16 Verpackungsverordnung als Instrument der Umweltpolitik

Nehmen Sie zu der Behauptung Stellung, die Verpackungsverordnung sei kein marktwirtschaftliches Instrument.

17 Vorsorgeprinzip und Verursacherprinzip

a) Welche Mittel der Umweltpolitik entsprechen dem Vorsorgeprinzip?
b) Welches Ziel verfolgt die Umweltpolitik mit der Anwendung des Verursacherprinzips?

18 Umweltabgabe

Der Staat setzt fest, daß Automobilhersteller für den Verkauf von Personenkraftwagen ohne Katalysator eine einmalige Umweltabgabe in Höhe von 1 000 DM zahlen müssen.

Welchen Zweck soll diese Abgabe in erster Linie haben?

a) Sie soll für den Staat Einnahmen zur Finanzierung anderer Ausgaben bringen.
b) Sie soll für den Staat Einnahmen zur Finanzierung von Umweltschutzausgaben bringen.
c) Sie soll die Automobilindustrie anregen, einen Katalysator zu entwickeln, der weniger als 1 000 DM kostet.

12.1 Überblick über das Steuersystem

12.1.1 Die Notwendigkeit der Erhebung von Steuern und das Problem der Steuergerechtigkeit

Bund, Länder und Gemeinden sollen **Güter zur Befriedigung gemeinschaftlicher Bedürfnisse** zur Verfügung stellen, so z. B. in den Bereichen Gesundheit, Ausbildung, soziale Sicherung, Verteidigung. Welche kollektiven Bedürfnisse befriedigt werden, entscheiden die Parlamente. Sie bewilligen die Ausgaben des Staates, die dafür erforderlich sind, und beschließen über die Abgaben der Haushalte und Unternehmen an den Staat.

> **Öffentliche Abgaben** sind die wichtigsten **Einnahmen des Staates;** zu ihnen zählen **Steuern, Gebühren und Beiträge.**

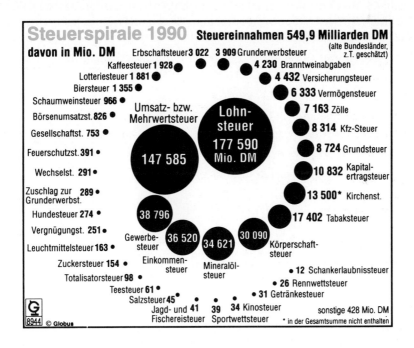

Steuerspirale 1990 — Steuereinnahmen 549,9 Milliarden DM

Steuern sind **öffentliche Abgaben,** die vom Staat **ohne direkte Gegenleistung** erhoben werden. Im Gegensatz zu den Steuern erbringt der Staat für erhobene Gebühren (z. B. bei einem Mahnbescheid) und für erhobene Beiträge (z. B. Straßenanliegerbeiträge) direkte Gegenleistungen.

Steuern werden **eingeteilt**

- nach dem **Gegenstand der Besteuerung,**
- nach der **Art der Erhebung** und
- nach den **Steuerempfängern.**

Nach dem **Gegenstand der Besteuerung** werden unterschieden:

- **Besitzsteuern** (z. B. Lohnsteuer, Einkommensteuer, Vermögensteuer, Erbschaftsteuer),
- **Verkehrsteuern** (z. B. Umsatzsteuer [Mehrwertsteuer]),
- **Verbrauchsteuern** (z. B. Tabaksteuer, Mineralölsteuer),
- **Zölle.**

Die Besitzsteuern knüpfen an die persönlichen Verhältnisse (z. B. Einkommen, Erbschaft) des Steuerzahlers an. Die Steuerschuld hängt von der Leistungsfähigkeit des einzelnen ab. Besitzsteuern entsprechen daher dem Grundsatz der Besteuerung nach der Leistungsfähigkeit.

Verkehrsteuern und Verbrauchsteuern knüpfen an wirtschaftliche Handlungen an. Sie sind unabhängig von der Person und entsprechen daher mehr dem Grundsatz der Gleichmäßigkeit der Besteuerung.

Nach der **Erhebungsart** werden unterschieden:

- **direkte Steuern** und
- **indirekte Steuern.**

Bei den direkten Steuern (Lohnsteuer, Kirchensteuer, Kraftfahrzeugsteuer, Gewerbesteuer usw.) sind Steuerschuldner und Steuerträger dieselbe Person, z. B. der Arbeitnehmer als Lohnsteuerzahler, der Autobesitzer als Schuldner der Kraftfahrzeugsteuer. Sie sind Steuerschuldner gegenmüber dem Finanzamt.

Bei den indirekten Steuern (auch als „heimliche Steuern" bezeichnet, weil sie in die Preise der Waren einkalkuliert sind und gegenüber den Verbrauchern in den meisten Fällen nicht offen ausgewiesen werden) sind Steuerschuldner und Steuerträger verschiedene Personen. Das Unternehmen, das Waren verkauft, muß für seinen Umsatz Mehrwertsteuer **(Umsatzsteuer)** zahlen. Es schuldet dem Finanzamt die Zahlung der Umsatzsteuer. Über die Verkaufspreise wird die Umsatzsteuer auf den Verbraucher abgewälzt. Er ist Steuerträger. Alle **Verkehrsteuern** und **Verbrauchsteuern** sind indirekte Steuern.

Die gesamte Abgabenlast.

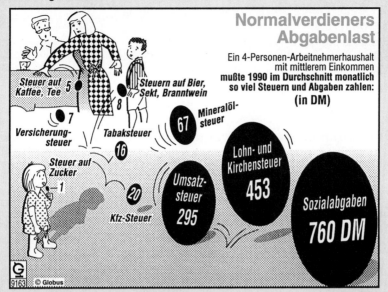

Was zwackt der Staat dem Normalverdiener wirklich ab? Diese Frage ist mit den Steuern und Sozialabgaben nicht beantwortet, die jeder Arbeitnehmer auf seiner Verdienstabrechnung verzeichnet findet.

Alles zusammengenommen ergab sich für vierköpfige Arbeitnehmerfamilien mit mittlerem Einkommen 1990 durchschnittlich ein monatlicher Gesamtbetrag von 1632 DM. Das sind fast 20000 DM für den Staat.

Abbildung zum Abschnitt 12.1.2.3 (Seite 408):

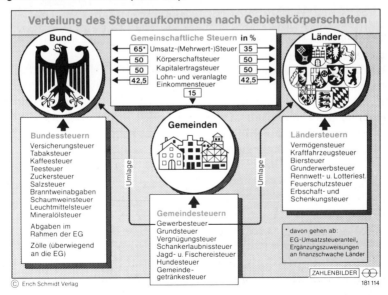

Nach den **Steuerempfängern** werden unterschieden:

- **Bundessteuern,**
- **Ländersteuern,**
- **Gemeindesteuern,**
- **gemeinschaftliche Steuern** (Steuern, die zwischen Bund, Ländern und Gemeinden aufgeteilt werden).

12.2 Einkommensteuer, Lohnsteuer und Kirchensteuer

Die Einkommensteuer ist eine Steuer, die **auf Einkünfte natürlicher Personen** erhoben wird.

Der Einkommensteuer unterliegen:

- **Einkünfte aus Land- und Forstwirtschaft,**
- **Einkünfte aus Gewerbebetrieb,**
- **Einkünfte aus selbständiger Arbeit,**
- **Einkünfte aus nichtselbständiger Arbeit,**
- **Einkünfte aus Kapitalvermögen,**
- **Einkünfte aus Vermietung und Verpachtung,**
- **sonstige Einkünfte.**

Die Lohnsteuer ist eine **besondere Erhebungsart der Einkommensteuer.** Sie wird auf **Einkünfte aus nichtselbständiger Arbeit** erhoben und **vom Arbeitgeber einbehalten** und (zusammen mit der Kirchensteuer) an das Finanzamt abgeführt. Man spricht daher auch von **Quellensteuer.** Im Gegensatz dazu steht die **Veranlagung zur Einkommensteuer.** Wer zur Einkommensteuer veranlagt wird, muß seine Einkünfte in einer **Einkommensteuererklärung** angeben und erhält daraufhin einen **Steuerbescheid.**

Einkünfte aus Gewerbebetrieb:

Gewinne aus Handelsbetrieben im Sinne des HGB (in der Rechtsform der Einzelunternehmung oder einer Personenhandelsgesellschaft betrieben – Kapitalgesellschaften unterliegen der Körperschaftsteuer), Gewinne aus sonstigen Gewerbebetrieben.

Einkünfte aus selbständiger Arbeit:

Einkünfte aus freiberuflicher Tätigkeit (Rechtsanwälte, Ärzte, Schriftsteller usw.)

Einkünfte aus nichtselbständiger Arbeit:

Löhne, Gehälter, Tantiemen (z. B. für Aufsichtsrat einer AG), Pensionen (Renten gelten im Gegensatz zu Pensionen nicht als Arbeitseinkommen)

Einkünfte aus Kapitalvermögen:

Zinsen aus Sparguthaben, aus Hypotheken und anderen Darlehen, Dividenden aus Aktien

Sonstige Einkünfte:

Spekulationsgewinne, z. B. aus Aktienkäufen und -verkäufen

Eine Quellensteuer ist auch die **Kapitalertragsteuer.** Es ist eine pauschalierte Einkommensteuervorauszahlung. Sie wird bei Ausschüttung von Kapitalerträgen (z. B. Dividenden) von der Kapitalgesellschaft einbehalten und an das Finanzamt abgeführt. Bei der Einkommensteuerveranlagung wird die Kapitalertragsteuer als Vorauszahlung behandelt.

Die Kirchensteuer ist eine **Mitgliedsteuer** und **Zuschlagsteuer:** Kirchensteuerpflichtig ist jedes **Kirchenmitglied.** Kirchensteuer wird i. d. R. als **Zuschlag auf die Einkommensteuer** erhoben.

Die Kirchensteuer wird in den Ländern

- **Baden-Württemberg, Bayern, Bremen** und **Hamburg** mit **8 %** der Einkommensteuer,
- **Berlin, Hessen, Niedersachsen, Nordrhein-Westfalen, Rheinland-Pfalz, Saarland** und **Schleswig-Holstein** mit **9 %** der Einkommensteuer erhoben.

12.2.1 Der Einkommensteuertarif

Der **Steuertarif** legt den auf eine **Bemessungsgrundlage** bezogenen **Steuersatz** (%-Satz) fest.

> Der **Einkommensteuertarif** legt den **Steuersatz** fest, der auf ein **zu versteuerndes Einkommen** anzuwenden ist.

Zu unterscheiden sind:

- der Durchschnittssteuersatz (Steuersatz, der angibt, wieviel Prozent des zu versteuernden Einkommens als Steuer zu entrichten sind) und

- der Grenzsteuersatz (Steuersatz, der angibt, wieviel Prozent bei einer Zunahme des zu versteuernden Einkommens der zusätzlich zu zahlende Steuerbetrag – bezogen auf den Einkommenszuwachs – ausmacht. Der Grenzsteuersatz gibt Antwort auf die Frage: „Wieviel Pfennig Steuer sind zusätzlich zu zahlen, wenn der Verdienst um eine D-Mark steigt?"). Beträgt der Grenzsteuersatz beispielsweise 30 %, so sind von 100 DM Mehrverdienst 30 DM an Steuern abzuführen.

Bezogen auf die Entwicklung des Durchschnittssteuersatzes bei steigendem zu versteuerndem Einkommen, unterscheidet man

- den **proportionalen Tarif** (Durchschnittssteuersatz bleibt bei steigendem zu versteuerndem Einkommen gleich) und

- den **progressiven Tarif** (Durchschnittssteuersatz steigt bei wachsendem zu versteuerndem Einkommen). Der Durchschnittssteuersatz steigt bei wachsendem zu versteuerndem Einkommen proportional **(lineare Progression)** oder überproportional **(beschleunigte Progression)** oder unterproportional **(verzögerte Progression).**

Zur Verhinderung eines Anstiegs bzw. zur Senkung der Steuerquote (Anteil der Steuern an der Wirtschaftsleistung [Sozialprodukt]) und der Abgabenquote (Anteil der Steuern

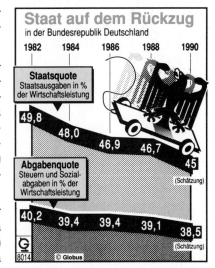

Staat auf dem Rückzug
in der Bundesrepublik Deutschland
1982 1984 1986 1988 1990

Staatsquote
Staatsausgaben in % der Wirtschaftsleistung
49,8 48,0 46,9 46,7 45 (Schätzung)

Abgabenquote
Steuern und Sozialabgaben in % der Wirtschaftsleistung
40,2 39,4 39,4 39,1 38,5 (Schätzung)
8014 © Globus

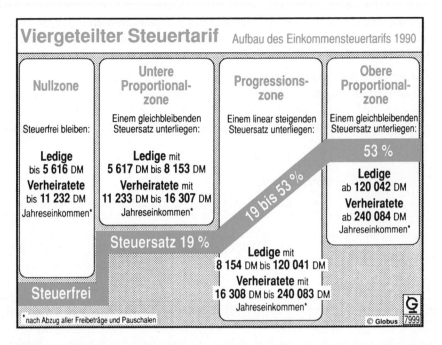

Viergeteilter Steuertarif Aufbau des Einkommensteuertarifs 1990

Nullzone	Untere Proportional-zone	Progressions-zone	Obere Proportional-zone
Steuerfrei bleiben:	Einem gleichbleibenden Steuersatz unterliegen:	Einem linear steigenden Steuersatz unterliegen:	Einem gleichbleibenden Steuersatz unterliegen:

Ledige
bis **5 616** DM
Verheiratete
bis **11 232** DM
Jahreseinkommen*

Ledige mit
5 617 DM bis **8 153** DM
Verheiratete mit
11 233 DM bis **16 307** DM
Jahreseinkommen*

53 %

Ledige
ab **120 042** DM
Verheiratete
ab **240 084** DM
Jahreseinkommen*

19 bis 53 %

Steuersatz 19 %

Ledige mit
8 154 DM bis **120 041** DM
Verheiratete mit
16 308 DM bis **240 083** DM
Jahreseinkommen*

Steuerfrei

*nach Abzug aller Freibeträge und Pauschalen

© Globus 7999

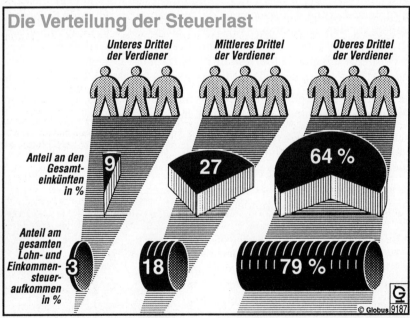

Die Verteilung der Steuerlast

Unteres Drittel der Verdiener	Mittleres Drittel der Verdiener	Oberes Drittel der Verdiener

Anteil an den Gesamt-einkünften in %

9 — 27 — 64 %

Anteil am gesamten Lohn- und Einkommen-steuer-aufkommen in %

3 — 18 — 79 %

© Globus 9187

und Sozialabgaben an der Wirtschaftsleistung) ist in den letzten Jahren eine Steuerreform in drei Stufen durchgeführt worden: 1986, 1988 und 1990. Durch eine geringere Belastung mit direkten Steuern ist der Ausgabenspielraum für den privaten Konsum und für private Investitionen größer geworden.

Durch einen linear-progressiven Tarif wird der Anstieg der steuerlichen Grenz-belastung, d. h. der Besteuerung von Mehrverdienst, gleichmäßig über die gesamte Progressionszone verteilt.

Ein lediger Arbeitnehmer mit einem Jahreseinkommen von 40 000 DM zahlt für 5616 DM keine Steuern, für den Einkommensbetrag bis 8153 DM 19 % Einkommensteuer und für den darüber hinausgehenden Einkommensteil eine Einkommensteuer nach einem von 19 % an linear steigenden Steuersatz.

12.2.2 Die Einkommenbesteuerung von Arbeitnehmern

Arbeitnehmer zahlen für ihr Einkommen aus nichtselbständiger Arbeit Lohnsteuer.

Der Arbeitgeber ist zum Abzug der Lohnsteuer verpflichtet. Die einbehaltene Lohnsteuer muß er an das Finanzamt abführen.

12.2.2.1 Die Lohnsteuerkarte

Der Arbeitnehmer muß dem Arbeitgeber eine **Lohnsteuerkarte** vorlegen. Sie wird von der Gemeinde ausgestellt. In der Lohnsteuerkarte ist vermerkt, welcher **Steuerklasse** der Arbeitnehmer angehört. Die Angaben auf der **Lohnsteuerkarte** sind die Grundlagen für die Berechnung der Lohnsteuer und der Kirchensteuer.

Die Anwendung von Lohnsteuerklassen hat den Zweck, soziale Gesichtspunkte bei der Besteuerung der Arbeitnehmer zu berücksichtigen. Die Eingruppierung von Arbeitnehmern in Steuerklassen ist unabhängig von der jeweiligen Einkommenshöhe.

Beispiele für Steuerklasse II

(1) Geschiedene Ehegatten haben zwei Kinder. Die Kinder sind in der Wohnung der Mutter gemeldet. Auf der **Lohnsteuerkarte der Mutter** wird deshalb die **Steuerklasse II** eingetragen. Der Vater erhält, selbst wenn er die Unterhaltskosten für die Kinder trägt, eine Lohnsteuerkarte mit der Steuerklasse I, und zwar auch dann, wenn für die Mutter keine Lohnsteuerkarte ausgestellt wird.

(2) Nicht miteinander verheiratete Eltern leben zusammen mit ihrem Kind in einem gemeinsamen Haushalt. Das Kind ist also zu Beginn des Kalenderjahrs bei beiden Elternteilen gemeldet. Die Steuerklasse II wird der Mutter bescheinigt. Nur wenn die Mutter unwiderruflich zustimmt, kann die Steuerklasse II dem Vater bescheinigt werden; soweit der Mutter bereits die Lohnsteuerklasse II bescheinigt worden ist, muß die Eintragung in Steuerklasse I geändert werden.

Steuer-klasse	Anwendung
I	Ledige Arbeitnehmer; dauernd getrennt lebende verheiratete, geschiedene oder verwitwete Arbeitnehmer
II	für in Steuerklasse I aufgeführte Arbeitnehmer, wenn ihnen mindestens ein Kind zuzuordnen ist, für das sie einen Kinderfreibetrag erhalten
III	Verheiratete, wenn nur ein Ehepartner Arbeitslohn bezieht
IV	Verheiratete, wenn beide Ehepartner Arbeitslohn beziehen
V	für in Steuerklasse IV aufgeführte Arbeitnehmer, wenn ein Ehegatte in Klasse III eingereiht ist
VI	für ein zusätzliches Arbeitsverhältnis

Steuerklassenwahl – Hinweise der Finanzbehörden an die Steuerpflichtigen

Bezieht auch der Ehegatte Arbeitslohn, so müssen Sie zunächst wissen, daß Ehegatten grundsätzlich gemeinsam besteuert werden, weil das für sie günstiger ist. Beim Lohnsteuerabzug eines Arbeitnehmers kann aber nur dessen eigener Arbeitslohn zugrunde gelegt werden. Die Arbeitslöhne beider Ehegatten können erst nach Ablauf das Jahres zusammengeführt werden. Erst dann ergibt sich die zutreffende **Jahressteuer**. Es läßt sich deshalb nicht vermeiden, daß im Laufe des Jahres zuviel oder zuwenig Lohnsteuer einbehalten wird. **Um dem Jahresergebnis möglichst nahe zu kommen, stehen den Ehegatten zwei Steuerklassenkombinationen zur Wahl:** Die **Steuerklassenkombination IV/IV** geht davon aus, daß die Ehegatten gleich viel verdienen. Die **Steuerklassenkombination III/V** ist so gestaltet, daß die Summe der Steuerabzugsbeträge für beide Ehegatten in etwa der gemeinsamen Jahressteuer entspricht, wenn der in Steuerklasse III eingestufte Ehegatte 60 v. H., der in Steuerklasse V eingestufte Ehegatte 40 v. H. des gemeinsamen zu versteuernden Einkommens erzielt. Dabei läßt es sich aber nicht vermeiden, daß der Steuerabzug bei der Steuerklasse V verhältnismäßig höher ist als bei den Steuerklassen III und IV. Möchten Sie aus diesem Grunde keine Einstufung in Steuerklasse V, so sollten Sie die Steuerklassenkombination IV/IV wählen.

Der Arbeitgeber führt die einbehaltenen Steuern monatlich ab. Über die endgültige Höhe der für das ganze Jahr zu zahlenden Lohn- und Kirchensteuer kann das Finanzamt erst nach Ablauf des Jahres entscheiden. Im Laufe des Jahres kann sich beispielsweise die Steuerklasse des Arbeitnehmers geändert haben. Die abgeführte Lohnsteuer muß daher nicht mit der Jahreslohnsteuerschuld **(Jahressteuer)** übereinstimmen.

Die **Festsetzung der Steuerschuld aus Einkommen- und Kirchensteuer** ergibt sich daher

● aufgrund des **Lohnsteuer-Jahresausgleichs** oder

● aufgrund des **Einkommensteuerbescheids.**

12.2.2.2   Antrag auf Lohnsteuer-Jahresausgleich

In den folgenden Fällen führt ein **Lohnsteuer-Jahresausgleich** in der Regel zur Erstattung von Lohn- und Kirchensteuer:

● Der Arbeitnehmer hat nicht das ganze Jahr über gearbeitet, z.B. weil er das Arbeitsverhältnis unterbrechen mußte, um eine Schule zu besuchen oder Wehrdienst zu leisten.

● Der Arbeitnehmer hat während des Kalenderjahres Einkommen in unterschiedlicher Höhe erhalten, z.B. weil er eine Lohn- oder Gehaltserhöhung bekommen hat, oder wegen Kurzarbeit, Überstunden, Wechsel des Arbeitsplatzes.

● Die Familienverhältnisse des Arbeitnehmers haben sich im Laufe des Kalenderjahres geändert, z.B. durch Heirat oder Geburt eines Kindes.

412

© Verlag Gehlen

12.2.2.3 Abgabe einer Einkommensteuererklärung

In jedem der folgenden Fälle muß von Arbeitnehmern eine **Einkommensteuererklärung** abgegeben werden:

● Das **zu versteuernde Jahreseinkommen** war höher als **27 000 DM** (bei Verheirateten **54 000 DM).**

● Die **Einkünfte aus Kapitalvermögen** oder aus **Vermietung und Verpachtung usw.** betrugen **mehr als 800 DM.**

● Der Steuerpflichtige stellt einen **Antrag auf Veranlagung zur Einkommensteuer** zur Berücksichtigung von Verlusten aus einer anderen Einkunftsart, z.B. aus Vermietung.

12.2.2.4 Berechnung des zu versteuernden Einkommens und der Steuerschuld bei Abgabe einer Einkommensteuererklärung

Die Arbeitnehmer Jürgen und Ursula Klein, Hannover, haben für ihren **Arbeitslohn (Gehalt)** **Lohnsteuer** bezahlt.

Sie sind verpflichtet, eine **Einkommensteuererklärung** abzugeben, da

● ihr zu versteuerndes Einkommen höher als 54 000 DM war,
● ihre Einkünfte aus Vermietung und Verpachtung mehr als 800 DM betrugen.

Das zu versteuernde Einkommen wird nach dem Schema auf Seite 415 ermittelt.

Bis einschließlich 1989 werden ein Arbeitnehmerfreibetrag, ein Weihnachtsfreibetrag und Werbungskosten getrennt abgezogen. **Ab 1990** werden die beiden Freibeträge und der Werbungskosten-Pauschbetrag zu einem Arbeitnehmer-Pauschbetrag zusammengefaßt.

Aus der Berechnung ergibt sich:

1. Vom Bruttoarbeitslohn wird zunächst der **Arbeitnehmer-Pauschbetrag** in Höhe von 2000 DM (bzw. der nachgewiesene höhere Betrag für **Werbungskosten**) abgezogen. Daraus ergibt sich der Gesamtbetrag der **Einkünfte aus nichtselbständiger Arbeit.**

Bruttoarbeitslohn
− Arbeitnehmer-Pauschbetrag (bzw. nachgewiesene höhere Werbungskosten)
= Einkünfte aus nichtselbständiger Arbeit

Als **Arbeitnehmerfreibetrag** wurden bis 1989 480 DM für jeden Arbeitnehmer, als **Weihnachtsfreibetrag** 600 DM für jeden Arbeitnehmer pauschal abgezogen. **Werbungskosten** sind Ausgaben zur „Erwerbung, Sicherung und Erhaltung" der Einnahmen. Dazu rechnen z.B. Ausgaben für Berufskleidung, Fachliteratur, Fahrten zur Arbeitsstätte, Beiträge zu Gewerkschaften. Mindestens konnten bis 1989 pauschal 564 DM je Arbeitnehmer abgezogen werden. Höhere Werbungskosten müssen nachgewiesen werden. Ab 1990 kann mindestens der **Arbeitnehmer-Pauschbetrag** von 2000 DM abgezogen werden.

2. Von den Einkünften aus Kapitalvermögen werden **Werbungskosten** und der **Sparerfreibetrag** abgesetzt.

Als Werbungskosten können 100 DM (bei Verheirateten 200 DM) pauschal geltend gemacht werden, sofern nicht höhere Werbungskosten nachgewiesen werden können. Der Sparerfreibetrag beträgt bei Alleinstehenden 600 DM, bei Ehegatten 1 200 DM.

3. Jürgen und Ursula Klein haben Einkünfte aus drei Einkunftsarten:

> Einkünfte aus nichtselbständiger Arbeit
> + Einkünfte aus Kapitalvermögen
> + Einkünfte aus Vermietung und Verpachtung
> = Gesamtbetrag der Einkünfte

4. Vom Gesamtbetrag der Einkünfte werden **Sonderausgaben** und u. U. **außergewöhnliche Belastungen** abgesetzt. Daraus ergibt sich das **zu versteuernde Einkommen.**

> Gesamtbetrag der Einkünfte
> – Sonderausgaben
> – außergewöhnliche Belastungen
> = zu versteuerndes Einkommen

Sonderausgaben werden unterteilt in

● **unbeschränkt abzugsfähige** Sonderaugaben, das sind z. B. Kirchensteuern, Steuerberatungskosten, die in voller Höhe von den Einkünften abgesetzt werden können.

● **beschränkt abzugsfähige** Sonderausgaben, das sind z. B. Ausbildungskosten (hierfür kann mindestens ein Pauschalbetrag von 108 DM für Alleinstehende bzw. 216 DM für Verheiratete abgesetzt werden), sowie **Vorsorgeaufwendungen,** das sind Beiträge zu Versicherungen und Bausparkassen.

Außergewöhnliche Belastungen sind größere Aufwendungen, die dem Steuerpflichtigen aufgrund besonderer Umstände zwangsläufig entstanden sind, z. B. Kosten für Krankheit, Unfall, Beerdigung. Das Finanzamt hilft durch eine Steuerermäßigung, wenn die Ausgaben nicht ersetzt werden. Einen Teil dieser außergewöhnlichen Ausgaben muß der Steuerpflichtige selbst tragen (zumutbare Belastung).

5. Aus einer **Einkommensteuertabelle** (bei Einzelpersonen und getrennt veranlagten Eheleuten aus der **Grundtabelle,** bei zusammen veranlagten Eheleuten aus der **Splittingtabelle)** wird die **Jahreseinkommensteuerschuld** abgelesen.

Die **Jahreskirchensteuerschuld** beträgt je nach Bundesland 8 oder 9 %, hier im Beispiel für Niedersachsen 9 % der Jahreseinkommensteuerschuld.

Im Beispiel auf Seite 415 sind die monatlichen Lohn- und Kirchensteuerabzüge für das gesamte Jahr niedriger gewesen, als die tatsächlichen Steuerschulden. Daraus ergibt sich eine **Steuernachzahlung** an das Finanzamt.

12.2.2.5 Die Durchführung des Lohnsteuer-Jahresausgleichs

Die Lohnsteuer wird von den Arbeitgebern mit Hilfe von Lohnsteuertabellen ermittelt und an die Finanzämter abgeführt. In den Lohnsteuertabellen wird davon ausgegangen, daß die Einkommensverhältnisse und die sozialen Verhältnisse eines Arbeitnehmers während eines Jahres unverändert bleiben. In vielen Fällen ändern sich aber die Einkommensverhältnisse oder die sozialen Verhältnisse bei einem Arbeitnehmer während eines Jahres (siehe Beispiele im Abschnitt 12.2.2.2), was dazu führt, daß die tatsächliche Jahreslohnsteuerschuld nicht mit der für ein Jahr gezahlten Lohnsteuer übereinstimmt.

© Verlag Gehlen

Beispiel zur Berechnung der Einkommensteuer bei Arbeitnehmern:

Jürgen Klein, Steuerklasse III, Jahreseinkommen	45 000,00 DM
Werbungskosten (durch Belege nachgewiesen)	2 455,00 DM
Ursula Klein, Steuerklasse V, Jahreseinkommen	26 000,00 DM
Keine Kinder, Zusammenveranlagung	
Mieteinkünfte (Grundstück geerbt)	12 000,00 DM
Einkünfte aus Sparguthaben	700,00 DM
Sonderausgaben einschl. Vorsorgeaufwendungen	8 200,00 DM

Berechnungen

Einkünfte aus nichtselbständiger Arbeit	Ehemann	Ehefrau
Arbeitslohn	45 000,00	26 000,00
– Werbungskosten	2 455,00	–
– Arbeitnehmer-Pauschbetrag	–	– 2 000,00
	42 545,00	24 000,00
		42 545,00
= Einkünfte aus nichtselbständiger Arbeit		**66 545,00**
+ Einkünfte aus Kapitalvermögen	700,00	
– Werbungskosten	200,00	
– Sparerfreibetrag	1 200,00	
	0,00	**0,00**
		66 545,00
+ Einkünfte aus Vermietung	12 000,00	
– Werbungskosten	6 000,00	**6 000,00**
= Gesamtbetrag der Einkünfte		**72 545,00**
– Sonderausgaben einschließlich Vorsorgeaufwendungen		8 200,00
Zu versteuerndes Einkommen		**64 345,00**
Jahreseinkommensteuerschuld		**11 830,00**
Jahreskirchensteuerschuld		**1 064,70**

Jahreseinkommensteuerschuld		11 830,00
– gezahlte Lohnsteuer Ehemann	5 126,90	
– gezahlte Lohnsteuer Ehefrau	6 004,40	11 131,30
= **Einkommensteuernachzahlung**		**698,70**
Jahreskirchensteuerschuld		1 064,70
– gezahlte Kirchensteuer Ehemann	461,42	
– gezahlte Kirchensteuer Ehefrau	540,40	1 001,82
= **Kirchensteuernachzahlung**		**62,88**

Schema zur Ermittlung des zu versteuernden Einkommens	Frei- und Pauschbeträge	
Einkünfte aus Land- und Forstwirtschaft **+ Einkünfte aus Gewerbebetrieb** **+ Einkünfte aus selbständiger Arbeit**	**jeweils Gewinn** (Betriebseinnahmen – Betriebsausgaben)	
+ Einkünfte aus **nichtselbständiger Arbeit**	**Bruttolohn**	seit 1990
	– Weihnachtsfreibetrag	–
	– Arbeitnehmerfreibetrag	–
	– Werbungskosten	–
	– Arbeitnehmer- **Pauschbetrag**	2 000 DM
	– Versorgungsfreibetrag	40 % der Pensionsbezüge, höchstens 4 800 DM
+ Einkünfte aus Kapitalvermögen	**Einnahmen**	
	– Werbungskosten	100 DM (200 DM)[1]
	– Sparerfreibetrag	600 DM (1 200 DM)[1]
+ Einkünfte aus Vermietung und Verpachtung	**Einnahmen** **– Werbungskosten**	
+ Sonstige Einkünfte (z. B. private Renten)	**Einnahmen** **– Werbungskosten**	
= Summe der Einkünfte aus den Einkunftsarten		
– Altersentlastungsbetrag	(ab 64. Lebensjahr)	40 % des Arbeitslohnes und der positiven Summe der übrigen Einkünfte, höchstens 3 720 DM
= Gesamtbetrag der Einkünfte		
– Sonderausgaben ohne Vorsorgeaufwendungen		108 DM (216 DM)[1]
– Vorsorgeaufwendungen		
– Verlustabzug	(z. B. Verlustvortrag aus Gewerbebetrieb)	
– Außergewöhnliche Belastungen		
= Einkommen		
– Kinderfreibetrag je Kind		3 024 DM[2]
– Altersfreibetrag		–
– Haushaltsfreibetrag für Alleinstehende mit Kindern		5 616 DM
= zu versteuerndes Einkommen		

[1] bei Zusammenveranlagung von Ehegatten   [2] ab 1993: 4104 DM

> Arbeitnehmern wird für das abgelaufene Kalenderjahr der **Teil der einbehaltenen und abgeführten Lohnsteuer erstattet,** der die **tatsächliche Jahreslohnsteuerschuld,** die nach dem Jahresarbeitslohn berechnet wird, übersteigt.

Der Lohnsteuer-Jahresausgleich ist ein **Erstattungsverfahren,** das nur **zugunsten des Arbeitnehmers** durchgeführt wird. Die Nachforderung von Lohnsteuer im Rahmen des Lohnsteuer-Jahresausgleichs ist unzulässig.

> Einbehaltene und abgeführte Lohnsteuer
> – Jahreslohnsteuerschuld
> = **Lohnsteuererstattung**

Ein Lohnsteuer-Jahresausgleich kann **durch den Arbeitgeber** durchgeführt werden. Dazu besteht ein **Recht** für Arbeitnehmer, die während des Ausgleichsjahres ständig in einem Arbeitsverhältnis gestanden haben. Ein Arbeitgeber hat die **Pflicht** zur Durchführung des Lohnsteuer-Jahresausgleichs, wenn er am Ende des Ausgleichsjahres mindestens zehn Arbeitnehmer beschäftigt hat.

Auf Antrag des Arbeitnehmers (auf amtlich vorgeschriebenem Vordruck) wird der Lohnsteuer-Jahresausgleich **durch das Finanzamt** durchgeführt. Der Antrag ist bis zum Ablauf des 2. Jahres zu stellen, das dem Ausgleichsjahr folgt (Beispiel: Ende der Abgabefrist für den Lohnsteuer-Jahresausgleich 1991 ist der 31. Dezember 1993). Eine Verlängerung dieser Antragsfrist ist nicht möglich. Dem unterschriebenen Antrag ist die Lohnsteuerkarte mit Lohnsteuerbescheinigung beizufügen.

> **Beispiel: Lohnsteuer-Jahresausgleich 19..**
>
> Ein lediger Auszubildender in Niedersachsen (9 % Kirchensteuer) mit monatlicher Ausbildungsvergütung von 1 000,00 DM beendet das Ausbildungsverhältnis am 31. Juli 19.. Ab 1. August wird er als Angestellter mit einem monatlichen Gehalt von 2 200,00 DM beschäftigt. Er erhält ein Weihnachtsgeld in Höhe von 900,00 DM.
>
> Werbungskosten und Sonderausgaben liegen innerhalb der Pauschbeträge (die Pauschbeträge sind in die Einkommensteuertabellen eingearbeitet). Es sind keine außergewöhnlichen Belastungen entstanden.
>
> Abgeführte Lohnsteuer 2 471,00 DM,   abgeführte Kirchensteuer 222,39 DM.
>
> **Jahresarbeitslohn**
> 7 × 1 000,00 DM =   7 000,00 DM
> 5 × 2 200,00 DM = 11 000,00 DM
> 1 ×   900,00 DM =   900,00 DM   18 900,00 DM
>
> | | |
> |---|---:|
> | Lohnsteuer gemäß Steuerklasse I der Grundtabelle auf 18 900,00 DM | 2 233,00 DM |
> | gezahlte Lohnsteuer | 2 471,00 DM |
> | **Lohnsteuererstattung** | **239,00 DM** |
> | Kirchensteuer (9 % auf 2 233,00 DM) | 200,97 DM |
> | gezahlte Kirchensteuer | 222,39 DM |
> | **Kirchensteuererstattung** | **21,42 DM** |

12.3 Die Körperschaftsteuer

Die **Körperschaftsteuer** ist eine **Steuer, die auf Einkommen juristischer Personen** erhoben wird.

Der Körperschaftsteuer unterliegen vor allem die **Gewinne der Kapitalgesellschaften** (GmbH, AG) und die **Gewinne der Erwerbs- und Wirtschaftsgenossenschaften.** Gewinne der Personenhandelsgesellschaften werden nicht bei der OHG oder KG, sondern bei den Gesellschaftern versteuert. Bei den Gesellschaftern unterliegen sie der Einkommensteuer.

Das Körperschaftsteuergesetz unterscheidet zwischen **ausgeschüttetem Gewinn** (z. B. der Bilanzgewinn einer Aktiengesellschaft, der als Dividende an die Aktionäre verteilt wird) und **einbehaltenem Gewinn** (z. B. der Teil des Jahresüberschusses, der zum Zweck der Selbstfinanzierung in die Rücklagen eingestellt wird). Ausgeschüttete Gewinne werden mit 36 %, einbehaltene Gewinne mit 50 % Körperschaftsteuer belastet.

Die **Körperschaftsteuer, die von der Gesellschaft auf ausgeschüttete Gewinne gezahlt** ist, wird **auf die Einkommensteuerschuld des Anteilseigners angerechnet.** Der Anteilseigner erhält mit der Dividendenzahlung eine Steuergutschrift für Körperschaftsteuerzahlung, die die Gesellschaft auf seinen Gewinnanteil geleistet hat. Ausgeschüttete Dividende zuzüglich Steuergutschrift müssen vom Anteilseigner zu seinem individuellen Steuersatz versteuert werden.

12.4 Die Gewerbesteuer

Gegenstand der Gewerbesteuer ist jeder Gewerbebetrieb, der im Inland betrieben wird.

Die Gewerbesteuer ist die wichtigste Einnahmequelle der Gemeinden.

Berechnung der Gewerbesteuerschuld aus Gewerbeertrag und Gewerbekapital

Gewerbesteuerberechnung

1. Berechnung der Gewerbeertragsteuer

Gewerbeertrag × Steuermeßzahl (5 %) ergibt den **Steuermeßbetrag**

Beispiel:
Gewerbeertrag: 150 000 DM
150 000 × 5 % = 7 500 DM

2. Berechnung der Gewerbekapitalsteuer

Gewerbekapital × Steuermeßzahl (2 ‰) ergibt den **Steuermeßbetrag**

Beispiel:
Gewerbekapital: 400 000 DM
400 000 × 2 ‰ = 800 DM

Steuermeßbetrag Gewerbeertrag: 7 500 DM
Steuermeßbetrag Gewerbekapital: 800 DM
8 300 DM
Hebesatz: 300 %
(wird von jeder Gemeinde festgelegt)
300 % von 8 300 DM = 24 900 DM **Gewerbesteuerschuld**

Für einen **Gewerbebetrieb** müssen folgende Voraussetzungen erfüllt sein:

● Selbständigkeit,
● Nachhaltigkeit der Betätigung,
● Absicht der Gewinnerzielung,
● Beteiligung am allgemeinen wirtschaftlichen Verkehr.

Kein Gewerbe üben Rechtsanwälte, Ärzte, Steuerberater, Architekten usw. aus. Sie zählen zu den **freien Berufen** und zahlen Einkommensteuer. Auch land- und forstwirtschaftliche Betriebe sind keine Gewerbebetriebe.

Besteuerungsgrundlage sind der **Gewerbeertrag** und das **Gewerbekapital.**

Der **Gewerbeertrag** ist der nach den Vorschriften des Einkommensteuergesetzes oder des Körperschaftsteuergesetzes zu ermittelnde Gewinn. Das **Gewerbekapital** ist der Einheitswert des gewerblichen Betriebes. Jeweils werden bestimmte Beträge hinzugerechnet und abgezogen.

12.5 Die Vermögensteuer

> Die Vermögensteuer ist eine Besitzsteuer, die das Vermögen von Steuerpflichtigen zu einem bestimmten Stichtag der Besteuerung unterwirft.

Unbeschränkt steuerpflichtig sind natürliche Personen, die ihren Wohnsitz oder ihren gewöhnlichen Aufenthalt im Inland haben, und juristische Personen, Personenvereinigungen und Vermögensmassen, die ihre Geschäftsleitung oder ihren Sitz im Inland haben (Kapitalgesellschaften, Genossenschaften, sonstige juristische Personen des privaten Rechts, nicht rechtsfähige Vereine, öffentlich-rechtliche Kreditanstalten usw.).

Bei der Vermögensteuer gibt es hohe persönliche und sachliche Freibeträge, so daß eine Steuerpflicht für Privatpersonen erst bei größeren Vermögen entsteht.

12.6 Die Umsatzsteuer

> Die **Umsatzsteuer** ist eine Verkehrsteuer. Gegenstand der Besteuerung ist der wirtschaftliche Verkehrsvorgang **(Umsatz).**

12.6.1 Umsatzsteuer = Mehrwertsteuer

Die Umsatzsteuer ist eine indirekte Steuer: Sie wird auf allen Wirtschaftsstufen auf die jeweilige **Wertschöpfung** (siehe Seite 420), d.h. auf den **„Mehrwert"** erhoben. Die Umsatzsteuer wird daher auch als **Mehrwertsteuer** bezeichnet.

Umsatzsteuer wird erhoben

● **auf Warenlieferungen und sonstige Leistungen,** die ein Unternehmen (Gewerbebetriebe und selbständig beruflich Tätige) gegen Entgelt ausführt,
● **auf den Eigenverbrauch des Unternehmers,**
● **auf die Einfuhr von Gegenständen aus dem Ausland** (Einfuhrumsatzsteuer).

Der **Steuersatz in Deutschland** beträgt z.Z. **14%.** Für bestimmte Umsätze (z.B. Lebensmittel, Bücher und Zeitungen) gilt der **halbe Steuersatz** von 7%. In den **Ländern der Europäischen Gemeinschaft** gelten zur Zeit noch sehr unterschiedliche Steuersätze. Sie müssen bis 1993 ausgeglichen („harmonisiert") werden (siehe Bild auf Seite 420). Aufgrund des Steueränderungsgesetzes 1992 gilt in Deutschland ab 1. Januar 1993 ein Steuersatz von 15%.

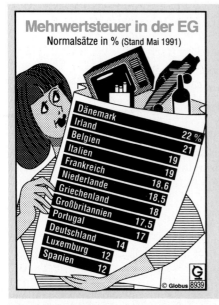

Mehrwertsteuer in der EG
Normalsätze in % (Stand Mai 1991)

Land	%
Dänemark	22 %
Irland	
Belgien	21
Italien	19
Frankreich	19
Niederlande	18,6
Griechenland	18,5
Großbritannien	18
Portugal	17,5
Deutschland	17
Luxemburg	14
Spanien	12
	12

© Globus 8939

Die gegenwärtig noch existierenden Zollgrenzen zwischen den EG-Staaten sind eigentlich gar keine Zollgrenzen. Vielmehr müssen Laster, Eisenbahnen und Schiffe an den Kontrollstellen abgefertigt werden, weil vor allem die Mehrwertsteuersätze so unterschiedlich sind. Gewichtig ist das Problem der unterschiedlichen Sätze für die Mehrwertsteuer, die alle Waren betrifft. Sie reichen von 12 Prozent in Spanien und Luxemburg bis 22 Prozent in Dänemark. Diese Sätze müssen harmonisiert werden, damit der „grenzenlose" Warenverkehr des EG-Binnenmarktes ab 1993 Wirklichkeit werden kann. Der EG-Ministerrat empfiehlt die Einführung eines Mindestsatzes von 15 oder 16 Prozent, wodurch die Bandbreite der bestehenden Steuersätze eingeengt würde.

Die Besteuerung der Wertschöpfung durch die Umsatzsteuer

Ein Großhändler verkauft an einen Einzelhändler:

Nettoverkaufspreis	2 000 DM
+ 14 % Mehrwertsteuer (MWSt.)	280 DM
= Bruttoverkaufspreis	2 280 DM

Der Einzelhändler verkauft die Ware an einen Kunden:

Nettoeinkaufspreis	2 000 DM
+ Kosten und Gewinn (= Wertschöpfung)	600 DM
= Nettoverkaufspreis	2 600 DM
+ 14 % MWSt.	364 DM
= Bruttoverkaufspreis	2 964 DM

Der Einzelhändler zahlt an das **Finanzamt:**

Mehrwertsteuer auf den Nettoverkaufspreis	364 DM
− Vorsteuer im Bruttoeinkaufspreis	280 DM
= Zahllast	**84 DM**

Die Wertschöpfung des Einzelhändlers beträgt 600 DM. 14 % Mehrwertsteuer auf 600 DM betragen 84 DM.

Aus jedem Umsatz ergibt sich eine Steuerschuld gegenüber dem Finanzamt. Steuerlast ist jedoch nur die Steuer auf die Wertschöpfung.

Der Verbraucher trägt die gesamte Steuerlast in Höhe von 364 DM. Dieser Betrag ist in den Preis eingerechnet, den er für das Fernsehgerät bezahlt.

© Verlag Gehlen

Umsatzsteuerfrei sind u. a. Kreditgewährungen und Vermittlung von Kreditgewährungen. Umsatz von Geldforderungen und Vermittlung von Umsätzen in Geldforderungen, Umsätze in Wertpapieren.

Bei der Ermittlung der Umsatzsteuer ist grundsätzlich von den vereinbarten Entgelten auszugehen. Die Steuer entsteht bei der Ausführung des Umsatzes, also z. B. bei Erteilung einer Rechnung für einen Kunden. Man nennt diese Besteuerung **Sollbesteuerung.**

Kleineren und mittleren Betrieben kann das Finanzamt auf Antrag die sog. **Istbesteuerung** gestatten. Diese Betriebe werden dann nach den vereinnahmten Entgelten besteuert, also nach eingegangenen Verkaufserlösen.

12.6.2 Umsatzsteuer-Voranmeldung und Umsatzsteuererklärung

Der **Unternehmer** hat bis zum 10. Tag nach Ablauf jedes Kalendermonats **(Voranmeldungszeitraum)** eine Voranmeldung auf einem amtlich vorgeschriebenen Vordruck abzugeben, in der er die Steuer für den Voranmeldungszeitraum selbst zu berechnen hat.

Die errechnete Steuer ist als **Vorauszahlung** zu leisten. Bei geringen Umsätzen beträgt der Voranmeldungszeitraum drei Monate.

Beispiel: Umsatzsteuer-Voranmeldung Juli 19..

Das **Warenhaus Walter & Söhne in Neustadt** hat im Monat Juli 19.. für 420 000 DM **Waren** verkauft **(Nettoumsatz,** d. h. ohne Mehrwertsteuer). Die **Einkäufe** im Monat Juli 19.. belaufen sich auf 110 000 DM (Nettoeinkaufspreise).

An **Mieteinnahmen** wurden erzielt:

- 800 DM aus der an den Geschäftsführer vermieteten Wohnung (steuerfrei)
- 3 000 DM aus vermieteter Verkaufsfläche im Warenhaus (steuerpflichtig)

In den Rechnungen für Betriebskosten (Reinigung, allgemeine Verwaltungskosten) waren für den Monat Juli 19.. 1 800 DM **Vorsteuer** enthalten.

Daraus errechnen sich

● Steuerpflichtige Umsätze	420 000 DM
	+ 3 000 DM
	423 000 DM
● 14 % Umsatzsteuer	= 59 220 DM
● 14 % Vorsteuer auf 110 000 DM	= 15 400 DM
+ Vorsteuer auf Betriebskosten	+ 1 800 DM
● Vorsteuer	17 200 DM
● Zahllast	= 42 020 DM

Die Umsatzsteuer-Voranmeldung zu diesem Beispiel ist auf den folgenden beiden Seiten abgedruckt.

Für jedes Jahr ist eine Umsatzsteuererklärung abzugeben. Mit der dabei errechneten Umsatzsteuer sind die Vorauszahlungen zu verrechnen.

Fallart	Steuernummer	Unter-fallart
11		56

19..

30
Eingangsstempel oder -datum

Finanzamt

Neustadt
Alter Weg 10

6730 Neustadt

Umsatzsteuer-Voranmeldung 19..
Voranmeldungszeitraum

bei monatlicher Abgabe bitte ankreuzen

					bei vierteljährlicher Abgabe bitte ankreuzen	
·· 01	Jan.	·· 07	Juli	X	·· 41	I. Kalender-vierteljahr
·· 02	Feb.	·· 08	Aug.		·· 42	II. Kalender-vierteljahr
·· 03	März	·· 09	Sept.		·· 43	III. Kalender-vierteljahr
·· 04	April	·· 10	Okt.		·· 44	IV. Kalender-vierteljahr
·· 05	Mai	·· 11	Nov.			
·· 06	Juni	·· 12	Dez.			

Unternehmen – Art und Anschrift – Telefon

Walter & Söhne
Warenhaus
Stadtring 25

Wenn **berichtigte** Anmeldung, bitte eine „1" eintragen   10

Zeile	**I. Berechnung der Umsatzsteuer-Vorauszahlung**		volle DM	☒	Steuer DM	Pf
	Steuerfreie Umsätze (einschl. Eigenverbrauch) [1] [2]					
1	**mit** Vorsteuerabzug (z. B. Umsätze § 4 Nr. 1 bis 6 UStG)	43		■		
2	**ohne** Vorsteuerabzug Umsätze nach § 4 Nr. ___ UStG	48		■		
	Steuerpflichtige Umsätze (einschl. Eigenverbrauch) ohne Umsatzsteuer [1] [2] zum Steuersatz von					
3	14 v.H.	85	423000	■	59220	00
4	7 v.H.	86		■		
5	13 v.H. (für Umsätze in der Zeit vom 1. 7. 1979 bis zum 30. 6. 1983)	45		■		
6	6,5 v.H. (für Umsätze in der Zeit vom 1. 7. 1979 bis zum 30. 6. 1983)	46		■		
7	6 v.H. (für Umsätze in das Währungsgebiet der Mark der DDR)	54		■		
8	3 v.H. (für Umsätze in das Währungsgebiet der Mark der DDR)	55		■		
9	Umsätze, für die eine Steuer nach § 24 Abs.1 UStG zu entrichten ist (Sägewerkserzeugnisse, Getränke und alkoholische Flüssigkeiten sowie Umsätze aus der Tierzucht und Tierhaltung bei Überschreiten der Obergrenze von 330 Vieheinheiten) [1] [2] [3] . . .	76		■ 80		
10	Umsätze, die anderen Steuersätzen unterliegen [1] [2]	35		■ 36		
11	Summe der steuerfreien und steuerpflichtigen Umsätze			■		
12	Steuer infolge Wechsels der Besteuerungsart/-form, sowie Nachsteuer auf versteuerte Anzahlungen [2] . . .	65				
13	Umsatzsteuer					
	Vorsteuer- und Kürzungsbeträge					
14	Vorsteuerbeträge (Umsatzsteuer und Einfuhrumsatzsteuer), die nicht vom Abzug ausgeschlossen sind [4], ausgenommen Vorsteuerbeträge, die nach § 24 UStG pauschaliert sind . .	66			17200	00
15	Kürzungsbeträge für Bezüge aus dem Währungsgebiet der Mark der DDR . . .	67				
16	Zwischensumme [2]				42020	00
17	Kürzungsbeträge nach § 24a UStG für land- und forstwirtschaftliche Betriebe, die ihre Umsätze nach den allgemeinen Vorschriften versteuern (§ 24 Abs.4 UStG)	81				
18	Kürzungsbetrag nach § 13 Berlinförderungsgesetz (BerlinFG) **für Berliner Unternehmer**	73				
19	Zwischensumme [2] zu übertragen				42020	00

1) Entgeltserhöhungen und Entgeltsminderungen (z. B. Skonti und Boni) sind zu berücksichtigen (§ 17 Abs. 1 und 2 UStG).
2) Negative Beträge sind rot einzutragen oder mit einem Minuszeichen zu versehen.
3) Steuer abzüglich Vorsteuerpauschale (§ 24 Abs. 1 UStG) und ggf. abzüglich Kürzungsbetrag (§ 24 a Abs. 1 UStG).
4) Außerdem sind zu berücksichtigen:
   a) Berichtigung des Vorsteuerabzugs bei Änderung der Bemessungsgrundlage (§ 17 Abs. 1 und 2 UStG),
   b) herabgesetzte, erlassene oder erstattete Einfuhrumsatzsteuer (§ 17 Abs. 3 UStG) und
   c) Vorsteuerbeträge, die nach § 15 UStG nachträglich abziehbar oder zurückzuzahlen sind.

USt 1 A – Umsatzsteuer-Voranmeldung   OFD Kiel 11 / 87

	DM	Pf
Übertrag ¹)	42 020	00

Zeile				
20				

21	Steuerabzugsbetrag nach § 19 Abs. 3 UStG:		
	____ v.H. des Betrags aus Zeile 20, wenn dieser nicht negativ ist	32	_____

Kürzungen nach den §§ 1, 1 a und 2 BerlinFG

Bemessungsgrundlage volle DM / Pf

22	§ 1 Abs. 1 bis 4 BerlinFG (einschließlich der Kürzungen bei erhöhter Berliner Wertschöpfungsquote)	21	▮	22
23	§ 1 Abs. 5 BerlinFG – Überlassung von Filmen – . . . . 6 v.H.	23	▮	
24	§ 1 Abs. 6 BerlinFG – sonstige Leistungen – . . . . 10 v.H.	33	▮	
25	§ 1 a BerlinFG – Innenumsätze –	37	▮	87
26	§ 2 BerlinFG – **für westdeutsche Unternehmer** – . . . 4,2 v.H.	89	▮	

			DM	Pf
27	Zwischensumme ¹)		42 020	00
28	In Rechnungen unberechtigt ausgewiesene Steuerbeträge (§ 14 Abs. 2 und 3 UStG) sowie Steuerbeträge, die nach § 17 Abs. 1 Satz 2 UStG geschuldet werden	69		
29	**Abzug** (Anrechnung) der festgesetzten **Sondervorauszahlung** für Dauerfristverlängerung (Nur ausfüllen in der letzten Voranmeldung des Besteuerungszeitraums, **in der Regel Dezember**) . .	39		
30	Umsatzsteuer-Vorauszahlung . . . . (Bitte in jedem Fall ausfüllen)	83	42 020	00
	Überschuß – rot eintragen oder mit Minuszeichen versehen –			

(kann auf 10 Pf zu Ihren Gunsten gerundet werden)

31	Im Falle eines Überschusses wird der Betrag auf das dem Finanzamt benannte Konto überwiesen, soweit nicht eine Verrechnung mit Steuerschulden vorzunehmen ist. Falls Sie die Verrechnung des Überschusses wünschen, bitte eine „1" eintragen . . . . Die **Verrechnungswünsche** sind auf besonderem Blatt anzugeben.	29	⌐_

II. Anmeldung der Umsatzsteuer im Abzugsverfahren

32	Gesamtbetrag der Umsatzsteuer, die im Abzugsverfahren (§§ 51 bis 56 UStDV) bei Leistungen nicht im Erhebungsgebiet ansässiger Unternehmer einzubehalten und abzuführen ist	75	

(kann auf 10 Pf zu Ihren Gunsten gerundet werden)

Ich versichere, die Angaben in dieser Steueranmeldung wahrheitsgemäß nach bestem Wissen und Gewissen gemacht zu haben.

⌐ Bei der Anfertigung dieser Steueranmeldung hat mitgewirkt: ⌐
(Name, Anschrift, Telefon)

08.08.19.. _Walter_
Datum, Unterschrift

Hinweis nach den Vorschriften der Datenschutzgesetze:
Die mit der Steueranmeldung angeforderten Daten werden aufgrund der §§ 149 ff. der Abgabenordnung und des § 18 des Umsatzsteuergesetzes erhoben.

¹) Negative Beträge sind **rot** einzutragen oder mit einem Minuszeichen zu versehen.

1 **Einteilung der Steuern nach der Erhebungsart**

Steuern werden eingeteilt in
① **direkte Steuern**
② **indirekte Steuern**

Ordnen Sie die folgenden Steuern zu!
a) Lohnsteuer
b) Umsatzsteuer
c) Gewerbesteuer
d) Branntweinsteuer
e) Mineralölsteuer
f) Vermögensteuer

2 **Welche Steuerklasse ist auf der Lohnsteuerkarte bei nachstehenden Arbeitnehmern einzutragen?**
a) Jens Kramer, verheiratet, Ehefrau nicht berufstätig
b) Christian Neumann, unverheiratet
c) Jutta Heinrich, geschieden, 2 Kinder (10 und 12 Jahre alt, die in ihrer Wohnung gemeldet sind und für die sie einen Kinderfreibetrag erhält)
d) Fritz Bank, verheiratet, Ehefrau ebenfalls berufstätig
e) Werner Hahn, verheiratet, Ehefrau ebenfalls berufstätig (mit Steuerklasse V)

3 **Lohnsteuerabzüge sind zu ermitteln!**

Lohn/Gehalt bis	Steuerklasse	Lohnsteuer	KiSt 8%	KiSt 9%	Steuerklasse	0,5 Lohnsteuer	0,5 KiSt 8%	0,5 KiSt 9%	1,0 Lohnsteuer	1,0 KiSt 8%	1,0 KiSt 9%	1,5 Lohnsteuer	1,5 KiSt 8%	1,5 KiSt 9%	2,0 Lohnsteuer	2,0 KiSt 8%	2,0 KiSt 9%	2,5 Lohnsteuer	2,5 KiSt 8%	2,5 KiSt 9%	3,0 Lohnsteuer	3,0 KiSt 8%	3,0 KiSt 9%
2704,65	I,IV	378,25	30,26	34,04	I	347,41	26,79	30,14	317,25	23,38	26,30	287,58	20,00	22,50	258,58	16,68	18,77	230,08	13,40	15,08	202,16	10,17	11,44
	III	211,00	16,88	18,99	II	238,16	18,05	20,30	210,08	14,80	16,65	182,66	11,61	13,06	155,75	8,46	9,51	129,41	5,35	6,02	103,66	2,29	2,57
	V	653,16	52,25	58,78	III	185,66	13,85	15,58	160,66	10,85	12,20	135,83	7,86	8,84	111,33	4,90	5,51	87,16	1,97	2,21	63,16		
	VI	712,50	57,00	64,12	IV	362,75	28,52	32,08	347,41	26,79	30,14	332,25	25,08	28,21	317,25	23,38	26,30	302,33	21,68	24,39	287,58	20,00	22,50
2709,15	I,IV	379,33	30,34	34,13	I	348,50	26,88	30,24	318,33	23,46	26,39	288,66	20,09	22,60	259,58	16,76	18,86	231,08	13,48	15,17	203,16	10,25	11,53
	III	212,83	17,02	19,15	II	239,16	18,13	20,39	211,08	14,88	16,74	183,58	11,68	13,14	156,66	8,53	9,59	130,33	5,42	6,10	104,58	2,36	2,66
	V	654,66	52,37	58,91	III	187,50	14,00	15,75	162,33	10,98	12,35	137,50	8,00	9,00	113,00	5,04	5,67	88,83	2,10	2,36	64,83		
	VI	714,00	57,12	64,26	IV	363,83	28,60	32,18	348,50	26,88	30,24	333,33	25,16	28,31	318,33	23,46	26,39	303,41	21,77	24,49	288,66	20,09	22,60
2713,65	I,IV	380,41	30,43	34,23	I	349,58	26,96	30,33	319,33	23,54	26,48	289,66	20,17	22,69	260,58	16,84	18,95	232,08	13,56	15,26	204,16	10,33	11,62
	III	212,83	17,02	19,15	II	240,16	18,21	20,48	212,08	14,96	16,83	184,58	11,76	13,23	157,66	8,61	9,68	131,25	5,50	6,18	105,50	2,44	2,74
	V	656,33	52,50	59,06	III	187,50	14,00	15,75	162,33	10,98	12,35	137,50	8,00	9,00	113,00	5,04	5,67	88,83	2,10	2,36	64,83		
	VI	715,50	57,24	64,39	IV	364,91	28,69	32,27	349,58	26,96	30,33	334,41	25,25	28,40	319,33	23,54	26,48	304,41	21,85	24,58	289,66	20,17	22,69
2718,15	I,IV	381,58	30,52	34,34	I	350,66	27,05	30,43	320,41	23,63	26,58	290,75	20,26	22,79	261,66	16,93	19,04	233,08	13,64	15,35	205,16	10,41	11,71
	III	214,66	17,17	19,31	II	241,16	18,29	20,57	213,08	15,04	16,92	185,58	11,84	13,32	158,58	8,68	9,77	132,16	5,57	6,26	106,41	2,51	2,82
	V	657,66	52,61	59,18	III	189,16	14,13	15,89	164,16	11,13	12,52	139,33	8,14	9,16	114,83	5,18	5,83	90,66	2,25	2,53	66,66		
	VI	717,33	57,38	64,55	IV	366,08	28,78	32,38	350,66	27,05	30,43	335,50	25,34	28,50	320,41	23,63	26,58	305,50	21,94	24,68	290,75	20,26	22,79
2722,65	I,IV	382,66	30,61	34,43	I	351,75	27,14	30,53	321,50	23,72	26,68	291,83	20,34	22,88	262,66	17,01	19,13	234,08	13,72	15,44	206,16	10,49	11,80
	III	214,66	17,17	19,31	II	242,25	18,38	20,67	214,08	15,12	17,01	186,50	11,92	13,41	159,50	8,76	9,85	133,16	5,65	6,35	107,33	2,58	2,90
	V	659,50	52,76	59,35	III	189,16	14,13	15,89	164,16	11,13	12,52	139,33	8,14	9,16	114,83	5,18	5,83	90,66	2,25	2,53	66,66		
	VI	718,83	57,50	64,69	IV	367,16	28,87	32,48	351,75	27,14	30,53	336,58	25,42	28,60	321,50	23,72	26,68	306,58	22,02	24,77	291,83	20,34	22,88
2727,15	I,IV	383,75	30,70	34,53	I	352,91	27,23	30,63	322,58	23,80	26,78	292,83	20,42	22,97	263,66	17,09	19,22	235,08	13,80	15,53	207,16	10,57	11,89
	III	214,66	17,17	19,31	II	243,33	18,46	20,76	215,08	15,20	17,10	187,50	12,00	13,50	160,50	8,84	9,94	134,08	5,72	6,44	108,25	2,66	2,99
	V	661,00	52,88	59,49	III	189,16	14,13	15,89	164,16	11,13	12,52	139,33	8,14	9,16	114,83	5,18	5,83	90,66	2,25	2,53	66,66		
	VI	720,50	57,64	64,84	IV	368,25	28,96	32,58	352,91	27,23	30,63	337,66	25,51	28,70	322,58	23,80	26,78	307,66	22,11	24,87	292,83	20,42	22,97

Column group note: *Steuerklassen I, III–VI ohne Kinderfreibetrag* (Lohnsteuer, Kirchensteuer 8%/9%) und *Steuerklassen I, II, III und IV mit Kinderfreibeträgen* (mit 0,5; 1,0; 1,5; 2,0; 2,5; 3,0 Kinderfreibeträgen).

a) Stellen Sie anhand des Tabellenauszuges fest, in welcher Höhe die nachstehend aufgeführten Arbeitnehmer monatlich Lohnsteuer zu zahlen haben!
  (1) Unverheirateter Arbeitnehmer mit einem Monatseinkommen von 2702 DM
  (2) Verheirateter Arbeitnehmer mit zwei steuerlich zu berücksichtigenden Kindern, Ehefrau ist nicht berufstätig. Monatliches Einkommen 2725 DM
  (3) Verheiratete Arbeitnehmer in Hamburg ohne Kinder. Monatseinkommen des Ehemannes 2723 DM, der Ehefrau 2702,50 DM
  (4) Fall wie unter (3), Ehemann hat Steuerklasse III, Ehefrau hat Steuerklasse V
  (5) Verwitwete Arbeitnehmerin, Monatseinkommen 2710 DM

b) Begründen Sie die Unterschiede in der Steuerhöhe!

c) In welcher Höhe zahlt das Ehepaar in den Fällen (3) und (4) Kirchensteuer?

4 Werbungskosten, Sonderausgaben und außergewöhnliche Belastungen

Entscheiden Sie, in welchen Fällen es sich um
① Sonderausgaben
② Werbungskosten
③ außergewöhnliche Belastungen
handelt!

Ordnen Sie zu!
a) Spende
b) Ausgaben für Fachbücher
c) Kosten eines Unfalls
d) Beiträge zur privaten Krankenversicherung
e) gezahlte Kirchensteuer
f) Beitrag zur Deutschen Angestellten-Gewerkschaft

5 Lohnsteuer-Jahresausgleich

Die Eheleute Heribert und Hannelore Huber haben für 1990 einen Antrag auf Lohnsteuer-Jahresausgleich gestellt. Er ist auszugsweise auf den Seiten 425 bis 427 abgedruckt.

a) Welches Formular enthält Angaben zu Sonderaugaben, welches zu Werbungskosten? Geben Sie die Nummer an!
b) Aus welchem Grund rechnen Hubers mit einer Steuererstattung?
c) Hannelore Huber war 1990 auch berufstätig. Welche Angabe im Antrag läßt dies erkennen bzw. vermuten?
d) Hannelore Huber hat keine Angaben über entstandene Werbungskosten gemacht. In welcher Höhe werden sie trotzdem vom Finanzamt 1990 berücksichtigt?
e) Müssen Hubers für die 303 DM Zinsen aus Sparguthaben Einkommensteuer zahlen? (Begründung)
f) Warum verlangt der Staat, daß in jedem Fall die Anlage KSO unterschrieben abgegeben werden muß?

①

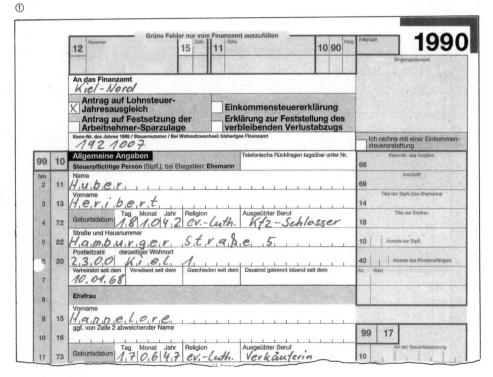

②

Name und Vorname des Arbeitnehmers	**Anlage N**	**1990**		

Name und Vorname des Arbeitnehmers
Huber, Heribert

Kenn-Nr. des Jahres 1989/Steuernummer
1 9 2 1 0 0 7

Anlage N

Jeder Ehegatte
mit Einkünften aus nichtselbständiger Arbeit
hat eine eigene Anlage N abzugeben

1990

99	4	Stpfl./ Ehem. – 7
89		Ehefr. – 8

Einkünfte aus nichtselbständiger Arbeit

Zeile	Steuerklasse, Zahl d. Kinderfreibeträge u. Kinderzahl	Bei Ehegatten: Ist auch für den Ehegatten eine Lohnsteuerkarte ausgestellt?			85	Veranlagungs-grund
1	lt. Lohnsteuer-karte *drei / 2-2*	Nein	X Ja, und zwar Steuerklasse *fünf*		10	

Angaben zum Arbeitslohn

		Erste Lohnsteuerkarte		Weitere Lohnsteuerkarte(n)		40	
2		DM	Pf	DM	Pf	42	
3	**Bruttoarbeitslohn**	10 *31586* —		11 —		44	
4	**Lohnsteuer**	40 *2791* 00		41 —		11	
5	**Kirchensteuer des Arbeitnehmers**	nach Abzug der vom Arbeitgeber im Jahresaus-gleich erstatteten Beträge	42 *143* 19	43 —		41	
6	Nur bei konfessionsverschiedener Ehe: **Kirchensteuer für den Ehegatten** (lt. Abschnitt IV Nr. 6 Ihrer Lohnsteuerkarte)		44	45		43	
						45	
7	Kurzarbeiter- u. Schlechtwettergeld, Zuschuß z. Mutterschaftsgeld, Verdienstausfallentschädigung nach d. Bundesseuchengesetz, Aufstockungsbeträge nach d. Altersteilzeitgesetz (lt. Lohnsteuerkarte)			19 *1020* —		19	
8	Andere Lohnersatzleistungen (z.B. Arbeitslosengeld, Arbeitslosenhilfe, Arbeitslosenbeihilfe, Über-brückungsgeld lt. Bescheinigung d. Arbeitsamts, Krankengeld, Mutterschaftsgeld) Hinweis auf Anleitung			20 *1670* —		20	
9	Angaben über Zeiten und Gründe der Nichtbeschäftigung (Nachweise bitte beifügen) *01.01. – 26.01.90 arbeitslos*						

Vom Arbeitgeber bescheinigte vermögenswirksame Leistungen

99	5	Stpfl./ Ehem. – 7
89		Ehefr. – 8

	Zulagen-satz				
22			Vertragsart, Unternehmen, Vertragsnummer		
23	20 v.H.	Vermögens-beteiligungen	*Sparvertrag über Wertpapiere (Aktien)*	11 *936*	
24	10 v.H.	Bausparvertrag – ohne Tilgung –	Bausparkasse, Vertragsnummer *Dresdner Bank, Kiel, W 812067*	16 —	
25	10 v.H.	Lebens-versicherung	Versicherungsunternehmen, Vertragsnummer	21 —	
26	10 v.H.	Raten-sparvertrag	Kreditinstitut, Vertragsnummer	26 —	
27	10 v.H.	Besonderer Wertpapier-Sparvertrag	Kreditinstitut, Vertragsnummer	31 —	
28	10 v.H.	Wohnungsbau (ohne Zeile 24)	Empfänger, Anlageart, ggf. Vertragsnummer	36 —	
29	Datum des Vertragsabschlusses		Lebensversicherung	Ratensparvertrag	Besonderer Wertpapiersparvertrag *15.01.89*
30	Über die in Zeile Nr.	eingetragenen vermögenswirksamen Leistungen habe ich vor Ablauf der Sperrfrist verfügt.			

Anlage N für Einkünfte aus nichtselbständiger Arbeit

328c OFD Frankfurt am Main 9.90 (208)

③

39	**Fahrten zwischen Wohnung und Arbeitsstätte**					15	
40	Aufwendungen für Fahrten mit eigenem Letztes amtl. Kennzeichen					40	Tage
	X Pkw	Motorrad/ Motorroller *KI – AL 282*	Moped/Mofa	Fahr-rad		41	km
41	Arbeitstage je Woche *5*	Urlaubs- und Krankheitstage *35*	**Erhöhter Kilometersatz wegen Behinderung**			42	Pf
			Behinderungsgrad mindestens 70	Behinderungsgrad mindestens 50 und erhebliche Gehbehinderung		43	Tage
42	Arbeitsstätte in (Ort und Straße) - ggf. nach besonderer Aufstellung - *Schönkirchen, Poststraße*		Ständig wechselnde Einsatzstelle vom - bis	40 benutzt an Tagen *201*	41 einfache Entf. (km) *12*	42 Pf	44	km
43				43	44	45	45	Pf
44				46	47	48	46	Tage
							47	km
45	Aufwendungen für Fahrten mit öffentlichen Verkehrsmitteln			49	DM	48	Pf
46	Fahrtkostenersatz, der vom Arbeitgeber pauschal besteuert oder bei Einsatzwechseltätigkeit steuerfrei gezahlt wurde			50		49	
47	Beiträge zu Berufsverbänden (Bezeichnung der Verbände) *Gewerkschaft (IG Metall)*			51 *320*		50	
48	Aufwendungen für Arbeitsmittel (Art der Arbeitsmittel) – soweit nicht steuerfrei ersetzt – *Arbeitskleidung (Anschaffung u. Reinigung)*			52 *390*		51	
49	Weitere Werbungskosten (z.B. Fortbildungskosten, Reisekosten bei Dienstreisen und Dienstgängen) – soweit nicht steuerfrei ersetzt –				DM	52	
50				+ ▶	53 *710*	53	

④

99 13

Zeile	Sonderausgaben			
62	**Arbeitnehmeranteil am Gesamtsozialversicherungsbeitrag** und/oder befreiende Lebensversicherung sowie andere gleichgestellte Aufwendungen (ohne steuerfreie Zuschüsse des Arbeitgebers) – in der Regel auf der Lohnsteuerkarte bescheinigt –	DM 30 Stpfl./Ehemann **5560**	DM 31 Ehefrau **3355**	30 / 31
63				
64	**Freiwillige** Angestellten-, Arbeiterrenten-, Höher**versicherung** (abzüglich steuerfreier Arbeitgeberzuschuß) sowie Beiträge von Nichtarbeitnehmern zur gesetzlichen Altersversorgung		41 Stpfl./Ehegatten	41
65	**Krankenversicherung** (freiwillige Beiträge sowie Beiträge von Nichtarbeitnehmern zur gesetzl. Krankenversicherung – abzüglich steuerfreie Zuschüsse, z. B. des Arbeitgebers –)	in 1990 gezahlt	in 1990 erstattet – ▸	40 / 42
66	**Unfallversicherung**	**146**	– ▸	42 **146** / 44
67	**Lebensversicherung** ohne vermögenswirksame Leistungen (einschl. Sterbekasse u. Zusatzversorgung; ohne Beträge in Zeile 63)	**85**	– ▸	44 **85** / 43
68	**Haftpflichtversicherung** (ohne Kasko-, Hausrat- und Rechtsschutzversicherung)	**428**	– **35** ▸	43 **393** / 34 / 35
69	**Bausparbeiträge**, die als Sonderausgaben geltend gemacht werden – ohne vermögenswirksame Leistungen –	Für 1990 habe(n) ich/wir und ein nach dem 1. 1. 1973 geborenes Kind eine **Wohnungsbauprämie beantragt:** Nein Ja		Eingangsdatum 38 / 11
70	Institut, Vertrags-Nr. und Vertragsbeginn	Bescheinigte Beiträge ▸	35	38 / 11
71	**Renten**	Rechtsgrund, Datum des Vertrags	11 tatsächlich gezahlt / 12 abziehbar v. H.	12 v. H.
72	**Dauernde Lasten**	Rechtsgrund, Datum des Vertrags	10	10
73	**Unterhaltsleistungen** an den geschiedenen/dauernd getrennt lebenden Ehegatten lt. **Anlage U**		39	39
74	**Kirchensteuer**	13 in 1990 gezahlt **221,20**	14 in 1990 erstattet **27,50**	13 / 14
75	**Stundungszinsen, Aussetzungszinsen**		78	78
76	**Aufwendungen für ein hauswirtschaftliches Beschäftigungsverhältnis,** für das Pflichtbeiträge zur gesetzlichen Rentenversicherung entrichtet wurden		22	22
77	Zum Haushalt gehörten nach dem 1. 1. 1980 geborene Kinder lt. Zeile(n) Nr.	hilflose Person(en)	vom – bis	16 / 17
78	**Steuerberatungskosten**		16	18
79	Aufwendungen für die eigene **Berufsausbildung** oder die Weiterbildung in einem nicht ausgeübten Beruf	Art der Aus-/Weiterbildung	17	19
80	**Spenden** und Beiträge für wissenschaftliche, mildtätige und kulturelle Zwecke	lt. beigef. Bestätigungen / lt. Nachweis Betriebsfinanzamt + ▸	18	20 / 70
81	für kirchliche, religiöse und gemeinnützige Zwecke	**120** + ▸	19 **120**	Summe der Umsätze ...

⑤

Name und Vorname/Gemeinschaft/Körperschaft

Huber, Heribert u. Hannelore

Kenn-Nr. des Jahres 1989 / Steuernummer

Anlage KSO
[X] zum Antrag auf Lohnsteuer-Jahresausgleich zur Einkommensteuererklärung
[ ] zur Körperschaftsteuererklärung
[ ] zur Feststellungserklärung

1990

Stets ausfüllen, unterschreiben und abgeben!

Einkünfte aus Kapitalvermögen, Anrechnung von Körperschaft- und Kapitalertragsteuer

Zeile	Inländische Kapitalerträge	Anzurechnende		Zu versteuernde Einnahmen (einschließlich anzurechnender/vergüteter Körperschaftsteuer und Kapitalertragsteuer)		99 26
1	mit und ohne Kapitalertragsteuerabzug	Körperschaftsteuer	Kapitalertragsteuer	Steuerpfl. Person Ehemann Gemeinschaft	Ehefrau	89
2		lt. beigefügter Nachweise				Kz Wert
		DM Pf	DM Pf	DM	DM	
3	**Zinsen und andere Erträge**			Bitte nur volle DM-Beträge eintragen		
4	aus Sparguthaben und sonstigen Kapitalforderungen	▸			**303**	

	Keine Kapitalerträge	Oben einzutragende Einnahmen aus Kapitalvermögen sind	nicht angefallen	nicht angefallen	27
27					

Unterschrift ich versichere, daß ich die Angaben zu den Einkünften aus Kapitalvermögen wahrheitsgemäß nach bestem Wissen und Gewissen gemacht habe.

28 / 29 *10.04.1991* *[Unterschriften: Heribert Huber, Hannelore Huber]*

Datum, Unterschrift(en) – Steuererklärungen sind eigenhändig – bei Ehegatten von beiden – zu unterschreiben.

CFD Frankfurt 9.00 (210)
328d

Anlage KSO für Einkünfte aus Kapitalvermögen und sonstige Einkünfte

6 Lohnsteuer-Jahresausgleich

a) Besorgen Sie sich beim Finanzamt den Vordruck ESt/LSt 1A mit den Anlagen N und KSO und tragen Sie die für den Lohnsteuer-Jahresausgleich 1990 wichtigen Angaben ein:

Zuständiges Finanzamt: Helmstedt,

Arbeitnehmer: Fritz Homann, geboren 02.03.1962, Verkäufer beim Kaufhaus Carl Karutz & Söhne, Neumärkter Str. 1, 3330 Helmstedt
Jutta Homann, Ehefrau, geboren 15.11.1963, Apothekenhelferin in der Rathaus-Apotheke, Helmstedt,
beide wohnhaft in 3330 Helmstedt-Emmerstedt, Teichstraße 2, verheiratet seit 01.02.1983, Konto bei der Volksbank Helmstedt (Bankleitzahl 271 900 82, Konto-Nr. 41627)

LSt-Jahresausgleich im Vorjahr: ja, Kenn-Nr. 2158712

Abgabe des Antrags beim Finanzamt: 24. April 19..

Kinder: 1 Kind, geboren 3. Mai 1985

Arbeitslohn: Fritz Homann 35 216 DM
einbehaltene LSt 5 822 DM
einbehaltene Kirchensteuer 524 DM

Jutta Homann 32 700 DM
einbehaltene LSt 5400 DM
einbehaltene Kirchensteuer 486 DM

Beide haben jeweils 624 DM vermögenswirksame Leistungen erhalten, die in Lebensversicherungsverträgen (Deutscher Ring, Vertragsnummer 588607/9 und 588608/9) angelegt sind.

Werbungskosten Fritz Homann: 1. Pkw-Kosten für Fahrten zwischen Wohnung und Arbeitsstätte, (HE-AJ 2328), Arbeitstage je Woche: 5, Urlaubs- und Krankheitstage: 34, genutzt an 205 Tagen, einfache Entfernung 11 km
2. Bezug von Fachzeitschriften 132 DM
3. EDV-Kurs 300 DM
4. DAG-Beitrag 240 DM
5. Arbeitskleidung 260 DM

Sonderausgaben: Arbeitnehmerantoil Sozialversicherung
Fritz H. 6 272 DM
Jutta H. 5 831 DM
Unfallversicherung 136 DM
Lebensversicherung 1 224 DM
Haftpflichtversicheurng 436 DM (Erstattung 40 DM)
(Erstattete Kirchensteuer
Fritz H. 82 DM
Jutta H. 60 DM)
Spende an das Deutsche Rote Kreuz 120 DM

b) Jutta Homann hat von der Volksbank Helmstedt 1 552 DM Zinsen für Sparguthaben erhalten, Fritz Homann 717 DM.

Auf welchen Betrag müssen Homanns Einkommensteuer zahlen?

7 Besteuerung des Unternehmens und der Aktionäre

Die Warenhaus AG hat aufgrund der guten Gewinnlage jährlich 10 % Dividende gezahlt.

a) Stellen Sie fest, welche Steuern (Steuerarten) die Warenhaus AG zu zahlen hat!
b) Welche Steuern (Steuerarten) hat ein Aktionär aufgrund seines Aktienbesitzes zu tragen?
c) Wem fließen die im Beispiel zu zahlenden Steuern zu?

8 Umsatzsteuer-Voranmeldung

Ein Textilfachgeschäft hat im Monat Februar die erste Warenlieferung für die Sommersaison im Werte von netto 52 000 DM erhalten und bezahlt. Der Verkaufsumsatz des Monats beläuft sich (netto) auf 85 000 DM; sonstige angefallene Vorsteuer 820 DM (für Betriebskosten).

In welcher Höhe hat das Unternehmen Umsatzsteuer zu zahlen (14 %)?

9 Lohnsteuer

Welche Aussagen über die Lohnsteuer sind zutreffend?

a) Die Lohnsteuer ist eine indirekte Steuer.
b) Die Lohnsteuer ist eine Gemeindesteuer.
c) Die Lohnsteuer ist eine besondere Erhebungsart der Einkommensteuer
d) Die Lohnsteuer wird je zur Hälfte vom Arbeitnehmer und vom Arbeitgeber getragen.
e) Die Lohnsteuer wird auf Einkünfte aus nichtselbständiger Arbeit erhoben.

10 Aussagen über die Umsatzsteuer

Welche der folgenden Aussagen über die Umsatzsteuer sind richtig?

a) Die Umsatzsteuer ist eine Verbrauchsteuer.
b) Die Umsatzsteuer ist eine indirekte Steuer.
c) Die Umsatzsteuer wird als Mehrwertsteuer und als Einfuhrumsatzsteuer erhoben.
d) Die Mehrwertsteuer erfaßt die auf einer Wirtschaftsstufe entstandenen Kosten und den Gewinn.
e) Die Steuerlast, die der Endverbraucher zu tragen hat, entspricht der Zahllast des Einzelhändlers.
f) Die Steuerlast, die der Endverbraucher zu tragen hat, entspricht der Summe der auf jeder Wirtschaftsstufe an das Finanzamt abgeführten Zahllast.

13.1 Sozialversicherung und Individualversicherung: Schutz gegen die Wechselfälle des Lebens

Alle Menschen müssen während ihres Erwerbslebens damit rechnen, daß auf sie Gefahren zukommen. **Krankheit, Arbeitslosigkeit, Berufsunfähigkeit, Erwerbsunfähigkeit** sind solche Gefahren. Es sind **Risiken,** die den arbeitenden Menschen bedrohen. Wenn jemand ernsthaft erkrankt oder arbeitslos oder sogar berufs- bzw. erwerbsunfähig wird, dann ist damit für ihn Angst um die Zukunft und um das persönliche Wohlergehen verbunden. Das Risiko besteht aber auch darin, ob der Mensch in solchen Situationen, in die er ohne seine Schuld kommt, finanziell versorgt ist.

Der arbeitende Mensch hat Anspruch darauf, daß er zumindest keine schwerwiegenden Geldsorgen haben muß, wenn er unverschuldet in eine Situation gerät, wie sie geschildert wurde. Er hat darüber hinaus Anspruch, nach einem vollen Arbeitsleben auch im Ruhestand geldlich zufriedenstellend versorgt zu sein. Außerdem muß er sicher sein können, daß nach seinem Tod seine Hinterbliebenen versorgt sind.

Zum „Versorgtsein" gehört auch „Vorsorgen". Jeder Mensch muß vorsorgen, damit er versorgt ist, wenn ihn Krankheit, Arbeitslosigkeit, Berufs- und Erwerbsunfähigkeit treffen oder wenn er infolge seines Alters aus dem Erwerbsleben ausscheiden muß.

Der Staat hat mit der Sozialversicherung Einrichtungen geschaffen, die dem arbeitenden Menschen **im Wege solidarischer Vorsorge** vieler Menschen Schutz gegen Lebensrisiken und Beschäftigungsrisiken geben sollen.

Die Sozialversicherung ist gemeinschaftliche und solidarische Vorsorge gegen Lebensrisiken (z. B. Krankheit, Gebrechen, Tod) und **Beschäftigungsrisiken** (z. B. Arbeitslosigkeit, Arbeitsunfälle).

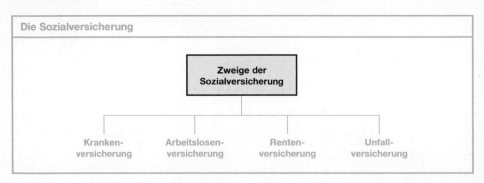

Die Sozialversicherung

Zweige der
Sozialversicherung

Kranken-
versicherung

Arbeitslosen-
versicherung

Renten-
versicherung

Unfall-
versicherung

Die **Sozialversicherung** ist eine **öffentlich-rechtliche, nach den Grundsätzen der Selbstverwaltung aufgebaute Pflichtversicherung, die unter staatlicher Aufsicht steht.** Bei Erfüllung gesetzlich festgelegter Voraussetzungen (z. B. bei Erreichen bestimmter Einkommensgrenzen) besteht ein **Zwang zur Mitgliedschaft.** Daraus ergibt sich die Pflicht für den einzelnen, mit seinen Beiträgen die Geldmittel für die Gemeinschaftsvorsorge aufzubringen, aber auch das Recht, die Leistungen der Gemeinschaftsvorsorge in Anspruch zu nehmen.

Darüber hinaus kann der einzelne Mensch **individuelle Vorsorge** treffen, indem er mit privaten Versicherungsunternehmen oder öffentlich-rechtlichen Versicherungsanstalten Versicherungsverträge schließt und somit auf privatrechtlicher Grundlage Versicherungsschutz erlangt **(Individualversicherung).**

Auch für die **Individualversicherung** gilt das Prinzip, daß die Risiken innerhalb einer Gefahrengemeinschaft ausgeglichen und dadurch für den einzelnen tragbar werden. Von der Sozialversicherung unterscheidet sie sich aber vor allem dadurch, daß sie den einzelnen Versicherungsnehmer auf der Grundlage eines frei vereinbarten privatrechtlichen Vertrags in dem von ihm bestimmten Umfang versichert. Die zu zahlenden Beiträge richten sich nicht nach dem Einkommen, sondern werden nach dem **Risiko und der Versicherungsleistung im Einzelfall** kalkuliert.

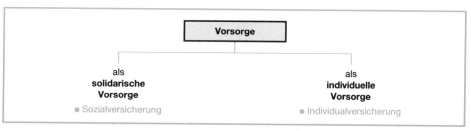

Das folgende Bild zeigt, daß Individualversicherung und Sozialversicherung gemeinsam der Vorsorge dienen können.

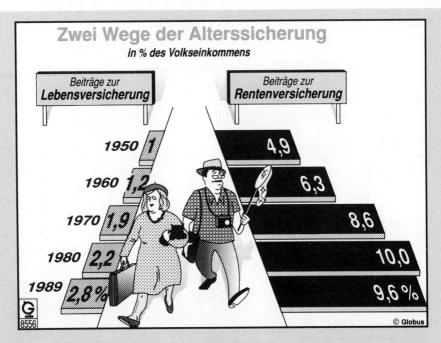

Im Alter nicht darben müssen – das reichte früher meist als Ziel der Altersvorsorge. Heute geht es vielen um mehr. Sie wollen im Alter möglichst geringe Abstriche von ihrem gewohnten Lebensstandard machen, wollen reisen, noch etwas erleben, Versäumtes nachholen. Die **Rente aus der gesetzlichen Rentenversicherung** allein reicht dafür häufig nicht. Besonders die Besserverdienenden müssen damit rechnen, daß eine große Lücke zwischen der Höhe ihres letzten Verdienstes und der Höhe ihrer Rente klafft. Deshalb sorgen offenbar immer mehr Bundesbürger selbst für das finanzielle Plus im Alter, indem sie **Beiträge zu einer privaten Lebensversicherung** (Individualversicherung) zahlen.

13.2 Überblick über die Sozialversicherung

Die **Sozialversicherung** steht **im Mittelpunkt des Systems der sozialen Sicherung.**

Alle sozialen Leistungen zusammen ergeben das **System der sozialen Sicherung,** das auch als **„soziales Netz"** („Netz der sozialen Sicherung") bezeichnet wird.

Die Grundlagen für das Entstehen der Sozialversicherung wurden vor rd. 100 Jahren gelegt:

1883 gesetzliche Regelung der Krankenversicherung
1884 gesetzliche Regelung der Unfallversicherung
1889 gesetzliche Regelung der Invaliditäts- und Altersversicherung

1927 Gesetz über die Arbeitsvermittlung und Arbeitslosenversicherung

© Verlag Gehlen

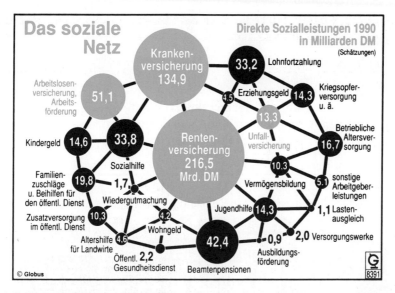

Das soziale Netz
Direkte Sozialleistungen 1990 in Milliarden DM (Schätzungen)

Krankenversicherung 134,9
Lohnfortzahlung 33,2
Arbeitslosenversicherung, Arbeitsförderung 51,1
Erziehungsgeld 4,5 · 14,3
Kriegsopferversorgung u. ä.
13,3
Kindergeld 14,6 · 33,8
Rentenversicherung 216,5 Mrd. DM
Unfallversicherung · 16,7 Betriebliche Altersversorgung
Sozialhilfe
10,3
Familienzuschläge u. Beihilfen für den öffentl. Dienst 19,8 · 1,7
Vermögensbildung · 5,1 sonstige Arbeitgeberleistungen
Wiedergutmachung
Zusatzversorgung im öffentl. Dienst 10,3 · 4,2
Jugendhilfe 14,3 · 1,1 Lastenausgleich
Wohngeld
Altershilfe für Landwirte 4,6 · 42,4 · 0,9 · 2,0 Versorgungswerke
Öffentl. Gesundheitsdienst 2,2
Beamtenpensionen
Ausbildungsförderung
© Globus

Die folgende Tabelle gibt einen Überblick über die Zweige der Sozialversicherung.

	Versicherte (Pflichtversicherte)	Träger	Leistungen	Beitragssätze/ Beitragspflicht
Kranken-versicherung	alle Arbeitnehmer (bis zu einer bestimmten Einkommenshöhe), Auszubildende, Rentner (nach Mindestmitgliedzeit), Wehr- und Zivildienstleistende	**Pflichtkassen:** Ortskrankenkassen, Betriebskrankenkassen, Innungskrankenkassen usw. **Ersatzkassen:** DAK, BEK usw.	Gesundheitsvorsorge, Krankenbehandlung, Mutterschaftshilfe, Krankengeld (als Lohnersatzleistung), Sterbegeld	ca. 12–13 % des Bruttolohns oder -gehalts (Beitragssätze der Krankenkassen sind unterschiedlich hoch). **Arbeitnehmer** und **Arbeitgeber** zahlen **je die Hälfte**
Arbeitslosen-versicherung	alle Arbeitnehmer (einschl. der Auszubildenden)	Bundesanstalt für Arbeit	Arbeitslosengeld und Arbeitslosenhilfe, Kurzarbeitergeld usw., Arbeitsvermittlung und Berufsberatung, Ausbildung, Fortbildung, Umschulung	**seit 01. 01. 92:** **6,3 %** des Bruttolohns oder -gehalts. **Arbeitnehmer** und **Arbeitgeber** zahlen **je die Hälfte**
Renten-versicherung	**Angestelltenrentenversicherung:** alle Angestellten und kaufmännischen Auszubildenden **Arbeiterrentenversicherung:** Arbeiter und Auszubildende	Bundesversicherungsanstalt für Angestellte, Landesversicherungsanstalten (Arbeiter)	Medizinische und berufliche Rehabilitation, Renten wegen Alter (Altersruhegeld), Berufs- und Erwerbsunfähigkeit, Hinterbliebenenrenten	**seit 01. 04. 91:** **17,7 %** des Bruttolohns oder -gehalts. **Arbeitnehmer** und **Arbeitgeber** zahlen **je die Hälfte**
Unfall-versicherung	alle Arbeitnehmer (einschl. der Auszubildenden)	Berufsgenossenschaften, Gemeindeunfallversicherungsverbände	Unfallverhütung, medizinische und berufliche Rehabilitation, Renten	Beiträge zahlt **Arbeitgeber voll**

Die **Mittel der Sozialversicherung** werden durch

● **Beiträge** und

● **staatliche Zuschüsse**

aufgebracht.

Die **Beiträge zur Sozialversicherung (Sozialabgaben)** werden grundsätzlich je zur Hälfte von den **Arbeitnehmern und** von den **Arbeitgebern** aufgebracht. Die Beiträge zur Unfallversicherung zahlen ausschließlich die Arbeitgeber.

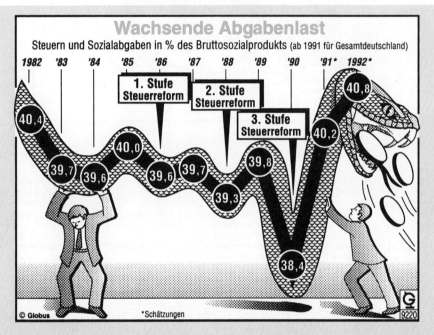

Steuern und Sozialabgaben, ausgedrückt in Prozent des Bruttosozialprodukts **(Abgabenquote)** sanken von 40,4 Prozent im Jahre 1982 auf 38,4 Prozent im Jahre 1990. Wem dieser Rückgang um zwei Prozentpunkte als geringfügig erscheint, der sollte sich vor Augen halten, daß zwei Prozent des Sozialprodukts fast 49 Milliarden DM entsprechen. Dann kam die Wiedervereinigung und durchkreuzte den Sparkurs der Bundesregierung. Zur Finanzierung der Vereinigungslasten unabweisliche Steuererhöhungen und höhere Sozialabgaben führen dazu, daß schon 1992 die Abgabenquote höher liegen wird als in irgendeinem anderen der hier betrachteten elf Jahre. Und die Aussichten dafür, daß die Abgabenlast wenigstens danach wieder sinken wird, sind nicht allzu gut. Außerdem sieht es nicht so aus, als könnten beispielsweise die Krankenversicherungsbeiträge auf dem gegenwärtigen Stand gehalten werden.

Für die Beiträge zur Rentenversicherung, Arbeitslosenversicherung und Krankenversicherung gibt es **Beitragsbemessungsgrenzen.** Es sind Grenzen für die Berechnung der Beiträge. Sie sorgen dafür, daß die Beiträge zur Sozialversicherung nur bis zu einer bestimmten Höhe des Arbeitsentgelts erhoben werden. Die Beitragsbemessungsgrenzen werden jährlich an die allgemeine Lohn- und Gehaltsentwicklung angepaßt, um die soziale Sicherung durch angemessenes Beitragsaufkommen ausreichend zu finanzieren.

Die **Beitragsbemessungsgrenze für die Rentenversicherung** ist gleichzeitig die **Beitragsbemessungsgrenze für die Arbeitslosenversicherung.**

In der **Krankenversicherung** beträgt die Beitragsbemessungsgrenze **75 % der Beitragsbemessungsgrenze für die Rentenversicherung.** Die Beitragsbemessungsgrenze der Krankenversicherung ist für alle Arbeitnehmer gleichzeitig die **Versicherungspflichtgrenze.** Ein Angestellter, der ein Einkommen hat, das die Versicherungspflichtgrenze übersteigt, ist nicht versicherungspflichtig in der gesetzlichen Krankenversicherung.

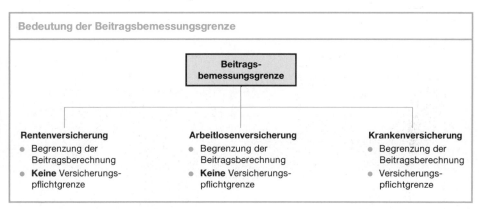

Beitragsbemessungsgrenzen und Beitragssätze 1989, 1990, 1991 und 1992:

Beitragsbemessungsgrenzen, Beitragssätze und monatlicher Höchstbeitrag									
Jahr	Rentenversicherung				Arbeitslosen-versicherung		Kranken-versicherung		
	Beitragsbemessungs-grenze		Beitrags-satz	monatlicher Höchstbeitrag (Arbeitgeber und Arbeitnehmer)	Beitrags-satz	monatlicher Höchstbeitrag (Arbeitgeber und Arbeitnehmer)	Beitragsbemessungs-grenze		
	jährlich DM	monatlich DM		DM		DM	jährlich DM	monatlich DM	
1989	73 200	6 100	18,7 %	1 141,00	4,3 %	262,30	54 900	4 575	
1990	75 600	6 300	18,7 %	1 178,10	4,3 %	270,90	56 700	4 725	
1991	78 000	6 500	18,7 %*)	1 215,50*)	4,3 %**)	279,50**)	58 500	4 875	
1992	81 600	6 800	17,7 %	1 203,60	6,3 %	428,40	61 200	5 100	

*) seit 01.04.91: 17,7 % = 1 150,50 DM
**) seit 01.04.91: 6,8 % = 442,00 DM

Die folgende Übersicht zeigt, wer die Beiträge zur Sozialversicherung aufbringt und wie die Beiträge abgeführt werden.

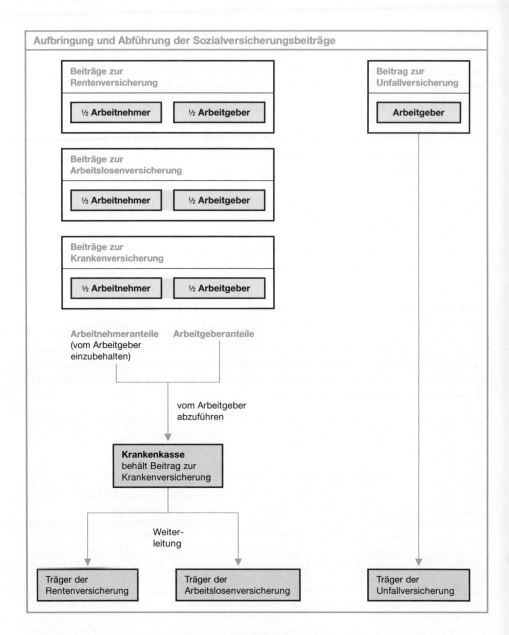

Aufbringung und Abführung der Sozialversicherungsbeiträge

Beiträge zur Rentenversicherung
½ Arbeitnehmer   ½ Arbeitgeber

Beitrag zur Unfallversicherung
Arbeitgeber

Beiträge zur Arbeitslosenversicherung
½ Arbeitnehmer   ½ Arbeitgeber

Beiträge zur Krankenversicherung
½ Arbeitnehmer   ½ Arbeitgeber

Arbeitnehmeranteile (vom Arbeitgeber einzubehalten)   Arbeitgeberanteile

vom Arbeitgeber abzuführen

Krankenkasse behält Beitrag zur Krankenversicherung

Weiterleitung

Träger der Rentenversicherung   Träger der Arbeitslosenversicherung   Träger der Unfallversicherung

13.2.1 Die gesetzliche Krankenversicherung

Die Krankenversicherung soll die sozialen Risiken Krankheit, Mutterschaft und Tod abdecken.

Aufgabe der gesetzlichen Krankenversicherung ist **Erhaltung und Wiederherstellung der Gesundheit.** Der Krankenversicherungsschutz umfaßt grundsätzlich Gewährung von Kostenschutz und Absicherung gegen Einkommensausfall.

Von **gesetzlicher Krankenversicherung** wird im Rahmen der Sozialversicherung gesprochen, weil sie gesetzlich vorgeschrieben ist. Neben der gesetzlichen Krankenversicherung gibt es auch **private Krankenversicherungen,** bei denen Menschen sich vertraglich versichern lassen können, wenn sie nicht Pflichtmitglied in einer Pflichtkasse oder Ersatzkasse sind. Pflichtmitglieder in der gesetzlichen Krankenversicherung können sich für bestimmte Fälle auch zusätzlich privat versichern lassen, z. B. für den Ersatz bestimmter Krankenhauskosten.

Pflichtversichert sind in der **gesetzlichen Krankenversicherung** u. a.:

- alle Arbeitnehmer bis zur Versicherungspflichtgrenze,
- alle Auszubildenden,
- Rentner (nach Mindestmitgliedzeit),
- Arbeitslose, die Arbeitslosengeld oder Arbeitslosenhilfe erhalten,
- Empfänger von Unterhaltsgeld nach dem Arbeitsförderungsgesetz (bei Teilnahme an Maßnahmen zur beruflichen Fortbildung),
- Wehrdienst- und Zivildienstleistende.

Die Beiträge für Bezieher von Arbeitslosengeld oder Arbeitslosenhilfe trägt die Bundesanstalt für Arbeit.

Träger der gesetzlichen Krankenversicherung sind die Pflichtkassen und die Ersatzkassen.

Bei den **Pflichtkassen** (Allgemeine Ortskrankenkassen, Betriebskrankenkassen, Innungskrankenkassen, Bundesknappschaft, Landwirtschaftliche Krankenkassen, Seekrankenkassen) kommt die **Mitgliedschaft mit Aufnahme einer krankenversicherungspflichtigen Beschäftigung** zustande.

Die Mitgliedschaft in einer **Ersatzkasse** (z. B. Deutsche Angestellten-Krankenkasse [DAK], Barmer Ersatzkasse [BEK]) ist freiwillig. Sie kommt durch eine **Beitrittserklärung** zustande. Die Zugehörigkeit zu einer Ersatzkasse ersetzt die Krankenversicherung bei einer Pflichtkasse.

Auszubildende erhalten eine Ausbildungsvergütung. Diese liegt in jedem Fall innerhalb der Versicherungspflichtgrenze. Daher sind Auszubildende auch in jedem Fall in der gesetzlichen Krankenversicherung pflichtversichert.

Arbeitnehmer und Auszubildende sind nicht nur versicherungspflichtig, sondern auch **versicherungsberechtigt.** Ein Arbeitnehmer darf daher nicht von der gesetzlichen Krankenkasse wegen einer Vorerkrankung zurückgewiesen werden.

Die **Beitragssätze** der einzelnen Krankenkassen sind unterschiedlich hoch. Sie betragen z. Z. 12–13 % des Bruttoarbeitsentgelts.

Die **Beiträge zur Krankenversicherung** werden **zur Hälfte vom Arbeitnehmer** und **zur Hälfte vom Arbeitgeber** getragen. Auch **Auszubildende** haben die Hälfte des Beitrags zur Krankenversicherung zu tragen. Hiervon sind sie nur ausgenommen, wenn die monatliche Ausbildungsvergütung 610 DM nicht übersteigt. Liegt diese Voraussetzung vor, zahlt der Ausbildungsbetrieb den vollen Beitrag zur Krankenversicherung. Die Arbeitgeber führen den gesamten Krankenkassenbeitrag sowie den Beitrag zur Arbeitslosen- und zur Rentenversicherung an die Krankenkassen ab (siehe Abbildung auf Seite 436).

Leistungen der gesetzlichen Krankenversicherung sind:

1. **Maßnahmen zur Förderung der Gesundheit** (Aufklärung, Vorsorgeleistungen),
2. **Maßnahmen zur Früherkennung von Krankheiten** (Leistungen für Vorsorgeuntersuchungen),
3. **Krankenbehandlung** (einschließlich Krankenhauspflege, häusliche Krankenpflege, Leistungen bei Schwerpflegebedürftigkeit),
4. **Krankengeld,**
5. **Mutterschaftshilfe** (einschließlich Mutterschaftsgeld),
6. **Sterbegeld.**

Krankenbehandlung umfaßt ärztliche und zahnärztliche Behandlung, Versorgung mit Arznei-, Verbands- und Heilmitteln sowie Brillen, Körperersatzstücke usw. Krankenbehandlung wird ohne zeitliche Begrenzung gewährt.

Krankengeld wird nach 6 Wochen in Höhe von 80 % des wegen Arbeitsunfähigkeit ausgefallenen regelmäßigen Entgelts gewährt. Krankengeld wird wegen derselben Krankheit innerhalb von 3 Jahren jedoch höchstens für 78 Wochen gezahlt.

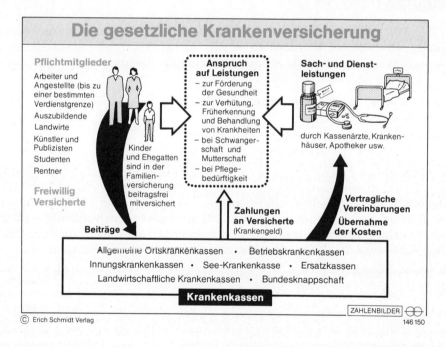

Das **Gesundheits-Reformgesetz** hat Einschränkungen in den Leistungen der gesetzlichen Krankenversicherung gebracht, so z. B. in der Krankenbehandlung durch Einführung von Festbeträgen für Arznei- oder Hilfsmittel, durch Zuzahlung der Versicherten für Heilmittel, Massagen und Krankengymnastik, durch Zuzahlung der Versicherten für Krankenhausbehandlung usw. Als neue Leistung ist seit 1991 häusliche Pflegehilfe bei Schwerpflegebedürftigkeit eingeführt.

13.2.2 Die Arbeitslosenversicherung

Die Arbeitslosenversicherung hat die **Aufgabe, das Risiko des Arbeitsplatzverlustes abzudecken. Pflichtversichert sind Arbeitnehmer und Auszubildende.**

Die Versicherungspflicht in der Arbeitslosenversicherung beginnt mit dem Tag des Eintritts in die versicherungspflichtige Beschäftigung, also für Auszubildende mit Beginn der Ausbildung.

Arbeitslosenversicherung ist ein Teil der Arbeitsförderung und dient auch der Erhaltung und Schaffung von Arbeitsplätzen. Träger der gesamten Arbeitsförderung ist die Bundesanstalt für Arbeit mit ihren **Arbeitsämtern.**

Aufgaben nach dem Arbeitsförderungsgesetz sind:

- Berufsberatung,
- Arbeitsvermittlung und -beratung,
- Förderung der beruflichen Bildung,
- berufliche Umschulung,
- Leistungen zur Erhaltung und zur Schaffung von Arbeitsplätzen,
- Lohnersatzleistungen (Kurzarbeitergeld, Arbeitslosengeld, Arbeitslosenhilfe, Konkursausfallgeld).

13.2.2.1 Anspruch auf Arbeitslosengeld

Nach dem **Arbeitsförderungsgesetz** hat **Anspruch auf Arbeitslosengeld,** wer

- arbeitslos ist,
- der Arbeitsvermittlung zur Verfügung steht,
- die Anwartschaft erfüllt,
- sich beim Arbeitsamt arbeitslos gemeldet und
- Arbeitslosengeld beantragt hat.

Die **Mindestanwartschaft** zum Bezug von Arbeitslosengeld beträgt **12 Monate.** Anspruch auf Arbeitslosengeld haben nur solche Arbeitnehmer, die vor Eintritt der Arbeitslosigkeit innerhalb der letzten drei Jahre mindestens 360 Kalendertage beitragspflichtig beschäftigt waren. Diese Mindestversicherungszeit muß auch ein Auszubildender erfüllt haben, wenn er nach Beendigung seiner Ausbildungszeit arbeitslos ist und Arbeitslosengeld beantragt.

Für **Auszubildende,** die nach der Ausbildung keinen Arbeitsplatz finden, sind Besonderheiten zu beachten. Wird ein Auszubildender unmittelbar nach bestandener Abschlußprüfung arbeitslos, so werden bei der Bemessung des Arbeitslosengeldes 50 % des tariflichen oder ortsüblichen Entgelts der beruflichen Tätigkeit zugrunde gelegt, für die er ausgebildet worden ist, mindestens jedoch das Entgelt der Beschäftigung zur Ausbildung (Ausbildungsvergütung). Hat er die Abschlußprüfung nicht bestanden, wird die Ausbildungsvergütung zugrunde gelegt.

Das Arbeitslosengeld beträgt je nach Familienstand 63 bzw. 68 % des letzten Nettoarbeitsentgelts. Je länger ein Arbeitsloser in den letzten drei bzw. vier Jahren beschäftigt war, desto länger hat er Anspruch auf Arbeitslosengeld.

Die Zahlung des Arbeitslosengeldes ist eine Versicherungsleistung. Deshalb besteht Anspruch auf Arbeitslosengeld, auch wenn keine Bedürftigkeit vorliegt.

Nach dem Arbeitsförderungsgesetz hat **Anspruch auf Arbeitslosenhilfe,** wer arbeitslos ist, der Arbeitsvermittlung zur Verfügung steht, sich beim Arbeitsamt arbeitslos gemeldet und Arbeitslosenhilfe beantragt hat, keinen Anspruch auf Arbeitslosengeld hat, weil er die Anwartschaftszeit nicht erfüllt, und **bedürftig** ist. Weitere Voraussetzung ist, daß der Arbeitslose innerhalb der letzten zwölf Monate Arbeitslosengeld bezogen oder mindestens 150 Kalendertage beitragspflichtig gearbeitet hat.

Die Arbeitslosenhilfe beträgt – je nach Familienstand – 56 bzw. 58 % des letzten Nettoarbeitsentgelts. Sie wird unbefristet gewährt.

Kurzarbeitergeld wird aus Mitteln der Sozialversicherung gezahlt, wenn die betriebsübliche regelmäßige Arbeitszeit eindeutig verkürzt wird.

Die **Beiträge zur Arbeitslosenversicherung** betragen seit dem 01. Januar 1992 6,3 % des Bruttoarbeitsentgelts, wovon Arbeitnehmer und Arbeitgeber je die Hälfte zu tragen haben.

13.2.3 Die Rentenversicherung

Hauptzweck der Rentenversicherung ist es, den **Lebensunterhalt der Versicherten und ihrer Familien nach dem Ausscheiden aus dem Erwerbsleben zu sichern.**

> Die Rentenversicherung hat die **Aufgabe, die Risiken Berufs- und Erwerbsunfähigkeit, Alter und Tod abzudecken. Pflichtversichert sind alle Arbeitnehmer und Auszubildenden.**

Bei den **Trägern der Rentenversicherung** ist zwischen der **Angestelltenrentenversicherung** und der **Arbeiterrentenversicherung** zu unterscheiden. Träger der Angestelltenrentenversicherung ist die **Bundesversicherungsanstalt für Angestellte** in Berlin, Träger der Arbeiterrentenversicherung, in der alle Arbeiter und Auszubildende pflichtversichert sind, sind die **Landesversicherungsanstalten.**

Die **Beiträge zur Rentenversicherung** betragen 17,7 % des Bruttoarbeitsentgelts und sind vom Arbeitgeber und vom Arbeitnehmer je zur Hälfte zu tragen. Der Arbeitgeber hat den Beitrag voll zu tragen, sofern der Arbeitnehmer (Auszubildender) keine höhere Vergütung als monatlich 610 DM erhält.

Mit Aufnahme einer Ausbildung oder Arbeit beginnt der Auszubildende bzw. der Arbeitnehmer, Ansprüche auf Leistungen der Rentenversicherung zu erwerben.

Die **Rentenversicherung**

- gewährt **Leistungen zur medizinischen und beruflichen Rehabilitation** (Wiedereingliederung in die Gesellschaft und in die Arbeitswelt),
- zahlt **Renten an Versicherte bzw. an Hinterbliebene von Versicherten** in bestimmten, im Sozialgesetzbuch aufgeführten Fällen **(Versicherungsfälle).**

Leistungen zur Rehabilitation

Medizinische Leistungen, vor allem Leistungen in Kur- und Spezialeinrichtungen einschließlich Unterkunft und Verpflegung.

Berufsfördernde Leistungen, insbesondere Hilfen zur Erhaltung oder zur Erlangung eines Arbeitsplatzes, Berufsfindung und Arbeitserprobung, berufliche Anpassung, Fortbildung, Ausbildung und Umschulung.

Ergänzende Leistungen, an erster Stelle Übergangsgeld; damit werden die Aufwendungen zur Sicherung des Lebensunterhalts und des Lebensbedarfs abgegolten. Ferner u.a. Übernahme von Kosten bei einer berufsfördernden Leistung (z. B. Lernmittel, Arbeitskleidung und Arbeitsgerät).

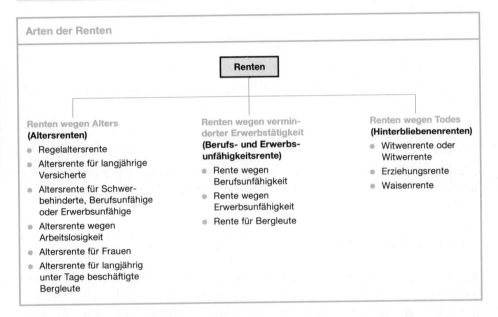

Arten der Renten

Renten

Renten wegen Alters (Altersrenten)
- Regelaltersrente
- Altersrente für langjährige Versicherte
- Altersrente für Schwerbehinderte, Berufsunfähige oder Erwerbsunfähige
- Altersrente wegen Arbeitslosigkeit
- Altersrente für Frauen
- Altersrente für langjährig unter Tage beschäftigte Bergleute

Renten wegen verminderter Erwerbstätigkeit (Berufs- und Erwerbsunfähigkeitsrente)
- Rente wegen Berufsunfähigkeit
- Rente wegen Erwerbsunfähigkeit
- Rente für Bergleute

Renten wegen Todes (Hinterbliebenenrenten)
- Witwenrente oder Witwerrente
- Erziehungsrente
- Waisenrente

Versicherte haben Anspruch auf die **Regelaltersrente,** wenn sie das **65. Lebensjahr vollendet** und die **allgemeine Wartezeit** erfüllt haben. Die allgemeine Wartezeit beträgt **5 Jahre;** sie muß auch erfüllt sein für die **Rente wegen verminderter Erwerbsfähigkeit** und für die **Rente wegen Todes (Hinterbliebenenrente).**

Für die **Altersrente wegen Arbeitslosigkeit** und für die **Altersrente für Frauen** muß eine **Wartezeit von 15 Jahren** erfüllt sein. Weitere Einzelheiten regelt das Sechste (VI.) Buch des Sozialgesetzbuches (SGB).

Die Finanzierung der Rentenversicherung erfolgt in Höhe von 80 % durch **Beiträge.** Die arbeitende Generation entrichtet Beiträge, aus derem Aufkommen die nicht mehr arbeitende Generation Renten erhält **(Generationenvertrag).** Die restlichen 20 % werden durch **Zuschüsse des Bundes** gedeckt.

Für die **Berechnung und Festsetzung der Renten** gilt das **Prinzip der dynamischen Rente.** Die Höhe der Renten soll mit der Lohn- und Gehaltsentwicklung Schritt halten und in einem angemessenen Verhältnis zum allgemeinen Einkommensniveau stehen. Neurenten werden auf der Grundlage der durchschnittlichen Entwicklung der Nettolöhne berechnet.

Seit 1992 werden **Neurenten** nach folgender **Rentenformel** berechnet:

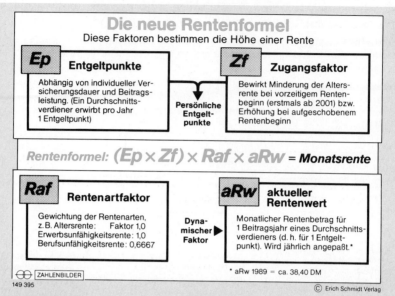

Die neue Rentenformel
Diese Faktoren bestimmen die Höhe einer Rente

Ep Entgeltpunkte
Abhängig von individueller Versicherungsdauer und Beitragsleistung. (Ein Durchschnittsverdiener erwirbt pro Jahr 1 Entgeltpunkt)

Persönliche Entgeltpunkte

Zf Zugangsfaktor
Bewirkt Minderung der Altersrente bei vorzeitigem Rentenbeginn (erstmals ab 2001) bzw. Erhöhung bei aufgeschobenem Rentenbeginn

Rentenformel: $(Ep \times Zf) \times Raf \times aRw =$ Monatsrente

Raf Rentenartfaktor
Gewichtung der Rentenarten, z.B. Altersrente: Faktor 1,0
Erwerbsunfähigkeitsrente: 1,0
Berufsunfähigkeitsrente: 0,6667

Dynamischer Faktor

aRw aktueller Rentenwert
Monatlicher Rentenbetrag für 1 Beitragsjahr eines Durchschnittsverdieners (d. h. für 1 Entgeltpunkt). Wird jährlich angepaßt.*

ZAHLENBILDER

149 395

* aRw 1989 = ca. 38,40 DM

© Erich Schmidt Verlag

Die neue Rentenformel

Im Rahmen der Rentenreform werden die Renten ab 1992 nach einer neuen, vereinfachten Formel berechnet. Danach hängt die Höhe der Monatsrente von vier Faktoren ab. Mit den **Entgeltpunkten** wird die individuelle Arbeits- und damit Beitragsleistung der Versicherten bei der Rentenfestsetzung berücksichtigt: Ein Versicherungsjahr mit durchschnittlichem Arbeitsverdienst ergibt einen vollen Entgeltpunkt. Je länger die Lebensarbeitszeit und je höher das beitragspflichtige Einkommen, desto größer ist die Zahl der erworbenen Entgeltpunkte und damit die Rente. Auch für bestimmte beitragsfreie Zeiten werden Entgeltpunkte gutgeschrieben. Durch den **Zugangsfaktor** erhöhen oder vermindern sich die Entgeltpunkte, wenn die Altersrente erst nach dem gesetzlich vorgesehenen Rentenbeginn oder schon vorher in Anspruch genommen wird. Im **Rentenartfaktor** kommt das unterschiedliche „Gewicht" der verschiedenen Renten zum Ausdruck: Die „vollwertigen" Alters- und Erwerbsunfähigkeitsrenten haben den Faktor 1,0; die Berufsunfähigkeitsrenten sind dagen um ein Drittel niedriger angesetzt (Faktor 0,6667). Über den jährlich neu zu bestimmenden **aktuellen Rentenwert** werden die persönlichen Entgeltpunkte schließlich mit der allgemeinen Einkommensentwicklung verknüpft: Er gibt an, welcher monatliche Rentenbetrag auf einen Entgeltpunkt (d. h. auf ein Versicherungsjahr mit Durchschnittseinkommen) entfällt. Die Monatsrente ergibt sich durch Multiplikation der Entgeltpunkte mit dem aktuellen Rentenwert.

13.2.4 Die gesetzliche Unfallversicherung

Aufgaben der gesetzlichen Unfallversicherung sind **Unfallverhütung, Rehabilitation und Leistung von Unfallentschädigung.**

Jeder aufgrund eines Arbeits-, Dienst- oder Ausbildungsverhältnisses Beschäftigte ist ohne Rücksicht auf Alter, Geschlecht, Höhe seines Einkommens und unabhängig davon, ob es sich um eine ständige oder nur vorübergehende Tätigkeit handelt, kraft Gesetzes gegen die Folgen von Arbeits- und Wegeunfällen und Berufskrankheiten versichert.

Um dem **Mißbrauch von Sozialleistungen zu begegnen** und um die **Schwarzarbeit zu bekämpfen,** ist zum 1. Juli 1991 ein Sozialversicherungsausweis eingeführt worden.

Der Sozial-versicherungs-ausweis

Versicherungsnummer
65010166L519

Name, Vorname
Mustermann, Elfriede

Geburtsname
Lehmann

Versicherungsnummer
65010166L519

ausgestellt von der
Bundesversicherungs-
anstalt für
Angestellte

ausgestellt am
01.07.91

● **Vorlagepflicht**

Bei Beginn der Beschäftigung muß der Ausweis dem Arbeitgeber vorgelegt werden.

Beschäftigte bestimmter Wirtschaftsbereiche (u.a. Bau, Gebäudereinigung, Schaustellergewerbe) müssen den Ausweis – mit Foto! – während der Arbeit mitführen und bei Kontrollen vorlegen.

● **Meldepflicht**

Der Arbeitgeber hat die Pflicht, die Beschäftigten zur Sozialversicherung anzumelden.

Zusätzlich: Kontrollmeldung, wenn der Sozialversicherungsausweis nicht vorgelegt wurde.

Meldung aller geringfügig Beschäftigten.

● **Hinterlegung**

Während des Bezugs von Arbeitslosengeld, Sozialhilfe, Krankengeld, Lohnfortzahlung usw. soll bzw. kann die Hinterlegung des Sozialversicherungsausweises beim Arbeitsamt, beim Sozialamt, bei der Krankenkasse oder beim Arbeitgeber verlangt werden.

ZAHLENBILDER

141 720

Durch Schwarzarbeit und den Mißbrauch von Sozialleistungen gehen den Sozialkassen in der Bundesrepublik jährlich Milliardenbeträge verloren. Um solche Verstöße zu erschweren und bessere Kontrollmöglichkeiten zu schaffen, erhalten seit 1. Juli 1991 alle Beschäftigten einen Sozialversicherungsausweis. Bis Ende 1995 soll diese Aktion abgeschlossen sein.

Der Ausweis enthält den Vor- und Familiennamen (dazu gegebenenfalls auch den Geburtsnamen) des Beschäftigten und die von der Rentenversicherung vergebene Versicherungsnummer. Bei Beginn einer Beschäftigung muß der Ausweis dem Arbeitgeber vorgelegt werden, der dann die Anmeldung zur Sozialversicherung vornimmt. In bestimmten Wirtschaftsbereichen, so im Bau-, im Gebäudereinigungs- und im Schaustellergewerbe, müssen die Beschäftigten den zusätzlich mit einem Foto versehenen Ausweis während der Arbeit mitführen und bei Außenkontrollen der Arbeitsämter vorzeigen.

13.2.6 Die Sozialgerichte

Wenn es in Fragen der Sozialversicherung und der Arbeitsförderung zu Streitigkeiten kommt, z.B. weil ein Arbeitnehmer meint, daß ihm eine Leistung aus der Rentenversicherung oder aus der Arbeitsförderung zu Unrecht verweigert worden ist, können die Sozialgerichte angerufen werden.

Bei den Sozialgerichten gibt es drei Instanzen:

1. Instanz: **Sozialgericht**

2. Instanz: **Landessozialgericht** (für eine Berufung gegen ein Urteil des Sozialgerichts)

3. Instanz: **Bundessozialgericht** in Kassel (für eine Revision gegen ein Urteil des Landessozialgerichts)

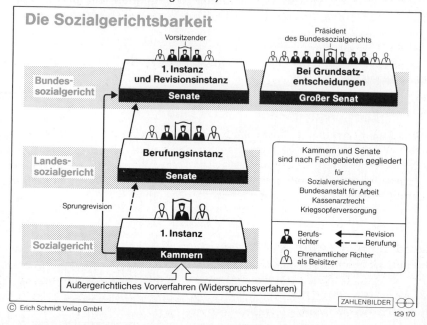

ZAHLENBILDER

129 170

13.3 Überblick über die Individualversicherung

In der **Individualversicherung** sind sämtliche Versicherungszweige zusammengefaßt, in denen der Versicherungsnehmer den **Umfang des Versicherungsschutzes,** die **Vertragsbedingungen** (Versicherungsvertrag) und seinen **Vertragspartner** (den Versicherer) **weitgehend frei wählen** kann. In den verschiedenen Zweigen der **gesetzlichen Sozialversicherung** dagegen sind der **Umfang des Versicherungsschutzes** sowie die möglichen **Vertragspartner** (die Versicherungsträger) weitgehend gesetzlich vorgeschrieben.

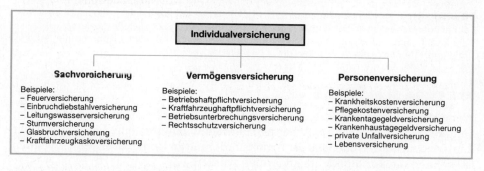

Beispielhaft werden im folgenden vier Versicherungsarten erläutert.

▶ *Kraftfahrzeughaftpflichtversicherung*

Diese private Versicherung ist für jeden Kraftfahrzeughalter gesetzlich vorgeschrieben **(Pflichtversicherung).** Es können Höchsthaftungssummen über die gesetzlich vorgeschriebene Mindestdeckung (1 000 000 DM für Personenschäden, 400 000 DM für Sachschäden und 40 000 DM für Vermögensschäden) hinaus vereinbart werden.

▶ Private Krankenversicherung

Im Gegensatz zur gesetzlichen Krankenversicherung, die alle Arbeiter und Auszubildenden sowie alle Angestellten mit einem Gehalt, das unter der jeweiligen Versicherungspflichtgrenze liegt, erfaßt, ist die Zugehörigkeit zu einer privaten Krankenversicherung freiwillig.

Unternehmer, Beamte und höherverdienende Angestellte gehören nicht zum Personenkreis der Pflichtversicherten. Sie können durch Abschluß einer privaten Krankenversicherung Versicherungsschutz gegen die wirtschaftlichen Folgen von Krankheiten (Kosten für ambulante oder stationäre Behandlung, für Zahnbehandlung und Zahnersatz usw.) erhalten.

▶ Private Unfallversicherung

Während die gesetzliche Unfallversicherung nur den Arbeitnehmer gegen die wirtschaftlichen Folgen eines Arbeitsunfalles oder eines Wegeunfalls schützt, besteht in der privaten Unfallversicherung Versicherungsschutz zu jeder Zeit gegen jede Art von Unfällen. Versichert werden können Leistungen beim Tod der versicherten Person und bei Invalidität sowie Tagegelder u.ä.

▶ Lebensversicherung

Lebensversicherungen können der **Vorsorge** oder **Kapitalbildung** dienen.

Arten der Lebensversicherung sind die Risikoversicherung, bei der die Versicherungssumme nur im Todesfall ausgezahlt wird, und die kapitalbildende Lebensversicherung, bei der die Versicherungssumme entweder im Todesfall oder nach Ablauf des Vertrages **(Erlebensfall)** ausgezahlt wird. Eine Lebensversicherung dient der **Vermögensbildung.** Die gezahlten Beiträge (Prämien) führen im Rahmen der zulässigen Sonderausgaben zu einer Steuerersparnis.

Aufgaben

1 Sozialversicherung und Individualversicherung

Entscheiden Sie in den folgenden Fragen der Sozialversicherung und Individualversicherung! Geben Sie für jede Entscheidung eine Begründung!

a) Die Frankfurt-Berliner Privatkrankenversicherungs-AG lehnt den Aufnahmeantrag eines Angestellten ab. Darf sie das?

b) Die Allgemeine Ortskrankenkasse Hamburg lehnt die Aufnahme eines Arbeiters aufgrund einer schwerwiegenden Vorerkrankung ab. Darf sie das?

c) Ein Angestellter hat 1992 ein Monatseinkommen von 5 000 DM. Ist er sozialversicherungspflichtig?

d) Ein Angestellter hat 1992 ein Jahreseinkommen von 70 000 DM. Ist er sozialversicherungspflichtig?

2 Leistungen der Sozialversicherung

Welcher Versicherungsträger zahlt bzw. erbringt die Leistungen?

① **Bundesanstalt für Arbeit**
② **Barmer Ersatzkasse**
③ **Verwaltungsberufsgenossenschaft**
④ **Bundesversicherungsanstalt für Angestellte**

a) Kosten für Vorsorgeuntersuchungen
b) Arbeitslosenhilfe
c) Krankenversicherungsbeitrag von Arbeitslosen
d) Kosten von Arbeitsunfällen
e) Altersruhegeld
f) berufsfördernde Leistungen zur Rehabilitation

3 Kosten des sozialen Netzes

Welche Aussage ist richtig:

1. „Der Bürger zahlt weniger als ein Drittel."
2. „Letztlich zahlt der Bürger alles."

Begründen Sie Ihre Meinung!

4 Berechnen Sie Sozialversicherungsbeiträge!

Winfried Huber ist als Bauarbeiter bei der Tiefbauunternehmung Walter Beck & Söhne tätig. Er bekommt einen monatlichen Bruttolohn von 2 730,00 DM. Davon bezahlt er 420,00 DM Lohnsteuer und 33,60 DM Kirchensteuer.

a) Wie hoch ist sein Arbeitnehmeranteil zur Sozialversicherung?
(Beitragssätze: Seite 435 – Krankenversicherung: 12,5 %)

b) Wie hoch sind die gesamten von der Tiefbauunternehmung abzuführenden Sozialabgaben (Unfallversicherung: 45,00 DM)?

Wer finanziert das soziale Netz?

Einnahmen im Sozialbudget 1990
insgesamt 734,4 Mrd. DM

davon zahlten

229,3 Mrd. DM — *Unternehmen*
Private Haushalte 211,0
145,3 — *Bund*
Länder 80,1
62,2
Gemeinden
6,5
Sozialversicherung, private Organisationen u.a.

8890 © Globus

5 Finanzierung der Sozialversicherung

Bis zur Verabschiedung des Rentenreformgesetzes 1992 im Jahre 1989 wurde in der Öffentlichkeit lange darüber diskutiert, wie auf Dauer die Finanzierung der Rentenversicherung gesichert werden könne.

Welches grundlegende Problem besteht hinsichtlich des Generationenvertrages?

6 Welche Zweige umfaßt die Sozialversicherung?

Kennzeichnen Sie die Versicherungen, die zur Sozialversicherung gehören, mit einer ①, die nicht zur Sozialversicherung gehören, mit einer ⓪.

a) Unfallversicherung
b) Haftpflichtversicherung
c) Lebensversicherung
d) gesetzliche Krankenversicherung
e) freiwillige Krankenversicherung
f) Arbeitslosenversicherung
g) Rentenversicherung
h) Hausratversicherung

7 Wer hat die nachstehend genannten Abgaben zu tragen?

① der Arbeitnehmer allein
② der Arbeitgeber allein
③ Arbeitnehmer und Arbeitgeber je zur Hälfte

a) Beitrag zur gesetzlichen Krankenversicherung
b) Beitrag zur Unfallversicherung
c) Beitrag zur Arbeitslosenversicherung
d) Lohnsteuer
e) Beitrag zur gesetzlichen Rentenversicherung
f) Beitrag zur Gewerkschaft
g) Beitrag zum Arbeitgeberverband
h) Kirchensteuer
i) Beitrag zur Haftpflichtversicherung

8 Welches sind die Träger der gesetzlichen Krankenversicherung?

a) die Allgemeinen Ortskrankenkassen
b) die Landesversicherungsanstalten
c) die privatrechtlichen Krankenversicherungen
d) die Ersatzkassen
e) die Betriebskrankenkassen

9 Wer ist Träger der Arbeiterrentenversicherung?

a) die Bundesanstalt für Arbeit
b) die Landesversicherungsanstalten
c) die Bundesversicherungsanstalt
d) der Bundesminister für Arbeit und Sozialordnung

10 Vorteile der Lebensversicherung

Erläutern Sie drei wichtige Vorzüge der kapitalbildenden Lebensversicherung!

11 Individualversicherung

Welche der genannten Versicherungsarten gehören nicht zur Individualversicherung?

1 Rentenversicherung
2 Lebensversicherung
3 Unfallversicherung
4 Betriebsunterbrechungsversicherung
5 Arbeitslosenversicherung
6 Leitungswasserversicherung
7 Krankheitskostenversicherung

Ein Auszubildender gibt als Lösung 1, 3, 5 an.
Stimmen Sie dieser Lösung ohne Einschränkung zu? (Begründung!)

12 Sachversicherungen und Vermögensversicherungen

Stellen Sie fest, welche der nachstehenden Versicherungen
① Sachversicherungen
② Vermögensversicherungen
sind!

a) Transportversicherung
b) Betriebshaftpflichtversicherung
c) Feuerversicherung
d) Kreditversicherung
e) Rechtsschutzversicherung
f) Glasversicherung
g) Einbruchdiebstahlversicherung
h) Betriebsunterbrechungsversicherung

Vorblatt
– Bitte abtrennen –

Vordruck für den Mahn- und den Vollstreckungsbescheid
– Nur für Gerichte, die die Mahnverfahren nicht maschinell bearbeiten –

Im gerichtlichen Mahnverfahren können Sie schnell und einfach einen Vollstreckungstitel (Vollstreckungsbescheid) über eine Geldforderung erwirken, wenn Einwendungen Ihres Antragsgegners nicht zu erwarten sind. Bevor Sie einen Mahnbescheid beantragen, sollten Sie prüfen, ob Sie dem Antragsgegner Ihre Forderungen in klarer, übersichtlicher Form in Rechnung gestellt haben. Holen Sie dies nötigenfalls nach. Sonst könnte der Antragsgegner dem Mahnbescheid allein deshalb widersprechen, weil er nicht nachprüfen kann, welche Beträge für welche Leistungen im einzelnen Sie von ihm verlangen.

Ausfüllhinweise

Der Vordrucksatz kann **nur mit einer Schreibmaschine** ordnungsgemäß ausgefüllt werden. Sollte Ihnen eine solche nicht zur Verfügung stehen, trennen Sie bitte das Blatt 1 ab und füllen nur dieses in **Blockschrift** aus. Reichen Sie dann das Blatt 1 und den restlichen Vordrucksatz mit dem Kohlepapier (s. dazu unten unter „Weiteres Verfahren") ein.

Von Ihnen **auszufüllen** sind die **hellen Felder. Die dunkleren** mit Raster unterlegten **Felder bitte nicht beschriften.**

Bei ausnahmsweise **nicht ausreichendem Schreibraum** können Sie ein besonderes Blatt benutzen. Dieses bitte 4fach beifügen und in dem betreffenden Feld auf das Blatt hinweisen.

Zu den Nummern auf Blatt 1 des Vordrucksatzes

① Hier sind Postleitzahl und Ort des **für das Mahnverfahren zuständigen Gerichts** einzutragen. Zuständig ist in der Regel das Gericht, in dessen Bezirk der **Antragsteller** seinen Wohnsitz bzw. Sitz hat.

② Zur **Bezeichnung des Antragsgegners** in Form der Postanschrift bitte Vorname und Name (wenn nötig auch Beruf, Zusätze wie „Rentner", „jun." u. dgl.) bzw. Firma oder Behördenname sowie Straße, Hausnummer, Postleitzahl, Ort (Zustellpostamt) so genau angeben, daß Verwechslungen ausscheiden. Postfachangabe ist unzulässig.

Bei **Gesellschaften** und **juristischen Personen** (z. B. oHG, KG, GmbH, AG) ist der **Vertretungsberechtigte** im Anschriftenfeld mit anzuführen, und zwar anschließend an die Firma oder den Namen überleitend mit den Worten „vertreten durch . . .".

Bei **nicht prozeßfähigen natürlichen Personen** (z. B. Minderjährigen) im Anschriftenfeld nur den gesetzlichen Vertreter (z. B. die Eltern) bezeichnen. Der Antragsgegner wird in diesen Fällen in dem Leerfeld in der Zeile bei ④ bezeichnet (z. B. mit den Worten „gegen Ihren bei Ihnen wohnenden Sohn . . ."). Das Wort „Sie" in der Zeile ist in diesen Fällen zu streichen.

Richtet sich der Antrag **gegen mehrere Antragsgegner** (z. B. gegen Eheleute), so ist für **jeden der Antragsgegner** ein eigener Vordrucksatz auszufüllen und in dem Kästchen bei ⑭ jeweils die Zahl der ausgefüllten Vordrucksätze (z. B. bei Eheleuten als Antragsgegner die Zahl „2") anzugeben. Im Anschriftenfeld ② wird in jedem Vordrucksatz nur **ein** Antragsgegner bezeichnet. Auf die übrigen Gegner wird in der Zeile bei ④ hingewiesen, und zwar anschließend an das Wort „Sie" mit dem Wort „und . . .", so daß es z. B. bei Eheleuten im Vordrucksatz für den Mann heißt „gegen Sie und Ihre Ehefrau . . .", in dem Vordrucksatz für die Frau „gegen Sie und Ihren Ehemann . . .". Beachten Sie bitte auch die weiteren Hinweise unten zu ④ und zu ⑧ unter ①.

Anspruch eines Dritten gegen die Mitglieder einer Wohnungseigentümergemeinschaft: Wenn Sie in Zeile ⑩ für ein etwaiges streitiges Verfahren das Gericht angeben, in dessen Bezirk das gemeinschaftliche Grundstück liegt (§ 29 b der Zivil-

prozeßordnung), genügt es, einen Vordrucksatz auszufüllen. Bezeichnen Sie bitte in diesem Falle den zustellungsbevollmächtigten Verwalter der Gemeinschaft im Anschriftenfeld ②, die Wohnungseigentümer nach Streichung des Wortes „Sie" in Zeile ④ unter Bezugnahme auf eine 4fach beizufügende Liste mit den Worten „die in anl. Liste bezeichneten Mitglieder der Wohnungseigentümergemeinschaft. . . (Straße, PLZ, Ort)".

③ Bitte den **Antragsteller** mit Vornamen und Namen bzw. Firma, ferner nach Straße, Hausnummer, Postleitzahl, Ort genau bezeichnen, desgleichen etwaigen gesetzlichen Vertreter und Prozeßbevollmächtigten. Eine Bezugnahme auf die Bezeichnung im Anschriftenfeld bei ⑪ ist unzulässig. **Vergessen Sie bitte nicht, Ihr Konto mit Bankleitzahl anzugeben.** Sie können hier auch Ihre Telefonverbindung angeben.

④ Vgl. die Erläuterungen zu ②. **Gesamtschuldnerschaft** (§ 421 BGB) kann **nur bei mehreren Schuldnern** in Betracht kommen; sie kann in Frage kommen gegen Antragsgegner, die als Antragsgegner gemeinschaftlich zur Zahlung verpflichtet hatten. In diesem Falle können Sie die ganze Forderung einschl. Zinsen und Kosten (s. bei ⑧) gegen jeden Antragsgegner geltend machen, bis die Zahlung bewirkt ist.

⑤ **Haupt- und Nebenforderungen sind gesondert und einzeln zu bezeichnen.**

Typische Bezeichnungen der Hauptforderung sind z. B.:

„Warenkauf wie Rechnung/Kontoauszug vom . . ."
„Versicherungsprämien für die Zeit vom . . . bis . . ."
„Dienst-/Werkleistung gemäß Rechnung vom . . ."
„Reparaturen gemäß Rechnung vom . . ."
„Miete/Pacht für Wohnung/Geschäftsräume in. . . (Straße, PLZ, Ort) für die Zeit vom. . . bis. . ."
„Ärztliche/Zahnärztliche Leistung gemäß Rechnung vom . . ."
„Lehrgang/Unterricht gemäß Vertrag vom. . . für die Zeit vom. . . bis. . .
„Darlehnsrückzahlung gemäß Vertrag vom. . ."
„Schaden aus Unfall/Vorfall vom. . ."
„Schaden aus Verletzung/Nichterfüllung des Vertrags vom. . ."
„Rückständiger Unterhalt für die Zeit vom. . . bis. . ."
„Mitgliedsbeitrag für die Zeit vom. . . bis. . ."
„Zeitungs-/Zeitschriftenbezug für die Zeit vom. . . bis. . ."

Auch sonstige Forderung unverwechselbar, d. h. vor allem mit Zeitangabe, **so genau wie möglich** bezeichnen.

Nur für Kreditgeber oder Zessionar bei Anspruch aus Vertrag, für den das Verbraucherkreditgesetz gilt: Bitte machen Sie die zusätzlich vorgeschriebene Angabe in der Form „Anspruch aus Vertrag vom. . ., für den das VerbrKrG gilt. Effektiver/Anfänglicher effektiver Jahreszins. . . %". Im Falle des § 5 VerbrKrG genügt die Form „Anspruch aus Vertrag, für den das VerbrKrG gilt".

⑥ Bei **mehreren** Hauptforderungen ist deren Gesamtsumme einzutragen; bitte geben Sie die Einzelbeträge in Feld 5 an, soweit es sich bei diesen nicht um Rechnungsposten einer dem Antragsgegner bereits vorliegenden Zusammenstellung (z. B. Rechnung,

– Bitte wenden –

Verlags-Nr. 701A West Fassung 1.1.92

3

Kontoauszug) handelt. **Zinsen** bitte genau bezeichnen nach dem **Zinsfuß** („... % jährlich/monatlich"), dem **zu verzinsenden Geldbetrag** („aus... DM") und dem **Zeitraum** („vom... bis...", „ab...").

⑦ Als **Nebenforderung** können hier auch für einen zurückliegenden Zeitraum ausgerechnete Zinsen angegeben werden.

⑧ **Kosten des Verfahrens**
① Die **Gerichtskosten** – dies sind die **Gerichtsgebühr** und der **Auslagenbetrag von 6 DM** für die Zustellung des Mahnbescheids an den Antragsgegner – sind **vorauszuentrichten.** Es empfiehlt sich, dafür **Kostenmarken** zu benutzen. Diese sind bei allen Gerichten erhältlich und sollen rechts oben auf Blatt 1 des Vordrucksatzes in dem dafür vorgesehenen Feld aufgeklebt werden. Die Gerichtsgebühr (s. die folgende Tabelle) richtet sich nach dem Wert der Hauptforderung ohne Zinsen und Kosten.

Bei **mehreren Antragsgegnern** (s. oben zu ② und ④) entsteht die Gerichtsgebühr nur einmal, jedoch sind je Antragsgegner 6 DM für die Zustellung hinzuzurechnen und vorauszuentrichten; der Gesamtbetrag (Gerichtsgebühr zuzüglich der Zustellungsauslagen für sämtliche Antragsgegner) ist in jeden Vordrucksatz aufzunehmen.

Wert der Hauptforderung bis einschl.	Gerichts-gebühr	Wert der Hauptforderung bis einschl.	Gerichts-gebühr	Wert der Hauptforderung bis einschl.	Gerichts-gebühr
600	15,—	3 500	52,50	8 000	93,—
900	16,50	4 000	57,—	8 500	97,50
1 200	21,—	4 500	61,50	9 000	102,—
1 500	25,50	5 000	66,—	9 500	106,50
1 800	30,—	5 500	70,50	10 000	111,—
2 100	34,50	6 000	75,—		
2 400	39,—	6 500	79,50	über 10 000	Gebühr bei Gericht erfragen
2 700	43,50	7 000	84,—		
3 000	48,—	7 500	88,50		

Alle Angaben in DM

② **Auslagen des Antragstellers** sind z. B. die Kosten dieses Vordrucksatzes und das Porto für die Einsendung an das Gericht.

③ bis ⑤ Nur von Rechtsanwälten oder Rechtsbeiständen auszufüllen.

⑨ Bitte prüfen Sie, ob Ihr Anspruch von einer Leistung abhängt, die Sie dem Antragsgegner gegenüber noch zu erbringen haben. Zu der Frage müssen Sie sich erklären, Ihr Antrag kann sonst zurückgewiesen werden.

⑩ Das für ein streitiges Verfahren **sachlich** und **örtlich** zuständige Gericht bitte mit Postleitzahl und Ort (z. B. „Amtsgericht in 3000 Hannover." oder „Kreisgericht Cottbus-Stadt in O-7500 Cottbus.") bezeichnen, ggf. auch nach dem Spruchkörper (z. B. „Landgericht-Kammer für Handelssachen in 3000 Hannover."). *Sachlich* zuständig ist für Ansprüche bis 6000 DM, für Ansprüche aus Wohnraummietverhältnissen und für Unterhaltsansprüche das **Amts**gericht, sonst grundsätzlich das **Land**gericht. Das **Kreis**gericht ist, unabhängig von der Höhe des Anspruchs, sachlich zuständige Gericht. *Örtlich* ist grundsätzlich das Gericht zuständig, in dessen Bezirk der Antragsgegner wohnt bzw. seinen Sitz hat. Abweichend von diesen Grundsätzen kann eine besondere oder ausschließliche Zuständigkeit gegeben sein. Hierzu sollten Sie im Einzelfall *Rechtsrat* einholen. Haben Sie ein unzuständiges Gericht angegeben, drohen Ihnen *Kostennachteile.*

⑪ Auf die Angaben bei ③ darf nicht Bezug genommen werden. Bitte füllen Sie das Feld in der Form der Postanschrift mit Ihrem Vor- und Nachnamen und Ihrer Anschrift aus. Das Gericht kann dann Blatt 3 und 4 des Vordrucks in Fensterbriefhüllen versenden.

⑫ Anzukreuzen, wenn im Falle des Widerspruchs das streitige Verfahren durchgeführt werden soll.

⑬ Nur von einem Prozeßbevollmächtigten anzukreuzen.

⑭ Nur bei mehreren Antragsgegnern auszufüllen (s. oben letzter Absatz zu ②).

Im **Urkunden-, Wechsel- oder Scheckmahnverfahren** wird **über** der Überschrift „Mahnbescheid" das Wort „Urkunden-", „Wechsel-" oder „Scheck-" hinzugefügt. Die Urkunde ist in dem Feld für die Bezeichnung des Anspruchs zu bezeichnen.

Weiteres Verfahren

Sollten Sie den Vordrucksatz durch die Post an das Gericht übermitteln, trennen Sie bitte die einliegenden **Kohlepapierblätter** an dem Abriß (etwa 2 cm unter dem oberen Rand) heraus. Reststreifen bitte in dem Vordrucksatz lassen. Verbleiben die Kohlepapierblätter im Vordrucksatz oder besteht dieser aus selbstdurchschreibendem Papier, **schützen Sie den Vordrucksatz bitte durch eine geeignete Verpackung (Kartoneinlage) vor Durchdrucken während der Übermittlung.**

Vom Gericht erhalten Sie, wenn Ihr Antrag ordnungsgemäß ausgefüllt ist und keine Schwierigkeiten bei der Zustellung an den Antragsgegner auftreten, zunächst die **Zustellungsnachricht** (siehe rechts oben auf Blatt 3 des Vordrucksatzes).

Wie dann zu verfahren ist, entnehmen Sie dieser Nachricht.

Entwurfsblatt
– Bitte abtrennen –

Der Antrag wird gerichtet
an das

Amtsgericht

Plz, Ort

①

Geschäftsnummer des Gerichts

② **Antragsgegner**/ges. Vertreter

Plz   Ort

– Graue Felder bitte nicht beschriften! –

Mahnbescheid   ← Datum des Mahnbescheids

③ **Antragsteller,** ges. Vertreter, Prozeßbevollmächtigter; Bankverbindung

④ **macht gegen Sie**

☐ als Gesamtschuldner

⑤ **folgenden Anspruch geltend** (genaue Bezeichnung, insbes. mit Zeitangabe):   Geschäftszeichen des Antragstellers:

⑥	Hauptforderung	Zinsen, Bezeichnung der Nebenforderung
	DM	
⑦	Nebenforderung	
	DM	

⑧	Kosten dieses Verfahrens (Summe ① bis ⑤) DM	1 Gerichtskosten DM	2 Auslagen d. Antragst. DM	3 Gebühr d. Prozeßbev. DM	4 Auslagen d. Prozeßbev. DM	5 MwSt. d. Prozeßbev. DM

⑨	Gesamtbetrag	**zuzüglich der laufenden Zinsen**	Der Antragsteller hat erklärt, daß der Anspruch von einer Gegenleistung
	DM		☐ nicht abhänge. ☐ abhänge, diese aber erbracht sei.

Das Gericht hat nicht geprüft, ob dem Antragsteller der Anspruch zusteht.
Es fordert Sie hiermit auf, innerhalb von z w e i   W o c h e n seit der Zustellung dieses Bescheids e n t w e d e r die vorstehend bezeichneten Beträge, soweit Sie den geltend gemachten Anspruch als begründet ansehen, zu begleichen o d e r dem Gericht auf dem beigefügten Vordruck mitzuteilen, ob und in welchem Umfang Sie dem Anspruch widersprechen.

Wenn Sie die geforderten Beträge nicht begleichen und wenn Sie auch nicht Widerspruch erheben, kann der Antragsteller nach Ablauf der Frist einen **Vollstreckungsbescheid** erwirken und aus diesem die Zwangsvollstreckung betreiben.
Der Antragsteller hat angegeben, ein streitiges Verfahren sei durchzuführen vor dem

⑩

An dieses Gericht, dem eine Prüfung seiner Zuständigkeit vorbehalten bleibt, wird die Sache im Falle Ihres Widerspruchs abgegeben.

Rechtspfleger

Anschrift des Antragstellers/Vertreters/Prozeßbevollmächtigten   **Antrag**   Ort, Datum

⑪

Ich beantrage, aufgrund der vorstehenden Angaben einen Mahnbescheid zu erlassen.

⑫ ☐ Im Falle des Widerspruchs beantrage ich die Durchführung des streitigen Verfahrens.

⑬ ☐ Ordnungsgemäße Bevollmächtigung versichere ich.   ☐ Antragsteller ist nicht zum Vorsteuerabzug berechtigt.

⑭ Hier die Zahl der ausgefüllten Vordrucke angeben, falls sich der Antrag gegen mehrere Antragsgegner richtet.

Plz   Ort

Unterschrift des Antragstellers/Vertreters/Prozeßbevollmächtigten

Verlags-Nr. 7/01A West Fassung 1.1.92

Amtsgericht
Plz, Ort

Geschäftsnummer des Gerichts
Bei Schreiben an das Gericht stets angeben

← Datum des
Vollstreckungsbescheids

Vollstreckungsbescheid zum Mahnbescheid vom

| zuge-stellt | am |

Antragsteller, ges. Vertreter, Prozeßbevollmächtigter; Bankverbindung

macht gegen Sie

☐ als Gesamt-schuldner

folgenden Anspruch geltend:

Geschäftszeichen
des Antragstellers: ....

Hauptforderung	Zinsen, Bezeichnung der Nebenforderung
DM	
Nebenforderung	
DM	

| Bisherige Kosten des Verfahrens (Summe ① bis ⑤) DM | ① Gerichtskosten | ② Auslagen d. Antragst. | ③ Gebühr d. Prozeßbev. | ④ Auslagen d. Prozeßbev. | ⑤ MwSt. d. Prozeßbev. |
| | DM | DM | DM | DM | DM |

| Gesamtbetrag | ⟨ zuzüglich der laufenden Zinsen | Der Antragsteller hat erklärt, daß der Anspruch von einer Gegenleistung |
| DM | | ☐ nicht abhänge. ☐ abhänge, diese aber erbracht sei. |

Auf der Grundlage des Mahnbescheids ergeht Vollstreckungsbescheid

☐ wegen vorste-hender Beträge | wegen

abzüglich gezahlter

Hinzu kommen folgende weitere Kostenbeträge				insgesamt	Die Kosten des Verfahrens sind ab Erlaß dieses Bescheids mit 4 % zu verzinsen.
① Gerichtskost., Auslag.	② Gebühr d. Prozeßbev.	③ Auslagen d. Prozeßbev.	④ MwSt. d. Prozeßbev.	(Summe von ① bis ④)	
DM	DM	DM	DM	DM	

gez. ....
Rechtspfleger

Ausgefertigt ....
Urkundsbeamter der Geschäftsstelle

Verlags-Nr. 701A West Fassung 1.1.92

| **Beachten Sie bitte die Hinweise auf der Rückseite** |

| **Blatt 5:** Ausfertigung für Antragsgegner |

Hinweise des Gerichts

Bitte beachten Sie, daß das Gericht im Mahnverfahren nicht prüft, ob der geltend gemachte Anspruch begründet ist.

Lassen Sie daher Zweifel, ob der Anspruch besteht, nicht auf sich beruhen, auch wenn diese nur eine Nebenforderung (z. B. Höhe der Zinsen) betreffen.

Schauen Sie sich vielmehr s o f o r t alle Ihnen zur Verfügung stehenden Unterlagen (Vertrag, Kostenvoranschlag, Rechnung, Kontoauszug, Zahlungsbelege usw.) genau an.

Verbleiben danach Zweifel, so kann es sich empfehlen, sich umgehend mit einem Rechtsanwalt, einer Rechtsanwältin oder mit einer sonst zur Rechtsberatung befugten Person oder Stelle in Verbindung setzen. Im Rahmen ihres Aufgabenbereichs kann Ihnen auch die Verbraucherberatungszentrale bei einer außergerichtlichen Klärung der Rechtsfrage behilflich sein. Die genannten Personen und Stellen erteilen auch Auskunft darüber, wie der Staat Bürgern hilft, die die Kosten einer Rechtsberatung oder Rechtsverteidigung nicht aufbringen können.

Zahlungen

Zahlungen — gleichgültig, ob sie die Hauptforderung, die Zinsen, Nebenforderungen oder die Kosten betreffen — sind n u r an den Antragsteller zu richten.

Das Gericht kann Ihre Zahlung nicht entgegennehmen.

Zahlen Sie an den Antragsteller unmittelbar oder auf das von ihm bezeichnete Konto; falls Sie von dem Gerichtsvollzieher dazu aufgefordert werden, zu dessen Händen.

Zahlungsaufschub, Ratenzahlung

Zahlungsaufschub oder Ratenzahlung kann **nur der Antragsteller** bewilligen.

Wenn Sie die Zahlung zur Zeit nicht voll aufbringen können, empfiehlt es sich, mit dem Antragsteller oder seinem Prozeßbevollmächtigten zu verhandeln. Verhandlungen führen erfahrungsgemäß häufig zum Erfolg, wenn eine Teilzahlung angeboten wird.

Das Gericht kann Ihnen keinen Zahlungsaufschub und keine Ratenzahlung bewilligen.

Zahlungsunfähigkeit

Zahlungsunfähigkeit befreit nicht von der Verpflichtung, eine Schuld zu bezahlen. Ein E i n s p r u c h kann selbst dann nicht auf Zahlungsunfähigkeit gestützt werden, wenn diese auf Krankheit, Erwerbslosigkeit oder anderen Notlagen beruht.

Bei finanzieller Notlage kann es sich im einzelnen Fall empfehlen, mit einer *Schuldnerberatungsstelle* der öffentlichen oder freien Wohlfahrtspflege Verbindung aufzunehmen.

Einspruch

Gegen den Vollstreckungsbescheid kann innerhalb einer Frist von z w e i W o c h e n, die mit der Zustellung des Bescheids beginnt, E i n s p r u c h eingelegt werden. Der Einspruch ist **an das Gericht zu richten, das den umseitigen Bescheid erlassen hat,** und muß s c h r i f t l i c h eingelegt werden oder vor dem Urkundsbeamten der Geschäftsstelle eines Amtsgerichts oder Kreisgerichts erklärt werden. Wird der Einspruch vor dem Urkundsbeamten der Geschäftsstelle eines anderen als des umseitig bezeichneten Gerichts erklärt, so beachten Sie bitte, daß die von dem Urkundsbeamten aufgenommene Erklärung innerhalb der Einspruchsfrist bei dem umseitig bezeichneten Gericht eingehen muß.

Sie haben also, wenn Einwendungen gegen den Anspruch bestehen, auch jetzt noch Gelegenheit, sich gegen diesen zur Wehr zu setzen.

Sollten Sie den Anspruch nicht bestreiten können, ist ein Einspruch zwecklos und verursacht Ihnen **weitere Kosten.**

Machen Sie daher von dem Einspruch nur Gebrauch, wenn Sie meinen, **nicht, noch nicht** oder **wegen eines Teils der geforderten Beträge nicht** zur Zahlung verpflichtet zu sein, oder wenn Sie durch Ihr Verhalten dem Antragsteller **keinen Anlaß** gegeben haben, gegen Sie gerichtlich vorzugehen.

Bitte überlegen Sie Ihre Entscheidung **sorgfältig** und holen Sie nötigenfalls umgehend *Rechtsrat* ein, **bevor** Sie den Einspruch einlegen.

Wenn Sie den Anspruch nicht insgesamt, sondern nur wegen einer einzelnen Forderung oder eines einzelnen Rechnungspostens oder eines Teils davon als unbegründet ansehen (z. B. die geforderten Zinsen, soweit diese einen bestimmten Prozentsatz übersteigen), sollten Sie den Einspruch **ausdrücklich** auf diese Forderung, diesen Rechnungsposten oder den Teilbetrag **beschränken.** Dadurch können Sie sich **Mehr**kosten ersparen.

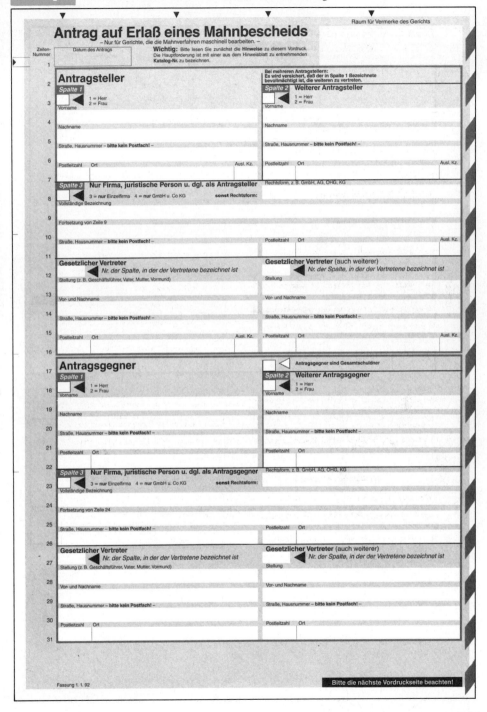

Bezeichnung des Anspruchs

I. Hauptforderung – siehe Katalog in den Hinweisen –

Zeilen-Nummer

Katalog-Nr.	Rechnung/Aufstellung/Vertrag oder ähnliche Bezeichnung	Nr. der Rechng./des Kontos u. dgl.	Datum bzw. Zeitraum vom	bis	Betrag DM

32

33

34

Postleitzahl	Ort als Zusatz bei Katalog-Nr. 19, 20, 90	Ausl. Kz.	Vertragsart als Zusatz bei Katalog-Nr. 28	

35 -Vertrag

Sonstiger Anspruch – nur ausfüllen, wenn im Katalog nicht vorhanden – mit Vertrags-/Lieferdatum/Zeitraum vom . . . bis . . .

36

Fortsetzung von Zeile 36 | Betrag DM

37

Nur bei Abtretung oder Forderungsübergang:

Datum

Seit diesem Datum ist die Forderung an den Antragsteller abgetreten/auf ihn übergangen.

Früherer Gläubiger – Vor- und Nachname, Firma (Kurzbezeichnung) | Postleitzahl Ort | Ausl. Kz.

38

39

IIa. Laufende Zinsen

Zeilen-Nr. der Hauptforderung	Zinssatz %	oder % über Diskontsatz	1 = jährl. 2 = mtl. 3 = tägl.	Nur angeben, wenn abweichend vom Hauptforderungsbetrag aus DM	Ab Zustellung des Mahnbescheids, wenn kein Datum angegeben, ab oder vom	bis	

40

41

42

IIb. Ausgerechnete Zinsen

Gemäß dem Antragsgegner mitgeteilter Berechnung für die Zeit

vom	bis	Betrag DM

III. Auslagen des Antragstellers für dieses Verfahren

Vordruck/Porto Betrag DM	Sonstige Auslagen Betrag DM	Bezeichnung

43

IV. Andere Nebenforderungen

Mahnkosten Betrag DM	Auskünfte Betrag DM	Bankrücklastkosten Betrag DM	Inkassokosten Betrag DM	Sonstige Nebenforderung Betrag DM	Bezeichnung

44

Ein streitiges Verfahren wäre durchzuführen vor dem

1 = Amtsgericht
2 = Landgericht
3 = Landgericht – KfH
4 = Kreisgericht
5 = Kreisgericht – KfH
In
weitere Schlüssel siehe Hinweise

Postleitzahl Ort

Im Falle eines Widerspruchs beantrage ich die Durchführung des streitigen Verfahrens.

45

Prozeßbevollmächtigter des Antragstellers

1 = Rechtsanwalt
2 = Rechtsanwälte
3 = Rechtsbeistand
4 = Herr, Frau
5 = Rechtsanwältin
6 = Rechtsanwältinnen

Vor- und Nachname

Betrag DM

Ordnungsgemäße Bevollmächtigung versichere ich.

Bei Rechtsanwalt oder Rechtsbeistand: Anstelle der Auslagenpauschale des § 26 BRAGO werden die nebenstehenden Auslagen verlangt, deren Richtigkeit versichert wird.

Der Antragsteller ist nicht zum Vorsteuerabzug berechtigt.

46

Straße, Hausnummer – bitte kein Postfach! – | Postleitzahl Ort | Ausl. Kz.

47

48

Bankleitzahl | Konto-Nr. | bei der/dem

49

Von Kreditgebern (auch Zessionar) zusätzlich zu machende Angaben bei Anspruch aus Vertrag, für den das Verbraucherkreditgesetz gilt:

Zeilen-Nr. der Hauptforderung	Vertragsdatum	Effektiver Jahreszins	Zeilen-Nr. der Hauptforderung	Vertragsdatum	Effektiver Jahreszins	Zeilen-Nr. der Hauptforderung	Vertragsdatum	Effektiver Jahreszins

50

Geschäftszeichen des Antragstellers/Prozeßbevollmächtigten

51 .

An das Amtsgericht – Mahnabteilung –

Ich beantrage, einen Mahnbescheid zu erlassen und in diesen die Kosten des Verfahrens aufzunehmen.

Ich erkläre, daß der Anspruch von einer Gegenleistung

abhängt, diese aber bereits erbracht ist.

nicht abhängt.

52

Unterschrift des Antragstellers/Vertreters/Prozeßbevollmächtigten

53 Postleitzahl, Ort

.

.

460